越城年鉴数字版

越城年鉴 2023

YUECHENG YEARBOOK

绍兴市越城区档案馆　编

方志出版社
Publishing House of Local Records

图书在版编目（CIP）数据

越城年鉴．2023 / 绍兴市越城区档案馆编．-- 北京：方志出版社，2023.12
ISBN 978-7-5144-6062-9

Ⅰ．①越… Ⅱ．①绍… Ⅲ．①区（城市）—绍兴—2023—年鉴 Ⅳ．① Z525.54

中国国家版本馆 CIP 数据核字（2023）第 253116 号

责任编辑：王娜
责任校对：张玉霞
责任印制：梅中英
出 版 者：方志出版社
地　　址：北京市朝阳区潘家园东里 9 号（国家方志馆 4 层）
邮　　编：100021
网　　址：http://www.zgfzcb.cn
发　　行：方志出版社图书营销中心（010-67110500）
印　　刷：绍兴市越生彩印有限公司
开　　本：889 毫米 ×1194 毫米 1/16
印　　张：26.5
字　　数：683 千字
版　　次：2023 年 12 月第 1 版
印　　次：2023 年 12 月第 1 次印刷
定　　价：200.00 元

越城区党史地方志工作委员会

《越城年鉴》编辑部

编辑说明

一、《越城年鉴》以马克思列宁主义、毛泽东思想、邓小平理论、“三个代表”重要思想、科学发展观、习近平新时代中国特色社会主义思想为指导，坚持辩证唯物主义和历史唯物主义的立场、观点和方法，全面、系统、客观地记述越城区上年度自然、经济、政治、文化和社会的基本面貌及发展状况，为区委、区政府科学决策提供依据，为社会各界了解越城区情提供资料。

二、《越城年鉴(2023)》记述的区域范围为2022年越城区境。记述的时限为2022年1月1日至12月31日。记述内容包括建置、环境、经济、政治、文化、社会、人物等各个方面，重点记述年度内的大事、要事、特事，反映年度新变化、新经验、新问题，务求真实性、实用性。

三、《越城年鉴(2023)》分类目、分目、条目3个层次编辑。类目下一般设综述，分目下设概况，以便记述事物的变化和基本数据。条目为基本单位，一事一条，动态记述。

四、《越城年鉴(2023)》除特载、专记外，采用记叙体。文风力求严谨、朴实、简洁、通畅。数字用法、标点符号用法分别采用国家标准《出版物上的用法》(GB/T 15835—2011)、《标点符号用法》(GB/T 15834—2011)；计量单位采用国家技术监督局1993年12月发布的《量和单位》系列国家标准，考虑到社会使用习惯，农田土地面积仍沿用“亩”作为计量单位。

五、《越城年鉴(2023)》所载文字内容及数据，均由区有关职能部门提供，并经各级领导和相关专业部门审核。部分数据由于来源、统计口径等方面的原因，不同部门提供的同项目数据存在不一，以当年《越城区统计年鉴》为准。

数字越城 2022

- 实辖面积 643 平方公里
- 常住人口 111.5 万人
- 户籍人口 82.7 万人
- 地区生产总值 1271.04 亿元
- 人均地区生产总值 153496 元
- 三次产业结构 1.4∶43.1∶55.6
- 一般公共预算收入 86.33 亿元
- 一般公共预算支出 99.40 亿元
- 固定资产投资 882 亿元
- 社会消费品零售总额 748.36 亿元
- 进出口总额 835.18 亿元
- 城镇常住居民人均可支配收入 70525 元
- 农村常住居民人均可支配收入 45540 元

2022年越城区获得省级及以上荣誉

- 全国综合实力百强区第50位
- 2022中国最具幸福感城区
- 滨海新区位列城市新区发展潜力百强全国第12位、全省第2位
- 2022年度国家水土保持示范县
- 2021年度省级平安县(市、区)
- 2021年度全省“五水共治”工作“大禹鼎”优秀县(市、区)
- 浙江省全域旅游示范县(市、区)
- 省级生态文明建设示范区
- 省级无偿献血先进县(市、区)
- “一码找订单”应用入选“2022中国改革典型案例”
- 绍兴集成电路产业平台、绍兴滨海新区高端生物医药产业平台分别位列“万亩千亿”新产业平台年度评价全省第1位、第4位
- 深耕社区“契约化”共建打造新时代城市版“枫桥经验”和大型科研仪器开放共享“一网办”“一指办”入选全省改革突破奖提名奖
- 2022年度全省美丽城镇建设工作优秀县(市、区)
- 省级进口贸易促进创新示范区
- 第二批浙江省数字生活新服务样板县

2022 年越城区省级及以上试点工作

国家区域医疗中心试点

全国市场监管数字化试验区建设试点

全国农村乱占耕地建房住宅类房屋专项整治试点

国家增值税一般纳税人资格试点

“少捕慎诉”全国试点

“十四五”残疾儿童早期干预全国试点

医保基金举报线索处理全国试点

中国近代教育文献全文检索知识服务数据库试点

浙江省第三轮市县修志试点

浙江省档案工作数字化转型示范区创建试点

浙江省幸福河湖建设试点

浙江省县域商业体系建设试点

浙江省 RCEP 高水平开放合作示范区

浙江省第三代半导体未来产业先导区

省级双创示范基地

全省事业单位公益性指标评价试点

省级城乡社区治理和服务创新实验区

浙江省乡镇街道标准化应急救护培训基地建设试点

全省首批城乡风貌样板区创建试点

2022 年老年健康服务专项行动省级试点

全省行政检察数字监督试点

2022年
“高质量发展共同富裕突出贡献奖”
先进集体名单

产业、城市领域

工业十强（产业领域）

浙江中成控股集团有限公司

浙江富陵控股集团有限公司

浙江绍兴苏泊尔生活电器有限公司

喜临门家具股份有限公司

浙江医药股份有限公司

振德医疗用品股份有限公司

浙江耀锋动力科技有限公司

浙江康思特动力机械有限公司

绍兴中芯集成电路制造股份有限公司

绍兴三花新能源汽车部件有限公司

商贸及农业十强（产业领域）

浙江东利源供应链管理有限公司

绍兴金帝银泰购物中心有限公司

绍兴市千客隆超市有限公司

绍兴市咸亨酒店有限公司

绍兴菲滋意式餐饮服务有限公司

华汇工程设计集团股份有限公司

同创工程设计有限公司

绍兴市越州轻纺工贸园区有限公司

绍兴咸亨食品股份有限公司

绍兴绿容食品有限公司

建筑房地产十强（城市领域）

长业建设集团有限公司

浙江环宇建设集团有限公司

中富建设集团有限公司

浙江鼎盛交通建设有限公司

浙江龙腾建设有限公司

绍兴润盈房地产开发有限公司

绍兴铧越置业有限公司

绍兴汀光房地产开发有限公司

绍兴龙悦置业有限公司

绍兴兆盛房地产有限公司

文化领域

浙江特立宙动画影视有限公司
尚 1051 文创园(绍兴绍钦织造印染有限公司)
绍兴市越州新城建设投资有限公司
越城区融媒体中心
越城区文化馆

生态领域

浙江豪宇生态科技有限公司
绍兴港峰医用品有限公司
绍兴市环保科技服务中心
越城区生态环境保护行政执法队
鉴湖街道坡塘村

创新领域

人才

浙江盛洋科技股份有限公司
浙江钠创新能源有限公司
绍兴拓邦新能源股份有限公司
浙江普施康生物科技有限公司
越城区人力资源服务中心

科技

绍兴梅奥心磁医疗科技有限公司
浙江佳人新材料有限公司
浙江洪晟生物科技股份有限公司
绍兴中科通信设备有限公司
中纺院(浙江)技术研究院有限公司

改革

浙江越生文化传媒集团有限公司
越城区党建统领整体智治系统专班
越城区“契约化”共建深化专班
越城区公安分局政治处
绍兴市历史文化名城保护服务中心

开放领域

万向钱潮技术有限公司
艾可泰科(浙江)控股有限公司
绍兴蓝鹊生物医药有限公司
浙江宜通华盛科技有限公司
绍兴比亚迪半导体有限公司
吉光半导体(绍兴)有限公司
绍兴聚承园区运营管理有限公司
绍兴水木湾区科学园有限公司
龙云(绍兴)半导体设备科技有限公司
绍兴纽缤乐生物科技有限公司

营商环境领域

中国农业银行股份有限公司绍兴越城支行
中国银行股份有限公司绍兴市越城支行
中信银行股份有限公司绍兴越城支行
浙江绍兴恒信农村商业银行股份有限公司
新生代企业家联谊会
孙端商会
越城区人才服务中心
越城区发改局经济信息中心
越城区财政局预算局
越城区法院滨海人民法庭

基层治理领域

社会事业

越城区人力社保局劳动人事争议仲裁院
越城区慈善总会
越城区人民医院
绍兴市少儿艺术学校
沥海街道社事办

社会治理

越城区纪委信访室
越城区公安分局东浦派出所
越城区应急管理局沥海分局
越城区法院民事审判一庭(环境资源审判庭)
越城区检察院第五检察部
城南街道中成社区
东湖街道小皋埠村
东浦街道杨川村
皋埠街道社会治安综合治理办公室
陶堰街道南湖村

疫情防控

绍兴市北卫物业管理有限公司
越城区公安分局刑侦大队
越城区卫生健康局
越城区疾控中心
府山街道社区卫生服务中心
东浦街道疫情防控专班
鉴湖街道谢墅村
斗门街道百盛社区
陶堰街道邵家溇村
沥海街道沥海居委会

2022 年 1 月 12 日，中国共产党绍兴市越城区第十次代表大会在绍兴大剧院开幕（王阳阳　摄）

2022 年 1 月 13 日，中国共产党绍兴市越城区第十届委员会第一次全体会议召开（区委宣传部　提供）

2022 年 2 月 19 日，中国人民政治协商会议绍兴市越城区第六届委员会第一次会议开幕（区委宣传部　提供）

2022 年 2 月 20 日，绍兴市越城区第十届人民代表大会第一次会议开幕（区委宣传部　提供）

2022 年 1 月 10 日，中共绍兴市越城区委社会建设委员会成立（区委宣传部　提供）

2022 年 1 月 22 日，越城区党建“契约化”共建研究所揭牌仪式举行（区委宣传部　提供）

2022 年 4 月 19 日，越城区法治政府建设推进会暨府院联席会议召开(区委宣传部　提供)

2022 年 6 月 1 日，绍兴古城保护公益诉讼检察创新实践基地揭牌仪式在绍兴古城信息展示中心举行(区检察院　提供)

2022 年 8 月 4 日，绍兴市越城区镇街应急和消防安全委员会集中授牌仪式举行(区消防救援大队　提供)

2022 年 5 月 18 日，“奋斗青春立首位 百年赓续创幸福”纪念五四运动主题团日活动现场，对第一届越城区“优秀青年志愿者”进行表彰(区团委　提供)

2022 年 9 月 30 日，越城区举行 2022 年“迎盛会 庆国庆”双拥主题活动暨越城区第三届最美退役军人颁奖仪式(区退役军人事务局　提供)

作揖坊 26 号台门党校宣讲(塔山街道　提供)

2022 年 9 月 22 日,越城区举办青年宣讲新秀选拔 PK 赛(区委宣传部　提供)

2022年10月27日,"'方言土语'做宣讲 二十大精神进人心"在八字桥举行(区委宣传部 提供)

2022 年 5 月 8 日，绍兴市侨商大厦项目奠基盛典暨开工仪式在迪荡新城项目地块举行(区委统战部　提供)

2022 年 11 月 25 日，绍兴国金大悦城开业（区委宣传部　提供）

2022 年 9 月 10 日，2022“同心·越城”大会召开（区委宣传部　提供）

2022 年 3 月 3 日，绍兴综合保税区（一期）正式封关运营（新区综保办　提供）

跨境电商产业园(区商务局　提供)

2022 年 8 月 24 日,上海交通大学绍兴新能源与分子工程研究院揭牌仪式暨能源电子产业发展战略研讨会举行(区委宣传部　提供)

2022 年 4 月 28 日，越城区、滨海新区企业家大会召开，图为“金·芯”151 政银企现场签约（区委宣传部　提供）

2022 年 8 月 11 日，2022 绍兴越城滨海人才主题周活动开幕式举行（区委宣传部　提供）

2022 年 11 月 13 日，2022 陆游文化节在皋埠街道坝头山村举行（区委宣传部　提供）

2022 年 10 月 31 日，“唐风宋韵 诗路江南”2022 诗路文化大型诗歌音乐朗诵会在绍兴大剧院举行（区委宣传部提供）

2022 年 11 月 22 日，第五届喜临门绍兴马拉松开跑(喜临门　提供)

2022 年 11 月 12 日，外籍游客走进东浦黄酒小镇(区委宣传部　提供)

2022 年 4 月 23 日，鉴湖街道第五届读书节启动暨树兰书屋坡塘云松站开馆仪式举行(鉴湖街道　提供)

2022 年 9 月 11 日，越城区“喜迎二十大 描绘新气象”书画展在绍兴市文化馆非物质文化遗产馆开幕(区委宣传部　提供)

2022 年 9 月 17 日，越城区全国科普日活动在水木湾区科学院举行，图为“魔幻科学秀”互动项目（区委宣传部　提供）

2022 年 9 月 1 日，越城区承办的“劳动筑梦向未来”劳模工匠进课堂暨开学第一课活动在北海小学梅山校区举行（区总工会　提供）

2022 年 9 月 16 日，第十六届越城区邻里节在区新时代文明实践中心举行（区委宣传部　提供）

水巷乌篷(区委宣传部　提供)

迪荡湖夜景(余芳良　摄)

迪荡湖夕照(迪荡街道　提供)

绍兴地铁 1 号线城市广场站(区委宣传部　提供)

夕阳下的越城(余芳良　摄)

目 录

特 载

专 记

大事记

区情概要

中共绍兴市越城区委员会

绍兴市越城区人民代表大会

绍兴市越城区人民政府

政协绍兴市越城区委员会

纪检监察

民主党派 工商联

群众团体

法 治

军　事

财政　税务

外向型经济

农业农村

工 业

建筑业管理

交通运输 仓储

房地产业

商贸　现代服务业

旅游业

经济管理与监督

水资源利用与管理

生态环境

城乡建设与管理

古城保护利用

科学技术

教 育

文　化

体 育

医疗卫生

人力资源管理

社会事务

镇 街

人　物

重要文件目录选编

统计资料

索 引

特 载

首位立区 幸福越城
在新时代新征程上奋力谱写新篇章

2022年1月12日，在中国共产党绍兴市越城区第十次代表大会上的报告

中共绍兴市越城区委书记 徐 军

中国共产党绍兴市越城区第十次代表大会是在“两个一百年”奋斗目标历史交汇关键节点，全区上下深入学习党的十九届六中全会精神之际召开的一次重要会议。大会的主题是：高举中国特色社会主义伟大旗帜，以习近平新时代中国特色社会主义思想为指导，深入学习贯彻习近平总书记系列重要讲话精神，以当好“两个确立”忠诚拥护者、“两个维护”示范引领者的政治自觉，坚持稳中求进工作总基调，聚焦高质量发展、竞争力提升、现代化先行，聚力共同富裕示范区建设，动员全区各级党组织和广大党员干部开拓进取、领先争先，在实现“首位立区、幸福越城”的新征程上奋力谱写新篇章。

一、回顾过去，成绩令人振奋，经验弥足珍贵

2021年是中国共产党建党100周年，是“十四五”开局之年，是共同富裕示范区建设起步之年，在党和国家历史上具有里程碑意义。我们认真贯彻上级决策部署，扎实开展项目建设攻坚年、改革创新突破年、整体智治提升年行动，奋力打造全市首位度中心城区，全区经济社会保持良好发展态势，预计全年实现地区生产总值1165亿元，同比增长8%；规上工业增加值359亿元，同比增长11%；社会消费品零售总额

735.5亿元，同比增长5%；自营出口577亿元，同比增长1.9%；一般公共预算收入93.6亿元，同比增长20.3%。

2021年主要有以下十项工作令人印象深刻：一是全面加强党的建设取得新成效。扎实开展党史学习教育，学习宣传党的十九届六中全会精神走深走实，党建“契约化”共建成为全省基层党建“金名片”。二是创建共同富裕示范区迈出新步伐。成立社会建设委员会和工作专班，出台实施方案，初步形成具有越城特色的指标体系和改革清单。三是推进数字化改革获得新进展。“七张问题清单”成为全省3个区级贯通试点之一，古城信息管理应用入选全省地方特色最佳应用，重大决策社会风险评估成为重大应用全省试点。四是干部队伍建设得到新加强。高质量完成县乡两级换届，联动开展街道部门与滨海新区管委会机关干部协同调配，两级领导班子战斗力进一步增强。五是与滨海新区协同发展跨上新台阶。滨海新区入选全省首批高能级战略平台培育名单，承办全省首次“万亩千亿”新产业平台建设现场推进会。六是对外开放实现新突破。绍兴综保区一期顺利通过国家级验收，成为全省首个“当年开工、当年竣工、当年验收”的综合保税区。七是科技创新和人才发展开创新局面。在全省率先建设人才管理改革试验区，创新实施“免评审”“双聘制”等改革举措20条，全社会R&D经费研发投入占比同比增长35.1%，引进高层次人才157人、高技能人才1.4万人。八是城乡面貌焕发新颜值。推进全域文明创建，开展农村人居环境集中整治，为绍兴在全国文明城市创建中争先进位发挥了主力军作用。九是基层社会治理工作展现新作为。夺得全省首批“一星金鼎”，荣膺全国社会治理创新典范区，实施拆迁类信访问题大起底大化解专项行动，相关工作经验在全省推广。十是疫情防控战役赢得新胜利。面对前阶段突如其来的疫情冲击，区委坚强领导，坚决贯彻落实省委“五个突出、五个加强”“六个坚决彻底”要求和市委工作部署，迅速响应、有力推进，第一时间启动上下贯通的战时体系，第一时间扑灭与上虞关联的零星疫情，第一时间严格落实重点人员管控，全面做好隔离点管理服务工作，同步开展复工复产复学复市，全力驰援上虞防控工作，阶段性打赢疫情防控遭遇战保卫战歼灭战，在全市抗疫大局中展现了越城担当、作出了越城贡献。

这一年的成绩来之不易，得益于过去打下的坚实基础，得益于九届区委带领全区干部群众勠力同心、勇毅前行。这五年，我们紧紧围绕“三个越城”建设，如期完成区第九次党代会提出的各项目标任务，地区生产总值突破千亿元，规上工业总产值、自营出口、一般公共预算收入、城镇居民可支配收入、农村居民可支配收入分别是2016年度的7.4倍、7.2倍、2.8倍、1.4倍、1.5倍，全区经济社会发展综合实力迈上新台阶。

（一）过去五年，我们突出党建领航、思想铸魂，“两个维护”更加坚定。始终把政治建设摆在首位，把增强“四个意识”、坚定“四个自信”、做到“两个维护”落到具体行动上。始终把学习领会习近平新时代中国特色社会主义思想作为“第一议题”，学习传达落实习近平总书记重要讲话精神，接续开展“两学一做”学习教育、“不忘初心、牢记使命”主题教育和党史学习教育，党员干部的政治判断力、政治领悟力、政治执行力不断提高。始终以习近平总书记重要批示精神为遵循，党建“契约化”共建做深做实、丰富拓展。成立区委党校。高质量完成村社组织换届工作。压紧压实管党治党政治责任，认真履行意识形态工作主体责任，全面完成省委巡视、市委巡察反馈问题整改，提前完成区级巡察全覆盖。严格落实中央八项规定及其实施细则精神，清廉越城建设纵深推进。

（二）过去五年，我们突出改革赋能、勇拓新局，发展活力更加迸发。始终做到省市有部署、越城见行动，全方位推进体制机制改革创新。先后完成与绍兴高新区、袍江经开区体制调整，特别是2019年11月滨海新区正式设立，聚力“内强体系、外争资源”，双向赋能、融合发展成效明显。市、区共建市名城办，统筹协调古城保护利用工作，创新“四个一”工作体系。接稳用好市对区下放事权，已基本具备县一级政府该有的相关职能。扎实推进撤镇设街和沥海街道成建制划转等工作，全区实辖面积从7镇7街的381.5平方公里扩大到1镇16街的538.6平方公里，常住人口增加至111.5万人。积极开展“最多跑一次”改革。扎实推进政府数字化转型。深入探索全领域数字化改革。切实开展基层减负行动，创新大督考机制。不断优化营商环境，成功入选百强区。持续深化国有企业改革，城发集团、文旅集团先后完成组建。

（三）过去五年，我们突出破立并举、项目为王，发展动能更加强劲。始终把产业发展放在突出位置，大力实施“1234”先进制造业高质量发展行动。加快推进印染化工企业跨区域集聚提升，腾出万亩发展空间。引进中芯国际、长电科技、豪威科技等世界级“链主型”企业，集成电路和高端生物医药成功入选省级“万亩千亿”新产业平台，2020年分获全省考核第二名、第三名。集成电路、生命健康产业峰会、中德高端制造峰会已成为对外合作沟通的桥梁和品牌。深入实施“凤凰行动”，新增上市公司5家、新三板挂牌10家。“个转企”“下升上”“小升规”数量增长迅速。建成投运中关村科学园等一批重大科创平台，省级创新服务综合体数量居全省第一。国家高新技术企业、省科技型中小企业、众创空间等数量不断壮大。新增就业大学生数全市领先。一批文商旅融合项目、特色农业项目建成运营。五年来，引进投资10亿元以上产业项目56个，总投资1446亿元。

（四）过去五年，我们突出一线标准、立体联动，城市品质更加彰显。始终注重加强城乡协调发展，不断优化人居环境。持续推进城市有机更新，累计拆改1267万平方米，城镇化率达到84.7%。全面推进古城项目群建设，累计实施59个项目总投资486.4亿元，古城内基础设施、环境品质全面提升，“一城一桥三故里”格局逐步形成。实施29条主要道路综合整治提升行动，地铁、高速、快速路等一批重大立体交通基础设施加快建设，镜湖、袍江、高新、江滨等片区加速融合。聚力引进高端城市配套，全力配合打造镜湖核心区，全市政治、文化、科技、金融中心形象初显。大力实施老旧小区改造。全域推进“无废城市”“污水零直排区”“蓝天保卫战”“垃圾分类”等工作，稳步建设省市重大水利工程，空气优良率、断面水质明显改善，首次夺得“大禹鼎”，成功创建会稽山国家森林公园、鉴湖国家湿地公园。

（五）过去五年，我们突出普惠均衡、优质共享，民生福祉更加殷实。始终坚持人民至上理念，切实保障和改善民生。每年实施十大民生实事工程，累计民生支出195.57亿元，占一般公共预算支出的76.92%。提质扩面优质教育资源，新建扩建学校13所，成功创建浙江省教育基本现代化区。持续推进“健康越城”，省人民医院越城院区开工建设，实现国家级卫生乡镇全覆盖。优化养老服务有效供给，实现全区镇街级居家养老服务中心和城乡居家养老服务照料中心“双覆盖”。社会救助保障体系不断完善。居民平均期望寿命达到82.99岁。成功创建全国社区治理和服务创新实验区。实现农村文化礼堂全覆盖。完成全国农村集体产权制度改革试点任务，扎实开展农村宅基地制度改革国家级试点。全面完成消薄任务。制定出台东部一镇两街高质量发展实施意见。“五星3A”、乡村振兴先行村、美丽城镇等创建工作深入推进。高质量完成省级全域旅游示范区创建。统筹推进东西部扶贫、山海协作、对口合作、对口支援等工作，助力四川马边实现高质量脱贫摘帽，落地全省首个山海协作“产业飞地”项目。

（六）过去五年，我们突出底线思维、整体智治，治理体系更加完善。始终强化“大平安”理念，为高质量发展创造安全稳定环境。扎实推进扫黑除恶专项斗争，有效处置重大舆情和突发事件，平安创建实现“十六连冠”。高标准推进政法队伍教育整顿工作。“七五”普法圆满收官。构建社会治理矩阵式智治平台，建成三级社会矛盾纠纷调处化解中心，社会风险评估指导中心成为首个省级试点。出台“三治融合”省级地方标准，率先打造社会稳定指数体系。建立健全“四个平台”运行机制。成功创建全省“无积案县市区”、省级“无欠薪区”。严格落实安全生产责任制，全面强化消防、危化品、食品药品、交通等安全风险管控，事故起数、死亡人数总体呈下降趋势。

这五年，面对繁重的改革发展任务，广大越城干部砥砺奋进、担当作为，在拆迁征收、招商引资、项目建设、平安创建等一场场大仗硬仗中，交出了一份又一份满意答卷，用实绩证明了越城干部特别讲政治、特别顾大局、特别敢担当、特别能执行，收获了越城铁军的称号，赢得了广泛的认可和支持。

这五年，区委切实加强自身建设，区委常委会充分发挥统揽全局、协调各方的作用，带头贯彻民主集中制，带头树立和落实新发展理念，带头应对各类风险挑战，带头开展“三服务”活动。支持区人大及其常委会依法履职，有效监督计划实施和预算执行。推动法治政府建设，提升政府行政效能。支持区政协发挥专门协商机构作用，在建言资政和凝聚共识上成效显著。扎实推进统战工作，深耕“同心·越城”品牌，新增海外同乡会5个、重点城市商会7个。支持区法院、区检察院依法履职，法治社会氛围更加浓厚。创新发展党管武装和全区国防动员工作，成功联创省双拥模范城。支持工会、共青团、妇联、残联、红十字会、关工委等事业全面加强、健康发展。

同志们，五年奋斗，令人难忘；丰硕成果，来之不易。这是以习近平同志为核心的党中央坚强领导的结果，是习近平新时代中国特色社会主义思想科学指引的结果，是省委、市委正确领导的结果，也是历届区委接续奋斗的结果，更是全区党员干部和人民群众共同努力的结果。在此，我谨代表中共绍兴市越城区第九届委员会，向全区党员和广大干部群众，向老领导、老同志，向各民主党派、各人民团体和各界人士，向所有关心越城发展的海内外朋友，表示衷心感谢和崇高敬意！

回顾五年奋斗历程，我们深刻体会到：

——必须坚持党建统领。党委在经济社会发展中的引领性、决定性作用，是各项工作走对方向、踩准步子的首要保障。在新时代新征程上，我们必须坚定不移做“两个确立”忠诚拥护者、“两个维护”示范引领者，第一时间贯彻落实省市决策部署，加强党的全面领导和全面加强党的建设，不断提高各级党组织的凝聚力、战斗力，汇聚起展现中心城区首位担当的磅礴力量。

——必须坚持改革创新。越城的发展史就是一部改革史，改革激发了创新活力，改革创新是越城区发展的不竭动力，过去是，现在是，未来更是。在新时代新征程上，我们必须解放思想、创新求变，以敢为天下先的魄力，做深做透改革这道必答题，进一步创新理念思维、创新体制机制、创新工作方法，不断推动各领域实现系统性重塑。

——**必须坚持争先进位**。敢向高处攀、和强者比、与能者赛，是越城成长崛起的关键所在。在新时代新征程上，我们必须强化走在前列的意识，提高站位、拉高标杆，以争先的勇气、争先的本领、争先的策略、争先的韧劲，抢占制高点，赢得主动权，争当时代弄潮儿，不断推动越城实现新跨越、构筑新优势、再创新业绩。

——**必须坚持奋斗实干**。伟大梦想是拼出来、干出来的，越城的今天来自于努力与奋斗。在新时代新征程上，我们必须发扬苦干实干、艰苦奋斗精神，以实干开新局、以实干破难题、以实干见成效，形成一级干给一级看、一级带着一级干的良好氛围，真正让吃苦的人吃香、实干的人实惠、有为的人有位，不断激励全区党员干部奋斗拼搏、奋发有为。

——**必须坚持为民惠民**。江山就是人民，人民就是江山，越城发展的出发点和落脚点就是越城人民。在新时代新征程上，我们必须持续践行“不忘初心、牢记使命”，把越城人民对美好生活的向往作为奋斗目标，站稳人民立场，倾听群众心声，办好“关键小事”，不断提高人民群众获得感、幸福感、安全感。

在肯定成绩的同时，必须清醒地认识到，面对新形势新挑战，我们的工作与省委、市委要求和群众期盼还有差距和不足，主要是：以大规划引领大发展的作用有待进一步提升；体制机制改革的潜力有待进一步释放；产业结构有待进一步优化；风险闭环管控机制有待进一步完善；领导干部的数字思维、系统观念、变革能力有待进一步强化；干部群众对越城的归属感还有待进一步增强；基层党建还存在一些薄弱环节，等等。以上这些问题，都是在新时代新征程上亟待破解的重大课题，必须始终增强忧患意识，坚定必胜信心，采取有力措施，切实加以解决。

二、展望未来，蓝图汇聚力量，使命催人奋进

行而不辍，未来可期。习近平同志在浙江工作期间，到绍兴调研时指出，一方水土养一方人，今天的发展是过去历史的延续，要了解本地历史沿革、历史文化、历史人物，弘扬古越文化精神。越城作为绍兴市中心城区，绍兴文化的精髓在越城，从大禹治水到勾践复国，从魏晋风度到阳明心学，从青藤书屋到大通学堂，从民族脊梁、教育大家到开国总理，一代又一代越城儿女守正创新，延续绍兴历史文脉，谱写越城时代精神。我们要传承大禹治水的勇气，解放思想、改革创新，敢教日月换新天；我们要传承胆剑精神的韧劲，奋发图强、百折不挠，千磨万击若等闲；我们要传承知行合一的思想，求真务实、学思践悟，吾心光明复何言；我们要传承人民总理的情怀，鞠躬尽瘁、清正廉洁，初心使命干在先；我们要传承革命先辈的斗争精神，披荆斩棘、不负韶华，越是艰险越向前。我们要始终保持自信清醒，始终保持昂扬斗志，始终保持奋发有为，把越城发展的愿景变为实景，把越城百姓的梦想变为现实。

未来五年，是越城厚积薄发、赶超跨越、大有可为的五年。从历史进程时间看，未来五年，大事多、喜事多、要事多，2022 年是党的二十大召开之年，也是北京冬奥会和杭州亚运会举办之年，2023 年是“八八战略”实施 20 周年，2024 年是新中国成立 75 周年，2025 年是“十四五”收官之年，做好今后五年工作意义重大。从国

际国内形势看，百年变局正加速演进，外部环境更趋复杂严峻，经济发展面临多重压力，但国内长期向好的基本面不会改变，必须坚持稳字当头、稳中求进，进一步增强经济社会发展的后劲和动能。从区域发展实际看，未来五年，越城将进入“两区融合发展期”，行政区与开发区体制机制不断优化完善，“物理整合”加快向“化学融合”转变，进而聚变出新的更强合力；未来五年，越城将进入“产业加速崛起期”，传统产业加快转型，新兴产业势头强劲，一大批大项目好项目的建成投产，将形成更有竞争力的规模效益和集群优势；未来五年，越城将进入“城市能级跃升期”，随着绍兴建设高水平网络大城市的全面推进，中心城区的战略地位、区位优势、辐射能力将更加凸显；未来五年，越城将进入“越地文化繁荣期”，文化张力不断增强，文化气质不断彰显，文化事业和文化产业蓬勃发展，传承弘扬越文化蔚然成风；未来五年，越城将进入“共富示范加速期”，城市化进程进一步提速，城乡发展日益均衡，收入差距逐步缩小，高质量发展建设共同富裕示范区的脚步更加坚实。全区上下要清醒认识形势，深刻理解和把握中央、省委、市委的各项决策部署，准确把握越城当前所处的历史方位，以工作的确定性应对形势的不确定性，于非常之时，担非常之责，展非常之功，率先走出争创社会主义现代化先行省的区域发展之路，为全省高质量发展建设共同富裕示范区贡献区域范例。

今后五年，全区工作的总体要求是：坚持以习近平新时代中国特色社会主义思想为指导，深入学习贯彻党的十九大和十九届历次全会精神，以迎接和学习贯彻党的二十大为主线，完整、准确、全面贯彻新发展理念，忠实践行“八八战略”、奋力打造“重要窗口”，认真贯彻落实省委、市委各项决策部署，紧紧围绕“首位立区、幸福越城”目标定位，秉持胆剑精神，以深化数字化改革为总牵引，主动融入绍兴高水平网络大城市建设，统筹推进“争一流谱新篇”八大行动，推动各项事业发展和党的建设再上新台阶，全力打造“五个率先”先行区，争当高质量发展建设共同富裕示范区的排头兵，在新时代新征程上奋力谱写新篇章。

首位立区，就是要将“干就干最好、争就争第一”作为立区根本，坚持一张蓝图绘到底、久久为功抓发展，全方位各领域展现中心城区的政治担当和能力素养。我们要始终保持奋进者姿态，注重生成性学习，营造唯实惟先、善作善成的团队文化，拿出首位的意识、首位的状态、首位的担当，奋力锻造硬核力、放大辨识度、打造金名片，努力为绍兴加快实现“五个率先”提供更多越城素材、越城样板。

幸福越城，就是要将“产业更优质、文化更璀璨、生活更舒适、社会更安定”作为奋斗目标，坚持以人民为中心，全过程各环节展现为民初心。我们要把打造幸福之城作为执政为民的最高境界，把满足人民日益增长的美好生活需要作为根本追求，多做打基础利长远的事，多干惠民生解民忧的活，让人民群众的获得感更足、幸福感更强、安全感更有保障，不断朝着共同富裕的幸福之路大步迈进。

“首位立区”是要求，“幸福越城”是目标，两者紧密联系、相互依存，是时代命题和责任担当的统一，是自我追求和群众期盼的统一，是立足当下和面向未来的统一。我们要把“首位立区、幸福越城”作为新时代新征程上的主抓手、最强音、集结号，贯穿到全区工作的全过程各方面，致力实现越城五个新跨越：

——发展越来越有实力。发展是幸福越城建设的基石。我们要把高质量发展作为第一要务，加快构建现代化经济体系，两大“万亩千亿”

产业集群建设取得重大成果，产业基础高级化、产业链现代化水平全面提升，基本建成长三角一流的创新型城市中心城区，经济韧性显著增强，综合实力大幅跃升，力争到2026年地区生产总值突破1600亿元，人均地区生产总值突破15万元。

——改革越来越有动力。改革是幸福越城建设的引擎。我们要把全面深化改革作为第一动力，以数字化改革为总牵引，建立健全改革突破争先机制，市区同城优势全面彰显，两区协同优势全面释放，开放平台体系全面构建，营商环境全面优化，全方位各领域实现系统重塑，形成一批具有越城标识度的重大改革、场景应用、最佳实践。

——文化越来越有魅力。文化是幸福越城建设的灵魂。我们要把千年越地文化作为第一优势，持续推动文商旅深度融合发展，迭代升级公共文化服务体系，进一步打开传统文化到现代生活的连接通道，实现文化内涵愈加丰富、文化形象愈加鲜明、文化自信愈加坚定，全面展现千年古城独特魅力，成为人人向往的"诗与远方"。

——民生越来越有活力。民生是幸福越城建设的底色。我们要把公共服务优质共享作为第一责任，系统性整体性提高民生水平，实现基础设施联通水平大幅提升，城市能级和品质达到新的高度，人民对美好生活的新期待得到更好满足，常住人口城镇化率突破86%，共同富裕现代化基本单元取得实质性成果，城乡居民收入比达到1.55，人均期望寿命达到83.5岁。

——治理越来越有合力。治理是幸福越城建设的保障。我们要把党建统领整体智治作为第一要求，把党的领导、党的建设体现在一切工作之中，实现新时代党建"契约化"共建深化拓展，"县乡一体、条抓块统"改革全面落地，政府法治化水平有效提升，防范化解重大风险能力和水平大幅提高，网络空间更加清朗，人民群众生命安全得到更好保障，群众获得感、幸福感、安全感不断提升，成为全国社会治理现代化标杆区。

重点开展"争一流谱新篇"八大行动：

(一)在优化经济结构增强综合实力上争一流谱新篇。加快发展现代产业体系，持续做大经济总量，强化经济韧性，以产业迭代支撑带动共同富裕。

加快新旧动能转换。持续推进产业数字化和数字产业化，突出抓好"产业大脑+未来工厂"，到2026年，全区数字经济核心产业增加值占GDP比重达到16%。实施新一轮"腾笼换鸟、凤凰涅槃"攻坚行动，推动传统产业数字化转型升级，加大工业全域整治力度。完成印染化工企业跨区域集聚提升，做好腾退土地规划利用"后半篇文章"，全面推进袍江片区产业快速发展。稳步抓好碳达峰、碳中和工作，扎实做好能耗"双控"，强化集约节约发展，推动亩均产值、税收大幅提升。一体推进"雄鹰""凤凰""雏鹰""专精特新"等培育计划，始终保持经济发展生机活力。

加快现代服务业壮大。坚持生产性服务业和生活性服务业并重，努力建设省级现代服务业强区。做好市场拓展、消费升级、业态培育文章，促进文商旅项目与历史街区、传统商业深度融合，培育打造城市核心商圈。紧密围绕产业链布局，推动金融、科技、物流、人力资源等生产性服务业向专业化、价值链高端延伸。加快发展楼宇经济、总部经济、街区经济、水岸经济、夜市经济、文创经济、共享经济等，不断培育面向未来的都市经济新增长点。

加快农业现代化建设。实施高标准农田建设工程，坚决遏制耕地"非农化"和防止耕地

"非粮化",大力实施科技强农、机械强农、资本强农,加快农业数字化、绿色化转型,创建农业现代化示范区。大力培育休闲康养、生态农业、旅游民宿、文化创意、农村电商等乡村经济新业态、新模式,促进农村产业融合发展。

(二)在做大做强平台打造产业高地上争一流谱新篇。突出平台在产业发展中的支撑性、关键性作用,推进产业链创新链价值链建链强链补链,推动越城产业从"点线"发展向"面网"发展转变。

聚力建设重大战略平台。发挥滨海新区主平台作用,积极融入环杭州湾产业带建设,突出数字化、高端化、绿色化,大力发展先进制造业,促进各功能区块优势共享、联动提升,加速形成与沪杭甬融合互补、差异化发展的特色产业体系,加快建成全省高能级战略平台,打造成为大湾区发展重要增长极、全省传统产业转型升级示范区、杭绍甬一体化发展先行区、杭州湾南翼生态宜居新城区,综合实力位居省级新区前列。

聚力建设重大产业平台。围绕集成电路、高端生物医药两大"万亩千亿"新产业平台,深耕细分领域,大力招引"链主型"企业,实现产业链供应链上下游有效对接,基本形成完整产业链体系。加快重大专项基础设施建设,打通要素保障、功能配套等关键环节。发挥产业基金作用,积极争取国家基金投资支持。举办好各类产业高端峰会,进一步打造越城产业"金名片"。到2026年,实现两大产业产值均超千亿元,成为具有核心竞争力的世界级产业集群。

聚力建设重大开放平台。深化国家级绍兴综合保税区建设,以"高端制造+新型服务贸易"为业态,大力招引优质企业和重大项目,充分展现城市型综保区特色,打造长三角乃至全国先进制造业的战略枢纽,成为袍江区域能级品质提升引爆点、绍兴对外开放新引擎。深化国家级跨境电商综试区、自贸区联动创新区建设,充分发挥"综保区+综试区+自贸区"叠加优势,大力培育新型贸易业态,打造区域性商业枢纽。

(三)在全面深化改革推动优势再造上争一流谱新篇。强化综合集成,重塑规则机制,构建高效协同工作格局,催生发展新动能,推动治理体系和治理能力现代化,让改革成为越城发展的最鲜明标识。

全面推进数字化改革。切实提高干部数字思维能力,持续深化各领域重点改革,重塑政府、社会、企业和个人关系,推动区域治理质量变革、效率变革、动力变革。持续迭代升级一体化智能化公共数据平台和五大综合应用系统,打通横向数据壁垒,大力推进平台贯通、应用贯通、体制机制贯通,创新打造一批重大应用,不断凝练形成理论成果、制度成果,争创全省数字化改革标杆区。

全面推进体制机制改革。突出"高效协同、深度融合",优化完善滨海新区扁平高效的运行机制,最大限度发挥行政区和开发区的双重叠加优势。增强"融"的大局观,牢固树立"一家人"理念,强化"主人翁"意识,积极争取省市更大支持,以更强合力争资源、争要素、争项目,全方位激发市、区同城新活力,形成"共建越城、共享发展"的良好氛围。

全面推进营商环境改革。坚持市场化、法治化、国际化原则,聚焦企业全生命周期,加快营商环境集成改革,推动政府有为和市场有效更好结合。健全投资服务体系,加强数据共享赋能,促进办事流程优化和业务协同。加强公开透明市场监管,实施市场准入负面清单制度。加快"信用越城"建设,重构全域一体化惠企政策体系,支持民营企业发展,打造公平竞争环境,全面构建亲清政商关系。

(四)在加快要素集聚构建创新体系上争一流谱新篇。坚持人才强区、创新强区首位战略，强化“产学研用金、才政介美云”十联动，推进人才链创新链产业链深度融合，打造绍兴对接杭州城西科创大走廊、G60科创大走廊和上海全球创新中心的桥头堡，率先走出更具动能、更富活力的科技创新之路。

全力壮大创新主体。持续推进科技企业“双倍增”计划，完善“微成长、小升高、高壮大”的梯次培育机制，促进创新主体提质增量。推动企业开展产学研合作，加大与大院名校合作力度，完善“企业出题、院校解题”的产学研合作新模式。引导企业加大研发投入，支持龙头骨干企业建立企业研发中心，围绕战略性新兴产业发展，实施关键核心技术攻关，到2026年，全社会R&D经费支出占GDP比重达3.5%。

全力打造人才高地。深化滨海新区人才管理改革试验区建设，持续迭代人才新政和改革举措，提升人才政策精准度、稳定性。做足做好“人才+产业”文章，大力引进“鲲鹏计划”等国际顶尖人才、科技领军人才和高水平创新团队，重视工匠型人才招引。持续壮大人才队伍基本盘，实施“越才回归”计划，深入开展高校毕业生“奔越”“留绍”行动，加大本土人才培育力度，实现新增高校大学生、高技能人才指数级增长。

全力建设创新平台。加快绍芯实验室建设，推进集成电路、生物医药等领域建设重点实验室。积极融入绍兴科创大走廊主平台，加快建设迪荡湖科技CBD、洋泾湖科创园、江滨科创园等高层次科创平台，以创新平台促进人才集聚裂变，持续赋能产业创新和优势集聚。积极探索公共研发平台建设，畅通中小企业共享创新堵点。

全力优化创新生态。做优做强省级产业创新服务综合体，争创国家级产业创新中心。充分发挥高校资源集聚优势，大力推进科技成果转化，促进新技术产业化规模化应用。护航科技型企业上市。探索建立知识产权保护机制。每年举办人才主题周活动，选树一批优秀人才典型、重才爱才先进单位，形成全社会重视、关心、支持人才发展的浓厚氛围。

(五)在融入高水平网络大城市建设提升城市能级上争一流谱新篇。立足长三角一体化、杭绍甬城市群，高起点、高标准、高品质实施规划建设，全面凸显越城在绍兴高水平网络大城市建设中的核心区作用。

加强规划引领发展。强化主动意识，完善国土空间规划、重点区域规划、各专项规划和城市设计，着力构建区域空间新格局。强化古城、新城联动发展，促进镜湖、袍江协同发展，加快沥海城市副中心建设，推动产城人融合发展。发挥南部重大交通枢纽优势，推进南部区域二次开发，打开越城“南大门”。高水平建设杭绍甬城市群的支点枢纽，畅通环杭州湾开放通道，实现产业协同，打造先进制造业带。强化与柯桥、上虞的相向融合、规划共建，打通大市区融合发展关键节点。

加强交通网络建设。加快构建“对外369、内部123”的立体交通圈，全力建设重大交通枢纽工程，配合省、市重大交通基础设施建设，整体提升越城交通枢纽型城市的战略地位。加强区内南北向道路畅通，聚焦重点产业区域联通，持续优化路网建设。推进城市综合管廊建设，前瞻性布局电力、通信、排污、供水供气等管网设施。系统推进水利基础设施网络建设，完善高等级航道网。

加强品质城市建设。加快城市有机更新，实现优质公共基础配套的均等化和全覆盖，全面提升城市能级和品质。推动工业互联网等基础设施建设，高质量实现5G网络全覆盖，推进重点区域5G应用示范区建设。创新打造"城市大脑"数字驾驶舱，加快智慧交通、智慧城管、智慧管网等应用建设；着力打造"万物互联"的现代城市管理网。科学谋划未来城市、未来社区、未来乡村建设，全方位塑造城乡居民现代化幸福生活。

（六）在增进民生福祉实现共富共享上争一流谱新篇。健全为民办实事长效机制，瞄准人民群众所忧所急所盼，积极打造民生"七优享"金名片，努力实现群众看得见、摸得着的幸福图景。

实现民生保障优质共享。积极推进"扩中""提低"改革，着力缩小区域、城乡、收入三大差距，率先基本形成橄榄型社会结构。深化创业带动就业，全面拓宽居民增收渠道。着力构建住房保障体系，促进房地产业健康发展和良性循环。优化完善社会救助制度体系，稳步提高社会救助保障水平。统筹推进公益慈善事业，全面做好助残、救孤、济困等工作。深化军人全生命周期服务管理"一站式"改革。

实现公共服务优质共享。全面落实"双减"工作，探索"教育大脑+智慧学校"，打造"越学越优"品牌，创建省教育现代化区。系统推进健康越城建设，深化县域医共体建设，完善医疗保障体系，统筹提升基层医疗卫生机构基础设施。推进全民健身公共服务体系建设，实现村社"10分钟健身圈"全覆盖。积极应对人口老龄化，加快健全社会保障体系、养老服务体系、健康支撑体系，全面建设"老年友好型"社会。

实现生活家园优质共享。深入实施乡村振兴战略，加快推进农村宅基地制度改革，推进"五星3A"迭代升级，力争创建更多具有越城特色的乡村振兴先行村。建设"稽山鉴水"生态功能区，深化推进蓝天、碧水、净土、清废行动，加快重大水利项目建设，着力打造"无废城市"，全域创成省"无违建区"，争创"清新空气示范区"。协同优化与四川马边、浙江开化等地区的合作，不断深化山海协作、东西部合作。

（七）在弘扬越地文化塑造越城精神上争一流谱新篇。坚持守正创新，把"历史+人文"作为越城发展的灵魂和支撑，弘扬越文化、传承越基因，培育凝练新时代越城精神，打造属于全体越城人的精神家园。

聚焦以文化人。坚持用社会主义核心价值观引领精神文明建设，深化群众性精神文明创建，高水平推进全国新时代文明实践中心建设试点工作，探索文明创建全域常态机制。积极融入"一廊三带"，传承发扬名人文化、古越文化、宋韵文化、黄酒文化等为代表的越地文化，加大非物质文化遗产保护传承，落实名人故居保护利用，深入梳理越城历史文化脉络，厚植乡贤文化，积极推进越文化进校园、进企业、进机关、进同乡会，喊响"我是越城人"，全面激发越城人的自信心、自豪感。

聚焦以文兴城。深入实施《绍兴古城保护利用条例》，全域推进古城更新复兴，推动文商旅深度融合发展，建设一批越城气质、古今辉映相协调的经典片区，形成一批网红打卡地，塑造不易被模仿的核心竞争力。积极创建国家全域旅游示范区和AAAAA景区城，打造以全城申遗为导向的历史文化传承地、以文创文旅为业态的时尚产业集聚地、以传统风貌为依托的宜居环境生活地。

聚焦以文惠民。创新打造"嵌入式"新型公共文化空间，鼓励社会资本进入公共文化服务领域，打通公共文化服务"最后一公里"。实施区博物馆、非遗馆等重大文化设施建设工程，完善区图书馆、区文化馆等场馆设施，打造"15分钟品质文化圈"。拓展城市书房，倡导全民阅读、建设书香越城。加强区融媒体中心建设，持续扩大对外影响力。发展档案事业，开展区国家综合档案馆建设，完成《越城区志》编撰工作。

（八）在深化平安建设迭代治理体系上争一流谱新篇。坚持发展新时代“枫桥经验”，一体推进法治越城、平安越城建设，努力打造更安全更公平更具活力的中心城区。

着力构建大平安机制。坚决维护政治安全，建立除险保安机制，系统迭代重大决策社会风险评估，全面实现平安创建“护鼎加星”。健全立体化智能化社会治安防控体系，坚决打击各类违法犯罪行为，扎实推进扫黑除恶工作常态化。完善传染病预防控制体系和重大疫情防控体制机制。深化风险隐患常态化排查治理，加快建立三级联动安全责任体系，不遗余力、不惜代价做好安全生产工作，系统提升防灾减灾抗灾救灾能力，推动全社会持续稳定向好发展。深入推进国防动员和民兵调整改革，不断完善退役军人服务保障体系。

着力强化网格化治理。健全党建统领基层治理体系，全面开展“县乡一体、条抓块统”改革，整体提升“一中心四平台多网格全群众”社会治理矩阵式智治平台，打造社会治理共同体。深入开展“枫桥式”系列创建，完善诉源访源治理机制，迭代升级三级社会治理中心，落实领导干部接访下访制度，创建无信访积案县和信访工作现代化示范县。构建网络风险闭环管控体系，打造清朗和谐、健康向上的网络生态。

着力推进法治化建设。笃学践行习近平法治思想，大力弘扬宪法精神，深入开展“八五”普法，加快推进“法治越城”建设，着力形成办事依法、遇事找法、解决问题用法、化解矛盾靠法的法治环境。深化法治政府建设，推进行政争议源头化解，有效破解“两高一低”难题。坚持发展全过程人民民主，维护人民依法行使民主权利。全面推进数字法治系统建设，创新推行“大综合、一体化”行政执法改革，持续优化法治营商环境，不断提升党委政府公信力。

2022年是承上启下、继往开来的重要一年，对于新一届党委政府班子来说，是考验定力、智慧、担当、勇气的开局之年，必须牢固树立高度自觉的大局意识，正确认识大局、自觉服从大局、坚决维护大局，做好“上战场”的准备，保持“战斗者”的状态，以“三个年活动”为抓手，深入实施“三大攻坚行动”，鼓足劲、拉满弓，确保开好局、起好步。

“三个年活动”，就是共同富裕提速年、数字赋能提质年、干部作风提升年。这“三个年活动”既各成系统，又相辅相成，其中，共同富裕是目标方向，数字化改革是方法路径，干部作风是根本保障。我们要以这三大载体为主线，全面推进省市各项决策部署在越城落细落实落地，全面提升干部识别变革、适应变革、引领变革的能力，推动越城经济社会发展走在全市前列。

“三大攻坚行动”，就是拔钉清障攻坚、信访化解攻坚、短板提升攻坚。这“三大攻坚行动”面对的都是急难险重领域，要解决的都是“难点”“痛点”“堵点”问题。我们要以小切口推动大治理，通过一年攻坚，最大程度解决历史遗留问题，打开发展空间，进一步扫除掣肘越城高质量发展的障碍。

开展“三个年活动”、实施“三大攻坚行动”，必须坚持“三化并举”：就是要突出工作项目化，精心梳理行动内容，逐项建立工作项目清单，严格实施闭环管理，确保攻坚行动落地见效；突出项目清单化，量化行动指标体系，精准设置节点进度，定期分析解决“梗阻”问题，确保如期完成目标任务；突出清单责任化，明确牵头领导、责任部门、配合部门，充分发挥大督考“利器”作用，将完成情况纳入年度岗位目标责任制考核，确保任务到岗、责任到人、落实到位。

三、更高站位更大力度加强党的全面领导和全面加强党的建设

实现"首位立区、幸福越城",关键在加强党的全面领导。要全面贯彻落实新时代党的建设总要求,大力实施"红色根脉强基工程",推动党的建设和全面从严治党向"制度""治理""智慧"转变,全面提升党的建设整体效能。

(一)加强党的政治建设。落实管党治党政治责任,坚持党中央权威和集中统一领导,旗帜鲜明讲政治,不断提高政治判断力、政治领悟力、政治执行力,坚定不移做"两个确立"忠诚拥护者、"两个维护"示范引领者。坚持"第一议题"学习制度,争当学懂弄通习近平新时代中国特色社会主义思想的表率,以钉钉子精神落实习近平总书记重要指示批示精神,确保党中央和省委市委决策部署在越城落地见效。抓紧抓实"七张问题清单"整改,坚持区委常委会每季度专题研究部署,推动党建工作具象化、可量化、可评价。不断强化党性锤炼,切实增强党内政治生活的政治性、时代性、原则性、战斗性。高质量精准开展政治巡察,不断强化区委巡察工作权威性。加强党对人大和政协工作全面领导。完善落实民主集中制的各项制度。推动新时代统战工作高质量发展,广泛凝聚共识、凝聚智慧、凝聚力量。全面加强意识形态领域主导权和话语权,严格落实意识形态工作责任制,强化阵地建设和管理,形成具有强大凝聚力和引领力的社会主旋律、正能量。

(二)加强干部队伍建设。坚持人尽其才、才尽其用,系统性重塑队伍结构功能、干部能力素养、干部培养路径、班子团队文化、干部工作体系机制,着力提升党员干部塑造变革的能力。精准绘好干部"政治画像",建立全面立体识人机制,科学、精准、到位考察评价干部。更加突出实践标准、实绩依据的选人用人导向,注重在经济发展主战场、项目建设第一线、服务群众最基层发现锻炼识别干部。加强区委党校建设,全面系统提升干部政治能力和专业素养。统筹抓好优秀年轻干部、党外干部培养使用。加强新时代老干部工作。落实"三个区分开来"要求,健全"两个担当"良性互动机制,完善容错纠错、免责保护机制,推进干部涵养"四气"境界。营造唯实惟先、善作善成的团队文化,建立正向激励体系,持续激发创造性张力,锻造"五强"领导班子。

(三)加强基层组织建设。着眼筑牢"红色根脉"稳固根基,构建党建统领整体智治的实践机制。迭代升级党建"契约化"共建,加强理论体系、组织体系、工作体系、运行体系研究,持续擦亮越城党建"金名片"。全面提升基层组织力,建立党建指导员制度,健全村级"一肩挑"领导新体制,深化开展"五星"系列创建,探索加强新业态、新就业群体党建工作试点,努力把党建工作嵌入到经济发展最活跃的脉络上。探索塑造变革型组织,创新"党建+数字+治理"新模式,擦亮"红色物业""五邻社"等特色品牌,提升基层组织重大风险应对处置能力。着力发挥党员先锋模范作用,全面深化"三驻三服务"活动,建立以党群服务中心为主阵地的基层服务矩阵。

(四)加强党风廉政建设。深化全面从严治党责任体系,完善构建"四责协同"机制,强化对"一把手"和领导班子的监督,推动"五张责任清单"落实落细。深化运用"三不"一体方针方略,始终坚持"严"的主基调,精准运用"四种形态",一以贯之保持正风肃纪反腐高压态势。纵深推进清廉越城建设,构建完善集约高效的监督体系,完善纪律、监察、派驻、巡察"四项监督"统筹衔接制度,织密全覆盖的基层监督网

络，持续放大监督治理效能。以永远在路上的执着和韧劲，纠治“四风”树新风，推动党风政风民风持续向好，不断巩固涵养更加山清水秀的政治生态。

各位代表、同志们，新时代绘就新蓝图，新征程呼唤新担当。让我们更加紧密地团结在以习近平同志为核心的党中央周围，在省委、市委的坚强领导下，大力弘扬伟大建党精神，以敢为人先的闯劲、敢谋新篇的干劲、敢挑重担的拼劲，求真务实、开拓创新、阔步前行，为加快实现“首位立区、幸福越城”奋斗目标而不懈努力，以优异成绩迎接党的二十大胜利召开！

绍兴市越城区人民代表大会常务委员会工作报告

2022年2月21日，在越城区第十届人民代表大会第一次会议上

越城区人民代表大会常务委员会主任　徐　荻

过去的五年,是我区砥砺奋进、日新月异的五年,是改革力度大、转型步伐快、经济社会发展好、群众得到实惠多的五年,也是民主法治建设全面推进的五年。五年来,区人大常委会在区委的坚强领导下,认真贯彻落实习近平新时代中国特色社会主义思想,学习贯彻党的十九大和十九届历次全会精神,围绕中心,服务大局,依法履职,共召开常委会议52次,主任会议69次,听取和审议工作报告87个,听取专题汇报96个,作出决议决定和审议意见91项,组织执法检查、集中视察、专题询问103次,充分发挥了地方国家权力机关的作用,为推进我区经济社会发展和民主法治建设作出了积极的贡献。

一、坚持忠诚为党,全力落实“两个确立”要求

常委会始终把政治建设摆在首位,提高政治站位,增强政治能力,把牢人大工作正确政治方向。

把学深悟透习近平新时代中国特色社会主义思想作为理论学习的首要任务。坚持以习近平总书记关于坚持和完善人民代表大会制度的重要思想统领人大工作,把拥护“两个确立”、增强“四个意识”、坚定“四个自信”、做到“两个维护”落实在履职行权全过程。在“两学一做”、“不忘初心、牢记使命”、党史学习教育等主题教育活动中,把学懂弄通做实总书记重要论述作为主题教育的重中之重。认真学习贯彻习近平法治思想,努力提高依法履职能力和水平。

把坚持党的领导作为履职行权的根本保证。常委会旗帜鲜明讲政治,严守政治纪律和政治规矩,重要问题、重大事项、重要活动及时向区委请示报告。坚持区委有要求人大有行动,以全局思维领悟区委决策意图,用法定程序贯彻区委部署要求,确保区委总揽全局、协调各方的领导核心作用得到充分发挥。注重发挥党组把方向、管大局、保落实作用,坚持科学决策、民主决策、依法决策,确保人大工作行稳致远。

把“全过程人民民主”作为探索创新的重要目标。常委会致力于将“全过程人民民主”贯穿人大工作各方面各环节,在探索创新中进

一步彰显制度优势。针对街道人大监督“缺位”的问题，率先建立街道民主议政会制度，成为全省街道民主议政的“越城范例”。作为全省街道人大工作和建设试点，常委会提出“五先引领”“三上三下”“专题议政”等街道人大工作方法，积累了实践成果、制度成果和理论成果，被评为省人大与时俱进奖特别奖。不断创新监督方式，街道预算监督建立“二听二审二报告”模式，工作评议首次采用“五听五看三评”方式，代表约见独创“九步法”，均获得了省、市人大的肯定。

二、坚持发展为先，助力打造“首位度”中心城区

常委会始终把谋发展、促发展、为发展作为第一要务，在助推“三区建设”和“首位度”中心城区建设实践中落实人大履职担当。

立足“两业经”加强监督。围绕发展现代产业体系，组织“项目三进”、万亩千亿新产业平台、集成电路产业发展、重大招商项目、先进制造业、现代服务业、文化创意产业、特色小镇等工作的专项监督，听取“凤凰行动”、数字经济发展、乡村旅游经济发展汇报，视察科创大走廊建设、高新技术产业培育，跟踪监督重点项目进展情况，促进产业高质量发展。围绕传统产业转型升级，持续督查印染化工电镀产业改造提升进展情况，视察袍江区域重点企业，推动政府加快新旧动能转换。围绕深化改革工作，专题听取事权承接和深化改革工作汇报，审议“最多跑一次”改革，关注基层治理四平台建设、提升营商环境、项目审批提质优效和政府服务企业、促进民营经济高质量发展工作，推动改革政策精准落地。

立足“双城计”加强监督。围绕古城保护利用，连续两年审议古城保护利用工作，持续监督《绍兴古城保护利用条例》《绍兴市大运河世界文化遗产保护条例》贯彻实施情况，视察调研风越里、迎恩门风情水街等工程，开展老旧小区改造提升专题询问，促进绍兴古城可持续发展。围绕新城开发建设，关注镜湖开发和越城滨海双向赋能、融合发展，持续监督招商引资项目落地情况、城中村拆改和拆后土地利用。围绕城乡环境整治，听取无违建区创建、小城镇环境综合整治、危旧房改造处置工作汇报，视察美丽乡村建设，开展生活垃圾分类、小区物业管理专题询问，推动城乡风貌得到提升。

立足“管好钱”加强监督。每年听取审议计划、预算、审计工作、债务限额、国有资产管理等报告，审查批准财政决算、债务限额，作出财政预算调整的决议，督促政府盘活财政资金，规范债务管理。深化支出绩效评估，对锡麟中学易地新建等 9 个项目资金使用情况进行专项监督。审议区法院等 4 个部门预决算报告，审查北海街道等 6 个街道预算，推动强化部门、街道预算约束及财务管理。开展“十三五”规划实施情况督查，推进“十四五”规划编制和实施。

三、坚持民生为重，努力践行“人民至上”理念

常委会始终践行以人民为中心的履职理念，关注民生“短板”，回应群众期盼，倾力维护民生福祉，使发展成果更多地惠及全区人民。

推动疫情防控有序开展。区人大发挥制度优势、工作优势，全力助推打赢疫情防控阻击战。在 2020 年上半年和 2021 年底疫情期间，常委会领导每天到结对镇街指导防疫工作，深入村、社、企业了解情况，协调解决困难问题，助力疫情防控各项措施落细落实。全体机关干部

到相关街道和社区，直接参与防控工作。各级人大代表积极响应区人大倡议，踊跃捐款捐物，投身疫情防控，助推复工复产，在不同的战线上履职尽责、担当作为。常委会对区政府统筹推进常态化疫情防控和经济社会发展情况进行了专项监督，助推“两手硬、两战赢”。

推动民生实事落地落实。民生实事项目是政府惠民利民的重要抓手。常委会通过座谈会、代表活动、走访调研等途径，支持和参与区政府做好民生实事项目征集工作，强化民生实事民意基础。为确保人代会通过的民生实事项目落到实处，常委会建立“年初听安排、每季问进度、年底评绩效”的监督链条，5个督查组环环跟进，逐项开展对口检查，并将项目完成情况提交人代会进行满意度测评。制定出台相关实施意见，用“三上三下”的方式开展民生实事项目票决制工作，使票决工作更加规范、有效。

推动社会事业优质均衡。民生事业是常委会一直关注的重点。聚焦办好人民满意教育，常委会先后对初中教育事权承接、学前教育优质资源拓展、学校课改工作、“双减”工作、新城老城教育资源布局优化进行调研、视察、审议。关注医疗卫生服务，审议医卫服务体系规划实施报告，听取医共体建设、基层中医药综合服务汇报，调研新冠肺炎疫情防控、公共卫生服务工作，开展医疗卫生服务基层服务群众专题询问，助力保障人民群众生命健康权益。助推养老事业发展，组织养老事业提质扩面询问活动，调研、审议居家养老服务工作。致力于保障群众“舌尖上的安全”，连续9年开展食品安全专项监督和“一法两规”执法检查。

推动生态环境持续改善。严格执行区、镇街生态环境状况和环境保护目标完成情况报告制度，开展环保重点问题跟踪督查，督促政府和相关部门自觉履行生态环境保护责任，加快形成绿色发展行动体系。开展蓝天保卫战、“无废城市”建设试点、“污水零直排区”建设、重大水利工程建设、截污纳管工程运行专项监督，组织代表巡查督查“剿灭Ⅴ类、劣Ⅴ类水”工作，对《浙江省农村生活污水处理设施管理条例》《绍兴市大气污染防治条例》等开展执法检查，助推解决水、气、土壤、固废污染等方面突出问题。

四、坚持公正为要，着力推进“法治越城”建设

常委会始终大力弘扬宪法精神，践行法治理念，强化法律监督，着力推动“一府一委两院”依法行政、公正司法，夯实依法治区基础。

保障宪法法律实施。全面落实新任命国家机关工作人员宪法宣誓制度，激励和教育国家工作人员忠于宪法、遵守宪法、维护宪法。听取审议区政府“七五”普法实施情况，作出加强“八五”普法的决议，推动增强公民的宪法和法律意识。对《档案法》《浙江省学前教育条例》等30余部法律法规开展执法检查，确保相关法律法规在我区的贯彻执行。认真开展规范性文件备案审查工作，五年来共备案审查规范性文件81件，努力维护国家法制的统一。

维护社会公平正义。常委会把促进公正司法和依法行政放在法律监督工作的首要位置。五年来，审议区人民法院人民陪审员、行政审判、基层法庭建设、诉讼服务中心“三大机制”、家事审判等工作，审议区人民检察院刑事执行检察、公益诉讼检察、民事行政检察、生态环境保护检察、服务非公经济等工作，对提高审判质量和规范检察工作提出一系列审议意见。以“五听二查三报告”的创新方式开展“两官评议”，组织代表旁听法院庭审活动25次，推动提升司法公信力。连续三年监督扫黑除恶工作，关注

"最多跑一地"改革，视察枫桥式派出所创建情况，推进"法治政府"和"平安越城"建设。

依法做好人事任免。坚持党管干部和依法选举任免相结合，认真做好人事任免工作。及时召开人代会和人大常委会议，依法选举、任免国家机关工作人员，从组织上保证国家机关正常运转。修订《任命干部任前法律知识考试实施方案》，严格落实任前审查、表态发言、颁发任命书等制度，完善人事任免工作流程。五年来，共依法任免国家机关工作人员541人次。

五、坚持服务为本，致力发挥"忠实代言"作用

常委会始终高度重视代表工作，尊重代表主体地位，支持和保障代表当好人民群众"忠实代言人"。

拓宽代表参政履职平台。坚持常委会组成人员联系代表、代表联系选民制度，了解和反映代表、群众的呼声期盼。为代表行使职权创造条件、搭建平台，邀请代表列席常委会会议、参与常委会重要活动共计600余人次。连续五年开展代表联络站规范化建设，达成了"全部建成五星、规范设立分站、创建特色站点"工作目标。五年来，各级人大代表共有1753人次进联络站接待选民，收集建议意见2000多条，通过直办机制办结1800余条。组织开展"局长·代表面对面""建功'十三五'共谋'十四五'人大代表在行动""大走访大调研大抓落实"等主题活动，配合省、市人大做好立法调研，更好发挥人大代表作用。深化代表履职积分登记、代表进选区向选民述职制度，规范代表履职管理。

增强代表建议督办实效。制定《区人大代表建议、批评和意见办理办法》，进一步规范建议办理各个环节。实行区政府领导领办和常委会领导督办、常委会工委归口督办、重点建议跟踪督办等制度，并采取代表约见、专题询问、满意度测评以及评选办理先进单位等方式，推进代表建议意见认真办理、按期办毕。五年来，共推动899件意见建议在规定期限内办理完毕，较好解决了一批涉及群众切身利益的热点难点问题。

形成人大工作整体合力。高度重视镇街人大工作，坚持常委会组成人员联系镇街人大制度，定期召开镇街人大工作会议，邀请镇街人大主席（主任）列席人大常委会会议，深化常委会重要活动区、镇街联动制度，充分发挥基层人大的工作能动性，推进全区人大工作整体发展。认真实施《浙江省街道人大工作条例》，深化街道民主议政会制度，每年年初专题审议人大街道工委报告并列出工作清单，指导街道做好主题监督和代表活动。组织镇街人大干部参加省、市、区工作培训，不断提高镇街人大履职水平。

组织指导代表换届选举。准确把握换届选举工作的指导思想、总体要求、基本原则、工作重点，把好代表的政治关、素质关、结构关，严格代表候选人提名推荐和审查程序，努力优化代表结构、提高代表素质。做好选举疫情防控工作，强化数字化系统应用培训。常委会精心组织、周密安排、加强协调、精准指导，确保区镇两级人大换届选举工作依法有序进行。全区顺利选举产生新一届区人大代表320人、镇人大代表59人。

六、坚持创新为基，倾力加强"四个机关"建设

常委会始终以发展的理念，创新的思维，一线的精神，务实的作风，努力强化"四个机关"建设。

加强组织建设。贯彻落实新时代党的建设要求，设立机关党组和机关总支，健全常委会党组、机关党组议事规则。坚持党组理论中心组学习和机关周一夜学，开展“主题党日”活动和专题警示教育，健全落实机关学法和学经济、科技、文化等制度，强化理论武装、党性修养和廉洁自律。履行全面从严治党政治责任，严明政治纪律和政治规矩，驰而不息纠“四风”、正作风。支持纪检监察组履行监督执纪职责，纵深推进“清廉机关”建设。

参与中心工作。常态化开展“七联”工作，认真做好后进村整转、社区帮扶和企业“三驻三服务”，履行好河长、湖长职责。积极参与拆迁工作，常委会领导、人大机关干部到一线担任拆迁主力，圆满完成各项任务。积极参与信访包案和攻坚季行动督查等中心工作，履行人大干部应有的担当作为。围绕区委中心开展调查研究，《总结我区“八八战略”实践经验弘扬优势创新举措推动新时代新发展》等调研成果得到了区委领导的批示肯定。

推进数字化改革。围绕省、市、区委和省市人大数字化改革要求，加强顶层设计，构建越城区人大“1811”数字化改革架构，积极融入整体智治系统。紧扣越城实际，认真梳理“三张清单”，按照“大场景、小切口”的要求，打造“局长·代表面对面”和“民主议政”重点应用场景。做好人大网站迁移，应用无纸化阅文系统、电子投票系统，承接省、市应用场景实施工作，推进人大工作数字化转型。

各位代表，区九届人大常委会五年来在工作中取得了一定的成绩，这是在区委正确领导、省市人大有力指导下，常委会组成人员和全体区人大代表辛勤工作的结果；是区政府、区政协、区监委、区法院、区检察院支持配合的结果；是镇街人大共同努力的结果；是各部门、各镇街和社会各方面热情帮助的结果。在此，我谨代表绍兴市越城区第九届人民代表大会常务委员会向大家表示衷心的感谢！

我们也清醒地意识到，依照宪法、法律赋予的职责和人民群众的要求，常委会工作还存在不少差距和不足。主要是：在创新监督方式方法、增强监督刚性和实效上，需要进一步深化；在拓展代表履职平台、推动代表作用充分发挥上，需要进一步加强；在增强履职能力、推动人大工作高质量发展上，需要进一步探索。这些问题，我们将在今后的工作中认真研究，切实改进提升。

五年探索实践，五年砥砺前行，使我们进一步加深了对人民代表大会制度和人大工作规律性的认识，我们深刻体会到：

——必须更好地把党的领导和人民意志结合起来。习近平总书记明确指出，中国共产党的领导，就是支持和保证人民实现当家作主。实践表明，做好新时代人大工作，一方面必须加强党对人大工作的全面领导，把“两个确立”“两个维护”体现到人大工作的全过程各方面，以最鲜明的态度、最坚决的行动、最严格的标准，旗帜鲜明地坚持党的主张、落实党的各项决策部署。另一方面，必须更加广泛地集中民智、汇聚民力，扩大人民群众对人大各项工作的有序参与，综合运用各种监督手段，努力在解决群众操心事、烦心事、揪心事上有更多动作、更大作为。

——必须更好地把制度规范与改革创新结合起来。习近平总书记强调，要把坚定制度自信和不断改革创新统一起来，在坚持根本政治制度、基本政治制度的基础上，不断推进制度体系完善和发展。实践表明，做好新时代人大工作，既必须加强规范化、制度化建设，完善常委会议、主任会议议事规则，健全监督、决定、任免等工作制度，加快形成符合地方国家权力机关职能特点的运行机制和工作方式，也必须顺应形势和任务的变化，打破传统路径依赖，推进数字化改革，创造性地开展工作。

——必须更好地把代表工作与群众工作结合起来。习近平总书记指出，人民代表大会制度之所以具有强大生命力和显著优越性，关键在于它深深植根于人民之中。实践表明，做好新时代人大工作，必须全方位协同推进人大工作、代表工作、群众工作，全天候密切联系国家机关、人大代表、人民群众，全链条强化人大代表推荐选举、服务保障、履职监督的管理。必须把党的群众路线贯穿到代表工作中，把人大工作做到群众心坎上。

——必须更好地把做强优势与补齐短板结合起来。习近平总书记强调，发展社会主义民主政治，关键是要增加和扩大我们的优势和特点，而不是要削弱和缩小我们的优势和特点。实践表明，做好新时代人大工作，必须坚持目标导向，做强优势，总结行之有效的做法经验，放大越城人大品牌效应，不断提升我区人大工作整体水平。必须坚持问题导向，补齐短板，努力建峰填谷，促进全区人大工作优质均衡发展。

今后五年，是越城厚积薄发、赶超跨越、大有可为的五年，区第十次党代会提出了"首位立区、幸福越城"的目标定位。新时期、新阶段、新目标，人大工作面临着新要求、新课题和新任务，做好人大工作意义十分重大。

本次大会将选举产生新一届区人大常委会。我们相信，在区委的正确领导下，在全区人民和全体区人大代表的大力支持下，新一届区人大常委会定将继往开来，与时俱进，进一步开创我区人大工作的新局面。我们向新一届区人大常委会提出以下建议：

一、坚持"政治机关"的本质属性

继续深学细悟笃行习近平总书记关于坚持和完善人民代表大会制度的重要思想，把"两个确立"的要求落实到坚持"两个维护"上、落实到做好"四个善于"上、落实到建设"四个机关"上。切实加强党的创新理论武装，认真学习贯彻习近平新时代中国特色社会主义思想，围绕总书记对浙江"努力成为新时代全面展示中国特色社会主义制度优越性重要窗口"和"共同富裕示范区"的新期待，进一步增强制度自信、强化责任担当，与时俱进推动人大制度在越城的生动实践。全面贯彻落实《中共中央关于新时代坚持和完善人民代表大会制度加强和改进人大工作的意见》，更好地将人民代表大会制度优势转化为地方国家治理效能。恪守坚持党的领导首要政治原则，坚定维护区委总揽全局、协调各方的领导地位，严格执行重大事项请示报告制度，科学依法履行职权，保证区委重大决策部署贯彻落实。

二、坚持"首位立区"的发展导向

要将"干就干最好、争就争第一"作为人大工作根本，进一步在"首位立区"大场景中展现人大担当。围绕构建高质量现代产业体系，全力助推越城滨海融合发展，深入监督具有支撑性、关键性作用的重大平台，推动新旧动能转换和经济高质量发展。围绕打造高能级城市体系，深化对"网络大城市"、交通互联互通、古城开发保护等的监督。围绕打造文化高地，重点关注农文旅、文商旅融合发展态势。围绕经济行稳致远，组织开展经济运行专项审议，加强国有资产管理监督，深化预算审查监督和资金使用绩效监督。在新的一年中，建议紧紧围绕"三个年活动”，加强对营商环境改善、产业平台运行、重大项目建设的监督，继续深化对年度预算、街道预算、部门预算的审查，关注重点支出项目的审计和绩效评价。

三、坚持“幸福越城”的履职追求

把打造“幸福越城”作为人大履职尽责的根本追求，科学选题、精准发力，提升民生监督实效。继续关注民生“关键小事”，健全民生实事项目监督长效机制。持续跟踪推进教育资源优化配置、医共体建设、养老服务体系建设、城乡一体化、生态环境保护等重大民生工作，着力推动解决群众最关心的突出问题，不断提升人民群众的获得感和幸福感。关注民生安全，开展专项监督和执法检查，确保关乎国计民生、社会安定的特殊公共产品安全稳定。在新的一年中，建议把义务教育阶段“双减”工作、信访“百日攻坚”、山塘水库除险加固整治、“五星 3A”迭代升级、生态环境保护、《浙江省医疗保障条例》贯彻实施以及消防、食品、生产、粮食安全工作作为民生问题督查的重点。

四、坚持“法治思想”的生动实践

深入学习贯彻习近平法治思想，在全面依法治国中找准人大定位，为在新的起点上推进法治越城建设贡献人大力量。按照法律和上级人大常委会的要求，结合我区实际，认真开展执法检查。配合做好立法调研，为全国人大和省、市人大立法提供优质建议。对基层换届选举依法开展监督和指导，提升民主选举质量。根据宪法和法律规定，及时选举、任免国家机关工作人员，保障“一府一委两院”工作的顺利开展。继续关注“八五”普法工作，切实增强全区人民的法治意识。在新的一年中，建议继续关注“法治政府”建设，对区法院充分发挥司法职能、优化营商环境、服务经济高质量发展进行审议，对区公安分局、区自然资源和规划分局开展工作评议，强化检察院涉及未成年人刑事检察和公益诉讼监督，开展“两官评议”，进一步发挥人大在“法治越城”建设中的作用。

五、坚持“支持保障”的精准有效

落实好习总书记“支持和保障代表更好依法履职”的要求，使各级代表更好接地气、察民情、聚民智、惠民生。丰富闭会期间代表活动，精心组织开展各项代表主题监督活动。继续抓好联络站深化拓展工作，定期组织开展“局长·代表面对面”活动，把联络站建设成为代表联系群众的好桥梁、代表履行职责的好平台、国家机关听取代表和选民意见的好场所。完善人大培训体系，提高培训工作的系统化专业化规范化水平。健全代表履职评价体系，用数字化改革强化代表履职管理。进一步加强代表建议办理工作，深化代表约见、分类处理等方法，提高建议办理质量和问题解决率。在新的一年中，建议深化代表联络站“五星”创建活动，推动站点提档升级；强化新一届人大代表培训，提高代表为民代言、依法履职能力；指导街道民主议政会做好换届、专题议政等工作，促进街道人大工作和建设再上新台阶。

六、坚持“一线担当”的本领锤炼

打造一支政治素质高、履职能力强的人大队伍，建设一个依法依规监督、高效高能办事的人大机关，是做好人大工作的基本保证。健全学习机制，强化理论武装，不断提高政治判断力、政治领悟力、政治执行力，不断增强宗旨观念和清廉意识；学深悟透有关法律法规政策，强化干部专题培训，不断提高人大干部的理论水平、工作能力和业务水准。加强理论研究，深化对人大工作规律的认识和把握。完善常委会议、主任会议、专门委员会议事制度，提高议事质量和效率。在新的一年中，要推动人大各项工作制度的创新完善，形成充满活力、务实高效的运行机制。继续推进人大数字化改革，推广应用各种场景，加快“数字议政”系统的开发建设。规范指导镇街人大工作，在基层人大工作和建设上不断树创“越城”范例。

政府工作报告

2022年2月20日，在越城区第十届人民代表大会第二次会议上

越城区人民政府区长　钱林江

一、2022年工作回顾

2022年是党的二十大胜利召开之年，也是本届政府开局之年。一年来，我们坚持以习近平新时代中国特色社会主义思想为指导，全面贯彻党的二十大精神，认真落实中央、省、市和区委决策部署，较好完成了区十届人大一次会议确定的目标任务，昂首迈进“首位立区、幸福越城”新征程。全区实现地区生产总值1271亿元、增长4%；一般公共预算收入86.2亿元、同口径增长5.7%；固定资产投资882亿元、增长13.1%；社会消费品零售总额748亿元、增长3.6%；进出口总额838亿元、增长26%；城乡居民人均可支配收入70525元和45540元，分别增长4.1%、7.1%。

一年来，我们立足新起点，放大格局、狠抓落实，在大场景和长周期下走好新的赶考之路。一是抓开局谋新篇。全面完成新一轮国土空间规划“三区三线”划定，谋划编制凝共识、管长远的全域空间战略规划，谋划实施科技创新“258”行动计划、先进制造业“1515”专项行动，谋划推进6大重点片区开发、城市精细管理“1414”行动，谋划研究古城发展定位，推动古城申遗和全域未来社区建设，在重点领域谋定事关今后五年的努力方向。二是抓发展稳大盘。坚决落实“疫情要防住、经济要稳住、发展要安全”要求，加大逆周期调节力度，顶格承接、加码出台稳经济一揽子政策举措，对冲经济下行压力，全年“减免奖退”资金56.9亿元、全市第一，税收同口径增长1.2%、全市第一，稳进提质晾晒排名遥遥领先、全市第一，连续3个季度获全市实绩比拼优胜单位，打出系列组合拳，经受住了超预期的冲击和挑战。三是抓重点树标杆。锚定产业、城市、文化三大领域，把握风口推，找准赛道争，奋力锻造硬核力、放大辨识度、打造金名片，动能转换实践成效固化为全省经验，加速迈向“腾笼换鸟、凤凰涅槃”全国样板，高水平网络大城市核心地位凸显，成为引领全市、辐射湾区的重要引擎，文化铸魂工程驱动生成一批重大项目，新时代越城精神、城市形象标识深入人心，全年获得国家级、省级荣誉（试点）80余项，荣膺“2022中国最具幸福感城区”。四

是抓短板破难题。系统重塑抓安全、抓法治的工作体系，安全生产、法治政府等约束性指标降幅全市最大。全面起底区域发展、开发建设、体制调整形成的86项遗留问题，成功处置滞留21年的会友大酒店等“老大难”问题，西城广场、尚都中心复工复建，迪荡“双子楼”实质性推进化解，涉及镜湖开发、沥海划转的32项问题全部处理到位，努力做到“理旧账不留坏账”。五是抓要素强保障。创新建立统征机制，集成推进国企改革、“四资”盘活，成功入选省级首批土地综合整治试点，有力提升土地、资金、能耗等要素综合保障能力，全年争取专项债金融债50.8亿元，消化“四未一低”土地8024亩，获得土地奖励指标3755亩，盘活新增能耗20.3万吨标煤，均居全市前列。

一年来，全区上下凝心聚力、砥砺前行，各方面工作取得积极成效：

（一）融合发展更显优势。发挥越城、滨海双向赋能、融合发展新优势，优化完善招商引资、规划建设、项目全生命周期管理等机制，形成项目共建、要素共争、资源共享、难题共促大格局。新招引10亿元以上项目27个、总投资735亿元，招引数、投资额均居全市第一。17个省“4+1”重大项目、5个省市县长项目工程100%开工，比亚迪百亿级新能源项目实现签约后89天内“四证同发”、拿地即开工，全球最大的年产4万吨钠创新能源一期项目五个月内完成签约投产。政府投资项目开工率、投资完成率均达到95%以上，制造业投资增长61.1%、增速列全省44个工业大县第一，有效投资获省政府督查激励。国家级绍兴综保区正式封关运营，国家级高新区、国家级经开区全国排名均跃升14位。集成电路、高端生物医药两大“万亩千亿”新产业平台分获全省考核第一名、第四名。滨海新区位列城市新区发展潜力百强全省第2位、全国第12位。全区综合实力跃居全国百强区前50位。

（二）产业提质更有成效。建立区政府每月科创工作日机制，财政支持科技人才投入增长27.4%、突破10亿元。新认定国家高新技术企业203家、省科技型中小企业233家，研发投入增速连续4年全市第一，全省排名跃升30位。第三代半导体入选全省首批未来产业先导区创建培育名单，绍芯实验室列入省政府重点支持产学研一体化科创平台，中芯集成科创板IPO成功过会，国家级博士后工作站、中国专利奖等实现零的突破。引进硕博人才1300余人、高校毕业生3.5万人，人才竞争力指数保持全市第一。深入推进“腾笼换鸟、凤凰涅槃”攻坚行动，同步实施“砺鹰计划”，最后一个印染组团顺利关停，印染产能平稳退出，35家化工企业全部签订退出协议，18个化工集聚项目开工建设，获省政府第一档考核激励。扎实推进工业全域治理，规上工业亩均税收增长27%，新兴产业增加值增长30.9%，均居全市第一。开展外贸保稳提质行动，“一码找订单”入选“2022中国改革典型案例”，出口占全国份额由万分之27.1提高到万分之31.0，跨境电商进出口份额全市第一、占比超4成，引进超亿美元外资项目3个，实到外资2.9亿美元，成功创建全省首批RCEP高水平开放合作示范区、省级进口贸易促进创新示范区。实施“越”系列消费促进活动，鲸银城、国金大悦城、华联银泰城、迎恩天地等新商圈顺利开业，871LOOP、浙东运河文化园等文旅项目加快推进，中国国际黄酒产业博览会永久落户黄酒小镇，成功创建省级全域旅游示范区、省级数字生活新服务样板区，获评全省文旅融合特别奖。全面完成“非粮化”整治和粮食生产、生猪保供等任务，全面消除年经营性收入50万元以下经济薄弱村。

（三）人居环境更加秀美。全域推行土地全周期管理，实施拆迁285万平方米，拔钉清障228户，释放土地空间3000余亩。深度融入杭绍甬一体化，轨道交通一号线、4条智慧快速路全线通车，绍兴城际线迪荡站正式投用。加快编制名城保护规划，有序实施台门征收修缮，精心打磨“一城一桥三故里”，名城光彩日益绽放，相关经验做法获中改办《改革情况交流》刊载推广，获央视一套《泱泱中华历史街区》《文脉春秋》专题报道。高质量完成中兴大道改造、阳明路提升等41个亚运配套项目，“三山一湖”全面亮灯，城市风景更加靓丽。越子城风貌区入选全省首批“新时代富春山居图样板区”，外滩社区、坡塘村等入选省级未来社区、未来乡村，斗门街道、富盛镇创成美丽城镇省级样板，城乡大美加速呈现。全面实施城市管理提升专项行动，投入经费10亿元、增速全省最高，整体打造“四个环境”“三个面”，全域全过程实现“一把扫帚扫到底、一把剪刀剪到底、一个班组修到底”，城市管理、垃圾分类综合排名均列全市第一，成功承办全市现场会，顺利通过全国文明城市创建复评。持续巩固“无废城市”试点成果，中央环保交办信访件销号率100%，省控及以上断面水质达标率100%，时隔四年再夺“大禹鼎”，创成省级生态文明示范区。

（四）民生福祉更为厚实。民生事业投入近70亿元、增长10.8%，112项省、市、区三级民生实事如期完成。开展职业培训5.7万人，新增城镇就业4.3万人、技能人才2.2万人，城乡居民收入比降至1.55，全市第一、全省前十。基本养老保险、基本医疗保险参保率均达99.7%以上，资助困难群众参加医保超400万元，减轻困难群众医疗负担超1700万元。市教育均衡示范乡镇实现“满堂红”，省教育现代化水平监测跃升A等，成功创建全国学前教育普及普惠区。群众体育蓬勃发展，竞技体育勇创佳绩，省运动会金牌数、团体总分均列全市第一。省人民医院越城院区入选国家区域医疗中心试点，“健康浙江”考核连续4年保持优秀。系统安排未来5年各类公共服务项目，谋划推进区图书馆、区文化馆、区博物馆、区非遗中心等“三馆一中心”建设，建成城市书房4家、文化驿站3家、乡村博物馆3家，开放名人故居4处，“15分钟品质文化生活圈”加速成型。在全市率先出台房地产新政“18条”，高规格举办全区首届房博会，平稳推进保交楼、稳民生。完成老旧小区改造43个、加装电梯100台，数量全市第一。优化行政中心功能，完善镇街办公场所选址，提升教师、医护、村社干部、网格员等一线人员保障待遇。在全省率先开展基层应急和消防一体化规范化建设，安全生产事故起数、亡人数分别下降58.3%、60.9%，火灾起数、电诈案件分别下降42.5%、24%，食品药品、特种设备领域实现事故零发生。成功防御台风“轩岚诺”“梅花”，圆满完成党的二十大等重大活动维稳安保任务，“除险保安”指数排名全市第一、全省第五，实现平安建设“十七连冠”。

（五）政府建设更具效能。坚决扛起政府党组主体责任，坚定不移做“两个确立”忠诚拥护者、“两个维护”示范引领者。自觉服从区委领导，全面维护区委权威，把“上级有部署、越城见行动，区委有要求、政府抓落实”贯彻融入工作全过程各方面。主动加强与镜湖开发办、市级平台的高效协同，凝聚推动主城区发展的工作合力。创新构建“周例会、月协调、双月赛马”的执行链条，形成心齐气顺、争先创优的良好氛围。加强府院、府检联动，修订《法律顾问工作规则》，推进行政争议源头预防、多元化解，行政负责人出庭率升至100%，行政诉讼收案数下降10.5%，败诉率首次降至5%以内，均为近年来最好。主动向区人大报告工作、向区政协通报情况，认真听取各界人士意见建议，高质量办理人大建议244件、政协提案335件。严格落实中央八项规定及其实施细则精神，召开新一届政府第一次廉政工作会议，始终保持警惕警醒，自觉维护清清爽爽的同志关系、规规矩矩的上下级关系、亲清统一的新型政商关系。坚持政府过"紧日子"，强化审计监督和预算管理，低效非刚性资金核减9328万元，一般性支出压降10%。挂牌成立区交通运输局。圆满完成对口支援、东西部协作、山海协作等任务。重视发展民族宗教、港澳侨台、对外事务、工商联等事业，支持工青妇、红十字会、科协、关工委、社教委等组织履行职责，推动人民武装、国防教育、退役军人、史志、档案、老龄、儿童、残疾人、流动人口、气象等工作取得新进展。

各位代表！过去一年，成绩来之不易，值得倍加珍惜。这是习近平新时代中国特色社会主义思想和"八八战略"在越城生动实践的结果，是上级党委政府和区委正确领导、科学决策的结果，是区人大、区政协有效监督、鼎力支持的结果，是市级各主体、各平台通力协作、互助共赢的结果，更是全区人民团结奋斗、顽强拼搏的结果。特别是在抗击新冠肺炎疫情的人民战争中，广大干部群众、医务人员、公安干警、基层工作者不畏艰辛、勇毅坚守，以最快速度、最小范围、最小代价打赢了一场场疫情防控遭遇战，最大程度保护了人民生命安全和身体健康，最大程度保障了正常生产生活秩序。在此，我代表区人民政府，向全区广大人民，向各位人大代表、政协委员，向所有关心、支持、参与越城发展事业的各界人士和海内外朋友，表示衷心感谢并致以崇高敬意！

我们也清醒看到，政府工作仍面临不少困难和挑战，主要是：新旧动能转换还需加速，稳进提质成效还需巩固；创新策源和成果转化能力仍较薄弱，高端人才、专业人才比较紧缺；城乡基础设施建设还有欠账，优质公共服务供给不够均衡；防范化解安全、环保、基层治理等领域风险的各方责任仍需压实；一些政府工作人员的思想观念、视野格局、能力素质、担当精神还不适应现代化发展要求，"四风"问题仍有发生。对此，我们将以更有力的举措、更扎实的工作，认真加以改进。

二、2023年主要工作任务

2023年是全面贯彻落实党的二十大精神开局之年，是"八八战略"实施20周年，是"十四五"规划实施关键之年，也是越城建区40周年，做好政府工作意义重大。

贯彻区委十届四次全会精神，今年政府工作的总体要求是：坚持以习近平新时代中国特色社会主义思想为根本指引，深入学习贯彻党的二十大精神，坚持稳中求进工作总基调，完整准确全面贯彻新发展理念，忠实践行"八八战略"，奋力推进"两个先行"，努力打造"重要窗口"，紧紧围绕"首位立区、幸福越城"目标定位，大力实施数字经济"一号发展工程"、营商环境"一号改革工程"、地瓜经济"一号开放工程"，深入推进项目攻坚行动、城市清洁行动、风险防范行动、作风提升行动，奋力谱写中国式现代化越城新篇章。

综合考虑，建议2023年全区经济社会发展的主要预期目标为：地区生产总值增长7.5%以上；一般公共预算收入增长8%；规上工业增加值增长10%以上；固定资产投资增长12%以上；社会消费品零售总额增长10%；外贸出口额增长20%；城乡居民人均可支配收入与经济增长基本同步；研发投入强度超过全市平均水平；完成上级下达的能源环境任务。

围绕上述目标，我们要高扬拼经济的主旋律，奋进现代化的新征程，图更强、争一流、敢首创，重点抓好五方面工作：

（一）全力全速拼经济

一是抓项目扩投资。紧扣高质量发展首要任务，认真做好“十四五”规划中期评估调整。充分发挥重大项目“压舱石”作用和投资关键作用，聚焦先进制造业、科技创新、交通水利、城市更新、文旅融合、民生社会等重点领域，谋划实施一批战略性、支撑性、引领性重大项目，加快推进一批多年想上未上的重点项目，确保更多项目进入省级以上笼子。贯通实施扩大有效投资“千项万亿”工程，加快中芯三期、比亚迪二期等重大项目开工，海峡两岸（绍兴）数字产业合作区先导项目落地，当年完成项目投资超1000亿元，其中政府（国企）投资超500亿元、产业投资超250亿元、房地产投资超400亿元。深化全域全员全过程招商，当年新引进5亿元以上项目50个，其中10亿元以上20个、50亿元以上6个、100亿元以上3个，协议总投资达到1000亿元。争取全市首支QFLP外资基金落户，招引1亿美元以上外资项目2个，实际利用外资2.25亿美元。优化项目全生命周期管理服务，落实重大项目督导服务机制，确保当年新签项目开工70%以上，省“千项万亿”重大项目、省市县长项目工程、省集中开工项目、省重大产业项目、地方政府专项债金融债项目100%开工。

二是抓消费拓市场。大力实施扩大内需战略，更高效率联通内外市场，充分发挥消费基础作用、出口支撑作用。坚持提升传统消费和培育新型消费并重，支持国金大悦城、银泰城、世茂广场等商圈业态更新、品牌升级，保障龙湖天街、风越里等开业营运，打造酒吧一条街、茶饮一条街、特色小吃一条街等网红打卡点，迭代“越”系列消费促进活动，最大限度改善消费条件、创新消费场景、释放消费潜力，争创省级夜间经济集聚区、省级新型消费试点区，打造国家消费中心城市主承载区。发挥房地产消费拉动作用，优化经营性土地出让模式，落实房地产项目“一对一”指导服务，全力稳地价、稳房价、稳预期。加快全国首批内外贸一体化发展试点区、全省首批RCEP高水平开放合作示范区建设，推动绍兴综保区列入“全国B类综保区”，打造长三角对外开放新高地。实施“百团千企拓市场”系列活动，贯通国际国内产品标准，货物贸易、服务贸易出口增速继续走在省市前列，力争进出口总额突破1000亿元。

三是抓改革优环境。企业是经济高质量发展的最大底气。我们既要关心企业飞得高不高，更要关心企业飞得累不累，把工作的着力点放到实体经济上，深入践行“企业办事无忧、政府无事不扰”理念，持续优化营商环境，全力提振市场信心。贯彻《省促进中小微企业发展条例》，贯通新一轮降本减负、融资畅通政策举措，集成推出“1+9+3”政策包，力争全年再为市场主体减负30亿元以上，新增贷款增长10%以上，普惠小微企业贷款稳中有增，综合融资成本稳中有降。开展“千名干部走千企”活动，深化“减证便民”行动，涉企手续能减的一律减到底，涉企收费能免的一律免到底，力争产业用地项目拿地即开工宗数达到50%以上，经营性用地项目开工前审批时间缩短50%以上。深化综合执法改革，完善“枫桥式”护企优商模式，审慎适用行政强制措施，努力营造更宽松、更规范、更人性化的发展环境，让市场主体放心投资、安心经营、专心创业。完善公平竞争制度，确保央企、国企、民企，大企业、中小企业，外资企业、内资企业都能依法平等参与政府采购、项目招标。推进国企国资改革，实体化运营区国投集团、区公用事业集团，高效统筹盘活“四资”，加快国企从功能性向经营性转型，实现净资产、净利润双增长。

（二）提质提能强产业

一是致力动能转换。加快实施先进制造业“1515”专项行动，全力争夺“浙江制造天工鼎”。打好传统产业跨域集聚收官战，推动腾退空间二次开发，建设一批未来园区，打造全国“腾笼换鸟、凤凰涅槃”实践样板。支持中芯集成、长电绍兴等头部企业提能扩产，新兴主导产业产值超1000亿元，省级“万亩千亿”新产业平台考核保持领先。深化工业全域治理，支持本土企业增资扩产、零地增容，动态出清低效产能，腾出用能10万吨标煤，规上工业亩均税收增长10%以上。实施企业“长高长壮”培育工程和上市“131”行动，建设既有顶天立地、又有铺天盖地的企业梯队，新增“小升规”100家、“规改股”20家、“股上市”3家，力争上市公司总市值突破1000亿元。加强“品字标”建设，争创中国质量奖。

二是致力创新制胜。大力实施科技创新“258”行动计划，加速迈进全国科技创新强区前40，争创“科技创新鼎”。聚全力推进“大两湖”（暂名）科技城建设，联动打造镜湖科技城、滨海科技城，形成“1+N”全域科创格局。实施科技企业增量、领军企业扩容、链主企业突破三大工程，国家高新技术企业、省科技型中小企业年度新增均增长50%以上，保有量分别达到600家、1800家。加快国家创新型产业集群培育，争创国家级集成电路产业创新中心，力争国家级“单项冠军”企业实现零的突破。支持绍兴文理学院创建绍兴大学，加快杭州电子科技大学绍兴校区、浙江金融职业学院绍兴校区等建设，鼓励在绍高校开展校企合作，优化共建校地研究院合作模式，全面提升产学研用协作黏性，力争引进人才数、知识产权数均增长50%以上，科技成果转化率超过25%。深化人才管理改革试验区建设，实施引才“百千万工程”，招引高层次人才200人、高校毕业生3.7万人，培育高技能人才3000人，力争“鲲鹏计划”取得突破，打造新时代“名士之乡”。

三是致力多元发展。贯通实施服务业高质量发展“百千万”工程，力争完成服务业新招项目、新招企业、新增月度“下升上”各100家，进一步壮大总部经济、繁荣楼宇经济、培育会展经济，实现服务业增加值增长7.5%以上。大力发展绿色节能、现代智慧等建筑新业态，力争建筑业总产值突破1000亿元。深入开展农业“双强”行动，推进长三角农产品冷链智慧物流及农批市场项目，加快敏实生物农业示范区、东鉴湖农业体验观光区等建设，实施黄酒糯稻本地化工程，新增规模化流转5000亩，打造国家级东湖农场。

（三）精细精美优城市

一是高水平谋好这座城。以全域空间战略规划为蓝本，加快编制稽山鉴水样板区等分区规划，“大两湖”科技城等重点片区规划，产业、交通等专项规划，优化城市功能布局，全面提升控规覆盖，形成支撑高质量发展的规划体系。深化统征机制改革，用好2个省级土地综合整治试点，压茬推进整村拆迁、整片流转，全力完成拆迁征收200万平方米以上，努力实现筹措指标6000亩、做地管地10000亩、出地供地10000亩的“611”目标，有力保障规划蓝图落地。

二是高品质建好这座城。立足片区开发，全速推进网络大城市“一核一心”建设。重点在“大两湖”科技城20平方公里范围内，提前实施绍芯实验室、国际人才社区、数字档案产业园等一批先导项目，打造杭州湾科创高地；在集成电路小镇15平方公里范围内，全要素提升芯生产、芯生活、芯空间、芯生态，打造长三角集成电路产业核心区；在绍芯谷11平方公里范围内，如期完成1号先行启动区块城市更新，打造制造业“腾笼换鸟”全国样板；在江滨副中心28平方公里范围内，加快推进肿瘤医院、城市水街、未来社区等重大项目，打造“链接核心、辐射区域”的城市中心；在黄酒小镇5平方公里范围内，整体推进控规调整、业态布局和场馆建设，打造中国国际黄酒产业博览会永久展会地；在未来车城5平方公里范围内，系统布局车商贸、车产业、车社区等功能，打造服务业“腾笼换鸟”全国名片。全力支持镜湖开发办推进梅山周边、高铁北站、湖东区域等片区开发，助力打造现代化国际化品质新城。协同配合市级平台推进棒球未来社区、地铁小镇、陆游故里等片区建设，让城市每天都不一样。实施“越人悦行”交通畅联工程，落地城市快速路二期、轨道交通二期等规划，加快104国道东蒿线、杭甬高速抬升等重大工程，推进越东路北延、大禹路西延等“快接高”项目，谋划启动凤林路东延、越安路南延工程，全域清零次差农村公路，努力实现城区范围内15分钟上高架、15分钟到高速、15分钟进地铁。统筹推进富盛全域共富试点和省级风貌样板区、未来社区、未来乡村等共富基本单元建设，加快打造幸福之城。

三是高标准管好这座城。深入实施城市精细管理“1414”行动，探索开展“城市体检”，提升改造涂山路、中山路等城市路网，全力推进古城全域清洁先行区建设，示范打造学校、医院、车站等100个点位，解放路、中兴路、胜利路等100个路段，小区、广场、综合体等100个网格面，争创全国最清洁城市样板区。扎实推进新一轮亚运城市行动计划，高标准做好亚运会、亚残会协办工作，展现城市最佳风貌。全面启动国家生态文明建设示范区创建，持续打好蓝天、碧水、净土、清废保卫战，力争全年空气质量优良率高于90%、PM2.5年平均浓度低于30微克/立方米，省控断面优良水质比例高于94%，功能区水质达标率保持100%，再夺治水“大禹鼎”。巩固“非粮化、非农化”整治成果，坚决守住种粮21.9万亩、产粮9.9万吨红线，建成高标准农田6500亩，持续稳定生猪生产、蔬菜种植，把饭碗端稳端牢端好。

（四）同心同向兴文化

一是展现名城风采。对标世界文化遗产，画好路线图、制定任务书、明确时间表，实质性启动古城申遗。完善“一横一纵N片”整体方案，谋划中兴路下穿，实施古运河沿线连片贯通，分期推进古城九大片区“社景合一”建设，全力破题塔山村整片拆迁改造、团箕巷传统民居提升改造，高质量建设古城全域未来社区。迭代打造“古城智治大脑”，统筹推进古城项目群建设、历史建筑保护传承，精心筹办“古城过大年”系列活动，持续焕发千年古城新活力。

二是壮大文旅产业。坚持山城湖联动发展，游购娱整体升级。全面启动国家级全域旅游示范区、AAAAA级景区城创建，推进871LOOP等20个重大文旅项目建设，加快浙东运河文化园开园，通过东鉴湖国家湿地公园验收。实质启动会稽山国家级旅游度假区创建，推动旅游资源串珠成链、研学业态丰富多元，打造全国研学旅游目的地。协同推进全国文旅消费试点城市建设，创新开发越地特色文旅产品，游客接待量、旅游总收入均增长20%以上，生动展现稽山鉴水样板区的活力魅力。

三是繁荣文化事业。深化文化铸魂工程，开展主题实践活动，推广城市形象LOGO，凝聚新时代越城精神的全民共识。实施宋韵文化传世工程，协同宋六陵国家遗址公园申报，推进亭山等越文化遗址发掘，持续解码文化基因，积极打造宋韵艺术生活展、陆游文化节等品牌活动。升级“15分钟品质文化生活圈”，推进区老年大学、区档案馆、区委党校等建设，提升改造“三馆一中心”，新增“文化驿站”10家、城市书房4家，推动全域文化繁荣、全民精神富有。

（五）共建共享惠民生

一是办好民生实事。念民所忧、行民所盼，真心实意把群众“盼的事”变成政府“干的事”。围绕共同富裕，深化强村富民集成改革，持续抓好零就业家庭动态清零和根治欠薪，确保低收入农户增收10%以上，年人均低保标准不低于13000元，城乡居民收入比进一步缩小。健全因病致贫返贫防范机制，严格执行医疗救助政策，困难群众基本医保参保率100%，高额医疗费用化解率100%。关注“一老一小”，落实积极生育支持措施，深化养老服务“爱心卡”省级试点，实现基本养老服务全覆盖，社区成长驿站、托育设施全覆盖。聚焦“关键小事”，集成实施“越”系列民生实事，贯通落实省市民生项目，确保各项民生承诺100%办成、100%办实、100%办好。

二是发展社会事业。实施就业优先战略，打造“1+N零工市场”，新增城镇就业4.4万人，失业再就业7800人，城镇调查失业率控制在5%以内。坚持教育优先发展，深化“双减”改革、集团化办学和教共体建设，新开办学校、幼儿园6所，争创全国义务教育优质均衡发展区，进一步打响“学在越城”品牌。深化健康越城建设，谋定区人民医院发展定位，确保省人民医院越城院区一期顺利投用、二期启动建设，东湖、马山街道社区卫生服务中心新建项目主体竣工，区公共卫生服务中心加快推进。新建国家5A级婚姻登记场所，完成老旧小区改造30个，加装电梯50台。优化殡葬服务，支持绍兴市殡仪馆升级改造，推进省级节地型生态示范公墓建设。集中攻坚迪荡“双子楼”等遗留问题，全力保民生、保稳定。

三是守牢安全防线。认真落实新阶段疫情防控各项举措，全力保健康防重症，最大限度保障人民群众生命安全和身体健康。坚持和发展新时代“枫桥经验”，深化拓展“契约化”共建，强化“一中心四平台一网格”功能，推进诉源、警源、访源“三源治理”，打造人人有责、人人尽责、人人享有的社会治理共同体。深化全国法治政府建设示范区创建，落实行政争议“双下降”十条举措，着力构建法治良序。推进扫黑除恶斗争，严厉打击电信网络诈骗等违法犯罪行为。深化基层应急和消防力量一体化规范化建设，不遗余力、不惜代价，压紧压实各方责任，常态化开展安全生产综合治理行动，保持“打非治违”高压态势，加强食品药品安全治理，营造清朗网络空间，实现平安建设“十八连冠”。

三、全面加强政府自身建设

各位代表！奋进新征程，政府要担当。我们将加持干劲、加速闯劲、加力拼劲，争做讲政治、惠民生、破难题、重法治、强自身的表率，打造人民更加满意的政府。

（一）强化政治建设。坚持把讲政治作为第一位要求，不折不扣落实习近平总书记重要指示批示精神和党中央大政方针，坚定捍卫“两个确立”、坚决做到“两个维护”。坚持凡事从政治上考量、在大局下行事，任何时候任何情况下，都立场坚定、步调一致，以钉钉子精神推动上级和区委各项决策部署落地落实。

（二）强化为民宗旨。始终牢记政府前面“人民”二字，更加关注“平均数以下”，更加重视“群众身边事”，用心用情当好凝聚人心、服务人民的“勤务员”。深入开展“大走访大调研大服务大解题”活动，跟企业家交朋友，与劳动者多谈心，向老百姓多学习，立说立行解决基层、企业、群众急难愁盼问题。

（三）强化斗争精神。牢固树立底线思维、极限思维，始终保持敢于斗争的志气、骨气、底气，越是重任越担当，越是艰险越向前，在真抓实干中破难题、开新局。持续激发争先意识、创造张力，努力把各项工作干成一流、做成极致，以“干部敢为、地方敢闯”带动“企业敢干、群众敢首创”。

（四）强化阳光施政。自觉把权力放在阳光下，把问题摆到桌面上，更大力度推进决策公开、执行公开、管理公开、服务公开、结果公开。依法接受人大监督，自觉接受政协民主监督，主动接受监察监督、司法监督、社会监督、舆论监督，加强审计监督、统计监督，确保政府工作始终在法治轨道上运行。

（五）强化廉洁自律。严格履行全面从严治党主体责任，持之以恒落实中央八项规定精神，驰而不息纠“四风”树新风，始终做到自身正自身硬自身净，带领政府系统珍视岗位、不辱使命，干净做事、清白做人。坚守节用裕民之道，深化预算管理制度改革，精打细算过日子、集中财力保民生。

各位代表！进入新发展阶段，越城要有新气象；贯彻新发展理念，越城要有新作为；构建新发展格局，越城要有新贡献。让我们更加紧密地团结在以习近平同志为核心的党中央周围，在上级和区委的坚强领导下，踔厉奋发、团结奋斗，在全面推进中国式现代化新征程上展现越城风采、再创越城辉煌！

中国人民政治协商会议
绍兴市越城区第五届委员会常务委员会
工作报告

2022年2月19日在政协绍兴市越城区第六届委员会第一次会议上

金百富

一、过去五年工作回顾

五年来，区政协坚持以习近平新时代中国特色社会主义思想为指导，认真贯彻中共十九大和十九届历次全会精神，全面落实中央和省委、市委、区委政协工作会议精神，在中共越城区委的坚强领导下，牢牢把握团结和民主两大主题，充分发挥专门协商机构作用，深入建言资政，广泛凝聚共识，为推进我区经济社会发展作出了积极努力。

五年来，区政协共开展重点协商活动99次，听取专项情况通报14次，开展民主监督和专项视察36次，形成重点调研报告、专题协商报告、视察报告共121篇，提出意见建议1067条，委员提案756件，建立了4个委员工作室、6个“民生议事堂”，组织基层协商议事活动400余场，编报社情民意信息333篇，编撰文史资料60余万字，充分展现了政协组织和政协委员的责任担当。

（一）加强政治引领，凝聚强大向心力

在加强思想建设中增进共识。把政治学习放在首位，确保政协工作正确的政治方向和坚强的政治定力。把学懂弄通习近平新时代中国特色社会主义思想作为重大政治任务，全面学习贯彻习近平总书记关于加强和改进人民政协工作的重要思想，认真学习贯彻习近平总书记考察浙江重要讲话精神，自觉学深悟透新时代政协工作新要求。持续推进“两学一做”学习教育常态化制度化，扎实开展“不忘初心、牢记使命”主题教育、党史学习教育，引导政协委员和机关干部进一步增进对中国共产党和中国特色社会主义的政治认同、思想认同、理论认同和情感认同。

在落实区委部署中巩固共识。主动接受区委领导，及时传达学习区委重要会议精神，坚定不移贯彻落实区委的决策部署，主动向区委请示汇报工作，重大协商活动邀请党政领导参加，履职成果及时报送区委、区政府。始终围绕区委决策部署政协工作，全面落实区委对政协工作提出的各项要求，始终与区委思想上同心同德、目标上同心同向、行动上同心同行。

在坚持团结民主中扩大共识。重视各民主

党派、工商联、无党派人士和人民团体的作用，邀请在越城的省、市政协委员参加政协活动，广泛招引各界专家、学者进入智库，邀请香港、海外代表人士参加政协全会，广泛团结各方力量。充分发挥越城区茶文化研究会、绍兴名士书画院作用，扩大影响力，汇聚正能量。

（二）服务发展大局，助力提升首位度

助力经济发展。紧扣“经济高质量发展”主题深入调研，积极建言。始终关注高新技术产业和现代服务业的发展，多次视察两个“万亩千亿”新产业平台、水木湾区科学园、重点投资项目建设工地，为产业发展、创新驱动、经济转型献计献策。围绕发挥越城对外贸易优势，融入“双循环”发展格局积极建言。组织委员深入调研，形成了一批稳企业稳增长、优化营商环境、提升越城首位度等重要调研成果，为区委、区政府科学决策提供了有益参考。

助力城乡融合。着眼城乡融合，围绕乡村振兴积极开展民主监督。就消除集体经济薄弱村、盘活闲置农房资源等工作进行民主协商，对发展城市经济、建设特色历史街区、保护利用老台门、加强古城消防等工作积极建言。

助力民生改善。组织开展“我区养老服务业发展”“推进镇街示范型居家养老中心建设”等课题研究，为我区养老事业健康发展建言献策。持续关注区人民医院建设，视察公共卫生工作，并对“基层医疗卫生机构建设”“家庭医生签约服务”等工作提出协商建议。开展“提升我区公共文化服务水平”“加快推进农村文化礼堂建设”等课题协商，关注学前教育品牌培育、区体育中心建设利用、96345便民服务中心建设等工作，积极向区委、区政府建言。

助力环境提升。深入谋划具有越城辨识度的生态建设品牌，围绕会稽山旅游度假区发展、用好稽山鉴水旅游资源、古三江闸和犭央犭茶湖避塘保护利用、生态环境巩固提升等主题，连续举办“请你来协商”活动，汇集众智，凝聚共识。持续开展“五水共治”、生活垃圾分类处置、重点区域大气污染防治等专项民主监督，专题视察城市景观提升工程、美丽乡村建设情况，有力推进环境整治和提升。

助力区域治理。围绕社区治理、提高行政效能、“最多跑一次”“最多跑一地”改革、加强小区物业管理等工作开展民主协商。组织视察法院、检察院、公安重点工作和三级矛调中心、镇街“四个平台”规范化运行等情况，肯定成绩，指出不足，提出建议。

（三）坚持守正创新，推动工作高质效

“专业化”协商。持续完善协商议政大格局，把搭建协商平台、创新协商载体的文章做专业。聚焦全区中心任务，把精选协商议题的文章做专业。做实调查研究工作，确保调查研究的广度和深度，把调查研究的文章做专业。充分发挥委员作用，用足用好智库专家资源，团结更多力量，把双向发力的文章做专业。

“数字化”改革。主动融入“数字化”改革大局，大力推动“指尖上的协商民主”。依托“浙江政协·掌上履职”平台，参与委员读书和委员议政活动。开启政协“数据仓”整理上传工作，积极谋划筹建自有应用，以系统化观念和数字化理念推进政协工作全方位、系统性重塑。

“双提升”创新。严格贯彻执行《关于进一步推进区政协提案质量和办理质量工作“双提升”的意见》，将“提质增效”理念贯穿提案工作全过程。鼓励集体提案和联名提案，实现提案从重数量到重质量的转变。优化提案办理工作机制，促进提案办理质量的提升。完善提案撰写和提案办理评价机制，进一步促进提案质量和办理质量双提升。

（四）强化自身建设，展现政协新风貌

激发组织活力。充分发挥专委会的基础性作用，实行专委会联系指导界别和镇街政协工委制度。一年一主题开展“界别活动月”活动，引导广大委员围绕重点工作，增共识、添合力。部分镇街政协工委建立了“民生议事堂”协商平台，委员工作室从无到有，从有到优，在各界群众中具有影响力。

提升履职能力。建立委员履职档案，优化考核评价机制。基本实现每一位委员在专委会、界别、镇街政协工委履职平台全覆盖。听取“一府两院”、监委工作情况通报，确保委员知情明政。开展“书香政协”委员读书活动，向委员赠送书籍共1904册，常态化组织委员读书学习，五年中，每位委员平均参加2次以上集中培训。

强化责任担当。积极参与疫情防控工作，号召委员在抗疫中主动作为，主席会议成员带头赴相关镇街联系指导。开展“八联”“三驻三服务”“走企连心”“企业大调研”“走访委员企业”等工作，积极协调呼吁，尽力协助解决一些实际困难。对相关专班工作进行民主监督，积极参与征地拆迁、信访攻坚、黄酒小镇建设等工作，为重点工作顺利推进尽心尽力。

各位委员、同志们，区政协五届委员会所取得的工作成绩，离不开中共越城区委的坚强领导，区人大、区政府的大力支持，区级各部门和各镇、街道的密切配合，广大政协委员和政协各参加单位的团结奋斗，社会各界和人民群众的积极参与。在此，我谨代表区政协五届委员会，向所有重视、关心、支持和参与政协工作的领导和同志们，致以崇高的敬意和衷心的感谢！

同时，我们也清醒看到工作中的不足：凝聚共识的形式和载体有待进一步研究，协商式监督的方式和方法有待进一步探索，委员的履职能力有待进一步提升等等。

二、过去五年工作体会

过去五年，区政协牢牢把握团结和民主两大主题，紧紧围绕全区改革发展大局，求真务实、开拓进取，在实践中积极探索，不断开创政协工作新局面，我们的体会是十分深刻的。

（一）只有坚持中国共产党的领导，才能把牢正确的履职方向。五年来，我们始终坚持党的领导，坚定不移地贯彻执行中共中央和省委、市委、区委关于加强政协工作的总体部署，在区委的坚强领导下尽心尽责，担当作为。事实证明，只有始终坚持和依靠党的领导，坚持用习近平新时代中国特色社会主义思想统一认识、分析问题、指导实践，才能巩固团结合作的思想政治基础，才能把握人民政协事业正确的履职方向。

（二）只有坚持围绕中心、服务大局，才能拥有广阔的履职空间。五年来，我们牢固树立大局意识，自觉服从和服务于首位度中心城区建设，主动把政协工作融入全区工作大局，努力当好区委、区政府的参谋助手。事实证明，只要始终围绕中心、善谋实干、紧贴发展、履行职能，就一定能实现政协工作的有为有位。

（三）只有坚持履职为民，才能彰显浓厚的政协情怀。五年来，我们贯彻人民政协为人民的工作理念，从大处着眼，小处着手，聚焦群众关注的教育、医疗、养老等民生热点难点问题，通过一次次视察调研、一件件民生提案、一条条社情民意信息，致力改善民生。事实证明，只有坚持人民至上，不断实现好、维护好、发展好最广大人民根本利益，才能更好地践行人民政协的初心使命，彰显为民情怀。

（四）只有坚持团结民主，才能形成强大的工作合力。五年来，我们始终加强与各民主党派、工商联、无党派人士和人民团体的密切协作，坚持民主协商、平等议事、聚同化异，营造了团结协作的良好氛围。事实证明，只有牢牢把握团结民主主题，才能进一步巩固优势，整合资源，凝聚力量，汇聚共识，奠定坚实履职基础。

（五）只有坚持发挥委员主体作用，才能取得政协事业不断进步。五年来，我们充分发挥委员主体作用，加强对委员的服务和管理，密切同委员的联系和联络，增强委员的责任感使命感，提高委员履职的行动自觉。事实证明，发挥委员作用是提高政协履职水平的基础和关键，只有把发挥委员主体作用作为工作着力点，政协事业才能不断进步。

（六）只有坚持传承和发展，才能焕发政协工作的生机与活力。五年来，我们坚持“在继承中创新，在创新中发展”，不断探索履行职能的新形式，积极开辟发挥作用的新途径，推动政协工作在新的起点上实现新的发展。事实证明，只有牢牢把握时代脉搏，始终保持蓬勃朝气，不断推进政协理论创新、制度创新、工作创新，才能使政协工作保持旺盛的生机和活力。

三、今后五年工作建议

今后五年，是我区厚积薄发、赶超跨越、大有可为的五年。中共越城区第十次代表大会描绘了未来五年发展的宏伟蓝图，确定了我区“首位立区、幸福越城”的目标定位，也为政协工作指明了方向。建议区政协六届委员会，以习近平新时代中国特色社会主义思想为指导，深入学习贯彻中共十九大和十九届历次全会精神，在中共越城区委的坚强领导下，按照区第十次党代会的部署要求，聚焦“争一流谱新篇”八大行动，推动建言资政和凝聚共识双向发力，以优异的成绩迎接中共二十大胜利召开。

（一）加强党的领导，为拥护“两个确立”增强定力

要把加强党的领导贯穿于履职全过程，推动党的大政方针和决策部署不折不扣地贯彻落实到政协全部工作之中，着力把政协打造成坚持和加强党的领导的重要阵地，通过制度运行、民主程序和有效工作，把党的主张转化为社会各界广泛共识和自觉行动。要深刻把握“两个确立”的决定性意义，把“两个确立”真正转化为坚决做到“两个维护”的思想自觉、政治自觉、行动自觉，坚定不移地做“两个确立”忠诚拥护者、“两个维护”示范引领者。

（二）聚焦发展大局，为争当“五个率先”先行区、共同富裕示范区排头兵献计出力

要坚定不移把新发展理念作为科学指引，忠实践行“八八战略”、奋力打造“重要窗口”，积极为我区争当建设“五个率先”先行区、共同富裕示范区的排头兵担当尽责。围绕产业发展、改革创新、城市建设、社会治理、文化繁荣等方面深入调研，在增强综合实力、打造产业高地、构建创新体系、提升城市能级、弘扬越地文化、推进现代化建设等方面积极助力，引导广大委员为建设“幸福越城”履职尽责、建功立业。

（三）关注民生民情，为提升群众生活品质尽心尽力

要牢固树立以人民为中心的发展思想，促进共同富裕、增进群众福祉、提升生活品质。聚焦群众最关心、最直接、最现实的利益问题，多谋发展之计、多建利民之言、多献富民之策、多办惠民之事。加强与界别群众沟通交流，宣传党的理论和路线方针政策，及时反映群众意见和建议，协助做好理顺情绪、化解矛盾、增进和谐的工作。

（四）加强团结合作，为建设幸福越城凝心聚力

要发挥政协作为统一战线组织的优势和作用，把加强思想政治引领、广泛凝聚共识作为履职工作的中心环节。优化各类调研协商活动的议题设置、程序安排、成果体现，做到议政建言、凝心聚力一体设计、一体落实。建立健全党组成员同党外委员谈心交流、主席会议成员走访看望委员、专门委员会联系界别委员、党外委员专题视察等制度。健全联系党外知识分子、非公有制经济人士、新的社会阶层人士、少数民族人士、宗教界人士等机制，畅通诉求表达渠道，提高团结联谊工作质量，把更多的人团结在党的周围，形成建设发展越城的强大合力。

（五）坚持固本强基，为激发履职新潜能持续发力

要自觉担当起人民政协制度参与者实践者推动者的政治责任，积极践行全过程人民民主。要着力加强协商工作，坚持协商式监督定位，提升经常性工作质量，不断焕发政协工作新的生机与活力。要进一步激发委员的履职热情，提高委员的履职水平，重视委员学习培训，改进委员履职服务管理，落实“懂政协、会协商、善议政，守纪律、讲规矩、重品行”要求，加强委员履职能力建设，提高政治把握能力、调查研究能力、联系群众能力、合作共事能力，增强协商本领。

专 记

新时代“越城精神”

2022年越城区面向全球广泛征集、提炼形成“剑胆书心、越古超今”新时代越城精神。

剑胆书心：意为刚柔相济，任侠儒雅，既有情致，又有胆识，融合了越地文化中“胆剑精神”的“刚性”与水乡文化的“柔性”。剑胆，有胆识，敢亮剑，是越城人一次次超越突破的制胜法宝，两大万亩千亿平台的崛起、“腾笼换鸟、凤凰涅槃”产业转型的深入推进，都充分彰显了在区委、区政府坚强领导下越城人的魄力和胆识。书心，是越城的人文底色，千百年来名人荟萃、人杰地灵，越城的千年文脉始终流淌着书香墨韵。作为阳明先生“心学”集大成之地，阳明心学高峰论坛永久落户，越城已成为享誉海内外的“心学圣地”。“剑胆书心”是对越城深厚的人文底蕴和刚柔并济的入世情怀的最好诠释。

越古超今：出自宋·朱敦儒《洞仙歌·赠太易》，意为超越古今。越古中的“越”，既是指代越城，也涵盖了跨越、超越的意义，与超今联系起来，意为在传承历史的基础上不断追求卓越、创新突破。2500多年的历史积淀赋予了越城厚积薄发的磅礴力量，从会稽山走来、向大湾区跃进，经济发展日新月异、古城新城交相辉映、市民幸福感获得感持续攀升。这一系列重大成果，充分彰显了越城干部群众奋勇争先、追求卓越、敢于超越的精气神。

“剑胆书心 越古超今”，这八个字简洁凝练、立意高远，体现了越城辨识度和独创性，具有催人奋进的感染力、号召力和传播力。新时代新征程新担当，越城区必将在“越城精神”的强大引领下，谱写浓墨重彩的动人华章！

2022年越城区制定新时代“越城精神”征集凝练总体方案，通过新华网、浙江新闻等13家国内头部媒体及美国侨报、欧洲时报等6家国外媒体，面向全球广泛开展越城精神征集活动，向越城在外乡贤推送“一封家书”H5电子函，广泛听取社会各界人士的意见建议，最终提炼形成“剑胆书心、越古超今”新时代越城精神。本次征集活动全网阅读量超3000万人次，共计征集“越城精神”表述语1118条，汇聚了社会各界最大同心圆。筹划开展“弘扬越城精神、助推首位发展”讨论实践活动，通过主题党日活动、青年巡讲、“一把手”专栏专访“越形象”宣传展示等系列活动，推动“剑胆书心、越古超今”越城精神和“首位立区、幸福越城”目标远景在基层家喻户晓、入脑入心，持续提升全区人民的越城认同感、自豪感、归属感。（区委宣传部　提供）

大事记

1月

4日　越城鲁迅文化、黄酒文化入选首批“浙江文化标志”培育名单。

5日　越城区举行区、镇两级人大代表换届选举投票，越城区128个选区、富盛镇24个小选区选举产生320名区人大代表、59名镇人大代表，69.4万名选民参选。

6日　越城区委召开九届十五次全体会议，审议通过区第十次党代会有关事项。

10日　中共绍兴市越城区委社会建设委员会揭牌仪式在区行政中心举行。

同日　第15届美国IDA设计奖(International Design Awards)评选结果公布，绍兴黄酒小镇民国风情街组团获第15届美国IDA设计奖。

12日至13日　中国共产党绍兴市越城区第十次代表大会在绍兴大剧院举行。徐军代表中共绍兴市越城区第九届委员会向大会作题为《首位立区 幸福越城 在新时代征程上奋力谱写新篇章》的报告。徐军、钱林江、应尧刚、周春、金均海、陶榕发、程许东、刁文辉、吴萍、钟建荣、李彰当选为区委常委。徐军当选为区委书记，钱林江、应尧刚当选为区委副书记。

15日　越城区委召开十届二次全体(扩大)会议。审议通过《中国共产党绍兴市越城区第十届委员会第二次全体会议关于深入学习贯彻党的十九届六中全会精神忠诚拥护“两个确立”坚决做到“两个维护”在加快实现“五个率先”上展现越城担当的决议(草案)》。

同日　越城区委区政府、滨海新区管委会举行2022年度重大项目集中开工、投产仪式，共安排62个项目，总投资459.7亿元。

18日　越城区《探索完善“契约化”共建共治体系基层治理现代化新路径》入选中国改革2021年度典型案例。

22日　越城区党建“契约化”共建研究所揭牌仪式在府山街道越都社区党群服务中心举行，会上聘用首批十位越城区党建“契约化”共建研究所专家。

同日　越城区召开全区党史学习教育总结会议。

23日　市委副书记、代市长施惠芳到越城区、滨海新区调研，走访周恩来祖居、绍兴中芯集成电路制造股份有限公司、集成电路“万亩千亿”新产业平台展示中心，强调聚焦高质量发展和共同富裕主题主线，做深城市、产业、文化三篇大文章，做大做强首善之区。

24日　浙江省治水办公布2021年度全省“五水共治”工作考核优秀乡镇(街道)，越城区灵芝街道、塔山街道上榜。

同日　越城区基层党建工作会议召开，会上表彰一批先进基层党组织、优秀共产党员、强基先锋、担当作为好支书、担当作为好干部等先进。

26 日　经绍兴市越城区第九届人民代表大会常务委员会第五十一次会议审议通过，决定任命金均海为绍兴市越城区人民政府副区长。

27 日　越城区鉴湖街道坡塘村入选浙江省第一批未来乡村建设试点村。

2 月

1 日　黄酒小镇首届民俗风情节开幕，活动从正月初一持续到正月十五。

8 日　市四套班子领导到越城区集中调研重点项目，先后实地踏看长电集成电路（绍兴）有限公司、振德医疗用品股份有限公司、绍兴综合保税区等地。

9 日　代区长钱林江到越城区浙江耀锋动力科技有限公司、浙江华剑智能装备股份有限公司等企业开展“助企开门红”活动。

同日　省台办主任庄跃成赴越城区开展“三为”服务，走访敏实生物农业示范园项目现场、鲁迅美术学院百年经典文学作品动漫创作校外教学实践基地、敏实共同富裕乡村学堂、朝北台门等地。

11 日　越城区、滨海新区“领先争先、大抓落实”推进大会在绍兴大剧院召开。会议提出要以“开局即决战、起步就冲刺”之势，奋进“首位立区、幸福越城”新征程，以优异成绩迎接党的二十大胜利召开。会上，通报表彰 2021 年度有关先进集体和个人。

14 日　越城区首家文旅融合的树兰书房迎恩门馆在迎恩门风情水街开馆。

15 日　越城区不可移动文物智慧管理服务系统获评全省文化和旅游数字化改革“最佳应用”，其中古桥安全监测、火灾监测处置模块入选省文物局“揭榜挂帅”试点项目。

17 日　“00 后浪星火播种团”“陆游诗歌文化节”2 个项目入选全市宣传文化系统十佳创新项目。

19 日至 22 日　政协绍兴市越城区第六届委员会第一次会议在绍兴大剧院召开。金百富代表区政协五届常委会作工作报告。会议依法选举胡文炜为政协绍兴市越城区第六届委员会主席，郑明花、王柏振、汤栃钧、陈国芬、周钦森当选为政协绍兴市越城区第六届委员会副主席。

20 日至 23 日　绍兴市越城区第十届人民代表大会第一次会议在绍兴大剧院召开。会议依法选举徐荻为绍兴市越城区第十届人民代表大会常务委员会主任；钱林江为绍兴市越城区人民政府区长。会议通过绍兴市越城区第十届人民代表大会第一次会议关于政府工作报告的决议、关于越城区 2021 年国民经济和社会发展计划执行情况及 2022 年国民经济和社会发展计划的决议、关于越城区 2021 年预算执行情况及 2022 年预算的决议、关于区人大常委会工作报告的决议、关于区人民法院工作报告的决议、关于区人民检察院工作报告的决议。

21 日　经绍兴市民政局审批通过，绍兴二环北路正式更名为山会大道、塘湾路。自此，绍兴人俗称的“二环路”东南西北四条道路均已完成更名，原二环东路、二环西路、二环南路分别更名为越东路、绿云路、大禹路。

23 日　区政府召开十届一次全体（扩大）会议。

24 日　越城区退役军人服务中心获评绍兴

市国防教育示范单位。该中心成立于2019年4月28日，占地402平方米，设有接待服务区、形象展示区、休闲娱乐区、事迹宣讲区、谈心谈话区等五个功能区。

3月

1日　皋埠街道、沥海街道、斗门街道、富盛镇入选2022年度浙江美丽城镇建设省级样板创建名单。

2日　越城区、滨海新区召开领导干部会议，传达学习中国共产党绍兴市第九次代表大会精神，研究部署全区学习贯彻工作。

同日　《越城区志》编修工作被列入三轮修志省、市级试点，系全省首个启动三轮修志的区、县(市)。

3日　绍兴综合保税区封关运作仪式在综保区现场举行，市委书记盛阅春、杭州海关关长王伟，为绍兴综合保税区揭牌，标志绍兴综保区正式投入业务运行。

5日　2022年越城区"学雷锋志愿服务月"以"幸福越城·共赴美好"为主题启动。活动现场授牌成立绍兴高校新时代文明实践班、新时代文明实践支部，举行"我为亚运护航"志愿服务队授旗仪式暨首批优秀志愿服务团队(协会)入驻新时代文明实践中心志愿孵化中心。

9日　绍兴市越城区文学艺术界联合会第三次代表大会召开。大会审议并通过越城区文学艺术界联合会第二届委员会工作报告，修改并通过《越城区文学艺术界联合会章程》，选举产生越城区文学艺术界联合会第三届委员会主席、副主席和秘书长。

同日　越城区人民医院联合越城区10家镇卫生院、街道社区卫生服务中心，组建全区首个耳鼻咽喉头颈外科专科联盟。

10日　田思嘉烈士铜像揭幕仪式在望秦山公墓举行。

11日　区知识产权检察办公室在绍兴集成电路产业园红立方党群服务中心揭牌成立，为全市首个在科技创新平台设立的知识产权检察办公室。

18日　越城区上榜第三批浙江省全域旅游示范县(市、区)名单。

19日　于越快速路正式通车，系全市第一条建成开通的快速路。

同日　全国首个生态化种植数字化展示绍兴酒糯稻基地落户鉴湖湿地公园。

21日　市委常委、组织部部长王琴英到越城区、滨海新区调研人才工作。

同日　越城区举行2022年春季新兵欢送暨"从戎之剑"赠剑仪式。

25日　孙端街道安桥头村、皋埠街道坝头山村、富盛镇上旺村入选浙江省第二批未来乡村创建名单。

29日　绍兴润泰超市有限公司在越城区便民服务大厅市场监督管理局窗口正式领取营业执照，为越城区首个完成"产转法"的大型品牌超市。

30日　浙江省教育厅公布2021年义务教育标准化学校名单，越城区4所学校上榜。

31日　亚运会棒垒球体育文化中心通过赛事功能验收。棒垒球体育文化中心位于越城区东浦街道镜水路东侧，兴越路北侧地块，总建筑面积约16万平方米，总投资约18亿元，主要包括2座棒球场、2座垒球场、体能训练中心和集训中心。

是月　马山街道获评2021年浙台经济社会融合发展突出贡献单位，系全省唯一受表彰街道。

4月

5日　市委书记盛阅春到越城区指挥调度疫情防控工作，强调要以最有力的举措彻底切断疫情传播链条，坚决打赢疫情防控遭遇战阻击战歼灭战。

7日　越城区正式接收首批上海转运人员。

12日　区委书记徐军调研城市建设管理工作，先后调研阳明路周边环境综合整治提升、白马路周边环境综合整治提升、大云农贸市场南侧鲁迅地铁口环境综合提升等工作，要求统筹谋划、精准发力，狠抓质量、加快进度，打造具有越城韵味的精品工程和靓丽风景。

13日　省生态环境厅党组副书记、副厅长虞选凌到越城区开展“三服务”活动，实地考察鉴湖国家湿地公园、富盛镇御茶村等地，了解越城区生态保护与生态产业协调发展情况。

14日　越城区、滨海新区举行2022年“稳进提质”高质量发展政策新闻发布会。会上，介绍越城区“5+4+N”政策体系承接落实情况、政策出台情况及相关特色亮点，并结合越城实际，发布《2022年越城区、滨海新区经济高质量发展20条》。

15日　浙江古纤道绿色纤维有限公司“一种液相增粘熔体直纺涤纶工业长丝生产工艺”专利获第二十三届中国专利奖。

同日　绍兴市发改委在迪荡街道矛盾调解中心举行“价格争议纠纷调解工作站”挂牌仪式，为全市首个价格争议纠纷调解工作站。

16日　越城区、滨海新区召开招商引资工作推进会。会议提出要深化思想认识，坚持“项目为王”理念，创新突破、真抓实干，积极推动招商引资工作迈上新台阶，加快谱写“首位立区、幸福越城”新篇章。

19日　越城区法治政府建设推进会暨府院联席会议在市中级人民法院召开。会上，发布越城区实现行政诉讼“双下降”十条意见，区政府与区法院签订《合力创建全国法治政府建设示范区协议》。

20日　2022年公祭大禹典礼在大禹陵祭祀广场举行。

同日　民祭大禹组委会在大禹纪念馆举行授牌仪式，省人大常委会副主任姒健敏授牌。

23日　越城区第十八届读书节开启，以“书尚越城”为主题，开展“书映越城”“阅享韶华”“阅读有礼”等主题活动共计30余场。

24日　市委书记盛阅春到越城区专题调研古城和亚运有关项目建设，强调打造彰显古城韵味传世佳作，努力以绍兴精彩为亚运添彩。

25日　十届区委全面深化改革委员会召开第一次会议。审议并原则通过《关于2021年度越城区最佳改革案例和优秀改革案例评选情况的报告》《2022年越城区全面深化改革工作要点》。

28日　越城区十届人大常委会第二次会议召开。听取和审议区政府关于2021年度环境状况和环境保护目标完成情况的报告。审议通过有关人大工作制度（修订草案）、代表资格审查委员会组成人员名单和有关人事任免事项。

同日　科迪华显示技术（绍兴）有限公司一批价值2466.42万元的平板显示有机薄膜喷墨打印设备，在绍兴综合保税区内完成入区通关手续。这是绍兴综合保税区封关运行后的首票一线业务。

同日　越城区、滨海新区召开企业家大会。会上，观看《致敬奋斗者》短视频，解读《2022年越城区、滨海新区经济高质量发展20条》，为14家典型企业兑现奖励政策，进行“金・芯”151政银企现场签约。

29日　绍兴地铁1号线主线开通运营仪式在地铁城市广场站举行，标志古城绍兴全面迈入地铁时代。1号线主线长26.8公里，设车站18座，与2021年6月开通的地铁1号线柯桥段贯通运营，并实现与杭州地铁"无缝换乘"。

同日　全省首个综合性、共建型群团活动中心——绍兴市越城区群团活动中心正式启动运营。

5月

5日　全区巡察工作会议暨十届区委第一轮巡察工作动员部署会召开。

8日　绍兴市侨商大厦奠基典礼暨开工仪式在迪荡新城举行。侨商大厦占地面积6735平方米，是绍兴市首个"侨商之家"。

11日　敏实生物农业示范园项目启动暨一期交地签约仪式在越城区孙端街道举行。中国国民党前主席、中华青雁和平教育基金会董事长洪秀柱出席启动仪式，市委书记盛阅春出席并致辞。

12日　杭州市萧山区党政代表团到绍兴考察，进一步深化杭绍一体化发展工作。市委书记盛阅春，市长施惠芳，副市长陈伟军分别陪同考察。滨海新区管委会主任、越城区委书记徐军陪同。

同日　区委召开理论学习中心组（扩大）学习会暨市第九次党代会精神专题宣讲报告会，邀请市政协党组成员、副主席王芬祥作专题宣讲。

15日　马山街道妇女儿童驿站获评省级三星妇女儿童驿站。

17日　浙江省文化和旅游厅组织的"诗画浙江 文旅共富"浙江文旅采风活动在越城区鉴湖街道坡塘云松村、黄酒博物馆进行。

同日　越城区企业浙江华剑智能装备股份有限公司和浙江佳人新材料有限公司入选第三批国家级重点专精特新"小巨人"企业公示名单。

18日　越城区、滨海新区召开"拔钉清障、信访化解、短板提升"三大攻坚行动推进会。会议要求注重方式方法，抓好政策落实，加强沟通交流，凝聚各方合力，扎实推进攻坚行动。

同日　越城区召开"奋斗青春立首位 百年赓续创幸福"纪念五四运动主题报告会，举行"越城区第一届优秀青年志愿者"颁奖仪式。

20日　越城邮政管理局成立大会暨揭牌仪式举行。

26日　竹山县党政代表团到越城区学习考察，越城区政府与竹山县政府签订交流协作框架协议。

同日　马山街道洋泾湖社区入选浙江省第五批未来社区创建名单，为全区唯一。

27日　越城越子城传统风貌样板区入围浙江省首批风貌样板区。

31日　越东快速路于越中路至前赵大桥段和山会高架路润沁路至越东路段正式通车。

同日　滨海新区管委会主任、越城区委书记徐军会见法国国家医学科学院和法国国家技术科学院两院院士、汉氏联合集团董事长韩忠朝一行。并向韩忠朝颁发"滨海新区'细胞治疗谷'谷主"聘书。

同日　越城区首家环境资源共享法庭在斗门街道正式成立。

6月

4日　"在沪越城籍学生返越专线"正式运行。

6日　越城区首个企业自主核酸采样点正式启用，位于振德医疗用品股份有限公司厂区，可为1500余名企业职工提供核酸检测服务。

同日　古越龙山绍兴酒鉴湖糯稻基地授牌仪式和插秧活动在鉴湖湿地公园举行。

9日　越城区偷倒渣土破坏海塘入刑案件入选最高检、水利部联合发布涉水领域检察公益诉讼典型案例，系全省唯一。

同日　越城区在区文化馆视频号直播间开启非遗“云上集市”。

10日　绍兴宋六陵陵园遗址入选“新时代浙江考古十大发现”。

13日　绍兴滨海新区生命健康科技产业园“同心·越城”侨创基地揭牌仪式在沥海街道举行。

同日　“云享越茶、共富茗城”2022云上茶博会在绍兴世茂皇冠假日酒店开幕。

15日　浙江省水利民生实事农业灌溉工程更新升级完工验收推进会在越城区召开。

18日　《震元良方》发布暨“震元大讲堂”开讲活动在绍兴市文史研究馆举行。活动现场首发《震元良方——震元堂经典名方集》一书。

27日　杭州亚运会重点配套工程——浙江绍兴二环西路智慧快速路一期工程全线完工。

同日　清华大学乡村振兴工作站浙江越城站在孙端街道安桥头村落成。

28日　“飞‘越’十年”2021浙江文化和旅游总评榜颁奖典礼在越城区举行。越城区获评浙江文化和旅游总评榜十周年文旅融合特别奖，“绍兴咸亨酒店”上榜“诗画浙江·百县千碗”最具品牌影响力体验店，“不可移动文物智慧管理服务系统”上榜浙江十大文化和旅游数字化改革优秀案例。

29日　2022年全国女子垒球冠军杯赛决赛在绍兴棒（垒）球体育文化中心开赛。四川队以3:0战胜辽宁队获得冠军，是绍兴棒（垒）球体育文化中心诞生的第一枚金牌。

同日　绍兴集成电路产业园建芯公寓正式启用，是全市范围内首个保障性租赁住房试点项目。

7月

1日　全省第十次党史工作会议召开，《风起越城——口述历史》获全省党史和文献部门优秀科研成果著作类三等奖表彰。

3日　“中国当代书画名家书画作品展”开幕仪式暨青藤画院揭牌仪式在迪荡湖公园举行。

8日　越城区斩获2021年浙江省“五水共治”（河长制）工作优秀市县“大禹鼎”。

同日　2022年第二届越城文旅嘉年华启动仪式在迎恩门风情水街开启。

10日　越城气象台发布2022年第一个酷热警报。

11日　越城区开启中小学暑期托管服务。全区共有22000余名中小学生参加暑期托管服务，服务时间段为7月11日至31日（不含双休日）。

13日　全省数字经济高质量发展大会召开，越城区被表彰为大力发展数字经济成效明显督查激励县（市、区）并入选省级数字经济创新发展试验区。

同日　第五届中日韩工商大会产业论坛——中日韩健康产业论坛、中日韩集成电路产业创新论坛在越城区召开。现场进行射频集成电路EDA分析测试平台研究与产业化项目、MEMS麦克风声音传感器芯片的研发及产业化等项目的合作签约仪式，举行2022中日韩经贸交流突出贡献奖和2022中日韩营商环境示范城市奖的颁奖仪式。

同日　绍兴黄酒小镇（东浦）溇台里品牌商家签约仪式暨核心区招商成果发布会在黄酒小镇举行。黄酒小镇与12家品牌商家达成战略合作共识，完成溇台里古镇核心区招商。

同日　“7·15”绍兴古城保护日主题活动暨

塔山人防综合体项目奠基仪式举行。

16日至17日　以“科创互融，健康共富”为主题的首届浙江生命健康大会暨第三届中国（绍兴）生命健康产业峰会在越城区举行，现场举行浙江生命健康“科创促共富”行动启动仪式、项目集中签约和授牌仪式。

19日　2022浙江·台湾周——海峡两岸（绍兴）数字经济产业合作峰会举行。会上14个数字经济领域的新项目、大项目正式签约，协议总投资超150亿元。

20日　越城国企党建合创联盟成立，现场发布《“幸福越城　携手共富”越城国企党建合创联盟，汇聚国有企业力量，共建共同富裕示范区倡议书》。

21日　迎恩门风情水街入选第二批省级高品质步行街建设试点名单。

22日　越城区文化产业促进会成立大会举行，选举产生绍兴市越城区文化产业促进会第一届理事会。

29日　经绍兴海关监管，绍兴综合保税区永裕酒业有限公司申报进口的1票红葡萄酒，在绍兴综保区跨境电商监管中心顺利验放，系绍兴市首单经跨境电商保税进口模式销售的进口商品。

29日至31日　以“宋韵”为主题的第九届中国顶尖少儿模特大赛暨第五届INFACE精英模特大赛在越城区尚1051举办。

8月

2日　越城区大通学堂、后堡村、上旺村、稽山中学入选绍兴市第三批地名文化遗产名录。

4日　“欢乐盛夏·越享生活”暑期促消费活动启动仪式在越城区迎恩门风情水街举行。市长施惠芳为首批市级高品质步行街、市级智慧商圈授牌。

同日　越城区镇街应急和消防安全委员会集中授牌仪式在斗门街道举行。

11日　2022绍兴越城滨海人才主题周活动开幕式举行。现场进行7个平台及项目集中签约，并举行“十年创新创业纪念奖”颁奖仪式、《集成电路产业人才岗位能力要求》标准编制启动仪式和工信部人才交流中心——越城区滨海新区共建产业智库首批专家代表授牌仪式。

同日　越城区组织召开《越城区志》全省三轮修志试点启动大会，正式启动越城区首轮地方志编修工作。《越城区志》是全省三轮修志第一部启动编纂的志书，已先后被列入三轮修志省、市级试点，也是全省三轮修志唯一试点。

18日　2022世界半导体大会发布中国集成电路高质量发展“两优一先”遴选结果，绍兴集成电路产业园获评中国集成电路高质量发展优秀园区。

22日　越城区第三代半导体入围省经信厅公布的首批省级未来产业先导区培育创建名单。

同日　滨海新区被省发展和改革委认定为2022年省级双创示范基地。

25日至28日　由国家体育总局棋牌运动管理中心和中国国际象棋协会主办的“华颐杯”2021年中国国际象棋冠军赛在越城区举行。

29日　越城区农业农村和水利局揭牌成立。

是月　越城区入选全省首批县域商业体系建设示范县（市、区）。

9月

5日　越城区“慈善一日捐”活动启动仪式在区行政中心举行，活动持续到9月底。

8日至12日　越城区宋韵艺术生活展举行。启动仪式现场发布2022“宋韵越城”系列活动,《宋韵攒宫》启动编撰。

10日　2022“同心·越城”大会召开。会上举行重大产业项目签约仪式、海外越城同乡会和重点城市越城商会成立揭牌仪式、越城城市形象标识和新时代越城精神发布仪式。

15日　2022首届能源低碳发展战略高层论坛(绍兴)在越城区举行,以“赋能双碳战略,引领绿色能源”为主题,集中邀请专家学者、企业家作主旨报告和主题演讲。

16日　“浙江有礼 幸福越城”第十六届越城区邻里节在区新时代文明实践中心举行。举行文明实践“一镇街一品牌”奖项颁发仪式,公布9项越城区新时代文明实践金银牌项目;揭晓7位金牌导师。

同日　2022“越回收”主题宣传月启动,以“绿色流通 幸福越城”为主题,成立由区商务局发起的越城区绿色流通“1+X”联盟,第一批成员单位由商场超市、综合体、电商企业、酒店、寄递物流企业和再生资源回收企业等25家企业组成。

17日　越城区举行2022年全国科普日暨首届青少年人工智能竞赛启动仪式,现场表彰“科普助推‘双减’,创新点亮未来”暑期科普实践活动获奖个人和单位。

21日　开化县党政代表团到越城区考察,对接山海协作相关工作。越城区政府与开化县政府签订山海协作工程合作协议。

同日　全市城市精细管理工作现场会在越城区召开。

23日　全市“越企出海 电商赋能”服务季独立站领航专场暨浙江省电商公共服务“双百”行动进越城活动在越城区举行,助推企业实现更好的宣传与发展。

24日　上海交通大学绍兴新能源与分子工程研究院揭牌仪式暨能源电子产业发展战略研讨会在越城区举行。上海交通大学绍兴新能源与分子工程研究院位于滨海新区科创园,由上海交通大学和绍兴滨海新区管委会合作共建,于2022年3月注册成立。

25日　鲁迅故里至鲁迅外婆家公交线路开通首发仪式在鲁迅外婆家孙端街道安桥头村举行。此条旅游专线双休、节假日开行,日发班次4趟,从鲁迅故里始发,直达鲁迅外婆家孙端街道安桥头村村委门口,回程途经综合保税区。

28日　全区党的二十大维稳安保工作和疫情防控工作会议暨经济稳进提质攻坚行动工作推进会召开。

30日　第九个烈士纪念日,越城区党政军领导与社会各界代表在吼山烈士陵园纪念碑前举行敬献花篮仪式,缅怀烈士丰功伟绩。

同日　越城区举行2022年“迎盛会 庆国庆”双拥主题活动暨第三届最美退役军人发布仪式。

同日　东浦国酒微醺节暨黄酒小镇溇台里一期开园仪式在黄酒小镇举行。

同日　山会高架路正式全线通车,并与轻纺城高架实现互通。

10月

10日　浙江省公安厅对成绩突出的集体和个人予以通报表扬,绍兴市公安局越城区分局斗门派出所、绍兴市公安局越城区分局刑侦大队民警周楹础上榜。

13日　共建稽山·协同育人——文澜奖教金捐赠仪式在绍兴市文澜中学鲁迅校区举行。

21日　越城区召开健康越城工作推进会暨国家卫生城市省级评估迎检工作会议。

24日　越城区灵芝街道天和社区入围国家卫健委和全国老龄办公布的2022年全国示范性老年友好型社区名单。

27日　绍兴市“越讲越响”党的二十大精神青年宣讲启动仪式暨“奋进新征程 礼堂大学习”党的二十大精神进礼堂首场活动在越城区举行，仪式上举行全市宣讲新秀选拔大赛颁奖仪式，16位青年宣讲员获奖。

同日　越城区人民法院镜湖人民法庭揭牌仪式举行。这是继袍江、皋埠、鉴湖、滨海人民法庭后，越城法院第五家基层人民法庭。

同日　杭州市上城区党政代表团一行到越城区考察。

31日　“唐风宋韵 诗路江南”2022诗路文化大型诗歌音乐朗诵会在绍兴大剧院召开，现场举行“颂家乡 促共富”浙江文旅行启动仪式。

11月

1日　绍兴市公布高质量发展建设共同富裕示范区首批试点名单和第一批最佳实践名单，越城区“以党建‘契约化’共建探索城市社区养老托育优质服务新路径”入选机制创新类试点，“创新工业社区服务模式，提升融合型大社区治理能力”入选改革探索类试点，“工业企业‘腾笼换鸟’带动经济高质量发展”入选经济高质量发展先行示范，“念好人文‘四字诀’打造千年古城复兴‘越城样板’”入选社会主义先进文化发展先行示范，“‘契约化’共建引领基层社会治理现代化先行示范”入选社会治理先行示范。

2日　2022越城教育教学节开幕式在北海小学教育集团梅山校区举行。活动现场举行“五育融合”深化行动实施启动仪式及“越学越优，助力共富”工作交流。

4日　区委书记徐军率党政代表团赴马边彝族自治县考察，对接东西部协作工作。

6日至26日　绍兴“古城青年创客”沙龙暨首届古城咖啡节在徐渭纪念馆南广场举行。

7日　以“中国黄酒之都、传承国粹经典”为主题的2022中国国际黄酒产业博览会暨第28届绍兴黄酒节在东浦黄酒小镇开幕，现场举行市人民政府与中国酒业协会战略合作、中国国际黄酒产业博览会永久落户东浦黄酒小镇及中华国酿《只此青玉》全球主题曲创作签约仪式。并为全国黄酒品酒技能大师赛、2022绍兴黄酒酿酒职业技能竞赛及花雕制作技能竞赛获奖人员颁奖，10余家黄酒企业共同发布中国黄酒绍兴宣言，并举行黄酒开酿仪式。

8日　浙江医药股份有限公司入选浙江省工业转型升级领导小组公布的第三批“雄鹰行动”培育企业名单。

同日　由工业和信息化部人才交流中心、越城区委组织部主办的集成电路产业高层次人才创新发展高级研修班暨集成电路产业论坛在越城区举办。

同日　绍兴市越城区委、绍兴文理学院党委联合召开校地“融合型”党建试点工作推进会，并举行“融合型党建”试点专项工作组与学院各二级分院结对共建签约仪式，“越城区 元培学院校地融合师生服务中心”揭牌仪式，“元培学院 东浦街道校地融合共建服务中心”揭牌仪式暨“五基地”授牌仪式，越城区选派国家级、省级领军人才担任元培学院客座教授聘任仪式和“校地融合驻点指导员”聘任仪式。

同日　以“产才共融、青创未来”为主题的2022中国·绍兴“名士之乡”人才峰会在越城区开幕。现场举行人才特派员聘任、全球引才大使线上聘任、创新创业大赛颁奖、首届世界女科学家大会、首届国际先进智造青年科学家论坛落户绍兴仪式。

9日至10日　千年“遗”脉,越地匠心——越城区第七届非遗集市在越城区文化馆(越城区非遗中心)开市。现场推出“逛非遗集市、购非遗好物、享非遗体验、戏非遗打卡”四大系列活动,共汇集30多项越城非遗技艺和非遗美食。

11日至12日　区委副书记、区长钱林江带队赴开化县、东阳市、磐安县考察交流。

12日　由绍兴市人民政府主办、越城区人民政府等单位承办的第五届喜临门绍兴马拉松在奥体中心正式鸣枪开跑。

13日　2022陆游文化节暨首届中国(绍兴)“陆游诗歌奖”颁奖典礼举行。现场举行2022绍兴越城·陆游IP数字纪念品发布仪式,宋韵越城地图、“陆游诗词地图·绍兴卷”发布仪式,浙江省大学生乡村振兴创意大赛实践基地和“中国作家协会《诗刊》社阅创中心”授牌仪式等活动。仪式后,还举行首届中国(绍兴)·中华诗词大会决赛,开展大宋蹴鞠赛、越州梦华录、陆游的诗文传统与当代诗歌精神主题论坛、“陆游的乡村世界”艺术乡建展、放翁趣事图鉴等陆游文化节系列活动。

16日　滨海新区纪检监察工作委员会揭牌仪式在滨海新区管委会大院举行。

19日　越城区人民政府举办的“越地丰收,硒望富盛”2022年越城区丰收节系列活动在富盛镇开幕,开展趣味抹茶马拉松、特色农产品展销等系列活动。

24日　2022越城区“网络+”助力乡村振兴暨“景”上添花打卡启动仪式在皋埠街道坝头山村举行,陆游的乡村世界、云松闻香、鲁迅外婆家等10处乡村打卡地获“景”上添花网络打卡地授牌。

30日　第五届浙江本土跨国公司成长论坛暨“丝路领航”行动在越城召开。

是月　绍兴市鲁迅小学入选由教育部公布的2021年度网络学习空间应用普及活动优秀区域和优秀学校名单。

12月

1日　第十一届“浙江孝贤”揭晓,越城区北海街道入选“浙江孝贤”慈孝之乡。

7日　越城区首批新乡贤“同心共富”实践基地在孙端街道安桥头村授牌,孙端街道安桥头村“鲁迅外婆家”、鉴湖街道坡塘村、“翠微云松”、皋埠街道坝头山村“陆游的乡村世界”等10个基地入选。

同日　越城区科学技术协会第五次代表大会召开。

8日　湖州市吴兴区党政代表团到越城区考察,推动越城吴兴两地合作走深走实。

9日　越城区第五次归侨侨眷代表大会召开。

10日　黄酒小镇入围浙江省特色小镇高质量发展最佳实践(第一批)名单。

21日　越城区获评“2022中国最具幸福感城区”。

同日　斗门街道、富盛镇被浙江省城乡环境整治工作领导小组评为美丽城镇建设省级样板。

23日　越城区恒信农商银行城西支行工会户外劳动者服务站点和迎恩门水街游客中心爱心驿站入选中华全国总工会公布的2022年“最美工会户外劳动者服务站点”名单。

同日　鉴湖街道坡塘村、孙端街道安桥头村、皋埠街道坝头山村上榜浙江省第二批未来乡村名单。

区情概要

建置区划

越城古为越国国都，城墙始建于越王勾践七年（前490）。因相传为范蠡所筑，故称“蠡城”，又称勾践小城、山阴城、子城。秦王政二十五年（前222）至南朝梁太平元年（556），属会稽郡的山阴县；陈永定年间（557—559）会稽郡析山阴置会稽县，分属山阴、会稽两郡；隋开皇九年（589）废会稽郡，属吴州会稽县。隋大业元年（605）属越州会稽县。大业三年（607）属会稽郡会稽县。唐武德四年（621）属越州会稽县。武德七年会稽立山阴县，分属越州会稽、山阴2个县。南宋建炎五年（1131）属绍兴府，置5个厢。明洪武九年（1376）属绍兴府，废录事司，4个隅划归山阴、会稽两县分掌之。清宣统三年（1911）并山阴、会稽为绍兴县，属绍兴县，仍设4个隅。民国28年（1939），城内置昌福、汤公、长安、蕺望、孝义、南大、咸欢、辛植、美政、大善、秋瑾、水澄、越王、大云、锡麟、上大16个镇。后并为秋瑾、元培、汤公、成章、鲁迅、锡麟6个镇。民国35年（1946）10月，合6个镇称越王镇。

1949年5月，绍兴全境解放。1949年10月，置绍兴市（县级，下同），隶绍兴专区。1950年5月，合绍兴县、市，称绍兴县，置城关区。9月，城关区复改绍兴市，隶绍兴专区。1952年撤销绍兴专区，绍兴市改为省辖，全市置府山、塔山、蕺山、北海4个区。1960年8月，改置绍兴市人民公社，辖府山、塔山、蕺山、北海4个大队，隶绍兴县。1962年1月，复置绍兴市，废市人民公社；12月废市，置城关镇，隶绍兴县。1963年1月，撤县级市建制，建绍兴县城关镇，辖4个街道。1964年，为绍兴地区区治。1979年9月，复置绍兴市，辖4个公社、11个大队（国务院批准，浙江省委实际未设立）。1981年1月，撤销绍兴县，并入绍兴市。1983年7月，绍兴撤地建市。9月，置越城区（县级），辖府山、塔山、蕺山、北海4个街道，禹陵、城东、梅山、灵芝、亭山5个乡和东湖镇。1991年4月，亭山乡府山村划归府山街道管辖，灵芝乡塘南村划归北海街道管辖。1992年1月，设立昌安街道；8月，浙江省政府批准辖区内自环城东路、西平水江（今称东环城河）以东，东平水江以西，浙东运河以南，东西平水江交汇点以北地区成立绍兴经济开发区。1996年10月，亭山乡部分（马臻路以西、云栖大桥以东、云栖路以南、龙横江北岸以北）行政区域划归北海街道办事处管辖。1998年8月，设立稽山街道，委托绍兴经济开发区管委会管辖。

2000年6月，经省政府批准，绍兴县斗门镇（不含新马山村、新合作村、新皇甫村、新孙端村、新豆姜村、新斗门村)、东浦镇、鉴湖镇、皋埠镇和马山镇划归越城区管辖;同月,市区北部昌安门外设立袍江工业区;12月,禹陵乡大众、新港2个村划归稽山街道管辖。2001年7月,撤销城东乡建制,大部分并入东湖镇,撤销灵芝乡、梅山乡建制,原灵芝乡大部分和原梅山乡合并设灵芝镇,撤销亭山乡建制,并入府山街道,撤销禹陵乡建制,并入稽山街道,原城东乡部分和昌安街道合并为蕺山街道,原鉴湖镇部分(18个村、8个居民区)设立城南街道。调整后,越城区辖鉴湖、东湖、东浦、皋埠、斗门、马山、灵芝7个镇和府山、塔山、蕺山、北海、稽山、城南6个街道,建制区面积由101平方公里增至336平方公里。2002年6月,绍兴县马鞍镇新马山村、新孙端村、新皇甫村、新豆姜村、新斗门村、新合作村划归越城区斗门镇管辖。12月,辖区内绍兴古城北部,东至绍三线和外直江,西至绍齐公路,南至萧甬铁路,北至柯袍公路,即以灵芝镇、东浦镇境域为基础成立镜湖新区,灵芝、东浦两镇委托镜湖新区管委会管辖。2003年1月,绍兴县齐贤镇七里江村、庄头村、林头村、五峰村、前王村、潞阳村、潞庄村、后渚村、湖村、山泉村、西山头村、青云村、立岱村、大庆寺村、嘉会村15个村划归越城区灵芝镇管辖。2007年6月,迪荡街道设立,辖原蕺山街道的五门市社区、都泗社区2个社区和罗家庄村、沈家庄村、五云村、西金村4个村及原东湖镇瓦窑头居委会、革新村、塘湾村。2008年1月,皋埠镇、东湖镇行政区划调整,原皋埠镇104国道线以北的8个村划归东湖镇管辖;原东湖镇104国道线以南的12个村和东湖居民区划归皋埠镇管辖。

2013年11月,根据省政府《关于调整绍兴市部分行政区划的通知》,镜湖新区并入越城区,设区镜湖管委会;灵芝镇、东浦镇归由越城区管辖;原绍兴县孙端镇、陶堰镇、富盛镇划归越城区管辖。调整后,越城区行政区域面积增至498平方公里,辖10个镇、7个街道。同月,越城区孙端镇委托袍江经济技术开发区管委会管辖,陶堰镇、富盛镇委托绍兴高新技术产业开发区管委会管辖。2016年3月,越城区与绍兴高新区合署办公,实行“两块牌子、一套班子”,不再保留镜湖新区党工委、管委会。绍兴高新技术产业开发区管委会托管的东湖镇、皋埠镇、陶堰镇、富盛镇、稽山街道、迪荡街道以及各乡镇(街道)所属事业单位归由越城区管理。调整后,越城区(高新区)实辖7个镇、7个街道,共218个村、88个社区、7个农村居委会,实辖区域面积调整至381.53平方公里。2017年10月,越城区(高新区)东湖镇、灵芝镇、东浦镇、鉴湖镇撤镇设街。至此,越城区(高新区)实辖皋埠镇、陶堰镇、富盛镇3个镇和东湖街道、灵芝街道、东浦街道、鉴湖街道、塔山街道、蕺山街道、北海街道、府山街道8个街道。2018年6月,越城区(高新区)与袍江开发区合署办公,袍江开发区托管的乡镇(街道)由越城区(高新区、袍江开发区)管理。调整后,越城区(高新区、袍江开发区)实辖皋埠镇、陶堰镇、富盛镇、马山镇、孙端镇和东湖街道、灵芝街道、东浦街道、鉴湖街道、斗门街道、塔山街道、蕺山街道、北海街道、府山街道、城南街道、稽山街道、迪荡街道等17个镇街,区划面积498平方公里。2019年1月11日,浙江省民政厅发布《2018年浙江省行政区划变更情况》,批复同意撤销蕺山街道,并调整塔山、府山、北海、稽山、迪荡5个街道的管辖范围。至此,越城区(高新区、袍江开发区)实辖皋埠镇、陶堰镇、富盛镇、马山镇、孙端镇、东湖街道、灵芝街道、东浦街道、鉴湖街道、斗门街道、塔山街道、府山街道、北海街道、城南街道、稽山街道、迪荡街道5个镇、11个街道。11月8日,绍兴市区9个镇撤镇设街集中揭牌仪式举行。越城区皋埠镇、陶堰镇、马山镇、孙端镇撤销，改设皋埠街道、陶堰街道、马山街道、孙端街道办事处。至此，越城区实辖塔山街道、府山街道、北海街道、稽山街道、城南街道、迪荡街道、东湖街道、灵芝街道、东浦街道、鉴湖街道、斗门街道、皋埠街道、陶堰街道、马山街道、孙端街道、富盛镇15个街道1个镇。11月29日，滨海新区挂牌成立，托管越城区皋埠、马山、孙端、东湖、灵芝、东浦、斗门、稽山、迪荡和上虞区沥海等街道。

2021年2月23日，浙江省人民政府批复同意变更越城区和上虞区部分行政区域界线，上虞区沥海街道的管辖区域划归越城区。至此，越城区行政区域东至上虞区，南、西至柯桥区，北至钱塘江，辖1个镇、16个街道，行政区划面积533.86平方公里，实辖面积643平方公里。（区档案馆　过路易）

2022年越城区各镇（街道）地域面积一览表

表1　　单位：平方公里

地域	面积	地域	面积
塔山街道	4.30	灵芝街道	42.80
府山街道	4.79	东浦街道	30.78
北海街道	17.10	鉴湖街道	50.30
城南街道	14.91	斗门街道	42.00
稽山街道	18.70	皋埠街道	59.00
迪荡街道	9.30	陶堰街道	25.11
马山街道	44.50	沥海街道	40.60
孙端街道	31.28	富盛镇	73.90
东湖街道	30.50		

（区民政局　提供）

自然地理

【地理位置】 越城区位于北纬29°87'13"～30°13'33"，东经120°51'84"～120°80'25"。地处浙江省东部，钱塘江和杭州湾南岸，宁绍平原西部，会稽山北麓，是绍兴市政治、文化中心，市委、市政府所在地，辖1个镇、16个街道，面积533.86平方公里（以上数据为区自然资源和规划分局统计口径）。东与上虞区的道墟街道、东关街道、长塘镇、汤浦镇相连，南、西、北与柯桥区的平水镇、兰亭街道、福全街道、柯岩街道、柯桥街道、齐贤街道、马鞍街道接壤。

【地形地貌】 越城区处于钱塘江河口段南岸，宁绍平原西部，背靠会稽山余脉，是平原向低山丘陵的过渡地带，总体地势南高北低。北部、中部以平坦的湖海积平原为主，间有残丘突兀于平原之中，如镜湖湿地公园的梅山，以及城区的塔山、府山等。南部以低山丘陵为主，地形坡度一般15°～25°，局部30°以上，全区最高峰位于富盛镇西南的望海岗，海拔标高567.7米。根据地貌形态成因多级分类原则，越城区地貌类型有侵蚀剥蚀地貌（残丘）、坡洪积平原、冲洪积平原、湖沼积平原、冲海积平原五大类。

自然资源

【土地资源】 2022年，越城区国土变更调查行政区划面积533.86平方千米(53386.06公顷)，湿地、耕地、种植园用地、林地、建设用地等地类均有分布，主要土地类型：湿地12.04公顷，占全区辖区面积的0.02%；耕地11711.49公顷，占全区辖区面积的21.94%；园地972.58公顷，占辖区面积的1.82%；林地12426.63公顷，占辖区面积的23.28%；草地486.03公顷，占辖区面积的0.91%；城镇村及工矿用地16097.91公顷，占辖区面积的30.15%；交通运输用地2516.26公顷，占全区土地总面积的4.71%；水域及水工建筑用地8512.5公顷，占辖区总面积的15.95%；其他650.62公顷，占辖区面积的1.22%。

【矿藏资源】 截至2022年底，越城区已发现铜、金、石煤、泥炭、石英砂岩、普通建筑石料矿产资源6种，已发现的燃料、有色金属和贵金属矿产地，均已经过地质预查或普查。勘查结果显示，上述甲类矿种大多属矿点和矿化点，但矿体规模小、形态复杂、矿石质量变化大，均不具备工业价值，区内仅有建筑石料矿可供开发利用。全区有2处普通建筑石料矿，分别为绍兴市陶堰镇义峰山建筑石料矿、绍兴市越城区东浦街道清水闸村梅里尖山北侧边坡生态环境综合治理工程建筑石料(凝灰岩)矿，设计开采规模分别为98万吨/年和76万吨/年。(区自然资源和规划分局　李伟)

气　候

【概况】 2022年总的气候特点是年平均气温偏高，年高温日数居历年第一，降水量较常年基本持平，降水日数偏少，且时间分布上不均匀，降雨分布前多后少，旱重于涝。

年内主要天气气候事件有春季连阴雨(雪)、汛期强对流天气频发突发、盛夏持续高温热浪、气象干旱、台风"轩岚诺"和"梅花"、寒潮、低温冰冻。总体上，年内影响公众生产生活的气象灾害事件较多，气候年景总体偏差。

【气温】 2022年年平均气温18.6℃，较常年(17.6℃)偏高1.0℃。全年高温日数(日最高气温≥35.0℃)为56天，比常年(30天)偏多26天，居历年第一，极端最高气温为41.2℃，出现时间为7月23日；年低温日数(日最低气温<0℃)为14天，比常年(18.5天)偏少4.5天，极端最低气温为-2.5℃，出现时间为12月19日。

全年月平均气温均较常年不同程度偏高；3月、7月、8月、11月平均气温较常年异常偏高，偏高量均超过2.0℃，偏高量最多为3月，月平均气温14.4℃，较常年偏高3.2℃，居历史同期第一。

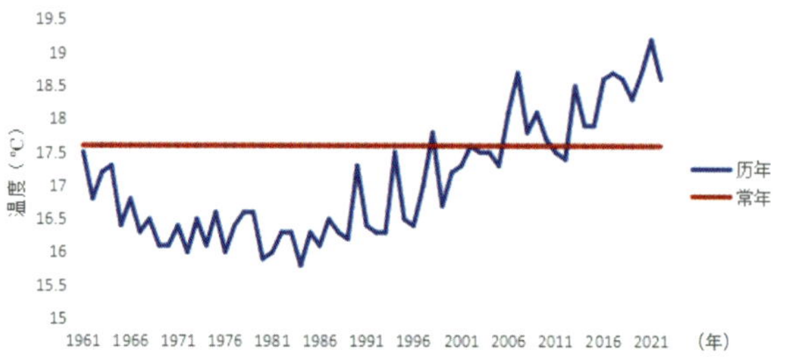

图1　越城区历年年平均气温

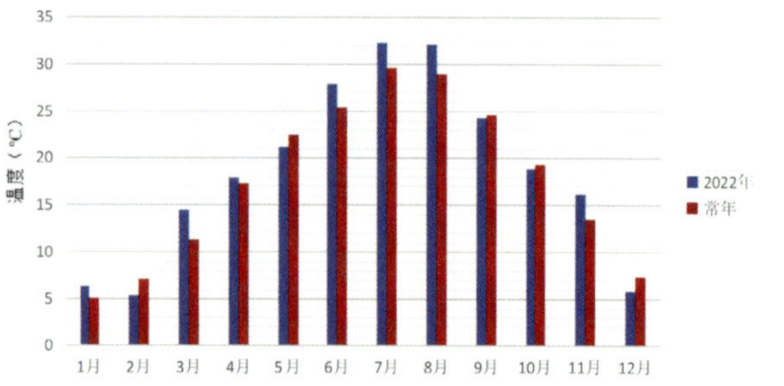

图2　2022年越城区各月平均气温与常年的比较

【降水】 2022 年年降水量为 1515.1 毫米，较常年（1518.7 毫米）基本持平。年雨日 152 天，比常年（156.1 天）偏少 4 天。降水时空分布不均匀，大部分地区在 1400 ~ 2000 毫米，呈南多北少的分布特征，全区最大富盛镇文山站 1924.7 毫米；对比常年各月平均降水量，除 9 月以外，2022 年降水呈现前期偏多，后期偏少的变化特征。

全年共出现 2 次暴雨日，日最大降水量为 69.3 毫米，出现在 9 月 13 日。

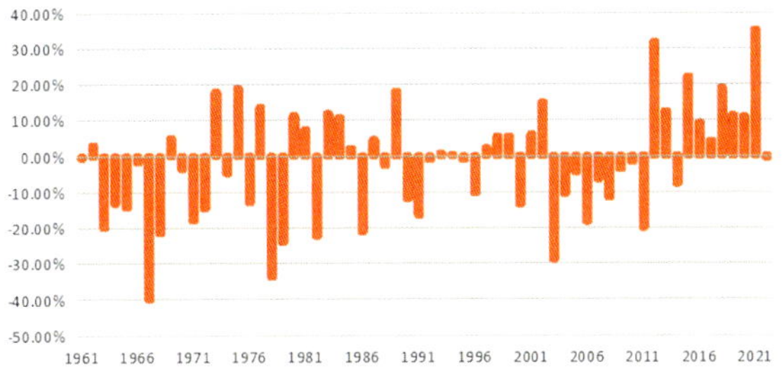

图 3 越城区历年年降水量距平百分率

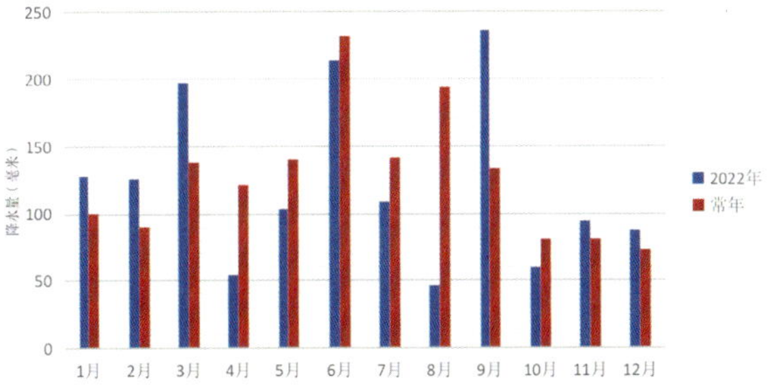

图 4 2022 年越城区各月降水量与常年的比较

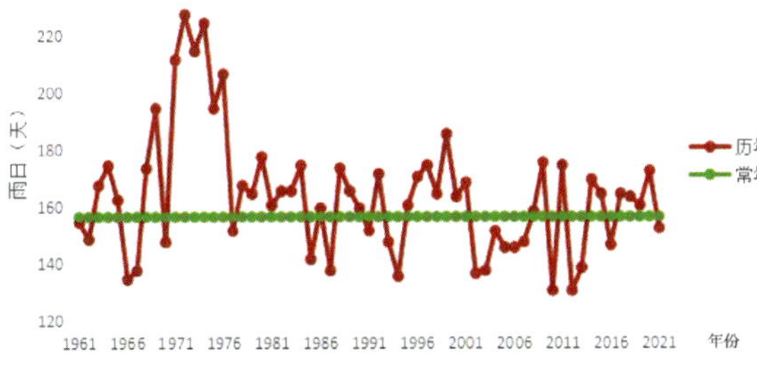

图 5 越城区历年年雨日

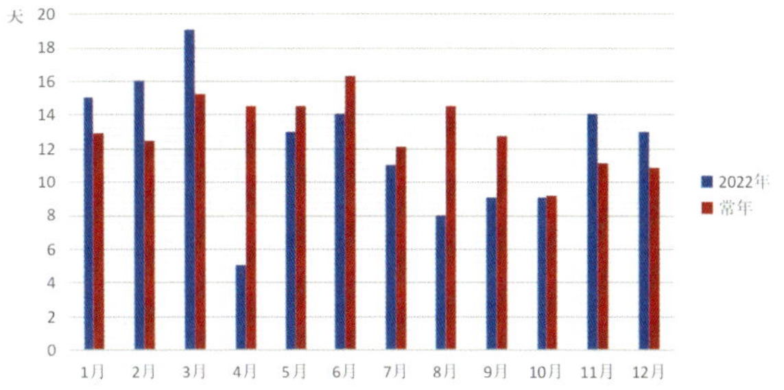

图 6 越城区 2022 年各月降水日数与常年的比较

【日照】 2022 年，全区年总日照时数为 1620.9 小时，较常年偏少一成。其中只有 3 月、7 月、8 月和 12 月较常年略偏多，其余月份均较常年偏少，尤其是 2 月和 11 月较常年偏少四成。

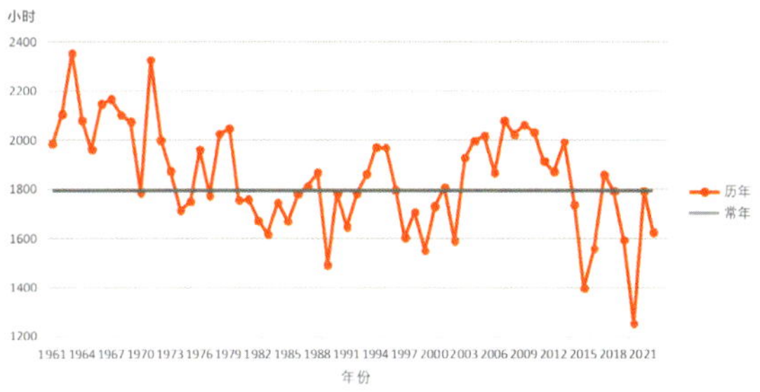

图 7 越城区历年年日照时数

【风】 2022 年，全区年平均风速 1.4 米 / 秒，最多盛行风向为东北偏东风。全区极大风速为 29.1 米 / 秒（11 级），出现在鉴湖街道王家葑站（4 月 25 日）。

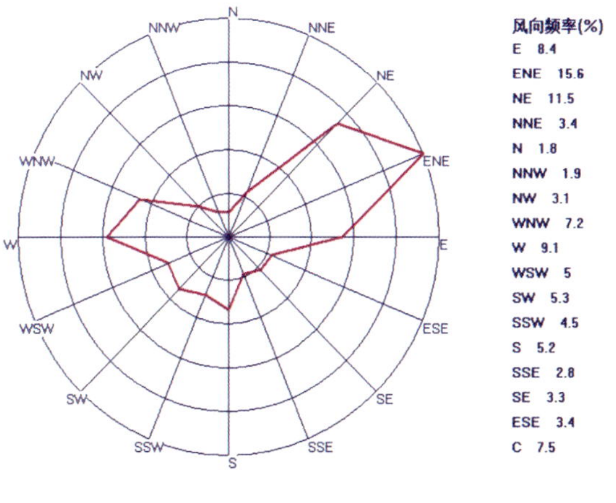

图 8 2022 年越城区风玫瑰图（站号 58453）

【年度主要天气气候事件】

“全年气温偏高、降水接近常年，全年气候异常多变”2022年年平均气温18.6℃，较常年(17.6℃)偏高1.0℃，年极端最高气温为41.2℃。全年降水1515.1毫米，较常年(1518.7毫米)基本持平，但是降水在时间分布上极不均衡，降雨分布前多后少，旱重于涝。全年气候异常多变，1月下旬到2月有长达一个月的连阴雨(雪)天气，出现6次较明显的雨雪过程；6—8月气温偏高，高温异常严重，全年高温日数(日最高气温≥35.0℃)为56天，破历史纪录，降水异常偏少，夏秋连旱严重，9月台风“轩岚诺”“梅花”影响越城区，12月初寒潮侵袭，雷电雨雪齐飞。

“高温来得早、去得晚，热浪异常难出门”2022年高温初日出现在6月22日，终日10月3日。全年高温日数(日最高气温≥35.0℃)为56天，破历史纪录。综合高温强度达有观测记录以来最“热”年，7月10—14日、7月21—23日、8月15—22日连续多日日最高气温超过40℃，极端最高气温为41.2℃(7月23日)。

“出梅早、梅雨期短，几近空梅”6月10日入梅，与常年(6月10日)持平，6月26日出梅，比常年(7月10日)偏早14天；梅期16天，比常年少14天。梅雨形势不典型，以过程性降水为主，入梅后共出现3轮强降雨过程，分别为9日夜里至10日上午、12—13日以及20日。梅汛期(6月9日20时至6月25日14时)全区面雨量82毫米，较常年(平均雨量443.1毫米)明显偏少，几近空梅，有2站累计雨量超过100毫米，单站最大为富盛105.3毫米。

“年初阴雨细绵长，阳光难觅”1月22日至2月23日出现连阴雨天气，时间长达33天，有6次较明显的雨雪过程，其中1月22—30日的过程持续时间长达9天，累计降水量243.6毫米，为历史同期第2多；雨日25天，比常年同期明显偏多。

“汛期降水偏少，夏旱连秋旱，人工增雨缓旱情”汛期累计降水量884.1毫米，较常年偏少近2成，降水偏少导致气象干旱持续发展，各地先后出现轻到中度气象干旱。为有效应对旱情，区人工影响天气领导小组办公室抓住为数不多的有利降水天气形势，开展人工增雨作业共6轮次，累计发射增雨火箭弹42枚，实施燃烟7轮次，累计燃烟22条，有效降低了森林火险气象等级，增加了水库蓄水，为缓解旱情起到一定积极作用。

“国庆假期极端高温遇强冷空气，夏秋瞬息转换”9月30日至10月3日晴热难耐，日最高气温达35～39℃，最高38.3℃(10月3日)；随后冷空气袭来，自北向南出现大范围明显降温，日平均气温48小时降温幅度达13℃，并于10月5日入秋。

最强“梅花”影响大，瓢泼大雨来势汹7月至8月中旬出现空台期，9月起先后受到11号超强台风“轩岚诺”和12号超强台风“梅花”影响。其中2212号台风“梅花”于9月14日在舟山普陀沿海以强台风级登陆，“梅花”为2022年首个登陆华东沿海且登陆我国最强的台风。“梅花”给全区带来强降雨和大风天气，全区面雨量135毫米，有4个站累计雨量超过200毫米，均在富盛镇，最大金溪站315.6毫米。全区普遍出现6～8级局部9级阵风，最大沥海街道海涂二号闸站22.4米/秒(9级)，东南部富盛镇暴雨集中、强度强，风雨影响致灾强度等级为严重。

“12月初寒潮袭击，越城速寒秒入冬”11月28日至12月2日，寒潮天气自北向南影响越城区，并伴随雷雨大风和小雪天气；24小时和48小时日平均气温过程降温幅度分别达10.1℃和12.9℃，气温迅速降至0℃左右，多地出现降

2022 年主要气象要素统计表

表 2

类别	要素	2022 年	历年极值
温度	年平均温度(℃)	18.6	19.2
	极端最高温度(℃)	41.2	42.5
	极端最低气温(℃)	−2.5	−10.2
降水	年降水量(毫米)	1515.1	2003.2
	日最大降水量(毫米)	69.3	311.3
风速	年平均风速(米/秒)	1.8	2.5
	年最大风速(米/秒)	12.1	16.8
	年极大风速(米/秒)	25.3	27.7

注:本文采用的气象资料常年值为 1991—2020 年。

雪天气。11 月 30 日,进入气象学意义上的冬天,偏早 3 天(常年 12 月 3 日)。

“春季强对流多发,气象预警保平安” 入春以后,强对流天气多发。3 月 14 日午后越城区出现较大范围的雷阵雨,并伴有 6 ~ 8 级雷雨大风。3 月 21—22 日受切变线和冷空气影响,出现大到暴雨,面雨量 90 毫米,最大为东浦街道 102.3 毫米。4 月 25 日傍晚到夜里受强对流云团影响,自西向东出现 8 ~ 10 级局部 11 级雷雨大风,风力达 11 级,鉴湖街道王家葑 29.1 米/秒,部分地区出现较强降水,小时雨强最大为鉴湖街道孟湾站 21.2 毫米,大风造成部分设施大棚受损或倒塌,农作物机械受损。越城区 3—4 月发布强对流天气预警信息号共计 15 条,午后雷暴大风冰雹频发,突发性极端性强。

“入春偏早入夏晚,三月春风送暖阳” 2 月 26 日,越城区进入气象学意义上的春天,偏早 8 天(常年 3 月 6 日)。5 月 27 日,越城区进入气象学意义上的夏天,偏晚 15 天(常年 5 月 12 日)。2 月 28 日至 3 月 17 日,全区日平均气温 15.8℃,平均最高气温 22.2℃,平均最低气温 10.9℃,均创历史同期最高纪录,另外,其中多日最高气温和最低气温均创历史同日最高纪录。(区气象局 褚永逵)

人 口

【概况】 2022 年末,越城区域总户数 299367 户,户籍人口 827044 人,其中城镇人口 544168 人,占比 65.64%。全年出生人口 3998 人,死亡人口 6840 人,人口自然增长 −2842 人,自然增长率为 −3.432‰;迁入人口 5651 人,迁出人口 4870 人,人口机械增长 781 人,净迁移率为 0.943 ‰;人口净增 −2034 人,年人口增长率为 −2.456‰。2022 年登记男性 402430 人,女性 424614 人,男女性别比为 94.78(女 =100,下同);

登记出生男性2051人，出生女性1947人，出生性别比为105.3；登记死亡男性3775人，死亡女性3065人，男女死亡性别比为123。（区公安分局　赵梦莎）

【流动人口管理】 2022年，越城区登记在册流动人口总数为470537人，比上年同期增加42951人，上升10.0%。省外流入有37.22万人，占全区流动人口总数的79.1%；省内流入有9.83万人，占全区流动人口总数的20.9%。登记在册出租房屋数153218间，比上年同期增加21996间，上升16.8%。流动人口居住登记率平均为96.1%；登记信息准确率平均为96.9%，居住出租房屋登记率98.3%，同住人员信息采集率100%达到省、市考核要求。2022年，越城区开展防溺水安全、疫情防控、文明出行、共同富裕等主题宣传活动，通过视频、海报、微信公众号、微博、公交车、地铁等渠道开展宣传，引导流动人口提高认识。

2022年越城区流动人口分布情况一览表

表3

镇街	2022年流动人口数(人)	占流动人口总数的比例(%)
皋埠街道	28019	6.0
陶堰街道	5028	1.1
富盛镇	1554	0.3
东湖街道	15286	3.2
灵芝街道	42290	9.0
东浦街道	49624	10.5
鉴湖街道	15835	3.4
塔山街道	12472	2.7
北海街道	41125	8.7
府山街道	13588	2.9
城南街道	30309	6.4
稽山街道	20642	4.4
迪荡街道	13963	3.0
斗门街道	75009	15.9
马山街道	68264	14.5
孙端街道	6643	1.4
沥海街道	30886	6.6
合计	470537	100.0

2022年越城区流动人口流出地排名前十的省(直辖市)一览表

表4

户籍地	流入越城区总数(人)	占比(%)
浙江省	98234	20.1
安徽省	68806	14.1
河南省	56856	11.6
贵州省	47357	9.7
江西省	29296	5.9
四川省	28581	5.8
湖南省	27560	5.6
重庆市	27460	5.6
湖北省	21339	4.4
江苏省	16560	3.4
合 计	422049	86.2

2022年越城区流动人口流出地人数在5000人以上的地市一览表

表5

户籍地	流入越城区总数(人)	占比(%)
安徽省阜阳市	19997	4.1
浙江省绍兴市	19847	4.0
浙江省杭州市	16955	3.5
河南省信阳市	15611	3.2
重庆市忠县	15132	3.1
浙江省温州市	14061	2.9
浙江省台州市	11519	2.3
贵州省六盘水市	11235	2.3
贵州省毕节市	10735	2.2
江西省上饶市	9730	2.0
河南省周口市	9693	2.0
浙江省宁波市	9473	1.9
安徽省宿州市	8331	1.7
安徽省亳州市	7089	1.4
贵州省黔东南苗族侗族自治州	6890	1.4
浙江省金华市	6691	1.4
河南省驻马店市	6203	1.3
湖北省恩施土家族苗族自治州	6106	1.2
安徽省六安市	5965	1.2
湖南省衡阳市	5472	1.1

续表 5

户籍地	流入越城区总数（人）	占比（%）
河南省商丘市	5470	1.1
安徽省蚌埠市	5260	1.1
浙江省衢州市	5257	1.1
浙江省丽水市	5249	1.1
合计	237971	48.6

2022 年越城区流动人口就业结构一览表

表 6

职业分类	流动人口总数（人）	占比（%）
农林牧渔生产	2438	0.5
生产制造加工	115400	24.5
工程施工装修	75689	16.1
物流运输网约车	10053	2.1
餐饮服务	14748	3.1
休闲娱乐服务	26390	5.6
家政物管保安	3353	0.7
教师学生	11760	2.5
个体经济	2792	0.6
快递外卖服务	383	0.1
医务医护	263	0.1
其他职业	140839	29.9
失业	66429	14.1

2022 年越城区流动人口文化结构一览表

表 7

文化层次	流动人口总数（人）	占比（%）
博士	225	0.1
研究生	1763	0.4
本科	46230	9.8
专科	46473	9.9
中专	13578	2.9
技工	3461	0.7
高中	47702	10.1
初中	225591	47.9
小学及以下	85514	18.2

2022年越城区流动人口年龄结构一览表

表8

年龄	流动人口总数(人)	占比(%)
16岁以下	42274	9.0
16~29岁	150615	32.0
30~44岁	142780	30.4
45~59岁	115867	24.6
60岁以上	19001	4.0

2022年越城区流动人口政治结构一览表

表9

政治面貌	流动人口总数(人)	占比(%)
中共党员	2429	0.5
预备党员	461	0.1
共青团员	10080	2.1
民主党派	228	0.1
其他	457339	97.2

2022年越城区流动人口居住结构一览表

表10

居住场所	流动人口总数(人)	占比(%)
宾馆、旅店	142	0.0
医院	48	0.0
学校	33465	7.1
培训机构	528	0.1
单位内部	37292	7.9
集中公寓	24815	5.3
居民家中	3692	0.8
自购房	43038	9.2
租赁房屋	310058	65.9
工地现场	12392	2.6
水上船舶	36	0.0
其他	5031	1.1

2022年越城区流动人口一览表

表11

民族	流动人口数(人)	占比(%)	民族	流动人口数(人)	占比(%)
汉族	425732	90.5	怒族	1	0.0
蒙古族	502	0.1	水族	269	0.1
回族	1523	0.3	东乡族	164	0.0
藏族	252	0.1	纳西族	65	0.0
维吾尔族	473	0.1	景颇族	98	0.0
苗族	9188	2.0	柯尔克孜族	6	0.0
彝族	5042	1.1	土族	14	0.0
壮族	3051	0.7	达斡尔族	11	0.0
布依族	6502	1.4	仫佬族	137	0.0
朝鲜族	185	0.0	羌族	56	0.0
满族	842	0.2	布朗族	14	0.0
侗族	2739	0.6	撒拉族	6	0.0
瑶族	659	0.1	毛南族	34	0.0
白族	792	0.2	仡佬族	535	0.1
土家族	8522	1.8	锡伯族	5	0.0
哈尼族	219	0.0	阿昌族	21	0.0
哈萨克族	22	0.0	普米族	4	0.0
傣族	130	0.0	塔吉克族	2	0.0
黎族	446	0.1	鄂温克族	7	0.0
傈僳族	106	0.0	德昂族	6	0.0
佤族	116	0.0	京族	2	0.0
畲族	725	0.2	乌孜别克族	1	0.0
拉祜族	63	0.0	基诺族	3	0.0
保安族	4	0.0	其他	1232	0.3

【开发建设“越安家”浙里办应用】 2022年，区流动人口管理中心围绕“新居民一件事”改革，开发建设“越安家”浙里办应用，提供“联谊交友”“房屋租赁”“求职招聘”“办事服务”等服务，实现政府公益服务平台“从无到有”的突破变革。9月上线，至年底，累计有效活跃用户35.82万余人，累计访问页面数269.63万余人次，活跃率居全区前列。

【比对流动人口信息超10万条】 2022年，越城区运用大数据进行比对，结合电话回访、上门核实等形式实现精准采集，共比对流动人口信息超过10万条。建立倒查机制，不定期开展对采集的信息质量采取“网上抽查+实地检查”的模式，主动发现问题、查找工作短板。全年流动人口居住登记率达98.3%，同比增长8.5个百分点；登记信息准确率达98.3%，同比增长13.3个百分点；居住出租房屋登记率达98.3%，同比增长1.9个百分点。（区流管中心　徐丹）

国民经济和社会发展

【概况】2022年，越城区实现地区生产总值1271.04亿元，按可比价增长4.0%，其中第一产业增加值17.48亿元，同比增长3.3%，第二产业增加值547.38亿元，同比增长5.8%，第三产业增加值706.18亿元，同比增长2.6%。三次产业结构1.4:43.1:55.6。人均地区生产总值153496元，比上年增长4.1%。全区财政总收入137.01亿元，同比下降11.4%；一般公共预算收入86.33亿元，同比下降7.3%；税收收入71.87亿元，同比下降13.9%，占一般公共预算收入的83.25%；一般公共预算支出99.40亿元，同比增长14.7%（统计口径参照《2022年越城区国民经济和社会发展统计公报》下同）。

【农业和农村建设】2022年，越城区农林牧渔业产值38.43亿元，同比增长3.6%。其中农业产值16.63亿元，同比增长3.4%；林业产值0.8亿元，同比下降5.8%；牧业产值4.22亿元，同比增长3.0%；渔业产值16.02亿元，同比增长5.0%；农林牧渔专业及辅助性活动产值0.77亿元，同比增长9.3%。农林牧渔业增加值17.82亿元，按可比价同比增长3.4%。全区粮食播种面积22.38万亩，粮食总产量9.64万吨。年末生猪存栏5.76万头，其中能繁母猪存栏0.57万头，水产品产量4.3万吨。完成“非粮化”整治优化工作，累计清理腾退5200余亩耕地，建设完成2.24万亩高标准农田，继续推进9100亩高标准农田（粮功区）改造提升。美丽乡村建设迭代升级，开展“闲置农房激活”项目，吸引社会资本1.6亿元，安桥头村“宅基地＋乡村建设”入选省农业农村厅强村富民集成改革典型案例，创建省级未来乡村4个。

【工业和建筑业】2022年，越城区规上工业企业660家，实现规上工业增加值406.49亿元，同比增长8.3%，完成规上工业总产值1622.52亿元，同比下降0.7%。产值排名前五位的行业分别为电力、热力生产和供应业（占比11.9%）、医药制造业（占比9.5%）、废弃资源综合利用业（占比8.9%）、纺织业（占比8.8%）、电气机械和器材制造业（占比7.1%）。盘活土地5221亩，腾出用能8.34万吨标煤。全区实现规上数字经济核心产业制造业企业37家，其中百亿级企业1家，亿元以上企业20家，国家级专精特新“小巨人”企业3家，上市企业1家，准上市企业2家，省级数字经济创新发展试验区建设有效推进。数字经济核心产业制造业增加值22.38亿元，同比增长9.6%。全年实现规模以上新产品产值647.94亿元，同比增长14.7%，新产品产值率为39.1%，同比提高6.5个百分点。规模以上高新技术产业、战略性新兴产业增加值分别为251.74亿元、190.24亿元，增长7.2%、32.0%。157个项目被列入年度市级智能化改造重点项目计划，新增工业机器人525台，新增振德医疗、长电绍兴2家省级未来工厂试点，数量居全省第一，长电绍兴获评第一批省级未来工厂。全年规模以上工业企业等价能源消费量226.28万吨标准煤，同比下降17.6%；规模以上万元工业增加值能耗下降23.9%。全区建筑业资质等级企业171家，完成建筑业总产值902.86亿元，同比增长9.1%；营业收入633.58亿元，同比下降2.2%；利润总额13.89亿元，同比增长11.2%。

【国内贸易和对外经济】2022年，越城区社会消费品零售额748.36亿元，同比增长3.6%。其中限上社会消费品零售总额320.23亿元，同比增长2.9%，全年实现网络零售额146.0亿元。开展“越”系列消费促进活动，已累计发放汽车及购物消费补贴超2800万元。限上批发业663家，销售额1410.53亿元，同比增长23.4%；

限上零售业175家，销售额282.38亿元，同比增长13.2%；限上住宿业43家，营业额10.18亿元，同比增长4.6%；限上餐饮业69家，营业额17.65亿元，同比增长9.9%。规模以上服务业189家，营业收入229.64亿元，同比增长5.8%。全区实现进出口总额835.18亿元，同比增长25.63%。其中自营出口额715.53亿元，同比增长21.7%；进口额119.66亿元，同比增长55.7%。超额完成亿美元外资项目落地4个，高新技术利用外资占比达52%，全区完成实到外资18855万美元，同比增长43.1%。

【固定资产投资和房地产业】 2022年，越城区完成固定资产投资同比增长13.1%，分产业看，第二产业投资同比增长62.9%，第三产业投资同比增长5.7%，生态环保、城市更新和水利设施投资同比下降2.2%，高新技术产业投资同比增长66.1%，民间项目投资同比增长58.8%，交通投资同比下降7.5%。全区商品房销售额445.34亿元，同比下降33.8%；销售面积222.07万平方米，同比下降25.1%；房地产投资447.06亿元，同比增长4.8%。

【教育和科学技术】 2022年，越城区两湖西侧小学完成建设并投入使用，新增学位1750个，新开办幼儿园4所，撤并薄弱幼儿园4所，新增学位1410个；新纳入义务教育集团成员校3所，教育集团覆盖面超69%。深化实施“双减”改革，探索形成4个校本作业资源库，在规定时间内完成书面作业的学生，由“双减”前的65%提高到2022年的92%。在全市率先实现学科类培训机构全面清零，资金监管实现100%。新增国家中小学智慧教育平台省级试点单元、中小学校评价改革试点、青藤艺术互联网学校系统建设、“校园食品安全”大数据监督系统4项省级试点。全区高新技术产业投资额增速66.1%，规上工业实现高新技术产业增加值增速7.2%。新认定国家高新技术企业203家、省科技型中小企业233家。

【文化、体育和卫生】 2022年，越城区推进“浙文惠享”民生实事，建成161个“15分钟品质文化生活圈”、4家城市书房、3家文化驿站、3家乡村博物馆；完善区图书馆、区文化馆等公共文化设施，完成国家一级图书馆、省级“幸福文化馆”申报；实施公共文化场馆提升工程，制定完善区博物馆、区非遗馆建设方案及绍兴剧院修缮方案。新增体育场地面积达17万平米，举办“迎亚运”主题等各类赛事活动300场以上，国民体质健康合格率达95.39%。成功承办中国国际象棋冠军赛、全国新闻界围棋锦标赛等高规格品牌赛事。组织参加省运会，获金牌32枚(其中实战金牌26.4枚)，创历年最好成绩。

全区基本养老保险、基本医疗保险参保率均达99.7%以上，基本实现全覆盖。推进越惠保2023年参保工作，截至2023年参保期结束，全区共参保633159人，参保率70.27%。强化医保定点管理，新增医保定点零售药店16家，医疗机构10家。出台全市首个防范因病致贫返贫助力共同富裕工作机制，健全高额医疗费用化解机制，全额化解困难人员5万元以上的个人自负医疗费用，2022年度合计化解困难群众高额医疗费用7人，化解金额32.93万元。以政务服务2.0建设为牵引，持续推进医保经办“15分钟服务圈”建设，基层各平台受理待遇报销类业务13351件。

【人民生活和社会保障】 2022年，越城区城镇常住居民人均可支配收入为70525元，同比增长4.1%；农村常住居民人均可支配收入为45540元，同比增长7.1%，全年城乡居民收入倍数为1.55倍。城镇常住居民人均生活消费支出42907元，同比增长7.1%；农村常住居民人均生活消费支出29051元，同比增长8.3%。民生事业投入近70亿元,同比增长10.8%。开展职业培训5.7万人,新增城镇就业4.3万人、技能人才2.2万人。构建失业人员就业跟踪帮扶和实名制动态管理机制,累计帮扶重点群体2.89万人。累计发放就业困难人员灵活就业社保补贴10567万元,惠及2.21万人次;发放失业金13804万元,涉及7.81万人次;发放失业补助金1710万元,涉及2.12万人次。

【资源、环境保护和社会安全】 2022年,越城区建立健全林长制管理和运行体系,明确三级林长共258名,落实专职护林员55名,制定配套实施政策,发布越城区2022年第1号总林长令。完成"增绿增效""百千万"行动年度任务,深挖造林绿化空间,完成国土绿化造林575亩。精准实施大气治理,空气质量综合指数3.60,PM2.5浓度30(29.74)微克/立方米,AQI(空气质量指数)优良率84.7%;创新建立断面水质"四色"预警机制,完成水生态缓冲带10公里,水生态修复作业面积14万立方米;37个市级考核断面达标率和水质Ⅰ~Ⅲ类占比达双百分百;污染地块安全利用率100%。荣获2021年度全省"五水共治"工作优秀县(市、区)"大禹鼎"。深入推进中央环保督察问题整改,实现第二轮中央生态环境保护督察信访件100%销号。全年发生各类生产安全事故10起、死亡9人,同比分别下降58.3%、60.9%,较前三年平均数分别下降47.4%、51.8%,未发生较大及以上事故,安全生产形势总体稳定向好,实现平安建设"十七连冠"。(区统计局 郑莹)

中共绍兴市越城区委员会

重要会议

【概况】 2022年，越城区共召开区委全体会议2次、区委全体(扩大)会议2次、区委常委会会议22次、区委常委(扩大)会议2次、全区领导干部会议4次。

【区委九届十五次全体会议】 2022年1月6日，越城区委召开九届十五次全体会议，审议通过区第十次党代会有关事项。滨海新区管委会主任、越城区委书记徐军主持会议，区委委员、候补委员参加。会议审议通过《区委报告(送审稿)》、《区纪委工作报告(送审稿)》及区第十次党代会主席团成员、秘书长等建议名单，确定出席绍兴市第九次党代会代表候选人预备人选、浙江省第十五次党代会代表候选人初步人选和党的二十大代表候选人初步人选。

【区委十届一次全体会议】 2022年1月13日，中国共产党绍兴市越城区第十届委员会举行第一次全体会议。出席区委委员35人，区委候补委员7人。会议选举产生中共绍兴市越城区第十届委员会常务委员会委员，徐军、钱林江、应尧刚、周春、金均海、陶榕发、程许东、刁文辉、吴萍、钟建荣、李彰当选。徐军当选为区委书记，钱林江、应尧刚当选为区委副书记。会议通过中国共产党绍兴市越城区纪律检查委员会第一次全体会议选举结果。

【区委十届二次全体(扩大)会议】 2022年1月15日，区委召开十届二次全体(扩大)会议。出席区委委员34人，候补委员7人。会议传达学习市委八届十二次全体(扩大)会议精神，部署全区2022年经济工作。会议强调，区第十次党代会，确立了“首位立区、幸福越城”总战略，描绘了今后五年发展的总蓝图，为全区做好各项工作提供了遵循和依据。审议通过《中国共产党绍兴市越城区第十届委员会第二次全体会议关于深入学习贯彻党的十九届六中全会精神忠诚拥护“两个确立”坚决做到“两个维护”在加快实现“五个率先”上展现越城担当的决议(草案)》。

【区委十届三次全体(扩大)会议】 2022年8月16日，区委召开十届三次全体(扩大)会议。出席区委委员29名，候补委员7名。全会审议通过《中共绍兴市越城区委关于忠实践行“八八战略”、坚决做到“两个维护”，奋力谱写“两个先行”越城篇章的决议》。

【区委常委会会议】 2022年1月5日，区委召开九届一百四十八次常委会会议。会议传达学习贯彻习近平总书记在中国文联第十一次全国代表大会和中国作协第十次全国代表大会开幕式上的重要讲话精神；传达学习贯彻习近平总书记对党史学习教育的重要指示和党史学习教育总结会议精神；传达学习贯彻习近平总书记对“三农”工作的重要指示、李克强总理要求和中央农村工作会议精神；听取关于天津大学浙江国际创新设计与智造研究院合作协议的有关情况汇报；听取关于《中共绍兴市越城区第十次代表大会报告》起草情况的汇报；听取关于《中共绍兴市越城区纪律检查委员会向区第十次党代会的工作报告》起草情况的汇报；听取关于党的二十大代表和省第十五次党代会代表初步人选推荐情况汇报；听取关于越城区出席绍兴市第九次党代会代表候选人预备人选建议名单的汇报；听取关于区第十次党代会筹备工作情况及其他有关事项的汇报；听取关于中共绍兴市越城区第十届委员会委员候选人预备人选和中共绍兴市越城区纪律检查委员会委员候选人预备人选建议名单的汇报；听取关于区第十次党代会组织机构组成人员及主席台人员建议名单的汇报。

1月24日，区委召开十届一次常委会会议。传达学习贯彻习近平总书记对党内法规工作的重要指示和全国党内法规工作会议以及省委理论学习中心组专题学习会有关精神；传达学习贯彻习近平总书记在省部级主要领导干部学习贯彻中共十九届六中全会精神专题研讨班开班式上的重要讲话精神；听取关于“越城区优秀共产党员”“越城区先进基层党组织”评选表彰情况的汇报；听取关于绍兴市越城区人民政府、绍兴滨海新区管委会、浙江大学共建浙江大学绍兴研究院合作协议的有关情况汇报；听取《关于加强基层应急消防管理能力建设的实施意见》起草情况的汇报；听取关于《绍兴市越城区贯彻落实第二轮中央生态环境保护督察报告整改方案》编制情况及2021年省委生态环境保护专项督察迎检工作情况的汇报；听取《绍兴市越城区关于加强行政服务中心建设的实施方案》起草情况的汇报；研究有关人事议题；听取关于区六届政协委员及政协常委会组成人员候选人推荐（提名）工作情况汇报。

1月29日，区委召开十届二次常委会会议。传达学习贯彻习近平总书记在中央政治局第三十六次集体学习时的重要讲话精神；传达学习十九届中央纪委六次全会、省纪委十四届七次全会、市纪委八届七次全会有关精神，听取越城区贯彻落实意见的汇报；听取区人大常委会、区政府、区政协、区法院、区检察院党组2021年工作情况汇报；听取《关于进一步关心关爱专职社区工作者落实五项举措的建议》起草情况汇报；听取关于《越城区农村发展党员违规违纪问题排查整顿工作方案》的起草情况汇报；传达学习全市新冠肺炎疫情防控工作领导小组会议精神，听取越城区贯彻落实意见的汇报；听取关于2021年度镇街、区级部门（单位）岗位目标责任制考核情况的汇报；听取关于2021年度表彰奖励、通报表扬评选推荐工作情况的汇报；听取关于“七张问题清单”推进情况的汇报；听取关于越城区、滨海新区“领先争先、大抓落实”推进大会方案的汇报。

2月11日，区委召开十届三次常委会会议。听取关于越城区工商业联合会（总商会）第四次会员代表大会方案的汇报；听取关于《2022年政府工作报告》起草情况的汇报；听取关于区政府2021年民生实事项目完成情况和2022年民生实事候选项目征集情况的汇报；听取关于区人大常委会工作报告起草情况及区十届人大一次会议议程、日程安排的汇报；听取关于区政协常委会工作报告、提案工作报告起草情况及区政协六届一次会议议程、日程安排的汇报；听取关于绍兴市越城区人民法院工作报告起草情况的汇报；听取关于绍兴市越城区人民检察院工作报告起草情况的汇报；听取《关于越城区2021年国民经济和社会发展执行情况与2022年国民经济和社会发展计划（草案）的报告》起草情况的汇报；听取《关于越城区2021年预算执行情况及2022年预算（草案）的报告》起草情况的汇报；听取关于区政协六届一次会议各类建议名单安排情况的汇报；听取关于区十届人大一次会议有关建议人选名单及选举办法的情况汇报；听取关于区十届人大专门委员会组成人员建议名单及通过办法的情况汇报；听取关于区人大、区政府、区政协、区监察委员会、区法院、区检察院换届候选人选的汇报。

3月11日，区委召开十届四次常委会会议。传达学习贯彻习近平总书记在中央党校（国家行政学院）中青年干部培训班开班式上的重要讲话精神；传达学习全国、全省、全市组织部长会议精神，听取越城区贯彻落实意见的汇报；传达学习全国宣传部长会议、全省宣传思想工作会议、市委文化工作会议精神，听取越城区贯彻落实意见的汇报；传达学习全国、全省统战部长会议和全市统战工作会议精神，听取越城区贯彻落实意见的汇报；传达学习全国、全省宗教工作会议、市委民族工作会议暨全市宗教工作会议精神，听取越城区贯彻落实意见的汇报；传达学习省委农村工作会议暨粮食安全工作会议精神，听取越城区贯彻落实意见的汇报；听取关于《"共同富裕提速年、数字赋能提质年、干部作风提升年"三个年活动实施方案》和《"拔钉清障、信访化解、短板提升"三大攻坚行动实施方案》起草情况的汇报；听取关于越城区红十字会第三次会员代表大会会议方案的汇报；听取关于进一步明确越城区专班建设相关问题的汇报；听取关于绍兴市九届政协委员人选推荐情况的汇报；研究有关人事议题。

4月7日，区委召开十届五次常委会会议。传达学习贯彻习近平总书记在中央政治局第三十七次集体学习时的重要讲话精神；传达学习中共中央、国务院、省、市新冠肺炎疫情防控工作有关会议精神，听取越城区贯彻落实意见的汇报；传达学习中共中央政治局常务委员会会议、全国安全生产电视电话会议有关精神，听取越城区贯彻落实意见的汇报；传达学习市两会有关精神；听取关于九届越城区委巡察工作情况报告及2022年度区委巡察工作安排的汇报；听取关于《落实市委全面从严治党主体责任检查反馈意见整改工作方案》起草情况的汇报；听取关于《加快建设新时代"名士之乡"人才高地先行区的若干政策》起草情况的汇报；听取关于2022年越城区经济政策制定情况的汇报；听取关于《越城区"大综合一体化"行政执法改革实施方案》起草情况的汇报；听取关于2021年度区管科级领导干部年度考核结果的情况汇报。

4月25日，区委召开十届六次常委会会议。传达学习全国巡视工作会议暨十九届中央第九轮巡视动员部署会、十四届省委第十四轮巡视工作动员部署会有关精神，听取越城区贯彻落实意见的汇报；传达学习省委常委、组织部部长王成在绍调研时的讲话精神，听取越城区贯彻落实意见的汇报；传达学习全市宣传思想工作会议精神，听取越城区贯彻落实意见汇报；听取关于越城区社会科学界联合会第二次代表大会会议方案的汇报；听取关于2022年度区政府重大行政决策事项建议目录编制情况的汇报；听取关于"七张问题清单"推进情况的汇报；听取关于全区信访积案"百日攻坚"行动推进情况的汇报；听取关于《越城区全面推进绍兴市创建全国市域社会治理现代化试点合格城市迎检"六大专项行动"工作方案》起草情况的汇报；

听取《越城区“除险保安”专项行动实施方案》起草情况的汇报；听取关于《2022年越城区拆改工作实施方案》起草情况的汇报；研究有关人事议题。

5月31日，区委召开十届七次常委会会议。传达学习中共中央、国务院、省、市新冠肺炎疫情防控工作会议精神，听取越城区贯彻落实意见的汇报；传达学习贯彻全国稳住经济大盘电视电话会议和全省经济稳进提质攻坚行动工作推进会会议精神；传达学习省委常委、纪委书记、监委主任许罗德在绍兴调研时的讲话精神，听取下步贯彻落实意见的汇报；听取《关于进一步加强机构编制管理的实施意见》起草情况汇报；听取关于《2022年度镇街、机关部门（单位）岗位目标责任制考核办法》起草情况的汇报；听取关于《越城区、滨海新区2022年督查检查考核年度计划》起草情况的汇报；听取关于《越城区、滨海新区2022年政府、国有企业投资项目计划》起草情况的汇报；听取关于规范民办义务教育发展工作有关情况的汇报；听取关于《2022年度越城区农村人居环境常态化评估办法》起草情况的汇报；听取关于越城区农村发展党员违规违纪问题排查整顿工作的情况汇报；研究有关人事议题。

6月9日，区委召开十届八次常委会会议。传达学习贯彻习近平总书记在中央政治局第三十八次集体学习时的重要讲话精神；听取关于《越城区、滨海新区贯彻落实稳住经济一揽子政策措施实施方案》起草情况的汇报；听取《关于进一步深入推进统计基层基础建设的实施意见》起草情况汇报；听取关于《越城区房屋征收产权调换市场化安置实施意见（试行）》起草情况的汇报。

6月17日，区委召开十届九次常委会会议。传达学习贯彻习近平总书记在中央政治局第三十九次集体学习时的重要讲话精神；传达学习《关于落实省委意识形态工作责任制反馈问题整改工作的通知》《关于2021年度全市各级党委（党组）落实意识形态工作责任制综合情况的通报》《关于2021年度越城区委意识形态工作责任制落实情况重点检查的反馈意见》有关精神，听取区委《关于落实市委意识形态工作责任制重点检查反馈意见整改工作方案》起草情况的汇报；听取《关于大力弘扬越文化推进文化铸魂工程的实施意见》起草情况汇报；听取关于越城区法学会第三次会员代表大会方案的汇报；听取《关于深化党建“契约化”共建引领网格智治的实施意见》起草情况汇报；研究有关人事议题。

7月26日，区委召开十届十次常委会会议。传达学习贯彻习近平总书记在中央政治局第四十次集体学习时的重要讲话精神；听取关于《中共中央办公厅印发〈关于加强和改进新时代市县政协工作的意见〉的通知》《中共浙江省委办公厅印发〈关于加强和改进新时代市县政协工作的实施意见〉的通知》精神贯彻落实情况的汇报；听取《关于深化党建“契约化”共建引领网格智治的实施意见》起草情况汇报；听取关于半年度平安建设及“除险保安”专项行动情况的汇报；听取关于“七张问题清单”推进情况的汇报；听取关于完善区对镇街财政管理体制的情况汇报；听取关于《越城区推进医疗保障基金监管制度体系改革实施方案》起草情况的汇报；听取关于《越城区大气污染防治责任追究办法》起草情况的汇报。

8月9日，区委召开十届十一次常委会会议。传达学习贯彻习近平总书记在中央政治局第四十一次集体学习时的重要讲话精神；传达学习中央统战工作会议精神；传达学习全省第十次党史工作会议精神，听取越城区贯彻落实意见的汇报；听取关于区委十届三次全体（扩大）会议方案、报告和《中共绍兴市越城区委关于忠实践行“八八战略”、坚决做到“两个维护”，奋力谱写“两个先行”越城篇章的决议》起草情况的汇报；听取《关于进一步调整完善市与越城区交通运输事权的实施方案》起草情况的汇报；听取关于交通运输领域事权承接涉及机构设置的情况汇报。

8月25日，区委召开十届十二次常委会会议。传达学习贯彻省、市人大常委会主任学习会精神；听取2022年越城区党建“契约化”共建半年度工作情况的汇报；听取《关于2021年度全区各级党委（党组、工委）落实意识形态工作责任制综合情况的通报》《越城区委意识形态工作组织领导和责任分工》起草情况的汇报；听取关于《中共绍兴市越城区委巡察工作规划（2022—2026年）（试行）》起草情况的汇报；听取关于《越城区、滨海新区经济稳进提质月晾晒指标评价办法（试行）》起草情况的汇报；听取关于《越城区、滨海新区国有企业2022年度工作考核办法》起草情况的汇报；听取关于《深化生态文明示范创建高水平建设新时代美丽越城规划纲要（2021—2035年）》起草情况的汇报；研究有关人事议题。

9月8日，区委召开十届十三次常委会会议。传达学习全省新一轮制造业“腾笼换鸟、凤凰涅槃”攻坚行动现场会暨“415X”产业集群推进会精神，听取越城区贯彻落实意见的汇报；传达学习中共中央办公厅、国务院办公厅关于《地方党政领导干部食品安全责任制规定》精神，听取越城区贯彻落实意见的汇报；听取关于越城区2022年食品药品安全暨“双城双创”工作情况的汇报；听取关于新时代“越城精神”及越城城市形象标识征集凝练选树工作情况的汇报；听取关于2022“同心·越城”大会筹备情况的汇报；听取关于越城区涉豫皖村镇银行维稳工作情况的汇报。

9月27日，区委召开十届十四次常委会会议。专题传达学习贯彻中共中央办公厅有关通报精神。

10月19日，区委召开十届十五次常委会会议。传达学习贯彻习近平总书记在参观“奋进新时代”主题成就展时的重要讲话精神和习近平总书记为《复兴文库》作的序言《在复兴之路上坚定前行》的重要精神；传达学习贯彻中共中央办公厅《推进领导干部能上能下规定》文件精神；传达学习全国、省、市安全生产有关会议精神，听取越城区贯彻落实意见的汇报；传达学习浙江省“人民满意的公务员”和“人民满意的公务员集体”表彰大会精神，听取越城区贯彻落实意见的汇报；传达学习全省宣传文化系统专题研讨班会议精神和省委常委、宣传部部长王纲在绍兴调研时的讲话精神，听取越城区贯彻落实意见的汇报；传达学习省委统战工作会议精神、全省统一战线暑期读书会精神和省委常委、统战部部长邱启文在绍兴调研时的讲话精神，听取越城区贯彻落实意见的汇报；听取《关于进一步加强和规范全区编外用工管理的若干意见》起草情况的汇报；听取关于《越城区、滨海新区打造全域科技创新示范区三年行动计划》起草情况的汇报；听取关于工、青、妇、残联、科协等群团组织换届工作情况的汇报；研究有关人事议题。

10月25日，区委召开十届十六次常委会会议。专题传达学习贯彻中共二十大会议精神。

11月14日，区委召开十届十七次常委会会议。传达学习贯彻习近平总书记在中共中央政治局第一次集体学习时的重要讲话精神；听取关于《绍兴市越城区公用事业集团有限公司组建方案》起草情况的汇报；听取关于《绍兴越城国有资本投资运营集团有限公司组建方案》起草情况的汇报；听取关于越城区2021年度区直国有企业职工薪酬核定情况的汇报；听取关于《越城区建立健全分层分级精准防控末端发力终端见效工作机制 推动食品安全属地管理责任落地落实的实施方案》起草情况的汇报；研究有关人事议题。

12月1日，区委召开十届十八次常委会会议。传达学习贯彻习近平总书记在瞻仰延安革命纪念地时的重要讲话精神；传达学习省人大常委会党组书记、副主任梁黎明在绍兴调研人大工作时的讲话精神；传达学习省委办公厅《关于推动党史学习教育常态化长效化的实施意见》和市委办公室《关于推动党史学习教育常态化长效化的实施方案》有关精神，听取越城区《推动党史学习教育常态化长效化的实施方案》起草情况的汇报；听取关于绍兴市越城区第五次归侨侨眷代表大会方案的汇报；听取关于越城区“七张问题清单”推进情况的汇报；听取关于《加强巡察整改和成果运用责任清单》起草情况的汇报；听取《关于促进社会组织高质量发展 助力共同富裕示范区建设的实施方案》起草情况的汇报；听取关于法治越城建设工作情况的汇报；研究有关人事议题。

12月6日，区委召开十届十九次常委会会议。传达学习上级有关文件精神，通报越城区做好江泽民同志治丧工作事宜有关工作。

12月17日，区委召开十届二十次常委会会议。传达学习贯彻中共中央政治局会议精神；传达学习习近平总书记对河南安阳市凯信达商贸有限公司火灾事故的重要指示精神和全省安全生产工作推进会议精神，听取越城区贯彻落实意见的汇报；传达学习贯彻习近平总书记在党外人士座谈会上的重要讲话精神；传达学习贯彻习近平总书记在第五届中国国际进口博览会开幕式上的致辞精神；传达学习贯彻省委副书记、省长王浩在绍调研时的讲话精神；听取《关于当前越城区意识形态领域形势的通报》起草情况的汇报；听取关于《越城区深化国防动员体制改革实施方案》起草情况的汇报；听取《关于越城区、滨海新区实施“1515”专项行动打造先进制造业强市首位先行区的若干意见》起草情况的汇报；听取区委常委会其他成员履行“一岗双责”情况的汇报。

12月29日，区委召开十届二十一次常委会会议。传达学习贯彻习近平总书记致信祝贺国史学会成立30周年的重要精神；传达学习贯彻省委书记易炼红到绍兴调研精神；听取关于区委十届四次全体（扩大）会议方案、报告和决定起草情况的汇报；听取《关于全面深化社区“契约化”共建 推动社区治理现代化的实施意见》起草情况及“契约化”共建核心词征集提炼工作情况的汇报；听取关于《越城区全域空间战略规划》起草情况的汇报；听取关于区人大常委会工作报告起草情况及区十届人大二次会议议程、日程安排的汇报；听取关于区政协常委会工作报告、提案工作报告起草情况及区政协六届二次会议议程、日程安排的汇报；听取关于《2023年政府工作报告》起草情况的汇报；听取关于绍兴市越城区人民法院工作报告起草情况的汇报；听取关于绍兴市越城区人民检察院工作报告起草情况的汇报；听取关于区政府2022年民生实事项目完成情况和2023年民生实事候选项目征集情况的汇报；听取《关于越城区2022年国民经济和社会发展执行情况与2023年国民经济和社会发展计划（草案）的报告》起草情况的汇报；听取《关于越城区、滨海新区2022年预算执行情况及2023年预算（草案）的报告》起草情况的汇报；听取关于区十届人大二次会议有关建议人选名单及选举办法的情况汇报；听取关于区政协六届二次会议各类建议名单安排情况的汇报。

【区委常委（扩大）会议】 2022年1月21日，越城区委常委会召开扩大会议，传达学习贯彻省十三届人大六次会议精神和省政协十二届五次会议精神，研究部署越城区贯彻落实工作。会议强调，要坚持领先争先，全力确保“开门红”，全力以赴冲刺一季度“开门红”，突出抓好经济指标和有效投资，谋划好“三个年活动”“三大攻坚行动”，开展好企业服务；认真细致做好年末收官工作，紧盯目标任务，全面抓好各项工作；多措并举维护社会平安稳定，时刻紧绷平安之弦，坚决筑牢疫情防控、安全生产、信访工作和生态环保等防线；持之以恒抓好党风廉政建设，强化值班值守，确保度过一个平安祥和的新春佳节。

12月20日，越城区召开区委常委（扩大）会议。会议要求，把学习省委全会精神和学习党的二十大精神结合起来，进一步学深悟透党的二十大蕴含的重要思想、重要观点、重大战略、重大举措，落实到工作中体现在行动上，全面推动省委全会精神贯彻落实。要注重扫尾收官，紧盯各项考核指标、重点工作清单，攻坚年度任务，围绕省市区既定目标任务，提前谋划明年经济工作，找准跑道、精准发力，抢抓开局起步。要优化疫情防控，按照“保健康，防重症”的总体要求，认真落实新阶段疫情防控各项举措，持续提高疫苗接种和物资储备力量，确保机关正常履职、企业正常经营、社会正常运行、群众正常生活。要时刻紧绷安全生产这根弦，压紧压实各级主体责任，强化督查反馈，落实问题闭环，坚决守牢安全生产底线。

【全区领导干部会议】 2022年3月2日，越城区、滨海新区召开领导干部会议，传达学习中国共产党绍兴市第九次代表大会精神，研究部署全区学习贯彻工作。会议提出，要紧盯年初既定目标，聚焦重点指标和短板指标，全力冲刺，确保一季度“开门红”。要强势推进项目建设，做到产业项目和政府投资项目“两手抓”，特别是亚运工程，要倒排工期、定期协调，力争提前完工，为办亚运、迎亚运造浓氛围。要加快推进“三个年活动”和“三大攻坚行动”，完善细化实施方案，健全过程化督查考核机制，稳步推进各项工作。要做好助企惠民服务，积极主动开展区领导走访和“助企开门红”服务活动，加快奖励政策兑现，不断提升服务水平。要全力维护社会稳定，抓实抓细安全生产工作，优化基层治理，坚决筑牢、安全生产等领域防线，确保社会平安稳定。

3月12日，越城区、滨海新区召开领导干部会议，部署全国两会精神学习贯彻落实工作。会议提出，要毫不松懈抓疫情防控，进一步提高站位、统一思想、认清形势，不折不扣按照中央、省、市近期部署要求抓好落实，盯牢薄弱环节、守好“小门”、强化“人物同防”、完善工作机制，筑牢“外防输入、内防反弹”严密防线。要全力冲刺一季度“开门红”，紧盯目标任务，力争各项指标争先进位；增强服务意识，强化政企沟通，加快项目建设。要全力推进亚运城市行动计划，加快相关重要项目建设，加强城市管理，提升城市整体形象和品质，切实增强群众获得感。要全力以赴维护社会稳定，强化风险隐患摸排，抓实做好安全生产工作，筑牢社会稳定防线，营造和谐稳定社会环境。

6月23日，越城区、滨海新区召开领导干部会议，第一时间学习全市领导干部会议精神，传达贯彻省第十五次党代会精神，落实全市学习宣传贯彻工作动员部署，研究部署全区学习贯彻工作。会议提出，要全面强化党建统领，加强党的领导，重点用好“七张问题清单”这一抓手，深入实施红色根脉强基工程，积极构建党建统领网格智治体系，确保省市各项决策部署在越城落地落实落细。要坚持系统思维纵深推进改革，聚焦共富跑道，谋划探索创新举措，深化数字化改革，迭代升级重点应用，打造标志性成果和最佳实践，进一步健全体制机制，做大做强滨海新区高能级战略平台。要全力推动经济稳进提质，全力以赴冲刺"半年红"，补齐短板指标，狠抓企业服务和政策兑现，突出"干部服务到位"和"政策兑现到位"，抓住项目牛鼻子，紧盯重点区域精准招商，全力提速项目建设，夯实平安稳定基础，慎终如始抓好疫情防控和安全生产工作，确保社会大局稳定。

10月25日，区委召开全区领导干部会议，传达中共二十大精神和省、市领导干部会议精神。会议提出，学习宣传贯彻中共二十大精神是当前一项重大政治任务。全区上下要营造浓厚氛围，立即掀起学习贯彻二十大精神的热潮，通过全方位、多层次、立体式的学习宣传，推动全区干部群众在学深悟透、知行合一上下功夫、见成效。要强化党建统领，全面提升干事创业的激情与合力，把学习贯彻中共二十大精神的过程转换为不断提高政治判断力、政治领悟力、政治执行力的过程，以过硬的干部作风，为经济社会高质量发展保驾护航。要推动落地实践，以最大力度冲刺"四季度"，锚定目标争前列，对照差距补短板，拉高标杆创亮点，严守底线保平安，确保交出高分答卷、优异报表，奋力夺取"全年红"。要突出谋深谋实，绘好明年工作作战图任务表，以中共二十大精神为引领，做到形势研判"准"一些、应对策略"明"一些、路数打法"新"一些、为民办事"实"一些，以实际行动推进中国式现代化在越城、滨海生动实践。（区委办公室　徐瑶）

组织工作

【概况】 2022年，越城区委坚决贯彻习近平总书记关于新时代人才工作的新理念新战略新举措，全面落实中央、省委、市委关于人才工作决策部署，紧扣"首位立区、幸福越城"目标定位，深入实施人才强区首位战略，以高水平建设人才管理改革试验区为牵引，打好机制创新突围战、人才招引争先战、政策助力攻坚战、服务保障持久战，以人才资源推动经济社会高质量发展。2022年，越城区成立"党内关爱、两新关怀"基金，评选10位越城区最美快递员，推动快递物流行业安全运行，联合建立"1+1+N"（即1名网格长、1名网格员和N名协辅成员）共建服务团，开展"防疫速递"行动。组织开展"关爱新群体、夏日送清凉"活动，累计开展活动18场，慰问新就业群体近200人。

【"契约共建"引领网格智治】 2022年，越城区委推进基层治理体系建设，构建"村（社区）—网格—微网格（楼道、楼栋）"治理格局，推进党建统领网格智治、试点推进"红色物业"等相关工作，成立网格党组织1168个，出台越城区关于深化"契约化"共建引领网格智治的实施意见，平战结合组织动员体系相关经验做法获时任绍兴市委书记盛阅春、市委组织部部长王琴英批示肯定。

【"契约共建"数字化应用上线】 2022年，越城区委深化数字化应用赋能，推动"契约共建"数字化应用上线浙里办，生成党员、村社党组织、网格党组织"契约画像"，实行蓝、黄、橙、红"四色"管理。截至年底，应用注册用户数达56806人，线上发布共建活动8000余场，累计点亮微心愿9116个。

【"契约化"共建专题研究】 2022年，越城区委

2022年越城区共富工坊一览表

表12

序号	工坊名称	所在乡镇（街道）	工坊类型	工坊星级
1	金钻共富工坊	城南街道	定向招工式	三星
2	越富生活馆共富工坊	富盛镇	电商直播式	三星
3	云舟帮扶共富工坊	北海街道	电商直播式	三星
4	“陆游的乡村世界”共富工坊	皋埠街道	农旅融合式	三星
5	一景“阳光农场”共富工坊	沥海街道	农旅融合式	三星
6	“酒香越音家”共富工坊	东浦街道	品牌带动式	三星
7	“东鉴湖糯稻香”共富工坊	陶堰街道	产业赋能式	三星
8	共配中心共富工坊	富盛镇	产业赋能式	三星
9	坡塘家纺共富工坊	鉴湖街道	来料加工式	二星
10	南池家纺共富工坊	鉴湖街道	来料加工式	二星
11	谢墅胶鞋共富工坊	鉴湖街道	来料加工式	二星
12	埠丰五金共富工坊	马山街道	来料加工式	二星
13	李式共富工坊	城南街道	来料加工式	二星
14	春腾纺织共富工坊	斗门街道	来料加工式	二星
15	姐妹DIY共富作坊	城南街道	来料加工式	二星
16	力诺共富工坊	城南街道	来料加工式	二星
17	美娟共富工坊	城南街道	来料加工式	二星
18	四海禽蛋共富工坊	东湖街道	来料加工式	二星
19	明辉照明共富工坊	沥海街道	来料加工式	二星
20	圣乐针织共富工坊	沥海街道	来料加工式	二星
21	众佳共富工坊	沥海街道	来料加工式	二星
22	泽瑞共富工坊	沥海街道	来料加工式	二星
23	美丽共富工坊	城南街道	定向招工式	二星
24	金家工业共富工坊	东浦街道	定向招工式	二星
25	悦达服饰共富工坊	马山街道	定向招工式	二星
26	鲁西工业共富工坊	东浦街道	定向招工式	二星
27	杨川工业共富工坊	东浦街道	定向招工式	二星
28	邵家工业共富工坊	东浦街道	定向招工式	二星
29	方圆农业共富工坊	皋埠街道	定向招工式	二星
30	上蒋村共富工坊	皋埠街道	定向招工式	二星
31	超时代门控共富工坊	皋埠街道	定向招工式	二星
32	际周云仓共富工坊	马山街道	电商直播式	二星
33	中央酒库直播间共富工坊	孙端街道	电商直播式	二星
34	吼山农创客电商平台共富工坊	皋埠街道	电商直播式	二星
35	生活北海共富工坊	北海街道	电商直播式	二星

续表 12

序号	工坊名称	所在乡镇(街道)	工坊类型	工坊星级
36	北明共富工坊	东浦街道	电商直播式	二星
37	坝头山村陆游菊圃共富工坊	皋埠街道	农旅融合式	二星
38	御茶村共富工坊	富盛镇	农旅融合式	二星
39	大禹蚕种制造农旅共富工坊	城南街道	农旅融合式	二星
40	“树童部落”共富工坊	孙端街道	农旅融合式	二星
41	风之谷研学共富工坊	富盛镇	农旅融合式	二星
42	“一家很小的杂货铺”共富工坊	孙端街道	农旅融合式	二星
43	顺浩共富工坊	沥海街道	农旅融合式	二星
44	刚盛共富工坊	沥海街道	农旅融合式	二星
45	七亩基、王家埭共富工坊	东浦街道	品牌带动式	二星
46	东浦鱼渎江共富工坊	东浦街道	品牌带动式	二星
47	新青马农场共富工坊	富盛镇	产业赋能式	二星
48	上谢墅村大小麦、早稻农业共富工坊	鉴湖街道	产业赋能式	二星
49	农业科学研究院五和基地共富工坊	东湖街道	产业赋能式	二星
50	谢墅村大小麦、早稻农业共富工坊	鉴湖街道	产业赋能式	二星
51	村头村农场共富工坊	孙端街道	产业赋能式	二星
52	玉屏村服装共富工坊	鉴湖街道	来料加工式	一星
53	福利织造共富工坊	塔山街道	来料加工式	一星
54	坡塘村家纺共富工坊	鉴湖街道	来料加工式	一星
55	塑富共富工坊	斗门街道	定向招工式	一星
56	富华共富工坊	斗门街道	定向招工式	一星
57	创栋共富工坊	孙端街道	电商直播式	一星
58	“山野湖畔的诗意”农创体验馆共富工坊	塔山街道	电商直播式	一星
59	“水方螺蛳湾”共富工坊	灵芝街道	农旅融合式	一星
60	佳祥家庭农场共富工坊	马山街道	农旅融合式	一星
61	cycle&cycle 面包共富工坊	富盛镇	品牌带动式	一星
62	周清黄酒共富工坊	富盛镇	品牌带动式	一星
63	青甸湖水产共富工坊	东浦街道	品牌带动式	一星
64	行宫山村稻田基地共富工坊	东浦街道	品牌带动式	一星
65	鲁西村农业粮蔬共富工坊	东浦街道	品牌带动式	一星
66	坡塘村早稻农业共富工坊	鉴湖街道	产业赋能式	一星
67	丰乐村大小麦、早稻农业共富工坊	鉴湖街道	产业赋能式	一星
68	兴隆水产共富工坊	东湖街道	产业赋能式	一星
69	三条溇村农场共富工坊	孙端街道	产业赋能式	一星
70	新意蔬菜共富工坊	富盛镇	产业赋能式	一星

加强与高校智库合作交流，重点联系中央党校课题组深入开展“契约化”共建专题研究，长篇经验类专报《越城区贯彻总书记批示精神深化“契约化”共建十二载打造党建统领基层治理高地》被省委办《浙江信息》单篇刊发，并报省领导参阅。全区新组建党建联建57个，108个城市社区累计实施契约共建项目1500余个，重点项目54个，落实共建经费6000余万元。协同推进坡塘、安桥头、坝头山、南村和泾口5个市级“五星3A”先行村建设，全域联建助农共富等相关做法被《光明日报》、《中国科技信息》和新华网等媒体报道。

【两新组织覆盖】 2022年，越城区新增377家50人以上企业录入系统，完成50人以上有党员的企业党组织全覆盖任务。构建“党建做媒、村企联姻、群企牵手”共富发展格局，截至年底已建成共富工坊70个，在建共富工坊37个。出台区委两新工委“双联系”制度，加强区级双管两新党组织联系指导。《党建引领“喜临门”》《嵌入红色“芯”奏响最强音》等相关经验做法在《非公有制企业党建》杂志刊发。

【实施“万名干部助万企”项目】 2022年，越城区选派293名区管科级领导干部、257名一般干部常态化下沉，建强由263名驻企干部组成的三级服务队伍，实现全区638家规上企业、34家“省专精特新”企业、12家“专精特新小巨人”企业全覆盖，处理解决企业问题需求事项1474项。

【深化“七张问题清单”工作机制】 2022年，越城区根据自查全覆盖、覆盖全领域要求，完成全区3055个党组织的自查工作，制定出台《“一把手”和领导班子监督“五张责任清单”》，将49项任务清单、141条批示落实清单、18个问题清单纳入《2022年工作要点》，推动组织工作年度重点任务落细落实，相关做法获区委主要领导批示肯定。

【干部选用】 2022年，越城区营造良好干事氛围，充分释放职务职级并行政策红利，对100名干部予以职级晋升，推荐15名干部启动公务员选任（调任）程序。推荐1名干部作为省担当作为好干部人选，2名干部被评为“浙江省人民满意的公务员”，3名干部获评绍兴市担当作为好干部，评选表彰42名越城区担当作为好干部。

【干部监督管理】 2022年，越城区管好选人用人，落实“凡提四必”（即讨论决定前，对拟提拔或进一步使用人选的干部档案必审、个人有关事项报告必核、纪检监察机关意见必听、线索具体的信访举报必查，坚决防止“带病提拔”），紧跟区委巡察，共对12个镇街、部门进行选人用人专项检查，发现问题40余个，并督促做好问题整改。管好个人作风，落实省委关于构建亲清政商关系的要求，部署开展科级干部9类亲属从业及从事经营性活动情况专项填报工作，梳理汇总3000余条相关信息。

【人才培育】 2022年，越城区自主申报入选国家引才计划人才13人、绍兴“名士之乡”英才计划人才项目68个，新增青年大学生2.94万人，培育高技能人才1.19万人，多项数据均列全市第一，人才竞争力指数位居全市前列。实施区委书记抓滨海新区人才管理改革试验区双月晾晒制度，成立滨海人才发展局、滨海人才公司专项推进工作，新认定“双聘制”“免评审”“举荐制”“自主评审”等人才48名，改革成果得到省委常委、常务副省长徐文光的批示肯定。

【获批“省级双创示范基地”】 2022年，越城区打造绍芯实验室，成立宽禁带半导体省级创新中心、国家工程研究中心，获批“省级双创示范基地”。新招引10亿元以上产业项目22个，引进比亚迪功率半导体、万向钱潮汽车零部件等百亿级项目3个。汇聚集成电路、高端生物医药两大“万亩千亿”新产业高层次人才超300名、产业人才队伍近6.5万人，并就产才融合经验做法在省委组织部长会议上作交流发言。

【人才服务质量提升】 2022年，越城区发布出台实施人才新政4.0版、“人才强企”六项政策举措，制定重点产业紧缺专业目录，分解形成153项“最优颗粒度”政策事项并上线“越快兑”，落实人才政策资金超2.4亿元。全面应用“绍兴人才码”，申领人才码数量（16.9万人）位列全市第一，人力资源医药产业协同平台等应用场景入选省级部门特色应用。实施人才公寓亮居工程等方面“关键小事”93项，连续两年获评“国际化高质量发展环境建设标杆区”。（区委组织部　沈卓琳）

宣传工作

【概况】 2022年，越城区锚定打造“重要窗口”目标，坚持稳中求进工作总基调，持续深入宣传贯彻中共十九届六中全会精神和中共二十大精神，认真贯彻落实省市区党代会精神和省委、市委、区委文化工作会议精神，对标“两个先行”、聚力“五个率先”，坚持守正创新、系统重塑，为加快打造新时代绍兴文化高地和“首位立区、幸福越城”提供强劲的精神动力和舆论支撑。

2022年，越城区举办第十八届读书节，开展“书映古城”“阅享韶华”等各类读书学习活动300余场。新建特色农村文化礼堂7家，陶堰街道获评省文化礼堂建设示范乡镇（街道），孙端街道安桥头村获评省特色文化礼堂。获得浙江省文化产业发展专项扶持资金3000万元，成立越城区文化产业促进会，建立“越是我故乡”区级文创体验中心，年内新增5家市级特色文化产业园区，累计总数达10家，新增数及总数均列全市第一；《中国近代教育文献全文检索知识服务数据库》入选中央文化体制改革和发展工作领导小组办公室“国家文化产业发展项目库”。打造区级重点互联网企业20家，指导培育企业建立党支部8家。创建“扫黄打非”国家级示范点1个，省级示范点4个。上榜“中国好人”1例、“浙江好人”4例、“绍兴好人”11例，“最美绍兴人”2例，“首届绍兴文明代言人”2例。打造22条未成年人校外研学线路，建设复兴少年宫4家。

2022年，越城区在市级及以上各级主流媒体推出报道7000多篇次，其中央视《新闻联播》、《人民日报》、新华每日电讯等中央级主流媒体宣传报道71篇次，《浙江日报》头版、浙江新闻联播117篇次，较上年全年增长超50%，外宣传播力指数居全市第一。

【理论学习和宣讲】 2022年，越城区高质量实施区委理论学习中心组年度学习计划和全区党

2022年越城区文明实践班（支部）一览表

表13

序号	班级（支部）	序号	班级（支部）
1	浙江农业商贸职业学院环境艺术设计202244班	7	浙江农业商贸职业学院数字媒体艺术设计202212班
2	绍兴职业技术学院22计应3班	8	绍兴职业技术学院21物联2班
3	绍兴文理学院建筑201班	9	绍兴文理学院元培学院药学2104班
4	绍兴文理学院元培学院护理2101班	10	浙江越秀外国语学院网络传播学院新时代文明实践班
5	浙江越秀外国语学院翻译社	11	浙江越秀外国语学院国际商学院小兰花礼仪队
6	绍兴中专		

员干部理论学习教育意见，举办区委理论学习中心组专题学习15场，参加对象首次覆盖区、镇街、村社三级。2022年，越城区委宣传部组织年度巡听旁听14场，"台门党校"经验做法在党史学习教育中央简报刊登；联合灵芝街道创新培育"古越新声 灵五七五"青年脱口秀宣讲队伍，省委宣传部专题观摩调研，相关做法被《浙江信息》刊载推广，多家中央级主流媒体宣传报道；举办青年理论宣讲选拔PK赛，开展"共同富裕·青年说""党代会精神"等主题宣讲，全年累计开展基层宣讲近3万场，累计征订《习近平浙江足迹》、《习近平谈治国理政》第四卷等学习资料逾10万册，实现全体党员干部全覆盖。

【融媒宣传】 2022年，越城区聚焦区委区政府重点中心工作，推出"领先争先·大抓落实"等融媒专栏30余个，策划"我在越城很幸福"20集系列微视频等主题报道。上线"今日越城"民生公众号，壮大"越城小越悦"新媒体品牌和"一君来帮忙"民生品牌，完善"新闻+政务+服务+商务"一体化平台，推出积分商城、月月有礼等互动活动，客户日活跃度、"今日越城"App装机量在全省没有广电播出机构的县级融媒中用户活跃度排名第一。探索"1+17+N"融媒传播矩阵（"1"是指区融媒体中心构建1个立体式传播体系，宣传区委区政府的重要政策和重点工作，采写、直播民生新闻，进行影视作品创优和视频类新闻产品采制；"17"是指探索实现全区17个镇街及重点部门成立融媒号；"N"是建立N个协作平台，在潮新闻客户端、中国蓝新闻开设越城频道，与中新社浙江分社、《浙江日报》、浙江广电集团构建共享联盟），创设基层融媒分中心9个，打通基层宣传"最后一公里"。

【"文化铸魂"工程】 2022年，越城区举办"陆游文化节暨首届中国（绍兴）陆游诗歌奖"颁奖典礼、"宋潮越尚"宋韵艺术生活展等活动，推出"宋韵在越地"行走课堂、宋韵婚礼秀等，擦亮"宋韵越城"文化金名片。举办"奋进的足迹"报告会，开展"寻找越城文化印记"主题打卡，联合东浦街道、孙端街道打造"国酒微醺节""2022水乡社戏"等群众性文化活动，打响"越文化·越幸福"文化品牌。春节期间2023"祝福绍兴古城过大年"活动，7次登上央视新闻，抖音播放量累计破亿次。广播剧《孙端之战》入选浙江省"五个一工程"。

【文明创建】 2022年，越城区深入推进文明城市创建常态长效机制，开展"文明出行"专项行动，成立272支文明出行志愿服务队，聘请快递、外卖小哥等担任文明出行"监督员"，促进文明出行好习惯养成。开展百日攻坚"洁美行动"，整治八大重点项目问题1万余个，省测发现反馈问题明显下降。新建越城区税务局、金德隆文化创意园（浙江绍兴形尔尚居家空间有限公司）、斗门街道社区卫生服务中心、绍兴银行越城支行、农业银行越中支行5家"爱心驿站"，成立中国民生银行绍兴分行365天不间断"爱心驿站"。《越城区创建"零礼金"村居推动移风易俗》入选"浙江有礼"省域文明新实践案例集。深化"15分钟志愿服务圈"，全省首创校地合作文明实践"导师挂联"，创建文明实践班（支部）15个，创设志愿服务"积分兑学分"等机制，构建青年志愿服务新生态。深化"定格夕阳红""多彩周末"公益课堂等特色品牌，推动"浙江有礼 幸福越城"文明实践扎根基层。

【网络空间治理】 2022年，越城区不断深化网络舆情机制建设，及时回应网上民声、社会热点。深入实施网络"瞭望哨"工程，健全紧急信息互通机制，落实管理，稳妥做好突发事件舆情处置。积极开展网上正面宣传，强化网络正能量传播。实施"网络+"助力乡村振兴行动，开展"'景'上添花"打卡等网络主题活动，以网络大流量传递正能量、提升客流量，全网新闻、视频点击量5000余万次。持续开展“越动网络·城现美好”网络文化传播系列活动，“遇见越城”话题累计播放量达1.3亿余次。专题开展未成年人网络保护宣传活动，通过讲解案例，提升未成年人和家长们的网络保护意识。健全网络综合治理体系，联合开展“之江净网”专项行动。加强网络文明建设，打造21个网络文明实践基地。加强网络安全除险保安，联合开展网络安全专项整治行动，举办网络安全攻防演练。开展网络安全宣传周活动，多元化开展网络安全宣传，提升民众“学网”“懂网”“用网”能力。

【数字文化建设】 2022年，越城区开发上线一批数字文化系统应用，其中历史文化名城保护传承应用入选省数字文化系统优秀应用，并参加全省数字文化系统例会演示。相关改革经验做法被中央改革办《改革情况交流》第72期、省委改革办《浙里改》第137期刊载推广。不可移动文物智慧监管应用入选省文化和旅游数字化改革最佳应用，相关改革经验做法被省委改革办《数字化改革（工作动态）》第58期刊载推广。在省委宣传部对数字文化系统建设情况的考核、赋星评价中，越城区三次获得县级层面综合评价五星。民情在线2022年累计报送信息380条，采用171条；礼堂家应用实现全区167个文化礼堂全覆盖。（区委宣传部　张珂欣）

统战工作

【概况】 2022年，中共绍兴市越城区委统战部始终坚持把凝聚共识的核心任务贯穿统战工作全过程，持续抓好《中国共产党统一战线工作条例》《中国共产党浙江省委员会统一战线工作实施细则》《浙江省统一战线助力高质量发展建设共同富裕示范区实施方案（2021—2025年）》的学习宣传解读，深入学习贯彻中央统战工作会议精神，召开区委统一战线工作领导小组会议，区委理论学习中心组（扩大）学习会暨《中国共产党统一战线工作条例》专题报告会、统一战线理论学习中心组学习会和民主党派基层组织工作例会，不断强化越城统一战线成员的政治自觉、思想自觉和行动自觉，夯实共同政治基础。以喜迎中共二十大为契机，支持各民主党派开展“永远跟党走·奋进新征程”统一战线系列活动；在民营经济人士中持续开展“浙商永远跟党走·奋进新征程”宣传教育；在无党派人士、党外知识分子和新的社会阶层人士中开展“凝聚知识力量·奋进新征程”系列宣讲活动；在宗教界深入开展“五教同行·奋进新征程”教育实践活动；在海外统战领域开展“侨心永向党·喜迎二十大”系列活动。引导广大统一战线人士争做“两个确立”忠诚拥护者、“两个维护”示范引领者，不断夯实共同思想政治基础。同时，锚定“干就干最好、争就争第一”的工作标准，在部机关开展“工作标准高不高、工作节奏快不快、工作作风实不实、工作创新多不多、工作担当强不强”的“五问”大讨论活动，强化统战干部的首位意识、作为意识、品牌意识和底线意识，不断提升干部作风能力建设，推动营造越城统战系统“你追我赶，比学赶超”的工作氛围。

【召开“同心·越城”大会】 2022年9月10日，越城区通过线上加线下方式举办2022“同心·越城”大会，邀请海内外越城名贤之后、全国行业领军人物、知名专家学者、战略合作伙伴、杰出乡贤、在外知名越商等300余人参加；大会期间，签约22个重大项目，总投资318亿元，涉及智能装备制造、高端生物医药、新能源等多个领域。建立“同心·越城”党外专家智库和复旦科技园“同心·越城”党派驿站，为在越流动党外人士

2022 年 9 月 10 日,“同心·越城”大会现场签约 22 个重大产业项目(区委统战部　提供)

提供社会服务;建成滨海新区生命健康科技产业园“同心·越城”侨创基地。2022 年,新成立澳大利亚、捷克 2 家海外越城同乡会和昆明、贵阳 2 家重点城市商会,为越城经济建设和招商引资打造“重要窗口”。

【新乡贤助力共同富裕】 2022 年,越城区开展新乡贤参与助力共同富裕和基层治理为重点的“五大专项行动”,举行越城区统战系统首批新乡贤“同心共富”实践基地授牌,孙端街道安桥头村“鲁迅外婆家”,鉴湖街道坡塘村“翠微云松”,皋埠街道坝头山村“陆游的乡村世界”等 10 家基地入选。召开越城在京乡贤恳谈会,成立“同心·越城”重点城市发展联盟筹备组,在北京、上海等乡贤资源丰富的重要城市设立发展联盟,助力签约乡贤回归产业项目 3 个。

【党派社会服务】 2022 年,越城区成立“同心·越城”公益直播平台,公益助力乡村振兴、共同富裕;开展东西部协作,组织新联会赴四川马边开展“越马同心·共创未来”爱心助学活动;开展“聚焦首位立区·共绘幸福越城”统一战线第六届“同心·越城”社会服务专项行动,持续开展各民主党派基层委结对共建、爱心帮扶、医疗保健等社会服务活动,其中民建越城区基层委再就业帮扶联盟获评全省共同富裕实践基地。

2022 年 12 月 7 日,越城区首批新乡贤“同心共富”实践基地在孙端街道安桥头村授牌(区委统战部　提供)

【深化宗教活动场所标准化管理】 2022 年,越城区以“宗教活动场所标准化管理省级示范区”建设为目标任务,以宗教活动场所管理“标准化+”为抓手,健全工作机制,完善标准体系,开展等级创建,推动宗教活动场所管理工作现代化,实行宗教活动场所达标进位“等级创建”,2022 年,全区 20% 的宗教活动场所创建为一级场所,45% 的宗教活动场所达到二级创建水平,三级达标场所基本实现全覆盖。

【“浙里石榴红”建设】 2022 年,越城区推进越城区民族团结进步创建和“浙里石榴红”五百工程建设,挖掘皋埠坝头山村,马山两江社区、群贤社区,鉴湖坡塘村等民族团结进步创建重点培育单位特色亮点;开展塔山街道、浙江医药“石榴红”家园建设工作,建成浙江医药石榴红家园、石榴红驿站、石榴红工作室、石榴红宣讲团。(区委统战部　安琪)

改革工作

【概况】 2022 年,越城区按照中央、省、市全面深化改革决策部署,坚持以数字化改革为总抓手,紧扣“首位立区、幸福越城”发展定位,以全区“数字赋能提质年”活动为载体,强化机制建设、强化实战实效、强化系统协同,持续推动改革工作向纵深迈进。至年底,获得省委省政府领导批示肯定8次；在全省数字化改革推进会上连续三次获“五星”综合评价；在国家医保局《医保工作动态》、省《浙里改（专报）》、省《竞跑者》、省《数字化改革（稳进提质篇）》、省《浙里共富（工作动态）》等刊载推广改革经验5期；“契约化”共建入选《中国改革年鉴》典型案例；历史文化名城保护利用传承体系改革经验，被省委改革办以专报形式上报中改办；“腾笼换鸟”综合应用在《浙江日报》头版报道。

【改革项目培育】 2022年，越城区对标省市改革工作考核重点和全省数字化改革“最系列”评选要求，创新实施改革“领跑竞跑”项目培育行动，将已被列为省级以上改革试点项目、年度特色改革项目的22个项目纳入培育库进行培育，由牵头单位、责任部门分别落实专人进行迭代升级和深化完善。区委改革办（区数改办）先后到相关部门（单位）、镇街指导督导31次；专门组织区级部门到省、市职能部门沟通汇报33次；邀请市委改革办领导采取现场讲座和互动交流形式作专题辅导。2022年，全区新增省级以上试点50项，其中省部级试点2项，数字化改革省级部门试点38项。入选全省“一地创新、全省共享”应用2项。

【更新应用建设“一本账”】 2022年，越城区全面梳理省、市、区三级重大改革（重大应用）“一本账”，并动态调整更新，143个省级重大应用已按时序要求贯通96个，150个市级重大应用已按时序要求贯通62个，36个区级重大应用已上线29个。

【数字化改革培训】 2022年，越城区通过专题

2022年越城区新增改革试点情况汇总表

表14

省部级改革试点	1. 中国近代教育文献全文检索知识服务数据库
	2. “互联网+”环境下农村基层档案智慧监管体系建设研究项目
	3. 全国农村乱占耕地建住宅类房屋专项整治试点
	4. 增值税一般纳税人资格试点
省级部门数字化改革试点	1. 立档单位库房安全监管应用
	2. 档案数字化成果质检公共组件
	3. 浙江省档案工作数字化转型示范区创建试点
	4. 浙里“九龙联动治水”应用
	5. 水域监管“一件事”应用
	6. 乡镇街道标准化应急救护培训基地建设试点
	7. 审计整改一体化智能管理系统试点
	8. 定期数据采集机制试点
	9. 问题综合智能分析模块建设试点
	10. 公职人员违规经商办企业情况审计模块建设试点
	11. 远程异地多点评标应用试点
	12. 未来工厂：长电集成电路（绍兴）有限公司
	13. 未来工厂：振德医疗用品股份有限公司
	14. “跨域办案+”区域一体化试点
	15. “枫桥式法庭”创建与管理“一件事”试点（数智“枫”景）
	16. 退役军人高质量创业创新场景应用

续表 14

省级部门数字化改革试点	17. “枫桥式”风险管控平台
	18. 金融领域类罪研究和模型工具建设
	19. 无人机防御反制系统建设
	20. 重点人群、部位预防宣传
	21. 执法智能决策分析场景试点
	22. 中小学智慧教育平台试点
	23. 住户调查户人员综合试点
	24. 未来社区
	25. 未来乡村:坡塘村
	26. 未来乡村:安桥头村
	27. 未来乡村:坝头山村
	28. 未来乡村:上旺村
	29. 越安游·团队出行一件事
	30. 财政电子票据核销试点
	31. 区第三代半导体未来产业先导区
	32. 药品安全智慧监管“黑匣子”应用建设试点
	33. 非现场零售药店疫情防控工作试点
	34. 质量监管与发展试点
	35. “现代社区建设电梯质量安全提升行动”试点
	36. 除险保安晾晒综合应用试点
	37. 预测预警预防与分析研判(浙预警、浙里谋)
	38. 助残志愿服务应用
	39. 教育系统(校食安应用)
	40. 协同指挥系统子场景(执法监管一件事)
	41. 行政检察数字监督试点
省级部门其他试点	1. 浙江省第三轮市县修志试点
	2. 幸福河湖建设试点
	3. “粮补直达”应用试点
	4. 人社标准研制试点[职业培训券使用规范、事业单位工作人员职业生涯全周期管理“一件事”改革业务规范(入职前)]
	5. 浙江省县域商业体系建设试点
	6. 共青团助力“双减”常态化托管志愿服务试点
	7. 老年健康服务专项行动试点
	8. “党建指数”评价管理体系
	9. 事业单位公益性评价指标体系建设试点
	10. 越城"越子城"传统风貌样板区
	11. 城乡社区治理和服务创新实验区
	12. 医保基金举报线索处理试点
	13. 东湖街道全域土地综合整治试点
	14. 东浦街道全域土地综合整治试点

培训、以会代训等方式，深入学习贯彻习近平总书记关于数字化改革的重要论述，认真学习《数字化改革概论》，不断提升干部队伍适应变革、塑造变革、引领变革的综合能力。全年组织全省数字化改革引领全方位系统性变革专题研讨班、全区科级领导干部轮训等各类数字化改革培训22期1800余人次。

【共同富裕示范区创建】 2022年，越城区坚持以“共同富裕提速年”活动为载体，形成“领导小组+工作专班+牵头机构”的推进机制，推进两大“万亩千亿”新产业平台和滨海新区高能级战略平台、“浙里安居”小生态、育儿友好型和老年友好型社会、未来乡村建设等61项重点任务，制定出台《关于为优秀流动人才随迁子女接受九年义务教育提供入学便利的若干意见》《关于对越城区、滨海新区重点建设项目减免城市市政基础设施配套费的实施意见》《越城区防范因病致贫返贫助力共同富裕实施意见》等政策文件，着力推进“扩中”“提低”，缩小“三大差距”。越城区工业企业“腾笼换鸟”带动经济高质量发展、念好人文“四字诀”打造千年古城复兴“越城样板”、“契约化”共建引领基层社会治理现代化先行示范三个案例入选全市高质量发展推动共同富裕示范区最佳实践。

【推进“大综合一体化”行政执法改革】 2022年，越城区健全完善监管全覆盖、执法全闭环、协同全方位的“大综合一体化”行政执法体系，推进“一支队伍管执法”；开展“综合查一次”，健全行政执法统筹协调指挥机制等改革工作。越城区打造“乡村旅游景区监管一件事”列入全省60件“监管一件事”执法事项拓展目录并上线，整合鉴湖国家湿地公园现有软硬件资源，构建起线上线下融合的“服务+监管+执法”的“智慧湿地”数字化场景应用，并被列入2022年全省重大改革（重大应用）“一本账S2”。2022年，实现综合执法事项比例达到26.12%以上，拓展到67.5%以上的执法领域；执法力量下沉比率已达84.75%；开展“综合查一次”联合检查3275次，整改问题494处，立案查处275起，减少检查4994次；综合执法部门一般程序办案量占比83.87%，处罚案件领域覆盖率达91.30%。

【落实人才政策资金超1.5亿元】 2022年，越城区以人才管理改革试验区创建为契机，建成投用人才主题公园、人才之家等人才服务阵地；出台“人才强企”六项政策举措，制定项目经费包干制、人才项目自主评审、外籍人才服务机制等10条政策工具箱，赋予用人主体人才“育引留用管”更大自主权；聚焦市科技创新大会提出的“科技创新和人才强市首位战略”，开发上线“产业人才智能评价应用”，打造“智能自测”“企业举荐”“一键双聘”等应用场景，实现集成电路产业人才情况智能分析、智慧评级立体化引才用才新模式。2022年，越城区新评定“免评审”“双聘制”等人才48人，持续释放改革红利，累计落实人才政策资金超过1.5亿元。

【古城集成改革】 2022年，越城区完善古城全域未来社区应用功能模块、评价指标体系，完善“绍兴古城”App“幸福古城”、“青年创客”等模块；完成环城河环境提升工程（三期）、蕺山公园景观亮化与栈道工程、塔山景观与亮化提升工程、张马弄17号台门建筑整修改造、博物馆群运营（徐渭故里运营）等项目；深入实施绍兴古城保护利用条例，全力争创以绍兴古城为核心的AAAAA级景区城。“数字孪生赋能古城保护利用”应用作为绍兴市数字化改革优秀应用参加第五届数字中国峰会成果展分享经验，并入围2022世界智慧城市大奖·中国区大奖。（区委改革办　单增峰）

编制工作

【概况】 2022年，越城区委编办坚持党管机构编制、优化协同高效工作原则，坚决贯彻区委区政府决策部署，在市委编办的精心指导下，聚焦“首位立区，幸福越城”的工作要求，以数字化改革为牵引，立规立制、提质提效、有力有序推进机构编制各项重点工作，深化体制机制改革，优化机构编制资源配置，完善基层治理体系。全年共召开编委会3次，办理人员进编手续870人次，出编手续659人次；办理事业单位法人年度报告公示267家，年度报告公示合格267家，合格率100%。

【机构编制规范管理】 2022年，越城区委编办优化完善《关于进一步加强机构编制管理的实施意见》，打破“编制部门所有”的传统，实行“全区一盘棋”统筹，建立健全行政、事业编制周转管理办法，明确使用原则、基本要求、报批程序和收回条件，推动编制资源动态供给、高效使用。

【事业单位登记管理】 2022年，越城区事业单位登记管理局推进事业单位公益性评价指标体系建设试点工作，执行《浙江省事业单位章程管理暂行办法》规定，开展事业单位章程制定工作，第三批134家单位完成章程制定。共办理事业单位设立登记6家，变更登记189家，注销登记4家。统筹开展中文域名注册及网站挂标工作，已注册中文域名339个，注册率达100%。党政机关申报网站数39家，完成挂标39家；事业单位申报网站数48家，完成挂标48家，挂标率达100%。

【事权承接】 2022年，越城区落实《关于调整市本级与越城区交通运输领域相关事权的实施意见》文件，做好交通相关事权承接工作。结合实际需要，越城区对应调整部门设置，8月17日，经市委编委批复，越城区交通运输局正式组建，共承接公路管理等5个方面交通相关事权，划转行政编制3名，参公编制98名，事业编制52名。

【动态调整权责清单】 2022年，越城区按照智能化、智慧化的要求，依托绍兴市智慧编办系统做好核心业务梳理。落实《健全完善“三张清单”工作机制实施方案》，完善事项清单准入机制、事项调整机制、事项评估机制，动态调整权责清单600余项。

【执法队伍执法编制下沉】 2022年，越城区推进“大综合一体化”改革，精简劳动监察、水政、能源监察等3支专业执法队，形成“1+8”（即1支综合执法队、8支专业执法队）行政执法体系。制定出台《关于明确区级部门执法队伍执法编制下沉基层的通知》，持续推动执法力量下沉镇（街道），下沉比例达到84.17%，超过全市平均水平。会同组织部、财政局、人社局联合印发《越城区执法人员编制“县属乡用”管理办法》，对执法人员实行部门、镇（街道）双重管理，规范下沉联络员镇街值班制度、“一支队伍管执法”工作例会制度等，加强镇（街道）对派驻人员的统筹管理。

【编外用工管理】 2022年，越城区委编办牵头制定出台《关于进一步加强和规范全区编外用工管理的实施意见》，规范全区编外用工管理制度。依托机构编制实名制系统，开展编外聘用人员管理“一件事”数字应用改革，构建多跨协同的全周期闭环管理场景，形成办事平台、数据标准、业务流程的“三统一”。办理编外用工出（入）编2319人次。（区委编办　陈芳）

涉台事务

【概况】 2022年,越城区办理赴台商务考察团组审核转报1批3人。走访台胞、台商和台属200余人次,开展台情调查,健全台企台商、台胞台属档案,妥善协调处理各类涉台求助事件。2022年,越城区有9名学生被台湾各类大学录取,其中硕士4人,博士5人。

【重要对台交流活动3次】 2022年6月,越城区举办"两岸携手越城情·乡村振兴共富裕"活动。2022年,越城区举办"越亲近 月有缘"台胞台属中秋活动。10月至11月,越城区举办"越台情深 翰墨同心"越台书画作品展。(区委办公室 徐瑶)

机关党建

【概况】 2022年,越城区按照"双建争先"要求,紧扣"围绕中心、建设队伍、服务群众"的核心任务,以"五星迭代、双建争先"为主要抓手,努力在政治铸魂、强基固本、服务中心、清正廉洁等方面下功夫,不断推动越城机关党建高质量发展,全年组织开展庆祝建党101周年活动、"先锋党员说"优秀党员事迹展播、"首位争先·双融拓新"机关党建品牌创建等活动、会议。

【"先锋党员说"优秀党员事迹展播】 2022年6月至7月,越城区直机关工委在全区机关范围内组织开展"先锋党员说"优秀党员事迹展播活动,累计推送15名优秀党员事迹到"越城组工"微信公众号"先锋党员说"展播平台,并选派3名各具代表性的党员在"七一"活动现场讲述各自故事。

【"首位争先·双融拓新"机关党建品牌创建晒比】 2022年10月至12月,越城区直机关工委牵头在全区组织开展"首位争先·双融拓新"机关党建品牌创建晒比活动,挖掘总结全区机关党建围绕中心、建设队伍、服务群众的创新举措、最新成果和典型经验,共评选出14个党建品牌,在"越城组工"公众号专栏进行展播。

【庆祝建党101周年暨机关"党建契约联盟"启动仪式】 2022年6月30日,区直机关工委在区委党校大报告厅举办了区直机关庆祝建党101周年暨机关"党建契约联盟"启动仪式,区直机关工委委员、各区直机关党组织书记、各镇街组织委员、"先锋党员说"党员代表、新党员代表和部分"党建契约联盟"党员代表共120人参加会议,共同学习贯彻省第十五次党代会精神,重温党的光辉历程,传承党的优良传统。会上17名预备党员,面对鲜红的党旗庄严宣誓,在场全体党员一起重温入党誓词。来自信访、卫健、房征岗位的3名"先锋党员说"优秀党员代表报告了学习省党代会精神的感悟和个人先进事迹。会上举行了机关"党建契约联盟"签约启动仪式,5个党建联盟18个成员单位党组织书记上台签约,发布党建联盟品牌。签约启动仪式后,"先锋领航"党建契约联盟开展了第一次联合(扩大)活动,邀请市委党校党史党建教研室讲师张乐,为参会党员干部上了一堂以

2022年6月30日,越城区直机关庆祝建党101周年暨机关"党建契约联盟"启动仪式在区委党校大报告厅举行(区直机关工委 提供)

"中国共产党的百年奋斗与使命担当"为主题的音乐党课。

【2022年全区党务干部学习贯彻"省第十五次党代会精神"暨党务工作培训班】 2022年8月2日至3日，区委组织部、区直机关工委联合举办2022年全区党务干部学习贯彻"省第十五次党代会精神"暨党务工作培训班，共130人参加培训。培训分为理论学习阶段和党务实践阶段，培训结束后组织67名党务干部开展党务知识考试，对2天的学习成果进行检验，达到"以考促学，以学促用"的效果。（区委组织部　沈卓琳）

信访工作

【概况】 2022年，越城区信访工作以"信访工作现代化示范县（市、区）建设"为目标，信访工作"一图一指数"为载体，信访化解攻坚行动为抓手，聚焦短板、夯实基础、化解难题，着力构建高水平信访生态。全年信访总量103631件（人）次，承办政务热线103072件次，初次走访、来信、网信化解率分别为90.77%、95.31%、97.59%，事权单位满意率为96.85%。区信访局被区委、区政府授予"2022年度先进单位"称号；人民网网民留言办理工作实现民心汇聚两连冠。

【落实领导干部接访下访机制】 2022年，越城区落实领导干部接访下访机制，对区领导接访提前进行公示，随机进行接访，依法及时就地解决群众合理合法信访问题，共接访245批356人次。

【抓实"重大信访问题清单"载体】 2022年，越城区以拆迁类信访问题整改被列入省级示范榜为契机，进一步聚焦主动发现、压实责任、举一反三，全年省、市、区重大信访问题均按时完成整改销号工作，市级问题吕日余信访事项问题整改被纳入市级示范榜。

【信访积案动态清零】 2022年，越城区贯彻省市关于治理重复信访、化解信访积案专项工作部署，大力开展积案化解百日攻坚行动，实行"区级领衔、镇级领案、村级领办"的三级包案制，建立专班推进、清单化管理和联合督导机制，通过靶向施策、动态管理、严防回流，在重压重负下逆势追赶，第一阶段323件积案，于4月底前提前完成清零目标，市委领导对越城区积案化解取得的显著成效给予肯定，对"一案一小专班"创新举措给予表扬；第二阶段共570件积案，于9月底前再次完成动态清零目标。截至年底，全区所有积案全部实现动态清零。

【加强初次信访治理】 2022年，越城区压实首接首办责任，持续执行信访办理"2211"［即主要领导"两签"（交办签、办信签）、事项办理"两办"（代办员代办、分管领导督办）、基层单位每周一会商、信访事项每件一回访］流程，不断规范初信初访前道办理，把问题解决在最佳窗口期。严格办理质量，分类梳理各单位重复件办理情况，推出案例化点评式业务辅导。建立服务指数新机制，出台《服务指数考评方案》，建立"蜗牛榜"，并对每月排名前五镇街和部门，予以全区通报表扬和授牌。落实"三帮一办"代办机制，通过跑腿式代办，倾情式服务，贯通联系群众"最后一公里"，将矛盾纠纷化解在萌芽，处置在当地。

【《信访工作条例》宣传】 2022年5月，越城区信访局开展为期1个月的《信访工作条例》（简称《条例》）学习宣传贯彻活动，努力营造办事依法、遇事找法、解决问题用法、化解矛盾靠法的良好环境，成效显著。区委常委会专题学习《条例》内容，全区各级各部门采用集中学习、分组学习、自学等方式加大《条例》入脑入心。将《条例》宣传纳入普法计划，共张贴标语340余幅，发放折页6000余册，开展"今日越城"有奖答题，吸引大量群众积极参与，制作的宣传微视频《社会和谐多美好》获国家局《条例》宣传优秀奖，贯彻《条例》全力推进信访积案清零的经验做法被《浙江日报》专题报道。

2022 年 5 月 6 日，越城区参加全省《信访工作条例》启动仪式（金瑶　摄）

【揭榜认领“民呼我为”应用场景】 2022 年，越城区通过“浙智汇”应用高效开展人民建议征集工作，把好信访“源头预防关”，充分发挥信访工作集中民情、汇聚民智的重要作用，共发布主题征集 10 个、专题征集 3 个、调查问卷 7 个。揭榜认领“民呼我为”核心应用综合分析应用场景，以数据分析为基础，以民情收集为重点，细化要素颗粒度，打造分析研判、民意分析、为政得失三大分析模块，形成多维度信访工作整体分析报告，建设方案获得省信访局认可。2022 年，省“民呼我为”应用获省改革突破银奖，越城作为协同单位获得考核加分。（区信访局　谢伟根）

老干部工作

【概况】 2022 年，越城区委老干部局在区委组织部的直接领导和市委老干部局的关心指导下，以“豪情满怀迎接党的二十大”为主线，组织老干部热议党的二十大并投稿，政协原主席陈大平的《沁园春・建党百年颂》《满江红・喜迎党的二十大胜利召开》和人大常委会原副主任杨伟春的《印辙》等文章被“浙江老干部”微信公众号采用。

【“银领五星”离退休干部党支部创评】 2022 年，越城区委老干部局开展第三批“银领五星”离退休干部党支部规范化建设创评，共评选出 3 个“银领五星”示范支部，11 个“银领五星”规范支部。

2022 年 8 月，“翰墨丹青绘伟业　同心喜迎二十大”2022 年越城区老干部书画摄影展在绍兴市文化馆非物质文化遗产馆举行（区委老干部局　提供）

【举办老干部书画摄影展】 2022 年 8 月，越城区举办“翰墨丹青绘伟业・同心喜迎二十大”2022 年全区老干部书画摄影展，共征集到书法、绘画、摄影作品 105 件，择优展出作品 66 幅。选送优秀作品参加全省老干部书画大赛，陈建军的《宋韵绍兴》、谢伟钢的《喜迎廿大》、施淑琴的《苏东坡诗》3 幅书法作品被评为优秀作品。

【乐活驿站建设】 2022 年，越城区委老干部局以“共建共享、多元参与、特色引路、智慧融合”为原则探索建立社区乐活驿站，塔山街道花园社区、塔山街道鲁迅故里社区、府山街道越都社区、北海街道快阁苑社区、北海街道树鹅王社区、北海街道河山桥社区 6 个社区乐活驿站被命名为绍兴市第二批“乐活驿站”，其中越都社区乐活驿站被命名为浙江省“乐活驿站”。全年，越城区内新增 5 个老年学堂。截至年底，越城

越城区第三批“银领五星”离退休干部党支部一览表

表 15

示范支部	绍兴市越城区农业农村局退休党支部
	绍兴市塔山小学教育集团退休党支部
	绍兴市树人小学教育集团退休党支部
规范支部	绍兴市北海小学教育集团第四党支部
	绍兴市第一初级中学教育集团第六党支部
	绍兴市越城区东湖中学退休党支部
	绍兴市皋埠小学教育集团第二党支部
	绍兴市蕺山小学教育集团书圣校区第二党支部
	绍兴市越城区沥海街道中学退休教师党支部
	绍兴市越城区灵芝街道中心小学退休教师党支部
	绍兴市鲁迅小学教育集团退休教师党支部
	绍兴市树人中学第三党支部
	绍兴市越城区迪荡街道离退休党支部
	绍兴市越城区斗门街道社区卫生服务中心退休党支部

区共有24个老年大学教学点，54个教学班，学员1300余人。（区委老干部局　徐英）

2022年3月，府山街道越都社区“乐活驿站”开展“巧手微工坊”活动（区委老干部局　提供）

党　校

【概况】 2022，越城区委党校以“全面从严治校争当首位立区幸福越城新征程上排头兵”开局起步，描绘蓝图，紧紧依靠区委区政府正确领导和关心支持，全面贯彻落实区委“加强区委党校建设，全面系统提升干部政治能力和专业素养”指示要求，接续奋斗、久久为功，充分发挥了“三个阵地、一个熔炉”作用，成为全区教育培养党员干部和理论建设的主渠道、主阵地。

【举办干部培训73期】 2022年，越城区委党校举办各类干部培训班次73期，其中主体班次21期，教育培训党员干部人才6282人次，办学量同比增加30%。聚焦干部作风提升活动年，举办区管领导干部“首位立区、幸福越城”建设能力提升轮训班、精准招商与经济高质量发展专题班、乡村振兴与未来乡村建设专题、网络大城市建设等业务能力进修班，举办优秀年轻干部“训练营”等现场教授课程，全年党性教育比重达89.5%。

【改造现场教学点76处】 2022年，越城区委党校按照“有教育主题、有点位布置、有宣传视频、有宣传册子、有宣讲团队”五有标准，改造76处现场教学点，形成“越党建、越传承、越文化、越发展”五大系列现场教学路线，以此为基础开发“越地好课一点通”应用场景，推动全民学史。

【推出特色课程5门】 2022年，越城区委党校推出“越城蝶变史”“区党代会精神解读”“集成电路产业发展”“党建引领社区‘契约化’共建”等越城特色课程5门。专门推出年轻干部/青年党员教学套餐，涵盖“青苗”成长全过程。首创午间拓展课堂，举办音乐党课、好书鉴赏等六类辅助教学项目，不断完善教学链。

【宣讲微党课】 2022年，越城区委党校聚焦“剑胆书心、越古超今”越城精神，策划推出“头雁领出致富路”“推动乡村振兴 实现共同富裕”等微党课，先后获得全市微党课比赛三等奖。

【申报市级以上课题9项】 2022年，越城区委党校全年申报市级以上课题9项，其中获省委党校系统社会科学联合会规划课题立项3项，科研成果同比增长340%，厅级课题立项率100%，人均立项率超过全市党校平均水平2倍，市、区领导批示率提升400%。

【资政献策中心工作】 2022年，越城区委党校围绕社会热点靶向开展理论研究，与7家区委区政府重点任务部门开展联合课题攻关，形成“非改租”保障住有所居——浙江绍兴市加快实现“浙里安居”梦、大综合一体化行政执法改革、凝练“越城精神”等一批破解民生堵点的研究成果和资政报告，其中，宗教场所标准化管理调研报告获国家宗教事务局主管主办《中国宗教》刊发，为经济社会发展提供前瞻性的理论支撑。校课题组调研文章《共同富裕背景下党建“契约化”共建：新内涵、逻辑和实践路径》获2021年度全省组织系统特色工作优秀调研成果、全市党建研究优秀调研成果最佳调研报告。4篇资政报告获市、区主要领导批示肯定。参与《绍兴蓝皮书》编著，发表《越城区经济社会发展年度研究报告》。

【发表理论文章和信息91篇次】 2022年，越城区委党校在学习强国、浙江在线等各类宣传平台上发表理论文章和信息91篇次，是上年同期的5倍。《激活乡村发展内生动力，推进城乡共同富裕》一文刊登于《绍兴日报》（知行版）头版，《面向共同富裕的浙江省基本公共服务均等化：空间差异与质量状况》《行动者网络视角：乡村振兴的集体行动逻辑——基于S市Y区“五星达标、3A争创”工作的调研分析》等2篇理论文章入围省委党校2022年度理论研讨会征文活动。

【“先锋领航”党建联建】 2022年，越城区委党校“红色契约”党建项目获评2022年全省党校系统机关党建优秀培育项目，与区房征办等四家单位组建“先锋领航”党建联建新模式。先后结对帮扶17个村社，与9个村签订产教共建协议，提炼“一村一特色”，开好“一村一药方”，推动乡村振兴越城做法深入民心。依托学校教学资源，先后与组织部等共建产教结合的专业人才培训基地，一体培养学习型、变革型、复合型人才1500余人次，与综合行政执法局共建的全市首家“大综合一体化”实训基地获《浙江日报》点赞。（区委党校　胡悠）

绍兴市越城区人民代表大会

2022年2月19日至23日，绍兴市越城区第十届人民代表大会第一次会议在绍兴大剧院举行（区委宣传部 提供）

重要会议

【概况】 2022年，绍兴市越城区人民代表大会常务委员会依法召开常委会会议9次，主任会议11次，审议专项报告20个，听取工作汇报21项，作出决议决定、审议意见19个，开展调研、视察24次，任免国家机关工作人员206人次。

【区十届人大一次会议】 2022年2月19日至23日，绍兴市越城区第十届人民代表大会第一次会议在绍兴大剧院举行。会议应到区人大代表320名，列席人员114名。会议听取和审议代区长钱林江所作的政府工作报告、区人大常委会主任徐荻所作的绍兴市越城区人民代表大会常务委员会工作报告、区人民法院代院长蔡立刚所作的绍兴市越城区人民法院工作报告、区人民检察院检察长周江所作的绍兴市越城区人民检察院工作报告；审议区发展和改革局提交的关于绍兴市越城区2021年国民经济和社会发展计划执行情况与2022年国民经济和社会发展计划（草案）的报告、区财政局提交的关于绍兴市越城区2021年预算执行情况及2022年预算（草案）的报告、区政府2021年民生实事项目完成情况和2022年民生实事候选项目情况的报告、府山和马山2个街道预算报告，并通过相应决议，开展满意度测评。

会议期间，举行预备会议1次，全体会议4次，主席团会议5次。会议共收到人大代表10人以上联名提出的议案3件，经大会主席团讨论决定，均改作代表建议、意见处理。还收到其他建议、意见240件，共243件。

【区人大常委会会议】 1月26日，越城区第九届人大常委会召开第五十一次会议。会议听取和审议绍兴黄酒小镇管委会关于《绍兴东浦历史文化名镇保护规划（2021—2035）》编制情况的报告、区人大常委会代表资格审查委员会关于区第九届人民代表大会代表资格审查情况的报告，作出关于召开区十届人大一次会议的决定。会议根据区人大常委会主任会议、区人民政府代区长钱林江、区监察委员会代主任程许东、区法院代院长蔡立刚提出的有关人事任免议案，进行人事任免。

2月14日，越城区第九届人大常委会召开第五十二次会议。会议听取和审议区政府办公室关于区政府2022年民生实事候选项目情况的报告、区人大常委会办公室所作的关于区十届人大一次会议筹备工作情况的报告，审议区十届人大一次会议议程（草案）、日程（草案）、区人大常委会工作报告（送审稿）、区十届人大一次会议各类名单（草案）、选举办法（草案）、区人大专门委员会组成人员人选通过办法（草案）、区政府民生实事项目票决办法（草案）和民生实事项目完成情况满意度测评办法（草案），表决通过大会列席人员名单。

3月22日，越城区第十届人大常委会召开第一次会议。会议听取和审议区人大街道工委工作报告，作出关于人大街道工委工作报告的决议。会议根据区人大常委会主任会议、区人民政府区长钱林江提出的有关人事任免议案，进行人事任免。

4月28日，越城区第十届人大常委会召开第二次会议。会议听取和审议区生态环境分局关于2021年度环境状况和环境保护目标完成情况的报告，审议通过有关人大工作制度（修订）和代表资格审查委员会组成人员名单。会议根据区人大常委会主任会议提出的有关人事任免议案进行人事任免。

6月29日，越城区第十届人大常委会召开第三次会议。会议听取和审议区法院院长蔡立刚所作的关于区法院助力优化营商环境服务经济高质量发展情况的报告、区教体局关于减轻义务教育阶段学生作业负担和校外培训负担（“双减”）工作情况的报告、区市场监管局关于食品药品安全工作情况的报告、区人民检察院部分检察官履职情况的报告。会议对区人民检察院部分检察官履职情况进行测评，会议根据区人大常委会主任会议、区人民政府区长钱林江、区法院院长蔡立刚、区检察院检察长周江提出的有关人事任免议案，进行人事任免。

7月22日，越城区第十届人大常委会召开第四次会议。会议听取和审议区长钱林江所作的关于上半年全区经济社会发展情况和下半年政府工作的报告。

8月26日，越城区第十届人大常委会召开第五次会议。会议听取和审议区发改局关于上半年国民经济和社会发展计划执行情况的报告、区财政局关于2021年度财政决算和2022年上半年财政预算执行情况的报告、区审计局关于2021年度财政审计情况的报告、区应急管理局关于安全生产和消防安全工作情况的报告、区公安分局工作报告、区自然资源和规划分局工作报告，对区公安分局、区自然资源和规划分局工作进行测评。会议根据区人民政府区长钱林江、区法院院长蔡立刚提出的有关人事任免议案，进行人事任免。

10月13日，越城区第十届人大常委会召开第六次会议。会议听取和审议区政府办公室关于代表建议、批评和意见办理工作情况的报告、区司法局关于法治政府建设工作情况的报告、区科技局关于高新科技园区发展情况的报告、区公安分局关于区公安分局工作评议意见整改落实情况的报告、区自然资源和规划分局关于区自然资源和规划分局工作评议意见整改落实情况的报告、区监委主任程许东所作的关于整治群众反映强烈的问题专项工作情况的报告。会议根据区人大常委会主任会议、区人民政府区长钱林江、区监察委员会主任程许东、区法院院长蔡立刚、区检察院检察长周江提出的有关人事任免议案，进行人事任免。

11月28日，越城区第十届人大常委会召开第七次会议。会议听取和审议区财政局关于要求调整2022年度区级财政预算情况的报告和关于2022年越城区、滨海新区新增地方政府债务限额有关情况的报告，作出关于批准区政府要求调整2022年度区级财政预算报告的决议和关于批准绍兴市越城区2022年地方政府债务限额的决议，作出关于召开区十届人大二次会议的决定。会议根据区人大常委会主任会议、区人民政府区长钱林江、区监察委员会主任程许东、区法院院长蔡立刚、区检察院检察长周江提出的有关人事任免议案，进行人事任免。

12月15日，越城区第十届人大常委会召开第八次会议。会议听取和审议区人大常委会2022年规范性文件备案审查工作情况的报告，补选黄世根为绍兴市第九届人民代表大会代表。会议根据区法院院长蔡立刚提出的有关人事任免议案，进行人事任免。

【区人大常委会主任会议】 1月25日，越城区九届人大常委会召开第六十八次主任会议。会议听取越城区区镇两级人大换届选举工作情况的汇报，讨论区九届人大常委会第五十一次会议建议议程及相关内容。

2月14日，越城区九届人大常委会召开第六十九次主任会议。会议讨论区九届人大常委会第五十二次会议建议议程及相关内容。

3月21日，越城区十届人大常委会召开第一次主任会议。会议研究确定2022年度国有资产管理情况专项报告的主题和2022年重点支出审查监督项目，研究通过区人大常委会2022年主要工作清单、关于做好街道民主议政会换届工作的意见、关于2022年度对区人民检察院检察官开展履职评议的工作方案和区十届人大常委会法律咨询员聘任建议人选名单，讨论区十届人大常委会第一次会议建议议程及相关内容。

4月27日，越城区十届人大常委会召开第二次主任会议。会议听取区商务局关于招商引资工作情况的汇报、区医保分局关于《浙江省医疗保障条例》贯彻落实情况的汇报，研究通过区人民代表大会常务委员会主任会议议事规则（修订）和区人大常委会任命干部任前法律知识考试实施方案（修订），讨论区十届人大常委会第二次会议建议议程及相关内容。

5月25日，越城区十届人大常委会召开第三次主任会议。会议听取区信访局关于信访积案“百日攻坚”行动推进工作情况的汇报、迪荡街道2021年财政预算执行情况的汇报、斗门街道2021年财政预算执行情况的汇报，研究通过区公安分局、区自然资源和规划分局工作评议方案、关于开展《浙江省综合行政执法条例》执法检查的实施方案。

6月28日，越城区十届人大常委会召开第四次主任会议。会议听取区经信局关于全区印染化工产业搬迁集聚工作推进情况的汇报、区发改局关于粮食安全和农田保护工作情况的汇报、区民政局关于居家养老服务工作情况报告的审议意见落实情况（养老联席会议成员单位工作落实情况）的汇报、讨论区十届人大常委会第三次会议建议议程及相关内容。

7月27日，越城区十届人大常委会召开第五次主任会议。会议听取区发改局关于全区重点项目进展情况的汇报、区文广旅游局关于文旅融合发展工作情况的汇报、区水利局关于水库山塘除险加固整治工作情况的汇报。

8月25日，越城区十届人大常委会召开第六次主任会议。会议听取区发改局关于优化营商环境推进政策兑现进展情况的汇报，讨论区十届人大常委会第五次会议建议议程及相关内容。

9月23日，越城区十届人大常委会召开第七次主任会议。会议听取关于2022年民生实事项目进展情况的汇报、府山街道半年度预算执行情况的汇报、马山街道半年度预算执行情况的汇报、区综合行政执法局关于《浙江省综合行政执法条例》贯彻实施情况的汇报、区检察院关于未成年人检察工作情况的汇报，研究确定2023年预算重点审查监督单位。

10月11日，越城区十届人大常委会召开第八次主任会议。会议听取了区财政局关于国有资产管理情况的汇报、关于重点支出项目绩效评价情况的汇报、区审计局关于重点支出项目审计情况的汇报、市名城办关于古城保护利用工作情况的汇报、区农业农村和水利局关于“五星达标、3A争创”迭代升级工作的汇报、区检察院关于检察官履职评议意见整改落实情况的汇报、讨论区十届人大常委会第六次会议建议议程及相关内容。

11月23日，越城区十届人大常委会召开第九次主任会议。

会议研究通过关于选举（补选）区十届人大代表的方案，讨论区十届人大常委会第七次会议建议议程及相关内容。

12月14日，越城区十届人大常委会召开第十次主任会议。会议听取区审计局关于审计整改情况的报告，研究确定2022年度优秀代表建议和代表建议办理工作先进单位，讨论区十届人大常委会第八次会议建议议程及相关内容。

视察调研

2022年，越城区人大常委会共组织开展视察10次，就陶堰街道、孙端街道、富盛镇“两街一镇”高质量发展、义务教育阶段“双减”工作等课题深入调研形成报告，为区委决策提供参考。

5月16日，越城区人大常委会组织视察亚运城市基础设施提升工作，常委会组成人员和部分区人大代表实地踏看迪荡湖周边环境提升工程、中兴大道提升工程和亚运场馆周边景观提升工程，听取区建设交通局、区综合执法局有关工作情况汇报，提出意见建议。

5月19日，越城区人大常委会组织视察义务教育阶段学生“双减”工作，实地走访绍兴市建功中学、绍兴市鲁迅小学和畅堂校区、绍兴瑞祥篮球培训有限培训责任公司、绍兴市越城区布丁培训学校,提出意见建议。

5月24日,越城区人大常委会组织视察全区重大产业平台建设情况,常委会组成人员和部分区人大代表实地踏看滨海新区高端生物医药产业平台展厅、浙江医药股份有限公司、绍兴综合保税区、长电集成电路(绍兴)有限公司,提出意见建议。

6月10日,越城区人大常委会组织视察印染化工产业搬迁集聚工作推进情况,常委会组成人员和部分区人大代表实地踏看浙江佳人新材料有限公司、绍兴凤登环保有限公司、浙江七色彩虹印染有限公司、绍兴国周针织科技有限公司,提出意见建议。

7月20日,越城区人大常委会组织视察全区国民经济和社会发展计划执行及重点项目进展情况,常委会组成人员和部分区人大代表实地踏看绍兴国金大悦城、迎恩门国际会议中心(海虹舫宴会中心)、浙江巴鲁特服饰股份有限公司,提出意见建议。

7月21日,越城区人大常委会组织视察越城区山塘水库除险加固整治工作情况,常委会组成人员和部分区人大代表实地踏看富盛镇石良岙山塘、富盛镇猪石岙水库和富盛镇塘岙水库除险加固工程项目现场,提出意见建议。

9月19日,越城区人大常委会组织视察示范型退役军人服务中心(站)创建情况,常委会组成人员和部分区人大代表实地踏看斗门街道退役军人服务站、门前江社区退役军人服务站、区退役军人服务中心,提出意见建议。

9月22日,越城区人大常委会组织视察高新科技园区发展情况,实地走访越城集成电路产业创新服务综合体(浙江标点信息科技有限公司)、绍兴越城医疗器械产业创新服务综合体(绍兴梅奥心磁医疗科技有限公司)、中关村·绍兴水木湾区科学园(浙江迪捷软件科技有限公司、浙江慧科环保科技有限公司)、复旦科技园绍兴创新中心(浙江安腾安全服务有限公司)等平台(企业),提出意见建议。

9月27日,越城区人大常委会组织视察绍兴古城保护利用工作,常委会组成人员和部分区人大代表实地踏看古城信息展示中心、阳明故里整体开发建设项目和上大路风情街项目,提出意见建议。

10月10日,越城区人大常委会组织视察全区"五星达标、3A争创"迭代升级工作情况,常委会组成人员和部分区人大代表实地踏看皋埠街道坝头山村、富盛镇上旺村、陶堰街道泾口村,提出意见建议。

执法检查

【概况】 2022年,越城区人大常委会共组织专题执法检查5次,形成《中华人民共和国环境保护法》《中华人民共和国就业促进法》《浙江省综合行政执法条例》执法检查报告,提出意见建议,推动法律法规贯彻落实。

【《浙江省医疗保障条例》执法检查】 3月至4月,区人大常委会根据省、市人大常委会统一部署,开展《浙江省医疗保障条例》贯彻执行情况检查。执法检查组走访区医保分局及区医保中心窗口大厅,了解业务经办流程及改革进展,座谈听取《浙江省医疗保障条例》贯彻落实情况和局班子成员意见建议,主任会议专题听取区政府有关工作情况汇报,提出意见建议,推动提升医疗保障服务能力。

【《中华人民共和国环境保护法》执法检查】 3月至5月,区人大常委会根据省、市人大常委会部署,对《中华人民共和国环境保护法》(简称《环境保护法》)贯彻落实情况开展检查,重点围绕促进绿色低碳发展政策措施、污染防治制度措施、生态保护和修复制度措施落实情况等开展检查，形成执法检查报告，同时进行《环境保护法》知识问卷调查，推动用法治的力量保护生态环境，助力打好污染防治攻坚战。

【《中华人民共和国就业促进法》执法检查】 4月至5月，区人大常委会根据省、市人大常委会统一部署，开展《中华人民共和国就业促进法》贯彻执行情况检查。执法检查组先后召开座谈会，听取有关部门关于贯彻实施《中华人民共和国就业促进法》情况汇报，实地检查有关企业、人才市场、就业服务机构、社区、乡村，全面了解越城区就业促进工作基本情况和存在问题，形成执法检查报告，推动《中华人民共和国就业促进法》的贯彻落实。

【乡村振兴"一法一条例"执法检查】 5月至7月，区人大常委会根据省、市人大常委会统一部署，组织开展乡村振兴"一法一条例"(《中华人民共和国乡村振兴促进法》《浙江省乡村振兴促进条例》)执法检查，实地检查鉴湖街道坡塘村未来乡村建设和"非粮化"整治情况，座谈听取区政府关于乡村振兴"一法一条例"实施情况汇报，助推"三农"工作全面发展。

【《浙江省综合行政执法条例》执法检查】 5月至9月，区人大常委会委员根据省、市人大常委会统一部署，组织开展《浙江省综合行政执法条例》执法检查。区人大常委会成立由徐荻任组长的执法检查工作领导小组，制定执法检查实施方案，围绕条例学习贯彻、政府部门职责落实、执法事项管理、执法力量下沉等重点内容，认真开展检查。先后召开区级有关部门、各镇街和人大代表座谈会，并由区人大常委会领导带队，分5个执法检查组，赴17个镇街开展实地检查，广泛征求基层干部、一线执法人员、企业负责人意见建议。主任会议专题听取区政府《关于我区〈浙江省综合行政执法条例〉贯彻实施情况的报告》和区人大常委会执法检查报告，提出意见建议，助推"大综合一体化"执法改革工作落地落实。

工作评议

【概况】 2022年，越城区人大常委会对区公安分局、区自然资源和规划分局工作和区人民检察院部分检察官履职情况开展评议，推动相关工作效能提升。

2022年3月至10月，区人大常委会开展对区人民检察院部分检察官履职情况评议。评议分准备动员、调查了解、集中评议、整改落实4个阶段进行，通过民主测评、意见征求、案卷评阅，检验被评议对象办案质量和履职能力。此次评议工作，选择对象范围更广，包括科级领导干部和一般干部，评议对象涉及的工作包括刑事、民事等方面，同时，结合代表旁听，让代表参与到评议工作中来，提高监督广泛性。区十届人大常委会第三次会议专题听取和审议被评议检察官履职情况报告和评议组调研报告，开展满意度测评，通过评议测评，促进检察官队伍依法履职能力和政治业务素质提升。

2022年3月24日，检察官履职评议动员会议召开(区人大常委会办公室 提供)

人大代表工作

【概况】2022年,越城区人大常委会高度重视代表履职服务保障,拓宽代表履职途径,抓好代表建议督办落实,推进全过程人民民主基层单元建设,注重联系和服务并重,全力支持和保障代表在践行全过程人民民主中发挥作用。

2022年,区人大常委会组织代表参与常委会各项工作,全年代表列席常委会议、参与调研、视察、督查、评议、旁听庭审等活动达220余人次。定期组织开展"局长·代表面对面"和"有事找代表"活动,共收集意见建议2022条,解决问题1963个。开展常委会领导走访联系代表活动,举办代表履职能力提升培训班,促进代表更好适应新形势下的代表履职工作。启动区代表联络总站建设,着力打造数字化、制度化、常态化运转体系,更好地服务和保障代表履职。(区人大常委会办公室 张科清)

2022年7月11日,越城区举办十届人大代表履职能力提升培训班开班(区人大常委会办公室 提供)

绍兴市越城区人民政府

重要会议

【概况】 2022年，越城区政府召开2次全体扩大会议，即十届区政府第一次全体（扩大）会议、第二次全体（扩大）会议暨廉政工作会议，均由区委副书记、区长钱林江主持；召开18次区政府常务会议，其中九届区政府第七十八次至第八十次常务会议由区委副书记、代区长钱林江主持，十届区政府第一次至第十五次常务会议由区委副书记、区长钱林江主持。

【十届区政府第一次全体（扩大）会议】 2022年2月23日，十届越城区政府第一次全体（扩大）会议召开。会议围绕贯彻区第十次党代会部署、落实区十届人大一次会议确定任务，以“放大格局、抓好落实”为主题，动员政府系统广大干部立足新起点、担当新使命、开启新征程，高质量完成各项目标任务，以优异成绩迎接党的二十大胜利召开。区委副书记、区长钱林江作重要讲话，区委常委、常务副区长金均海部署区政府2022年度重点工作，相关单位作表态发言。

【十届区政府第二次全体（扩大）会议暨廉政工作会议】 2022年8月21日，十届越城区政府第二次全体（扩大）会议暨廉政工作会议召开。会议高举习近平新时代中国特色社会主义思想伟大旗帜，全面贯彻省市党代会、省市政府全会、区委十届三次全体（扩大）会议和上级廉政工作会议精神，总结上半年政府工作，部署下半年重点任务，动员全区政府系统把全面从严治党贯彻融入政府工作全过程，坚定不移抓落实、全力以赴保安全，以过硬作风推动各项工作落到实处，以优异成绩迎接党的二十大胜利召开。区委副书记、区长钱林江作工作报告。会议充分肯定全区上半年经济社会发展成绩，梳理总结上半年工作主要特点，直指存在的问题和不足。

【区政府常务会议】 2022年1月10日，九届区政府第七十八次常务会议召开。会议集体观看长江经济带生态环境警示片，传达学习推动长江经济带发展领导小组会议及省委常委会会议精神。

1月27日，九届区政府第七十九次常务会议召开。会议听取区府办关于2021年度区级有关表彰奖励、通报表扬工作的情况汇报；听取区委组织部《关于进一步关心关爱专职社区工作者落实五项举措的建议》的汇报；听取斗门街道《关于浙江绍兴三圆（三锦）石化有限公司国有土地上房屋征收补偿方案》的汇报；听取区财政局关于《越城区区管国有企业自主性投资监督管理的建议方案》的汇报。

2月11日，九届区政府第八十次常务会议召开。会议听取区府办关于《2022年政府工作报告（送审稿）》的汇报；听取区发改局《关于越城区2021年国民经济和社会发展执行情况与2022年国民经济和社会发展计划（草案）的报告（送审稿）》的汇报；听取区财政局《关于越城区2021年预算执行情况及2022年预算（草案）的报告（送审稿）》的汇报；听取区府办关于《区政府2021年民生实事项目完成情况和2022年民生实事候选项目征集情况》的汇报。

3月9日，十届区政府第一次常务会议召开。会议学习和解读《中华人民共和国审计法》，听取区审计局关于近期上级审计工作要求精神以及《审计发现共性问题清单》相关内容讲解情况的汇报；听取区医保分局关于《越城区防范因病致贫返贫助力共同富裕实施意见（送审稿）》的汇报；听取区房征办关于《2022年越城区拆改工作实施方案（送审稿）》的汇报；听取区府办关于《"共同富裕提速年、数字赋能提质年、干部作风提升年"三个年活动和"拔钉清障、信访化解、短板提升"三大攻坚行动实施方案（送审稿）》的汇报；听取区发改局关于《2022年越城区、滨海新区经济高质量发展20条（送审稿）》的汇报；听取区建设交通局关于《绍兴市越城区农村公路养护与管理办法（送审稿）》的汇报；听取区自然资源分局关于《越城区第三次全国国土调查主要数据公报（送审稿）》的汇报；听取区建设交通局关于《绍兴市越城区综合交通运输发展"十四五"规划（送审稿）》的汇报；听取区委组织部关于《加快建设新时代"名士之乡"人才高地先行区的若干政策（送审稿）》《绍兴市越城区人才发展"十四五"规划（送审稿）》的汇报；听取区公安分局关于《绍兴市越城区公共视频监控建设一体化改革实施方案（送审稿）》的汇报；听取区经信局《关于深化"亩均论英雄"改革 促进高质量发展的实施意见（送审稿）》《绍兴市越城区数字经济"十四五"发展规划（2021—2025年）（送审稿）》《越城区工业高质量发展"十四五"规划（2021—2025年）（送审稿）》的汇报；听取区教体局关于《越城区教育事业"十四五"发展规划（送审稿）》的汇报；听取区水利局关于《越城区水安全保障"十四五"规划（送审稿）》的汇报；听取区生态环境分局关于《绍兴市越城区（滨海新区）生态环境保护"十四五"规划（送审稿）》的汇报；听取区生态环境分局关于《深化生态文明示范创建高水平建设新时代美丽越城规划纲要（2021—2035年）（送审稿）》的汇报。

3月25日，十届区政府第二次常务会议召开。会议传达学习党中央、国务院、省、市疫情防控相关会议精神，听取越城区贯彻落实情况的汇报；学习和解读《浙江省综合行政执法条例》，听取区综合执法局关于《越城区"大综合一体化"行政执法改革实施方案（送审稿）》的汇报；听取区应急管理局《关于进一步加强全区安全生产工作十八条举措的意见（送审稿）》的汇报；听取区司法局关于《越城区有效化解行政争议实现行政诉讼"双下降"的实施意见（送审稿）》的汇报；听取区发改局关于2022年越城区经济政策制定情况的汇报；听取区府办关于2022年一季度领导批示件办理情况和2022年一季度省、区民生实事推进情况的汇报；听取区商务局关于城镇一期再生资源回收利用体系第二轮运营方案的汇报；听取区自然资源分局关于《越城区、滨海新区工业用地全生命周期管理实施意见（送审稿）》的汇报；听取区府办关于2022年度区政府重大行政决策事项建议目录情况的汇报；听取区城发集团关于城发集团2022年度投资计划的汇报；听取区财政局关于2022年一季度财政预算资金追加情况的汇报。

5月6日，十届区政府第三次常务会议召开。会议传达学习省委农村工作会议暨粮食安全工作会议精神，听取越城区粮食生产工作情况汇报；传达学习全市城乡交通平安畅通综合治理工程动员部署视频会议精神，听取越城区贯彻落实情况；听取区应急管理局关于《越城区安全生产委员会及专业安全生产委员会运行管理办法（送审稿）》《越城区“枫桥式”镇街应急管理办、消防管理所规范化创建实施方案（送审稿）》的汇报，听取区消防救援大队关于全区一季度消防安全工作情况及下阶段工作计划汇报；听取区发改局关于《越城区、滨海新区2022年政府、国有企业投资项目计划（送审稿）》和《越城区、滨海新区政府（国有企业）投资项目全生命周期管理推进实施意见（送审稿）》的汇报；听取滨海新区投资服务中心关于《滨海新区、越城区产业项目全生命周期管理服务实施意见（送审稿）》的汇报；听取区商务局关于《2022年越城区、滨海新区招商工作实施方案（送审稿）》的汇报；听取区医保分局关于《越城区推进医疗保障基金监管制度体系改革实施方案（送审稿）》的汇报；听取区农业农村局关于《2022年越城区粮油生产保供扶持政策（送审稿）》《2022年度越城区农村人居环境常态化评估办法（送审稿）》的汇报；听取区建设交通局（人防办）关于《越城区全面推进人防工程产权制度综合改革的实施方案（送审稿）》的汇报；听取区发改局关于有关表彰费用保障事宜的情况汇报。

5月27日，十届区政府第四次常务会议召开。会议传达学习全国、全省、全市稳住经济大盘电视电话会议精神；听取区发改局关于越城区、滨海新区重大投资项目建设情况汇报；听取区经信局关于2020年度越城区、滨海新区工业企业“亩产效益”综合评价情况汇报；听取区商务局关于《2022年越城区外资高质量发展行动方案（送审稿）》《越城区推进外贸新业态新模式发展行动方案（送审稿）》的汇报；听取区政务服务办（公管办）关于《越城区村级工程建设管理办法（送审稿）》的汇报；听取区消防救援大队《关于消防行政执法委托工作的实施意见（送审稿）》的汇报；听取区自然资源分局关于鉴湖街道马园和南门新兴废弃矿山生态修复工程相关情况汇报；听取区建设交通局关于《绍兴越城薛渎（棒球）社区建设运营履约协议书（一期）（送审稿）》的汇报；听取区府办关于2022年区两会建议提案有关情况的汇报；听取区发改局关于《浙江省绍兴市越城区人民政府 湖北省竹山县人民政府深化交流协作框架协议书（送审稿）》《2022年越城区行政区域粮食订单收购政策（送审稿）》的汇报；听取区公安分局关于《绍兴市越城区区级见义勇为人员记功奖励办法（送审稿）》的汇报。

6月8日，十届区政府第五次常务会议召开。会议听取区发改局关于《绍兴市越城区贯彻落实稳住经济一揽子政策措施实施方案（送审稿）》的汇报；听取区房征办关于《越城区房屋征收产权调换市场化安置实施意见（试行）（送审稿）》的汇报；听取区统计局《关于进一步深入推进统计基层基础建设的实施意见（送审稿）》的汇报。

7月4日，十届区政府第六次常务会议召开。会议传达市政府主要领导听取大气污染防治工作情况会议精神并通报全区上半年大气污染防治工作情况；听取区生态环境分局关于《越城区大气污染防治责任追究办法（送审稿）》的汇报；听取区统计局《关于更加有效发挥统计监督职能作用的意见》精神及越城区贯彻落实情况；听取区财政局关于完善区对镇街财政管理体制的情况汇报；听取区教体局关于全区事业编教师绩效考核奖补差有关情况汇报；听取区应急管理局关于"七张问题清单"有限空间作业安全专项整治的情况汇报;听取区建设交通局关于《绍兴市越城区行政区域内推行房地产交易税款财政补贴实施细则(送审稿)》《关于对越城区、滨海新区重点建设项目减免城市市政基础设施配套费的实施意见(送审稿)》的汇报;听取东湖街道《关于则水牌1号地块(樾湖湾)部分商业用房项目招引的建议方案(送审稿)》的汇报。

7月25日,十届区政府第七次常务会议召开。会议解读学习《行政诉讼法律法规》,由市中院行政审判庭通报越城区行政诉讼现状;听取区发改局关于越城区上半年经济运行、稳进提质攻坚情况,越城区、滨海新区上半年政府、国有企业投资项目推进情况,《越城区、滨海新区经济稳进提质月晾晒指标评价办法(试行)(送审稿)》,越城区上半年东西部协作、山海协作工程工作进展情况的汇报;听取区财政局关于《越城区、滨海新区国有企业2022年度工作考核办法(送审稿)》的汇报;听取区经信局关于《越城区、滨海新区工业全域治理实施方案(送审稿)》《越城区 滨海新区进一步鼓励存量工业用地二次开发盘活闲置资源的实施意见(送审稿)》《绍兴市越城区小微企业园建设提升若干政策意见(送审稿)》的汇报;听取区府办关于上半年领导批示件办理情况,上半年省、市、区民生实事推进情况的汇报;听取招商二局关于《滨海新区、越城区驻外招商引智管理办法(送审稿)》的汇报;听取区财政局关于2022年二季度预算资金追加情况的汇报。

8月8日,十届区政府第八次常务会议召开。会议听取区交通运输局《关于进一步调整完善市与越城区交通运输事权的实施方案(送审稿)》的汇报。

8月26日,十届区政府第九次常务会议召开。会议传达学习习近平总书记关于防汛抗旱抢险救灾工作的重要指示精神、省防指《关于认真贯彻落实省领导批示精神进一步做好抗旱保供水工作的通知》及全国、全省安全生产电视电话会议精神,听取越城区贯彻落实情况汇报;听取灵芝街道立岱村相关地块"非农化""非粮化"整改工作情况汇报,相关工作责任街道、部门作检查;传达学习《浙江省统计造假不收手不收敛问题专项纠治实施方案》《浙江省落实国家统计督察问题整改方案》文件精神,听取越城区贯彻落实意见的汇报,听取关于《越城区贯彻落实国家统计督察反馈意见整改工作方案(送审稿)》的汇报;听取滨海新区规划建设局关于《滨海新区、越城区工业项目推行"带方案出让"实现"拿地即开工"改革实施方案(送审稿)》的汇报;听取区气象局关于越城区极端天气"村安工程"项目建设情况汇报;听取区委统战部关于2022"同心·越城"大会筹备情况的汇报;听取市名城办关于《绍兴"古城青年创客"项目实施方案(送审稿)》的情况汇报;听取区府山街道关于府山片区29号地块(吕府、王衙弄周边)国有土地上房屋征收补偿方案的情况汇报。

9月8日,十届区政府第十次常务会议召开。会议传达学习省、市内部审计工作电视电话会议精神及听取越城区内部审计工作情况汇报,解读新修订的《浙江省内部审计工作规定》;听取区建设局关于《越城区关于促进建筑业高质量发展政策的补充意见(送审稿)》的汇报;听取区房征办关于《越城区房屋征收产权调换市场化安置补充意见(送审稿)》的汇报;听取区教体局关于《越城区城镇住宅小区配套幼儿园规划建设和管理使用实施办法(送审稿)》的汇报;听取陶堰街道关于《浙江绍兴鉴湖国家湿地公园保护管理办法(试行)(送审稿)》的汇报;听取迪荡街道关于《云东路8号地块处置方案(送审稿）》的汇报；听取区卫生健康局关于要求落实越城区 2020-2021 年度医疗卫生单位一次性绩效工资总量核增的情况汇报；听取区财政局关于省、市、区民生实事缺口资金追加情况，越城区楼堂馆所自查整改情况及有关房屋租金情况的汇报。

9 月 28 日，十届区政府第十一次常务会议召开。会议学习解读《中华人民共和国网络安全法》与网络舆情应急处置相关工作；传达学习全国、省、市安全生产、疫情防控有关会议精神，听取越城区贯彻落实意见的汇报；听取区房征办关于《越城区统一征收机制（送审稿）》的汇报；听取区科技局关于《越城区打造全域科技创新示范区三年行动计划（送审稿）》的汇报；听取区大数据管理中心关于《越城区电子政务项目管理办法（修订）（送审稿）》的汇报；听取区委编办《关于进一步加强和规范全区编外用工管理的若干意见（送审稿）》的汇报。

10 月 21 日，十届区政府第十二次常务会议召开。会议听取区自然资源分局关于越城区则水牌 7-2 号地块处置情况汇报；听取陶堰街道关于绍兴旗滨玻璃有限公司搬迁回购的有关情况汇报；听取区文广旅游局关于《越城区高质量推进公共文化服务现代化建设的实施方案（2021—2025 年）（送审稿）》《关于全面推进考古前置工作的实施意见（送审稿）》的汇报；听取区教体局关于越城区全民健身实施计划（2021—2025 年）编制情况的汇报；听取区民政局关于《越城区家庭养老床位建设试点工作方案（送审稿）》《关于促进社会组织高质量发展 助力共同富裕示范区建设的实施方案（送审稿）》的汇报。

11 月 10 日，十届区政府第十三次常务会议召开。会议听取区发改局关于前三季度经济运行情况及四季度经济运行预测的汇报；听取区府办关于三季度省、市、区民生实事推进情况，三季度领导批示件办理情况的汇报；传达学习全市生活垃圾治理工作推进会精神，听取越城区贯彻落实情况；听取区综合执法局关于《绍兴市越城区人民政府关于公布〈绍兴市越城区新增综合行政执法事项统一目录（346 项）〉和〈绍兴市越城区综合行政执法建设领域调整事项目录〉的通告》的汇报；听取区司法局《关于公布行政规范性文件清理结果的通知》的汇报；听取区市场监管局关于《越城区建立健全分层分级精准防控末端发力终端见效工作机制 推动食品安全属地管理责任落地落实的实施方案》的汇报；听取区财政局《关于进一步深化预算管理制度改革的若干意见（送审稿）》的汇报；听取区教体局《关于越城区人民政府与绍兴市体育局共建水上训练（赛事）基地协议》的相关情况汇报；听取区文广旅游局关于《中国五大镇山联合申报“世界遗产”战略框架协议》的相关情况汇报；听取区城发集团关于越城区城市发展建设集团有限公司拟对恒信农商银行进行增资扩股项目情况的汇报；听取区财政局（区国资办）关于《绍兴市越城区国有资本运营投资集团有限公司组建方案》《绍兴市越城区公用事业集团有限公司组建方案》，越城区 2021 年度区直国有企业职工薪酬核定情况，三季度预算资金追加情况的汇报。

12 月 9 日，十届区政府第十四次常务会议召开。会议传达学习《王浩省长在全省知识产权保护和发展大会上的讲话摘要》《浙江省知识产权保护和促进条例》，汇报越城区贯彻落实情况；听取区经信局《关于越城区、滨海新区实施“1515”专项行动打造先进制造业强市先行区的若干意见》的汇报；听取滨海新区人才发展局关于《滨海新区、越城区集成电路产业人才发展专项政策意见》的汇报；听取区卫生健康局关于《越城区深化基层卫生健康综合改革实施方案》的汇报；听取黄酒小镇管委会关于中国国际黄酒产业博览会永久落户绍兴黄酒小镇（东浦）事宜的情况汇报；听取区公安分局关于申请亚运安保经费的情况汇报；听取区教体局关于申请区属初中校园安全防护提升工程经费的情况汇报；听取区卫生健康局关于申请农村部分计划生育奖励扶助经费，申请有关核酸检测经费的情况汇报。

12月23日，十届区政府第十五次常务会议召开。会议听取区自然资源分局关于《越城区全域空间战略规划（送审稿）》的汇报；听取区府办关于《2023年政府工作报告（送审稿）》的汇报；听取区发改局《关于越城区2022年国民经济和社会发展计划执行情况与2023年国民经济和社会发展计划（草案）的报告（送审稿）》的汇报；听取区财政局《关于越城区2022年预算执行情况及2023年预算（草案）的报告（送审稿）》的汇报；听取区府办关于《区政府2022年民生实事项目完成情况和2023年民生实事候选项目征集情况》的汇报；听取区财政局关于《区级财政预算资金追加拨付审批办法（送审稿）》《绍兴市越城区国有企业资金管理办法（送审稿）》的汇报；听取区应急管理局关于《绍兴市越城区烟花爆竹“双禁”工作方案（送审稿）》的汇报；听取迪荡街道关于《迪荡街道念佛桥片区国有土地上房屋征收补偿方案（送审稿）》的汇报。

2022年越城区民生实事项目完成情况一览表

表16

序号	民生实事项目	项目内容	完成情况
1	“越优育”爱“芽”护苗工程	升级中小学卫生保健室，全部配建视力健康指导站。预防儿童窝沟蛀牙，实施3～6岁儿童口腔局部用氟2万人次以上、口腔检查1万人次以上。全区每千人托位数达到3.0个。托育服务机构镇街覆盖率达75%以上	视力健康指导站建设已完成。儿童口腔局部用氟已培训工作人员42人、制作宣传单折页5500份，实施口腔检查级用氟10744人，待下学年开学进行二次涂氟。全区每千人托位数达到3.34个，镇街托育服务机构覆盖率100%
2	“越健体”体育惠民工程	新建“体育＋公园”3个、社会足球场3个、社区多功能运动场3个、百姓健身房9个、健身步道50公里，水乡孩子会游泳免费培训1500人	新建鉴湖街道王家葑村体育公园等“体育＋公园”3个，北海街道快阁苑社区笼式足球场等社会足球场3个，东湖街道岑前村篮球、羽毛球多功能球场等社区多功能运动场3个，灵芝街道官渎社区健身房等百姓健身房9个。完成建设健身步道50公里，水乡孩子会游泳免费培训1700人
3	“越清洁”环卫市政基础提升工程	新建公厕13座、改（扩）建2座、改造提升15座。建设数字化高标准生活垃圾分类小区20个。接管相关单位、相关平台市政环卫维养，实现全区域城市道路“一把扫帚扫到底”“一把剪刀剪到底”“一个班组修到底”	完成公厕新建13座、扩建2座、改建15座。改造提升13座已完成施工招标，滨海2座正在施工中。20个数字化高标准生活垃圾分类小区建设已完成。“一把扫帚扫到底”剩余5个镇街（陶堰、孙端、斗门、鉴湖、富盛）已全部完成道路保洁移交工作并纳入常态化保洁。“一把剪刀剪到底”“一个班组修到底”已与各镇街完成相关协议签订
4	“越优居”住房综合提升工程	高质量提升改造快阁苑等老旧小区40个。按照“拎包入住”标准，开工建设、提标升级人才租赁住房2000套以上	快阁苑等40个老旧小区提升改造工程已完工。沧海未来社区1836套、集成电路人才公寓309套人才租赁住房，已开工

续表 16

序号	民生实事项目	项目内容	完成情况
5	“越畅行”交通基础提升工程	对标一线城市品质和“席地而坐”标准，把中兴大道打造成全市最清洁、最靓丽、最畅通、最智慧、最能展现越城风景的标杆示范线、迎宾主通道。新建改建公交候车亭25个、公交电子站牌10个，养护农村公路20公里。实施公共自行车有机更新，新建无桩公共自行车网点30个，新投放无桩公共自行车600辆，对50个有桩公共自行车网点进行无桩化改造，更新1500辆有桩公共自行车为无桩公共自行车。新增停车位1500个、集中式停车场1个（停车位300个）。实施交通堵点、隐患点、宣传点改造50处以上	中兴大道全面整治工程已完工。完成新建改建公交候车亭25个、公交电子站牌10个，完成农村公路养护20公里。实施公共自行车有机更新工程，新建无桩公共自行车网点30个，完成新投放无桩公共自行车600辆，对50个有桩公共自行车网点进行无桩化改造，更新1500辆无桩公共自行车并完成车辆投放工作。高标准建成永利中心、市中医院改扩建、古城北一期、绍兴饭店二期等项目共1500个停车位及1个集中式停车场（镜湖直江1号）。皋埠街道下堡村等50个交通堵点、隐患点已整治完成
6	“越颐养”重点群体关爱工程	深化高龄、独居、空巢、孤寡等特殊困难老人探访关爱，为全区最困难最弱势的失能、半失能特殊困难老人（约200名）建设家庭养老床位，实行专业化居家照护。提升改造镇街“残疾人之家”，全部达到三星级以上标准，50%以上达到四星级标准。镇街便民服务中心无障碍改造实现全覆盖	完成200张家庭养老床位建设，已开始运营服务。残疾人之家已通过省、市星级评估，全区17家残疾人之家均已达到三星级，其中8家达四星级，1家达五星级。全区镇街便民服务中心已全部完成无障碍改造
7	“越安食”食品安全智治惠民工程	建设“阳光工厂”60家，实现食品生产主体全覆盖。与“浙食链”系统完成数据对接，通过在线AI抓拍、关键环节可视化，实现食品生产加工过程信息数字化。建设“智能阳光厨房”92家，实现全区大型及以上社会餐饮单位全覆盖。引导餐饮服务提供者建设“互联网+明厨亮灶”，主动向消费者公开加工制作过程，接受社会监督。全区农贸市场、农批市场、大型商超在售食用农产品快检和“两链”全覆盖。落实经营户在售食用农产品录入“浙食链”“浙冷链”两大平台	已建成“阳光工厂”60家。已建成“智能阳光厨房”92家，全区大型及以上社会餐饮单位基本实现全覆盖（隔离酒店除外）。加强“互联网+明厨亮灶”推广，做好平台对接、数据上传等工作。873家食品销售主体注册浙食链，农贸市场内进口水果全部纳入“浙食链”，15家大型商超实现浙食链激活及常态化使用，38家农贸市场、2家农批市场完成重点经营户食用农产品重点品种快检和“两链”全覆盖
8	“越反诈”电信网络诈骗防治工程	开展反诈宣讲2000场以上。实现电信网络诈骗犯罪案发率下降10%、电信网络诈骗犯罪损失下降10%、电信网络诈骗犯罪追赃挽损率10%	开展反诈宣讲4200场，已实现电信网络诈骗犯罪案发率下降24%、电信网络诈骗犯罪损失下降38%、电信网络诈骗犯罪追赃挽损率16%
9	“越平安”基层消防安全提升工程	住宅小区消防安全提升工程，对80个高层住宅小区增配智能防控设备；建设“电瓶车管控系统”3000台，实现住宅电梯全覆盖；改造提升高层小区电气线路和消火栓系统15个，安装电瓶车充电桩200套以上。农村消防安全提升工程，对火灾高发镇街的1500户农村老旧民房增配漏电保护装置，改造电气线路；沿农村主要道路增设消防取水口30个；提档升级村级义务消防队80支，配套建设村级消防宣传室。古城消防安全提升工程，在八大历史街区主干道上设计安装8套消防自救联防阵列	住宅小区消防安全提升工程，已对80个高层住宅小区增配智能防控设备；建设“电瓶车管控系统”3000台，改造提升高层小区电气线路和消火栓系统15个，安装电瓶车充电桩200套。农村消防安全提升工程，对火灾高发镇街的1500户农村老旧民房增配漏电保护装置；沿农村主要道路增设消防取水口30个；提档升级村级义务消防队80支，配套建设村级消防宣传室。古城消防安全提升工程，在八大历史街区主干道上设计安装8套消防自救联防阵列

续表 16

序号	民生实事项目	项目内容	完成情况
10	"越健康"预防急救惠民工程	为全区重点人群免费接种流感疫苗和肺炎疫苗，为高危人群免费开展结直肠癌筛查。建设标准应急救护培训基地3个、开展培训3.5万人次，新增公共场所AED（自动体外除颤器）16台。开发数字化应用，提升居民健康档案信息化水平	完成动员并对预防接种工作人员开展培训，已免费接种流感疫苗29755人，肺炎疫苗5000人，为高危人群免费开展结直肠癌筛查32563人、肠镜检查1664人。已完成3个应急救护培训基地建设。开展应急救护培训6.7万人次（其中普及应急救护知识培训63653人，新增救护员培训3536人），新增公共场所AED（自动体外除颤器）16台。迭代升级居民电子健康档案系统，实现居民健康档案全流程信息化管理；开发"健康越城"数字化应用，通过移动门户（微信、浙里办）向居民开放电子健康档案，至年底已建立居民电子健康档案102.8万份、开放档案88.9万份

政务信息

【概况】 2022年，越城区编报《越城信息》（每日动态）249期，上报市政府办公室270条（篇）、省政府办公厅信息70条（篇），被市录用192条（篇）、省录用13条（篇）、国办录用95条（篇），得到国务院、省、市领导批示条22次。

【省、市领导批示】 2022年，越城区编报政务信息获省领导批示5次、市领导批示4次。其中，1月6日，市委副书记、市长施慧芳在《绍兴政务信息（专报信息）》第10期上批示："请各区县（市）各主要领导阅处。"7月27日，市委副书记、市长施慧芳在《绍兴政务信息（专报信息）》第21期上批示："今年以来，越城区立足'四个环境'的打造，下真功夫细功夫，取得了较好成效，值得各地借鉴学习，可发各区县（市）党政主要负责人阅。"

政务督查

2022年，越城区政府办公室定期对《政府工作报告》确定的108项重点工作任务、十方面民生实事、政府领导批示指示、区政府重要会议精神及各专项工作进展情况开展督查，督促各相关部门、镇街按时间节点要求落实好工作任务。（区政府办公室　叶敏）

电子政务

【概况】 2022年，越城区大数据中心一体化智能化公共数据平台建设工作考核列全省第18位、全市第1位，综合考核全市优秀；《越城区加速推进应用安全自查整改落实》案例入选全省IRS（一体化数字资源系统）利用优秀案例。《"云会商"助力构建隔离点高效指挥体系》《打造特色工作台，助力重大应用贯通》入编浙政钉省级标杆案例集。人才智评专题库、人员管控融合数据等2个数据产品获评省级优质数据产品。科研仪器设备开放共享、一码找订单2个应用上升为省级"一地创新、全省复用"。GIS（地理信息系统）文件转换工具、文档在线预览、浙政钉日程、根据地址获取镇街4个组件提级为省域组件供全省复用。

【一体化智能化公共数据平台完善】 2022年，越城区大数据中心围绕数字化改革总体部署，

省定考核指标进展情况表

表 17

序号	指标名称	2022 年目标	完成情况
1	“浙里办”实名用户注册率	70%	74.62%
2	“浙里办”百万人口日均活跃用户	3 万	3.25 万
3	“浙政钉”用户日活跃率	84%	90.06%
4	数据共享需求满足率	100%	100%
5	政务云平台稳定性	99%	100%
6	网络安全等级保护定级备案率	80%	94.20%

强化数据供给、应用集成、两端承载和安全保障“四大能力”建设，持续提升公共数据平台在数字化改革中的支撑作用。全年累计登记 IRS 应用 135 个，编制目录 2648 条、数据项 3.2 万个，归集数据 12.91 亿条；围绕应用需求打造古城保护、社会治理、疫情防控等 12 个专题库和 8 个数据仓，支撑科研仪器设备开放共享、人才智评和越回收等 29 个本地特色应用数据需求。根据共享应用需求注册共享接口 39 个，日调用量超过 100 万次。开通线上申请全流程管理，加强在线率、出图率的日常巡检监测，满足基层治理、公共服务、疫情防控等领域对视频资源的共享应用需求。

【优化“浙里办”掌上（前端）建设】 2022 年，越城区持续优化“浙里办”全力推进“掌上办事”，高质量建设“浙里办”越城专区，结合群众办事、生活需求，新增上架“越”系列应用 9 个，累计上架应用 21 个，注册用户 78.51 万人，日均活跃用户超 3 万人，网办率和掌办率分别达 100% 和 98.13%。

【优化“浙政钉”推进“掌上办公”】 2022 年，越城区升级“浙政钉”2.0 工作台，建设定制化组件，推动钉应用贯通。全区上钉应用 42 个，“浙政钉”用户数达 15421 人，工作群 10996 个，用户活跃率达 97.94%；累计发送信息 6660 万条，召开视频会议 126503 次。

【政务云资源统一管理】 2022 年，越城区推进全区政务云资源统一管理，优化云资源使用保障流程，加强云资源的实时监控和动态调整，依托 IRS 优化政务云资源审批流程，审批时间由 7 个工作日缩短至 3 个工作日。全年完成云资源相关申请 90 个，新增云主机 111 台，注销云主机 4 台，新增云数据库 29 台，新增对象存储 11 例，累计支撑 135 个应用。共落实 8 次月度减配，累计减配 88 台云主机，节约 CPU（中央处理器）198 核、内存 764 G、存储 10.2 T。政务云平台及核心服务稳定性达 100%，CPU、内存和存储平均利用率分别为 17.57%、36.41%、34.52%，IRS 应用云资源关联率为 100%。

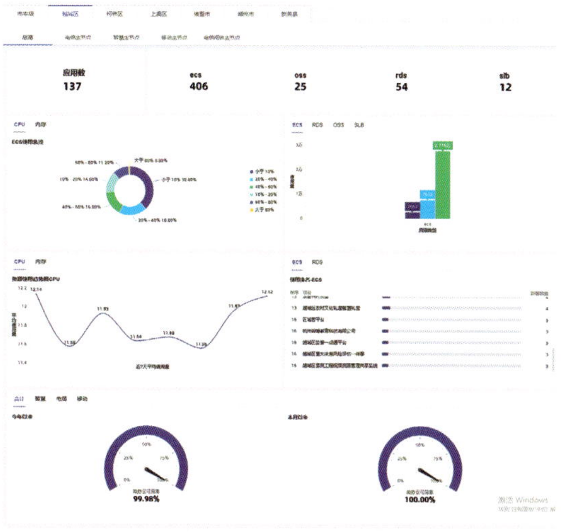

2022 年越城区政务云资源（区大数据中心　提供）

【互联网 + 政务服务】 2022 年，越城区大数据中心围绕“好办、易办、快办”深化政务服务“一网通办”，以群众、企业实际需求为导向增加“主动上网”事项，扩大在线政务服务范围。推进政务服务 2.0 平台应用推广，实现省、市、区、镇、村五级全覆盖，构建“网上一站办、大厅就近办、办事更便捷”的“一网通办”新模式。线上线下“一网通办”达到 93%，综合自助机“一网通办”100% 对接。

【电子政务项目管理】 2022 年，越城区大数据中心修订《越城区电子政务管理办法》，建设电子政务项目管理系统强化全生命周期管理，全年围绕特色化创新性目标，组织完成 21 个区级部门（单位）、镇街申报的 2022 年度临时电子政务项目 31 个，其中新建扩建类项目 28 个，运维服务类项目 3 个，项目预算共计 4510.7 万元，核定 3587.55 万元，核减 923.15 万元；25 个区级部门（单位）、镇街申报的 2023 年度电子政务项

2023 年度越城区电子政务项目实施计划一览表

表 18

序号	申报单位	新建类	审定金额（万元）	扩建升级改造类	审定金额（万元）	运维类	审定金额（万元）	项目总数	审定总金额（万元）	资金来源
1	区人大常委会办公室	0	0	0	0	1	6	1	6	—
2	区委组织部	0	0	0	0	1	5	1	5	—
3	区社会治理中心	0	0	0	0	1	154	1	154	—
4	区教体局	1	30	1	22.05	1	15	3	67.05	—
5	区民政局	0	0	1	260	0	0	1	260	—
6	区财政局	0	0	0	0	3	287.586	3	287.586	—
7	区人力社保局	0	0	0	0	4	514.4	4	514.4	—
8	区交通运输局	2	355.807	1	5.69	3	38.821	6	400.318	省补资金
9	区文广旅游局	0	0	1	3	7	12.96	8	15.96	—
10	区卫生健康局	3	217.4	5	161.64	7	166.05	15	545.09	—
11	区应急管理局	0	0	0	0	1	36	1	36	—
12	区市场监管局	1	109	0	0	0	0	1	109	省补资金
13	区自然资源和规划分局	1	120	0	0	1	15	2	135	—
14	区医保分局	0	0	0	0	3	316.473	3	316.473	—
15	区政务服务办（区公管办）	1	15	2	37	11	115.85	14	167.85	—
16	区流管中心	0	0	1	50	0	0	1	50	—
17	区大数据中心	2	305	2	280	12	2294	16	2879	—
18	市名城办	0	0	1	88.6	1	60	2	148.6	古城保护基金
19	区法院	1	80	1	70	10	298.05	12	448.05	—
20	区检察院	0	0	0	0	1	33	1	33	—
	合计	12	1232.207	16	977.98	68	4368.19	96	6578.377	—

目111个，其中，新建、扩建升级改造类项目42个（多跨协同类项目10个、一般业务类项目23个、基础设施类项目9个），运维服务类项目69个，项目申报金额10052.664万元，审定后取消实施项目2个，暂缓实施项目13个，同意实施项目96个，核定金额6578.377万元，核减申报金额3474.287万元，核减率34.56%。坚持“以评促建、以评促用”，开展电子政务项目绩效评价12个，提升项目建设运行水平。

【升级越城区协同办公系统】 2022年，越城区大数据中心升级协同办公系统，完善和新增系统功能模块，增加无纸化项目预审模块，提升项目专家评审会议效率；对接会海智治、浙里兴村共富系统，整合协同办公系统及内跑系统待办至浙政钉；基于协同办公系统开发移动端应用“越智会”，实现区政府常务会议无纸化，全年共完成12场会议。

【网络安全运营中心建立】 2022年，越城区大数据中心认真贯彻落实《浙江省公共数据条例》，以整体安全运营模式加强网络数据安全保障，构建全面评估、协同防护、纵深分析、及时响应的全闭环安全运营能力，常态化开展公共数据平台数据安全防护、违规外联检测、漏洞扫描、代码审计、渗透测试，开展攻防演练、加强日常安全值守以及中共二十大等重要活动安全保障、信息安全培训等工作。全年共开展8次网络安全专项检查，全面分析11.3万条警告信息，共计通报网络安全事件1724起。其中，高危漏洞事件1259起，高危端口事件193起，高危外联事件124起，弱口令事件13起，挖矿木马事件73起，远控木马事件62起。（区大数据中心　谢婷婷）

政务服务

【构筑“政银企社联动服务圈”】 2022年，越城区通过对接银行、定点医疗机构、重点产业园区等机构，达成政企合作意向，与51家银行网点，17家定点医疗机构，12家邮政储蓄所签订“政银企社合作协议”，就近可办网点增加40%。组织人社、医保、资规、公安等相关重点部门（单位），协调梳理可“政企合作”的事项清单，整理更新办事指南，实现90项以上的高频“政银企社”事项联动办理。着力打造“常态化”“点对点”的业务培训机制，受理人员培训率达到100%，确保政企合作机构受理人员队伍的“正规化、专业化、高效化”，让群众“就近办”更放心、更安心、更舒心。

【智能客服平台建设】 2022年，越城区对市场监管、不动产、公安3个部门的高频事项进行梳理，依托智能客服数字化平台，将精细化业务智能问答与人工客服相结合，通过线上客服统一接待，业务部门专业答复，为群众、企业提供精准化咨询导办服务。截至年底，访问量达1495人次，智能问答4022轮次，人工接待172人次。

【基层政务服务办事场所标准化建设】 2022年，越城区持续加强基层政务服务标准化建设力度，强化场所、事项、服务、管理标准，实现智慧叫号、智能分析、2.0好差评、数字政务地图等数字化功能100%覆盖基层，全区共建成“示范型”村级便民服务站167个、“标准型”村级便民服务站116个，“标准型”以上村级便民服务站占比达85.2%。

【组织16个项目联合验收】 2022年，越城区简化“验收环节”，按照区政府关于在项目验收环节要简化办事环节、提高审批效率、优化营商环境的要求，实行企业投资项目联合验收工作。

由区政务服务办牵头组织联合验收的现场踏勘和召开联合验收会议，各职能部门在验收会议上对验收项目一次性提出整改要求和验收意见，把原先企业"一对多"审批改变为部门上门"多对一"服务，切实缩短企业投产达效的时间。全年共为16个工业、商贸、房地产项目组织联合验收。（区政务服务办　封哲萍）

机关事务管理

【概况】 2022年，越城区机关事务管理服务中心围绕区委区政府中心工作和区"三感"会议精神，以数字化、标准化、精细化为方向，坚持守正创新，推进服务迭代，圆满完成各项任务。全年完成党代会、区两会、推进大会、同心·越城大会、企业家大会、全省新一轮制造业"腾笼换鸟、凤凰涅槃"攻坚行动现场会等重大活动后勤服务工作。加速推进集智慧食堂、门禁管理、预约服务等功能于一体的"智慧后勤"综合应用系统建设。累计保障集中隔离用房2700余间，配送后勤物资20万份，保障资金近2000万元。全天候做好疫情防控指挥部及专班的后勤物资、会务保障工作。

2022年，越城区严守机关大院"小门"，执行日常性清洁消杀管理和常态化疫情防控工作督查。定期开展反恐防暴演练、消防演习及断电故障实操。完成智慧门禁改造，在多个大院进出口开辟人脸识别通道，提高大院智慧安防能力。落实卫生集中整治、控烟禁烟、建筑立面清洗等洁美行动，持续加强停车秩序管理。9月，越城区机关事务管理服务中心获全省机关事务工作先进集体表彰。

【"虚拟公物仓"项目】 2022年，越城区"虚拟公物仓"作为全省机关事务数字化改革试点项目，全年入仓资产2368件，价值近118万元，累计实现共享资产362件，节支约58.63万元。系统被丽水市庆元县机关事务中心复用，推进一地创新、全域共享发展理念。

【节能示范引领】 2022年，越城区引入第三方机构，落实垃圾分类、有序用电检查月通报机制，累计检查单位500余次，发动全区各公共机构张贴宣传画报450张，集中培训150人次，设立垃圾分类主题阅读区，开展节能宣传周活动，获省级媒体报道。开展新能源汽车充电桩示范点建设，推进基于能源托管的监测平台建设。2022年，越城区创建节约型机关16家，确定区级"无废机关"26家，生活垃圾分类示范单位创建35家；完成公共机构节约型机关创建率及生活垃圾分类示范单位创建覆盖率考核要求。

【办公用房管理】 2022年，越城区优化行政中心及周边交通组织，在科创一、二期大楼新建人行天桥，完成绿化、道路、停车位改造，在行政中心周边打造交通管理示范街。新建食堂2个，车位300个。推进房管处、市场监管局办公用房等装修项目；完成行政中心、科创大厦一期装修及场外改造项目、税务稽山所装修项目、群团服务中心建设布展项目，全部按时交付使用。制定《越城区党政机关办公用房租用管理办法（试用）》，开展楼堂馆所自查自纠工作，对34家镇街（部门）的办公用房使用情况进行专项督查，完成办公用房整改4处，完成10家单位办公用房搬迁保障。

【食堂管理】 2022年，越城区开展文明劝导轮值，推出传统节日特色美食，提供半份菜供应服务，完成科创食堂升级改造，运行自助供餐模式。累计完成全年消费帮扶任务475万元，组织开展特色农副产品进机关食堂28批次，派2名干部参与驻村驻企，助力乡村振兴。

【资产管理】 2022年，越城区使用政府采购管理系统和政采云平台采购设备和服务121批次，使用资金3231万元。开展固定资产清查盘点，完成机构改革后公务车辆资产账务清零，调拨划出房屋资产12398平方米，调拨划出资产164件，减少固定资产原值7692.8万元。处置报废资产95件，回收资金0.95万元。

【公车管理】 2022年，越城区累计完成车辆处置、更新、租用等相关审批10次。通过专项督查、公车平台监控系统抽查等方式，定期开展公车使用情况检查。全力保障疫情防控，做好境外转运人员用车保障，完成转运服务630车次。扩面保障镇街应急管理、应急公务用车，健全完善司勤人员管理考核制度，加强安全教育培训。（区机关事务服务中心　单清旸）

外事管理

【概况】 2022年，越城区认真贯彻执行上级外事方针政策，制定《越城区上海分流航班入境人员闭环管理工作方案》，发布《关于优化完善越城区境外疫情输入防控专班组织架构和运行机制的通知》，组织开展“外事服务月 越城专场活动”，全力做好涉外疫情防控工作，服务越城社会经济发展，为“首位立区 幸福越城”事业贡献力量。

【提升服务水平】 2022年，越城区认真贯彻市外办《绍兴市外国人来华邀请函办理实施细则》，进一步做好外国人来华邀请工作，全年共预审7人。

【推动对外交流】 2022年，越城区保持与友好城市图文巴市“线上”交流，继续维系友好关系。区长新当选后，向图文巴市市长致信表示问候。图文巴市市长为“同心·越城”大会录制祝贺视频，向大会嘉宾推介图文巴特色产业，促进两城经贸、文化、科技各方面的交流合作。向综保区落地的第一家外资企业TAZMO株式会社致信祝贺其创社五十周年，并发出到越邀请。（区政府办公室　叶敏）

退役军人事务

【概况】 2022年，越城区退役军人事务局在区委、区政府的正确领导下，以习近平总书记关于退役军人工作和双拥工作的重要论述为根本遵循，推进退役军人服务保障体系建设提档升级。完成镇街、村（社区）退役军人服务站全国“示范型”创建比例任务（镇街100%，村社78.49%）和全省“枫桥式”退役军人服务站创建任务（镇街76.47%，村社19.12%）。完成退役军人和其他优抚对象建档立卡。

【“最美退役军人”评选】 2022年9月30日，越城区举行“迎盛会 庆国庆”双拥主题活动暨第三届“最美退役军人”发布仪式，评选出2022年越城区“最美退役军人”10名，推荐1名入选市级“最美退役军人”。

【双拥创建】 2022年，越城区完善英烈纪念设施。投入16.68万元修缮完成张飞龙烈士墓，组织开展田思嘉烈士铜像揭幕仪式。开展八一建军节、“9·30”向烈士敬献花篮等系列活动。指导老台门餐饮管理有限公司、浙江伊贤食品有限公司与浙江省军供保障指导中心签订合作协议，成为全市首批入选全省军供保障社会协作基地的社会企业。发挥区关爱退役军人协会作用，为辖区内一家驻越城部队采购12台空调，价值10万元。

【退役军人就业】 2022年，越城区共推出3个事业编制岗位面向退役军人公开招聘；机关事业单位（编外）、国企按一定比例招录退役军人，全年共招录退役军人辅警、机关（国企）工作人员多人。组织两批次退役军人参加绍兴市退役军人学院“订单式”职业技能培训，就

2022 年"最美退役军人"一览表

表 19

绍兴市"最美退役军人"	何伟炎
越城区"最美退役军人"	张　冲
	徐惠明
	周国标
	陈宇宾
	诸　华
	施国营
	余成海
	金　龙
	周岳富
	朱学佩

2022 年 5 月 12 日，绍兴市军供保障社会协作基地签约暨授牌仪式举行，越城区老台门餐饮管理有限公司、浙江伊贤食品有限公司与浙江省军供保障指导中心签订合作协议（区退役军人事务局　提供）

2022 年 9 月 27 日，越城区退役军人事务局组织 2022 年越城区自主就业退役士兵适应性培训，图为开班仪式现场（区退役军人事务局　提供）

业率 100%。

【支持退役军人创业】 2022 年，越城区退役军人事务局深入开展"五团"服务，为退役军人提供就业创业个性化帮助。截至年底，联合建行越城支行为区内退役军人提供企业信贷支持 2.07 亿元。（区退役军人事务局　虞华锋）

应急管理

【概况】 2022 年，越城区全年无自然灾害事故发生，且未发生较大及以上事故。全年共发生各类生产安全事故 10 起，死亡 9 人，同比分别下降 58.3%、60.8%。其中，工矿商贸事故 1 起，未发生亡人；建筑施工类事故 1 起，死亡 1 人；生产经营性道路交通事故 7 起，死亡 7 人；水上交通事故 1 起，死亡 1 人。

2022 年，越城区共发生火灾 525 起，无人员伤亡，火灾起数同比下降 45.7%。绍兴市越城区消防救援大队成功处置"4·11"兰亭御雕酒业、"5·31"美诺华药业、"10·13"孙端一普塑业、抗击台风“梅花”“轩岚诺”和增援宁波余姚防汛抗台等急难险重的灭火和抢险救援任务。2022年,镜湖消防救援站、城南消防救援站、皋埠消防救援站、鲁迅故里消防救援站入驻执勤,阳明故里、书圣故里2个古城消防站已分阶段建设。

【枫桥式“示范化”创建】 2022年,越城区出台《越城区“枫桥式”镇街应急管理办、消防管理所规范化创建实施方案》,突出应急和消防管理办公室建设“四个统一”(统一设置“四室一中心”、统一配备专用通信设备、统一配置专用执法车辆、统一配备专用应急救援物资)。17个镇街共落实119名专职管理人员,配备35辆应急和消防用车(其中执法用车17辆),建成场所面积近万平方米,并在实现100%标准化创建的基础上,打造出北海街道、迪荡街道、东湖街道、鉴湖街道、斗门街道5个可复制推广的枫桥式“示范化”办公室。

【基层应急力量提升】 2022年,越城区各镇街共办理委托执法案件318起,罚款191.5万元,同比增长11.7倍、4.6倍。同时深入推进现代社区应急体系改革,成立村社应急消防管理领导小组,将隐患巡查、预警传递等工作纳入网格员职责,并组建村社级应急突击队270支,共1831人。(区应急管理局 于汇钞)

【基层应急和消防力量一体化规范建设】 2022年,越城区探索“枫桥经验”在消防领域的应用,全区17个镇街全部成立应急和消防安全委员会,实体化运行应急和消防管理办公室,办理19项消防执法事项554起案件,居全市第一。市政府先后两次在越城区召开挂牌仪式和现场会,获常务副省长徐文光批示肯定。

【启动“百千万”工程】 2022年,越城区启动“百千万”工程(指消防安全演练练“百”场、消防技术服务访“千”企、消防知识宣传走“万”家),推动消防安全进企业、进农村、进学校、进社区、进家庭,60名消防副校长、122名驻村联企消防员常态开展防消联勤、敲门入户宣传,完成抢险救援、社会救助2324起,居全市第一,常务副市长陶关锋专题调研并予以肯定。

2022年5月31日,越城区消防副校长聘任仪式暨“雏鹰争章”活动启动仪式在建功中学迪荡校区举行(区消防救援大队 提供)

【重大火灾隐患单位整治】 2022年,越城区启动火灾事故压降攻坚年行动,强化消防违法行为的执法打击,12家市级重大隐患单位全部整改销案;开展消防安全专项治理24个,排查场所3.1万家,督改火灾隐患4.6万处,停产停业164家,清理违规住人546人。

【“15分钟综合应急消防救援圈”建设】 2022年,越城区推进“15分钟综合应急消防救援圈”建设,镜湖消防救援站、城南消防救援站、皋埠消防救援站、鲁迅故里消防救援站投入使用,其中鲁迅故里消防救援站正式进驻使用,标志着千年古城历史街区内有了消防站,古城向5分钟救援圈迈进。

【智慧消防建设】 2022年,越城区投入3200万元开展高层、古城、农村3个项目的消防民生实事,完善古城智慧消防设施布点,对全区既有住宅电梯全覆盖安装梯控系统,防范电瓶车火灾。升级“越平安”消防智治应用,实现“一张图”统揽全域消防安全,古城区域内火灾发生率下降明显,其中电气火灾下降72%。

【16类轻微消防违规事项不予处罚】 2022年,

越城区出台“助企纾困”十项措施，对16类轻微消防违规事项不予处罚，开业前检查申报材料缩减2/3，审批效率提升62%，承诺制项目当日即办，17名消防人员前置镇街一线服务，群众满意率达98%以上。（区消防救援大队　沈佳航）

政协绍兴市越城区委员会

重要会议

【区政协六届一次会议】 2022年2月19日至22日，中国人民政治协商会议绍兴市越城区第六届委员会第一次会议召开。会议审议通过了金百富代表越城区政协第五届委员会常务委员会所作的工作报告和王柏振代表越城区政协第五届委员会常务委员会所作的提案工作情况报告，听取和讨论代区长钱林江所作的政府工作报告及其他报告，听取并讨论区人民法院工作报告、区人民检察院工作报告，对上述报告表示赞同，并提出了意见建议。会议选举产生政协绍兴市越城区第六届委员会主席、副主席、秘书长和常务委员。会议强调，新一届区政协要按照区第十次党代会的部署要求，紧紧围绕“首位

2022年2月19日至22日，中国人民政治协商会议绍兴市越城区第六届委员会第一次会议在绍兴大剧院举行(区政协办公室　提供)

立区、幸福越城”目标定位，聚焦“争一流谱新篇”八大行动，认真履行政治协商、民主监督、参政议政职能，推进建言资政和凝聚共识双向发力，在新起点上创造政协工作的新业绩。

【区政协六届一次至三次常委会会议】 2022年7月29日，区政协六届常委会第一次会议召开。会议专题学习省第十五次党代会精神，协商“挖掘和弘扬会稽山文化，打造人文越城新高地”课题，会议审议通过有关人事事项。区委常委、区委宣传部部长吴萍，区委组织部有关负责人和“挖掘和弘扬会稽山文化，打造人文越城新高地”课题组成员应邀参加会议。

2022年10月28日，区政协六届常委会第二次会议召开。会议专题学习中共二十大精神，听取区法院、区检察院年度重点工作情况的通报，审议通过有关人事事项。会议提出，区政协要一如既往地支持两院工作，充分发挥专门协商机构作用，加强思想引领，加强工作协同，共同推动越城区法治建设再上新台阶。区委副书记、区长钱林江，区法院院长蔡立刚、区检察院检察长周江等应邀参加会议。

2022年12月23日，区政协六届常委会第三次会议召开。会议听取区政府关于区政协六届一次会议以来提案办理落实情况的通报，书面听取各专委会年度工作述职，审议通过区政协六届二次会议有关事宜和有关人事事项。区府办、区委组织部、区委统战部有关负责人应邀参加会议。

课题调研

【“挖掘和弘扬会稽山文化 打造人文越城新高地”】 2022年，越城区政协围绕“挖掘和弘扬会稽山文化 打造人文越城新高地”主题，组织常委会调研课题。课题组多方调研，并收集翔实的文字、数字材料和经验做法。调研成果经多层次、多方面讨论协商，形成14000余字的课题调研报告。报告分为上下两篇，上篇着重对会稽山文化地位、精神气质、文化特征进行挖掘、整理和归纳，下篇就开发利用会稽山文化，促进越城发展提出设想和建议，为区委、区政府决策提供参考。

专题协商

【概况】 2022年，越城区政协围绕“打造一流创新生态，推进‘科创智谷’建设”“完善越城区、滨海新区生物医药产业招商引资路径和方法”“围绕共同富裕改革，推进重点群体就业支持体系建设与完善”等主题，邀请委员、议政专家、市民代表等与相关职能部门面对面进行协商。全年共组织开展“请你来协商”活动5次。

【举办5次“请你来协商”座谈会】 2022年2月20日，越城区政协召开“首位立区、幸福越城”“请你来协商”座谈会。10名区政协委员在座谈会上发表意见建议。滨海新区管委会主任、越城区委书记徐军应邀与会听取意见。同日，越城区政协召开“高质量发展，推动共同富裕”“请你来协商”座谈会。12名区政协委员在座谈会上发表意见建议。区委副书记、代区长钱林江应邀与会听取意见。

2022年6月1日，越城区政协召开“打造一流创新生态，推进‘科创智谷’建设”“请你来协商”座谈会。10名区政协委员、议政专家在座谈会上发表意见建议。副区长谷丰应邀与会听取意见。区发改局、区科技局、区建交局、区自然资源和规划分局、区房征办、稽山街道办事处、区稽山智谷建设专班负责人应邀参加协商。

2022年6月17日，越城区政协召开“完善越城区、滨海新区生物医药产业招商引资路径和方法”“请你来协商”座谈会。9位企业代表、智库专家、区政协委员在座谈会上发表意见建议。滨海新区管委会副主任祝国金应邀与会听取意见。滨海新区招商一局、滨海新区规划建设局，越城区委人才办、越城区发改局、越城区卫生健康局、越城区市场监管局负责人应邀参加协商。

2022 年 9 月 21 日，越城区政协召开“围绕共同富裕改革，推进重点群体就业支持体系建设与完善”“请你来协商”座谈会。8 位区政协委员、议政智库专家在座谈会上发表意见建议。副区长侯宏伟应邀与会听取意见。区发改局(共富办)、区人社局、区民政局、区农水局、区残联负责人应邀参加协商。

民主监督

【概况】 2022 年，越城区政协围绕我区数字化改革推进情况开展专项集体民主监督活动；以“学习二十大精神 助力高质量发展”为主题，开展界别活动月活动；紧扣区委中心工作，对“拔钉清障”攻坚行动推进情况、亚运城市基础设施

2022 年度优秀提案一览表

表 20

序号	提案名	提案人(单位)
1	《关于区内企业大量闲置厂房再利用及再开发的建议》	侨联界别组
2	《关于越城区举办首届婚博会的建议》	北海街道政协工委
3	《借力地铁，重构现代化城市商业格局的建议》	宣国萍
4	《关于解决绍兴集成电路行业招聘技术工难问题的建议》	陆　波
5	《关于建设集成电路特种工艺中试线打造中国“新基建”核心器件制造之都的建议》	王鸿龙
6	《集聚互联网产业发展，努力打造我区数字经济“新窗口”》	何海翔
7	《关于小区新能源汽车充电桩优化创新布局 开发私桩共享网络平台的建议》	崔继平
8	《关于重抓楼宇经济培育新兴税源的建议》	傅晓松
9	《关于盘活农村资源助力乡村振兴的建议》	陶堰街道政协工委
10	《关于做实乡村振兴“后半篇”文章助力共同富裕的建议》	孙端街道政协工委
11	《关于推动古城文商旅体融合发展的建议》	民进越城区基层委
12	《建议以书法审美优化古城牌匾，提升越城文化魅力》	府山街道政协工委
13	《关于传承发扬越地文化，积极打造“越潮”经济的建议》	朱轶尔
14	《关于我区推广建设第三卫生间的建议》	谢　燚
15	《“共建、共立、共管、共享”关于建设新时代城乡教育共同体的几点建议》	王湘炜
16	《关于推进城市管理精细化的建议》	沥海街道政协工委
17	《关于加强滨海新区沥海街道基础教育的建议》	陈春峰
18	《关于加快推进我区婴幼儿照护服务工作的建议》	秦　伟
19	《关于规范我区物业行业发展，促进社会基层治理的几点建议》	民建越城区基层委
20	《关于健全完善越城区应急保供机制的建议》	民革越城区基层委
21	《从“诉源治理”抑制征地拆迁行政诉讼增量的建议》	俞友根
22	《关于加强安置小区管理的建议》	斗门街道政协工委
23	《进一步落实“双减”政策，优化越城区初中学校学生课后托管服务》	灵芝街道政协工委
24	《关于在我区建设高层住宅智慧消防的建议》	陈海虹
25	《优化养老服务体系建设 打造幸福颐养标杆城市》	九三学社越城区基层委

提升工作、重点项目推进情况、越城—开化山海协作工程工作情况、税源经济工作情况、绍芯实验室建设工作情况等开展视察。

【“数字化改革推进情况”专项集体民主监督】2022年，越城区政协组建6个监督组，每组由一名区政协领导带队，部分区政协委员和专家学者参加，对越城区数字经济，数字法治，数字文化党政智治等方面的数字化改革推进情况进行专项集体民主监督。监督组通过看演示，听介绍，座谈交流等形式，全面深入了解越城区数字化改革推进情况，提出针对性的意见建议，助推数字化改革工作提质增效。

【“学习二十大精神 助力高质量发展”界别活动月】2022年10月中下旬，越城区政协各界别活动组围绕稳进提质、招商引资、古城保护、未来社区建设、数字化改革和除险保安等方面工作，先后赴区新时代文明实践中心、柯灵小学教育集团、阳明故里、绍兴松陵造船、二泾综合农贸市场、南闲区块等地视察调研，召开座谈会，广泛听取意见建议。共开展各类视察调研座谈16场次，参与委员277人次，撰写社情民意信息12件，提出意见建议31条。

提案及社情民意信息工作

【概况】2022年，越城区广大政协委员和政协各参加单位、专门委员会、界别组及镇街政协工作委员会立足区委、区政府中心工作和人民群众关注的热点问题建言献策。全年共立提案304件，报送社情民意信息《越城民情》57期。

【年立提案304件】2022年，广大政协委员和政协各参加单位、专门委员会、界别活动组及镇街政协工作委员会，以提案形式提出意见建议320件，经审查，立案304件，占总数的95%。所立提案中，集体提案和委员联名提案96件，占总数的30%。提案内容涉及党建引领、产业提升、文化发展、环境保护等多个方面。

【报送《越城民情》57期】2022年，越城区政协编辑报送《越城民情》57期(篇)，其中全国政协录用3期(篇)，省政协录用2期(篇)，市政协录用25期(篇)，区委书记批示6期(篇)。社情民意信息内容涉及优化改革措施、助力经济发展、推进基层治理等多个方面。(区政协办公室　牛慷慷)

2022年度社情民意信息精选一览表

表21

序号	社情民意信息名	撰写人
1	《综合行政执法制服统一换装过程存在四个不良倾向亟待关注》	张樱樱
2	《基层反映新冠疫情下三大问题成消费券纾困绊脚石亟待引起关注》	张樱樱
3	《关于进一步加强专项债发行和使用的意见建议》	金锦林
4	《我区出台有关奖励政策可能面临三方面问题亟待引起关注》	张樱樱
5	《关于加强政策性开发性金融工具发放后项目管理的建议》	金锦林
6	《把好进出两道关口 坚守科创板“硬科技”定位》	朱轶尔
7	《新冠疫情背景下的三方面劳资争议需引起重视》	叶　敏
8	《青年网络社交圈层化发展势头过猛亟待加强治理》	何海翔
9	《“双减”背景下应警惕校外教育培训市场“躲猫猫”“涨行情”等现象带来的后遗症》	夏　晋
10	《破解基层信访化解工作困局亟需从源头“釜底抽薪”》	王熠明

纪检监察

综　述

【概况】 2022年，越城区始终保持反腐高压态势，以零容忍态度减存量、遏增量、控变量，深化“室组地”联合办案机制，推行重点问题线索集约化初核，提高线索成案率及大案要案突破能力。坚持“三个效果”相统一，查处了区科协原主席劳越嘉等重大违纪违法案件，审查调查工作成效度创历史新高。做好查办案件“后半篇文章”，坚持以案促改、促建、促治，深挖案件背后存在的问题短板，注重发挥“一案一整改”有效机制，推动建立健全重点领域权力运行制度机制，如针对征地拆迁领域腐败问题多发易发的态势，积极推动信息公开“阳光征迁”，从源头上减少因拆迁引起的信访问题。针对招投标领域问题线索发现难的现状，探索建立工程招投标领域违规违法行为监督查处协调机制，从制度上堵塞腐败漏洞。

【清廉越城建设】 2022年，越城区坚持“五廉并举”（梳廉脉、编廉文、演廉戏、铺廉路、建廉馆），打响越城“名士清风”清廉文化品牌，推进清廉越城建设，督促牵头单位党组织健全主抓直管机制。把党建引领社区“契约化”共建理念融入清廉建设，培育机关、村居、学校、医院、国企、民企、交通等八大清廉单元，建设陆游祖居坝头山村“放翁遗泽”、书圣故里社区“翰墨清流”等清风廉路，实现以点带面、全域清廉，府山街道书圣故里社区省清廉建设突出单位、鉴湖街道坡塘村获评清廉村居建设示范村（居）。

区纪委十届一次全体会议

2022年1月，越城区第十届纪律检查委员会第一次全体会议召开。全会以习近平新时代中国特色社会主义思想为指导，总结区第九次党代会以来的五年纪检监察工作，部署2022年任务，确定今后五年越城区纪委的总体要求和目标。会议通过程许东代表区纪委常委会所作的《忠诚履职践初心 担当争先创新业 为实现“首位立区幸福越城”提供坚强纪律保障》工作报告。（区纪委监委　钱思韬）

巡视巡察

【概况】 2022年，越城区坚持以习近平新时代中国特色社会主义思想为指引，全面学习贯彻中共二十大精神和中央、省委、市委、区委关于巡视巡察工作的新精神新要求，与时俱进深化政治巡察，压紧压实巡察整改主体责任，高质量

2022 年越城区漠视侵害群众利益问题专项治理项目一览表

表 22

序号	专项治理项目
1	新能源汽车充电难问题专项治理
2	教育乱收费专项治理
3	电信网络诈骗专项治理
4	城镇居家养老服务保障专项治理
5	社保政策落实不到位及行风方面问题专项治理
6	农村回迁安置问题专项治理
7	城市回迁安置问题专项治理
8	村经济合作社运行问题专项治理
9	参保城乡居民健康体检同质同标问题专项治理
10	网络直播营销违法行为专项治理

开展巡察工作。

2022 年，越城区运用“七张问题清单”机制，建立“4+N”（“4”即纪律监督、监察监督、派驻监督、巡察监督，“N”即行政监督、司法监督、审计监督、财会监督、群众监督、舆论监督等各类监督）贯通融合机制，越城区省委巡视反馈问题契约化共建典型案例纳入全省“七张问题清单”示范榜，部分农村“三资”（指农村集体所有的货币资金、资产和资源）问题作为主动发现问题被省级重大问题清单库录用。

2022 年，越城区委巡察办做好市委亚运专项巡察协调工作，配合区政府办公室、区建设交通局加强与市委亚运专项巡察组对接协调，做好资料提供、上情下达、后勤保障等工作。牵头开展惠企政策兑现专项督查，对第一轮巡察涉及经济稳进提质面上反映部分惠企政策兑现不够到位等问题，会同区纪委制定《惠企政策兑现专项督查方案》，对区发改局等 12 个相关部门、17 个镇街开展惠企政策兑现专项督查，形成督查报告。

【开展三轮常规巡察】 2022 年，越城区结合巡察五年规划、上下联动要求以及区委全年工作目标重点制定《2022 年区委巡察工作计划》及每轮巡察工作方案，按照计划对 4 个镇街、8 个部门、61 个村社和 6 家国企开展三轮常规巡察。十届区委第一轮、第二轮共反馈问题 378 个，完成问题整改 368 个，完成整改率 97.4%，第一种形态处理党员干部 287 人次，其中科级干部 48 人次，挽回经济损失 827 万元，出台制度 103 项。

【迎检市委巡察指导督导】 2022 年，越城区委高度重视，全力配合市委巡察指导督导组对越城区开展为期一个月的巡察工作指导督导迎检工作。及时吸收指导督导反馈意见，坚决扛起整改主体责任，把指导督导反馈问题整改作为重大政治任务来抓，成立由区委书记担任组长的整改工作推进小组，制定整改方案，逐项建立工作清单，逐一明确整改任务、整改措施、整改时限，实行对账销号，跟踪督查，确保整改闭环，从严从实抓好反馈意见整改落实，截至年底，市委巡察指导督导反馈的 3 个方面 16 个问题全部完成整改。

【巡察整改】 2022 年，越城区制定出台《关于巡察贯通融合“4+N”机制的实施意见》，推动巡察、纪律、监察、派驻四项监督贯通融合，聚力组织、宣传、政法、信访、审计等部门协作力量，形成系统集成、协同高效的监督体系。对巡察中发现的共性问题，向相关职能部门或被巡察党组织发出巡察建议书3份。与区纪委联合下发《严明巡察纪律九条》，对整改不到位、整改不力及虚假整改进行严肃问责追责。（区巡察办　王文思）

党风政风监督

【概况】 2022年，越城区扎实推进清廉越城建设，良好政治生态不断涵养巩固。省第三方民意调查显示，越城区全面从严治党成效度达98.12%，高于全省平均值0.52个百分点，居全市前列。

【作风建设】 越城区持续纠治形式主义、官僚主义，推进干部作风提升年活动，首创实行作风行风指数和服务企业指数、依法行政指数、清廉指数等干部作风“1+3”指数体系。深化“1+X”（“1”指纪委对相关职能部门履行落实中央八项规定精神职责情况的再督查；“X”指相关职能部门根据职能和管理权限，在职责范围内对各级各部门落实中央八项规定精神进行督查）专项督查机制，整治形式主义、官僚主义，靶向纠治享乐主义、奢靡之风。

【贯彻“三个区分开来”原则】 2022年，越城区坚持“三个区分开来”（把干部在推进改革中因缺乏经验、先行先试出现的失误和错误，同明知故犯的违纪违法行为区分开来；把上级尚无明确限制的探索性实验中的失误和错误，同上级明令禁止后依然我行我素的违纪违法行为区分开来；把为推动发展的无意过失，同为谋取私利的违纪违法行为区分开来）原则，为11名党员干部澄清正名，查处2起诬告陷害案件。（区纪委监委　钱思韬）

民主党派 工商联

民革越城区基层委员会

【概况】 中国国民党革命委员会绍兴市越城区基层委员会(简称“民革越城区基层委员会”)党员中有市政协委员1名、区人大代表3人、区政协委员12人。2022年,民革越城区基层委被民革浙江省委会授予“2022年度民革全省祖统工作先进集体”称号;被民革绍兴市委员会会授予2022年度先进基层委二等奖。2022年,民革越城区基层委员会新发展党员5名,预备党员3名。

2022年,民革越城区基层委员会参与“聚焦首位立区·共绘幸福越城”越城区统一战线第六届“同心·越城”社会服务专项行动;赴结对中共基层鉴湖街道坡塘云松自然村组织开展“同心共建送服务 相约云松话共富”活动。完成越城民革之家(越城区风林文创园)布展工作。

8月27日,民革越城区三支部在迎恩门风情水街嘟一无二书店举办“宋韵文化”暑期读书会(民革越城区基层委员会　提供)

【祖统联谊】 2022年,民革越城区基层委员会加强海外亲友联系联络,联合市台商协会、区台胞台属联谊会部分代表相聚绍兴棒垒球体育文化中心,以球会友;联合区台属台胞联谊会、区台企协会共同举办以“两岸携手越城情,乡村振兴共富裕”为主题的联谊活动。

【参政议政】 2022年,民革越城区基层委员会提交《关于健全完善越城区应急保供机制的建议》等集体提案2篇,《关于越城区迪荡街道社区卫生服务中心异地新建的建议》等个人提案12篇。撰写《加大机械强农力度 促进香榧产业高质量发展》等高质量调研报告5篇;参与政党协商6次。建言资政直通车《关于首位引领,以文塑魂,打造具有绍兴辨识度的宋韵文化的建议》获区主要领导批示;撰写《关于迎恩门风情水街建设发展的建议》《关于马海片区对袍江及滨海区块辐射联动亟待加强的建议》等社情民意17篇。(民革越城区基层委　提供)

2022年民革越城区基层委员会参政议政情况表

表23

类别	姓名	名称
调研课题	边丹红(一支部课题)	关于加大机械强农力度 进一步提升绍兴市香榧产业高质量发展的建议
调研课题	尹政威、陆君权	古城历史街区保护和利用——以绍兴书圣故里历史街区为例
调研课题	尹政威	古城精细化建设管理
调研课题	薛　宏	关于工伤认定行政案件的调研报告
调研课题	朱飞骏	发挥“家委会”主观能动作用，完善校园食品安全社会监督机制
提案/议案	边丹红	关于越城区迪荡街道社区卫生服务中心异地新建的建议
提案/议案	陈明军(基层委集体提案)	关于健全完善越城区应急保供机制的建议
提案/议案	陈明军(基层委集体提案)	关于绍兴书圣故里历史街区保护和利用的建议
提案/议案	陈毓新	关于尽快开展越城区适龄女性免费接种二价HPV疫苗的建议
提案/议案	俞　伟	建议保留马山街道尚巷村 促进农旅文融合发展
提案/议案	秦师余	关于丰富疗休养内容和健全疗休养基地评价考核机制的建议
提案/议案	秦师余	“双减”政策下开学季值得关注的新问题及对策建议
提案/议案	刘　蕾	关于进一步提升古城文化软实力的建议
提案/议案	王永刚	关于加强越城区法律职业共同体建设的建议
提案/议案	蒋皎峰	关于建立全民健身信息服务平台的建议
提案/议案	蒋皎峰	“传承绍兴文化”——打造特色水路旅游新航线
提案/议案	蒋皎峰	关于加强我区旅游纪念品开发的建议
提案/议案	张　钦	关于规范越城区养犬的建议
提案/议案	张洪豪	关于发挥非物质文化遗产在助力乡村振兴中作用的建议
提案/议案	叶　敏	关于推进南部区域再次开发，打开越城“南大门”的建议
提案/议案	钱晓明	关于开展小区业主满意度评价完善物业服务企业考核机制的建议
社情民意	陈明军	从网约车司机看当前就业和民生，新就业形态“蓄水池”作用需进一步巩固
社情民意	陈明军	关于马海片区对袍江及滨海区块辐射联动亟待加强的建议
社情民意	陈明军	城市地下空间开发利用三方面问题亟待引起关注
社情民意	陈明军	住宅专项维修资金使用管理亟须完善
社情民意	陈明军	“双减”背景下应警惕校外教育培训市场“躲猫猫”“涨行情”等现象带来的后遗症
社情民意	王玲林	中小学研学旅行存在的问题及有效建议
社情民意	张　云	关于常态化疫情防控下核酸检测的建议

续表 23

类别	姓名	名称
社情民意	苑玲玲	关于老旧小区改造高质量发展提升居民生活幸福感的若干意见
	叶　敏	基层反映 VOCs（挥发性有机物）源头替代推广存“三难”
		基层反映一般不可移动文物保护问题亟须关注
		基层反映学生暑期兼职存三方面问题
		基层反映饲养动物侵权存“三难定”问题亟待拴牢“绳间安全”
		儿童防护服防护作用不增反减潜藏健康风险值得关注
		新冠疫情背景下的三方面劳资争议需引起重视
		制约农村光伏发电发展问题亟待关注
		基层反映疫情期间部分考试延期对毕业生就业产生两方面影响亟须关注

民盟越城区基层委员会

【概况】 2022年，中共民主同盟绍兴市越城区基层委员会（简称“民盟越城区基层委员会”）共有盟员89人（年内发展3人，去世3人）。省、市、县换届后，基层委员会有省政协委员1人，市政协委员4人，区人大代表2人，区政协委员12人。

2022年5月14日，民盟越城区基层委员会为迪荡街道“助力双减，快乐成长”梅龙湖约读书屋授牌（民盟越城区基层委员会　提供）

【参政议政】 2022年，民盟越城区基层委员会被录用宣传信息14篇，向各级两会提交提案及意见建议24件（包含集体提案4件），内容涉及高质量发展、法治建设、文旅融合、教育改革、乡村振兴等方面，《关于教文旅融通，打造“名人经典”文化标帜的建议》被评为代表优秀建议。全年报送社情民意信息28篇，录用17篇，其中，被民盟浙江省委录用15篇、省政协录用1篇、市委办录用2篇、市政协录用5篇。《关于进一步加强专项债发行和使用的建议》被全国政协采用。

【调研工作】 2022年，民盟越城区基层委员会围绕“聚焦一老一小，助力共同富裕”主题，通过走访社区和养老中心，对完善“一老一小”服务体系，更好满足群众对幼托养老的新需求进行专题调研。针对产业平台配套基础设施不健全，影响产业平台的健康发展的现状，对集成电路、生物医药等高能级产业平台基础设施配套进行了调研，在政府提供的公共基础设施配套及生产性配套设施方面、商业配套和文娱配套方面提出意见建议。

【社会服务】 2022年，民盟越城区基层委员会开展教育帮扶资助、教育服务宣传，基层委赴乐山、马边进行教育帮扶调研，开展马边—越城集团化办学研讨、“秀美山水彝乡 联姻越马教育”教育帮扶、嵊州谷来镇中教育协作等系列活动，企业家盟员凌阳为“共建稽山·协同育人”——文澜奖教金捐赠20万元。联合绍兴市民盟艺术团、绍兴市曲艺家协会开展国家级非物质文化遗产进校园活动。（董越标）

2022年民盟越城区基层委员会参政议政工作情况表

表24

	序号	名称	姓名
提案/议案	1	提升高质量发展“含绿量”助力产业布局系统重塑的建议	基层委
	2	着力破解行政诉讼“两高一低”难题的建议	基层委
	3	关于对北海街道朱家岙村整体改造提升的若干建议	基层委
	4	打造富盛五峰岭古村落景观带建设薄弱山村振兴奔富示范区的建议	基层委
	5	凝聚教育合力 重塑教育生态	汤晓幸
	6	以职业技能提升助力我市共同富裕地建设的几点建议	徐凤娟
	7	关于恢复或增设火车站社区卫生医疗服务站的建议	徐凤娟
	8	推进社会治理网建设 擦亮新时代“枫桥经验”金名片的建议	章　彪
	9	关于补齐全民健身设施建设“短板”推动完善体育惠民的建议	凌　阳
	10	关于强化会稽山旅游度假区的属地开发建设职能的建议	钱伟平
	11	关于教文旅融通，打造“名人经典”文化标帜的建议	汤晓幸
	12	关于加强农村集体经济发展的若干建议	王如青
	13	关于将“欠薪黑名单”制度常态化管理的几点建议	王　昆
	14	关于建设我区高标准家庭农场的建议	张雪芳
	15	关于建立村级“惠农服务中心”的建议	张雪芳
	16	落实“双减”，优化课后托管服务的建议	王一杰
	17	关于越城区学校“双减”政策下统一学校托管政策的意见	汪建松
	18	关于城乡居民医保慢性病门诊保障制度的民生实事项目落地的建议	陶　娟
社情民意	1	加快推进古村落建设，探索共同富裕在乡村的实现路径	潘文婷
	2	关于规范无人机喷药作业行为的建议	张雪芳
	3	关于尽快补足绍兴地铁周边公共交通“最后一公里”建设的建议	潘文婷
	4	“应试体育”新内卷等一系列问题应引起重视	秦　琴
	5	关于房地产市场稳进提质的几点建议	金锦林
	6	关于进一步强化行业协会培育扶持的建议	张　娟
	7	群众就医“三缺”问题需引起重视	孙蓉蓉
	8	关于进一步加强专项债发行和使用的建议	金锦林
	9	关于更好推动农村生活垃圾分类的建议	章　彪

续表 24

	序号	名称	姓名
社情民意	10	关于以地方志为蓝本编撰中小学版地方特色读物推荐作为中小学生课外读物的建议	潘文婷
	11	关于学校培养中学生辅助技能的建议	秦　琴
	12	关于加强政策性开发性金融工具发放后项目管理的建议	金锦林
	13	社保重复缴纳清退工作进程不快需重视	柳　梁
	14	香港消费券发放对大陆地区的启示	刘　伟
	15	关于全面推进乡村振兴过程中,亟待以政策引流研究解决乡村人口持续流失问题的几点建议	潘文婷
	16	“双减”政策后“校外机构引进校内”需谨防三方面问题	董越标
	17	关于农村劳动力就业创业的几点思考	钟　鸣
调研课题	1	关于越城区法治政府建设的调研报告	董越标
	2	强化统筹协调,推动古城文商旅融合发展	刘　伟
	3	助推教育“双减”提质增效,促进学生全面健康发展	汤晓幸
	4	关于加快推进越城区南部“两街一镇”发展的调研报告	潘文婷

民建越城区基层委

【概况】 2022 年,中国民主建国会绍兴市越城区基层委员会(简称“民建越城区基层委员会”)下设三个支部,共有会员 92 名。其中,市政协委员 4 人,区人大代表 2 人、区政协委员 12 人。2022 年,会员刘伯福获评 2022 浙江民建年度人物,会员孙越峰获评 2022 年度浙江民建社会服务工作先进个人,民建越城区基层委员会再就业帮扶联盟获评全省共同富裕实践基地,民建越城区基层委被民建绍兴市委会评为 2022 年度单项优胜基层委员会,民建越城区基层委获评 2022 年度区政协反映社情民意工作先进集体,委员工作室暨小微企业服务平台获评 2022 年度区政协 A 级委员工作室。

2022 年 5 月 14 日,民建越城区基层委成立“同心·越城”再就业帮扶联盟(周高阳　摄)

【参政议政】 2022 年,民建越城区基层委员会会友撰写社情民意及提案,被各级录用共计 39 篇。其中,秦伟撰写的《“儿童文身贴”在小学生中流行暗藏风险建议加强监管维护学生健康》被民建中央录用;何勇伟撰写的《关于解决目前中小组体育运动队训练量过大过重问题的建议》被省委统战部录用;冯晓燕撰写的《财税 15 号与国税 6 号推出后关于增值税小规模纳税人普惠性的几点建议》和董芳撰写的《进口货物核酸采样检测费成为企业不小负担建议政府帮忙纾困》被市委办、市委统战部录用。高度重视市、区两会发声，撰写《做大做强文化产业，推进幸福越地建设》等市两会提案建议3篇，区两会提案建议10余篇。

【理论研究】 2022年，民建越城基层委员会共有29篇文章发表于《绍兴民建会刊》，楼春森撰写的《吴立军赴绍兴调研并走访会员企业》发表于刊物《浙江民建》。周江、冯晓燕、楼春森、周高阳共同撰写的《中国新型政党制度的学习与研究》在省委会理论研究课题中立项。

【打造四大民建品牌】 2022年，民建越城基层委员会继续打造"思源慈善基金""汀咖啡"民建驿站、小微企业服务平台、"越城再就业帮扶联盟"四块工作品牌。其中，"思源慈善基金"创建于2018年9月11日，致力于慈善捐赠等公益活动，累计捐款捐物价值近200万元，服务80多人次。"汀咖啡"位于全国AAAAA景区的鲁迅故里，是全国民建人的驿站。越城民建小微企业服务平台入选区政协"委员工作室"，开展对企业、群众有益的宣讲活动。"越城再就业帮扶联盟"由民建基层委组织10家会员企业建立，发挥企业带动员工共同富裕的主体作用，全年增加就业140余人，2022年11月18日在民建全省助力共同富裕现场会上被民建省委会授牌"浙江民建助力共同富裕实践基地"。（周高阳）

2022年民建越城区基层委员会参政议政工作情况表

表25

	内容	作者	录用部门
提案/议案	做强做大文化产业，推进幸福越城建设	周　江 冯晓燕	—
	关于规范我区物业行业发展，促进社会基层治理的几点建议	基层委	—
	建设社区颐养站，提升养老幸福度	冯晓燕	—
	文旅融合　以文强旅　以旅兴文	冯晓燕	—
	加快电动车换电行业发展，打造越城高端制造新高地	罗　燕	—
	打造最富魅力，最吸引人，最具辨识度的越城标识	周　江	—
	关于在生产作业、交通运输领域防范叉车伤人事故的若干建议	陈杰东	—
	关于完善文化遗产保护的若干建议	陈杰东	—
	关于解决"非典型欠薪"问题若干建议	陈杰东	—
	"双减"政策下社会性开发"红色育人"课程的建议	孙越峰	—
	关于解决部分道路井盖周围坑洼和破损问题的建议	单国炳	—
	有效开发社区公共健身场地设施，满足全民健身需求	俞　超	—
	关于加快推进我区婴幼儿照护服务工作的建议	秦　伟	—
	关于集体土地征收过程中进一步规范产权认定程序的建议	金坚浩	—
	关于提升我区建筑企业信用评价综合分值的建议	陈　锋	—
	关于进一步促进我区建筑业持续健康发展的建议	陈　锋	—
	对西街刘宗周故居，"弱"开发"强"营造的建议	俞　超	—
	关于帮助、指导企业建设"未来工厂"的建议	刘伯福	—

续表 25

	内容	作者	录用部门
提案/议案	关于通过教育、就业扶贫，助推共同富裕的建议	刘伯福	—
	倡建绍兴市非物质文化遗产馆（新馆）的提案	应　晓	—
	重塑“古城水乡”文化，重现“绍兴大街”景象	应　晓	—
	关于加强对农村“流动厨房”规范管理的建议	罗利惠	—
	关于要求越兴大道至“醉美童年路”的孙马公路段拓宽改造的建议	王国权	—
社情民意	关于教育系统多措并举“用心留人”温暖留绍过年外来务工人员子女的建议	何勇伟	—
	关于解决目前中小组体育运动队训练量过大过重问题的建议	何勇伟	省委统战部（统战线）、市委统战部
	关于近期在中小学中出现的防疫政策过度现象及其对策	何勇伟	—
	关于核酸检测常态化的几点建议	应　晓	—
	关于加快完成越城区城南街道九里香园小区配套公建用房和地下停车位移交的建议	王熠明	区委统战部
	基层反映“守小门”工作存在的问题及建议	王熠明	区委统战部
	关于调整越城区集体土地上住宅房屋征收“拆一还一、保底四十”政策的建议	王熠明	区委统战部
	关于加快网上业主大会建设的建议	王熠明	区政协、区委统战部
	关于优化越城区集体土地上房屋征收大政策的建议	王熠明	区委统战部
	基层信访工作化解难度大建议“釜底抽薪”从源头改变困局	王熠明	区政协、区委统战部
	基层反映关于改变考核方式推动共同富裕建设的建议	王熠明	区委统战部
	基层建议从疫情防控博弈均衡角度看防疫举措	王熠明	区委统战部
	越城区中小学校档案工作现状及档案工作提升若干建议	何珊珊	区委统战部
	关于开展选美（选拔）活动的建议	何珊珊	—
	法治乡村建设的几点建议	周高阳	—
	财税15号与国税6号推出后关于增值税小规模纳税人普惠性的几点建议	冯晓燕	区政协、市委办、市委统战部、区委统战部
	享受小微企业所得税优惠政策的队伍少了谁	冯晓燕	区委统战部
	发扬非物质文化遗产保护和推广　助力高水平网络大城市建设	冯晓燕	区委统战部
	关于做好新建改建道路标志标线管理工作的建议	罗　燕	区政协、区委统战部
	关于以省为单位加强家电回收处理体系建设的建议	罗　燕	区政协、区委统战部
	建议加大育儿假和独生子女陪护父母假的宣传落实力度	史　琛	—
	在人口问题凸显形势下对优生优育的几点思考和建议	史　琛	区委统战部
	从严从紧从细做好“五一”假期山林火灾等隐患情况相关风险研判	周　江	区委统战部
	高校毕业生就业问题及对策分析	周　江	—
	建设绍兴城市书房不仅要快，更要“稳”	周　江	区政协、区委统战部

续表 25

	内容	作者	录用部门
社情民意	“儿童文身贴”在小学生中流行暗藏风险，建议加强监管维护学生健康	秦　伟	民建中央、省委会、区委统战部
	关于疫情防控期间消费者防金融诈骗的针对性建议	吴东冬	区政协
	进口货物核酸采样检测费成为企业不小负担建议政府帮忙纾困	董　芳	市委办、市委统战部
	城市管网可能存在问题现状和解决措施	单国炳	区委统战部
	加强耕地保护和质量建设面临的问题及对策建议	单国炳	区委统战部
	提升绍兴快速路管理水平的建议	陈　飞	区委统战部
	关于进一步加强生物医药产业招商引资的几点建议	牛慷慷（会友）	区委统战部
	关于提升我市快递业末端服务水平的建议	罗利惠	市政协、区委统战部
	关于把民事强制执行法草案第一百八十三条第一款第（八）项规定的五年修改为二十年或取消年限设置的建议	梁永青	区委统战部
	关于供给侧发力，推动健康知识普及的建议	基层委	区政协、区委统战部
	交通建设行业民企的生存现状	邱莉华（会友）	区政协、区委统战部
	关于加快建设游艇码头及加速发展游艇行业建议	唐根妹	区委统战部
调研课题	中国新型政党制度的学习与研究	周　江 冯晓燕 楼春森 周高阳	—
	中共民主集中制发展经验为参政党建设提供的重要启示	汪菊玲 章　婷 金坚浩 陈杰东 潘　丰	—
	以施复亮经济思想带动乡村振兴的实践研究	诸常青 俞　超 董　芳 楼春森 杜狄超	—

“越城再就业帮扶联盟”会员企业一览表

表 26

坤茂建设集团有限公司	绍兴第一健康医疗管理有限公司
浙江阿啦丁国际货运代理有限公司	绍兴市中正商标事务所有限公司
绍兴市晨禾餐饮管理服务有限公司	绍兴市和盛复合有限公司
绍兴白塔酿酒有限公司	浙江富得利木业有限公司
绍兴华越资产评估事务所	新海天生物公司

民进越城区基层委员会

【概况】 2022年，中国民主促进会绍兴市越城区基层委员会（简称“民进越城区基层委员会”）始终以习近平新时代中国特色社会主义思想为指导，贯彻中共中央关于统一战线工作的精神和加强中国特色社会主义参政党建设的精神，落实民进十四届四中全会提出的总体要求和主要任务，团结带领广大会员，坚持思想政治引领，坚持自身建设和履职尽责紧密结合，为越城奋力打造全市首位度中心城区，高水平全面建成小康社会贡献民进力量。截至2022年底，民进越城区基层委员会下设9个支部，共有会员146名。其中，区政协委员17人、区人大代表4人。

【社情民意】 2022年，民进越城区基层委员会共上报社情民意信息50余篇，其中张樱樱《综合行政执法制服统一换装过程存在四个不良倾向亟待关注》《基层反映新冠疫情下三大问题成消费券纾困绊脚石亟待引起关注》2篇信息被全国政协录用，《建议抓紧补齐叉车监管短板破解叉车伤人事件频发困境》《优化地方奖励政策操作 高效推动全国统一大市场建设》《滥设定点零售药店门槛成多年医保改革顽疾严重妨碍市场公平竞争亟待叫停》等4篇信息被民进中央录用，《“协议制”医保定点零售药店实施7年尚存梗阻》被省委统战部录用，2篇被市政协（市委办）录用，8篇被区政协录用（区领导批示1篇），1篇被区人大录用，19篇被区委统战部录用（含重复录用）。

2022年民进越城区基层委员会获得荣誉一览表

表27

省级先进会员	毛龙飞
浙江省优秀基层组织负责人	陈海虹
民进浙江省委会开明教育论坛征文评比二等奖	杨玲萍、沈耀、李包方、周凌
市级先进支部	越城区塔山学区支部、越城区教育综合支部、机关支部
民进全市抗疫先锋	崔继平、戴丽霞、谢卫、吴秋萍、毛龙飞
市级优秀会员	葛延锋、胡珂、胡琳、张樱樱、谢卫、谢琦、王志钢、蒋珊珊、丁江华、黄国泉、郑黎盐
市级参政议政先进个人	吴秋萍、寿瑢、孟满丽
市级理论宣传先进个人	胡芳、李包方、周琳
市级社会服务先进个人	傅晓松、毛龙飞、张晶
市级社情民意先进个人	张樱樱
2022年度越城区优秀政协委员	陈海虹、丁宝祥、张樱樱、崔继平
2022年度反映社情民意工作先进个人	陈海虹、张樱樱
2022年度优秀提案	民进越城区基层委《关于推动古城文商旅体融合发展的建议》
	陈海虹等《关于在我区建设高层住宅智慧消防的建议》
	崔继平等《关于小区新能源汽车充电桩优化创新布局 开发私桩共享网络平台的建议》
	傅晓松《关于重抓楼宇经济培育新兴税源的建议》

【“同心·越城”社会服务】 2022年，民进越城区基层委员会组织参加“聚焦首位立区·共绘幸福越城”越城区统一战线第六届“同心·越城”社会服务专项行动，开展“红十字现场救护员”培训，与民进开明画院签约，建立云松创作实践基地，扩大“开明”品牌的辐射范围。积极参与“两地报到，契约服务”活动，深入镇街、社区，以党派综合服务站为平台，发挥自身人才荟萃、智力密集优势，开展医疗服务、法律咨询、教育辅导等社会服务。

【社会服务阵地建设】 2022年，民进越城区基层委员会在袍江中学建立开明教育基地学校，依托开明教育平台，借助开明名师，开展班主任专业提升工程，全力提升班主任教学素养，推动教育高质量发展。在塔山中心小学建立开明名师课堂基地，向学校提供优质教育资源供给，满足学校暑期托管多元化需求。

【深耕“开明教育”特色品牌】 2022年，民进越城区基层委员会发挥党派人才荟萃优势，充实“开明教育”名师库，探索搭建互联网教育平台助力“双减”，开展开明教育进校园活动。在袍江中学开展“开明教育进校园，共话德育促进步”活动；新建实验幼儿园、继昌幼儿园两个国际象棋教育帮扶基地；围绕开明教育助力“双减”活动，开展多场科技课堂走进校园活动；开展心理关爱公益送课进校园活动，常态化开展心理关爱公益课程。机关支部开展儿童健康关爱进社区活动，以健康宣教、育儿分享和亲子互动的形式为家长提供育儿指导。（民进越城区基层委员会　提供）

2022年6月，民进越城区北海支部“明见·心动力”心理关爱公益援助服务项目走进鉴湖街道中心小学，由支部主委、国家二级心理咨询师、浙江省心理健康教育A证教师胡芳主讲（民进越城区基层委员会　提供）

2022年民进越城区基层委员会参政议政工作情况表

表28

类别	序号	姓名	名称
调研课题	1	周玲玲	关于发展康养旅游产业推动乡村振兴的建议
	2	基层委	实施院士经济发展工程 加快提升我区制造业集群创新能力的建议
	3		我市科技创新存在的问题及对策
	4		我市高层次人才“引”“用”“留”应对策略
	5	张樱樱	关于加快规范地方政府不当市场竞争和市场干预行为，有效推动全国统一大市场建设的建议
	6	周玲玲、陈海虹、沈耀、杨玲萍、李包方、周凌	合理构建课后服务体系有效推进“双减”政策落地——我市义务教育段中小学课后服务现状与方向

续表 28

类别	序号	姓名	名称
提案/议案	1	基层委	关于推动古城文商旅体融合发展的建议
	2		关于发展康养旅游产业推动乡村振兴的建议
	3		建议我区启动照明工程,“点亮”课后服务
	4		关于老旧小区改造同步取缔违法建筑的建议
	5	周玲玲	关于在推动社区卫生服务中心配置 AED 的建议
	6	吴秋萍	关于抓好未来乡村创建,探索共同富裕地的建议
	7	周凌、王如青	关于加大地笼整治力度,保护渔业生态资源的建议
	8	周凌	关于加强晚自习时间学校周边噪音污染管理的建议
	9	陈海虹、谢卫、丁宝祥	关于在我区建设高层住宅智慧消防的建议
	10	陈海虹、金建光、谢荣美、丁宝祥、杨玲萍	关于优化观澜路周边公交路线 方便特殊学校学生上下学的建议
	11	吴秋萍、陈海虹	“数智赋能”助推老旧改造,“社区微脑”融汇幸福越城
	12	谢卫	关于提升城市生活垃圾分类处理的建议
	13	谢卫、陈海虹	关于广泛普及学习 AED 操作知识和急救知识培训的建议
	14	裘小芳	关于越城区南山路(风和苑小区至长城路段)禁止机动车通行的建议
	15	傅晓松	关于重抓楼宇经济培育新兴税源的建议
	16	张樱樱	关于进一步规范社区志愿者招募及管理的建议
	17		集中有限财政资金整体提升我区新闻舆论影响力的建议
	18		合力打造未来小区建议
	19		加快推进存量违建清零增量违建归零若干建议
	20	杨玲萍、陈海虹	聚焦“幸福越城”,建议我区启动“低温学生奶进中学校园”计划
	21	谢荣美、许伟刚、陈海虹、丁宝祥	关于要求住建、物价部门明确对小区配套幼儿园物业收费优惠政策的建议
	22	胡美丽	关于历史建筑保护与利用的几点建议
	23		关于支持社会力量运营村社公共文化场所的建议
	24	崔继平	关于构建科学家精神教育体系的建议
	25		关于小区新能源汽车充电桩优化创新布局 开发私桩共享网络平台的建议
	26	滕颖颖	跟紧时代发展,抓紧政策同步
	27		缓解民营企业发展压力、提振民营企业发展信心
	28	章佳燕、滕颖颖	关于老小区改造的几点建议
	29	丁宝祥、陈海虹、杨玲萍、谢荣美	建议社会公共场馆为“双减”课后服务提供更多支持

续表 28

类别	序号	姓名	名称
提案/议案	30	陈海虹	创建我区平安校园亟待加强保安人员队伍的建议
	31		探寻非遗旅游新路径，做好"文旅融合"大文章
	32	谢荣美	我区创建全国普及普惠县亟待提高保育员素质与待遇的建议
	33	丁宝祥	建议我区建立烹饪教学基地　让劳动课程有效落地
	34		关于把洁牙纳入医保支付的建议
	35	胡珂	关于促进我区家政服务业健康发展的建议
	36		关于加快我区社会养老事业发展的建议
	37	沈耀、朱伟刚	建议为历史街区井盖注入越地文化以提升古城文化细节
	38	黄柏芳、肖军、孙强	关于加快推进镇（街道）社会工作站建设的建议
	39	裘小芳	建议加强小区物业管理
	40	杨玲萍	关于加强我区社区心理服务体系建设的建议
社情民意	1	陈海虹	关于我市安全管理中建设高层住宅智慧消防的建议
	2		关于改进城市道路路边公共停车位停车方案的建议
	3		关于绍兴市美容美发行业依法合规办理"商业预付卡"的问题及相关建议
	4		合力共建烹饪教学基地　构建劳动教学的新生态
	5		我市平安校园亟待加强保安人员队伍的建议
	6	丁江华	关于进一步丰富迪荡湖公园内涵的建议
	7		关于实行公交免费的提案
	8	丁宝祥	规划文旅中小学文化研学　促进文化传承
	9		加快推进新能源汽车充电桩建设的建议
	10	周琳	关于 2022 年越马参赛者赛后未及时核检赋黄的建议
	11	戴丽霞	关于为社区工作者提供心理健康疏导服务的建议
	12	叶林华	关于撤并绍兴市文澜中学阳明路校区的建议
	13	寿瑢、孟满丽	关于加快推进婴幼儿照护服务工作　构建生育友好型社会的建议
	14	吴秋萍	关于整合 App 资源的建议
	15		核酸检测"绿色通道"，为特殊群体暖心"护航"
	16		快递面单信息泄露问题
	17		建议非高峰时段地铁对于本市居民免费开放
	18		南闲区块文化旅游开发调研报告
	19		重视公共照明设施的安全问题
	20		保健品假冒伪劣、虚假售卖，坑骗老年人问题亟待解决
	21		核酸检测点需设立绿色通道

续表 28

类别	序号	姓名	名称
社情民意	22	胡芳	"双减"背景下关于加强托管服务的若干建议
	23		关于"隐私面单"落实相关法律规定 保护消费者个人信息
	24		关于加强医院护工管理设立数字平台建设的建议
	25	张樱樱	基层反映新冠疫情下三大问题成消费券纾困绊脚石亟待引起关注
	26		叉车伤人事件频发监管盲点亟待引起关注
	27		关于进一步优化地方奖励政策有效推动全国统一大市场建设的建议
	28		国旗产品领域存在诸多空白亟待引起关注
	29		政府部门有偿新闻"潜规则"愈演愈烈亟待引起关注
	30		转供电整治遇梗阻电价红利传导恐成空亟待关注
	31		预拌砂浆市场混乱 严重阻碍行业健康发展亟待引起关注
	32		综合行政执法制服统一换装过程存在四个不良倾向亟待关注
	33	毛龙飞	采用不同色盖区分不同型号病毒采样管的建议
	34		关于我市安全管理中建设高层住宅智慧消防的建议
	35	杨玲萍	文旅融合视阈下,"掌上微宣"助力"越"文化资源宣传亟待普及和优化
	36	俞月萍	关于进一步加强幼儿托管工作的意见建议
	37	张晶	短视频错别字误导青少年 语言文字规范问题亟待监管
	38	邵玉根	关注义务教育阶段教科书闲置浪费的现象
	39	赵正男	浅析校园霸凌事件的成因与对策
	40	胡朝娟	加快发展护理服务业 护工专业化已成当务之急 亟待引起高度重视
	41	谢琦	镜湖官渎片区买菜难问题亟待关注
	42	詹伟英	新建小区和老小区垃圾分类的两点设想
	43	郑佩丹	关于加强对越城区各核酸检测机构的监管力度

农工党越城区基层委员会

【概况】 2022年,中国农工民主党绍兴市越城区基层委员会(简称"农工党越城区基层委员会")下设三个支部,分别为综合支部、医卫支部、文教支部,截至年底,共有党员52人,其中区政协委员9人,全年发展新党员1人。

2022年,农工党越城区基层委员会获农工党浙江省社会服务工作先进基层委组织称号,农工党越城区综合支部获评农工党绍兴市先进基层组织。党员张飞娟被农工党浙江省委会表彰为2022年度社会服务先进个人;李鑫盛获评省委会表彰2022年年度宣传先进个人、2022年度越城区最美医生、2022年度越城区卫健系统先进个人、2022年度绍兴市急救中心120分站优秀管理者;陈康、张飞娟被市委会表彰为2022年度参政议政先进个人;盛卓颖、单美琴、丁小丽获评市委会表彰2022年度优秀党员、2022年度越城区卫健委先进工作者；袁文娟被评为2022年度越城区作家协会优秀会员；高俊获评2022年度越城区卫健系统先进个人。

【参政议政】2022年，农工党越城区基层委员会撰写社情民意被农工党省委会录用2篇，通过区委统战部上报的社情民意信息被区录用9篇，通过“直通车”报送意见建议1件。两会期间，基层委8位党员作为区政协委员参加越城区政协六届一次会议，主委陈康代表区基层委作题为《关于加快印染化工集聚搬迁的建议》发言，获得区委书记徐军批示。委员以个人或联名形式提交提案10余件，内容涵盖医疗卫生、青少年关爱、养老服务、文化传承、城市管理等多项主题。

【专题调研】2022年，农工党越城区基层委员会围绕腾笼换鸟主题，确定传统产业转型升级的课题方向，赴区经信局、马山街道等实地考察，形成《关于加快推进绍兴传统产业“腾笼换鸟、凤凰涅槃”的调研报告》。各支部围绕共同富裕主题，分赴鉴湖街道、城南街道等镇街开展实地调研。

【社会服务】2022年，农工党越城区基层委员会深耕特色品牌，在5月14日“聚焦首位立区·共绘幸福越城”越城区统一战线第六届“同心·越城”社会服务专项行动启动仪式上，农工党越城区基层委与鉴湖街道坡塘村合作建成越城区首个健康驿站——“名医专家健康行”云松健康驿站。综合支部赴马边开展结对捐资助学活动，资助7名成绩优异的贫困彝族女学生。医卫支部党员张国明带领的耳鼻喉科团队与区内10家基层卫生服务中心建立诊治联盟，近百次下沉到基层卫生院开展技术帮扶，惠及数千农村群众。党员李伟琴、盛敏每年进学校为全区近15000名2至3年级小学生进行牙窝沟封闭及幼儿牙涂氟工作。教育支部《今天，我们如何构建家文化》接受绍兴晚报专题访问及约稿。（陈康）

2022年，农工党越城区综合支部赴马边开展结对捐资助学活动（农工党越城区基层委　提供）

2022年农工党越城区基层委员会参政议政工作情况表

表29

	序号	名称	姓名
提案/议案	1	关于构建青年志愿者参与社会治理模式的提案	集　体
	2	《老台门保护利用与人才政策引领相结合促进高质量发展》——关于利用鲁迅鼓励二期腾空方实施文化引才项目的建议	集　体
	3	关于越城区人民医院整体搬迁至市妇保院原址的建议	集　体
	4	关于道路交通划线及时维护建议	马　亮
	5	建议开启越城区“消除宫颈癌，科普在行动”三年公益活动计划	张飞娟
	6	关于义务教育校际发展不均衡的思考和建议	王志文
	7	关于开设义务教育阶段学生社区托管服务的建议	章雪江

续表 29

	序号	名称	姓名
提案 / 议案	8	关于“多条腿走路”共建共享，重燃古城“烟火气”的建议和关于为独居高龄老人安装智能预警设备的建议	赵　博
	9	关于后疫情时代加强基层医疗机构公共卫生服务能力的建议	娄菊花
社情民意	1	关于修订“一线医务人员”认定条件的建议	沈小芳
	2	关于建设区域口腔预防保健专业联合体进行儿童口腔健康管理的提案	吴金生
	3	后疫情时代，关于利用数字技术提升教育质量的建议	沈小芳
	4	关于禁止生产可拆卸式电池电动自行车的建议	陈　康
	5	关于对 4 路、26 路公示公交线路接驳地铁站的意见建议	张飞娟
	6	关于暑假期间调整博物馆开放时间的建议	陈　康
	7	关于为独居高龄老人安装智能预警设备的建议	赵　博
	8	关于推进养老机构和医院中常住老年人新冠疫苗接种工作的建议	赵　博
	9	关于赋予流动商贩市场主体地位，促进个体工商户发展的建议	陈　康
	10	关于建立和推广“社区书院”的建议	庄育菁
	11	关于加强家庭应急物资储备引导的建议	沈小芳
	12	关于“多条腿走路”共建共享，重燃古城“烟火气”的建议	袁文娟

九三学社越城区基层委员会

【概况】 2022 年，九三学社绍兴市越城区基层委员会（简称“九三学社越城区基层委员会”）转入社员 1 名，因常住地变更迁出社员 2 名，转正社员 4 名，列入发展对象 4 名，截至年底共有正式社员 47 名，发展对象 4 名。其中，市人大代表 1 名、市政协委员 4 名，区人大代表 2 名、区政协委员 11 名。

中共二十大召开期间，各界社员响应号召，以实干献礼二十大，退休社员周娇娥帮助调解一起劳动纠纷；10 月，组织全体社员参加二十大精神专题学习会；11 月，邀请九三学社绍兴文理学院一支社委员、公共管理系主任白文杰为社员们进行二十大精神深度解读。

2022 年 1 月 14 日，九三学社越城区基层委在复旦科技园开展挥毫泼墨迎新春 凝“芯”聚力共前行新春送福活动（九三学社基层委员会　提供）

2022 年 3 月 6 日，越城区九三学社基层委员会策划组织“春满水木·缤纷九三”三八妇女节主题活动，联合市直医药支社、文理学院基层委员会共同开展，并邀请市委会副主委袁敏等出席。11 月 4 日，与文理学院基层委员会联合开展庆祝二十大科技魅力行活动，参观绍兴科创大走廊及绍芯实验室。

【两会履职】 2022年，越城区两会期间，九三学社基层委员会共有11位区政协委员、2位区人大代表参会。委员代表们从集成电路特种工艺建设、健全养老服务体系、传承发扬越地文化、数字经济核心产业发展、残障人士出行等多方面着眼，共计上报提案建议19件。基层委从金融支持产业链升级、政务网络安全建设等角度着眼撰写提交集体提案3件。

【专题调研】 2022年，九三学社越城区基层委员会围绕"除险保安"大主题，探讨研究如何做好数字化改革后半篇文章，对社员企业浙江安腾信息技术有限公司进行调研；针对绍兴名人文化及文旅资源，赴坝头山村陆游祖居进行调研，形成"追先贤·做仁人"系列主题调研。

【社会服务】 2022年，九三学社越城区基层委员会围绕集成电路产业、乡村振兴两个主题重点打造两大社会服务品牌。1月14日，开展了挥毫泼墨迎新春凝"芯"聚力共前行的新春送福活动；6月24日，组织开展了九三学社高考志愿填报公益讲座——集成电路相关专业解读活动。在第六届"同心·越城"社会服务专项行动启动仪式上，基层委与富盛镇政府进行了"硒望富盛"土壤环境提升行动签约。11月19日，在2022越城区丰收节上，九三学社绍兴市委会向富盛镇政府进行社会服务基地授牌，富盛镇政府与九三学社越城区基层委、文理学院基层委员会进行共富产业签约。打造"越九三·越温暖"公益慈善服务品牌，连续六年开展新春助学活动，为困难儿童送去爱心助力款。7月28日，三支社联合市政协九三学社界别医疗服务委员工作室在冠友青创园区开展义诊服务基层行活动。（朱轶尔）

2022年九三学社越城区基层委员会参政议政情况表

表30

序号	调研报告题目	撰稿人	类型
1	关于进一步做好饲养动物管理工作的建议	盛鸿	社情民意
2	关于疫情期间我市生活垃圾处理的建议	周玲芬	社情民意
3	运用调解三字诀，化解矛盾更有效	周娇娥	社情民意
4	关于让文化研究组织成为彰显绍兴文化力量的建议	盛鸿	社情民意
5	关于杜绝招投标过程中投标文本"形式主义"的建议	张军	社情民意
6	关于为残障人士打通行"最后一米"的相关建议	王凯	社情民意
7	关于走好老旧小区新能源汽车"最后一公里"的建议	盛鸿	社情民意
8	农村光伏发电发展亟须建设管理规范跟进	盛鸿	社情民意
9	关于进一步发挥好社区退休骨干力量在基层社会治理中的作用	章子南、周娇娥	社情民意
10	只有多主体形成合力，方能守住保交楼底线	孙贤永	社情民意
11	"住宅全装修"在浙江省中、小城市"水土不服"	章子南	社情民意
12	关于加强政务大数据平台网络安全建设的建议	杨治崇	社情民意
13	关于大力支持我市户外游泳（冬泳）运动发展的建议	陈新主	社情民意

续表 30

序号	调研报告题目	撰稿人	类型
14	数字赋能加强糖尿病社区一体化管理 提高群众健康水平	钟初雷	社情民意
15	少年儿童手机依赖成瘾亟待关注	聂兴成	社情民意
16	关于加快公交车无障碍设施配置 助力打造残障友好型社会的建议	朱轶尔	社情民意
17	关于进一步完善疫情期间"绍兴人免费游绍兴"政策的建议	朱轶尔	社情民意
18	把好进出两道关口 坚定科创板"硬科技"定位	朱轶尔	社情民意
19	关于加强创业园区类项目审核与管理的建议	宋振亚	社情民意
20	疫情期间对如何保障"一老一小"等弱势群体的建议	徐彦博	社情民意
21	关于推进绍兴集成电路人才科技创新发展的几点建议	王鸿龙	调研报告
22	越城区富盛镇富硒生态循环农业调研报告	罗春晖	调研报告
23	党建引领高质量打造乡村振兴先行村	朱春芳	调研报告
24	突破数字化"智理"瓶颈 助推城市精细化管理的建议	盛鸿	调研报告

越城区工商业联合会

【概况】 2022年，绍兴市越城区工商联合会［简称"越城区工商联(总商会)"］召开第四届会员代表大会，选举振德医疗股份有限公司董事长鲁建国担任新一届主席(会长)，会员人数比上届新增加63人。新成立昆明越城商会，指导东湖、鉴湖、富盛、塔山、府山、安徽6个区属商会和区新企联完成换届。越城区工商业联合会被评为全国"五好"标杆县级工商联、2022年度民营企业调查点工作先进示范单位，新增全国"四好(政治引领好、队伍建设好、服务发展好、自律规范好)"商会一个(北海商会)、全市"四好"商会2个(府山商会、富盛商会)，《"点线面"结合构建"立体式"商会党建新格局》获评浙江省2022年度四季度服务"两个健康"最佳实践案例。

2022年2月16日，越城区工商联(总商会)第四次会员代表大会召开(越城区工商联 提供)

【民营企业家理想信念教育】 2022年，越城区工商联开展"宣贯二十大·奋进新征程"理想信念教育活动20场，参与企业家近千人。新建蔡元培故居、鲁迅故里、周恩来故居3个民营经济人士理想信念教育基地，引导广大民营企业家增强"四个意识"、坚定"四个自信"、做到"两个维护"。

【强化参政议政意识】 2022年，越城区工商联界别组政协委员工作室成立，引导委员开展专题调研，撰写提案。在2022年区两会期间，企业家提交各类提案180余件，其中《强化企业担当主动融入“首位立区”战略部署》被区委书记徐军批示督办。

【助推民营经济】 2022年，越城区工商联联合区税务局、区商务局、区检察院开展“落实减税降费 优化营商环境”“知产直通车”等政企恳谈会4场，收集企业反映困难问题40余个，其中通过恳谈现场解决35个。与恒信银行、工商银行等金融机构建立战略合作关系，为基层商会提供融资支持，综合授信达10亿元。落实全市金融联络员制度，每月定期摸排上报民营企业融资需求，总计上报融资需求企业30余家，成功对接融资资金4.47亿元。联合区检察院推出“民营企业法律风险防控”法治微课堂，为民营企业讲解刑事法律风险防控问题。持续发挥法院“商会工作室”同行诉前调解优势，累计成功调解涉企纠纷81件，涉案标的1156.34万元，调撤率达55.2%。

【构建亲清新型政商关系】 2022年，越城区工商联开展“亲清大走访”，走访企业300余家。完成2022年民营企业季度运行、上规模民营企业发展、万家民企评营商环境等6次调研活动，参与企业达220家。引导基层商会开展关心关爱行动，为200余位企业家提供健康体检服务。出台《越城区践行新型亲清政商关系的实施意见》，向全区17个镇街商会和3个区内异地商会发放清廉民企建设读本800册，申报长业建设、咸亨集团、中成集团3家清廉民企标杆单位。

【发展公益共富事业】 2022年，越城区工商联参与百企兴百村、东西部协作、山海协作等共富活动，其中“云舟帮扶”项目依托党建联建机制，通过“订单购销”消费帮扶模式，带动对口地区近千人就业，300多户脱贫户走上致富道路；商会企业参与完成马边26个村企结对，开发3个联系项目，帮扶资金达200余万元。上海疫情期间，越城企业家总计捐赠口罩12万只、床位2000张、生活用品3000套、建筑钢材3000吨，同时组织多支企业家志愿者队伍为封控小区运送物资。（李卓亚）

群众团体

越城区总工会

【概况】 2022年，越城区总工会坚决落实中央和省市区委决策部署，紧紧围绕中心大局，聚焦高质量发展主题，忠诚履行职责职能。全区共有基层工会组织1516家，其中单建工会1172家，职工总数17.3万人。年内，新建基层工会163家，其中单建153家，联建10家，发展会员11084人；积极推进快递、货运物流等新业态新就业群体建会入会，新建新业态工会16家，覆盖企业17家，新增会员680人，其中越城区货运头部物流企业4家全部建会，发展会员145人。印发《关于做好镇街总工会换届工作的指导实施方案》，完善《越城区镇（街道）总工会换届工作的参考资料汇编》，指导16个镇街完成换届选举。7月，越城区职工服务中心确定为浙江省"职工服务中心赋能增效打造服务职工综合体试点"；8月16日，全市工会劳动争议多元化解现场会在越城区召开；9月，区总工会"'枫桥式'劳动争议多元化解'八字桥'联动平台"项目获评"浙江省第二届工会改革创新优秀成果"。

【越城区工会第八次代表大会召开】 2022年11月15日，越城区工会第八次代表大会召开，选举产生新一届越城区总工会委员会和经费审查委员会；同步推荐产生女职工委员会。

2022年11月15日，越城区工会第八次代表大会开幕式（越城区总工会　提供）

【产业工人队伍建设改革】 2022年，越城区总工会制定《越城区"推进新'产改'·助力高质量·建功共富路"三年行动计划（2022—2024年）》，确定"产改助共富星级企业"选树、"镇街工匠"选树等重点任务和年度清单任务，汇总各镇街推进产业工人队伍建设改革工作情况良好企业经验总结15篇，编制《2022年产改工作实施手册》。

【劳模工匠申报】 2022年，越城区总工会联合越城区人力社保局评选"越城工匠"30名，申报"浙江工匠"6名，新增市级劳模12名、市级模范集体4个；申报长三角劳模创新工作室1

2022年新时代绍兴产业工人队伍建设改革示范单位

浙江医药股份有限公司
振德医疗用品股份有限公司
喜临门家具股份有限公司
浙江盛洋科技股份有限公司
绍兴中芯集成电路制造股份有限公司

家、省级劳模创新工作室1家、市级劳模创新工作室3家；编纂出版《越城劳模风采录》，推出《首届大国工匠创新交流大会贺信——职工观后感特辑》专栏，宣传劳模工匠先进事迹，发挥劳模工匠示范引领作用。

【提供就业服务】 2022年，越城区总工会组织开展"就业服务月"活动，按照"留岗稳增"工作要求，开展线下招聘会2场，覆盖企业100余家，400余名求职者参加，最终259人达成初步就业意向；陆续推出线上招聘会11场，提供就业岗位3800个；推广全国"工E就业"App，组织15家企业的60名职工通过全国"工E就业"App参加全国工会就业服务。

【守好红色根脉·班前十分钟活动】 2022年，越城区总工会开展"守好红色根脉·班前十分钟活动"，以企业班组为主体，班组长、劳模工匠、党员骨干为主讲人，利用班前会时间，植入红色

2022年新时代绍兴产业工人队伍建设改革示范单位一览表

表31

序号	单位
1	浙江医药股份有限公司
2	振德医疗用品股份有限公司
3	喜临门家具股份有限公司
4	浙江盛洋科技股份有限公司
5	绍兴中芯集成电路制造股份有限公司

2022年"浙江工匠"一览表

表32

姓名	单位
梁剑锋	浙江医药股份有限公司
张水江	浙江盛洋科技股份有限公司
周统鉴	浙江越青堂文化传播有限公司
杨红芳	绍兴市咸亨酒店食品有限公司
樊剑峰	中粮孔乙己酒业有限公司
李　明	浙江古纤道绿色纤维有限公司

2022年"越城工匠"一览表

表33

姓名	单位
马少军	浙江新合创电梯工程有限公司
王　平	绍兴三花新能源汽车部件有限公司

续表 33

姓名	单位
王　东	绍兴明业化纤有限公司
王　凯	同创工程设计有限公司
王高潮	卧龙电气集团浙江灯塔电源有限公司
车彦军	中粮孔乙己酒业有限公司
龙　彪	浙江精工重钢结构有限公司
孙　刚	浙江佳人新材料有限公司
李玉红	振德医疗用品股份有限公司
李俊玲	中纺院(浙江)技术研究院有限公司
李祥生	浙江医药股份有限公司昌海生物分公司
余昌锋	绍兴市李氏纺织品有限公司
余曙锋	绍兴西奥电梯工程有限公司
汪德荣	浙江宝厦建设有限公司
沈浩祥	绍兴市杭港眼镜有限公司
张建喜	浙江创新生物有限公司
张爱娟	绍兴市天龙锡材有限公司
张郭强	绍兴中新电器有限公司
陈飞飞	绍兴市畅诺服饰有限公司
陈晓峰	绍兴中成热电有限公司
竺少铭	浙江医药股份有限公司昌海生物分公司
金李孟	绍兴御茶村茶业有限公司
周海平	浙江鼎仁消防科技有限公司
茹　琴	绍兴青藤书画社
钱　伟	绍兴市咸亨酒店有限公司
钱建祥	绍兴寻宝记餐饮管理有限公司
徐金辉	绍兴中芯集成电路制造股份有限公司
陶永明	绍兴民生医药股份有限公司
董　梁	浙江盛洋科技股份有限公司
富洪志	浙江佳宝聚酯有限公司

2022 年绍兴市劳动模范一览表

表 34

姓名	单位及职务
钱荷根	浙江绍兴恒信农村商业银行股份有限公司董事长
诸妙茵	越城区府山街道越都社区党委书记、居委会主任
方明江	绍兴市北海小学教育集团党委书记、总校长
鲁照兴	绍兴越乔苗木专业合作社副社长
徐兴江	越城区稽山街道办事处总工会主席、城建办负责人
虞伟庆	浙江点金律师事务所律师
陈卫刚	越城区城南街道社区卫生服务中心主任

续表 34

姓名	单位及职务
金小燕	越城区塔山街道办事处妇联主席、社事办主任
孟红娟	振德医疗用品有限公司车间主任
寿志明	越城区灵芝街道办事处纪工委副书记
张　锋	绍兴中新电器有限公司模具设计
顾水根	越城区孙端街道村头村党总支书记、村委主任

2022 年绍兴市模范集体一览表

表 35

序号	模范集体
1	长电集成电路(绍兴)有限公司
2	浙江七色彩虹控股集团有限公司
3	浙江医药股份有限公司
4	越城区鉴湖街道坡塘村村民委员会

2022 年绍兴市劳模创新工作室一览表

表 36

工作室名称	建设单位
石小婧·药物检验技能提升创新工作室	浙江医药股份有限公司
李明工匠工作室	浙江古纤道绿色纤维有限公司
李刚明预制构件创新工作室	绍兴中亚工贸园有限公司

2022 年省级高技能人才(劳模)创新工作室(第十二批)一览表

表 37

工作室名称	建设单位
蒋志明通用发动机设计创新工作室	浙江康思特动力机械有限公司

中国长三角地区劳模工匠创新工作室一览表

表 38

工作室名称	建设单位
童仙敏 BIM 技术创新工作室	浙江环宇建设集团有限公司

教育因素,运用微宣讲、故事会、班前座谈会、视频分享等多种方式开展红色教育、劳动教育和安全教育,引导产业工人坚定不移听党话、矢志不渝跟党走。全年共开展 1200 余场次,开设“越城里·越讲越响”——班前活动专题 15 期。

【普惠服务】 2022 年,越城区总工会慰问千家

第七批绍兴市越城区劳动关系和谐企业一览表

表 39

绍兴中科通信设备有限公司	浙江安盛爆破工程有限公司
浙江海圣医疗器械股份有限公司	绍兴禹庄开元酒店管理有限公司
绍兴三花新能源汽车部件有限公司	浙江博盟精工轴承有限公司
绍兴招商国际旅行社有限公司	绍兴恒隆针织服装有限责任公司

建会企业疫情防控一线职工，发放倡议行动书2000份、红外线测温仪2000只、口罩20000只；慰问全区抗疫一线社区工作人员，发放“爱心包”1200余份；为区高速卡口及区域内核酸检测点医务人员及工作人员，发放慰问物资2000余份。开展“幸福越城——留越职工送温暖”系列活动、“两节”走访慰问、春节短信送祝福及春运一线岗位职工慰问等活动，投入资金30余万元，为留越职工送出暖心礼品近万份。全年帮扶慰问困难职工46人，发放慰问资金244623元。全区职工医疗互助保障参保89677人，参保金额538.06万元。

【“八字桥”工作室调解案件660起】 2022年，越城区总工会推动“枫桥式”劳动争议多元化解“八字桥”联动平台建设，“八字桥”工作室实现17个镇街全覆盖，调解案件660起，调查结案452起，为劳动者挽回经济损失1114.99万元。开展职工队伍稳定风险排查化解专项行动，排查并化解劳动关系风险点5个。开展“尊法守法·携手筑梦”农民工公益法律服务活动17场，发放宣传资料5000余份。抽取全区84家企业开展法律体检，维护和谐劳动关系。

【职工文体活动】 2022年，越城区总工会举办“劳动筑梦 幸福越城”庆祝“五一”国际劳动节特别活动及“相约越城里，奋进新征程”越城区群团活动中心启动仪式，承办全市“劳动筑梦向未来”劳模工匠进课堂暨开学第一课。全年开展“越城职工大讲堂”宣讲活动100场，惠及职工5000余人；开展全区职工书画摄影比赛及“喜迎二十大，建功新时代”职工书画摄影展、“劳动创造幸福·喜迎二十大”工会文化技能微课征集活动、“学习二十大金句，云端寄语二十大”线上留言征集活动和“喜迎亚运 健康机关”机关干部职工工间操推广活动等文体活动，万余名职工参加。

【越城区群团活动中心运行】 2022年4月29日，全省首个综合性、共建型群团活动中心——越城区群团活动中心启动运营。中心以“越城里”为品牌，开展“约童行”“越工学堂”“越讲越响”等服务活动，服务内容涵盖思想引领、维权帮扶、创新创业、文化体育等，全年主办、承办各类服务活动102场，服务2万余人；开展“越城里·幸福派”系列相亲交友活动20场，“‘越安家’浙里办应用联谊交友平台”项目获得绍兴市工会改革创新项目大赛“创新先锋奖”；“越城里”视频号发布视频73条，播放量40余万次。（区总工会　谢竞）

共青团越城区委员会

【概况】 2022年，共青团越城区委围绕“学习二十大、永远跟党走、奋进新征程”主题，坚定信念、牢记使命、脚踏实地、锐意进取，坚决扛起“重要窗口”和“首位立区、幸福越城”建设的使命担当，不断开创越城共青团工作新局面。新增共青团助力“双减”常态化托管志愿服务省级试点 1 项，承办浙江省青年志愿服务大赛、浙江省红领巾挑战营等省级赛事 2 场，“青春契约”志愿服务项目获评全国青年志愿服务大赛银奖，累计获中央级主流媒体宣传报道 17 次，省级主流媒体报道 21 次。

截至年底，越城区共有团组织 1456 个，其中团的领导机关 1 个，团委 42 个，团工委 6 个，团总支 19 个，团支部 1359 个。团员总数 17719 名，其中学校 715 名，国有企业 17 名，非公有制企业 3100 名，机关事业单位 1281 名，社会组织 303 名，城市社区 5257 名，农村 7014 名。

【召开中国共产主义青年团绍兴市越城区第十一次代表大会】 2022 年 11 月 18 日，中国共产主义青年团绍兴市越城区第十一次代表大会召开，全区 114 名团代表出席会议。会议听取和讨论团区委书记魏珂赛代表团区委十届常委会所作题为《高举旗帜跟党走 牢记嘱托当先锋 在“首位立区、幸福越城”新征程上奋力谱写“两个先行”青春华章》的工作报告，选举产生共青团越城区第十一届委员会委员 33 名、候补委员 12 名、常委 13 名、书记 1 名、专职副书记 1 名、挂（兼）职副书记 4 名。

【“青春契约”青年志愿服务品牌】 2022 年，越城区深化“青春契约”服务体系，结合“团团来敲门”专项行动，通过条抓块统、连片结对的工作方式，以“1+N+1”的形式（一个团区委干部 + 多个区直机关团组织 + 一个镇街团委模式），在“青春 · 共富”试点村——富盛上旺村开展青年宣讲和精准帮扶行动，300 名团干部开展困难群体的“敲门”志愿帮扶行动，打通区、镇、村 3 级志愿服务资源。“青春 · 共富”志愿服务行动被中国青年报、新华网客户端等媒体报道。4 月，越城区承办 2022 年浙江省青年志愿服务项目大赛决赛。“青春契约”志愿服务项目获评中国青年志愿服务大赛银奖。

【实施“青耘越城”助力共同富裕先锋行动】 2022 年，越城区推出越城青年助力共同富裕先锋行动，融合示范性青创农场、青年返乡创业民宿、青少年研学基地等区域，打造“红色青春振兴路”旅游路线；另一方面，建立“文化 + 古城 + 消费”的立体式全域景区体验模式，植入黄酒文化、非遗技术、评书等艺术形态，开展“云上游古城”“吃货节”“黄酒节”等“古城正青春”系列活动，吸引游客 348 万人次。举办“青耘中国”越城区共青团直播助农等品牌活动，单场播放量最高达 253.5 万人次，带货量近 5 万元，相关

2022 年 11 月 18 日，共青团越城区第十一次代表大会开幕式（共青团越城区委员会 提供）

2022 年 8 月 8 日人才面对面 星启在越城——越城区“青年发展型城市——青年说”第一期“人才面对面”圆桌论坛（共青团越城区委员会 提供）

第一届越城区"优秀青年志愿者名单"

表 40

王宏芳	孔锐杰
孙燕燕	李传博
张　飞	张启政
陈月钢	莫子豪
高宏辉	裘宏燕

做法被收录于绍兴市共同富裕专报。

【开展青年人才引育行动】 越城区自2016年开始连续7年开展"家燕归巢"行动,助推引领越才回归,2022年寒暑假期间共推出实习岗位309个,累计参与青年800余人次。首创越城区"青年发展型城市——青年说""人才面对面"圆桌论坛,搭建名校学子及社会青年人才与政府交流平台。

【团属阵地组织建设】 2022年,越城区互联网行业团工委、现代医药行业团工委、集成电路产业团工委3家行业团工委成立,进一步扩大团的覆盖率,提升团工作影响力。利用"一站两联"平台,组织团代表、委员入驻越城区团代表联络站,截至年底已有222名团代表入驻。

【举办"奋斗青春立首位 百年赓续创幸福"纪念五四运动主题团日活动】 2022年5月18日,共青团越城区委举办"奋斗青春立首位 百年赓续创幸福"纪念五四运动主题团日活动。滨海新区管委会主任、越城区委书记徐军出席活动并寄语全区广大青年。活动现场举行"越城区第一届优秀青年志愿者"颁奖仪式,邀请来自不同行业领域的3名青年代表分享青春故事。越城区"红领巾宣讲团"和"后浪青年宣讲团"分别进行红色宣讲,并传递宣讲勋章。

【开展第一届越城区"优秀青年志愿者"评选活动】 2022年4月,共青团越城区委、越城区文明办联合开展第一届越城区"优秀青年志愿者"评选活动,10名青年志愿者获评第一届越城区"优秀青年志愿者",并在"奋斗青春立首位 百年赓续创幸福"纪念五四运动主题团日活动现场受到表彰。(共青团越城区委员会　张诗哲)

越城区妇女联合会

【概况】 2022年,越城区妇女联合会("简称越城区妇联")坚持党建引领,切实践行"引领、联系、服务"妇女的初心使命,以共同富裕、基层治理为重点,持续擦亮"越姐姐"系列工作品牌,在建设"重要窗口"、展示"绍兴风景"中展现越城巾帼风采。全面完成17个镇街妇联组织换届和区本级妇联组织换届,以一支过硬的"越姐姐"工作队伍团结带领全区妇女在"首位立区、幸福越城"建设中不断刷新工作成绩。

【打造"彝绣工作室"】 2022年2月,越城区妇联推动"共同富裕巾帼在行动",赴四川马边县开展两地妇联妇女发展合作,携手区女企业家协会,以"爱心妈妈·爱在马边"公益项目为载体,挖掘当地女红巧手,打造"彝绣工作室",推出"绣娘培训项目",累计培训贫困绣娘3000余人次,带动300余名妇女"零投入"实现居家灵活就业,增收超过200万元。

【举办"花开三月·幸福越城"活动】 2022年3月7日,越城区妇联举办"花开三月·幸福越城"——庆祝"三八"国际妇女节112周年主题活动,表彰"越动力·最美榜样""越合力·最美团队""越活力·最美家庭""越实力·巾帼文明岗""越魅力·特别贡献奖"等"最美”女性、团队和家庭典型，展示妇联干部、越城女性和家庭在“首位立区、幸福越城”新征程上的积极面貌。

2022年3月7日，越城区妇联举办“花开三月·幸福越城”——庆祝三八国际妇女节112周年主题活动（越城区妇联　提供）

【开展“幸福越城·希望种子”公益活动】 2022年3月，越城区妇联推出“幸福越城·希望种子”公益活动，包括“网络+”助力乡村振兴“景”上添花打卡地活动、困境女性关爱项目、特殊家庭儿童成长项目3个项目，通过线上平台发动网友购买花种，播种到越城区各个乡村，与广大网友“云”见证种子成长过程，花海盛开后打造成为网红打卡地打卡线，提高越城美丽乡村辨识度。项目所得资金用于困难妇女、特殊儿童等家庭帮扶关爱，帮助她们一起走上“共富路”。

【佟桂莉调研越城】 2022年5月11日，省妇联党组书记、主席佟桂莉一行到越城调研“浙有善育”相关工作。在越城区马山街道妇女儿童驿站、越城区灵芝街道外滩未来社区分别调研妇女儿童服务阵地、社区托育服务阵地建设情况，对越城区面向妇女儿童和家庭需求，着力解决妇女群众急难愁盼问题，构建妇女群众全生命周期服务体系表示肯定。

【越城区女企业家协会第三次会员大会召开】 2022年5月23日，越城区女企业家协会第三次会员大会暨成立二十周年纪念大会召开，大会集中审议通过第二届理事会工作报告、财务报告、《女企业家协会章程》修改案报告，选举产生协会第三届会长、副会长、秘书长等相关人选。

【越城区第八次妇女代表大会召开】 2022年12月8日，越城区第八次妇女代表大会召开，大会审议通过越城区妇联第七届执行委员会工作报告，选举产生越城区妇联第八届执行委员会。

【助力女性就业】 2022年，越城区妇联组织“女性专场招聘会”，在马山街道、斗门街道举办线下招聘，推出近3000个岗位，让女性实现“家门口”就业。增设线上招聘会，联合218家企业提

2022年5月23日，越城区女企业家协会第三次会员大会暨成立二十周年纪念大会召开（越城区妇联　提供）

2022年12月8日，越城区第八次妇女代表大会召开（越城区妇联　提供）

供就业岗位829个，累计参与9万人次，328名女性获得心仪岗位。

【开展女性创业就业技能培训班100余个班次】 2022年，越城区妇联围绕“女性更加充分更高质量就业创业”目标，联合多个妇女微家和社会组织，举办家庭教育、婚姻辅导、育婴师、月嫂、烹饪、面点、护理、电商等创业就业技能培训班100余个班次，覆盖超过6000人次，帮助女性创业者实现创业转型。

【融入“浙里家·连心桥”系统】 2022年，越城区妇联融入省、市妇联数字化系统，做好“浙里家·连心桥”系统中2223个妇联执委、646个妇联干部个人信息的录入，486个基层妇女之家、妇女微家、执委工作室、儿童之家等阵地信息的录入，建立1793个特殊对象家庭档案。发动基层妇联干部和执委开展对创业就业困难女性、困难家庭、空巢老人及留守妇女儿童家庭、婚姻家庭矛盾纠纷家庭的联系走访和服务，完成197条走访档案录入。

【“妇女儿童综合服务驿站”建设】 2022年，越城区妇联在全区17个镇街全面启动“妇女儿童综合服务驿站”建设，以妇女儿童和家庭所需为导向，围绕教育培训、维权调解、创业帮扶、公益关爱、儿童服务五大核心功能，系统整合妇女之家、儿童之家、婚姻家庭纠纷化解工作室、家长学校等各类妇联基层工作阵地，实现阵地升级。全年累计打造44个区级示范型驿站，其中马山街道妇女儿童驿站为首批省级三星级妇女儿童驿站。

【推广“家庭教育”云平台】 2022年，越城区妇联响应省委关于让家庭家教家风成为建设共同富裕示范区“闪亮窗眼”的要求，做好《中华人民共和国家庭教育促进法》推出首年的宣传普法活动，引导父母在法治轨道上“智慧带娃”，做幸福家长，推广“家庭教育”云平台场景应用，通过线上64个课程，各级妇联组织下沉一线开展答疑解惑，推动家庭教育促进法落地落实，促进家庭和儿童共同成长。

【开设“云问诊 越健康”直播课】 2022年，越城区妇联联合绍兴头条、绍兴市妇幼保健院开设“云问诊 越健康”直播课，针对婴幼儿照护、孩子成长、女性保健等内容，邀请9位妇保专家进行线上交流，为女性和家庭提供健康科普知识。

【开展亲子主题活动】 2022年，越城区妇联组织“与爱同行 情满六一”儿童励志绘本阅读、“小小垃圾分类宣传员”“童心向党心向阳·欢乐六一助成长”困境儿童关爱、“粽叶飘香 童心温暖”手包粽子送老人、“童心向党、喜迎二十大、共富新生活”主题绘画等系列活动56场，举办“心中有灯塔·家庭伴成长”主题亲子活动，通过互动课程、情景模拟指导，让父母倾听孩子心声，让孩子知恩感恩。5月31日，在马山街道举办绍兴市首届家文化节开幕仪式。

【越姐姐·家事调解中心】 2022年，越城区妇联实施全省妇女儿童示范项目——“灯塔计划”女童关爱项目；与区法院进一步密切家事纠纷类在诉案件的联动机制；与区公安分局通过“四个平台”系统实现家暴家事类警情的“一键式”联动。通过“越姐姐·家事调解中心”开辟24小时热线，为妇女群众线上线下来访畅通渠道，全年累计接待家事来访378件；在各镇街大调解平台设立妇女维权站，到村、社区一级全面建立婚姻家庭纠纷调解室，累计参与调解1132起。开辟“越姐姐·家事调解——云端调解”，共接待云端调解13起。（区妇联　龚淼杰）

2022年度越城区“越动力·最美榜样”

巾帼岗位建功

裘胜圆　越城区委办公室
陈燕萍　越城区教体局
陈　英　越城区教体局
张　慧　越城区文广旅游局
龚　琼　越城区卫生健康局
史红茵　越城区自然资源和规划分局
刘　娜　越城区人民法院
秦师余　越城区总工会
胡美丽　鉴湖街道办事处
赵　勤　沥海街道办事处

社会公益服务

施　瑾　越城区教体局
陈　静　越城区教体局
何茶清　越城区卫生健康局
王佳佳　越城区生态环境分局
陶素英　府山街道越都社区
冯小芬　北海街道雅苑社区
杨绍武　迪荡街道绍兴企悦文化传播有限公司
汪芳锦　灵芝街道绍兴锦汐园林市政建设有限公司
韩海琴　斗门街道浙江佳人新材料有限公司
单红娣　马山街道浙江兰台数据管理有限公司

基层妇联执委

吴　竞　越城区妇联执委
郦芒薇　越城区妇联执委
封小春　塔山街道沈园社区妇联执委
傅嘉琪　北海街道西湖社区妇联副主席
王国萍　稽山街道美东社区妇联主席
吕尧红　城南街道长城社区妇联主席
高林玲　东湖街道水产居委会妇联主席
沈利珠　陶堰街道邵家溇村妇联执委
严建丽　孙端街道三条溇村妇联主席
朱美婷　富盛镇义峰村妇联主席

2022年度越城区“越合力·最美团队”

越城区融媒体中心编辑部新媒一组
越城区人民医院急诊急救护理团队
越城区文广旅游局“暖心越图”志愿服务队
塔山街道滨河社区巾帼能手姐姐
府山街道铁甲营银耀腰鼓队（绍兴市腰鼓协会）
城南街道红曼薇志愿服务团队
斗门街道“向阳花”妇女维权咨询服务队
皋埠街道社区卫生服务中心门急诊及120护理团队
马山街道两江社区“江阿姨”志愿服务队
沥海街道飞悦排舞队

2022年度越城区“越活力·最美家庭”

胡蒙恩家庭　越城区教体局
孟　琴家庭　越城区教体局
李永伟家庭　越城区财政局
严晓琴家庭　越城区卫生健康局
高一萌家庭　越城区卫生健康局
陈建英家庭　塔山街道
赵和珍家庭　塔山街道
童招清家庭　北海街道
弗淑君家庭　稽山街道
陈　琪家庭　城南街道
张剑锋家庭　城南街道

潘建良家庭　灵芝街道
张　云家庭　灵芝街道
陈树尧家庭　东浦街道
张奇奇家庭　斗门街道
赵卫娟家庭　斗门街道
金宏民家庭　陶堰街道
黄成民家庭　马山街道
金文娟家庭　孙端街道
蒋琼惠家庭　富盛镇

2022 年度越城区“越实力·巾帼文明岗”

斗门街道“益起来”百盛巾帼志愿队
斗门街道王家池社区党群服务中心
斗门街道柯灵社区便民服务窗口
绍兴市元培中学“研学”名科强组工作室
绍初教育集团艺术教研组
绍兴市鲁迅小学教育集团教科室
绍兴市培新小学语文教研组
绍兴市北海小学教育集团科学教研组“科教创新岗”
绍兴市元培小学“光盘行动”践行者
绍兴市群英小学“民族团结”巾帼文明岗
绍兴市柯灵幼儿园教育集团三五志愿队
绍兴市罗门幼儿园课程组
绍兴市阳明幼儿教育集团青年教师组
绍兴市自然资源规划局越城分局不动产登记窗口
浙江点金律师事务所婚姻家事部
越城区北海街道树鹅王社区党群服务中心
越城区北海街道辕门社区卫生服务站
越城区城南街道社区卫生服务中心输液室
越城区东浦街道社区卫生服务中心公共卫生科
越城区府山街道社区卫生服务中心中西医康复病房护理团队
越城区人民医院六病区护理团队
绍兴市越城区气象局气象台
绍兴市越城区人民法院袍江法庭诉源治理团队
国家税务总局绍兴市越城区税务局斗门税务所办税服务厅

2022 年度越城区“越魅力·特别贡献奖”

越城区女企业家协会

越城区科学技术协会

【概况】 2022 年,越城区科学技术协会(“简称越城区科协”)以重要平台、重大活动、重点人物为抓手,以智库、学术、科普为驱动,团结引领广大科技工作者服务科技创新和首位建设、共富建设。新建市级院士专家工作站 3 家(院士工作站 1 家、A 类专家工作站 1 家、B 类专家工作站 1 家),博士创新站 22 家。获评中国科协全国科普日优秀活动 1 项,省“银龄”成绩突出个人 1 名,省农民高级技术职称 2 人。入选省级科学家精神教育基地 1 家,省级科普教育基地 1 家,省科普教育基地科普典型案例 1 项,省高新企业公益科普活动典型案例 1 项。“银龄”培训数据位列全省县市区第四,“双减”惠及人数位列全市第一。

【区科协第五次代表大会】 2022 年 12 月 7 日,越城区科学技术协会第五次代表大会召开。大会审议通过越城区科学技术协会第四届委员会工作报告,并选举产生越城区科学技术协会第五届委员会委员、常务委员会。

【首届浙江生命健康大会】 2022 年,由中共越城区委、越城区人民政府、绍兴滨海新区管委会

2022 年 12 月 7 日，越城区科学技术协会第五次代表大会召开(越城区科协　提供)

参与承办的首届浙江生命健康大会暨第三届中国(绍兴)生命健康产业峰会在绍兴饭店召开。开幕式上举行浙江生命健康“科创促共富”行动启动仪式，发布浙江省生物医药产业发展趋势报告和首届浙江生命健康大会绍兴宣言。

2022 年，首届浙江生命健康大会暨第三届中国(绍兴)生命健康产业峰会在绍兴市越城区举行(越城区科协　提供)

【“越人才 越发展”人才主题周活动】 2022 年，区科协与区科技局联合举办 2022“越人才 越发展”人才主题周之研究院校企对接活动，10 家共建研究院代表分享展示创新成果，并与科技企业代表深度交流、洽谈合作。

【首届能源低碳发展战略高层论坛(绍兴)活动】 2022 年 9 月，由区科协参与承办的 2022 首届能源低碳发展战略高层论坛(绍兴)活动在越城开幕，绍兴市委组织部副部长、市委“两新”工委书记、人才办常务副主任王国飙，绍兴文理学院党委副书记沈赤，越城区人民政府副区长谷丰出席活动并致辞，挪威工程院院士郁志新主持开幕式。论坛以“赋能双碳战略，引领绿色能源”为主题，设主旨报告和专家企业需求对接洽谈会，旨在进一步深化产教融合，促进教育链、人才链与产业链、创新链有机衔接，大力提高全区低碳产业研发能力，助力越城产业结构转型升级。

【一家三站平台建设】 2022 年，区科协充分发挥大湾区院士之家“院士创新联合体”辐射功能，全年新建院士专家工作站 3 家(浙江大学绍兴研究院、绍兴秘可视信息科技有限公司、浙江洪晟生物科技股份有限公司)，累计 32 家。新增进家院士 2 位(朱永官、沈家骢)，累计 29 位。新建博士创新站 22 家，累计 27 家，数量位列全市第一。

【营造人才成长良好生态】 2022 年越城区科协推荐崔桂新、田媛入选绍兴市“最美巾帼科创奋斗者”，推荐中纺院科技成果转化组、喜临门技术研究组入选绍兴市“科技先锋岗”，推荐振德医疗巾帼创新工作室和中纺院技术工作室获评绍兴市“巾帼科技创新工作室”，推荐李根生、厉高中获评绍兴市“农村科技示范户”，推荐王苗庆、山柏芳参加绍兴市暑期人才疗休养活动。组织研究院、学会(协会)、学会服务站、绍兴文理学院专家教师组成人才帮扶团为企业提供线上线下服务，并在医疗器械产业园、复旦科创园、院士之家集中开展帮扶活动。(越城区科协　李恬)

越城区归国华侨联合会

【概况】 2022 年，越城区完成区侨联换届工作；

2022年12月9日，越城区归侨侨眷第五次代表大会召开（区委宣传部　提供）

2022年3月9日，绍兴市越城区文学艺术界联合会第三次代表大会召开（区委宣传部　提供）

全市首个“侨商之家”绍兴市侨商大厦项目在越城奠基开工；建成中新友好文化艺术（绍兴）交流中心，推动中美文化交流中心进一步提升；以“侨胞之家”创建为载体，开展村居、园区、企业“侨胞之家”提质扩面工作。重点围绕“未来高新引领型”“华侨贸易集聚型”“众创空间”等模式，依托集成电路、生物医药两大“万亩千亿”新产业平台，团结海外高层次人才，打造“海智园”侨贸园”“双创智库”等科技创新、电子商务、文化创意孵化基地。其中，滨海新区生命健康科技产业园“同心·越城”侨创基地建成并揭牌；承办2022全省侨务工作“一市（校）一品”创新实践项目观摩现场会走进越城活动。（区委统战部　安琪）

越城区文学艺术界联合会

【区文联第三次代表大会召开】 2022年3月9日，绍兴市越城区文学艺术界联合会第三次代表大会召开，大会审议并通过越城区文学艺术界联合会第二届委员会工作报告，修改并通过《越城区文学艺术界联合会章程》，选举产生越城区文学艺术界联合会第三届委员会。

【基层文联建设】 2022年，越城区基层文学艺术界联合会陆续召开成立大会，通过会议选举产生各乡镇、街道文联第一届委员会委员和主席、副主席、秘书长。截至2022年底，共成立14个基层文联组织。

【承办“宋潮·越尚”宋韵艺术生活展】 2022年9月8日至12日，由中共绍兴市越城区委、绍兴市越城区人民政府主办，中共绍兴市越城区委宣传部、绍兴市越城区文化广电旅游局、绍兴市越城区文学艺术界联合会、越城区迪荡街道等承办的“宋潮·越尚”宋韵艺术生活展开幕。活动通过风雅茗、国酿醉、大宋歌、放翁宴、非遗潮、书画忆六大板块，展现书法、摄影、舞蹈、戏曲、非遗、收藏、诗词等文艺活动以及茶、酒、美食、非遗等中蕴含的南宋文化艺术独特韵味和别样精彩，五天引客3万人次。（区委宣传部　张珂欣）

越城区残疾人联合会

【概况】 2022年，越城区残联人联合会（简称“越城区残联”）共计为2883人次残疾人发放原无固定收入残疾人补贴427.2万元、106人次发放原托安养工程差额部分补贴31.2万元；投入106.4万元为116户残疾人家庭提供无障碍改造；向156名残疾学生及残疾人家庭子女发放助学补贴37.9万元，为26名残疾人大学生减免学费及住宿费27.7万元；向127名残疾人机动轮椅车车主发放燃油补贴3.3万元；持续为全区残疾人投保意外伤害保险；入选中国残联“十四五”时期残疾儿童早期干预试点地区和省残联数字化改革“揭榜挂帅”项目——助残志愿服务应用建设中榜单位；在全市县级残联年度工作成效评估中获得第二名。2022年12月13日，经市政府第109次常务会议通过，区残联被市残联、市人力社保局记集体三等功一次。

【年累计实现178名残疾人新增就业】 2022年，越城区残联组织开展就业年龄段内残疾人未就业调查工作，通过上门走访、电话询问、微信沟通等方式调查了解2900余名未就业残疾人的基本信息，“一人一表”登记入册，开展精准就业帮扶，共组织线上线下残疾人招聘会3场，向311人次残疾人提供电商直播、盲人按摩、中式面点等免费技能培训，对6名应届残疾人大学生提供“一对一”服务20余次，有就业意愿的3人均已落实就业，向1406名残疾人灵活就业人员发放社保补贴725.1万元，联合区人力社保局开发21个残疾人公益性岗位定向安置就业困难残疾人，推出并招录1名残疾人公务员。年内，累计实现178名残疾人新增就业。

【重要公共服务场所无障碍改造】 2022年，越城区残联推进省政府民生实事——重要公共服务场所无障碍改造项目，聚焦残疾人高频公共服务需求，选定市康复医院、区残联服务大厅、区图书馆、吼山风景区游客中心、恒信银行陶堰支行、斗门街道红立方党群服务中心、府山街道卫生服务中心白马分站、北海街道寨下农贸市场、塔山街道罗门社区居家养老服务中心、17个镇(街道)便民服务中心共26个公共服务场所实施无障碍改造，改造内容涵盖对外通道、内部通道、楼梯电梯、服务前台、休息区域、停车场地、卫生间、信息无障碍、无障碍标识9个方面，共计投入资金105.9万元。

【罗门社区创成省级无障碍社区】 2022年，越城区残联以塔山街道罗门社区为创建对象，对社区内党群服务中心、居家养老服务中心、卫生服务中心、公园、休闲场所、公共道路等进行无障碍改造，累计投入44.06万元，先后于9月23日、10月24日通过市级、省级验收。12月12日，浙江省人民政府残疾人工作委员会办公室正式发文命名塔山街道罗门社区为浙江省无障碍社区。至此，全区共有城南街道城南社区、迪荡街道蕺山社区、迪荡街道云东社区、北海街道西湖社区、塔山街道罗门社区5个省级无障碍社区。

【残疾儿童康复救助】 2022年，越城区残联实施残疾儿童康复服务制度指标扩面工程，服务对象范围从未满7周岁的残疾儿童、孤独症儿童延伸至7～18周岁低保低边家庭残疾儿童，同时将孤独症儿童基本康复训练补贴标准从“每月最高补贴2400元，每年最高补贴24000元”提高至“每月最高补贴3000元，每年最高补贴30000元”。全区共有孤独症儿童共85名，累计向205名残疾儿童发放基本康复训练补贴355.3万元。

【“残疾人之家”提升建设】 2022年，越城区稽山街道、斗门街道、东浦街道、沥海街道4家“残疾人之家”从三星级提升为四星级。至此，全区共有五星级“残疾人之家”1家(塔山街道)、四星级“残疾人之家”8家(北海街道、稽山街道、东浦街道、斗门街道、皋埠街道、陶堰街道、沥海街道、富盛镇)、三星级“残疾人之家”8家(府山街道、迪荡街道、城南街道、鉴湖街道、灵芝街道、东湖街道、孙端街道、马山街道)。

【第三十个“全国助残日”系列活动】 2022年5月，为庆祝第三十个“全国助残日”，越城区残联组织“全国助残日”系列活动。5月10日，联合市盲协举办“共富助残　你我同行”公益活动，向困难残疾人家庭赠送450台电风扇、480盒健康饮品、100套便捷式眼部护理套装等产品，为6名困难残疾学生捐赠1.2万元助学金。联合塔山街道残联举办残疾青年读书会。组织一堂康复体育“云”课堂，将健康送入残疾人家庭。

【“宣贯省党代会精神　夏日送清凉暖人心”活动】 2022年7月，越城区残联组织开展“宣贯省党代会精神 夏日送清凉暖人心”活动，向487名困难残疾人赠送电风扇，发动17家爱心企业为17名困难残疾人安装空调，切实保障困难残疾人安全度夏。

【首家区属残疾儿童康复机构注册成立】 2022年9月14日，越城区首家区属残疾儿童康复机构——快乐宝贝儿童康复中心正式注册成立，位于斗门街道菖蒲街310号1～2层，主要为早产、发育落后、脑瘫、遗传代谢、自闭症、智力障碍等儿童进行康复、评估和托育。

【完成镇（街道）残联换届】 2022年，越城区残联全面启动镇（街道）残联换届工作。8月18日，塔山街道残联作为试点街道召开换届大会。9月2日至9日，其余16个镇（街道）有序完成换届工作，全面配齐配强新一届残联主席团、理事会，选举出105名参加区残联第七次代表大会正式代表，其中各类残疾人代表（含智力和精神残疾人亲友、孤独症人士亲友）88名，通过单设或联设形式成立16个镇（街道）级残疾人专门协会。

【越城区孤独症人士及其亲友协会成立】 2022年11月，越城区孤独症人士及其亲友第一次代表大会在越城区育才学校举行。会上，越城区孤独症人士及其亲友协会正式成立，选举产生主席1名、副主席1名、委员1名。

【越城区残疾人联合会第七次代表大会】 2022年11月24日，越城区残联第七次代表大会在绍兴会稽山阳明酒店召开，区残联党组书记黄汉平代表区残联第六届主席团向大会作题为《乘势而上谋突破 奋楫扬帆向未来 在幸福越城征程上书写助残共富精彩篇章》的工作报告。会议共设121名正式代表，其中各类残疾人（含智力和精神残疾人亲友、孤独症人士亲友）代表91名，占75.2%，特邀代表28名，列席代表55名。选举产生31名区残联第七届主席团委员，其中残疾人（含智力和精神残疾人亲友、孤独症人士亲友）委员20名，占64.5%；选举产生17名出席绍兴市残疾人联合会代表，其中残疾人（含智力和精神残疾人亲友、孤独症人士亲友）15名，占88.2%。第七届主席团第一次会议上，选举产生1名主席团、10名主席团副主席，推举产生区残联执行理事会理事长，通过4名执行理事会副理事长名单。结合区残联第七次代表大会，同步完成区盲人协会、区聋人协会、区肢残人协会、区智残人及亲友协会、区精残人及亲友协会5个残疾人专门协会换届工作。

2022年11月24日，绍兴市越城区残疾人联合会第七次代表大会开幕式现场（越城区残联　提供）

【困难残疾人慰问】 2022年，在“全国助残日”和春节期间，越城区残联组织困难残疾人慰问活动。年内，共计向935人次困难残疾人发放慰问金 103.2 万元；联合绍兴市炉峰禅寺慈联会开展“幸福来敲门”慰问活动，惠及 40 名困难残疾人；发动爱心企业——绍兴市天龙锡材有限公司捐赠 10 万元慰问 100 名困难残疾人。（区残联　章叶楠）

越城区红十字会

【概况】 2022 年，越城区红十字会接受社会捐赠款物 695.67 万元，支出 737 万元；开展救护培训 7728 人、普及培训 67327 人；登记造血干细胞入库 140 人，捐献 1 例，器官（遗体）捐献登记 834 人，捐献 11 例。获全国青少年防灾减灾知识竞赛组织奖一等奖，“99 公益日”活动筹款额全市第一，受到省红十字会通报表扬。截至年底，越城区共有红十字组织 423 个，其中镇街红十字会 17 个，村社 352 个，学校 54 个；发展会员 1.9 万名，创建市级“博爱家园”22 个。

【越城区红十字会第三次会员代表大会召开】 2022 年 5 月 19 日，越城区红十字会第三次会员代表大会召开。大会审议并通过区红十字会二届理事会工作报告、2016—2021 年度捐赠款物接受和使用情况报告，选举产生区红十字会第三届理事会和监事会。

2022 年 5 月 19 日，越城区红十字会第三次会员代表大会召开（区委宣传部　提供）

2022 年 6 月 30 日，在“公共场所配置 AED”捐赠仪式上，新海天生物科技有限公司通过越城区红十字会向陶堰街道捐赠 4 台 AED（越城区红十字会　提供）

【应急救护培训基地建设】 2022 年，“全民应急救护能力提升工程”分别被列为 2022 年绍兴市、越城区十大民生实事项目，建成标准应急救护培训基地 3 个、校园应急救护工作坊 1 个，其中鉴湖街道标准化应急救护基地建设纳入省级试点。

【应急救护培训】 2022 年，越城区红十字会出台《越城区高水平推进应急救护工作实施意见》，举办讲座 700 余场，共开展取证培训 273 期、应急救护持证培训 7728 人，普及培训 67327 人。参与中国红十字基金会“安全旅行家”项目，在鲁迅故里景区组织开展线上直播教学活动，吸引 3 万余人关注。增设公共场所 AED（自动体外除颤器）50 台，为每台 AED 配备志愿者、救护员，并开展操作技能培训。

【新建博爱家园 13 个】 2022 年，越城区新建博爱家园 13 个，历年累计创建博爱家园 22 个，实现每个镇街至少建有一个博爱家园，提前实现镇街全覆盖的省“十四五”规划要求。越城区“越地红标 · 博爱家园”项目入选市级共同富裕示范区第二批典型案例清单。6 月 10 日，王家葑村博爱家园组织以“乐善点亮村风 博爱助推共富”为主题的博爱一日捐活动，共收到 793 位村民的爱心捐款 18.45 万元，参与捐款人数、募集捐款数，均创历史新高。

【实施“人道关爱”行动】 2022 年，越城区全年

2022年6月10日，鉴湖街道王家葑村红十字博爱一日捐现场(越城区红十字会　提供)

共接受社会捐赠款物695.67万元。9月5日举行"同心共富"公益活动动员会，"99公益日"网络筹资全市第一，受到省红十字会通报表扬。开展博爱送万家慰问，实施炉峰慈联大病救助、小桔灯助学等项目，惠及4871人次。为四川马边彝族自治县困难群众捐赠冬衣棉服2000件，助学金12.15万元，援建公共厕所项目20万元。西藏疫情发生后，区红十字会第一时间动员爱心企业筹措价值42万余元的防疫物资，万里驰援那曲市比如县。

【打造"博爱育人"典范】 2022年，越城区组织1.7万名青少年参与自救互救知识竞赛，获全国组织奖一等奖。8月3日，举办全市首场、越城区首届红十字夏令营活动，45名红十字青少年营员参加"越城站"夏令营活动。塔山小学被评为全国红十字模范单位，皋埠中学获评省级红十字先进集体。

【建立全市首个村级救援小分队】 2022年，越城区升级人道公益会客厅，冠名成立红十字九龙救援队，建立全市首个村级救援小分队，组织志愿队在鲁迅故里景区等救护站巡逻执勤，古城防溺水"护航"项目被评选为省级优秀志愿服务项目。(区红十字会　李卓华)

2022年度越城区新建博爱家园一览表

表41

镇街	博爱家园
府山街道	越都社区博爱家园
北海街道	西湖社区博爱家园
城南街道	秦望社区博爱家园
迪荡街道	剡溪社区博爱家园
东湖街道	松陵居博爱家园
灵芝街道	灵芝居博爱家园
东浦街道	杨川村博爱家园
斗门街道	百盛社区博爱家园
皋埠街道	东湖社区博爱家园
陶堰街道	白塔头村博爱家园
孙端街道	村头村博爱家园
沥海街道	渔村村博爱家园
富盛镇	富盛村博爱家园

法 治

政法工作

【概况】 2022年，越城区委政法委紧紧围绕政法中心工作，深入学习贯彻中共二十大会议精神，以除险保安为载体，完成春节春运、北京冬奥会、全国全省两会、中共二十大等一系列重点安保任务。越城区被省委、省政府授予“平安县(市、区)”称号，越城区委政法委获“平安浙江建设先进集体”称号，实现平安创建“十七连冠”。

【平安护航中共二十大】 2022年9月29日至10月28日，越城区启动重大活动维稳安保等级响应，由区委、区政府主要领导任总指挥，区委副书记、政法委书记领衔，区委政法委牵头，构建“区领导+N个部门+17个镇街”的联合工作机制，实体化运作区级维稳工作指挥部，编辑每日综述23期，专项通报和督导晾晒7期，派发任务交办单35期。市委主要领导批示的18件矛盾纠纷案件在全市率先“清零”，实现全区社会面安全稳定。

【“除险保安”专项行动】 2022年4月，越城区开展“除险保安”专项行动，聚焦政治安全、社会治安、社会矛盾、公共安全、网络安全等五大风险领域164项风险点，推动“除险保安”全域全量全程全覆盖。7月20日，越城区被确定为全省5个先行试用省“除险保安”晾晒综合应用的区县市之一。截至年底，全区开展“地毯式”起底排查16轮，累计摸排风险隐患97项2747个，处置2738个，处置率99.7%，全区社会面安全稳定局势得到巩固。

【划分村社网格智治】 2022年，越城区聚焦细化治理颗粒度，构建“村社—网格—微网格”治理格局，划分村社网格1308个，专属网格91个，微网格9041个，健全完善网格事件有奖上报制度，实现需求在网格发现、资源在网格整合、问题在网格解决。

【数字法治建设】 2022年，越城区委政法委迭代升级重大决策社会风险评估应用，重大决策社会风险评估工作在浙江卫视《数字化改革看“浙”里》节目中专题报道，参加全省数字法治建设成果展，被纳入2022年全省数字化改革重

越城区重大决策社会风险评估应用(区委政法委 提供)

大应用“一本账 S2”目录。2022 年,共完成 205 件各类重大决策风险评估工作。

【平安建设宣传】 2022 年,越城区委政法委制定《全区 2022 年度平安宣传工作计划》,通过问卷调查、全民巡防、宣传培训等多种形式,发动镇街、部门 348 支平安志愿者队伍开展“平安越城”宣传,“平安三率”持续提升。

【“枫桥式”村(社区)创建】 2022 年,越城区开展以“无邪、无访、无案、无讼、无毒”为主要内容的“枫桥式”村(社区)建设工作,推进村(社区)基层基础建设,夯实平安维稳基础。2022 年,93 个村(社区)创建成功。截至年底,新增吸毒人员同比下降 100%,一审民商事、行政诉讼案件收案量比近三年平均数下降 8.41%,刑事案件发案数比近三年平均数下降 32.47%。

【打击整治养老诈骗专项行动】 2022 年,越城区开展打击整治养老诈骗专项行动工作,通过中央专项办专项督导。建立全区养老服务机构“绿黄橙红”四个等级的风险管控名单,实行分类管理,以“一院一策”,依法依规分类处置。全年共核查线索 65 条,侦破案件 6 起,抓获犯罪嫌疑人 145 人次,移送检察院 61 人次。组织开展各类宣传活动 1600 多场次,发放宣传品 40.8 万份,发送短信 175.6 万条,总覆盖人群达 77.53 万人次。

【纵深推进扫黑除恶斗争】 2022 年,越城区采取刑事强制措施 425 人,移送起诉 350 人,推进扫黑除恶斗争常态化。全年共立七类涉黑涉恶案件 294 起,打处七类涉黑涉恶人员 386 人,恶势力犯罪集团 6 个,移送起诉 330 名,打处敲诈勒索、网络套路贷、平台借款拖车敲诈勒索等犯罪团伙 12 个。

【开展八个跨部门跨领域制度专项行动】 2022 年,越城区开展八个跨部门跨领域制度专项行动(即加强政法干警依法履职保护、执法司法信息共享、规范诉讼行为、规范减刑假释、解决“判实未执、应收未收”问题、涉民营企业刑事诉讼“挂案”问题专项整治、规范处置管理刑事诉讼涉案财物,规范法官、检察官、人民警察与律师接触交往行为),成立工作专班,组织开展各类培训、座谈会、研讨会等 70 余场,开展媒体宣传 19 次。区委政法委牵头成立政法干警依法履职保护委员会,与区卫健局联合开通区级依法履职造成人身伤害的政法干警医疗急救“绿色通道”,为干警购买人身意外险。

【法学会建设】 2022 年 9 月 21 日,越城区法学会召开第三次会员代表大会,完成换届工作。区法学会聘请公检法司、高校等法治专家 20 名组建法学会首席法律咨询专家队伍,联合区总工会、区工商联在袍江法庭设立全市首个“工会工作室”和“商会工作室”,探索工会参与法院劳动争议案件调解和商会参与法院涉企纠纷调解新模式。(区委政法委 任天琦)

2022 年 9 月 21 日,绍兴市越城区法学会第三次会员代表大会召开(区委政法委 提供)

法治政府建设

【概况】 2022 年,越城区坚持党对法治政府工作的领导,新收行政复议案件 425 件,受理 425 件,受理率 100%。2022 年共审结行政复议案件 307 件,其中,2021 年延续下的案件 10 件,新受理的案件297件，审理结果受理前调解撤回32件，不予受理58件，受理217件，通过行政复议纠正行政机关违法或不当行为的案件共17件，纠错率为7.8%。受理以越城区行政机关为被告的一审行政诉讼案件281件，较上年同期（301件）下降6.64%，结案271件，败诉12件，败诉率为4.43%，较上年同期（15.68%）下降11.25个百分点；调撤一审行政诉讼案件122件，调撤率45.02%，高于绍兴市平均调撤率，达到市对区45%以上考核要求。除征地拆迁类案件外，案件数量较多的系统（领域）为公安、市场监管、建设；行政机关负责人出庭率保持100%。法律顾问覆盖率达100%，307名律师担任越城区17个镇街352个行政村（社区）法律顾问。

2022年，越城区共计创建市级民主法治村、社区82家，省级民主法治村社区16家，全国民主法治示范村1家，孙端司法所被评为全省司法行政系统民主法治村（社区）创建工作成绩突出集体。

【行政行为合法性审查】 2022年，越城区出台《越城区人民政府重大行政执法决定法制审核办法》，行政规范性文件、重大行政决策、重要合同合法性审核率达100%；建立全区三级法制审核体系，17个镇街全部建立五位一体合法性审查机制，组建越城区部门法制员队伍，区级层面共审查各类事项300余件，提出100余条审查意见。修订《区政府法律顾问工作规则》，成立新一届区政府法律顾问团，采用法律顾问“A+B”团队服务模式，各镇街、部门法律顾问实现100%覆盖。

【全区大综合一体化改革】 2022年，越城区完善行政执法“三张清单”，综合执法清单合计1130项；府山等7个赋权镇街综合行政执法队正式挂牌运作，完成执法力量下沉60%目标要求；“鉴湖国家湿地公园数字化场景应用”被列入2022年全省重大改革（重大应用）“一本账S2”；执法公示率、全过程记录率、重大行政执法决定法制审核率均达100%；出台全区依法行政指数方案，对“1+8”行政执法部门展开全面评价赋分，对区卫健、区市监等重点部门行政执法开展案卷检查。

【实质性化解行政败诉风险】 2022年，越城区出台《越城区实现行政诉讼“双下降”十条意见》，落实行政败诉风险案件实行诉前诉中“每案必调”机制，全年召开案件分析会、风险研判会20余场，63件败诉高风险案件中化解30件，实质性化解率达48%；出台《越城区征收集体土地房屋补偿程序工作指引》《越城区国有土地上房屋征收程序报批工作指引》等文件，从制度源头上系统规范全区房屋征收领域相关工作；开展行政复议案件引流、引导，行政复议后败诉案件数全年为0；定期开展法治政府建设重点指标通报晾晒排名，重点问题每周督办，重点案件每周会商，重点指标每月通报，全年发出法治越城建设重点工作通报12期，法治越城建设工作督办单32份，法治越城建设工作提醒函80份，对已生效的25件败诉案件责任单位、责任人员均提出追责意见。

【优化法治营商环境】 2022年，越城区出台《关于进一步优化法治营商环境的若干意见》，组

2022年2月，浙江德凡律师事务所律师走进中关村水木湾区科学园园区上门为企业提供法律咨询（区司法局 提供）

2022年越城区民主法治村、社区一览表

表42

市级民主法治村(社区)	北海街道快阁苑社区	斗门街道方徐村
	北海街道河山桥社区	斗门街道杨望居
	北海街道信达社区	斗门街道汤公社区
	北海街道雅苑社区	斗门街道柯灵社区
	北海街道火车站社区	斗门街道鸿滨社区
	北海街道联湖社区	斗门街道昌兴社区
	北海街道鉴湖社区	皋埠街道西湖岙村
	城南街道阳明社区	皋埠街道胜利村
	城南街道高立社区	皋埠街道坝口村
	城南街道秦望社区	皋埠街道银春社区
	城南街道横桥居	皋埠街道攒宫村
	城南街道繁荣村	皋埠街道山前徐村
	城南街道任家塔村	皋埠街道上蒋村
	城南街道邹家葑村	皋埠街道东杨湾村
	城南街道劳家葑村	皋埠街道银兴社区
	城南街道新村村	皋埠街道东湖社区
	城南街道九一村	皋埠街道集体村
	城南街道九里居	皋埠街道塘下赵村
	东湖街道仁渎村	皋埠街道藕泾村
	东湖街道大皋埠村	皋埠街道下堡村
	东湖街道永宁村	皋埠街道大湖头村
	东湖街道柏舍村	陶堰街道邵家溇村
	灵芝街道蛟里居	陶堰街道金墅村
	灵芝街道永泰居	陶堰街道横旦村
	灵芝街道洛江居	陶堰街道南湖村
	灵芝街道女迪居	马山街道东豆姜村
	灵芝街道澄港居	马山街道赏余村
	灵芝街道全心居	马山街道越英社区
	灵芝街道梅山社区	马山街道洋泾湖社区
	东浦街道东浦居委会	沥海街道华东村
	东浦街道镜水社区	沥海街道华平村
	东浦街道热诚社区	沥海街道联谊村
	东浦街道利华村	沥海街道伟明村
	东浦街道群力村	沥海街道百沥村
	东浦街道邵家岸村	沥海街道城沿村
	东浦街道王家村	沥海街道东海村
	东浦街道壶觞村	沥海街道沥东村
	鉴湖街道上谢墅村	富盛镇夏葑村
	斗门街道育贤社区	富盛镇董溪村
	斗门街道敬敷社区	富盛镇义峰村
	斗门街道中兴社区	富盛镇富盛居委会
省级民主法治村(社区)	塔山街道塔山村	灵芝街道天和社区
	府山街道白马社区	东浦街道邵家村
	北海街道西湖社区	鉴湖街道坡塘村
	北海街道辕门社区	斗门街道百盛社区
	北海街道树鹅王社区	陶堰街道浔阳村
	北海街道虹桥社区	孙端街道孙端村
	迪荡街道洞桥社区	沥海街道光荣村
	灵芝街道凤林社区	沥海街道新联村
全国民主法治示范村(社区)(1家)	马山街道尚巷村	

建360个市场主体网格化法律服务团，实现“全域覆盖”，打造6个重点法律顾问服务网格示范点，免费为全区上千家企业提供“法治体检”近9000场次；区委区政府主要领导带头示范，开展国家工作人员线上宪法宣誓活动，6500余人参加宣誓；开展“法助共富法护平安”“护航二十大普法在行动”专项法治宣传活动500余场，受众5万余人，开展323场次“百名律师千场讲座进文化礼堂”活动。（区司法局　李菊花）

公　安

【概况】 2022年，越城区公安分局在区委区政府和上级公安机关的坚强领导下，紧扣中共二十大安保主线和坚持发展新时代“枫桥经验”、深化构建现代警务体系主题，锚定“总体工作全市领跑、特色亮点全省领先”工作目标，紧紧围绕“首位立区、幸福越城”工作定位，全力推进重大节会安保决胜年、枫桥警务模式发展年、现代警务体系深化年、打防管服效能强化年、执法公信力提升年、“三能”（指平常时间能看得出来、关键时刻能冲得出来、危急时刻能豁得出来）公安队伍提质年等“六个年”活动，各方面工作均取得良好成绩。

全年累计接报处置各类警情120743起。其中，刑事治安纠纷警情53444起，举报类警情7717起，求助类警情48394起，火警531起，其他报警10657起。全年立刑事案件4355起。其中，命案立5起破5起，五类案件立9起破9起，“两抢”案件立3起破3起。移送起诉犯罪嫌疑人2562人；查处治安案件2199起，行政处罚4909人，其中行政拘留3238人；破获各类经济案件53起，移送起诉127人，为群众挽回经济损失8900万元。

2022年，区公安分局被省委、省政府评定为“全省优秀公安局”，并再次获评“全市优秀公安局”“区委区政府年度先进”，另获评“全省执法质量优秀单位”“全市全面深化改革优秀公安局”“省、市平安护航建党100周年成绩突出集体”“省、市抗击新冠肺炎先进集体”等。

2022年9月8日，公安部治安管理局局长仇保利（左二）到越城调研指导工作（区公安分局　提供）

【破获刑事案件】 2022年，越城区公安分局以“雷霆”“金盾”系列行动为载体，重拳出击，打击电诈等突出违法犯罪，2022年，共破获刑事案件2029起，采取强制措施2838人，其中电诈犯罪嫌疑人456人，百万元以上电诈案件破案率100%，侦破“12·9”古墓盗窃、“2·24”医保诈骗“1·5”特大骗税等重大案件，捣毁多个恶势力敲诈勒索、虚拟货币洗钱犯罪与电诈流窜取款犯罪团伙，获得省领导批示肯定与媒体集中报道。

【开展反诈宣讲】 2022年，越城区公安分局推进全社会反诈体系建设，联合镇街开展扫楼行动，组织高校开展学生反诈考试，组建派出所预警劝阻专业队与383支专业宣防队，开展反诈宣讲3073场34万人次，电诈发案数、损失额同比分别下降22%、37%。

【全力清剿“黄赌”】 2022年，越城区公安分局对马山街道码头路等“黄赌”热点区域开展集中整治，对警情高发的娱乐场所一律落实关停措施，2022年"黄赌"打处数同比上升24.3%、"黄赌"警情同比下降4.9%。

【持续护企优商】 2022年，越城区公安分局党委班子成员担任51个"项目警官制"警官，新建警企联络室43个；严打经济领域违法犯罪，破特大骗取出口退税案，全链条打击骗税、虚开、出售出口信息、地下钱庄等团伙，追缴赃款2000余万元，并发起全国集群战役；侦破假冒注册"喜临门床垫"案，捣毁生产窝点4个，扣押假冒床垫、标识5000余件，被央视特别报道；推动"人才落户'最多跑一次'""企业人才'一站式通办'"等22个惠企项目落地见效，助力越城营商环境进一步改善。

【坚持发展新时代"枫桥经验"】 2022年，越城区公安分局完成黄酒小镇站派出所挂牌，塔山、稽山、城南、鉴湖、产业园区5个所的营房完成搬迁并投入使用；完成3个联勤警务站、299个社区警务联络室新建改造，实现所有社区警务室与村（社）合署办公；统筹推进亚运场馆"三区三圈"防控网建设，完成已有路视频监控整合；探索枫桥指数"五个一"工作法，获省公安厅"基层基础工作技战法二十佳"；大力推进长三角户口新政试点，推进"一窗通办""就近办"，拓展高频服务事项174个，建立线下办事窗口19个，新增就近办点位298个，发展代办员队伍448人、新设银行帮办点31处，群众办事效率事均提高25%，满意度显著提高。府山派出所被命名为全国第二批"枫桥式公安派出所"，并获"全国优秀公安基层单位"称号。皋埠派出所完成省级"枫桥式"派出所创建。

【"阅卷精灵"迭代升级】 2022年，越城区公安分局依托省公安厅云资源数据及政法一体化平台，架设语言处理核心引擎，搭载认知语义理解、图谱分析、大数据碰撞等技术，自建证据材料数据库，研发"阅卷精灵"智能辅助办案应用，通过数字化分析手段和智能化模块应用，实现精细化、规范化办案，为全市"除险保安"工作提供坚强法治支撑。3月，该应用在全省11个地市公安机关推广应用，每日全省民警访问量达4600人次，阅卷用时和执法问题明显减少，办案质效进一步提高。"阅卷精灵"取得全国计算机软件著作权，获第十届全国公安基层技术革新二等奖、全省公安数改典型案例最佳应用等荣誉。5月13日，市委全面深化改革委员会第二次会议暨市数字化改革领导小组第八次全体（扩大）会议以视频形式举行，滨海新区管委会主任、越城区委书记徐军汇报演示"阅卷精灵"智能辅助办案应用。

【推出"越平安"云喇叭】 2022年，越城区公安分局着力攻坚基层治理中存在的预警宣传接受度低、针对性低、自动化低等难题，对接浙江警察学院，按照边研发、边试点、边应用原则，创新推出"越平安"云喇叭。云喇叭集视频、音频、喇叭、警灯、有无线传输于一体，并配有噪声、红外＋超声波传感器，设立手机、电脑两大终端，实现远程现场视频、声音等信息获取，配备自动报警、远程呼叫、人员感应报警等功能。针对商业综合体、文化广场、高等院校、交通拥堵路段、黄赌毒挂牌区域等不同场景的特点，从触发提醒、播放内容、适用人群、提醒时段等方面量身定制，实现精准预警宣传。云喇叭获公安部基层技术革新优秀奖、绍兴市数字法治好应用、全市公安机关基层革新项目金奖。

【组建轻装PTU机动队】 2022年，越城区公安分局组建巡特警、派出所轻装PTU（警察机动部队）机动队，按照"无缝对接"要求，围绕辖（巡）区内党政机关、商业区、景区等重点单位、人员密集场所开展驻点巡防和动态巡逻，落实"重大敏感警情就近处警、快速响应"机制，路面执勤警力情指中心大屏上墙、实时指挥，见警率、管事率得到进一步提升。

【推行“无警访民”工作】 2022 年，越城区公安分局始终坚持和发展新时代“枫桥经验”，深入实施城乡社区警务战略，推动基层治理工作重心下移、警力下沉、保障下倾。践行主动勤务，坚持社区必进、农村必进、校园必进、企业必进、网络必进，落实全体社区民警兼任所在社区(村居)党委副书记和所在辖区学校法治副校长，变社区民警下社区为驻社区，做到常态访民；聚焦重点难点，深入排查走访，做到精准访民；完善各项保障，坚持警格与网格必同步，网上与网下必同步，勤务与服务必同步，数量与质量必同步，评价与评比必同步，打造“枫桥指数”数字化评估平台，对社区民警实行统一扎口管理、统一清单问效，统一检查考评，做到规范访民。“无警访民”推行以来，社区民警下沉社区时间提升 46%，村(社)领导班子对社区民警满意率提升至 99.1%。

【执法规范化建设】 2022 年，越城区公安分局推动区委政法委在执法监督管理中心建立政法一体协同区，4 名员额检察官、2 名员额法官与区公安分局法制大队联合成立侦查监督协作办公室，开展合署办公，方便工作对接沟通，有效防止案件退捕退诉、发还补侦带来的节奏迟滞，截至年底，刑事案件快办 494 人，绝对量位居全市第一，案件补侦数同比下降 19.9%，达历史低点。组建专业办案队及专门押送队，建立“网上预约、人到即检”医疗服务绿色通道，切实提升执法质量，不捕不诉率同比下降 13%，司法监督数据中纠正违法通知书同比下降 68.4%。出台《分局民意感知考核细则》《110 接处警满意率专项提升方案》，民意综合指数、“110”接处警满意率明显提升。

【推进全域禁种铲毒工作】 2022 年，越城区公安分局联合区自然资源规划分局、区农业农村局出台《2022 年越城区禁种铲毒工作方案》，形成公安牵头、各部门镇街禁毒办密切配合的工作格局。全区 17 个镇街均成立以主职领导挂帅的禁种铲毒工作领导小组，层层压实工作职责，建立健全考核奖惩机制。同时组织志愿者队伍分发《禁种铲毒》宣传单，实行街道村落巡查，分片分块，层层把控，做到“巡查无死角”。开办毒品原植物学习培训班，并实行举报奖励机制。工作开展后，实现全域“零种植”“零产出”。(区公安分局 赵梦莎)

检 察

【概况】 2022 年，越城区检察院履行司法办案职责，共办结审查批捕案件 322 件 469 人，审查起诉案件 1622 件 2584 人，办案数量居全市前列。年内，越城区检察院工作经验被最高人民检察院、省检察院转发、推广 8 篇(次)，亮点工作获省、市检察院检察长、区委区政府主要领导批示肯定 6 次，所办案件获评省级以上精品(典型)案例 14 件，其中全国典型案例 5 件，集体和个人获评各类区级以上荣誉 40 余项，7 人次在市级以上公诉、案管岗位业务竞赛中获评标兵、能手称号，干警个人在市级以上各类调研刊物发表文章 20 余篇。

【刑事检察】 2022 年，越城区检察院着力打击故意杀人、绑架、强奸等危害公民人身安全的严重暴力犯罪，批捕 14 人、起诉 20 人；着力打击抢劫、抢夺、盗窃、诈骗等侵犯公民财产安全的多发性侵财犯罪，批捕 118 人、起诉 373 人；开展打击整治养老诈骗专项行动，着力打击非法吸收公众存款、集资诈骗、生产销售伪劣商品等犯罪，批捕 12 人、起诉 115 人；守护人民群众的“钱袋子”，打击电信网络诈骗及“两卡”犯罪(非法买卖电话卡；银行卡用于电信网络诈骗及其相关违法犯罪)，批捕 15 人、起诉 343 人。深入开展扫黑除恶常态化工作，办理王某等人寻衅滋事等一批恶势力犯罪案件，批捕涉黑恶案件 2 件 2 人、起诉 7 件 35 人。贯彻落实“八号检察建议”，针对办案中发现的叉车、环卫电动车等特殊车辆安全管理问题，制发检察建议，督促加强分类管理、执法监督，获区政府主要领导批示肯定。

【民事检察】 2022 年，越城区检察院办结裁判结果监督案件 30 件，其中，提请抗诉 2 件，发出再审检察建议 10 件，共获法院再审改判 23 件(含积存)；办结执行监督案件 50 件，向法院发出检察建议 43 件；办结审判活动监督案件 6 件，发出检察建议 3 件，均获法院回复采纳。持续打击虚假诉讼，发出再审检察建议 8 件，提请抗诉 1 件，获法院再审改判 20 件(含积存)；办理的保险合同纠纷虚假诉讼系列监督案写入最高检工作报告，获评最高检“虚假诉讼监督典型案例”，被省检察院评为“全省检察机关法律监督典型案例”。

【行政检察】 2022 年，越城区检察院开展行政争议实质性化解，化解案件 3 件。推进行政违法行为监督，发出 3 件检察建议均被采纳。对接“大综合一体化”执法改革，强化行政检察与综合执法的衔接，设立全市首个派驻综合执法局检察官办公室，会签《越城区行政执法与检察履职协作实施意见》，落实信息共享、数据研判、监督协作配合等工作机制。办理的涉人民陪审员违规参与诉讼专项监督案被最高检《行政检察工作情况》刊发，获省检察院检察长批示肯定。

【公益诉讼检察】 2022 年，越城区检察院立案行政公益诉讼案件 49 件，发出诉前检察建议 34 件，开展诉前磋商 15 件；立案民事公益诉讼案件 11 件，提起民事公益诉讼 4 件，刑事附带民事公益诉讼 4 件，诉前赔偿案件 1 件。联合市名城办设立古城保护公益诉讼检察创新实践基地，被省检察院确定为全省检察公益诉讼创新实践基地。开展燃气安全专项监督，就存在的安全隐患，撰写专项调查分析报告，提出针对性工作建议，获区政府主要领导批示肯定。

【护航企业发展】 2022 年，越城区检察院制定服务保障越城区经济稳进提质 12 项举措，并联

2022 年 6 月 1 日，绍兴古城保护公益诉讼检察创新实践基地揭牌仪式举行(区检察院　提供)

2022 年越城区检察院所办案件获评全国典型案例情况表

表 43

案件	典型案件
电商企业运营人员雷某某职务侵占案	最高人民检察院职务侵占典型案例
王某等七人危害钱塘江海塘防洪安全刑事附带民事公益诉讼案	最高人民检察院、水利部联合发布的涉水领域检察公益诉讼典型案例
沈某某等人保险合同纠纷虚假诉讼监督系列案	最高人民检察院虚假诉讼监督典型案例
金某某刑事申诉简易公开听证案	最高人民检察院第六批简易公开听证典型案例
督促保护女性患者诊疗信息行政公益诉讼案	最高人民检察院个人信息保护公益诉讼典型案例

合区委统战部、区工商联，以“企业家法治会客厅”为载体，发布《服务保障民营经济发展检察治理白皮书》，提高企业风险防范能力。依托皋埠检察室，设立驻绍兴集成电路产业园知识产权检察工作站，提供信息查询、法律咨询、举报申诉、普法宣传等服务。探索推进企业合规工作，在办理阮某某等人虚开增值税专用发票案中，针对案情明晰、合规问题明确、监督评估专业性要求简单且涉案企业规模较小等情况，使用入企调查、现场考察、上门听证等手段简化程序，减轻企业“司法负担”，系全市首例简式合规案。落实宽缓刑事政策，审结83件242人，作出不起诉决定12件35人，建议适用缓刑63人均获采纳。加强对涉企案件分析研判，深入研究案件背后的社会治理问题，办理的一起案件获评最高检“依法办理民营企业职务侵占犯罪典型案例”。与区司法局会签实施意见，简化涉企矫正对象“经营性请假外出”审批流程，累计批准请假外出90余人次，保障企业正常生产经营活动。

【未成年人保护】 2022年，越城区检察院发挥未成年人检察职能，就履职中发现的政务公开信息中，对未成年人相关信息未经去标识化处理，致使个人隐私处于长期泄露状态的情况，督促相关部门全面排查整改，落实信息公开安全审查制度。针对校园周边噪声影响中、高考考生备考的情况，向相关部门制发诉前检察建议，督促其履行监管职责，排查整治涉案噪声污染问题。联合区司法局出台《关于加强未成年人社区矫正工作协作配合的实施办法》，定期分析研判辖内未成年社区矫正对象的矫正管理、社会帮扶等工作，促其顺利回归社会。开展“法治辅导员进校园”宣教活动20余次，受众师生8000余人次。

【践行“三查融合”】 2022年，越城区检察院坚持以审查、调查、侦查“三查融合”思维和方法贯穿检察履职全过程，全面提升法律监督质效和刚性。与区监委合力惩治腐败，办理职务犯罪案件8件9人，依法查处一起司法工作人员职务犯罪案件。建立健全反洗钱统筹协调机制，审查发现并办理洗钱案件3件3人，向公安机关移送洗钱犯罪线索20余条；通过梳理“毒资”发现“自洗钱”犯罪线索并自行补充侦查，对2人增诉洗钱罪，办理《中华人民共和国刑法修正案（十一）》施行后全市首例“自洗钱”案，经验做法2次获省检察院通报肯定。

【参与基层社会治理】 2022年，越城区检察院落实“群众来信件件有回复”，做到群众来信7日内程序性回复、3个月内办理过程或结果答复“两个100%”。开展“司法救助+社会救助+法律援助+心理抚慰+造血扶志”的“1+N”多元化司法救助，对因案致贫人员、退役军人、妇女儿童、残疾人等重点帮扶对象发放救助金70余万元。推进院领导包案办理首次信访专项工作，在办理金某某刑事申诉案中，由检察长主持公开听证，化解历时4年的邻里纠纷，入选最高检第六批“简易公开听证典型案例”。

【建立全市首个检察机关听证员库】 2022年，越城区检察院在全市检察机关率先建立听证员库，将来自各行业的57名专业人员动态入库，在办理李某某刑事申诉案中，上门开展简易听证，促成信访人当场息诉罢访，经验做法被《检察日报》报道。落实“少捕慎诉慎押”刑事司法政策，制定社会危险性量化评估标准，对轻微刑事案件犯罪嫌疑人羁押必要性进行客观评估，有效降低审前羁押率，全年不捕104人，不起诉973人。

【检察数据平台建设】 2022年，越城区检察院加强数据平台建设，依托公益诉讼指挥中心数据优势，对接浙江检察数据应用平台、政法一体化和“两法（行政执法和刑事司法）”衔接平台，与区综合信息指挥中心实现“四个平台”数据实时共享，对接市名城办古城保护利用信息管理系统，实现30个部门250多类数据归集，提升监督线索成案率。完成省、市检察院部署的专项数字监督14个，自行发现并开展新领域专项数字监督5个，出台数字监督办案工作机制8项，被省检察院确定为“全省行政检察数字监督试点单位”。开展医保诈骗专项数字监督，会同市检察院数字指挥中心研发“民营医院医保诈骗数字监督模型”，深挖一批犯罪线索，并通过公益诉讼诉前检察建议，督促追回被骗医保基金2500余万元，获全国法律监督模型竞赛优胜奖。（区检察院　李晓兰）

法　院

【概况】 2022年，越城区人民法院新收各类案件18648件，同比下降6.21%；办结19136件（含旧存），同比下降2.55%。主要质效指标持续在合理区间良性运行，为“首位立区、幸福越城”建设提供司法服务和保障。鉴湖法庭“契约化”共建项目被《人民日报》刊登报道。执行指挥中心获评全市“共产党员先锋岗”，综合办获评省级青年文明号，政治部主任郭巍被表彰为全国法院政治工作先进个人。多篇信息、调研获中央、最高人民法院及省委领导批示肯定，连续3年获全省法院信息工作二等奖，12篇论文、案例被《中国审判》《全国法院年度案例》等国家级刊物录用，33篇宣传报道被《人民日报》《人民法院报》等国家级、省级媒体刊登录用。

【审结刑事案件949件】 2022年，越城区审结刑事案件949件，同比上升2.71%；判处罪犯1625人，同比下降7.30%。常态化开展扫黑除恶斗争，审结黑恶案件5件22人。扎实开展打击整治涉众型诈骗案件32件193人，“法检两长”同庭履职全省首例医保诈骗案，全省检察、公安、医保系统代表百余人观摩庭审。审结性侵未成年人、食品药品安全、高空抛物等群众关注的涉民生刑事案件32件34人，审结辖区首例侵犯公民个人信息刑事附带民事公益诉讼案，保障人民群众生命财产安全和信息安全。审结贪污、贿赂、渎职等职务犯罪案件9件12人，依法审结嵊州市委原副书记、政法委原书记盛某受贿、滥用职权案。

【审结商事纠纷6409件】 2022年，越城区审结商事纠纷6409件，同比下降3.32%。出台服务保障经济稳进提质十条措施，专题向区人大常委会报告助力优化营商环境服务经济高质量发展情况，2篇案例入选全市十大典型案例。启动破产审查82件，为历年之最，审结破产案件54件。通过审判执行程序，盘活土地195.64亩，处置各类房产25.70万平方米。审结越星置业破产清算转重整案，推动停滞8年的“尚都中心”项目复工复建。建立“立审执破”一体化工作机制，处理全市首例受“双减”政策影响教育培训机构破产清算案。查处虚假诉讼案件136件，居全市第一，虚假诉讼高发的民间借贷纠纷收案数连续5年呈下降趋势，在全市“八个多跨”工作推进会上作经验交流。

【新收行政诉讼案件314件】 2022年，越城区新收行政诉讼案件314件，同比下降1.26%；涉越城区行政机关败诉率2.83%，同比下降13.51个百分点，降幅为近十年之最；调撤率44.59%，同比上升20.43个百分点，增幅居全市前列；近三年行政机关负责人出庭应诉率保持100%，实现行政诉讼“双升双降”攻坚目标。高规格召开府院联席会议，与区政府签订《合力创建全国法治政府建设示范区协议》，出台司法保障“法治越城”建设15条意见。深化府院联动，报送败诉风险预警9期，获区政府主要领导多次批示，发送败诉风险告知单35份，推动行政机关

2022 年 4 月 19 日，越城区法治政府建设推进会暨府院联席会议召开（沈爽爽　摄）

2022 年 10 月 26 日，越城区人民法院刑庭联合绍兴市秀水小学共建未成年人法治教育中心签约授牌现场（沈爽爽　摄）

领导包案化解 22 件疑难复杂案件，助力拔钉清障攻坚。调处一起长达 7 年之久的国有土地出让纠纷案，实现案结事了人和。

【审结民事案件 4762 件】 2022 年，越城区审结民事案件 4762 件，同比上升 0.83%。审结涉婚姻、继承等家事纠纷 1019 件，落实家庭教育促进法，发放家庭教育告知书 134 份、提醒书 82 份，联合秀水小学成立未成年人法治教育中心，建立院校协同育人新模式。审结劳资纠纷 835 件，为劳动者争取报酬 1573.54 万元。审结环境资源案件 39 件，设立水资源保护“共享法庭”，共同守护稽山鉴水。积极传递司法温度，为经济困难当事人缓交或减免诉讼费 85.4 万元，向 37 名当事人发放司法救助金 103.15 万元。

【执结案件 6082 件】 2022 年，越城区法院执行终结案件 6082 件，执行到位金额 23.33 亿元，连续五年居全市第一。持续保持执行高压态势，开展“越剑 2022”惠民暖心、“夏季攻势”百日攻坚、助企纾困保民生等专项集中执行行动，拘留、罚款 783 人次，腾退房屋 298 处，通过失信、限高、悬赏曝光等措施惩戒失信被执行人 12109 人次，移送拒执犯罪线索 101 件 110 人，违法制裁率连续 4 年居全市第一、全省前列，妥善化解欧皇家具系列劳动争议案入选全省优秀案例。深化执行“一件事”综合集成改革，在线办理执行事项 27875 件次，司法拍卖用时缩短 30%，平均办证用时缩短至 2 天。建立“共享法庭”执行联络站，执前督促履行 1576 次，自动履行率 50.32%，同比提高 5.27 个百分点。

【“枫桥式”法庭建设】 2022 年，越城区 5 个派出人民法庭（袍江法庭、皋埠法庭、鉴湖法庭、滨海法庭、镜湖法庭）共审结案件 4441 件，同比上升 2.54%。启用镜湖法庭，实现法庭布局东西南北中全覆盖。袍江法庭联合区总工会研发“八字桥工作室”小程序，打造劳动争议多跨协同“一站式”掌上解纷新模式。皋埠法庭深挖新时代“一步到庭”审判理念，推动巡回审判与基层治理深度融合。滨海法庭建成全区首个“互联网法庭”，为高端生物医药产业、高端装备制造产业和保税区建设开发提供司法服务。在全区建成“共享法庭”386 个，实现镇街、村社全覆盖，其中特设“共享法庭”29 个，在全市率先推动出台庭务主任考核奖励办法，坡塘村、尚巷村“共享法庭”获评全市“枫桥式共享法庭”。

【诉源治理】 2022 年，越城区法院持续深化诉源治理工作，诉前纠纷化解率 44.73%，持续保持全市第一，一审民商事案件收案数同比下降 4.55%。持续推动“行业纠纷行业解”，在全市率先构建“源头防范、多元化解、集约审理”金融纠纷治理闭环，金融纠纷收案数同比下降27.5%，调解率提升至28%。深化立案预警、类案警示机制，依托部门联动、内外协同，妥善化解昂恩教育等涉众纠纷7批400余件，通过示范诉讼减少类案1100余件。

【“越法三章”精神】 2022年，越城区法院组织开展越法精神征集活动，经过自下而上征求意见、反复推敲、研讨提炼，综合历史性和时代性、辨识度和认同感等因素，最终形成凝聚集体智慧、全员共识的“越法三章”，即特别讲政治，旗帜鲜明，顾大局不怯责，传承“鉴湖越台名士乡”历史气度，让忠诚成为越法最鲜红的底色；特别能战斗，首战首位，敢担当不畏难，发扬“三千越甲可吞吴”胆剑精神，让奋进成为越法最鲜亮的标识；特别重规矩，令行禁止，扬正气不谋私，筑牢“万里关山不可越”拒腐堤坝，让清廉成为越法最鲜明的特征。

【“四百·四进”司法服务活动】 2022年，越城区法院精准回应各界需求，依托“越法微课堂”“越法宣讲团”等平台，通过“线上+线下”相结合的方式组织开展百场法治教育进校园、百场法治服务进企业、百场法治宣讲进机关、百场巡回审判进村居“四百·四进”活动680场，摄制越法微课堂短视频22个，发放普法宣传册3500余本，将优质司法服务输送到基层一线、群众身边。

【数字法院建设】 2022年，越城区法院联合呈报的法治政府研究报告获最高人民法院院长周强批示肯定，《绍兴古城保护与新城开发的调研》被省高院列为重点数助决策项目，系全市唯一，获市委、市政府和区委、区政府主要领导高度评价。参与两个省级“育苗造林”项目建设，上线“诉讼一体化”风险预警项目，完成“数智‘枫’景”项目主体框架。研发全省法院督查信访应用平台，被省高院推广应用，数字赋能审判

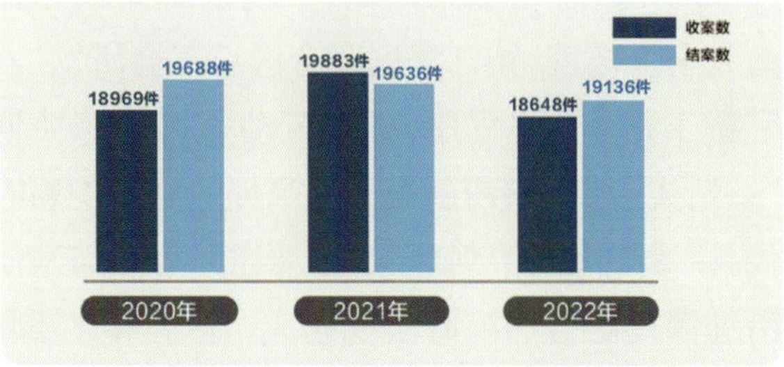

图9　2020—2022年越城区收案、结案情况

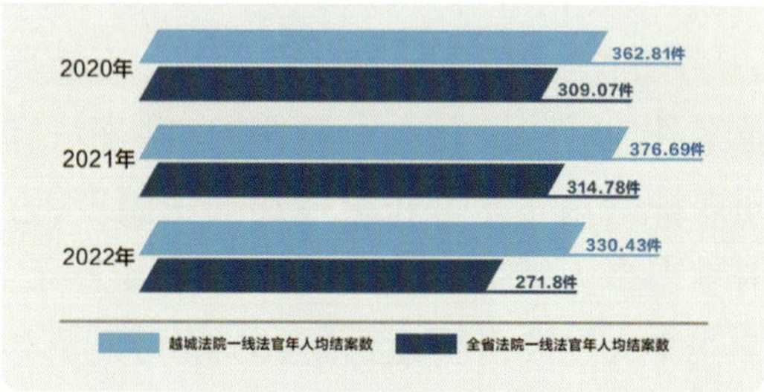

图10　2020—2022年越城区一线法官人均结案情况

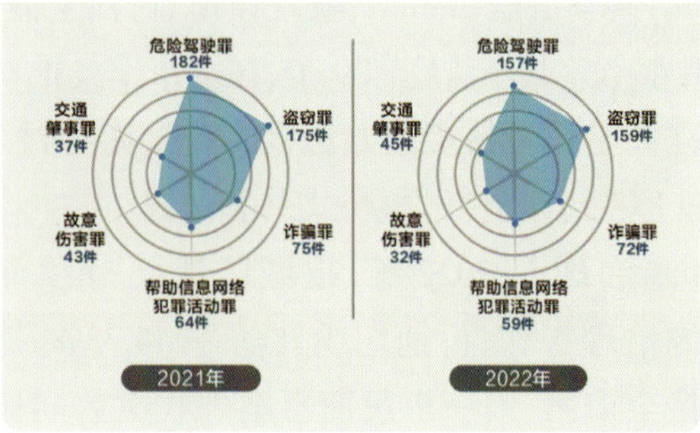

图11　2020—2022年越城区刑事收案主要案件情况

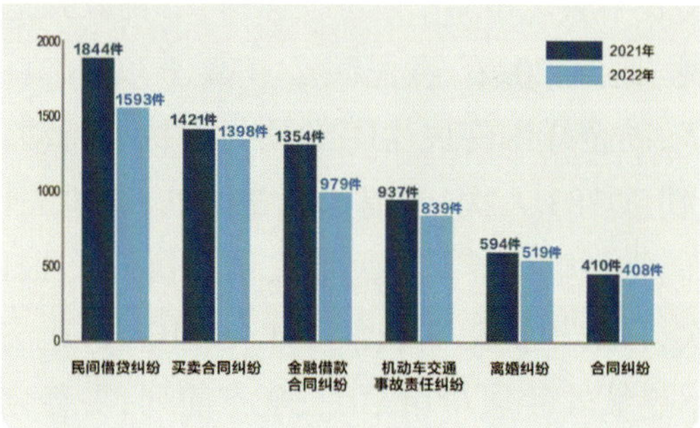

图12　2020—2022年越城区民商事收案主要案件情况

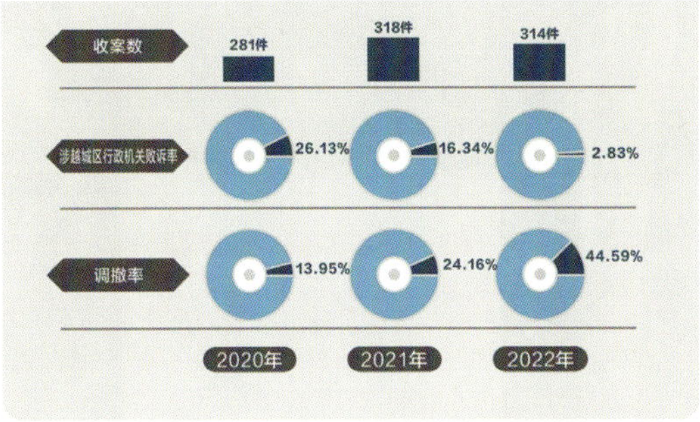

图 13　2020—2022 年越城区年行政案件相关数据

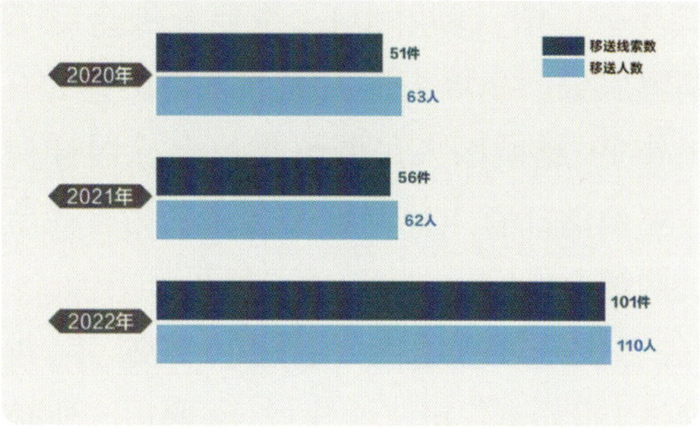

图 14　2020—2022 年越城区移送拒执犯罪线索情况

更加精准高效。成立审判辅助事务集约中心，打造“专人专事、集成集约”审判辅助工作新模式，上诉案件移送天数、公告送达率、诉讼费平均退费天数等质效指标得到大幅优化。

【司法体制综合配套改革】 2022 年，越城区法院遴选员额法官 5 名，按期晋升、择优选升法官 9 名。持续深化以审判为中心的刑事诉讼制度改革，准确实施认罪认罚从宽制度。构建全链条刑财案件闭环管理机制，移送刑事涉财产执行案件 1296 件，相关做法在全市法院推广。开展民事诉讼程序繁简分流改革，出台小额诉讼程序适用指引，小额诉讼程序适用率 17.23%，同比提升 10.11 个百分点。推进四级法院审级职能定位改革，新增一审涉外民商事案件管辖权。

【清廉法院建设】 2022 年，越城区法院整合内部监督力量，切实提升监督实效，创新实施机关纪委和内部督察“合署办公”新模式，实现政治监督、纪律监督、审判监督融合贯通，相关做法被省高院点赞推广。开展廉洁司法教育周、清廉法院推进月、执行领域突出问题集中整治等活动，创设第三方案件质量随机回访制度，引入公证处开展案件回访 1232 件 1165 人次，倒逼干警严格依法依规办案。坚持“不敢腐、不能腐、不想腐”一体推进，出台作风效能记分办法，开展督察检查 32 次，发布通报 23 期、整改通知单 13 份，效能记分 27 人次，“四种形态”处理干警员工 17 人，主动排查移送 2 人。（区法院　傅眉佳）

司法行政

【概况】 2022 年，越城区共有各级调解员 1646 人，其中专职调解员 143 人，调委会 516 个，行业性专业性调委会 14 个。全区累计创建全国级民主法治村 3 个、省级民主法治村 66 个、市级民主法治村 271 个，全区实现民主法治村全覆盖。全区律师深入各镇街村居企业开展各种法治宣讲 600 余场；办理各类援助案件 825 件，提供各类咨询 13000 人次；越州公证处办结各类公证事项 2460 件，收费 533 万元。

【完善矛盾纠纷多元化解机制】 2022 年，越城区采取“网格处置—村级调解—街道调解—诉前调解—司法确认”的分级模式，将矛盾调处化解在街道辖区之内，全区全年共受理矛盾纠纷 4515 件，成功调解 4473 件，涉及金额 33062.98 万元，满意率 99% 以上；自 6 月启动诉前引调以来，共接收各类引调案件 66 件，涉及 8 个镇街、8 个局办，成功调处（含驳回起诉）16 件，延期审理 5 件，转为诉中调解 18 件，正在化解 10 件，17 件进入诉讼阶段，无败诉案件；开展信访积案清零行动，化解涉访案件 5 件，其中信访积案 2 件；通过政府购买服务的方式，成立邻和调解工作室；注册成立越城区第二家调解类社会组织——立拍云调解中心，主要开展金融类纠纷调解服务。皋埠街道人民调解委员会580调解工作室、越城区人民调解委员会徐国祥调解工作室被浙江省人民调解协会命名为省级金牌人民调解工作室。

【创先评优开展基层社会治理】 2022年，越城区推进“枫桥式”司法所建设，陶堰司法所被浙江省司法厅任命为浙江省“枫桥式”司法所，越城区实现省级“枫桥式”司法所“零的突破”；富盛司法所、马山司法所、陶堰司法所被中共绍兴市委政法委员会、绍兴市司法局任命为第五批市级“枫桥式”司法所(绍司发〔2023〕3号文件)，目前已有5家市级“枫桥式”司法所(皋埠司法所、灵芝司法所、富盛司法所、马山司法所、陶堰司法所)；培育争创国家级民主法治村(社区)1个、省级16个、市级82个；培育“法治带头人”352人、“法律明白人”1056人，评选“尊法学法守法用法示范户”707户。

【普法宣传工作】 2022年，越城区各级党委(党组)学习习近平法治思想100余次，邀请专家开展专题讲座9场次；以“一月一学法”为抓手，带动全区国家工作人员把学法贯穿始终，全区各镇街、部门共计开展各类专题学法256场次，学习3300余人次；列入2022年度

陶堰街道内陶堰司法所联合调解中心(区司法局 提供)

名人广场民法典公园一角(区司法局 提供)

法治宣传教育责任清单项目42个，涉及区级部门(单位)20个，实现清单销号式普法；开展“法助共富 法护平安”“护航二十大 普法在行动”专项法治宣传活动，开展宣传300场，受众4万余人，开展253场次“百名律师千场讲座进文化礼堂”活动，基层普法体验活动170余场次，覆盖全区近60%的基层村和社区，参与体验的活动的志愿者和群众达3万余名；投入资金16余万元，对名人广场法治文化基地提升改造，带动全区各镇街开发各类法治文化基地，全区共计有各类法治公园15个，长廊、墙绘、踏步道20余处。

法律服务

【概况】 2022年，越城区共有区属律师事务所34家，执业律师590名。304名律师担任全区17个镇街352个行政村(社区)法律顾问；全年办理各类案件2.05万件，收费金额3.7亿元。34家律所单独设立党支部28个，有律师党员242名。截至2022年，共有公证员6名、公证员助理6名，全年共办理各类公证案件3331件，其中国内案件2824件、涉外案件507件，业务收费实际入账701万元，比2021年增长9.5%。

【规范律师行业管理，助力越城法治建设】 2022 年，越城区联合公检法部门成立专班、明确职能、建立协作机制、健全“双向预警”，从严规范法官、检察官、人民警察与律师的接触交往行为，共组织开展专题学习 62 次、研讨会 4 场，未发现律师与司法人员不正当接触交往行为。开展覆盖全员的律师行业“政治轮训”、习近平法治思想培训班、专题研讨会等共 117 次，累计参与 1083 人次，分享学习体会 32 次，开展法治宣讲 36 次。常态化开展“古越刑事夜话”“律道传承”“论文写作交流”等青年律师沙龙，累计参与培训、座谈 160 余人次。组建法律顾问“A+B”团队 20 人，严格执行合法性审核制度，做到规范性文件、重大行政决策、重大执法决定、合同合法性审查 100% 全覆盖，为企业开展“法治体检”3800 余次，梳理排查法律风险隐患 1720 个。助力越城一审行政诉讼行政机关败诉率降至 6% 以下，一审行政诉讼案件协调撤率提升至 44% 以上。

【打造“越律争锋”党建品牌】 2022 年，越城区 34 个律师事务所均配备党建指导员，构建“党建促所建、党务强业务、党风带行风”的新模式，

2022 年 6 月 30 日，越城区司法行政系统党建品牌发布会暨“喜迎二十大 奋进新征程”——“助力经济 稳进提质”主题活动启动仪式现场，社区和律所代表签订越城区党建“契约化”共建协议（区司法局 提供）

创建市级“两新”组织党建工作示范点 1 个。开展律所党支部与所在社区党组织签署“契约化”合作协议，236 名党员律师完成“契约共建”结对，开展“契约化”共建活动 820 余次，开展“百名律师千场讲座进文化礼堂”253 场次，“法助共富 法护平安”“护航二十大 普法在行动”专项法治宣传活动 300 场，受众 4 万余人。6 名律师志愿者参与“法助共富、护童成长”畲娃结对帮扶活动。

【公证便民服务】 2022 年，越城区越州公证处依托区行政服务中心、袍江政务服务中心、区社会矛盾纠纷调处化解中心 3 个对外窗口办理“最多跑一次”服务事项 1220 件，推进线上公证、公证书寄送服务，累计办理在线公证 381 件，占办案数的 11.4%。全年在各镇街拆迁村现场咨询 12 次涉 2090 户，先后办理了拆迁村村民评估机构选择的保全证据公证 14 件，择房抽签的现场监督公证 84 件，法律文书送达公证 75 件，赠与合同公证 345 件，房产现状保全证据公证 85 件。通过专项检查、公证质量日常互查、回访当事人等方法对公证处卷宗、办证流程、档案管理、财务收支进行全面检查，对存在的问题进行及时纠正，未发现有错、假证公证文书，公证卷宗在全省公证质量检查抽查中全部合格。（司法局 李菊花）

区社会治理中心建设

【概况】 2022 年，根据全省关于深化“县乡一体、条抓块统”改革、扎实推进数字化改革和基层智治系统建设的决策部署，越城区在全市率先将原区综合信息指挥中心和区矛盾纠纷调处化解中心迭代升级组成区社会治理中心，迭代升级“141”〔“1”指区社会治理中心，“4”指乡镇（街道）“基层治理四平台”，“1”指村社网格〕

基层治理体系，着力优架构、夯基础、强应用、抓贯通，基层智治系统考核位列全市第一、全省前列；矛调结案率、群众满意率 2 项考核数据始终排名全市第一。

【下发《关于深化“县乡一体、条抓块统”改革全面推进基层智治系统建设的实施方案》】 2022 年，越城区组建基层智治系统建设工作组，动态实行区级联席会议、专题组会议、联络员会议等工作推进机制。在全市率先下发《关于深化“县乡一体、条抓块统”改革全面推进基层智治系统建设的实施方案》，重点梳理 17 项 56 条具体任务。

【出台《越城区镇街“基层治理四平台”迭代升级工作指南（试行）》】 2022 年，越城区在全市率先出台《越城区镇街“基层治理四平台”迭代升级工作指南（试行）》，明确镇街综合信息指挥室建立健全日常运行、工作责任、信息归集、预警分析、闭环管理、首问负责、考核评价、能力提升、联勤联动、保密管理 10 项运行机制和指挥体系。

【“基层治理四平台”迭代升级】 2022 年，越城区明确镇街综合信息指挥室工作机制和指挥体系，分别由镇街党政、人大主要领导和副书记牵头包干负责一个平台，对镇街的各办、中心对照新的“党建统领、经济生态、平安法治、公共服务”四平台进行归口，明确综合信息指挥室日常运行、工作责任、闭环管理等运行机制。

升级后的越城区社会治理矩阵式智治平台（区社会治理中心　提供）

迭代升级后的越城区社会治理中心区级矛调大厅（区社会治理中心　提供）

【受理矛盾纠纷类事项 6260 件】 2022 年 8 月，区矛盾纠纷调处化解中心迭代升级并入区社会治理中心，截至年底，累计受理矛盾纠纷类事项 6260 件，接待群众 7107 人次，结案率 99.75%，群众满意率达 99.82%；区领导中心接待来访群众 243 批次 356 人次，区领导接访占比 91.70%。累计调处各类纠纷 587 起，成功率 99.83%，涉及金额 830 万余元。

【贯通基层智治系统重大应用】 2022 年，区社会治理中心全面梳理“141”体系下相关应用，配合省、市迭代升级基层智治综合应用，综合集成按需整合各类应用。按照数字化改革重大应用“一本账”，梳理延伸至镇街、村社的应用清单、事项清单，按需做好六大系统（党建统领整体智治、数字政府、数字经济、数字社会、数字文化、数字法治）重大应用功能贯通工作。七张问题清单、防汛防台、社区矫正、e 行在线等 10 个重大应用已按要求贯通至镇街、村社、网格。（区社会治理中心　陈铱本）

军　事

综　述

【概况】 2022年，越城区人武部在军分区党委和区委的坚强领导下，围绕喜迎中共二十大和学习贯彻中共二十大精神的主线，团结带领人武部党委一班人，突出举旗铸魂，强化打仗标准，扎实抓好应急应战能力建设，参加战区组织的联演联训并接受全程督考，完成年度民兵整组和兵员征集任务，各项工作得到稳步提升。

【备战打仗要点】 2022年，越城区人武部加大训练转型力度，利用"三大练兵平台"（省域跨区联训、市域基地轮训、县域基础自训），完成年度参训民兵共同基础、专业训练任务。完成浙江省浙北协作区情报信息侦搜跨区联训和军分区后装勤务保障分队集训任务。参加军分区第5届民兵岗位练兵暨"四会"教练员（指在军事教学中会讲、会做、会教、会做思想政治工作的教练员）比武，总成绩列全市第二名，皋埠街道民兵应鹏飞获隐蔽侦察破袭第一名，鉴湖街道民兵阮江获隐蔽侦察破袭第二名。

2022年6月22日，民兵参加岗位练兵比武（区人武部　提供）

【首长机关战备训练】 2022年，越城区人武部深入开展"大学习大交流大提升"活动，主官带头备课示教，团以上领导完成年度"百题调研"课题研究。参加军分区第一季度作风教育整顿理论考核并获全市第一。副部长边建刚被省军区表彰为全省练兵备战先进个人，保障科负责人朱新义被省军区评为优秀文职人员标兵，军事科参谋姜嘉羿参加院校和省军区培训2次获评优秀学员。11月，副部长边建刚、政工科长安丰达、保障科负责人朱新义参加省军区年度军事训练抽考，成绩优秀。12月，政工科长安丰达、军事科参谋姜嘉羿被军分区记嘉奖。

【民兵建设】 2022年，越城区人武部紧盯省军区党委"打赢民兵工作检查考评'联冠仗'"目标，进一步编实建强基干民兵队伍，采取现地观摩、交叉检查等形式，规范民兵整组点验程序，对逐个单位、逐支队伍进行检查拉动，推动基层规范化建设落地，先后3次被省军区抽点全

越城籍2021年度三等功官兵立功受奖统计表

表44

序号	表彰奖励	姓名	性别	部队	所在街镇及村(社区)
1	三等功	姚　烽	男	94973部队	越城区城南街道念亩头村
2	三等功	王东良	男	东部战区某部	越城区城南街道凤凰村
3	三等功	詹宇坤	男	69221部队	越城区城南街道念亩头村
4	三等功	徐淼丰	男	91666部队	越城区皋埠街道皇埠村
5	三等功	陈　伟	男	武警海警某队	越城区马山街道储二村
6	三等功	赵志峰	男	76816部队	越城区孙端街道张家沥村
7	三等功	许　超	男	92095部队	越城区富盛镇上旺村

程无扣分,集中点验做法被《中国民兵》报道;全省民兵整组数据会审实现零扣分,先后完成任务部队过境保障任务,抓好11号台风“轩岚诺”、12号台风“梅花”应急备勤,常态组织民兵参与高速卡口疫情防控任务,国动援战能力得到实战检验。塔山、北海及孙端街道武装部被军分区评为“五星基层武装部”。军事科参谋李戌均、勤务保障分队民兵钱琴娟被评为绍兴市第三届“最美民兵”,沥海街道部长王刚被军分区表彰为“民兵工作先进个人,后装兵”。

【国防教育和双拥共建】 2022年,越城区人武部大力开展国防教育,2月,在迪荡湖公园建成运行区国防教育暨双拥文化主题公园。4月至7月,联合团区委、教体局、退役军人事务局等部门在全区中小学联合开展“解放军叔叔您好——献给最可爱的人”手绘明信片年度国防教育活动,被市、区各级媒体广泛报道。八一建军节前夕区级各媒体发布“八一”光荣榜,9月30日组织人武部机关、府山街道民兵、皋埠街道民兵参加市、区两级“9·30”烈士纪念日公祭活动,11月联合区退役军人事务局组织年度“最美退役军人”评选,12月组织开展全市第三届“最美民兵”评选推荐,协调退役军人事务局落实走访慰问参战和困难老兵、边海防部队官兵家庭和军烈属、义务兵家庭体检、重点优抚对象疗养、退役优待证发放等拥军优属工作,进一步构建全社会关心国防、支持武装的良好环境。

【安全稳定和作风建设】 2022年,越城区人武部深入开展“迎接二十大、创建安全年”,“四严四整”教育整训,深化保密工作专项整治,深化“四类”倾向性问题纠治,深化涉军网络、手机上网和微信失泄密专项治理和迎接军委巡视军委国防动员部巡察反馈共性问题整改等安全管理和作风纪律教育整顿活动,并向全体专武干部和民兵拓展延伸。3月,2次协调区公安分局核查全体现役文职职工手机上网,未发现上网“翻墙”、网赌网贷等现象,购置手机上网筛查设备和测酒仪,常态落实全员手机上网情况检测并开展不定期测酒。持续深化政治整训,扎实抓好“加强政治建设、严守政治纪律”军委专项巡视和国动部巡察,对标省军区反馈的问题,举一反三拉单列表,压实责任对账销号。先后7次接受省军区和军分区“四不两直”和安全综合性检查,部队保持安全稳定。(区人武部　赖巧晶)

人民防空

【概况】 2022年，越城区围绕主责主业，持续加强人防指挥部规范化建设，完成指挥部组成人员调整和指挥部工作要点，全年共组织指挥部会议2次，督导8家重要经济目标单位人防工作全覆盖。夯实人防应战应急基础，完成人防专业队整组，组建多支人防专业队伍，并实兵实装开展相关专业队伍拉动点验活动。结合电力系统重要经济目标防护和人员疏散接收安置，高质量开展人防演习。按要求组织开展“5・12”“9・18”防空防灾警报试鸣活动，警报鸣响率100%。

【人防信息化建设】 2022年，越城区加强人防警报数字化提升，对承接的老化人防警报摸排更新改造，新增人防警报，扩大人防警报覆盖面。委托第三方机构签订合作协议委托巡检维护警报设施。结合防空地下室赋码管理，运用智慧人防巡检数字化改革成果开展防空地下室大检查和“双随机、一公开”监管。

【宣传教育】 2022年，越城区为71所中小学2万余名学生征订人防教材，组织人防教师培训交流。围绕“5・12”“9・18”重要时间节点，多部门联动发布试鸣公告，通过三大运营商和国家突发公共事件预警信息发布平台推送2万条警报试鸣信息。（区发改局　丁泽炜）

财政 税务

财 政

【概况】 2022年，绍兴市越城区（滨海新区）实现地区生产总值1271.04亿元，按可比价格计算，增长4.0%。其中，第一产业增加值17.48亿元，增长3.3%；第二产业增加值547.38亿元，增长5.8%；第三产业增加值706.18亿元，增长2.6%。三次产业结构比为1.4∶43.1∶55.6。社会消费品零售总额748.36亿元，增长3.6%。外贸进出口总额835.18亿元，增长25.63%。全区城镇常住居民人均可支配收入70525元，农村常住居民人均可支配收入45540元，分别增长4.1%和7.1%。按户籍人口计算，人均生产总值153496元，增长4.1%。全年实现财政总收入137.01亿元，其中，一般公共预算收入86.33亿元，同口径增长5.7%。全区一般公共预算支出99.40亿元，增长14.7%。全区财政收支平衡。

2022年，越城区财政局建立健全党史学习教育常态化、长效化机制，全年共计发放学习资料400册，组织学习60次，深入学习贯彻中共二十大精神，同步开展“青春献礼二十大·财政青年说”“学习二十大精神·财政法治建设有我”等系列活动，全局党员专题学习率、发言率均达到100%。打造“清风财政·红色管家”特色党建品牌，财政、税务、审计、统计四部门联合成立党建契约联盟，持续开展“我为企业解难题”系列活动，深入开展“契约化”共建，全年共认领完成“微心愿”103个，成立“幸福越城 携手共富”越城国企党建合创联盟。开展中层干部聘任调整工作，共提任中层正职3名，中层副职6名，85后中层干部占比达到52.2%。举办“清风财韵·喜迎二十大”主题活动，向全体党员“征廉文”展清廉精神，录播短视频“‘清白泉’下话清廉·财政干部强廉政”弘扬清廉文化。参加全省清廉财政建设推进会绍兴站活动，获评“全省清廉财政建设成效突出单位”。

【全年实现一般公共预算收入86.33亿元】 2022年，越城区实现一般公共预算收入86.33亿元，一般公共预算收入占地区生产总值的6.8%，占财政总收入的63.0%，税收收入实现71.87亿元，占一般公共预算收入的83.25%。完成非税系统和票据管理一体化上线，实现财政电子票据全覆盖。全年实现非税收入81.88亿元，其中纳入一般公共预算管理的非税收入14.46亿元，同口径增长48.6%。引入中介机构专业力量做好申报发行，全年新增专项债券50.33亿元。

【投入惠企政策兑现资金10.5亿元】 2022年，越城区印发《2022年越城区、滨海新区经济高质量发展20条》,全年累计投入惠企政策兑现资金10.5亿元,同比增长14.5%,加快资金兑付效率,实现"越快兑"平台上线率100%。

【科技支出】 2022年,越城区科技支出继续保持15%以上增长,兑现高层次人才创业创新补助等各类人才政策资金3.47亿元,激发人才创新创业活力。

【减税降费】 2022年,越城区累计实施留抵退税地方级超20亿元,发放普惠性消费券1.14亿元,汽车消费券2773万元,提供政策性融资担保4.29亿元、金融贴息1145万元、减免国有资产租金2299万元,惠及小微企业和个体工商户4000余家。中小微企业政府采购份额上升至88.4%,政采贷累计授信8750.56万元、发放贷款4565.86万元。

【民生支出】 2022年,越城区民生支出69.10亿元,增长10.8%,占一般公共预算支出70.0%。其中教育支出20.88亿元,增长10.7%。新开办中小学、幼儿园6家,新增学位3690个,实现教育资源布局日趋均衡;兑现文化产业扶持资金1874万元,落实省级全域旅游示范区创建奖补资金2149万元;社会保障和就业支出15.78亿元,增长24.8%。新增城镇就业4.26万人、失业再就业8835人、就业困难再就业2680人,完成职业技能培训5.75万人次,实现零就业家庭动态清零;卫生健康支出14.63亿元,增长40.0%,支持基层卫生医疗提升行动,越城区人民医院、东湖和马山社区卫生服务中心等项目有序推进;投入垃圾分类经费1.53亿元,公厕服务大提升经费1926万元;发放各类粮食补贴6720万元,兑现三农高质量扶持政策资金5708万元,全年土地出让收入用于农业农村比例超过5%,下达"一事一议"财政奖补资金1213万元,安排资金5200余万元实施山塘水库、小流域整治工程,补齐农村基础设施短板。

【清理结余资金】 2022年,越城区财政局推进指标账试点、总会计模块应用、核算云系统上线等迭代升级,开展财政结余资金清理,累计清理盘活结余资金6.44亿元。

【镇街"三保"支出】 2022年,越城区财政局完善镇街财政管理,将镇街"三保"支出(保工资、保运转、保民生)以固定财力的形式全额纳入财政保障范围,累计安排镇街"三保"支出4.52亿元。

【数字化改革】 2022年,越城区财政局完成"财政电子票据自动核销与记账改革"省级试点项目。完成"浙里报"平台功能上线,实现预算单位全覆盖,贯通应用会议、培训、公务接待、差旅费和一般事项报销等五大场景应用,全年累计完成报单量12512笔,金额15065.80万元;公款竞争性存放实现网上招标,全年累计招标资金97.84亿元。

【强化四资统筹】 2022年,越城区强化"四资"(资源、资产、资本、资金)统筹,全面摸排国有资产1840处、建筑面积31.1万方,选择9.6万方资产试点权证办理,布局政策性融资担保、数字产业基金、沥青拌合等板块,实现"金融+实体"多元化布局。增补、完善、修订9项国企监管制度,开发上线国有企业人事信息管理系统,打造"国企人事管理一件事"集成应用,推进公用集团、国投集团组建工作,整合优化国企87家,严控国企融资成本红线,全年累计压减企业融资成本2.44亿元。

【强化预算绩效评价】 2022年,越城区实现预算支出绩效自评全覆盖,涉及支出项目1516个、资金63.66亿元。对智安校园建设行动、育才学校易地新建工程、老旧小区改造等项目开展重点绩效评价,督促问题落实整改。

【上线"虚拟公务仓"资产管理平台】 2022年,越城区履行政府采购监管职责,全面推广应用"政采云”电子交易系统，实现国有资产共享使用。

【库款日常运行监测】2022年，越城区财政局兜牢兜实“三保”底线，确保库款保障水平处于安全区间，坚持党政机关过“紧日子”，从严控制“三公”经费〔因公出国（境）费、公务接待费、公务用车运行维护费及购置费〕，全年压减一般性支出预算10%，核减年初预算资金9328万元，严格执行公务支出标准，全面规范津补贴管理。

【核减投资预算2442万元】2022年，越城区出台区级政府投资项目预算管理制度，规范投资预算审核，完成越城中心粮库等24个政府投资项目预算审核工作，累计核减预算2442万元。防范债务风险，积极稳妥化解政府隐性债务风险，实现隐性债务“只减不增、逐年化解”目标。（区财政局　何乔峰）

税　务

【概况】2022年，国家税务总局绍兴市越城区税务局以习近平新时代中国特色社会主义思想为指导，深入学习贯彻中共二十大精神，认真落实区委区政府和市局党委的各项决策部署，紧紧围绕“首位立区、幸福越城”新目标新定位，推动各项工作取得明显成效，为奋力谱写中国式现代化越城新篇章贡献税务力量。全年组织税费收入201.4亿元，同比增长-8.8%。其中税收收入111.1亿元，同比增长-25.2%，扣除留抵退税同口径增长-10.4%；社保费（含职业年金）收入71.6亿元，同比增长8.9%；非税收入18.7亿元，剔除新划转非税收入不可比因素（13.8亿元）后同比增长4.8%。组织地方级税收67.6亿元，占全部税收60.8%。完成一般公共预算税收收入71.9亿元，同比增长-13.9%，增幅列全市第二，扣除留抵退税同口径增长1.2%，增幅列全市第一。税收一般公共预算收入占一般公共预算收入比重为83.3%，增幅全市排名第一，超过全市平均7.3个百分点。

【落实退减缓免税费支持政策53.3亿元】2022年，越城区税务局累计落实退减缓免税费支持政策53.3亿元，其中增值税留抵退税36.2亿元，惠及企业4915户；新增减税降费政策7.3亿元，包括减税5.8亿元，减费1.5亿元；缓缴税费9.8亿元，其中办理制造业中小微企业缓缴税费7.1亿元，阶段性缓缴企业社会保险费2.7亿元。2022年，区税务局在征纳沟通平台累计推送各项税费支持政策33批次，针对性辅导超14万户次，确保纳税人缴费人能准确理解政策、正确申报办理、充分享受红利。

【落实大规模留抵退税政策】2022年，越城区税务局落实大规模增值税留抵退税政策，切实减轻市场主体负担，助力地方经济稳进提质。对测算可退企业按月点对点提醒与辅导，实现辅导100%、申请100%、可退税款100%到位、申请不退税100%有理由、审核不予退税100%有依据、疑点风险企业100%有应对等六个100%。与人民银行沟通协作，实现当日审核完毕的退税款当日发送国库，当日退还到账。全年平均退税时间达到1.09个工作日。按不低于5%的比例开展留抵退税复核，完成已退税企业复核506户次，对可能存在免税、简易计税但未做进项转出等疑点企业开展重点复核，缴回留抵退税412户次，缴回金额12347.35万元。

【组合式税费支持政策】2022年，越城区税务局精准落实新的组合式税费支持政策，确保市场主体政策红利应享尽享。其中，落实阶段性小规模纳税人免征增值税政策，减免增值税0.84亿元；落实服务业增值税加计抵减政策，抵减金额0.54亿元；贯彻公共交通运输服务免税政策，减免增值税326.59万元；落实研发费用加计扣除政策，享受研发费用加计扣除740户，加计扣除额达31.69亿元，同比分别增长20.33%和65.27%；定向摸排节能环保项目企业所得税“三免三减半”（指符合条件的公司从取得经营收入的第一年至第三年可免交企业所得税，第四年至第六年减半征收）优惠可享企业，助力无废城市建设。辖区企业享受环境保护、节能节水项目减免2021年度应纳税所得额累计达0.58亿元，为企业绿色发展提供新动能；落实困难减免、小微企业园、放水养鱼培育名单企业的房土两税的减免工作，助力企业发展；完成“六税两费”［即资源税、城市维护建设税、房产税、城镇土地使用税、印花税（不含证券交易印花税）、耕地占用税和教育费附加、地方教育附加］4批4.5万条退税审核工作，累计退税0.19亿元。

【举办越税青年争先PK赛】 2022年4月至8月，越城区税务局举办“越”动青春，“越”为人先——越税青年争先PK赛，全局80余名35周岁以下青年干部全员参与，通过“越”学越精、“越”讲越懂、“越”辩越明及“越”拼越强4个环节，开展税收业务测试、中心工作演讲、团队辩论、现场PK等比赛，选拔出14名越税青年，纳入全局“优秀年轻干部成长库”。

【参加“岗位大练兵、业务大比武”活动】 2022年6月，越城区税务局选派优秀青年干部参与全市税务系统“岗位大练兵、业务大比武”活动，越城区税务局获2022年全市练兵比武团体成绩第1名，9名干部进入全市条线前10名，1名干部获评绍兴市巾帼建功能手。

2022年12月5日，国家税务总局绍兴市越城区税务局公职律师调解团队成员开展“大家一起学宪法”主题活动（李昊 摄）

【组建公职律师调解团队】 2022年6月，越城区税务局组建以8名公职律师为主体的涉税矛盾纠纷调解团队，实现“一站式”管理，“分层级”调解，“多样化”宣教。划分四大争议类别，明确调解应对层级、程序，实现争议纠纷归口管理；搭建“流动网—固定点—律师团”三阶调解体系，解决相关涉税问题，由公职律师和法律顾问“集中会诊”，解决涉税矛盾32起。同时，组织开展“禹越·税律说”之“每月一讲、每人一专、每案一结”活动，进行各类涉税普法宣传，走企入户宣传覆盖辖区80%纳税人。

【《印花税法》宣传申报】 2022年7月1日，《中华人民共和国印花税法》正式实施。越城区税务局开展印花税宣传申报工作，同时加强业务培训，拓展宣传渠道，采用电话、征纳沟通平台、短信、纳税人学堂等形式广泛宣传，组织纳税人培训会4场，利用微信、短信、大厅电子显示屏等营造舆论氛围和外部环境。梳理建立重点辅导企业名录，分类制定培训辅导方案，对辖区内96户重点纳税人、376户高新技术企业、979户印花税入库金额较大的制造业和行业龙头企业及4418户原核定征收的纳税人进行重点辅导。

【受理退税申报1.44万户次】 2022年7月1日，越城区税务局全面接收税收属地属于越城区范围的出口企业出口退（免）税管理职责，实现风险防范和优化服务“两手抓”。全年受理退税申报1.44万户次，申报出口额73.69亿美元，办理退税额51.55亿元。下半年平均办税时间为0.7个工作日，超出总局、省局对符合条件的一类、二类企业在3个工作日内办结退税业务的要求。

【获评首批市级新时代“枫桥式”税务分局(所)】 2022年8月，越城区税务局斗门税务分局获评绍兴市税务系统首批“枫桥式”税务所(分局)，打造基层税务部门涉税矛盾纠纷调处化解“最多跑一地”新样板。斗门税务分局形成以“6105”工作运行机制为支撑的税情感知分中心智治中枢；搭建以10名税收共治网格员为主、141名税收共治辅导员为辅的镇村两级税收共治架构；在绍兴综保区设立“税云小站”，提供24小时智慧办税服务；与绍兴颐高广场、综保区等基层党组织开展党建共建活动，与街道、公安、行政执法、经信、市监等多部门开展联合执法，推动基层税务共治共享。

【获评首批新时代“枫桥经验”创新税收实践点】 2022年9月，越城区税务局E体化税情感知中心获评绍兴市税务系统首批新时代“枫桥经验”税收创新实践点。越城区税务局探索“枫桥经验”在税情感知和涉税服务领域的嫁接应用，聚焦涉税办理事项细节，专项研判纳税人缴费人涉税焦点及多发诉求，形成税情感知月报，并逐项提出流程优化措施、前置辅导方案。同时，畅通问题反馈渠道，及时掌握税情，对各类涉税矛盾提前预判、提前干预，不断拓展征纳双方精细服务应用场景，实现征纳沟通零距离，征纳矛盾解决早处置。

【建立10家博士后工作站数据库】 2022年9月，越城区税务局联合区人社局，建立10家博士后工作站“数据库”，集成“设站企业、所属行业、研究项目、人才配置”等信息，推进招才引智、税惠宣传、成果孵化、科创交流、产学研合作等五方面的跨部门协作。重点为设站企业配备专属“税管家”，针对博士后工作站在医药、新材料等领域的研究项目，定时定期开设对新设备采购、资源综合利用、研发费用加计扣除等方面的专项解读，制作图文、视频等帮助企业、高层次人才随时随地获取税收政策专业解答，营造“人才安心搞科研”的良好氛围，推动产学研深度合作。2022年，共组织8场专项政策解读会，收集并解答涉税问题9个。

【入库残保金7142万元】 2022年，越城区税务局在实现安置残疾人人数与残联联网的基础上，根据征期前非税风险智控平台残保金相关费种疑点指标，清理扩宽征收面、征期中三段式(征期始、征期进中、征期尾)，对越城区税务局所有应申报单位发送温馨提示，征期结束后做好催报催缴工作，提高残保金征收质效。2022年9月，征期入库残保金6860万元，上年同期入库5423万元，增长26.50%。2022年全年入库7142万元，上年同期入库6692万元，增长6.72%。

【环境保护税征管扩围】 2022年4季度，浙江省环境保护税堆场扬尘征管扩围进入首个征期，越城区税务局对辖区内25户堆场扬尘纳税人进行辅导并采集环保税税源信息，确保新政平稳实施。通过征纳沟通平台定点向符合条件的纳税人发送堆场扬尘税源采集电子税务局操作指南，税源管理单位网格员点对点对相关纳税人宣传讲解关于堆场扬尘的环保税政策，确保其准确掌握堆场扬尘税源明细申报的操作方法，做到会操作、能申报。同时，对纳税人填写的税源登记各环节数据要素进行审核，确保数据真实准确，夯实税源基础信息。

【巡游出租车电子发票全面推广】 2022年11月，越城区税务局推进越城区出租车电子发票功能试点工作，出租车司机和乘客反馈良好。12月1日起，越城区辖区内900余辆巡游出租车全面推广电子发票，乘客只需扫描司机微信或支付宝收款二维码进行支付，便可根据账单信息自行获取电子发票，为乘客带来更加高效、便捷、绿色的开票体验。据测算，越城区巡游出租车发票电子化改革后，年均可减少纸质发票约450万份。

【处理不动产司法拍卖156件次】 2022年，越城区税务局制定不动产司法拍卖“一件事”操作规程，有效规范不动产司法拍卖“一件事”管理及内部业务流程，防范税收执法风险，2022年，越城区税务局处理不动产司法拍卖156件次。

【持续深化税收共治】 2022年，越城区税务局制定街道（镇）税收任务考核方案，将税收增长目标完成情况和税收结构优化纳入区有关部门对街道（镇）的岗位目标考核制度，按月通报其税源回归、税收收入和税源结构等重要指标完成情况。同时，稳步推进税源经济网格员工作，与对应街道（镇）成立税收共治领导小组，落实网格员挂牌入驻，广泛采集基层干部和纳税人、缴费人的意见建议，做优做强税收经济联动分析。

【社保费缓缴3480万余元】 2022年，越城区税务局对符合政策条件的企业进行精准定位分析，标签化管理，充分发挥税收大数据优势，通过税企交流群、征纳沟通平台等多途径精准推送缓缴政策2.8万余户，实现“政策找人”。截至12月31日，共178户企业办理养老失业工伤缓缴业务，缓缴金额3480万余元。2022年11月至12月对于缓缴期2022年7月至9月（费款所属期）单位应缴纳的职工基本医疗保险费单位部分做好医保缓缴到期补缴通知工作，确保缓缴政策落实落细、缴费人应知尽知。

【城乡医保选档缴费一体化】 2022年，城乡居民基本医疗保险参保缴费工作实现选档缴费一体化，业务流程进一步简化。越城区税务局提前与区医保分局对接，做好32万余条基础数据核实清理工作。同时，越城区税务局单独承接省局对云闪付缴纳城乡医保的全流程测试工作，编写操作手册供全省推广使用，联合医保部门，举办镇街、中小学幼儿园、高中高校等不同单位参保缴费工作培训会，倡导网上办、掌上办“非接触式”缴费理念。截至12月31日，全区所属2023年度的城乡居民医疗保险缴费人数35万余次，征收金额18686万元。

【开展便民办税春风行动】 2022年，越城区税务局以“智慧税务促发展 惠企利民稳增长”为主题，开展“我为纳税人缴费人办实事暨便民办税春风行动”，先后推出2批5个方面共131条便民利企、优质高效的服务措施，着力解决纳税人缴费人办事的堵点、难点、痛点问题。围绕诉求响应更及时、智慧办理更便捷、分类服务更精细、执法监管更公正、税收共治更聚力等方面，落实落细各类服务举措，举办“亲清直通车·政企恳谈会暨落实减税降费 优化营商环境宣讲会”，开展“千名班子成员和服务专员助企开门红活动”、小微企业“春雨润苗”专项行动等，助力市场主体发展。

【网上办税率达98.09%】 2022年，越城区税务局持续推进“非接触式”办税缴费方式，全面打造“问办一体”团队，100%承接区局统一对外公开热线及税费协同系统线上咨询，集成受理电子税务局等线上业务，实现发票领用、申报缴税、不动产交易等233项涉税业务的网上办理，上线“云办税”，对部分无法直接线上办理的事项提供“一对一”云端办理服务，持续提供办税便利。2022年，越城区税务局网上办税率达到98.09%，掌上办税率列全市第一。

【通过全国纳税人缴费人满意度调查】 2022年全国纳税人缴费人满意度调查结果显示，越城区税务局在全国414个被调查区县中获得第13名，交出了区域营商环境的高分答卷。越城区税务局持续对辖区内企业开展优化营商环境服务大走访，通过上门服务、电话走访、税企座谈会等形式送政策、问需求，进一步帮助企业纾困解难，收集各类企业问题需求234个，解决问题

234个。同时通过优化线下服务、推进线上办税、及时诉求响应、增强守信激励等一系列便民利企、优质高效的服务举措，推动税收营商环境更加优质、市场主体满意度持续跃升。

【E体化税情感知中心创新升级】 2022年，越城区税务局创新升级E体化税情感知中心，以数字化、智能化、信息化思维布局新时期纳税服务，组建"问办一体"团队，实现涉税咨询"能答快办"，推出"呼损回访"特色服务，咨询电话实际接通率达到100%。依托纳税人画像、咨询电话标签体系等税收大数据应用，通过浙江税务征纳沟通平台，针对纳税人、缴费人分类分批次进行政策推送，精准落实各项税收优惠政策，推送政策提醒15万户次。以税情感知为导向，精准捕捉纳税人需求，着力解决急难愁盼的问题，好评率达99.98%。

【推进综保区增值税一般纳税人资格试点工作】 2022年11月，绍兴综保区增值税一般纳税人资格试点工作正式开展，越城区税务局组建"特派员"队伍，从注册备案和资质审批等方面，对意向企业开展指导。同时，与海关、招商等加强部门协作，交互入驻企业信息，对进出口退免税提供精细辅导，推动区内高端制造、物流服务等新型功能业态快速发展。截至年底，共协助8家企业通过综保区一般纳税人资格申请。

【深化"纵合横通强党建"机制体系】 2022年，越城区税务局机关党委与区财政局机关党支部、区审计局机关党支部、区统计局机关党支部联合开展"共富·同行"党建系列活动6次。实现"支部建在科股上"，基层党组织规模从8个扩大到15个。

【文明创建志愿活动时长达4154小时】 2022年，越城区税务局累计参加地方疫情防控100余人次；助力文明城市创建，参加各类志愿活动时长达4154小时。实施争先创优三年行动计划，2022年获全国级荣誉3个（斗门税务分局、驻区政务办窗口、纳税服务股3个基层单位获评一星级全国青年文明号），市厅级荣誉2个（浙江省规范化离退休干部党支部、浙江省青年文明号），县处级荣誉9个（绍兴市青年文明号、全市机关"共产党员先锋岗"、绍兴市离退休党支部"银领五星"示范支部、绍兴市巾帼建功能手、2021年度"绍兴金蓝领"、绍兴市青年岗位能手3个、2021年度"首位度建设突出贡献奖先进个人"）。

【开展八小时外自查自纠1146人次】 2022年2月，越城区税务局印发《国家税务总局绍兴市越城区税务局干部职工八小时外监督管理办法》，构建社会、组织、家庭"三位一体"监督管理格局，坚持严管和厚爱结合，深入运用"四种形态"，加强对干部职工的监督管理。2022年，累计开展八小时外自查自纠1146人次，电话走访纳税人415户次，发现问题2个，均已整改到位。此外，落实家属助廉工作，给股级以上干部家属寄送题为《共扬越税清风 同筑廉洁防线》的廉洁家书，发挥家属监督优势。2022年，累计寄送廉洁家书51份，向全体干部家属发放助廉承诺书287份，打通监督"最后一公里"。

【推进"三不"机制建设】 2022年，越城区税务局坚持"严"的主基调，一体推进不敢腐、不能腐、不想腐的"三不"体制机制。发挥案件查办监督作用，落实"一案双查"机制，即在追究涉税当事人税收违法行为的同时调查追究税务机关和税务人员的违纪违法行为。配合市税务局查办"一案双查"案件3件，协助省税务局办理"一案双查"案件1件。在落实"纪税"协作基础上，探索建立"警税"协作机制，与市公安局越城分局联合制定《关于规范问题线索移送工作暂行规定》，进一步规范违纪违法问题线索移送工作。2022年，累计开展专项监督12次，其中与区纪委、区公安联合监督6次，发现问题均已整改到位。加强新进干部廉政文化教育，开展新入职干部廉政教育谈话，签署干部廉政承诺书45份，完成廉政教育知识测试45人次。开展廉政教育基地参观，线上签到31人次，组织新进干部学习绍兴名人勤廉典型先进事迹、回顾党史故事、重温入党誓词。

【制定《越城区局贯彻落实纪检监察体制改革工作安排》】 2022年，越城区税务局制定《越城区局贯彻落实纪检监察体制改革工作安排》及任务清单，建立健全纪检改革领导机制，成立全面深化纪检监察体制改革工作领导小组，加强基层分局（所）监督管理，根据《浙江省税务系统基层分局（所）监督管理办法（试行）》要求，细化制定《基层分局（所）监督管理责任清单》，确保改革在基层落地。

【获评全省财贸（金融）系统模范职工小家】 2022年，越城区税务局鉴湖税务所分工会获评2022年度全省财贸（金融）系统模范职工小家。2022年，鉴湖税务所分工会累计开展谈心谈话70余人次，慰问11次，为患病职工捐款8400元。

【成立智慧税务调解室】 2022年，越城区税务局在复旦科技园绍兴创新中心成立智慧税务调解室，选派4名税收业务骨干入驻。调解室集化解税费争议、防范执法风险、优化税收服务于一体，解决园区在高新技术企业方面税收优惠政策、税收业务办理方面的疑问及企业的共性需求和待解决痛点难点问题。2022年，累计组织11场新的组合式税费支持政策辅导和掌上办专项辅导会，辅导128户企业应享尽享税收优惠政策，助力初创企业发展。

【协同处理4起征纳矛盾纠纷】 2022年，越城区税务局稽山税务所党支部与复旦科技园绍兴创新中心、森海社区、浙江点金律师事务所、迪荡街道商会等党支部签订契约化共建协议书，探索“税所+社区”“税所+律所”“税所+商会协会”等党建共建新模式，邀请各组织共同为解决征纳矛盾提供多元化后盾。2022年，累计协同处理4起征纳矛盾纠纷。同时，向社会组织招募10名税务师志愿者，成立协税护税小组，定期在办税服务厅和税务延伸点开展现场咨询和办税辅导活动，发挥税务师专业优势，助力落实税收政策。

【建立税务专网故障主动应急机制】 2022年，越城区税务局自主建设H3C（网管系统品牌）网管系统，实现对税务专网关键节点设备的实时监控及展示，通过拓扑图实现对关键设备的运行数据实时监控，对网络问题按严重程度进行拓扑图中设备颜色预警展示，对重大网络故障进行短信报警。规划网络中断事件的应急恢复预案：统一区局传输线路物理标准，制定现有线路在应急情况下的复用规划，做好分局（所）级核心设备的冷备配置，规范线路故障应急恢复操作步骤。通过演练提升各驻点人员、应急响应辅助人员和网络安全岗专网故障处理能力和处理效率。（区税务局 李昊）

外向型经济

综 述

【概况】 2022年,越城区新批外商投资企业40家,引进总投资1000万美元及以上项目13个,其中3000万美元及以上项目7个,完成合同外资50955万美元,实际利用外资18855万美元。截至年底,在越城区投资过的国家和地区达73个,其中美国投资额及项目量居第一。

2022年,越城区实行外商投资企业准入前国民待遇加负面清单管理制度,持续优化营商环境。全年办理外商投资企业信息报告206个,组织454家企业参加2022年度外商投资企业联合年报。

【绍兴综合保税区】 2022年3月3日,绍兴综合保税区(一期)正式封关运营。越城区紧紧围绕集成电路、生物医药两大"万亩千亿"产业平台,以"高端制造+新型服务贸易"为业态,建设、招商、运营同步推进,加快打造具有全球核心竞争力的外向型高端研发制造中心、跨境贸易集聚中心和国际开放交流中心、成为浙江链动全球关键极核,长三角开放创新平台枢纽,国内国际双循环重要节点。截至年底,高端制造产业园、两岸集成电路产业园、保税物流分拨中心等"两园一仓"项目提前完工;国家级增值税

绍兴市综合保税区首单跨境贸易"1210"保税进口业务落地(徐可为 摄)

一般纳税人资格试点获批;综保区首个保税加工制造项目科迪华显示技术(绍兴)有限公司OLED半导体显示装备项目正式建成投产;"批次进出集中申报"等10项自贸区试点经验先行落地;全市首单跨境贸易"1210"保税进口业务落地。累计洽谈项目80多个,入驻企业33家,实现一、二线进出口总值39亿元,其中一线进出口值19亿元,实到外资1036万美元,海关入库税收6500万元。(新区综保办 诸永波)

对外贸易

【概况】 2022年,越城区自营进出口共计835.18亿元,同比增长25.6%,其中出口715.53亿元,同

比增长21.7%，出口额全国占比万分之30；进口119.65亿元，同比增长55.7%。全区纺织品出口共计355.21亿元，同比增长7.3%，占全区出口总额的49.6%。其中服装出口74.54亿元，同比增长14.7%。全区机电产品出口117.02亿元，同比增长7.6%，占全区出口总额的16.4%。全区高新技术产品出口20.53亿元，同比下降10.1%。进口额超5000万元的主要进口产品有按重量计铜含量超过99.9935%的精炼铜阴极、液化丙烷和丙烯等35类产品，35类产品共进口104.92亿元，占全区进口总额的87.7%。全区机电产品进口68.12亿元，同比增长98.8%；高新技术产品进口66.36亿元，同比增长111.1%。

【外贸出口实绩企业2604家】 2022年，越城区有出口实绩企业2604家，其中出口超5000万元企业330家。全区生产企业出口247.88亿元，同比增长1.7%；进口102.77亿元，同比增长41.2%。外贸流通公司出口467.65亿元，同比增长35.8%；进口19.37亿元，同比增长376.1%。

【"一带一路"进出口】 2022年，越城区向"一带一路"沿线63个国家（地区）出口279.24亿元，同比增长33.3%，其出口额占出口总额的39.0%。全区从"一带一路"沿线44个国家（地区）进口20.52亿元，同比增长43.6%，其进口额占全区进口总额的17.2%。

【RCEP进出口】 2022年，越城区向RCEP（区域全面经济伙伴关系）成员国出口共计154.35亿元，同比增长44.1%，出口额占出口总额的21.6%，共涉及15个亚太国家（地区）。从RCEP成员国进口共计59.32亿元，同比增长76.0%。

【组织企业参展900家次】 2022年，越城区多渠道为企业搭建参展平台，首创"一码找订单"数字化境外代参展模式，为重点企业争取紧俏摊位，组织"越时尚 越世界"内外贸一体化抱团展。全区共组织境内外各类展会的企业达900家次。

【新认定为省、市出口名牌5个】 2022年，浙江佳人新材料有限公司的出口品牌"GREEN CIRCLE"新认定为浙江省出口名牌和绍兴市出口名牌，浙江欧尔赛斯科技有限公司的"labfil"、浙江三友包装有限公司的"SANYOU"、绍兴安迪斯医疗科技有限公司的"UNDIS"新认定为绍兴市出口名牌。（区商务局　郭佳红）

农业农村

综 述

2022年，越城区实施农业“双强”（科技强农、机械强农）、乡村建设、农民共富三大行动，推进“五星达标、3A争创”迭代升级，促进农业转型升级、农村全面进步、农民持续增收，加快推进农业农村现代化。全年粮食播种面积22.38万亩，总产量9.64万吨（含沥海街道），实现农林牧渔业生产总值为38.42亿元，同比增长3.6%。2022年，越城区村级集体经济组织共创总收入8.28亿元，农村居民人均可支配收入45540元，同比上年增长7.1%。低收入农户人均可支配收入21502元，同比上年增长16.4%。全面消除经营性收入低于50万元的32个区级相对经济薄弱村。2022年，越城区入选省“粮补直达”应用试点。

种植业

【概况】 2022年底，越城区共有粮食生产功能区面积11.17万亩（含沥海），种粮面积50亩以上的种粮大户418户，总承包面积10.4万亩；市级认定“菜篮子”蔬菜基地15家，合计面积6351.9亩。全年创建市、区级水稻高产百亩示范方13个，其中市级4个、区级9个，50亩以上粮食复种面积16.3万亩。

晚稻高产示范田（区农水局 提供）

【完成粮食播种面积22.38万亩】 2022年，越城区出台《粮油生产保供扶持政策》及配套实施细则，通过抓好春耕备耕、“双抢”协调，及早部署冬种生产等工作，有效稳定粮食播种面积，积极提高粮食总产，实现全区粮食播种面积22.38万亩，总产量9.64万吨。

【新技术品种推广】 2022年，越城区引进推广“甬籼15”“中早39”“中组18”“绍糯9714”“浙粳96”“甬优538”“甬优1540”“嘉丰优2号”等16个水稻主导品种，玉米、油菜、小麦、马铃薯、茶叶、桑树等新品种22个；推广水稻机械化种植技术、农作物测土配方施肥技术、农作物病虫害绿色防控技术、水稻两壮两高栽培技术等52项农业主推技术，抓好粮食生产能力提升。

【粮食生产功能区“非粮化”整治】 2022年，越城区按照国务院“六个严禁”和省政府“四个禁止”要求，推进粮食生产功能区“非粮化”整治，全年完成粮食生产功能区清理整治和优化调整1.75万亩，其中清理腾退0.53万亩。

【提供特色农业政策性保险保障4亿余元】 2022年，越城区持续推广特色农业政策性保险，涵盖生猪、能繁母猪、水稻、小麦、油菜种植、农业设施大棚、露地西瓜、葡萄种植等10余个农业保险品种，其中包含全市生猪价格指数保险、叶菜成本价格保险、茶叶低温气象指数保险等地方特色性保险，另有生猪养殖扩展保险金额保险、能繁母猪养殖扩展保险金额保险2个商业性农业保险。全区1000余户农业主体参保，提供保险保障4亿余元。2022年，越城区共受理保险理赔案件2260件，办结2242件，结案率99.20%；全年累计向900余户农户支付赔款2034万元，赔付率107%。

【推进化肥农药减量工程】 2022年，越城区推广应用省补商品有机肥，推进化肥农药减量工程。在全区范围内建设5个化肥定额制配套技术示范方（其中水稻4个），委托第三方完成278个（含袍江、滨海）耕地土样检测。配方发布32个，配方肥推广4976吨，按方施肥0.161万吨，推广应用总计6586吨。推广农作物病虫害绿色防控应用面积15.62万亩次，水肥一体化技术推广面积0.5万亩，实现不合理化肥减量90.1吨，农药减量3.68吨。全年回收农药废弃包装物57.65吨，处置52.43吨。（区农水局　徐诗瑾）

林　业

【概况】 截至2022年底，根据2022年越城区林草湿生态监测调查结果显示，越城区共有林地面积218930亩；林木总蓄积量910963立方米，其中乔木林面积159428亩。2022年越城区森林覆盖率为27.77%。全区共有1个国有性质的林场（会稽山林场），林地总面积1.02万亩。全区现有省级公益林7.57万亩，已落界国有天然商品林0.12万亩。全区湿地面积为120亩，较2021年维持不变，保护率为100%。全区林业产业总产值预计为346027元，较去年增长4%。

【“新增百万亩”国土绿化】 2022年，省下达越城区国土绿化任务为500亩。越城区结合区情实际，全面梳理并落实到部门、镇（街道）和山头地块，绿化造林达合格总面积575亩，完成省下达任务数的115%。

【森林资源保护】 2022年，上级下发越城区林业资源督查问题21起，经调查核实，21起林业资源督查问题均已整改到位，整改率为100%。

【野生动物致害险】 2022年越城区会稽山等山林附近野猪出没较为频繁。为妥善处理野生动物保护与野生动物破坏农作物之间的矛盾问题，越城区采用野生动物致害险投保的办法，委托中国人民财产保险股份有限公司绍兴市分公司下属越城支公司进行保险投保。同时在野猪出没较为频繁的地带设立标识标语，最大限度减少野猪危害。

【森林防火】 2022年，越城区会稽山林场定期开展辖区内森林火灾隐患排查工作，在重点时段和敏感时期，每日安排专人进行日常巡查，共计进山巡护约3200人次，劝阻野外用火60余人次，消除安全隐患5处，实现“零火灾、零事故、零伤亡”目标，切实保障人民群众生命财产安全和生态安全。

【松材线虫病除治】 2021—2022年度对富盛镇、皋埠街道、鉴湖街道、城南街道及陶堰街道5个镇街的松材线虫病疫木进行集中除治，除治疫木重量共150万公斤。在集中除治结束后，越城区相继开展夏季普查调查和秋季普查工作，根据普查结果，越城区已实现全区基本无疫情。

【林业产业发展】 2022年，按照浙江省现代林业经济示范区建设总体安排，经对各镇街进行摸排，最终选取鉴湖街道坡塘村开展森林人家申报建设工作。鉴湖街道坡塘村依托丰富的山水资源、完备的基础设施建设以及特色多样的业态，对照森林人家创建标准，积极开展森林康养产业建设。经过县级申报、市级初审、省级评审，鉴湖街道坡塘村被认定为2022年度浙江省现代林业经济示范区。

【"林长制"工作实施运行】 2022年，越城区已正式建立区、镇（街道）、村（居、社区）三级林长+护林员模式的林长制管理体系，明确三级林长共259名，落实专职护林员55名。2022年全区三级林长完成巡林457人次。2022年10月17日，区林长制办公室正式印发《关于明确区级总林长和林长制联系点的通知》和绍兴市越城区2022年第1号总林长令。（区自然资源和规划分局　李伟）

畜牧业

【概况】 2022年，越城区继续推进以标准化、绿色化、循环化、规模化、数字化、基地化"六化"为引领的畜牧业高质量发展。全年肉类总产量9437.71吨，禽蛋产量581.09吨。生猪存栏5.77万头，其中能繁母猪6256头，生猪出栏9.27万头；家禽存栏13.12万羽，出栏21.91万羽；羊存栏1.95万头，出栏量1.45万头；蜜蜂规模养殖存栏数553箱；绍兴市天天肉食品有限公司生猪屠宰检疫2823批次217055头（其中省外调入1297批次）、家禽屠宰检疫952批次70.2506万羽（其中省外调入151批次）。全区累计创建省级美丽牧场13家。

【重大动物疫病防控】 2022年，越城区重点结合春秋二季动物防疫突击预防行动计划，对全区畜禽实施强制免疫，全年重大动物疫病口蹄疫、猪瘟、小反刍兽疫和高致病性禽流感免疫密度达100%，免疫合格率达70%以上。全年接种免疫猪口蹄疫15.61万头次、猪瘟15.57万头次，羊口蹄疫3.67万头次、小反刍兽疫3.22万头次，牛口蹄疫0.63万头次，免疫高致病性禽流感鸡7.16万羽、鸭14.14万羽、鹅1.85万羽。存栏5000头以上生猪规模养殖企业全面建立非洲猪瘟病毒核酸PCR（聚合酶链式反应）检测自检制度，生猪屠宰场严格履行动物防疫和产品质量安全主体责任，并实施非洲猪瘟自检。全年病死猪无害化处置补贴8710头，处理率100%。备案食用动物肉品6633吨，副产品45.4吨。"牧运通"信息系统生猪运输车辆备案10辆，全年无重大动物疫情发生。

【推进畜牧业绿色发展】 2022年，越城区继续推进规范兽用抗菌药减量化及饲料环保化的"两化"回头看行动，2家示范场、1家试点场通过省级评估，区内2家（浙江宝仔农业发展有限

浙江一景生态牧业有限公司（区农水局　提供）

公司、浙江一景生态牧业有限公司）继续维持部级兽药减量化试点达标养殖场。浙江一景生态牧业有限公司创建成为全国首批“生态牧场”和国家级畜禽养殖标准化示范农场。

渔　业

【概况】 2022年，越城区渔业主要养殖品种为四大家鱼（指青鱼、草鱼、鲢鱼、鳙鱼）等常规品种以及甲鱼、青虾、南美白对虾、加州鲈鱼等名特优品种。全年增殖流放鱼苗866.8万尾，其中夏花850万尾、冬片16.8万尾。2022年水产养殖面积97050亩，其中外荡养殖面积38550亩，池塘养殖面积45450亩，稻田养殖面积13050亩。水产品总产量42963吨，较上年增加3.23%。渔业总产值160127万元，较上年增长5%。休闲渔业经营主体全年共计接待游客5万人，产值650万元。

【水产品质量安全监管】 2022年，越城区累计开展初级水产品质量安全执法检查19次，检查企业87家；完成147批次水产品定量监测，合格率100%，其中国家产地水产品监督5批次，省级监督监测45批次，省级投入品监督监测5批次，市级监督监测39批次，区级监督监测50批次。全年累计查处渔业行政执法案件72起，收缴罚没款27.74万元。

农业现代化建设

【概况】 2022年，越城区加快推进农业供给侧结构性改革，提高农业生产的规模化、标准化、市场化水平和农民的组织化、信息化、市场化程度，壮大农业主导产业规模，实现产业项目落地集聚规模化发展，推动“三产融合、三生协调、五化联动”的现代都市农业发展。加速农业产业提升“2020计划”项目落地，推进农业生产经营体制创新，促进数字赋能农业生产，建设省级数字农业工厂。截至年底，认定省级农业龙头企业10家，市级农业龙头企业21家。认定市级“菜篮子”蔬菜基地15家，有30亩以上水果种植基地37家、10亩以上花卉基地3家、30亩以上水产养殖基地109家、畜禽规模养殖企业17家。2022年，浙江一景生态牧业有限公司创建成为国家级畜禽养殖标准化示范场。

【“双十大”项目投资额2080万元】 2022年，越城区农水局完成“双十大”（全市十个农业种养殖业类产业项目和全市十个农产品加工和农旅结合类产业项目）项目投资额2080万元，其中越城区奶牛养殖扩建项目完成投资额1500万元，建设内容包括新建辅助用房，新增厌氧罐、饲料制备机、铲车、饲料运输车等设施设备；越城区大禹蚕种基地建设项目完成投资额580万元，建设内容包括二号原种蚕蔟室与贮桑室内部改造提升、建筑外立面改造和基地景观提升，购置塑钢蚕架、塑料蚕匾、塑料蔟匾、环境管理系统等设备仪器。

【农业生产经营体制创新】 2022年，越城区创建绍兴麻鸭特色全产业链为省级农业全产业

2022年，绍兴御茶村茶业有限公司创建成为省级数字工厂（区农水局　提供）

链。根据绍兴麻鸭产业发展特点，全产业链创建环节分为养殖、加工、流通、餐饮、科技、金融、公共服务、文化遗产和政策保障9个方面，绍兴麻鸭已形成从原种繁育、商品鸭养殖及蛋、鸭等产品深加工到酒店等高端产品推广等一整套完整的产业集群化体系。

【创建省级数字工厂2家】 2022年，越城区创建省级数字工厂2家，其中绍兴市越城区渔父农庄有限公司创建为鉴湖野外鳖数字渔场，绍兴御茶村茶业有限公司创建为御茶村有机抹茶数字农业工厂。

农业服务与监管

【概况】 2022年，越城区完善区、镇街、基地三级农产品检测监管体系，推动各涉农镇街农产品检测站正常运行并免费开放。推广绿色防控技术面积15.62万亩、统防统治面积13.52万亩，完成农用地污染区块耕地现状划分及种植户现状详查并开展整治。推广应用省补商品有机肥，实施化肥农药减量工程，实现不合理化肥减量90.1吨，农药减量3.68吨。

【完成各级定量抽检农产品1138批次】 2022年，越城区共完成各级定量抽检农产品1138批次，合格率为98.3%，其中完成区级定量监测任务559批次，合格率99.3%。采购胶体金检测仪及配套检测卡，完善全区11个涉农镇街农产品快速检测室。全区建成农产品质量安全追溯点570家，其中41家被评为2022年区级农产品质量安全追溯示范点。对203家农业生产主体开展动态信用综合监管，其中1家信用级别A级，139家信用级别B级，63家信用级别C级。截至年底，全区共有绿色食品3个，无公害农产品89个，无公害整体认证5家，2022年越城区主要食用农产品中绿色优质农产品比率为59.4%。

【农业“两区”土壤污染治理】 2022年，越城区继续开展省级农业两区污染监测点建设，委托浙江省农科院开展农业两区土壤污染监测点4个综合点和6个常规监测点稻谷、土样的采取工作。统筹开展田间试验。结合历年实施和田间试验开展情况，围绕主栽作物小麦因地制宜布局田间试验任务，发挥田间试验对科学施肥的指导作用。

【农作物耕种收综合机械化率达80.9%】 2022年，越城区全面承接农机事权，重抓农机安全生产工作，各项工作顺利推进。农作物耕种收综合机械化率达80.9%、水稻栽植面积耕种收综合机械化率达90.96%，茶叶、蔬菜、畜牧等主导产业机械化持续发展，落实高耗能农业机械报废128台（套），上牌照的农田拖拉机和收割机年检率达80%以上，农业机械实地安全检验服务项目审核完成504台（套）；规范执行农机购置补贴工作实施方案，全年办理补贴机具270台套，受益农户144户，总发放补贴资金404.07万元。

【参加“2022绍兴网上农博会”展示展销】 2022年，越城区组织35家农业主体参加“2022绍兴网上农博会”，确定领导网上巡馆单位、视

2022年11月19日，“越地丰收 硒望富盛”2022越城区丰收节系列活动在富盛镇开幕，启动仪式上举行越城区共富产业签约仪式（区农水局　提供）

频连线单位1家(绍兴咸亨酒店食品有限公司),组织上线农家乐经营主体2家(方圆农业观光园、吼山生态农庄),2条农业休闲旅游精品线路(富盛诸葛仙山周边休闲精品线路和孙端街道童年研学一日游),组织7家企业开展14场网上直播,2家企业5个产品参加试吃活动,5家企业17种产品参加秒杀活动,4家企业27个产品参加打折活动。成功举办2022年越城区丰收节庆活动。

【"三位一体"农合联改革】 2022年,越城区继续推进"三位一体"农合联建设,新建设沥海街道农事服务中心、孙端街道农事服务中心2家现代农业服务中心,继续完善和提升已建成的现代农业服务中心和产业农合联的服务内容和服务能力。

【省、市级示范性家庭农场创建】 2022年,绍兴市越城区周周绿家庭农场新认定为绍兴市示范性家庭农场,绍兴市越城区越娃子家庭农场、绍兴豌豆农场有限公司和绍兴市越城区佳祥家庭农场3家新认定为省级示范性家庭农场。至2022年底,越城区累计注册家庭农场178家,其中有省级示范性家庭农场11家、绍兴市示范性家庭农场14家、绍兴市级示范性特色家庭农场3家(绍兴市银龙农场和绍兴国明农场有限公

2022年越城区示范性家庭农场一览表

表45

称号	农场名称
省级示范性家庭农场	绍兴市越城区越娃子家庭农场 绍兴市越城区佳祥家庭农场 绍兴豌豆农场有限公司 绍兴市银龙农场 绍兴腾凤农场有限公司 绍兴市越城区根生家庭农场 绍兴市越城区忠彪家庭农场 绍兴新青马农场有限公司 绍兴国明农场有限公司 绍兴市纪明家庭农场有限公司 绍兴市勾山家庭农场有限公司
绍兴市示范性家庭农场	绍兴腾凤农场有限公司 绍兴新青马农场有限公司 绍兴市万国家庭农场有限公司 绍兴市勾山家庭农场有限公司 绍兴市越城区忠彪家庭农场 绍兴市银龙农场 绍兴市越城区越娃子家庭农场 绍兴市越城区周周绿家庭农场 绍兴豌豆农场有限公司 绍兴市越城区佳祥家庭农场 绍兴市越城区冯海江(匡群)家庭农场 绍兴市纪明家庭农场有限公司 绍兴市越城根生家庭农场 绍兴国明农场有限公司
绍兴市级示范性特色家庭农场	绍兴市银龙农场 绍兴国明农场有限公司 绍兴腾凤农场有限公司

司、绍兴腾凤农场有限公司）。

【累计获评省级示范性农民专业合作社5家】 2022年，全区累计注册农民专业合作社237家，累计获评省级示范性农民专业合作社5家（绍兴绿油油蔬菜专业合作社、绍兴市滨海新城新田野农机专业合作社、绍兴市滨海新城舜盛水产专业合作社、绍兴绿野山地蔬菜专业合作社、绍兴市民乐粮油专业合作社）。

坝头山陆游的乡村世界

美丽乡村建设

【概况】 2022年，越城区开展"五星达标、3A争创"迭代升级，创成4个市先行村、2个市3A示范村、14个市五星达标村。对12个涉农镇街139个行政村开展"一分两清三化"的农村人居环境整治常态化评估和整治提升，在8个镇街49个行政村开展实施规划非保留村农村生活污水治理设施运维管理。创建省级美丽乡村示范乡镇1个、省级未来乡村3个、省级美丽乡村精品村3个、省级新时代美丽乡村达标村8个、市级美丽乡村示范乡镇1个、市级美丽乡村精品

【实施规划非保留村农村生活污水治理设施运维管理】 2022年，越城区对8个镇街共49个尚未拆迁的规划非保留行政村开展实施农村生活污水治理设施运维管理工作，共计受益农户12474户，区级补助资金62.803万元。

【全区"五星达标"覆盖率超90%】 2022年，越城区扎实开展"五星达标、3A争创"迭代升级创建工作，鉴湖街道坡塘村、皋埠街道坝头山村、陶堰街道泾口村、东浦街道南村村4个村创成市先行村，皋埠街道吼山村、沥海街道华东村

2022年越城区美丽乡村建设情况一览表

表46

镇街	省级示范乡镇	省级未来乡村	省级美丽乡村特色精品村	新时代美丽乡村达标村	市级示范乡镇	市级特色精品村
皋埠街道	—	坝头山村	—	胜利村	—	独树村
陶堰街道	陶堰街道	—	白塔头村	—	—	—
富盛镇	—	—	—	青马村	—	—
马山街道	—	—	—	永兴村	马山街道	—
孙端街道	—	安桥头村	—	张家沥村	—	红鲍村
东湖街道	—	—	—	小皋埠村、仁渎村	—	后堡村
灵芝街道	—	—	—	—	—	—
东浦街道	—	—	鲁西村	清水闸村、壶觞村	—	—
鉴湖街道	—	坡塘村	—	—	—	—
沥海街道	—	—	华东村	—	—	—

2022 年浙江省新时代美丽乡村精品村创建一览表

表 47

镇街	村名
皋埠街道	独树村
陶堰街道	亭山村
富盛镇	红山村
马山街道	车家弄村
孙端街道	红鲍村
东浦街道	王城寺村
鉴湖街道	谢墅村

2 个村创成市 3A 示范村，东湖街道小皋埠村、陶堰街道南湖村、邵家溇村、横旦村、金墅村、沥海街道东海村、百沥村、城西村、二渡村、皋埠街道皇埠村、胜利村、富盛镇夏葑村、青马村、斗门街道斗门村 14 个村创成市五星达标村。截至年底，全区累计 143 个村创成市五星达标村、18 个村为市 3A 示范村，“五星达标”覆盖率 90% 以上。

【美丽乡村示范乡镇、精品村创建】 2022 年，越城区陶堰街道创成省级美丽乡村示范乡镇；孙端街道安桥头村、皋埠街道坝头山村、鉴湖街道坡塘村 3 个村创成省级未来乡村；东浦街道鲁西村、陶堰街道白塔头村、沥海街道华东村 3 个村创成省级美丽乡村精品村。创成 8 个省级新时代美丽乡村达标村和 7 个省级新时代美丽乡村精品村。陶堰街道创成市级美丽乡村示范乡镇，东湖街道后堡村、皋埠街道独树村、孙端街道红鲍村 3 个村创成市级美丽乡村特色精品村。

【农村人居环境整治提升】 2022 年，越城区制定《2022 年度越城区农村人居环境常态化评估办法》，将尚未征收拆迁的规划非保留村列入考核评估，组成区农村人居环境评估小组，每月会同第三方测评机构对 12 个涉农镇街 139 个行政村的“一分两清三化”［“一分”即农村生活垃圾分类、“两清”即清理乱堆乱放、清理空倒房，“三化”即公厕洁化、“三线”（电力、通信、广电）序化、庭院美化］农村人居环境常态化整治工作开展评估，每月对镇街排名和整治情况进行通报。对考评排名靠前、进步明显的村予以资金奖励，全年共计发放奖励资金 1871.3 万元。对排名靠后的村给予“黄牌”“红牌”警告并进行为期一个月的专项整改。全年出动检查人员 1050 余人次，发现问题 50346 处全部完成整改，整改率达到 100%。建立市级季度考评复查、区级月度考评复查、曝光问题复查的“回头看”机制，确保农村人居环境整治常态化、不反弹。

农村经营管理

【概况】 2022 年，越城区村级集体经济组织共创总收入 8.28 亿元，农村居民人均可支配收入 45540 元，比上年增长 7.1%。低收入农户人均可支配收入 21502 元，同比上年增长 16.4%。全面消除经营性收入低于 50 万元的 32 个区级经济相对薄弱村。截至年底，全区 167 个行政村（不包括拆迁村），年经营性收入在 50 万元以上的行政村实现全覆盖。

【消除 32 个集体经济相对薄弱村】 2022 年，

越城区完成32个经济相对薄弱村转化，通过宅基地有偿使用、资源盘活利用、拓展社会化服务等措施，全面消除经营性收入50万元以下的行政村，全区167个行政村（不含全拆村）经营性收入均达到50万元以上。

【推进“三资”管理数字化改革】 2022年，越城区推进农村集体“三资”去现金化管理改革，完善省级农村集体“三资”数字管理系统应用，全区16个镇街323个村经济合作社全面上线会议管理、合同管理、资产台账等新模块。

【低收入农户健康保险免费参保】 2022年，越城区完成浙江省低收入农户帮促数字化系统数据维护，构建“浙农码”红、黄、绿三色防返贫动态监测预警管理机制。截至年底，全区共有低收入农户1707户2354人，其中低保户1491户、1917人，其他经济困难户216户、437人。由政府统一出资，为所有建档立卡的低收入农户投保健康商业补充保险，按照180元/人的标准，总投保金额42.37万元（以11月在册人数投保），并按月对新增低收入农户进行投保。

宅基地制度改革

【概况】 2022年，越城区继续开展全国农村宅基地制度改革试点工作，在鉴湖街道、东浦街道、孙端街道、富盛镇等重点镇街开展宅基地试点工作。

【基本完成86237户农户基础信息调查】 2022年，越城区委托专业第三方开展宅基地基础信息调查核查工作，基本完成13个镇街132个村农村宅基地基础信息调查工作，共涉及农户86237户。

【完成37个村庄规划编制】 2022年，越城区按照“多规合一”要求，结合行政区域调整，完成37个村的村庄规划编制工作。

【推进宅基地制度改革试点】 2022年，越城区制定出台《越城区农村宅基地民主管理办法（试行）》《越城区宅基地农户资格权跨村实现的实施办法（试行）》《关于明确农民公寓确权登记发证有关问题的通知》；完成农房财产权（含宅基地使用权）抵押贷款1笔，贷款金额5万元；有偿退出宅基地33宗，面积5.4亩，有偿退出补偿31.6万元；结合美丽乡村建设，激活闲置农房（含宅基地）1.64万平方米，安桥头村“宅基地改革+乡村建设”入选全省强村富民乡村集成改革典型案例。

【新审批宅基地68宗】 2022年，越城区东湖街道、皋埠街道、陶堰街道、沥海街道4个街道共审批宅基地68宗，审批宅基地面积9.68亩。
（区农水局　徐诗瑾）

工 业

综 述

【概况】 2022 年,越城区有规模以上工业企业 648 家,实现规模以上工业总产值 1622.5 亿元,同比下降 0.7%;工业增加值 406.5 亿元,同比增长 8.3%;营业收入 1352.3 亿元,同比增长 4.9%;利润总额 52.0 亿元,同比下降 35.2%;应交税费 33.4 亿元,同比增长 1.9%。越城集成电路产业群被列入第一批省级“新星”产业群培育名单,振德医疗入选“省级未来工厂”试点,长电绍兴被认定为“省级未来工厂”。“集成电路”万亩千亿产业平台获全省综合考评第一名;省级数字经济创新发展试验区被列入第一批浙江省未来产业先导区,集成电路、生物医药与医疗器械(智慧诊断)两大数字经济核心产业入围省级产业集群核心区;两项应用获评省数字经济系统最佳应用;“腾笼换鸟”综合应用入选 2022 年度绍兴市十大改革亮点。

【年整治高耗低效企业 150 家】 2022 年,越城区共整治高耗低效企业 150 家,创建市级“无废工厂”17 家,市级“绿色工厂”9 家,省级“绿色工厂”1 家,省级节水型企业 5 家,组织 19 家企业开展浙江省清洁生产企业审核工作。

【跨域集聚】 2022 年,越城区“跨域整合”集聚 5 个印染组团集聚项目全部建成并投产,47 家印染企业全部实施关停退出;已落户上虞经开区的 18 个项目中已全部供地并开工建设,其中 4 个项目已足额保障建设用地,14 个项目部分用地已摘牌。

【智能改造】 2022 年,越城区 17 个项目列入 2022 年度浙江省“五个一批”重点技术改造示范项目计划,项目数量全市第一。128 个项目列入 2022 年省级千亿技改项目计划。黄酒产业园(一期)工程数字化(智能化)提升示范项目和高值多功能医用导管项目 2 个项目列入省级生产制造方式转型示范项目计划。135 个项目列入市级智能化改造重点项目。中芯绍兴被评为省级智能工厂,2022 年新增工业机器人 525 台。

中芯项目智能化机器(区经信局 提供)

2022年度越城区节能环保企业一览表

表48

荣誉	企业
绍兴市“无废工厂”	浙江巴鲁特服饰股份有限公司
	浙江博盟精工轴承有限公司
	浙江益森科技股份有限公司
	浙江康思特动力机械有限公司
	绍兴金江机械有限公司
	振德医疗用品股份有限公司
	浙江昌海制药有限公司
	浙江海圣医疗器械股份有限公司
	浙江新海天生物科技有限公司
	绍兴中新电器有限公司
	浙江鑫磊包装有限公司
	浙江仁川节能环保科技有限公司
	绍兴绿嘉环保科技有限公司
	绍兴中科通信设备有限公司
	绍兴市新弘包装有限公司
	浙江锦盛新材料股份有限公司
	喜临门家具股份有限公司
绍兴市“绿色工厂”	绍兴市辰星聚氨酯有限公司
	凯泰特种纤维科技有限公司
	绍兴绿嘉环保科技有限公司
	浙江锦盛新材料股份有限公司
	浙江益森科技股份有限公司
	绍兴市锦升塑业有限公司
	浙江苏泊尔制药有限公司
	绍兴市华冠新型建材有限公司
浙江省“绿色工厂”	浙江双成电气有限公司
浙江省节水型企业	浙江创新生物有限公司
	浙江新海天生物科技有限公司
	浙江港龙织造科技有限公司
	浙江乐祥铝业有限公司
	绍兴永盛建材有限公司

入选 2022 年度浙江省"五个一批"重点技术改造示范项目计划名单

表 49

企业名称	项目名称
数字化(智能化)改造示范项目	
企业名称	**项目名称**
浙江优特格尔医疗用品有限公司	高值多功能医用导管未来数字化工厂
喜临门家居股份有限公司	喜临门产线智能化升级项目
绍兴福清卫生用品有限公司	医用敷料数字化车间
绍兴三花新能源汽车部件有限公司	年产 150 万套新能源热管理部件项目
浙江华晨动力机械有限公司	华晨动力轻量化新能源汽车零部件数字化车间
绍兴中新电器有限公司	中新 5G 数字化车间
新兴产业示范项目	
企业名称	**项目名称**
绍兴中芯集成电路制造股份有限公司	中芯绍兴 MEMS 和功率期间芯片制造及封装测试生产基地技术改造项目
浙江尚科生物医药有限公司	生物酶系列产品及化学药物产业化基地项目(一期)
浙江古纤道绿色纤维有限公司	年产 100 万吨差别化工业聚酯技改项目
绍兴汉诺塔科技有限公司	大尺寸高品质金刚石材料生产线
产业基础再造示范项目	
企业名称	**项目名称**
绍兴中科通信设备有限公司	年产 5G 及数据中心高端光芯片、光器件及光模块 1000 万只项目
浙江冠明电力新材股份有限公司	年产 10 万吨新材料金属制品项目
浙江新威机械有限公司	年产 25 万台(套)汽车及光伏产业配件项目
绿色制造示范项目	
企业名称	**项目名称**
绍兴越信环保科技有限公司	新建年处理 5 万吨废盐渣资源化利用处置工程项目
浙江金康普食品科技有限公司	浙江金康普食品科技有限公司年产 25000 吨配方营养素项目(一期)
绍兴市越路建材科技有限公司	绍兴市越路建材科技有限公司绿色循环新型墙体项目
高端化(服务型制造)示范项目	
企业名称	**项目名称**
康斯特动力机械有限公司	小型动力产品全数字化、智能化仿真检测实验中心技改项目

【实施数字经济一号工程】 2022 年,越城区深入实施数字经济创新提质"一号发展工程",开展"腾笼换鸟、凤凰涅槃"攻坚行动和"1515"产业集群培育行动,构建以数字经济为核心的现代化产业体系。全年全区规上工数字经济核心产业增加值同比增长 28.4%,高于全市平均 7.6 个百分点,居全省第一梯队。"传统产业腾退、新兴产业培育"相关工作获得省委、省政府主要领导批示肯定。

【工业企业梯度培育】 2022 年,越城区完成新增股份公司 25 家,上市辅导 2 家次,完成工业企业"小升规"102 家。浙江医药股份有限公司入选全省第三批“雄鹰行动”培育企业名单。浙江海圣医疗器械股份有限公司、绍兴市岭峰气枪制造有限公司被评为省级“隐形冠军”企业。浙江京华激光科技股份有限公司、浙江康思特动力机械有限公司、浙江博盟精工轴承有限公司、纳诺科技有限公司、绍兴金江机械有限公司、浙江捷发科技股份有限公司6家企业申报为国家级专精特新“小巨人”企业。

【家具制造业】 2022年，越城区有规模以上家具制造业企业10家。全年实现工业总产值52.4亿元，同比增长0.8%；营业收入47.9亿元，同比增长下降3.3%；利润总额5.0亿元，同比下降9.8%。

【汽车汽配】 2022年，越城区有规模以上汽车制造业企业10家。全年实现工业总产值41.1亿元，同比增长63.9%；营业收入41.4亿元，同比增长70.2%；利润总额1.7亿元，同比增长0.4%。

【企业股改上市】 2022年，越城区深入实施“凤凰行动”计划，新增报会企业3家（中芯国际、华剑智能、拓邦新能源），辅导企业2家（百祥科技、拓邦新能源），新增股份公司25家，其中股改2家，新设23家。浙江股权交易中心成长板挂牌3家、国际人才板挂牌1家。截至年底，全区共有上市公司11家，其中，境内上市10家，新三板

2022年越城区新增省级认定小微企业园

表50

序号	产业园
1	海智汇·国际人才创业创新服务中心
2	辰瑞小微企业园
3	绍兴华方园（一期）
4	浙江磐谷科技创业园
5	省级四星级小微企业园
6	冠友众谷青创文化社区
7	市级三星级小微企业园
8	复旦科技园绍兴创新中心
9	中节能（绍兴）科创园
10	市级数字化示范园
11	中节能（绍兴）环保产业园
12	绍兴美冠科技产业园
13	苏泊尔智能家电产业园
14	海智汇·国际人才创业创新服务中心
15	市级特色产业园
16	中节能（绍兴）科创园
17	苏泊尔智能家电产业园
18	绍兴集成电路设计产业园

挂牌企业16家，浙江股权交易中心挂牌98家。

食品工业

【概况】 2022年，越城区有规模以上食品制造业企业4家。全年实现工业总产值4.0亿元，同比下降14.9%；营业收入3.9亿元，同比下降14.1%；利润总额0.14亿元，同比下降9.1%。

【食品制造业】 2022年，越城区有规模以上食品制造业企业4家。全年实现工业总产值4.04亿元，同比下降14.95%；营业收入为3.87亿元，同比下降14.1%；利润总额0.14亿元，同比下降9.1%。其中焙烤食品制造企业1家，全年实现工业总产值0.73亿元，同比增长29.86%，营业收入为0.76亿元，同比增长35.2%，利润总额0.02亿元，同比下降31%；糖果、巧克力及蜜饯制造企业1家，全年实现工业总产值1.07亿元，同比下降31.30%，营业收入为1.14亿元，同比下降21.9%，利润总额0.06亿元，同比增长35.7%；方便食品制造企业1家，全年实现工业总产值1.02亿元，同比增长17.21%，营业收入为1.02亿元，同比增长20%，利润总额0.01亿元，同比下降3.3%；其他食品制造企业1家，全年实现工业总产值1.22亿元，同比下降30.72%，营业收入为0.95亿元，同比下降42%，利润总额0.04亿元，同比下降34.4%。

【农副食品加工业】 2021年，越城区农副食品加工业企业5家。全年实现工业总产值8.38亿元，同比增长87.13%；营业收入为9.03亿元，同比增长105.1%；利润总额0.47亿元，同比下降18%。

【酒、饮料和精制茶制造业】 2021年，越城区酒、饮料和精制茶制造业企业7家。全年实现工业总产值14.55亿元，同比下降10.51%；营业收入为16.94亿元，同比增长29.3%；利润总额2.42亿元，同比增长29.2%。

纺织业

【概况】 2022年，越城区有规模以上纺织业企业185家。全年实现工业总产值139.4亿元，同比下降35.9%；营业收入121.4亿元，同比下降22.6%；利润总额-1.3亿元，同比下降124.4%。其中棉纺织及印染精加工企业59家，全年实现工业总产值53.3亿元，同比下降56.4%，营业收入为40.03亿元，同比下降36.9%，利润总额-2.30亿元，同比下降148.5%；毛纺织及染整精加工企业1家，全年实现工业总产值0.78亿元，同比增长46.52%，营业收入0.69亿元，同比增长58.0%，利润总额0.02亿元，同比增长1.5%；麻纺织及染整精加工企业2家，全年实现工业总产值0.44亿元，同比下降81.83%，营业收入为0.49亿元，同比增长59%，利润总额0.06亿元，同比增长235.4%；化纤织造及印染精加工企业19家，全年实现工业总产值10.27亿元，同比下降35.39%，营业收入为7.57亿元，同比下降41.5%，利润总额-1.56亿元，同比下降55.4%；针织或钩针编织物及其制品制造企业61家，全年实现工业总产值47.99亿元，同比增长0.85%，营业收入为37.16亿元，同比下降4.4%，利润总额1.14亿元，同比下降55.4%；家用纺织制成品制造企业39家，全年实现工业总产值21.65亿元，同比下降4.7%，营业收入为18.66亿元，同比下降7.5%，利润总额0.005亿元，同比增长103.5%；产业用纺织制成品制造企业11家，全年实现工业总产值5.02亿元，同比下降15.77%，营业收入为3.69亿元，同比下降23%，利润总额-0.05亿元，同比增长84.9%。

【纺织服装、服饰业】 2022年，越城区有规模以上纺织服装、服饰业企业55家。全年实现工业总产值27.3亿元，同比增长19.4%；营业收入27.9亿元，同比增长18.3%；利润总额0.4亿元，同比增长42.5%。

化工行业

【化学纤维制造业】 2022年，越城区有规模以上化学纤维制造业企业21家。全年实现工业总产值193.8亿元，同比增长7.5%；营业收入168.3亿元，同比增长27.7%；利润总额-0.06亿元，同比下降100.2%。

【化学原料和化学制品制造业】 2022年，越城区有规模以上化学原料和化学制品制造业企业27家。全年实现工业总产值214.6亿元，同比增长32.6%；营业收入167.3亿元，同比增长9.4%；利润总额5.3亿元，同比下降41.2%。（区经信局　倪伊丹）

高端生物医药产业

【概况】 2022年，绍兴滨海新区高端生物医药产业平台在省发展和改革委以及产业处的关心支持下，聚焦构建细胞治疗谷、创新医药谷、智能康复谷、营养健康谷等4个“特色产业谷”，在开发建设、产业集聚、能级提升等方面不断取得新成效。全年，平台实现工业总产值326.16亿元，同比增长19.2%；固定资产投资68.58亿元，同比增长18.8%；新引进生物医药产业项目24个，协议总投资近200亿元；引进省级以上高层次人才8人，引进各类创新平台载体6个，均已完成或超额完成年度目标。全年先后组织举办“第三届中国(绍兴)生命健康产业峰会”“海峡两岸大健康产业交流会”“运动医学专题闭门研讨会”“皮肤健康专题闭门研讨会”等15次活动。

【累计供地面积约422亩】 2022年，绍兴滨海新区高端生物医药产业平台累计供地面积约422亩，其中，直线质子医疗系统及肿瘤诊疗一体化中心项目一期87.7亩，新码生物大分子创新药研发及产业化基地项目一期80亩。

【打造平台“科创链”】 2022年，绍兴滨海新区高端生物医药产业平台已集聚浙江大学绍兴研究院、浙江理工大学绍兴生物医药研究院“药食同源保健食品开发技术浙江省工程研究中心”等42个省级以上研发机构。现代医药、医疗器械两大省级产业创新服务综合体、深检集团等公共服务平台推进支撑主导产业发展，目前平台内企业已有4个一类新药上市，另有32个新药已进入临床阶段。

【获颁“药物GLP认证电子证照”】 2022年，绍兴滨海新区高端生物医药产业平台与省食品药品检验研究院合作共建的药物安全评价中心获国家药监局颁发的“药物GLP（非临床研究质量管理规范）认证电子证照”，成为全省第三家获得此证书的机构，标志药物安全评价中心正式迈入实质性运行阶段。

【人才招引】 2022年，绍兴滨海新区高端生物医药产业平台深化推进人才管理改革试验区，加强生物医药专业人才引育，全年新引进省级以上高层次人才8人，其中国家引才计划6人、省级引才计划2人。临床医学学科“全球前2%顶尖科学家终身成就榜”的法国国家医学科学院、法国国家技术科学院两院院士韩忠朝出任“细胞治疗谷”谷主，浙江普施康生物科技有限公司的离心微流控POCT（即时检验）诊断系统创新团队入选省级领军型创新创业团队。（新区经发局　杨思雨）

冶金行业

【有色金属冶炼和压延加工业】 2022年，越城区有规模以上有色金属冶炼和压延加工业企业6家。全年实现工业总产值14.3亿元，同比下降14.5%；营业收入15.3亿元，同比下降15.0%；利润总额0.4亿元，同比下降34.6%。

【黑色金属冶炼和压延加工业】 2022年，越城区有规模以上黑色金属冶炼和压延加工业企业3家。全年实现工业总产值1.9亿元，同比增长135.0%；营业收入1.7亿元，同比增长116.9%；利润总额-0.05亿元，同比增长115.4%。

装备制造行业

【电气机械和器材制造业】 2022年，越城区有规模以上电气机械和器材制造业企业40家。全年实现工业总产值132.7亿元，同比下降9.5%；营业收入122.1亿元，同比下降11.5%；利润总额12.2亿元，同比下降13.6%。

【电子设备制造业】 2022年，越城区有规模以上计算机、通信和其他电子设备制造业企业20家。全年实现工业总产值68.4亿元，同比增长14.4%；营业收入82.9亿元，同比增长75.5%；利润总额-5.3亿元，同比下降13.1%。

【通用设备制造业】 2022年，越城区有规模以上通用设备制造业企业18家。全年实现工业总产值25.1亿元，同比下降3.7%；营业收入23.8亿元，同比下降0.6%；利润总额3.9亿元，同比增长14.7%。

【专用设备制造业】 2022年，越城区有规模以上专用设备制造业企业35家。全年实现工业总产值33.7亿元，同比下降0.2%；营业收入30.4亿元，同比增长7.6%；利润总额1.8亿元，同比增长136.8%。

【金属制品业】 2022年，越城区有金属制品业规模以上企业30家。全年实现工业总产值27.4亿元，同比下降0.8%；营业收入26.9亿元，同比增长3.9%；利润总额1.6亿元，同比下降0.2%。

【仪器仪表制造业】 2022年，越城区有规模以上仪器仪表制造业企业4家。全年实现工业总产值4.5亿元，同比增长20.2%；营业收入4.4亿元，同比增长23.0%；利润总额0.6亿元，同比增长2832.2%。（区经信局 倪伊丹）

集成电路产业

【概况】 2022年，绍兴集成电路“万亩千亿”新产业平台主导产业规模超500亿元，共引进集成电路产业项目11个，协议投资额超300亿元，其中50亿元以上项目4个。数字经济产业合作园签约落户；绍兴集成电路产业创新中心（浙江省宽禁带半导体特色工艺产业创新中心）正式获批；2022年绍兴集成电路“万亩千亿”新产业平台获全省第二名；绍芯实验室、浙江省宽禁带半导体特色工艺产业创新中心、宽禁带半导体国家工程研究中心绍兴分中心三大创新平台正式揭牌成立；浙江·台湾周——海峡两岸（绍兴）数字经济产业合作峰会举行；在2022世界半导体大会创新峰会现场，绍兴集成电路产业园获评中国集成电路高质量发展优秀园区。

【产业链规模突破500亿元】 2022年，绍兴集成电路产业园产业规模超500亿元。制造端方面，中芯集成科创板IPO（首次公开募股）过会；中芯一期10万片/月产能设计目标提前完成，全年产值突破40亿元；二期8英寸硅基线投片；三期先导中试线项目通过国家发改委“窗口指导”；封测端方面，定位国内最先进封测基地，全力保障长电集成项目试产、量产；长电先进封装工厂入选省级“未来工厂”，2022年产能达5000片/月，产值逾4亿元；设计端方面，紧盯豪威系列项目，加快芯测项目建设进度，项目完成设

2022年8月18日，在2022世界半导体大会创新峰会现场，绍兴集成电路产业园获评中国集成电路高质量发展优秀园区（绍兴集成电路管委会　提供）

备调试，深度谋划二期项目，打造国内最大规模12英寸CIS（接触式图像传感器）芯片测试核心产区。最成半导体项目、美新半导体项目完成建设投运，中日韩半导体材料产业园项目、盛吉盛二期项目全面启动建设；科迪华项目开启试生产。

【全市首个省级产业创新中心申报】 2022年，绍兴集成电路产业创新中心完成浙江省宽禁带半导体特色工艺产业创新中心申报，获批成为全省第四、全市首个省级产业创新中心；以碳化硅、氮化镓等为代表的第三代半导体被列入第一批省级未来产业先导区培育创建名单；依托杭州电子科技大学集成电路学科优势，联合绍兴文理学院、中芯、长电等产教资源，获批省级重点支持现代产业学院；建设绍芯实验室，成立实验室建设领导小组，制定《绍芯实验室章程》《绍芯实验室学术委员会章程》等纲领性文件；绍芯实验室过渡办公用房改造工程、浙大微电子研究中心拓展改造工程完工，融基础研究、中试验证、创新孵化等为一体的标杆式科创集群成型。

【建设资源保障】 2022年，绍兴集成电路产业园围绕数字经济产业发展导向，编制《海峡两岸（绍兴）数字产业合作区创建方案》，谋划产业园核心区规划和国土空间规划，增补弹性空间面积800余亩；紧盯重点项目用地需求，做实做细中芯三期项目、盛吉盛二期项目等地块前期保障；发挥产业基金“杠杆”作用，2022年滨海新区集成电路母子基金共投资绍兴集成电路企业5个，总金额16.06亿元，撬动社会资本约183亿元。

【优化基础配套】 2022年，越城区、滨海新区实施“电力补强、供排水保障”等系列工程，长电110千伏电网补强工程完成，芯测、最成、美新项目纳入10千伏双回路电力专线；高新区块供水管网、污水先行段工程投入使用，满足园区企业近期内供排水需求；中芯花园（一期）、蓝领公寓

2022年省级科技型中小企业名单（集成电路）

表51

序号	企业名称	批次
1	绍兴华创光电科技有限公司	第一批
2	绍兴诺芯半导体科技有限公司	第一批
3	贝叶斯电子科技（绍兴）有限公司	第一批
4	绍兴芯谷科技有限公司	第一批
5	绍兴市越慈芯微电子科技有限公司	第二批
6	绍兴埃鼎智能科技有限公司	第二批
7	盛吉盛精密制造（绍兴）有限公司	第三批
8	浙江最成半导体科技有限公司	第三批
9	浙江光特科技有限公司	第四批

2022年6月29日，绍芯实验室、浙江省宽禁带半导体特色工艺产业创新中心、宽禁带半导体国家工程研究中心绍兴分中心三大创新平台正式揭牌成立（绍兴集成电路管委会 提供）

（建芯家园）等1200余套配套住房建成投运；园区公共自行车点位全面铺开，充电桩加速布局，480个车位的标准停车场正式开放运营，园区交通基础大幅改善；科学合理布局园区教育网点，毗邻人才小区优先嵌入幼儿园、小学等基础教育资源；夯实水生态基底，实施环境提升改造，"芯动""芯城"两大高品质公园建成开放。

【人才招引服务】 2022年，越城区集成电路产业园深化人才对接招聘服务，邀请平台内企业参加春秋季专列线上线下招聘会40余场，组织开展集成电路专场招聘会3场，为龙头企业定向推送简历百余份；促成绍兴文理学院元培学院与中芯集成签订校企就业实习协议；加大产业政策、人才政策兑现力度，2022年累计兑现产业政策约10.3亿元、人才政策约6100万元；联合检察、海关、市场监管局等职能部门，设立全市首个知识产权检察办公室，开展"知识产权周"活动，召开进口货物布控查验协同试点宣讲会等，护航集成电路企业科技创新。（集成电路管委会 焦昳宁）

黄酒小镇

【概况】 绍兴黄酒小镇（东浦）位于越城区东浦街道，有千年酒乡、水乡、桥乡和名士之乡之称。小镇东起绿云路（31省道），西至绍齐公路，南至凤林西路，北至群贤路，规划面积约4.6平方公里（含水面约1平方公里）。绍兴黄酒小镇（东浦）以抓项目推进为主线，围绕"老房子、新业态、黄酒味、夜经济、年轻力"五大关键词进行开发建设。以黄酒为魂、文化为核、生活为本、古镇为基，营造"醉里水乡、戏里水乡、梦里水乡"三大主题场景，激活"酒经济、旅经济、夜经济"三大特色经济，形成世界级黄酒文化旅游目的地，演绎"世界黄酒之都，绍兴城市封面"新形象。

【基础设施建设】 2022年，黄酒小镇鲨鱼江桥及接坡道路新建项目、黄酒小镇老街示范区修缮工程及庙西港路东段等30个基础设施建设及环境提升项目已完工；耶溪路东延（K0+700至光相路段）新建工程、二号路（安置房配套道路新建工程）和黄酒小镇滨河公园及沿线立面改造工程等10余个项目已开工建设；大树江大桥工程、浦阳路停车场三期工程、黄酒小镇滨河公园及沿线立面改造工程、英迪格桥4个项目正在办理前期手续。

【文商旅开发】 2022年9月30日，黄酒小镇微醺节暨溇台里一期开街运营，修缮工作根据历史文化名镇保护要求，确保"修旧如旧"，共计完成10000平方米的房屋修缮工作，总投资约5000万元；引进时尚潮流新业态，为游客提供黄酒文化年轻新潮的体验场景，微醺节期间共接待游客4.6万余人次，同比增长228.15%。

【招商运营】 2022年，黄酒小镇完成溇台里一期招商工作，开心麻花签约入驻，于11月12日首演；原创IP"越小久"形象正式发布；开展夜经济光影秀、灯光秀；古越龙山、女儿红、白塔、享绍·汤源元酒馆、栖越咖啡等一批商户入驻。（黄酒小镇管委会 王静）

工业企业选介

【概况】 截至2022年底，越城区共有规上工业企业648家，创建市级“无废工厂”27家，市级“绿色工厂”37家，省级“绿色工厂”2家，国家级绿色工厂1家，国家级绿色设计产品12个，省级节水型企业38家。新增国家级专精特新“小巨人”企业6家。

【企业选介】

绍兴中芯集成电路制造股份有限公司　位于越城区皋埠街道临江路518号，成立于2018年，由中芯国际和绍兴集成电路产业基金联合设立，是绍兴落户的第一个集成电路制造项目，被列入省、市两级重点项目和省重大产业项目，也是绍兴市打造“万亩千亿”集成电路新产业平台的标杆企业。产品方向广泛应用于人工智能、新能源汽车、工业控制、移动通信、便携式电子产品、绿色家电等领域，现有员工3400余人，其中工程技术人员2000余人，核心技术和管理团队拥有15年以上经验积累。

2022年实现产值40.85亿元，同比增长82.4%。一期及其扩产已于2021年底达产，实现了10万片/月的产能目标；二期一阶段仅用12个月时间完成建设，已于2022年9月开始量产，2023年一季度计划实现7万片/月的产能目标；作为三期整体项目的先导12英寸中试线，依托现有厂房和设施，已于2022年10月启动生产线建设；新能源模组项目已于2022年6月开工。

中芯二期项目（区经信局　提供）

绍兴三花新能源汽车部件有限公司　位于越城区沥海街道繁荣路69号，是三花控股集团旗下新能源汽车产业核心战略企业。公司成立于2017年，以“创新超越”为新的战略发展定位，以“发展节能低碳经济，营造品质绿色环境”为愿景，在新能源汽车热管理系统和热管理系统开发等领域已走在世界行业前列。2022年三花新能源和三花热管理实现工业产值32.0亿元，同比增长101.3%。连续三年增速超100%。（区经信局　倪伊丹）

绍兴三花新能源汽车部件有限公司（区经信局　提供）

2023年绍兴市重点工业项目投资计划汇总表（实施类）

表52

序号	项目名称	所属行业	计划总投资（万元）
1	万向钱潮汽车零部件智慧园项目	交通产业	1000000
2	绍兴中日韩半导体材料装备生产基地项目	集成电路	200000
3	纽缤乐健康科技运营中心及产业化基地	生物医药	100000
4	直线质子医疗系统及肿瘤诊疗一体化中心	生物医药	75000
5	年产1250万套新能源汽车用智能热管理模块建设项目（四期）	交通产业	74000
6	新一代智能无人化手套机制造基地	高端装备	68972.88
7	EAL（扩增活化的淋巴细胞）细胞药物产业化项目	生物医药	61980
8	年产500万套光伏智能部件与锂电池智能充放电设备	新能源	60000
9	鼎捷软件数字产业园项目	其他	60000
10	年产套高端环保设备制造建设项目	高端装备	50000
11	高端多肽药物产业化项目	生物医药	50000
12	年产10万台氢燃料动力总成及200万套轻量化结构件项目	新能源	50000
13	拓宇新能源太阳能电池环保高效新材料项目	新能源	40769
14	一体数字经济产业园	其他	40000
15	年产5万件高端石英制品部件项目	集成电路	36248
16	天士力特殊医学用途配方食品项目	生物医药	30000
17	年产200兆瓦BIPV（光伏建筑一体化）光伏新能源生产项目（二期）	新能源	22500
18	创新生物高端制剂项目	生物医药	20330
19	中亚工贸园轨道交通配件、建筑产业一体化项目三期	其他	17000
20	年产50万套功能性家纺产品技术改造项目	现代纺织	16000
21	巴鲁特高速智能手套机项目	高端装备	15000
22	年产200兆瓦光伏电池板组件生产线项目	新能源	15000
23	同创IC（集成电路）科创园	集成电路	14000
24	集成电路引线框架和功率半导体封装基板项目	集成电路	13800
25	年产5万套集成式智能数字化浴室产品项目	家居家电	13000
26	年产15万套车用轴承配件项目	交通产业	12000
27	年加工通用机械配件150万套生产线项目	高端装备	11000
28	医用耗材（带胶类）产品数字化技改项目	生物医药	11000

续表 52

序号	项目名称	所属行业	计划总投资(万元)
29	智能设备生产基地项目	家居家电	10800
30	年产350台专用及智能施工升降机技术改造项目	高端装备	10490
31	年产20000吨高档针织面料生产项目	现代纺织	10200
32	年产5000吨可再生纤维的高档时尚服饰面料技术改造项目	现代纺织	10000
33	年产8000吨智能化圆机环保原料高档针织产品数字化厂房技改项目	现代纺织	10000
34	特种装备生产基地建设项目	高端装备	27000
35	年产50万套扭矩检测仪和1000台扭矩检测设备	高端装备	20000
36	艾可泰科细胞治疗临床试验及细胞药物标准化制备人源细胞中心项目	生物医药	30000
37	浩克智能装备年产5000套数字化智能电气控制系统项目	高端装备	57700
38	年产400万套锂电智能电器项目	高端装备	30000
39	芯岛科技—集成电路核心零部件研发制造项目	集成电路	120000
40	国周控股集团年产3万吨新材料全产业链智造未来工厂项目	新材料	100000
41	高腾智能纺织机装备产业化项目	高端装备	10000

建筑业管理

综　述

【概况】 2022年，越城区有在建建筑工程203个，建筑面积约936.3万平方米；新增项目92个，建筑面积约256.6万平方米；竣工项目97个，建筑面积约260万平方米。截至年底，共有建筑施工企业665家，其中特级企业5家，一级企业82家（总承包一级企业31家、专业承包一级企业51家），二级及以下企业578家（总承包二级及以下企业288家、专业承包二级企业142家、专业承包三级企业32家、劳务分包企业116家）。从事建筑活动技术人员21240人，其中注册建造师4111人。区内建设工程实现质量安全监督率100%，工程竣工验收合格率100%，新建民用建筑图审率100%，建筑节能实施率100%。全年实现建筑业省内产值509.55亿元，同比增长18.4%，排名全市第二，总产值902.86亿元，同比增长9.1%。

行业管理

【概况】 2022年，越城区开展建筑行业市场行为调查35次，对11起违法案件共计作出16份行政处罚决定（涉及2家建设单位、3家施工单位、2家监理单位、2家建筑起重机械安装单位及9位从业人员）。

【组织消防验收备案】 2022年共完成建设工程消防设计审查项目30个，消防验收项目20个，消防备案项目131个。开展市区联合检查2次（全区建设工程消防设计审查验收专项检查），开展区级检查（2022年度“双随机、一公开”建设工程消防专项检查），参加2次建设工程消防领域管理业务培训，召开绍兴国金购物城项目消防设计专家评审会，完成越城区消防第三方技术服务委托工作。

【扬尘管控】 2022年，越城区建设局制定并印发《越城区建筑工地秋冬季大气污染防治百日攻坚行动方案》，督促落实好建筑工地扬尘污染防治“八个百分百”（工地周边100%围挡、物料堆放100%覆盖、施工现场道路100%硬化、拆迁工地100%湿法作业、出入工地运输车辆100%冲洗、渣土车辆100%密闭运输、在线视频监控100%覆盖施工现场、100%安装扬尘监测系统）工作要求，全年共出动扬尘检查人员560人次，出具整改单823份，停工整改单57份，建议行政处罚5例，约谈责任人32人；开展非道路移动机械使用、扬尘管控等专项检查2次。推广使用“绍兴蓝天”小程序扬尘数字化监管工具，组织召开28次周工作例会；使用“绍兴蓝天”小程序完成扬尘问题整改236件。已有138个工地完成“绿色工地”的申报认定。

工程质量安全监管

【工程质量安全管理】 2022年,越城区建设局印发《越城区建筑工程质量评价工作方案》文件,组织开展年度建筑工程质量评价工作,编制半年度、年度建筑工程质量形势分析报告,推进“二书、一牌”(建设工程法定代表人授权书、工程质量终身责任承诺书及工程永久性标识牌)工作落实,对92个项目的新开工程均严格审查工程建设五方主体签署的项目负责人委托书、质量终身责任承诺书;对97个项目竣工验收工程永久性标牌的设置情况进行监督落实,实行率均达100%。要求施工单位贯彻落实《工程质量安全管理手册》,推行施工现场标准化管理;越城区开展建设工程质量安全生产、文明施工、消防隐患排查、人防施工、人员到岗到位落实、文明施工扬尘控制等专项检查,全年共组织开展“双随机、一公开”抽查2次,开展在建工程质量安全综合季度大检查4次,各质量安全专项检查40余次,发出限期整改通知单1110余份,停工单60余份,共发现4300余条质量安全隐患及问题,并全部完成整改闭环。

【获评市优质结构工程】 2022年,“光相路(耶溪路至横江段)、横江路(鲨鱼江至光相路段)新建工程和群立桥及接坡道路改造工程”“绍兴南部综合交通枢纽建设工程”“绍兴中专扩建工程”“大禹陵景区(公祭典礼)提升项目二期”4个工程项目获评优质结构工程。其中,“光相路(耶溪路至横江段)、横江路(鲨鱼江至光相路段)新建工程和群立桥及接坡道路改造工程”“绍兴中专扩建工程”“绍兴南部综合交通枢纽建设工程”获绍兴市“兰花杯”优质工程奖。“绍兴南部综合交通枢纽建设工程”“大禹陵景区(公祭典礼)提升项目二期”获浙江省钱江杯优质工程奖。

【获评省、市、区建筑安全文明施工标准化工地】 2022年,越城区共有4个工程获浙江省建筑施工安全生产标准化管理优良工地,12个工程获评绍兴市建筑施工安全生产标准化管理优良工地,14个工程获评越城区建筑施工安全生产标准化管理优良工地,数量均为近年来最高。

建筑节能

【建筑产业化】 2022年,越城区建筑工业化项目新开工31个,实施总面积202.9万平方米,新开项目中公建项目7个,实施总面积25万平方米,新开工项目中住宅全装修项目14个,实施总面积110万平方米,实施钢结构住宅达到11.6万平方米,做到应实施产业化的项目覆盖率达100%,应实施住宅全装修的项目覆盖率达100%,获评2022年浙江省建筑工业化考核优秀县市区。

【绿色建筑发展】 2022年,越城区贯彻落实《浙江省绿色建筑条例》《绍兴市绿色建筑专项规划》,2022年度全区城镇建设用地范围内(农民自建住宅除外)新建民用建筑实现一星级绿色建筑全覆盖;政府投资或以政府投资为主的公共建筑,按二星级以上绿色建筑强制性标准进行建设。到2022年底,全区二星级及以上绿色建筑占新建民用建筑比例达到94%,三星级比例达到7%。推进越城区10个政府采购绿色建材应用试点项目建设;绍兴市龙山书院项目培训中心入选第一批中瑞零碳建筑合作示范工程。(区建设局　顾文虎)

交通运输　仓储

综　述

【概况】 2022年，越城区重点推进实施类项目9个，完成综合交通投资35.35亿元。完成公路旅客周转量37528万人公里，完成公路货运周转量212129.8万吨公里。山会高架路、绿云高架路、越东快速路、于越智慧快速路、二环西路智慧快速路一期（山会大道—城南大道段）建成通车。完成水路客运量1.6167万人次，旅客周转量18.1843万人公里；完成水路货运量423.4441万吨，同比下降8.26%，货运周转量82181.6075万吨公里，同比增长14.78%。绍兴港越城港区年货物吞吐量556万吨，完成集装箱吞吐量5.55万标箱。完成城市公共交通客运量4321.27万人次。受理公路水路运输企业防疫补助申请263件，补助金额267.5万元；以补贴形式对巡游天然气出租汽车下调天然气价格10%，并且提高对公交企业的运营里程补贴，由3.1元/公里上调为4.6元/公里。

【交通事权调整】 2022年8月27日，绍兴市越城区交通运输局挂牌成立，本次事权调整，越城区交通运输局承接行政审批、公路、港航、道路运输、工程建设等共686项事权。11月，交通运输服务窗口入驻区行政服务中心。

【智能转运】 2022年，越城区迭代升级疫情防控综合调度应用，建立"1+3"（"1"指全链路，"3"指一盘货、装送一体、生产物流）转运体系，通过综合调度系统"一单集成"全链共享地址、车型、司机、隔离点等信息，配套建设政府端、司机端、涉疫人员端，实现司机"指尖核验"，精准接送。实现2小时内编组转运效率96.96%，居全市第一，远超全市平均82.08%和全省平均48.45%水平。

轨道交通

【绍兴地铁1号线主线开通运营】 2022年4月29日，绍兴地铁1号线主线开通运营，新增运营里程26.8公里。主线起点为中国轻纺城站、终点为芳泉站，主线长26.8公里，设车站18座，与2021年6月开通的地铁1号线柯桥段贯通运营，并实现与杭州地铁"无缝换乘"。全年，绍兴地铁1号线主线地铁运营线路客运量1336.49万人次，累计开行8.06万列次，累计运营总里程192.57万公里。

【绍兴城际线迪荡站开通运营】 2022年12月30日，绍兴城际线迪荡站开通运营，每日停靠办客城际列车12趟，除通达上虞、钱清等站点外，每日有4趟列车可达杭州南站，票价12元，2趟列车达宁波站，票价18元。

公路路网建设

【概况】 2022年3月25日，《绍兴市越城区综合交通运输发展“十四五”规划》发布，规划完成总投资734.46亿元，其中高速公路55.9亿元、普通国省道116.4亿元、农村公路5亿元。规划新增高速公路里程26.6公里、国省干线里程36.6公里、绿道里程70公里。

【公路总里程达650.553公里】 截至2022年底，越城区境内公路线路267条、总里程650.553公里。其中，国道、省道干线里程70.091公里，农村公路527.156公里，公路通乡率和通村率100%。公路桥梁661座、6.9502万延长米。其中，普通干线桥梁191座、3.7476万延长米；农村公路桥梁241座、1.8595万延长米。公路隧道9道，其中普通干线隧道8道，农村公路隧道1道。

【杭绍台高速全线通车】 2022年2月10日24时，杭绍台高速正式开通。其中杭绍台高速城区段是全线唯一一个穿越城镇密集区的城区标段，起于杭甬高速齐贤枢纽，经齐贤、东浦、柯岩、福全、兰亭，终于越城区鉴湖街道，全长27.97公里，桥隧比例达95%，是全线体量最大、新颖结构最多、桥隧比例最高、穿越建成区域最长、拆迁量最集中的路段，地方道路与高速高架共线段占比达48%。

交通设施养护与管理

【概况】 2022年，越城区普通国道、省道PQI（路面质量指数）为76.57。全年养护总投资4419.8万元，其中实施公路养护大中修工程共2个，投资2600万元；实施航道例行养护，投资350万元；实施航道专项养护4个，投资1469.8万元。

【公交基础设施建设】 2022年，越城区新改建公交首末站1个，新改建公交候车亭25个、新增（调整配套）高铁站和地铁站周边公交站点候车亭10个、新建公交电子站牌10个。

【桥梁维修加固】 2022年，越城区投资约2000万元，对沥海街道沥九线、边沥线及围红线进行路面“白改黑”（即水泥路面改为沥青路面），对百红线路面局部维修，并加强沿线交通安全设施建设；投资约600万元，对皋马线皋北大桥进行吊杆更换、支座更换，并对全桥桥面沥青进行铣刨重铺。

【公路养护管理】 2022年，越城区深化市场化专业养护机制，运用数字化监控手段做好路面坑洞、裂缝等病害摸排处置工作，累计修补坑洞约14465.1平方米，路面灌缝约44.141公里，疏通清理边沟约2186公里，清扫路面约49717公里。

【航道养护管理】 2022年，越城区投入例行养护资金350万元，开展绿化养护和补植、航道标志标牌维护、局部航段护岸维修、锚泊服务区服务提升、运河文化公园维护以及突发性应急养护处置等内容；投入专项养护资金1469.8万元，实施航道疏浚、锚泊区工程、服务区数字化提升和码头提升4个省市专项养护工程。

交通治堵

【概况】 2022年，越城区深入推进城乡交通平安畅通综合治理工程，大力发展城市公共交通、步行和自行车骑行等绿色出行方式，推出公交地铁联乘优惠，鼓励市民使用公共交通代替驾车出行。开展“民选民评”堵点乱点治理，完成迪荡湖路、袍中路、越西路3处堵点治理。推进主城区于越快速路、越东快速路、山会高架路、绿云高架路建设，完善城市基础路网建设。

【年完成涉交通民生实事项目14项】 2022年，越城区完成涉交通民生实事项目14项。新增（调整配套）高铁站和地铁站周边接驳公交线路17条；新增更新出租汽车（包括网约车）272辆。新增共享单车、电单车共2500辆，地铁站点半径50米内公共自行车（含共享单车）站点实现全覆盖。整合优化微0002路和微0003路线路，弥补银泰、世茂两大商圈间缺乏公交互通空白，满足更多群众定制化地铁接驳的出行需求。

【道路安全隐患治理】 2022年，越城区完成省、市重点挂牌的事故多发点段治理7处（含镜湖新处4处）；完成2018年以来发生过一次死亡2人以上事故的农村道路平交路口整治29处；全面整治"桥头跳车"，完成公路桥梁维修改造63座，实施农村公路亮化工程80公里。

【处罚交通违法行为】 2022年，越城区共对"车身放置粘贴突出车身外廓影响交通安全物品"处罚2161起，对"未按提示信号进入代行区"处罚477起，对"吸烟、饮食、手持方式使用电子设备等妨碍安全行驶的行为"处罚4792起，对"非准许的车辆在公交专用时段内驶入公交专用车道"处罚10071起，公安、交通、综合执法开展联合执法410次，刑事立案2起，采取刑事强制措施1起，行政处罚4人。

交通安全

【概况】 2022年，越城区交通运输系统开展除险保安百日攻坚行动、消防安全大排查大整治行动、安全生产"奋战60天，实现全年稳"专项行动、岁末年初安全生产专项检查等行动，全区未发生生产经营性道路交通事故，较前三年平均数下降100%。发生水上交通小事故7起，直接经济损失12.22万元，未发生水上交通亡人事故。区内41个村（居、社区）、企业交通安全宣传站全部完成建设，并通过自主验收和抽查验收。2022年，越城区共发生道路交通事故48213起，其中统计事故311起，死亡83人，直接财产损失98.41万元。全区未发生一起一次死亡2人以上交通事故。

【年办理行政处罚案件57件】 2022年，越城区交通运输局开展行政执法检查6414次，办理行政处罚案件57件，处罚金额18.36万元。开展公路治超专项整治，处理违法超限超载案件144起，卸货2934.23吨，扣分385分。开展货运站场安全专项检查，检查货运站场14家次、货代企业29家，查改问题隐患18处。

【危货常态化管控】 2022年，越城区交通运输局抽查1486家次危运企业监控人员在岗情况，抽查覆盖率100%，15分钟响应率99.19%，抽查危运车辆4151辆次，抽查率1379%，处理异常工单243条，处置率100%，约谈异常企业3家次；检查危货企业37家次，查改问题隐患65处；查获3起无证运输危险品案件。

【水上交通安全】 2022年，越城交通运输部门组织开展水上农渔船碍航"凌晨"整治、内河客运整治、内河脱检船舶整治、港口码头超额装载整治、集装箱开箱检查等5次各类专项治理行动。检验商船730艘次、内河渔船44艘次，海洋渔船检验11艘次，内河农水局代检渔船检验833艘次，其中检验合格签发证书438艘，检验不合格395艘，直接淘汰养殖船239艘（老旧渔船）。开展部门联合检查9次，对全区11家港口企业进行全覆盖安全检查。开展进乡（镇）进村水上交通安全知识和航运企业安全知识宣传教育4次，发放宣传册100余册。

【应急演练】 2022年12月13日，绍兴市水上交通突发事件应急演练在绍兴港现代物流园集装箱泊位举行，演练科目包括落水人员救助、船舶溢油处置、船舶消防、船舶打捞等;12月14日上午,2022年绍兴市越城区危险货物道路运输事故应急救援演练在绍兴市滨海新城金帝运输有限公司举行,交通、公安、消防、生态、卫健等部门参加。(区交通运输局　詹际涛)

【交通安全事故】 2022年,越城区因机动车驾驶人交通违法而负同等责任以上统计事故共发生196起,死亡59人,分别占统计事故总数的63.02%和死亡总数的71.08%;因非机动车违法的交通事故共107起,死亡21人,分别占统计事故总数的34.41%和死亡总数的35.59%。其中,共发生机动车未按规定让行导致的交通事故35起,死亡10人,居各类交通违法行为之首;非机动车违反交通信号灯导致的交通事故29起,死亡11人;非机动车逆向行驶导致的交通事故19起,死亡1人;机动车未避让行人导致的交通事故18起,死亡6人;非机动车未按规定让行导致的交通事故16起,死亡0人;机动车违反交通信号灯导致的交通事故14起,死亡6人。(区公安分局　赵梦莎)

仓储物流

【概况】 2022年,越城区共有快递企业12家,分支机构108家,末端网点160家,智能快递柜1109个,快递人员3837人。全年快递业务收入完成167643.9万元,同比增长22.4%;全区快递业务量完成11796.2万件,同比增长23.3%。全区快递投递量14804.2万件,同比增长15.94%。全区港澳台及国际快递业务量完成133.27万件。全区港澳台及国际快递业务收入50247.18万元。

【“两进一出”工程】 2022年,越城区持续推进快递“两进一出”工程(指快递进村、进厂和出海)建设乡镇共配中心(富盛)1个,乡村“共富驿站”20个,累计快递进村量逾2000万件。推动“快递进厂”,新增绍兴市安吉尔净饮水科技有限公司等“快递+制造业”协作企业25家,快递服务年支撑制造业产值超20亿元。指导国际快递企业希凯易新建海外仓1个。(区商务局　郭佳红)

房地产业

综 述

【概况】 2022年,越城区新建商品房累计成交面积222.07万平方米,成交总额445.34亿元,成交均价20054.04元/平方米;越城区二手房累计成交面积84.57万平方米,成交总额91.11亿元,成交均价10773.17元/平方米。全年房地产开发投资总额447.06亿元,同比增长4.8%;房地产从业人员工资总额为48989.00万元,同比增长-0.6%。2022年,越城区出让涉宅用地7宗、398.86亩,交付楼盘21个、19349套,发放预/现售许可证63份、上市面积171.04万平方米,完成商品房网签合同备案13089份。

【物业管理】 2022年,越城区配合省建设厅组织开展"党建统领好、运行机制好、阵地建设好、管理服务好"的"红色物业"创建活动,推荐省级"红色物业"项目13个,其中12个项目获得省级"红色物业"称号;推荐绍兴市物业管理优秀住宅(大厦)项目5个,其中金昌·越府、海樾府、市场监管局大厦3个项目获得市优秀住宅(大厦)称号,办理业委会备案45个;维修金缴纳21403.0万元,保修金缴纳21969.6万元。

【楼宇经济】 2022年,越城区实行新一轮《越城区楼宇经济"十四五"规划(三年行动计划)(2021—2023)》,推广"楼长制"管理模式和特色楼宇认定办法、星级楼宇认定办法、"五个一"(即一个产业规划、一个实施方案、一个发展政策、一个楼宇标准、一个信息平台)管理规范等。截至年底,全区共有重点楼宇60幢,入驻企业2289家,入驻率79.82%,注册率95.1%;楼内企业纳税7.5亿元,每平方米实现税收593.07元。

开发投资

【概况】 2022年,越城区房地产投资总额447.06亿元,同比增长4.8%。全年新上市湖珀隐秀府、锦玥府、观澜云庭、云湖樾府、君兰锦绣府、望湖农贸大厦、臻庭、越馨园、锦上府9个楼盘。

【全年成交涉宅用地7宗】 2022年,越城区累计成交涉宅用地7宗,成交面积398.858亩,成交金额约38.5亿元。全年出让涉宅用地"越城区YC-17B-2-1地块(南溇底B-2-1)""越城区PJ-06-1-1-1地块(昌明街东侧地块)""越城区YC-17C-17地块(雄盛南侧地块)""越城区PJ-06-7-15地块(石泗东侧地块)""滨海新区〔2022〕J3(JB-06-05-13)地块""越城区薛渎(棒球)社区1号地块(C地块)""越城区PJ-09-A4-01地块(洋泾湖13-1号地块)"7宗。

【全年交付房源19349套】 2022年,越城区累

2022 年度省级“红色物业”项目一览表

表 53

序号	项目
1	绍兴壍庄
2	快阁苑小区
3	树鹅王公寓
4	山隐新村小区
5	越西新村
6	绍兴金色蓝庭
7	赞成美林
8	绍兴百合花园
9	锦程文苑
10	江望名苑
11	胜利公寓
12	北海苑

计集中交付楼盘 19 个，涉及商品房套数 18433 套，包括白鹭凤林府、春江天镜府、九樾府、兴望轩、文渊府、星尚镜廷、柏丽湾、永利中心(商业)、滨河商业中心(商业)、悦汇大厦(办公)、花语江南府、新天地商务中心(办公)、臻越院、江樾府、悠步观澜苑、御宾府、镜界府、湖风雅园、雅庭。2022 年，越城区分批次交付楼盘 2 个，涉及商品房套数 916 套，包括玺园一期、陶然名苑二期。

交易市场

【概况】 2022 年 9 月 9 日，越城区发布《绍兴市越城区关于进一步促进房地产市场平稳健康发展的意见(试行)》，从深化供给侧服务改革、强化需求侧服务保障、完善金融端服务举措、优化企业端服务能效、加大纾困面服务力度、健全制度面服务机制 6 个方面 18 条，积极引导房地产市场预期，恢复市场信心。

【新建商品房上市面积 171.04 万平方米】 2022 年，越城区全年发放共发放新建商品房预/现售许可证 63 份，上市面积总计 171.04 万平方米，同比减少 39.77%，其中包括商品房预售许可证 55 份、145.74 万平方米，商品房现售许可证 8 份、25.30 万平方米。

【新建商品房成交面积 222.07 万平方米】 2022 年，越城区新建商品房累计成交面积 222.07 万平方米，同比下降 25.1%，成交总金额 445.34 亿元，同比下降 33.8%，成交均价 20054.04 元/平方米，同比下降 11.62%。

【中介机构管理】 2022 年，越城区新增房地产中介机构备案 27 家，新增从业人员备案 51 人。开展房地产市场领域违法违规检查工作，整治房地产中介发布虚假信息、违规代理销售、赚取差价、诈骗等行为，全年检查房地产中介机构超 100 家，对检查中发现的违法违规行为，下发整改通知书或约谈，对情形恶劣拒不整改的，取消二手房网签资格，并联合相关部门依法查处。

住房保障

【概况】 2022年,越城区保障性房源共计13046套。其中,公共租赁住房房源1571套,其中南池鉴园公租房房源456套、鹅境雅园530套、新桥佳园455套、名城阳光园130套,已基本完成保障分配;筹集保障性租赁住房房源11475套,其中,政府投资房源共计7627套,(鹅境雅园人才公寓362套、南池鉴园人才公寓336套、兰花苑人才公寓754套、水岸香堤人才公寓932套、马山西洋溇东西区1343套、创业家园3424套、科创园476套),非政府投资房源3848套。全区住房保障受益人数313161人,受益覆盖率34%。

【公租房政策调整】 截至2022年底,全区公共租赁住房补贴保障4414户,发放补贴发放1000多万。其中,低收入住房困难家庭417户,公交、环卫工作118户,消防救援人员99户,对全区各类企业的全日制专科(高职)、本科及以上学历新就业无房职工分档补贴3年,累计保障人数7990人。截至2022年底,全区政府投资保障性租赁住房中人才公寓已分配5488套,政府地投资保障性租赁住房中蓝领公寓分配1177套。(区建设局 顾文虎)

商贸 现代服务业

综 述

2022年，越城区实现全社会消费品零售总额748.4亿元，同比增长3.6%；限上批发业销售额同比增长23.4%；限上零售业销售额同比增长13.2%；限上住宿业营业额同比增长4.7%；限上餐饮业营业额同比增长9.9%；完成规上其他营利性服务业营业收入（不含电信）62.9亿，同比增长6.2%;完成批零住餐和服务业企业“下升上”237家。截至年底，全区限上商贸服务业企业总数达1067家。

【重点项目】 2022年，越城区29个重点服务业项目当年累计完成投资60.15亿元，其中13个文化旅游业项目当年累计完成投资27.71亿元，9个现代商贸及会展业项目当年累计完成投资19.28亿元，6个商务服务业项目当年累计完成投资2.85亿元，1个金融业项目当年累计完成投资10.3亿元。

【粮食购销】 2022年，越城区兜底筑牢粮食安全底线，推进对涉粮巡察问题和审计问题的整改。越城中心粮库顺利开工。做好全年粮食收购工作，优化落实糯稻“五优联动”的实施方案，做好粮食质量监管工作。采购58万元应急救灾物资并顺利验收入库，落实区级冻猪肉储备投放。10月16日，组织世界粮食日宣传进社区、局机关干部进粮库活动。（*区发改局　汤佳柯*）

【会计管理】 截至2022年底，越城区登记在册会计人员27493名，人员信息存量位居全市前列。全年共审核信息2938人次，完成会计继续教育3881人次，会计职称考试通过人数954人，居全市第一。11名人员通过高级会计师评审，评审通过率65%。年内，代理记账机构年度报备94家，新增代理记账机构21家，实际存续115家。

【234家行政事业单位内控报表填报】 2022年，越城区通过“以报促建”方式加强行政事业单位内控建设，落实234家行政事业单位进行年度内控报表填报，报表报送率100%。年内，完成区应急管理局、东湖街道2家单位内控建设评价。（*区财政局　徐丽娜*）

商贸消费

【概况】 2022年，越城区印发《“越”系列促消费活动实施方案》，全年组织开展“欢乐盛夏·越享生活”暑期促消费活动、“越惠悦生活·金秋购物节”、全市汽车博览会等多场大型促消费活动，发放汽车以旧换新、新能源汽车补贴、商超“数字人民币”等多轮消费券，国金大悦城、华联银泰城、鲸银城、上大路风情街、黄酒小镇等大

2022 年越城区重点服务业项目建设情况表

表 54

序号	项目名称	建设内容及规模	建筑面积（平方米）	计划总投资（万元）	2022 年投资计划（万元）	1—12 月投资额（万元）	形象进度	新建／续建	备注
合　计			2245003	2502191	650225	601464	—	—	—
一、文化旅游业项目 13 个			795920	1262161	309020	277135	—	—	—
1	871LOOP 一期	项目总用地面积 19.68 万平方米，总建筑面积 376204 平方米，其中改造保留厂房约 3 万平方米，引进创新创意设计机构、国家众创空间、多功能展览中心、影院或剧院、文创品牌书店等，打造集文创商业综合体与高端住宅于一体的产、学、研、住的混合生活圈	376204	474132	107853	125854	一期：主体结构封顶，已开始进行幕墙埋件及龙骨施工，精装修已进场施工。E4 号楼已完成桩基施工。二期：住宅、商铺外主体结构全部封顶，幕墙及精装单位已进场施工	—	市重点
2	黄酒小镇商业TOD（3–BC 地块）	地铁上盖精品综合购物中心，主力店涵盖影院、品牌旗舰店等，通过集合店、买手店、概念体验店等零售购物方式的升级，规划约 2.6 万平方米	26000	139137	22000	11282	桩基准备施工中	—	—
3	民国商业街（黄酒小镇 1–F 地块、2–E、F 地块）	集住宿、度假、美食、酒吧、休闲娱乐、风情零售于一体的复合型街区，打造民国风情场景下的夜幕新天地，规划约 5.5 万平方米	55000	122930	48000	24589	1–F：正负零完成；2–E：已封顶，砌体结构施工及机电安装中；2–F：已封顶，砌体结构施工及机电安装中	—	—
4	万豪酒店（暂名）（湖东 3 号地块）	酒店总建筑面积约 60320 平方米，地上建筑面积 46130 平方米，地下建筑面积 14190 平方米	60320	102031	20406	20643	地上主体结构全部封顶，砌筑完成 50%	—	市重点
5	绍兴喜来登酒店	总用地面积 45 亩，总建筑面积 10.6 万平方米，其中地上建筑面积 7.7 万平方米，地下建筑面积 2.4 万平方米，建设高档酒店一座	106000	100000	25000	36082	土建施工中，酒店造至 9 层	—	市重点

续表 54

序号	项目名称	建设内容及规模	建筑面积（平方米）	计划总投资（万元）	2022 年投资计划（万元）	1—12 月投资额（万元）	形象进度	新建 / 续建	备注
6	黄酒小镇秀场、游客中心、前导商街项目（4–A 地块）	游客中心规划约 0.6 万平方米，为黄酒小镇文旅综合体整体项目提供服务；秀场规划约 2.2 万平方米，以黄酒元素、绍兴风情、古越文化为主题打造大型室内旅游演艺秀剧场；前导商业街规划约 1.2 平方米，打造集零售、餐饮、水吧及休闲娱乐等业态的复合型街区	40000	94948	18000	10063	桩基施工中	—	—
7	英迪格酒店（黄酒小镇 3–A 地块）	全球知名酒店洲际集团旗下“英迪格”酒店品牌，以独特的中国当代女性视角，打造东方美学生活和在地文化住宿体验的豪华酒店，规划约 2.5 万平方米，172 间套房	25000	56110	9000	4181	桩基施工中	—	—
8	花间堂酒店（黄酒小镇 4–B 地块）	华住酒店集团旗下“花间堂”品牌，以酒肆为设计立意，以大肚子江的景观资源为设计导向，打造古今结合的度假酒店，规划约 2.18 万平方米，139 套房	21800	48482	8000	5060	桩基施工中	—	—
9	黄酒小镇智慧停车楼（2–G 地块）	智慧停车楼规划约 2.8 万平方米，共 1289 辆机动车停车位，引入智能停车场管理系统，主要服务于黄酒小镇项目及周边公建，为城市提供 24 小时开放的泊车服务	28000	48391	16000	12031	完成规划实测绘、防雷验收、电梯验收；幕墙工程完成，消防调试完成，综合机电安装完成，智能化完成，室外综合管网完成，地坪工程完成，屋面工程完成，景观工程完成，停车位划线完成，绿化种植完成，沥青完成	—	—
10	托斯卡纳风情园旅游综合体	商业用地性质，建设一个意大利托斯卡纳风格度假酒店，总建筑面积 22598 平方米，地上建筑面积 20098 平方米，地下建筑面积 2500 平方米	22596	30000	10000	2650	完成场外场地平整，完成场外道路施工。1 ~ 5 号、7 号楼完成结顶，6 号楼开始基础，8 号、9 号完成结顶，10 ~ 13 号楼完成二层，14 ~ 17 号楼完成一层，18 ~ 21 号完成基础工作	—	市重点

续表 54

序号	项目名称	建设内容及规模	建筑面积（平方米）	计划总投资（万元）	2022 年投资计划（万元）	1—12 月投资额（万元）	形象进度	新建 / 续建	备注
11	东湖水街项目	建设 2.5 万平方米水街商业街	25000	30000	17761	18000	6 个地下室主体结构已施工完毕，地上 24 栋单体已主体结构封顶；15 栋单体砌体已施工完毕；门窗及外幕墙已进场复尺；北侧道路基层完成，雨污水管道完成，桥梁完成 90%	—	市重点
12	上上一品喜宴中心	建设面积 10000 平方左右预计可容纳 2000 人高端零碳文化艺术交流平台、会务宴会展厅场所，成为创新绍兴婚宴艺术的造梦者、塑造绍兴星级宝宝喜酒宴会新地标	10000	16000	7000	4200	完工	—	市重点
13	绍兴格乐丽雅婚礼堂综合建设工程	打造一家拥有私密园区、明星亲选户外草坪婚礼仪式区、艺术仪式堂，同时还将推出五个高定设计师主题宴会厅，打造多个网红打卡地标	—	3600	3100	2500	完工	新建	—
二、现代商贸及会展会项目 9 个			739682	560934	171705	192841	—	—	—
1	绍兴集成电路创新综合体	总用地面积 149.9 亩，总建筑面积 25.5 万平方米，其中地上建筑面积 18.5 万平方米，地下建筑面积 7 万平方米，包含酒店 1.5 万平方米，沿街商业 9208 平方米，办公 2.1 万平方米，配套公共设施面积 2368.01 平方米	255000	200000	92414	99426	装修中	—	市重点
2	半岛中心（镜湖新区中心区 5 号地块项目）	项目总用地面积 54291.7 平方米，总建筑面积 239158.42 平方米，其中地下室 98000 平方米。项目住宅约 50000 平方米，商业约 11158.42 平方米，酒店约 80000 平方米	239158	168020	15000	23922	酒店幕墙南北立面铝龙骨施工，酒店主楼装饰工程继续施工，酒店主楼门斗完成主体结构工程	—	市重点

续表 54

序号	项目名称	建设内容及规模	建筑面积（平方米）	计划总投资（万元）	2022年投资计划（万元）	1—12月投资额（万元）	形象进度	新建/续建	备注
3	则水牌2号地块商业中心项目	建设6万平方米商业中心	60000	80000	23291	23300	地上主体结构已封顶；地上主体结构完成，商铺二次结构基本完成；外幕墙面层完成70%，采光顶已全部封闭；室内机电地下室完成95%，一层完成60%，二层完成85%，三层完成80%；室内公区精装样板段完成，精装一层完成50%/精装二层完成85%/精装三层完成65%	—	市重点
4	小区商业街（镜湖03-04-1号奥景园配套项目）	小区配套商业街，总建筑面积5.08万平方米	50800	30000	8000	8752	商业49#楼主体砌体，二次结构完成，幕墙龙骨施工完成98%，栏杆立柱施工98%，铝板型材完成65%，玻璃完成30%	—	市重点
5	华裔中心商业综合体（绍兴市越城区东光地块三期）	总建筑面积57148.48平方米，地上建筑面积35619.7平方米，地下建筑面积21528.78平方米。办公大楼、引进品牌酒店、超市、打造商业中心以及餐饮等服务业态，打造特色街区、沉浸式文化体验区	57148	29064	7000	2338	围护工程完成90%，地下连通口完成50%	—	市重点
6	绍兴奔驰体验中心及配套项目	奔驰体验中心及商业用房（汽车配套），41202.15平方米	41202	25000	20100	23132	奔驰主体建筑工程全部完成，主楼裙房建筑工程已完成80%，水电安装工程已完成60%	新建	市重点
7	九流渡滨河商业街（镜湖中心区7-4号地块）	用地面积14031.8平方米，建筑面积26374平方米，其中地上为三层商业，首层主要布置高端的休闲生活及办公配套功能，二三层以餐饮为主，地下层为车库。定位为高端商业配套，以提升整体区域品味，为周边白领、小区及游客提供餐饮休闲和购物娱乐场所	26374	20000	3000	7272	完工	—	市重点
8	冠友邻里社区（镜湖新区JH-10-09-03地块）	拟建设约10000平方米的邻里中心，地上面积约6000平方米，地下4000平方米	10000	7850	2500	4199	地下室地板完成	新建	—

续表 54

序号	项目名称	建设内容及规模	建筑面积（平方米）	计划总投资（万元）	2022 年投资计划（万元）	1—12 月投资额（万元）	形象进度	新建 / 续建	备注
9	绍兴贸易港	打造一个集专业市场、购物体验、休闲社交等多功能于一体的地标性商业集散中心，快速填补区域内商贸业发展和推动产业集聚提升		1000	400	500	完工	新建	—
三、商务服务业项目 6 个			170401	149096	69500	28488	—	—	—
1	益德环境总部大楼（水街 7a 号地块）	以商业商务为一体，占地 7300 平方米	7300	30000	15000	0	方案设计论证中	新建	市重点
2	镜湖越商总部 8 号	用地面积 6316.1 平方米、总建筑面积 31240.33 平方米、其中地上计容面积 22100.82 平方米、地下建筑面积 9139.51 平方米、建筑高度限高 100 米	31240	30000	8000	6028	完成 5 层顶板到 11 层顶板混凝土浇筑，以及完成 1 到 8 层的砌体施工	—	市重点
3	商办项目 [2021]J6（JB-06-H-17-04b）	新建商务办公、商业及商务酒店项目，用地面积 10350 平方米，总建筑面积约 40861 平方米	40861	29096	16500	13300	做基础	新建	—
4	舜杰滨海商务大楼	项目占地 7000 平方米，建筑面积约 30000 平方米，总投资约 25000 万元，大楼高 80M，层数为 20 ~ 22 层。大楼建成后，将为各商业公司、商社、财团、企业、办事处、联络处等提供用于商务、办公	30000	25000	5500	0	方案设计论证中	新建	市重点
5	紫光科技大厦（H-17-06a 地块）	总建筑面积 3.5 万平方米，楼高 70 米，10 ~ 16 层。（办公，康养，酒店，技术服务开发，人工智能等）	35000	20000	14000	4580	打桩	新建	市重点

续表 54

序号	项目名称	建设内容及规模	建筑面积（平方米）	计划总投资（万元）	2022 年投资计划（万元）	1—12 月投资额（万元）	形象进度	新建 / 续建	备注
6	汇金商业中心（H-17-06b 地块）	总建筑面积 2.6 万平方米，楼高 42 米，4 ~ 9 层。（酒店、物流、办公、技术服务开发、人工智能等）	26000	15000	10500	4580	打桩	新建	市重点
四、金融业项目 1 个			539000	530000	100000	103000	—	—	—
1	绍兴金融活力城（湖东 1 号、2 号地块）	项目总占地面积约 586 亩，总建筑面积约 163 万平方米，其中商办占地面积 146.4 亩，建筑面积 53.9 万平方米。项目规划建设含高度 168 米国际金融中心 1 幢、100 米高区域银行总部 5 幢、金融服务及办公集群、科创办公大楼、高端商业、高端住宅等多种业态。项目将集商务、办公、居住、文化、购物、餐饮、娱乐于一体，打造成绿色宜办、宜商、宜住的绍兴新金融活力中心。项目将吸引绍兴及周边地区银行、证券、保险等金融机构入驻，还将从市外引进金融控股集团区域总部、关联的全国性金融机构区域总部、以创投为主业的主板上市公司总部或区域总部、新金融公司等一大批优质项目进驻	539000	530000	100000	103000	1-2 和 1-3 地块主楼幕墙安装 90%，商业幕墙完成 40%；2-1 地块主体结构封顶，砌筑完成，地下室结构验收完成，底商中间结构验收中	—	市重点

跨境电商产业园(区商务局 提供)

型商贸综合体和特色步行街区于年内开业,推进消费载体提质扩容、提振消费市场信心。

【省级通报表扬】 2022年5月18日,浙江省政府办公厅发文,通报表扬越城区商务局获评“2021年度省级促消费和批发零售业改造提升成绩突出集体”。

【高品质步行街】 2022年,迎恩门风情水街通过省级验收,获评省级高品质步行街。迎恩门风情水街位于绍兴古城西北侧,是越城区历史文化街区文商旅融合的成功范例。水街以近1.5公里的古运河为主线,以历史文化、旅游休闲为核心,以购物居住和商业观光为两轴,在河两侧设置迎恩天地、水游城、二十四苑、四十八铺、桨声灯影、钟山胜境等六个功能区块,打造集文化展示、体验商业于一体的特色城市综合体。

电子商务

【概况】 2022年,越城区创建数字生活新服务样板区,全年实现网络零售额146亿元,同比增长5.3%;截至年底,累计培育省级新零售示范企业6家,AAA级以上省级电子商务企业和产业基地4家(个),“省级电商产业示范基地”1个,省级电商专业村(淘宝村)5个、专业镇1个,市级直播基地2个。

【实施“数字生活新服务”工程】 2022年,越城区通过搭建数字平台、升级应用场景、改造智慧服务,推动数字政务、数字商贸、数字文旅等建设,全面推进“数字生活新服务”工程,塔山、北海街道及富盛镇被评为省级数字生活新服务特色镇,累计建成智慧校园44所、新增物流配送终端236个,省级现代供应链企业5家,互联网诊疗服务、公交出行移动支付、数字化学校平台等覆盖率均实现100%;对银泰商圈进行数字化改造,全面推进智慧服务,完成100%的店铺数字化和90%以上的商品数字化,实现线上线下融合,入选市级智慧商圈;对鲁迅故里步行街进行智慧街区改造,完成AR导览、智慧消防、智慧监控、智慧大屏安装建设并已投入运行,应用5G技术实现街区无线网络全覆盖,入选省级高品质步行街。

【打造电商直播式“共富工坊”】 2022年,越城区以党建联建为抓手,多方联动,拓宽直播产品范畴,不断壮大电商直播式“共富工坊”发展。以乡镇街道为单位进行建设培育,围绕供应链和直播服务资源进行集中打造,累计打造电商直播式“共富工坊”9个,越富生活馆“共富工坊”列入全省首批百家电商直播式“共富工坊”典型案例,并摘得首届电商直播式“共富工坊”短视频大赛铜奖,云舟帮扶“共富工坊”等2个工坊获评全市首批三星级工坊。

【跨境电商】 2022年,越城区利用综合保税区、跨境电商综试区两大国字号平台叠加区位资源,推动跨境电商发展,全年实现跨境电商进出口总额67.9亿元,份额全市第一、占比超4成。越城区(滨海)跨境电商产业园区作为区内最大的跨境电商服务平台,集企业孵化、人才培育、物流分拨、视觉拍摄及直播基地等于一体,先后被评为省级电商产业示范基地、省级跨境电商产业园,通过“店开全球 智慧出海”“品牌出海新势能”“越企出海 电商赋能”等系列活动,服务全区企业开展跨境电商海关监管模式出口,完成“9610”“9710”“9810”出口单量约110万件,出口额达2.88亿美元。(区商务局 郭佳红)

旅游业

综　述

【概况】 2022年，越城区创建为浙江省全域旅游示范区，高质量完成AAAA级景区城创建现场评审工作及浙江省会稽山旅游度假区2020—2021年度评价考核，编制《会稽山旅游度假区旅游规划研究》，实施度假区内标识标牌系统提升及手绘地图制作，打响“小越”旅游形象IP。

【推进“百城千镇万村”景区化】 2022年，富盛镇创建为省AAAA级景区镇，马山街道、沥海街道创建为省AAA级景区镇，15个村提升为AA级景区村。截至年底，全区共有AAAA级景区镇5个，AAA级景区镇6个，AAA级景区村19个，AA级景区村28个，A级景区村79个。

2022年越城区新增景区村一览表

表55

序号	所属镇(乡、街道)	村庄名称	等级
1	陶堰街道	张家岙村	AA
2		陶堰村	AA
3		横旦村	AA
4	孙端街道	镇塘殿村	AA
5		许家埭村	AA
6	马山街道	红墅村	AA
7	沥海街道	潭许村	AA
8		郭渎村	AA
9		华东村	AA
10	鉴湖街道	谢墅村	AA
11		丰乐村	AA
12	皋埠街道	牌口村	AA
13		西湖岙村	AA
14	富盛镇	红山村	AA
15		义峰村	AA

2022年越城区景区镇一览表

表56

序号	镇(乡、街道)	等级
1	塔山街道	AAAA
2	府山街道	AAAA
3	东浦街道	AAAA
4	孙端街道	AAAA
5	富盛镇	AAAA
6	鉴湖街道	AAA
7	斗门街道	AAA
8	皋埠街道	AAA
9	陶堰街道	AAA
10	马山街道	AAA
11	沥海街道	AAA

2022年越城区AAA级景区村一览表

表57

序号	所属镇(乡、街道)	景区村
1	陶堰街道	泾口村
2	陶堰街道	白塔头村
3	孙端街道	皇甫庄村
4	孙端街道	安桥头村
5	孙端街道	村头村
6	马山街道	尚巷村
7	鉴湖街道	王家葑村
8	鉴湖街道	坡塘村
9	皋埠街道	吼山村
10	皋埠街道	坝内村
11	皋埠街道	坝头山村
12	富盛镇	上旺村
13	富盛镇	诸葛山村
14	富盛镇	金溪村
15	富盛镇	乌石村
16	富盛镇	倪家溇村
17	斗门街道	荷湖村
18	斗门街道	璜山北村
19	东浦街道	南村村

旅游资源

【概况】 2022年，越城区内迎恩门风情水街、绍兴博物馆创建为国家AAA级旅游景区，徐渭故里景区通过景观质量评价，全区共有AAAAA级景区1家，AAAA级景区2家，AAA级景区7家，AA级景区3家；新创建市、区级研学实践教育基（营）地8家，打造“文旅+研学”融合新高地，开展“童研越城”中小学研学游活动，涵盖全区文旅、农旅、军旅特色研学实践教育基（营）地26家，发布名仕遗风、红色记忆、非遗传承、诗路文化、乡村体验等五大主题研学线路；六和藏院创建为省三级旅游驿站，凤栖小院、河畔小院新评定为省银宿等级民宿，周恩来纪念馆创建为省级红色旅游教育基地。

越城区A级景区一览表

表58

序号	景区名称	等级
1	鲁迅故里·沈园景区	AAAAA
2	大禹陵景区	AAAA
3	东湖风景区	AAAA
4	周恩来纪念馆	AAA
5	绍兴黄酒城	AAA
6	绍兴黄酒小镇	AAA
7	迎恩门风情水街景区	AAA
8	镜湖国家湿地公园旅游景区	AAA
9	吼山风景区	AAA
10	绍兴博物馆	AAA
11	上旺－岩里乡村休闲旅游区	AA
12	由由嘉园景区	AA
13	府山公园	AA

2022年新增研学基地（营地）一览表

表59

序号	基地（营地）名称	级别
1	大禹陵研学游营地	市级（营地）
2	顺浩农业研学基地	市级（基地）
3	鑫泰消防教育基地	市级（基地）
4	风之谷研学实践教育基地	区级（基地）
5	马山街道尚巷村	区级（基地）
6	绍兴市青少年眼健康科普基地	区级（基地）
7	御茶村宋韵抹茶	区级（基地）
8	稽山书场——非遗曲艺研学	区级（基地）

【旅游推介】 2022年，越城区结合文旅行业实际情况，在“陶堰油菜花节”“5·19中国旅游日”等时间节点，开展面向市民及目标客群的宣传推广活动。5月，越城区文广旅游局以“越逛越有味，云上赏越城”为形象宣传口号，邀请方天与阿布杜拉在中国蓝TV视频客户端、浙江政务短视频联盟旗下的快手账号“浙江窗口”同步直播，在线观看人次超270万人次。举办第二届越城文旅嘉年华系列活动，打造越城文旅嘉年华品牌，推介越城文旅资源，促进产业融合，彰显越城态度、越城温度、越城热度。

【文旅消费】 2022年，越城区以活动为载体，激发文旅消费市场活力，共开展两轮“越城文旅百万消费券”活动，发放可用于区属近百家文旅企业的百万文旅消费券。开展“越城旅游清凉一夏”活动，针对旅行社发放200万元过夜旅游住宿消费补助；开展2022“越消费越幸福”消费促进活动，发放可用于餐饮的600万元消费券。助力旅游经济提质增效，增强旅游市场活力，培育潜在游客，为区域旅游发展攒足内生动力。

“5·19”中国旅游日，越城区举行云游越城直播活动（区文广旅游局　提供）

2022年3月，陶堰油菜花节在鉴湖国家湿地公园举行（区文广旅游局　提供）

2022年7月8日，第二届越城文旅嘉年华启动仪式在迎恩门风情水街举行（区文广旅游局　提供）

越地美食

【概况】 2022年，越城区为认真贯彻落实省文化和旅游厅《关于纵深推进“诗画浙江·百县千碗”工程的指导意见》精神，深入挖掘越城美食资源，弘扬传承越城饮食文化，提升越城美食知名度和美誉度。越城区文广旅游局全面展示越城美食资源，深化“六进”工程（进景区、进饭店、进学校、进机关食堂、进高速服务站、进社区），继续推进“越宴十八味”的影响力，让越宴成为越城特色美食品牌。

【“诗画浙江·百县千碗”系列主题活动】 2022年，越城区以“诗画浙江·百县千碗”为主题，开展系列主题活动。评选出“百县千碗·越宴十八味”区属旗舰店3家、示范店7家和体验店8家。并对2020年、2021年已认定的“百县千碗·越宴十八味”美食体验店进行复评。根据省、市、区工作要求，完成“越宴十八味”进景区、进饭店、进学校、进机关食堂、进高速服务站、进社区的“六进”活动，并将“越宴十八味”带进省文化和旅游厅机关食堂，集中展示、宣推具有越城特色的“百县千碗”美食。同时“越宴十八味”

2022年9月10日，“越宴十八味”进“同心·越城”大会（区文广旅游局 提供）

2022年9月16日，“越宴十八味”亮相2022全国百家旅行商走进绍兴暨绍兴旅游产品采购大会（区文广旅游局 提供）

亮相2022“同心·越城”大会、“2022全国百家旅行商走进绍兴暨绍兴旅游产品采购大会”，弘扬了越城特色美食，讲述越城文化故事，打造“美景+美食”旅游名片，形成越城文旅又一道独特的全新风景。

越宴十八味：

冷菜：酱腌鲜黄瓜、福禄八宝菜、炉峰素蛏子、绍兴冻扎肉、虾油竹园鸡、五香卤牛肉、酥鱼、酱鸭、桂花糯米藕、马兰拌香干；

冷菜：油炸臭豆腐、单鲍大黄鱼、一品绍三鲜、糟熘河虾仁、干菜焖猪肉、古越炖麻鸭、头肚醋熘鱼、白鲞扣仔鹅、绍式小炒丝、霉鲜四小味（霉千张 霉苋菜梗 霉香干 霉毛豆）；

点心：吉利芝麻团、生煎馒头香、艾饺、麦糊烧、八宝饭、糖煎糯米饼、面饽饽、酒酿圆子羹、箸扴头、乌豇豆糕。

行业管理

【概况】 2022年，越城区深入开展行业管理与执法指导工作，进一步推动星级饭店、旅行社等

越城区星级旅行社一览表

表60

序号	单位	星级
1	浙江仙人掌海外国际旅游有限公司	五星
2	绍兴市乡情国际旅游发展有限公司	四星
3	绍兴市远洋国际旅游有限公司	四星
4	绍兴鑫洲国际旅行社有限公司	四星
5	绍兴招商国际旅行社有限公司	四星
6	绍兴世缘国际旅游有限公司	四星
7	绍兴中国国际旅行社有限公司	四星
8	绍兴市中青旅旅游有限公司	四星
9	浙江亚都国际旅游有限公司	四星
10	绍兴市中国旅行社有限责任公司	四星
11	绍兴传媒国际旅行社有限公司	四星
12	绍兴市康辉国际旅游有限公司	三星
13	绍兴市国交旅行社有限公司	三星

越城区星级宾馆饭店一览表

表 61

序号	单 位	星级
1	绍兴咸亨大酒店有限公司	五星
2	绍兴市咸亨酒店有限公司	五星
3	绍兴国际大酒店有限公司	五星
4	绍兴饭店有限公司	五星
5	浙江开元酒店管理股份有限公司绍兴开元名都大酒店	五星
6	绍兴银泰大酒店有限公司	四星
7	绍兴市鑫洲海湾大酒店有限公司	四星
8	绍兴市永利大酒店有限公司	四星
9	绍兴市越城区廊桥花园酒店	三星
10	绍兴浙纸建国宾馆有限责任公司	三星
11	绍兴新亚都大酒店有限公司	三星
12	绍兴市饮食服务有限责任公司绍兴大酒店	三星
13	绍兴市稽山宾馆	三星

文旅企业品质提升和规范经营。截至年底，全区共有旅行社56家旅行社，包含星级旅行社13家，其中五星级1家、四星级10家、三星级2家；共有星级饭店13家，其中五星级5家、四星级3家、三星级5家。全年完成歌舞娱乐场所设立及变更27家，营业性演出审批49项，处理旅游投诉件39件；兑现各类企业纾困补助251.388万。

【企业服务品质监管】 2022年，越城区坚持“以品质提升管理，以品质促进效益”，督促企业做好品牌建设，持续改进服务质量和运营质量。指导秦森（绍兴）文旅发展有限公司安麓酒店完成浙江省金桂品质饭店评定工作。对照《旅游饭店星级的划分与评定》国家行业标准要求，指导绍兴国际大酒店、绍兴咸亨大酒店完成五星级复核工作。按照《浙江省旅行社品质等级划分与评定》要求，指导绍兴市康辉国际旅游有限公司、绍兴市国交旅行社有限公司通过三星级品质旅行社复核评定。浙江仙人掌海外旅行社、绍兴市游客中心有限公司被评为浙江省百强旅行社。

【广电阵地行业管理】 2022年，越城区切实做好卫星电视广播地面接收设施管理工作，全面维护意识形态安全，全年共开展6次非法卫星地面接收设施专项整治行动，累计拆除非法卫星电视广播地面接收设施289套。推进农村应急广播体系建设，新建区级应急广播平台，完成13个镇街广播机房、150个行政村广播室和1098个户外广播终端建设，实现行政村和地质灾害风险防范区、避灾点等重要区域全覆盖，平台上下贯通、可管可控。

【惠企政策兑现落实】 2022年，越城区统筹推进疫情防控和经济稳进提质工作，扎实落实旅游纾困政策。按照旅游服务质量保证金暂退或缓交政策，为43家旅行社暂退旅游服务质保金372万元，暂退率100%。组织开展“爱绍兴 游绍兴”活动，对参与活动的69家企业发放补助资金114万元。落实“加快推进服务业高质量发展”政策，向企业兑现各类奖补资金137.388万元。（区文广旅游局　高欣）

经济管理与监督

综　述

【发展改革管理】 2022年，越城区在浙里办上线应用6个，在“我的家园”上线未来社区、未来乡村8个。“平安生活数智服务（平安社区）”分别在全省数字社会系统路演、全市数字社会系统路演中演示汇报，“越安家”在全市数字社会系统例会上演示汇报，区人社局职业培训券应用获评全省人社系统数字化改革最佳应用。推进越城区数字社会“集中攻坚月”行动，编发工作简报3期，下发工作交办单6期，推进各项补短追长工作。未来社区（未来乡村）热力从全市第六升至前二位；关键小事体验员数量从全市第六升至全市第二。

【优化营商环境】 2022年，越城区优化政策组合拳，精准落实助企纾困工作。依托“越快兑”平台，以直兑、即兑、快兑等兑现方式，提高政策兑现加速度、提高兑现便利度。全区累计兑现政策资金13.5亿元，惠及市场主体1.2万家。全年共发放3批汽车消费券，共安排资金20亿元以上。召开2022年“稳进提质”高质量发展政策新闻发布会、企业家大会，推介区稳进提质政策包。印制区稳进提质政策折页，并编辑迭代越城政策二维码，“植入”19个政策，开展政策宣讲或专场活动10余场。

重大项目建设

【有效投资稳中有进】 1—9月，越城区固定资产投资增长14.2%，增速居全市第二，建安投资增长19.7%，增速居全市第一。结构性投资中，民间项目投资同比增长64%；交通投资同比增长-8.2%；生态环保、城市更新和水利设施投资同比增长12.2%；高新技术投资同比增长73.6%，制造业投资同比增长66.8%。9月省稳进提质投资报表5项晾晒指标中4个指标列入全省绿色区块。

【项目建设推进有序】 2022年，越城区政府、国有企业投资项目176个，截至9月底已开工项目136个，开工率77.3%，1—9月累计完成投资138.90亿元，完成年度计划的75.1%，均快于时序进度。17个省“4+1”重大项目，1—9月累计上报完成投资100.24亿元，投资完成率达到194.6%。7个省重点建设项目，1—9月累计完成投资51.97亿元，投资完成率达到176.2%。

【资源要素积极争取】 2022年，越城区积极争取各类上级资金，截至年底，越城区申报金融债储备项目共计28个，申请基金金额49.76亿元，其中中心粮库项目通过国家审核并到位资金5146万元；申报设备贴息贷款项目共计50个，贷款需求金额61.5亿元，其中通过国家核准项目13个，贷款需求10.30亿元；2022年越城区专项债下达项目共计19个，下达债券资金48.33亿元。

对口帮扶、支援、合作

【东西协作】 2022年，越城区发挥慢病诊疗和管理优势，组团实施“越马青鸟工程”医疗帮扶项目，依托“乐在浙里”劳务协作站、“蓝鹰工程”“彝领技工”劳务品牌等特色创新项目，推进越马东西部劳务协作发展。聚焦马边本地资源要素禀赋，用好定点帮扶、省内援彝提供的招商信息，开展精准招商大会战，力促一批优质企业和项目落地。聚焦培育越城消费帮扶市场主体，重点抓好“秀美马边”消费扶贫体验馆和美食馆，发挥“越商走马”“秀美马边”等多个品牌项目的带动作用，在乡村振兴示范点建设基础上，利用农旅融合带动消费帮扶、社会帮扶、企村结对等，打造品牌化帮扶亮点。发挥劳务协作站桥梁纽带作用，做好人员精准摸排、岗位精准提供、培训精准开展，推进“智聚开化，提质学前”协作项目，组建名园长、名师“专家团”，提升教育质量。

【山海协作】 2023年，越城区重点以具有越城（滨海）标识度的“产业飞地”为平台，抓好落实飞地（特别是清华大学TUS装配式建筑产业化项目作为省级重大项目）运营、投产等工作，飞地项目争取与生物医药、集成电路、新材料和大健康等越城重点发展产业契合。打响“钱江源”品牌，促进开化乡村经济持续向好；擦亮“开化是个好地方”金名片，商贸文旅消费帮扶再升级，云舟供应链平台继续丰富上线衢州农特产品，鼓励机关企事业单位等多渠道助力消费帮扶。对接农业龙头企业专技人才赴开化指导农业产业生产，如大禹蚕种帮扶开化县“田园牧歌”溪东村项目；引导区内优秀企业结对开化县经济薄弱村，帮助薄弱村发展壮大集体经济，努力推动协作工作上新水平提升。

【对口合作】 2022年，越城区与龙山区紧密对接高层互访事宜，参与探讨合作事项。推进“放管服”改革，优化两地投资发展环境，协助龙山区完善民营经济发展体系。做好越城区“店小二”式政府服务理念及“最多跑一次”政务服务改革经验的介绍传授。加快打造越城产业飞地经济园区，把园区建成为龙山区承接越城区产业转移及企业新扩建项目的主要“飞地经济”承接地，支持龙山企业在越城区建立名特优产品直营店，提升龙山名特优产品影响力。推进集成电路、生物医药、装备科技等产业的合作和交流。利用龙山区的资源、产品开发比较优势，延长产业链条，扩大市场覆盖率。（区发改局　汤佳柯）

国有资产管理

【概况】 2022年，越城区共上缴国有资产处置收入1393.18万元，房屋出租收入2913.88万元，合计4307.06万元。

【国有房租减免租金2363.7万元】 2022年，越城区财政局为有效应对新冠疫情影响，帮助和支持企业共克时艰、共渡难关，保障企业正常复工运转，保持经济平稳健康运行，落实“为承租国有资产类经营性房产从事生产经营活动的小微企业和个体工商户，免除2022年3个月租金”政策。共为1024家租户减免租金2363.7万元，确保“应减尽减、能减则减、减则快减”，真正将减免政策不折不扣落实到位，让市场主体早受益、多受益。

【首次实行公路资产清查登记入账】 2022年，

越城区财政局为摸清掌握越城区公路资产实物量和价值量，开展公路资产清查、核算工作，对2021年12月31日为基准日的已交付使用公路资产以“全口径、全覆盖”范围，按照“谁承担管理维护职责、由谁入账”的要求，对纳入清查范围的公路资产进行全面核对查实、入账核算、登记资产信息卡，切实做到账表、账卡、账实相符一致。全年共入账公路资产570.48公里，入账价值506292.46万元。

【虚拟公物仓共录入资产2458件】 2022年，越城区财政局为提高区级行政事业单位国有资产使用效率，盘活存量资产，强化资产配置与资产使用、处置的统筹管理，切实推进国有资产共享共用和调剂使用，开展虚拟公物仓入库资产扩面征集工作，横向到边，纵向到底，全面扩大使用范围，充实扩充入仓资产，实现使用单位全覆盖、入库资产更齐全，借调资产更高效，最大限度发挥公物仓作用，打通镇街、部门（单位）间的资产调剂渠道，充分实现国有资产的共享共用、高效利用。越城区虚拟公物仓共录入资产2458件，价值约123万元，累计实现共享资产362件，节省资金59万元。（区财政局　张佳琴）

工商企业管理

【概况】 2022年，越城区新设企业4193家，办理注销2270家，在册市场主体总量达115847家，同比增长17.09%；共有企业45909家，同比增长12.60%；个体工商户69938家，同比增长20.23%；完成个转企191家。新设小微企业3700余家，共获小微企业成长之星4家（绍兴市优伽体育用品有限公司、浙江苏泊尔制药有限公司、绍兴宏通汽车销售服务有限公司、浙江晨旭工业自动化装备有限公司），小微企业成长优秀单位1家（绍兴市融资担保有限公司），小微企业成长优秀平台2家〔绍兴集成电路设计产业园（东园）、绍兴水木湾科学园〕。公平竞争审查指标列全市第一。

【优化行政审批服务】 2022年，越城区市场监管局建立“行政许可中心＋滨海分中心＋偏远镇街”综合审核新模式，下放企业登记、药品、器械、执业药师注册权限，企业注销材料精简一半以上，公告时间从45天压缩至20天。推进“证照分离”改革全覆盖试点工作，3500多家企业享受到“证照分离”改革红利。全面实施准入准营“一件事”改革，27个企业办事高频行业证照实现集成办理。

【助力企业纾困解难】 2022年，越城区市场监管局推出“零成本”政策，越城区内新开办企业刻制首套公章、税控设备费用全部由政府买单，降低企业开办成本，4239户企业享受到此政策红利。推进歇业备案制度落实，联合印发《绍兴市越城区市场主体歇业备案实施意见（试行）》，为41家市场主体办理歇业登记。

【小微企业三年成长计划】 2022年，越城区市场监管局出台扶持个体工商户6个方面25条纾困细则，完成个转企191家，新设小微企业3700余家，其中八大产业（医疗卫生事业、电子政务、税务、电力、电信、保险、教育、证券）小微企业812家，4家企业获评小微企业成长之星，1家企业获评小微企业成长优秀单位，2家企业获评小微企业成长优秀平台。

【保障民生安全综合执法行动】 2022年，越城区市场监管局深入推进食品药品安全、产品质量、知识产权、认证检验检测等专项执法，持续开展“铁拳”“亮剑2022”“除险保安百日攻坚”等各类专项执法行动，共立案查处市场监管领域各类违法案件536件，罚没款共计335.46万元；移送公安案件3件，大要案数共计43件。

【整顿网络直播营商环境】 2022年，越城区市

2022年2月24日,越城区消费者权益保护委员会"共享法庭"为消费者维权(陈燕维 摄)

场监管局立足本地市场实际,建立专班专管,培育绿色优质直播间3家(浙江酒管家电子商务有限公司、浙江诸氏方圆服饰有限公司、浙江巴鲁特服饰股份有限公司),闭环处置风险信息42条,解决消费投诉举报32件。数智运用,开展监测模型课题研究1项。开展宣传引导,推出专项治理宣传报道9篇,曝光典型案例4件。

【培育放心消费单位(含摊位)2582家】 2022年,越城区共培育放心消费单位(含摊位)2582家,其中放心工厂584家,放心消费商圈7个(鲁迅故里街区、金帝银泰惠坊街、绍兴时尚百盛商业发展有限公司、浙江高速投资发展有限公司绍兴服务区、世茂广场、绍兴八佰伴、鉴湖高速服务区),放心消费乡村2个(马山街道尚巷村、孙端街道安桥头村)。

【打造消费纠纷化解新模式】 2022年,越城区提高消费纠纷多元化解效能,成立越城区消费者权益保护委员会"共享法庭",助推消费纠纷通过非诉讼方式解决。建立消费维权服务站35个,将商圈服务热线和"12345"投诉热线相结合,对场内发生消费纠纷进行快处快纠。大力推广在线消费纠纷解决(ODR)机制,建成ODR企业75家,处理ODR企业投诉47件。全年共受理各类消费投诉6236件,举报1386件,为消费者挽回经济损失145万余元。

食品药品监督

【概况】 2022年,越城区创建为浙江省食品安全示范区,成立区食品安全风险综合治理中心,形成食品抽样、数据汇集、风险研判、风险预警、核查办案、综合治理线上线下"六位一体"的食品抽检一体化平台。全面启动食品安全"两个责任"工作,积极推进食安责任险工作,实现农村家宴中心集体聚餐等重点领域食品安全公益险全覆盖,创建1家五星级食安办、2家四星级食安办,实现五星级食安办零的突破。"越安食"食品安全智治惠民工程被纳入2022年越城区民生实事工程,实现特大型餐饮、大型餐饮、集体用餐配送单位和中央厨房等社会型餐饮全覆盖。新增3家零售药店民生药事服务站,2家4星级服务站通过5星级创建验收。

【"越安食"食品安全智治惠民工程】 2022年,越城区投入138.5万元,实施"越安食"食品安全智治惠民工程,被纳入2022年越城区民生实事工程;建成"智能阳光厨房"92家,实现特大型餐饮、大型餐饮、集体用餐配送单位和中央厨房等社会型餐饮全覆盖,6家隔离点供餐单位全部建成"阳光厨房",累计为隔离点保障餐饮151万份。

2022年,越城区市场监管局对学校食堂开展校园食品安全智治惠民工程检查(施瑜萍 摄)

【"阳光市场"全覆盖】 2022年，越城区研究制定《关于越城区农贸市场品质提升的实施意见》《越城区农贸市场品质提升标准》，推动富盛、鹤池苑等两家老旧农贸市场通过自行招标完成硬件环境设施改建提升，指导澄港、合心两家新办市场完成"便利化、智慧化、人性化、特色化、规范化"五化改造，实现全区14家"五化"农贸市场"阳光市场"全覆盖，实现农批市场、大型商超在售食用农产品快检和"两链"（"浙食链""浙冷链"）全覆盖。

2022年11月10日，区市场监管局对全区14家"五化"农贸市场的品质提升开展摸排（施瑜萍　摄）

【开展"双随机、一公开"监督抽查】 2022年，越城区市场监管局以学校食堂、养老机构、隔离点供餐单位等为重点抽检单位，自制食品和餐用具等为重点品种，推进落实"双随机、一公开"监督抽查，共组织"浙里点检"及日常食品抽检4082批次，抽检完成率、问题发现率均处于全市前列。

【"浙冷链"物防全面管控】 2022年，越城区依托"浙冷链"系统开展重点产品经营主体"进赋码、出扫码"工作，239家单位激活并使用"浙冷链"，对进口冷链食品进行赋码、扫码，总计赋码94612件，扫码177218件，赋码率、扫描率均为100%。设立全市唯一集中监管仓及核酸检测站，累计完成12批125.9吨货物入仓核酸检测与预防性消杀，将138名冷链相关人员纳入预警平台进行实时跟踪，妥善处置3起涉疫进口

2022年，越城区市场监管局对大型商超开展冷链产品经营主体"进赋码、出扫码"工作（施瑜萍　摄）

冷链食品（水果）流入事件，查处进口冷链食品案件8起。

【数字食安监管】 2022年，越城区全面推行"浙农码""浙食链"等溯源系统，3100余家食品经营主体注册"浙食链"，主营品种和高风险品种100%录入。常态化应用"食堂智治""阳光厨房""阳光工厂""浙江外卖在线""防疫餐饮在线"等智慧监管应用，建成"阳光工厂1.0"110家，"阳光工厂2.0"25家，"5S"小作坊（全称为"5S现场管理小作坊"，"5S"即整理SEIRI、整顿SEITON、清扫SEISO、清洁SEIKETSU、素养SHITSUKE）5家，"双传"小作坊（传递民俗和传承文化的精品食品小作坊）2家，"阳光作坊"5家，"阳光厨房"100家。

【打假治劣"药剑"行动】 2022年，越城区以高风险药品产品为重点，开展药品各领域安全专项整治行动，立案查处药械化违法案件38起，罚没款30余万元；完成药品环节监督抽检185批次，基本药品抽检100%合格；督促审核上报药品不良反应1280例，医疗器械不良反应663例。

【民生药事服务站提质扩面】 2022年，越城区157家药品零售连锁门店、4家药品生产企业（浙江贝得药业有限公司、浙江福瑞喜药业有限公司、浙江亚太药业股份有限公司、绍兴梅塞尔

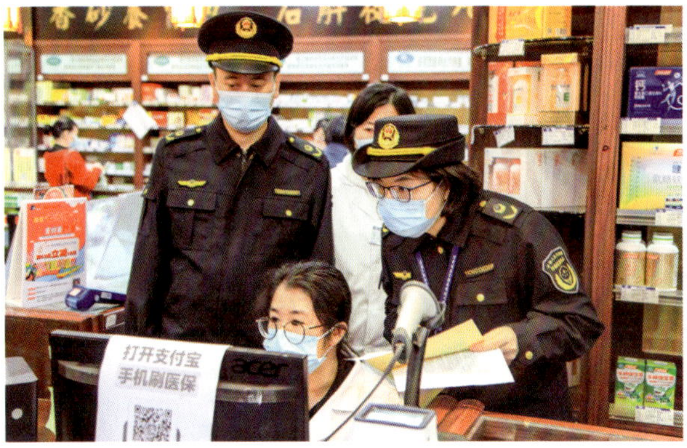

2022年10月28日，越城区市场监管局对全区药品零售连锁门店进行全覆盖检查（许君星　摄）

气体产品有限公司）、2家医疗器械生产企业（振德医疗用品股份有限公司，浙江海圣医疗器械股份有限公司）完成“黑匣子”建设和中间库的升级工作。新增3家零售药店民生药事服务站（浙江华通医药连锁有限公司绍兴南方大药房、浙江震元医药连锁有限公司胜利西路药店、浙江震元医药连锁有限公司鸿滨路药店），2家4星级服务站（浙江震元医药连锁有限公司第一医药商店、浙江震元医药连锁有限公司天禄堂药店）通过5星级创建验收。医药产业奖补兑现达200万元。严把抗疫用药质量安全和市场供应，共检查涉疫药品流通环节250家次，疫苗接种单位152家次，辖区内2家中药饮片（中成药）、1家抗病毒药和2家医用氧生产企业完成全覆盖检查。

【保障重大节会餐饮食品安全】 2022年，越城区全力做好重大节会及活动餐饮服务食品安全工作，累计保障1.8万余名师生中高考饮食安全，驻点保障首届浙江生命健康大会、“同心·越城”等重大活动20余场次及10余万名参会人员的饮食安全。

质量技术监督

【概况】 2022年，越城区新增“品字标”浙江制造标准10项，“品字标”浙江制造企业9家，“品字标”产品18个，培育27家企业进入各级“质量奖”培育库。开展化妆品质量抽验工作，完成化妆品监督抽检省抽生产环节2批次、省抽流通环节15批次、市抽8批次、区抽16批次、儿童化妆品抽检8批次，完成审核上报化妆品不良反应114例。开展电梯质量安全提升等特种设备专项整治行动，共组织特种设备安全督导检查3次，检查特种设备使用单位1621家，抽查设备3166台，立案查处特种设备违法案件21起，罚没款达64.1万元。

【推进“品字标”建设】 2022年，越城区全面加强“品字标”企业培育，共有“品字标”企业33家，“品字标”产品56个，产品分布纺织业、专用设备制造业等16个行业。新增“品字标”企业9家，“品字标”产品18个，产品分布纺织业、专用设备制造业、医疗器械、建筑材料制造4个行业。

【培育27家企业进入“质量奖”培育库】 2022年，越城区对标评审标准，上门服务企业20余次，共培育27家企业进入各级“质量奖”培育库。开展首席质量官培训和QC（质量管理）小组活动，共有54家企业质量工作者获得首席质量官资质。组织区企业参与绍兴市优秀QC小组活动，其中浙江德创环保科技股份有限公司、浙江创新生物有限公司、浙江有色地球物理技术应用研究院有限公司3家企业获得一等奖。

【定量包装商品计量监督抽查】 2022年，越城区组织开展2022年度定量包装商品计量监督抽查工作，主要涉及休闲食品、水产加工品、调味品、黄酒、纸品等商品，抽查重点为定量包装商品生产、销售企业，全年抽查90批次，不合格3批次，合格率为96.67%。

【提前淘汰置换非标电动自行车43.2万余辆】 2022年，越城区构建镇街、市场所、村社三级协同体系，打造镇街级置换工作“示范点”4

2022年9月14日，越城区市场监管局检查电梯等特种设备物联智控全覆盖的情况（史沁瑜　摄）

个，开展现场集中淘汰置换60余场，开展集中淘汰置换进机关事业单位、进大型企业、进乡镇、进社区、进校园的“五进”活动，共提前淘汰置换非标电动自行车43.2万余辆，淘汰占比达93.8%，新国标上牌17.2万辆，置换量和置换率均列全市第一。

【新增绿色产品认证证书50张】 2022年，越城区深入辖区企业，开展绿色产品认证知识宣贯，鼓励企业申报绿色产品认证，为企业与认证机构搭建联通渠道、服务平台，合计新增绿色产品认证证书50张，居全市前列。

【保障特种设备安全运行】 2022年，越城区应用“浙江特种设备在线”系统和物联智控技术，推动特种设备安全监管多环节贯通、多部门联动、多场景协同的全周期“一件事”改革攻坚。联合推进消防电梯电瓶车管控系统与电梯物联智控接入项目，全区2868台电梯接入物联智控，“96333”电梯应急管理平台持续覆盖全部在用电梯。受理安装亚运会棒垒球比赛场馆电梯和压力容器48台、地铁1号线电梯177台，完成亚运核心区、重点区、外围区2800余家特种设备使用单位特种设备安全承诺书签订，核心区特种设备扫码作业率达100%。（区市场监管局　潘晓明）

国土资源管理

【概况】 2022年，区自然资源和规划分局按照“疫情要防住、经济要稳住、发展要安全”总要求，强化要素保障，通过重大产业、增减挂钩、存量盘活等举措办法，筹措各类用地指标；强化土地节约集约利用，推进“四未一低”（批而未供、供而未用、拆后未用、用而未尽、低效利用的土地）消化工作，获得省政府大督查新增建设用地计划指标奖励；强化生态保护和修复，推进地质灾害“除险保安”，加快历史遗留废弃矿山治理，承办全省工程性矿山开发利用现场会，获得“全省湿地保护修复工作成绩突出集体”称号。

【国有建设用地供应总量12668亩】 2022年，越城区（含镜湖新区）完成越东路智慧快速路、二环西路、二环南路智慧快速路等144宗项目土地供应，国有建设用地供应总量12668亩，排名全市第一。完成经营性用地出让17宗，面积507亩，出让金收入33.31亿元。

【“四未一低”消化和存量建设用地盘活9758亩】 2022年，越城区（含镜湖新区）完成“四未一低”（批而未供、供而未用、拆后未用、用而未尽、低效利用的土地）消化9758亩，其中批而未供土地消化2804亩；供而未用土地处置1168亩；用而未尽用地消化68亩；拆而未用土地消化251亩；低效用地再开发利用2452亩；盘活存量建设用地3015亩。

【完成工业用地调查总面积73098亩】 2022年，越城区全面贯彻落实习近平总书记关于土地节约集约利用的重要指示精神，围绕进一步转变土地资源利用方式、提升土地资源利用效益、优化产业空间布局的总体目标，以数字化改革为引领，组织开展全区工业用地调查，建立工业用地一本账。共调查2686个工业用地宗地，涉及约6000家企业，总面积73098亩，并完成底图绘制、地企对应等工作。

【筹措用地指标3755亩】 2022年，越城区坚持“指标跟着项目走”的用地导向，通过重大产业、增减挂钩、存量盘活等举措办法，筹措各类用地指标3755亩，重点保障轨道交通鉴湖停车场周边开发等一大批重点项目用地。推进土地成片开发，编制完成越城区2022年度土地征收成片开发方案，完成征地2000余亩。

【落实耕地保护】 2022年，越城区深化“田长制”提级扩面，区委区政府印发《关于落实最严格的耕地保护制度 全面推行田长制的意见》，建立党委政府齐抓共管耕地保护格局。推广“耕地智保”场景应用，越城区巡查率长期位居全市前列。开展千亩方永久基本农田集中连片建设工作，富盛镇4085亩连片耕地建设基本完成，皋埠街道、东湖街道、孙端街道、陶堰街道4个千亩方项目7033亩耕地建设有序推进。落实耕地保护以奖代补政策，合计补偿资金724万余元。

【自然资源“除险保安”】 2022年，越城区完成皋埠街道、鉴湖街道等南部山区地质灾害风险调查，重点做好台风“梅花”“轩岚诺”期间地质灾害巡查、检查、值班值守等防御工作，全区未发生灾情险情，无人员伤亡。强化林业防灾减灾数字智治能力建设，以“人防”+“技防”全方位管控火灾风险，森林防火安全屏障得到有效筑牢，全年未发生火灾事故。

【执法监管】 2022年，越城区全力做好面上违法用地管控，重点组织耕地“非农化”整治行动，做好国家自然资源督察上海局例行督察、国家林业和草原局驻上海森林资源监督专员办事处森林督查、部省卫片执法监督检查等整改落实工作，全区自然资源管理秩序得到有效管控。配合落实行政执法大综合一体化改革工作，有序推进林业126项行政处罚事项划转，联合其他8支执法队伍开展综合查一次跨部门检查444次。加快推进行政争议“双下降、双提升”攻坚行动，规范土地依法征迁。全年一审行政诉讼收案32件，较上年同期收案量下降约8.57%，调撤率17.39%。

【自然资源调查登记】 2022年，越城区完成迪荡湖、外官塘等自然资源确权登记工作并通过验收；完成2021年度全国国土变更调查与遥感监测工作。办理国有土地收回项目38个，办理复核验收88个、延期项目18个。组织实施2022年度各类基础测绘项目，完成越城区地理信息公共服务平台建设。更新并完成政务地理信息资源采集、位置校准和报送工作。组织开展越城区城市地下市政基础设施普查，争取专项资金开展地下空间普查和地下管线普查。做好全区测绘日常管理、测绘法及国家版图宣传等工作。

【不动产登记】 2022年，越城区共受理办理各类不动产登记业务约14万件，颁发不动产权证书51761本，不动产登记证明37440份。办理抵押权登记业务21512件，受理各类档案查询申请36247件，不见面审批17295件，线上办件20972件。在日常工作中，积极推进便民工作，对于一些特殊人群提供上门办证服务，推进网上办理，2022年上门服务办理73件，预约办理206件，共收到群众或企业赠送锦旗5面，表扬信7封。（区自然资源和规划分局　李伟）

安全生产监督

【概况】 2022年，越城区开展“最严执法年”行动，共立案369起、罚没款914.56万元，分别同比增长160%、40%，办理行刑衔接案件2起，其中“陈某等非法控制计算机系统案”入选全国安全生产执法优秀案例，执法举措先后被《中国应急管理报》《绍兴日报》头版报道。

2022年，越城区出台《关于进一步加强全区安全生产工作十八条举措的意见》并细化成146项责任清单，将安全生产、自然灾害、消防安全等隐患排查及预警传递、避灾转移、抗灾自救等工作纳入网格员职责，推进全覆盖责任体系建设，明确区、镇、村三级1157名责任人的责任、履职清单。提请区委常委会、政府常务会议、政府党组会议等研究安全生产工作14次，区政府班子成员每季度在党组会议交流安全生产履责情况。对事故多发、工作滞后的部门、镇街开展晾晒通报、警示约谈、专项巡查等“开小灶”行动，累计开展专项督查6轮，巡查和“回头看”对象98家次、发布管控力指数通报10期、约谈警示10家，并通过媒体曝光4期。在全省率先出台《越城区关于统筹抓好疫情防控和加快复工复产十项措施的通告》，推进“百万员工大培训”和“五进(进企业、进农村、进社区、进学校、进家庭)”活动，依托17个应急体验馆，为1.5万余名群众送上安全宣教“大礼包”，工作经验被《中国应急管理报》《浙江新闻》等报道。

【推进“除险保安”】 2022年，越城区提前完成安全生产综合治理三年行动收官之年的325项任务，落实“1+8+17+17”安全生产运行机制，开展“除险保安百日攻坚”“平安护航党的二十大”等行动，累计消除隐患22万余条，完成省、市督查组发现的169家单位462处隐患整改工作。

【强化清单整改】 2022年，越城区健全完善安全生产和自然灾害重大问题摸排报送、整改销号、示范引领全过程工作机制，推送问题59个，纳入省、市清单17个，其中“基层镇街应急管理体系不健全，人员、场所、装备不足”整改案例入选市级示范榜。

【危化品整治】 2022年，越城区在全省无成熟经验可借鉴的情况下，用时43天安全拆除一家大型危化生产企业涉及34种易燃易爆、有毒有害、易腐蚀危化品的设施设备装置。以危化品安全风险集中整治为抓手，完成现代医药高新技术产业园区由“B”级到“C”级的提档升级。

【印染企业安全监管】 2022年，越城区以有限空间“四有制度”(施工单位有专业资质、方案制定有镇街参与、作业现场有专人监护、违规作业有部门查处)为手段，推进47家印染企业停产搬迁期间安全监管，开展7轮专项督查，实现涉安事件“零发生”。(区应急管理局　于汇钞)

公共资源交易

【概况】 2022年，越城区共发布政府采购交易110项，成交92项(笔、宗)，成交价累计5.69亿元。其中，发布集中采购项目公告22项，成交17项(笔、宗)，成交价0.52亿元；发布分散采购项目公告27项，成交22项(笔、宗)，成交价1.61亿元；发布国企采购项目公告61项，成交53项(笔、宗)，成交价3.54亿元。政府采购电子卖场2022年共成交13151项(笔、宗)，成交2.91亿元，其中网上超市成交9150项(笔、宗)，成交1.21亿元。国有产权交易标25项，其中成交标15项，成交金额为1.78亿元。建设工程项目发布招标公告189项，成交项目177项，其中标的金额合计103.92亿元，成交金额合计90.93亿元，节资率12.5%。

【获批远程异地多点评标试点】 2022年，越城区远程异地多点评标进行试点的申请被省公共资源交易中心正式复函同意。在保质保量完成系统建设的基础上，中心在全省引入首个智能评标仓，同时也是全省第一个真正意义上拥有独立远程异地评标室的地区，实现评标区进门核验—评标仓人脸二次核验，达到无人值守、精准管控，有效实现专家精准监管、资源共享，提升项目评审质量。截至年底，已与义乌、兰溪等地交易中心完成2场副场异地评标。

【镇街电子交易平台全覆盖】 2022年，越城区将电子交易平台延伸到乡镇街道，实现限额以下项目从项目登记到成交信息发布全流程电子化交易，做到全流程透明、全过程公开，从源头上预防限额以下工程“化整为零”，刻意规避招标的现象，确保限额以下工程不游离于监管之外，实现阳光交易。同时，平台进一步向区级重点部门延伸，区教体局、黄酒小镇管委会成为首批试点推广单位。截至年底，镇街平台累计成交项目466个，成交金额5.33亿元，平均下浮率11.39%。

【启用电子竞价系统】 2022年，越城区全面优化产权交易竞价模式，针对传统竞价方式交易成本高、处置效率低等问题，全面推行网上电子竞价，实现产权交易全流程电子化闭环。首个采用电子竞价模式的项目仓桥直街196号房产租赁权标，起拍价13.92万元，经过竞价，最终以19.92万元成交，国有资产增值43.1%。

【出台拍卖机构考核办法】 2022年，越城区印发《越城区拍卖机构进场交易行为考评管理办法》，从考评方式、交易程序、交易行为等多个方面进行规范，并确定37项考核项目，细化考核目标，明确考核计分标准，对规范拍卖机构依法依规开展交易活动起到引导作用。

【出台《越城区村级工程建设管理办法》】 2022年，越城区为落实“七张清单”整改要求，深化清廉村居建设，强化监督管理，确保工程质量和投资绩效，进一步规范村级工程项目建设全过程管理，有效防范和化解廉政风险，制定《越城区村级工程建设管理办法》。经区政府常务会议审议通过后，于2022年6月9日正式发布实施。

【加强网上超市管理】 2022年，越城区公管办（交易中心）针对网上超市中一些定制类、打包类商品无法比价导致价格虚高的问题，制定《关于进一步完善越城区网上超市管理的通知》，将大型电商无法比价的定制类、打包类商品列为禁止上架名单，相关采购由线下完成。（区政务服务办　王佳佳）

审　计

【概况】 2022年，越城区审计局完成审计项目20个，审计查出主要问题资金2.62亿元，移送问题事项18件，涉及14人，移送处理资金0.14亿元；审计查出问题374个，整改到位359个，整改率96%，其中分阶段整改问题15个，100%完成阶段性整改，整改落实有关问题金额2.59亿元，促进出台各项制度39个。出具审计报告和专项审计调查报告20篇；审计提出建议33条；撰写审计信息专报等审计文书43篇，获得领导批示55个，其中获党政主要领导批示23个。审计信息被各级刊物采用96篇次，其中省部级32篇次、市级32篇次。连续3年综合考核获省市审计机关优秀单位、区级先进部门。连续4年获评省优秀审计项目、连续2年获市优秀审计项目评比“满堂红”。重大审计问题清单考评指数全年保持全市前列，全省第一方阵；获取省级示范总榜1个（全市审计系统唯一）、省级清单分榜1个和市级示范榜2个。高质量承担数字化改革省级试点5个，试点总数居全市第一。

【财政审计】 2022年，越城区依托财政审计大格局平台，统筹审计项目，将财政同级审及部门预算执行情况审计有机结合，完成区级预算执行和决算草案审计，促进上缴财政资金4615.31万元。推动区级党委出台《关于完善区对镇街财政管理体制的通知》，促进被审计单位出台制度3项。在全省社保智审应用建设“揭榜挂帅”试点中，联合区卫生健康局、区医保分局等单位建立公立医院数据定期采集协同管理的机制。“绍兴市越城区政府惠企利民政策落实情况专项审计调查”项目获全市优秀审计项目二等奖。

【投资经贸审计】 2022年，越城区“全面推行‘四张清单’开启投资审计监督闭环模式”的创新性改革经验，被《中国审计》《审计实践与创新》等省部级媒体封面专题刊登，在审计署2022年举办的“全国审计机关市县局领导干部培训班”上作专题介绍并加以推广。“绍兴市越城区重大民生实事项目建设管理情况专项审计调查”项目获全市优秀审计项目一等奖。

【内部审计指导】 2022年，越城区迭代升级党员先锋·内审导师“契约化”共建2.0版，首次将国有企业纳入“契约化”共建服务范围，精准

2022年实施完成项目情况表

表62

序号	审计项目名称
1	绍兴市越城区就业补助资金和失业保险基金审计
2	绍兴市越城区（滨海新区）财政局具体组织的2021年度本级预算执行情况和决算草案审计
3	绍兴市越城区2022年省政府十大民生实事推进情况专项审计调查
4	绍兴市越城区孙端街道原党工委书记李彰、原办事处主任胡立钊任期经济责任审计
5	绍兴市越城区孙端街道2021年度财政决算审计
6	绍兴市越城区富盛镇原党委书记张春华、原镇长黄伟、楼铁军任期经济责任审计
7	绍兴市越城区富盛镇原党委书记张春华、原镇长黄伟、楼铁军自然资源资产离任审计
8	绍兴市越城区富盛镇2021年度财政决算审计
9	绍兴市越城区迪荡街道原党工委书记王越晟、党工委书记蒋国梁，原办事处主任盛瑜任期经济责任审计
10	绍兴市越城区迪荡街道2021年度财政决算审计
11	绍兴市越城区财政局原党组书记、局长沈华清任期经济责任审计
12	绍兴市越城区民政局原党组书记、局长陈继瑞任期经济责任审计
13	绍兴市越城区人力资源和社会保障局党组书记、局长罗方远任期经济责任审计
14	绍兴市越城区政务服务办公室原主任吕钢强、主任陈天政任期经济责任审计
15	绍兴集成电路产业园原党工委书记祝国全、党工委书记任宇任期经济责任审计
16	绍兴市自然资源和规划局越城分局党委书记、局长金建兴任期经济责任审计
17	绍兴市自然资源和规划局越城分局党委书记、局长金建兴自然资源资产任中审计
18	绍兴市越城区斗门街道原党工委书记魏永俊、劳志明，办事处主任蒋潮任期经济责任审计
19	绍兴市越城区、滨海新区国有企业运行管理状况专项审计调查
20	绍兴市越城区服务业政策措施落实情况专项审计调查

定制督查指导“七张问题清单”工作等共建服务，获评越城区2021年度党建“契约化”共建十佳“创优项目”。推动在国投集团首次设立总审计师。出台《区内部审计整改工作管理办法》，进一步宣传贯彻落实浙江省内审工作新规。“绍兴市越城区乡村振兴政策执行和资金绩效情况专项审计调查”项目获全省优秀审计项目三等奖，全市优秀审计项目一等奖。

【经济责任审计】 2022年，越城区按照《绍兴市越城区经济责任审计对象分类管理办法》，对3个街道、1个乡镇、6个部门的19名区管领导开展“五审五评”任期经济责任审计。联合区委巡察办，对1个部门、1个乡镇开展巡审联动，将巡察“政治体检”和审计“经济体检”有机结合，实现“双线作战”监督。编制完善面向镇街、部门、国有企业的《领导干部履行经济职责重点风险防范清单》，梳理168个风险点。

【政策执行审计】 2022年，越城区配合审计署开展全区就业补助资金和失业保险基金审计，揭示职业技能提升行动专账资金等方面存在的突出问题。配合审计厅开展省十大民生实事推进情况专项审计调查，选取调查“浙里优学”“浙里健康”等，审计报告获区主要领导批示2个。开展全区服务业政策落实情况专项审计调查，反映的问题主要涉及商贸服务、旅游服务等方面，相关审计专报获区领导批示2个。开展全区国有企业运行管理状况专项审计调查，向区纪委移送问题线索4个，助推国有企业股权划转加快进程，2篇审计专报获区主要领导等批示7个。

【大数据审计】 2022年，越城区审计数字化改革试点领跑全市，作为全省审计整改一体化智能管理系统首批试点单位（全省仅4个县级审计机关），在全省专题汇报会上，被向省审计厅主要领导进行汇报。组建区审计局大数据审计人才团队，充分应用“数据分析＋现场核查”数字化审计模式缩短现场审计时间。课题研究取得突破，省厅审计科研课题完成结题、纳入立项各2个，课题数全市第一。获评全省优秀大数据审计案例1个〔全市仅2个区、县（市）〕、入围全省大数据审计方法2个。（区审计局　韩玲莺）

统　计

【概况】 2022年，越城区统计局对660家规上工业企业，950家限上贸易企业，189家规上服务业企业，171家建筑业企业和577个投资、房地产项目开展统计。开展平安调查、两项收入、清廉调查等民生调查。年内，按月编报《统计信息》《市、区主要指标情况》等统计资料，按季撰写经济运行分析，并通过数据浙江、统计大脑等多通道对外发布统计相关数据。

【统计基层基础建设】 2022年，越城区统计局起草《关于进一步深入推进统计基层基础建设的实施意见》并提交区委、区政府审议通过，后撰写《关于越城区统计基层基础的调查与思考》并获区委书记徐军批示；“统计之家”建设持续推进，在全市率先出台“统计之家”开展工作方案，建立健全各项制度，至年底，17个镇街全部完成“统计之家”建设。

【年完成执法检查72家】 2022年，越城区统计局完成执法检查72家，执法对象覆盖全专业，超额完成全年执法任务，全年共立案5家，结案4家（包含2021年立案2022年结案的1家单位）销案2家，共计罚款14万元。年内，借助统计业务培训会、统计继续教育、“送法下基层”活动等契机，普及统计法等业务知识，营造全民知悉、理解统计调查工作和遵守、支持统计法律法规的统计氛围。

【省级数字化改革项目综合试点建设】 2022

年，越城区统计局申请省级数字化改革试点《共同富裕数据库》项目，于6月底完成综合试点，建成可看、可查、可用、实时展现，图表之间相互联动的共同富裕数据库平台；推进“区—镇街—企业”三级基层统计网格化智治，截至年底，已上传惠企政策41个、学习资源41个，企业点击率达94.0%；“最多报一次”平台应用已覆盖全区工业、服务业等领域，企业上报率近100%。

【民生指标调查】 2022年，越城区统计局组织开展劳动力、住户、农业、低收入农户等各类调查，完成住户调查大样本轮换工作，包括样本信息核实、宣传、物资采购、调查员选聘、入户指导、业务培训、名录抽取等工作；推进基本单位清查工作，局领导带头成立清查领导小组，做好局本级和镇街清查办的“三落实”（落实人员、办公用房、设备）工作，获市督察组好评。（区统计局　郑莹）

水资源利用与管理

综　述

越城区地处杭州湾南岸，萧绍平原中部，会稽山北麓，地势南高北低。水域主要包括河道（平原河网和一般河流）、湖泊、池塘、水库、山塘以及其他水域等，属曹娥江流域，由萧绍平原水系、小舜江水系组成。2022年，越城区以创建国家水土保持示范县为契机，推进重大水利工程建设，统筹推进各项水利工作。截至年底，全区共有河道1332条，河道总长1505千米，水域面积95.0293平方千米；水库14座，万立方米以上山塘60座，合计库容560.99万立方米；湖泊9座，水域面积8.8645平方千米，容积2938.53万立方米。全年用水总量3.1557亿立方米，其中工业用水量0.6559亿立方米（工业河道用水0.0619亿立方米），占20.78%，城镇公共、居民生活用水量0.5117亿立方米，占16.22%。

水资源管理

【概况】 2022年，越城区完成省级2022年幸福河湖建设试点县中期创建，落实农业水价综合改革任务，农田灌溉水有效利用系数达0.6168。全年新增水土流失治理面积0.3607平方公里。全年收取水资源费及水土保持补偿费约368万元（水资源费征收约90万元，水土保持补偿费约278万元）。

【完成省级2022年幸福河湖建设试点县中期创建】 2022年，越城区根据《浙江省美丽河湖方案（2019—2022年）》要求，实施“十江百河千溪水美”工程，新增创建省级美丽河湖2条（洋泾湖、东浦古镇段河道）、水美乡镇5个（迪荡街道、稽山街道、府山街道、塔山街道、城南街道）、美丽山塘14个（杨梅山山塘、攒宫村大岙山塘、烂湾山塘、米坞山塘、石岭顶山塘、郭老窝山塘、庙后山塘、石良岙山塘、哺鸽子山塘、东岙山塘、张岙山塘、井亭湾山塘、肉猪坟山塘、龙岙底山塘）。

2022年省级“美丽河湖”——东浦古镇段河道（区农水局　提供）

【河湖长巡河问题处理率100%】 2022年，越城区持续高质量推进河湖长制管理，建立河湖长联席会议制度，推行河湖长制绩效评价考核办法，推动河湖长履职尽责，各级河湖长巡河完成率、保持高位运行，问题处理率100%。完成妨碍河道行洪整治行动共拆除碍洪面积34600平方米，75个问题全部整改到位。“碧水联盟”注册率、发现问题数、月均活跃度，均居全市第一。开展中小河流治理调查评估，完成区内名录内26条中小河流（约380千米河道）调查工作，完成4条河湖健康评价。浙江绍兴鉴湖国家湿地公园（试点）被评为第二批浙江省“五水共治”实践窗口。

【农业水价综合改革“五个一百”示范创建工程】 2022年，越城区持续深化农业水价综合改革工作，建立区、镇、村三级管理组织，完善农业水价形成、精准补贴和节水奖励、工程建设和管护、用水管理“四项机制”，深化“八个一”（指一个用水组织、一本产权证书、一笔管护经费、一套规整制度、一种计量方法、一册管护台账、一条节水杠子、一把锄头放水）村级改革，落实村级管理责任，完善工程管护制度，提高村级管理组织化、正常化程度，同时高效推进“五个一百”（100座农业灌溉更新升级泵站机埠，100座农业灌溉更新升级堰坝水闸，100个改革灌区灌片，100个农民用水管理主体，100个改革基层水利站所）示范创建按照“好中选优、点面兼顾，注重实效、可学可干，突出重点、深化改革”的原则，按照“高效、节水，安全、实用，整洁、美丽”的要求，重点抓好受益灌溉面积较大和村边、路边、河边、山边以及景区景点周边的农田水利设施维修养护，总投资404.77万元。改造内容包括机埠提升改造76座，维修渠道1000米，灌溉管道建设2260米，配套安装32套计量设施、1套自动化控制系统、42套监控设施及相关信息化建设，灌片灌区标识标牌建设、安全防护设施建设等。2022年，越城区创成省级“五个一百”优秀典型案例7处（农田水利灌溉工程泵站机埠优秀典型案例：坝内村7号泵站、樊江村2号泵站、民乐原乡1号泵站；改革区灌片优秀典型案例：沥海街道“旱改水”六期灌片；农民用水合作主体优秀典型案例：越城区岸沚稻汀农业科技有限公司；改革示范村优秀典型案例：徐

农田水利灌溉工程泵站机埠优秀典型案例一览表

表63

行政区		机埠泵站名称
市级	县级	
绍兴市	越城区	坝内村7号泵站
	越城区	樊江村2号泵站
	越城区	民乐原乡1号泵站

改革灌区灌片优秀典型案例一览表

表64

行政区		灌区灌片名称
市级	县级	
绍兴市	越城区	沥海街道“旱改水”六期灌片

农民用水合作主体优秀典型案例一览表

表 65

行政区		农民用水合作主体名称
市级	县级	
绍兴市	越城区	越城区岸沚稻汀农业科技有限公司

改革示范村优秀典型案例一览表

表 66

行政区		示范村名称
市级	县级	
绍兴市	越城区	徐潭村
	越城区	张家沥村

潭村、张家沥村）。

【水土流失治理】 2022 年，越城区被评为国家水土保持示范县、全省水土保持目标责任制工作成绩突出集体。完成水土流失治理面积 0.3607 平方公里。全年检查在建项目 157 个，核查部级、省级下发图斑共 131 个，约谈企业 2 家，整改 12 家。

水文特征与服务

【概况】 2022 年，越城区汛期为 4 月 15 日至 10 月 15 日，越城区面雨量 821.7 毫米，较常年同期（955.1 毫米）偏少 14%；高温期间，全区河网水位总体平稳，74 座万方以上山塘水库蓄水量正常，未发生旱情；年内影响越城区的台风共有 2 个，11 号台风“轩岚诺”和 12 号台风“梅花”。受“轩岚诺”台风影响，9 月 2 日 8 时至 5 日 17 时，越城区面雨量 131.2 毫米，陶堰南湖站最大小时雨强 36.9 毫米（3 日 15—16 时）。9 月 12 日至 15 日“梅花”台风期间，越城区面雨量 135 毫米，有 4 个站累积雨量超过 200 毫米，均在富盛镇，最大雨量在金溪站，达 315.6 毫米。

【水文服务】 2022 年，越城区完成 6 个用于监测汛期南部山区洪水流量站点建设，完成 50 个监测古城内河、重要水域、骨干河道以及城区铁路桥孔两侧的水位情况水位站点建设。通过建设农村基层防汛预报预警体系建设二期、高位探头、全域无人机巡视、水文“5+1”、水文一期等工程，创建以水灾害防御专题应用为特色模

越城区智慧水文防汛信息系统（区农水局　提供）

块的越城区智慧水文防汛信息系统。

全区山塘水库水位雨量视频监控设施已纳入平台，重要站点的水位雨量站已基本建设完成。汛期落实 24 小时值班制度和实时汛情监测，及时与市水利局、区防指开展应急会商，提

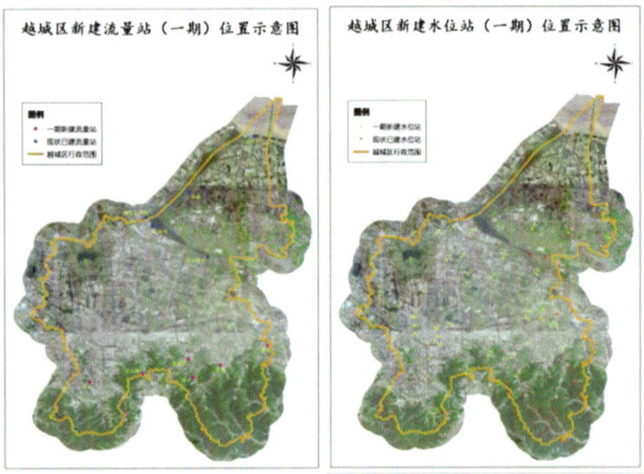

越城区新建流量站和水位站(一期)位置示意图（区农水局　提供）

前做好山塘水库、马海闸水位调度，对相关负责人开展电话抽查等防台措施。

水利工程建设与管理

【概况】 2022年，越城区全面推进以海塘安澜等重大水利项目为重点的重大水利工程建设，争取省级以上补助资金0.3344亿元，地方政府专项债2.15亿元，全年完成各类水利投资18.07亿元，浙东运河文化园项目完成总形象进度达82%。加快新三江闸、马山闸、曹娥江东排三个省级“百项千亿”防洪排涝工程建设，全年完成投资3亿，完成率100%。新三江闸河道工程完工验收，栖湖项目完成形象进度25%；马山闸强排越城片完成工程进度90%，袍江片200米^3/秒流量大型强排泵站工程完成土建施工，开展泵组机电安装，完成形象进度约88%；曹娥江东排一期40米^3/秒马海闸正常运行，二期完成项目EPC（设计采购施工）招标并开工建设。中心湖南、北岸工程完成形象进度40%。越城区海塘安澜工程完成可行性研究报告审查。

【小型水库系统治理】 2022年，越城区致力于探索小型水库治理新模式，制定《绍兴市越城区水利工程管理“三化”改革试点暨小型水库系统治理工作方案》及《绍兴市越城区小型水库系统治理及“一库一策”方案》，将“三化”（产权化、物业化、数字化）改革试点建设与小型水库系统治理相结合，越城区内14座水库已全部完成划界，并经资规部门商议、发布登记公告，对其中10座水库发放不动产登记证书，实现小型水利设施权、责、利相统一，构建以乡镇为主体，水利局为统筹，第三方“齐抓共管”物业化管理模式。1座水库除险加固(塘岙水库)、5座山塘综合整治(富盛镇金溪大岙、龙岙底、大塘山塘，鉴湖街道井亭湾、肉猪坟山塘)已完成；塔山、陈家岙、湖家塘、长富塘、倒挂山塘处于施工状态，大湾、石门、担水湾等7座处于推进前期工作阶段。

【绘制水利水库“一张图”】 2022年，越城区农水局投入约138万元资金，绘制越城区水利水库“一张图”，打造鉴水畅通平台，建立和整合全区水利工程监控系统，开发“AI巡查功能”，线上智能管控和线下闭环管理相结合，全面启动

浙东运河文化园项目建设(区农水局　提供)

越城区鉴水畅通平台(区农水局　提供)

水利数字化感知体系建设。

【水库安全鉴定超期存量清零】 2022年，越城区全额落实资金保障325万元，对安全鉴定对象分批分类，于今年顺利完成两年病险水库存量清零行动计划，并全部通过验收。同时根据水库风险等级，优先选择对建设年代久远且存在一定隐患的土石坝水库开展自动化安全监测，设置大坝沉降自动监测试点，配合视频监控、雨量计、水位计等设备，自动获取大坝安全监测各项数据。

【完成14座小型水库溢洪道提升改造工程】 2022年，越城区对范围内14座小型水库进行溢洪道提升改造工程，闸门自动化控制系统实现同步启闭，利用涵管和闸门同时进行预排预泄，缩短放空时间35%至40%。在“梅花”台风期间，成功发挥效益，使得泄洪道均未超出汛限水位，保障水库运行安全。同时该控制系统结合现有智能监控设备，精准实现远程调度，有效提升汛期调度管理能力。（区农水局　徐诗瑾）

防台防汛抗旱

【概况】 2022年，越城区推进防汛防台大培训，开展对水利工程、低洼易涝区等排查整治，共组织检查2轮，消除隐患73处，培训1505人次。推进基层防汛防台体系标准化建设，召开推进会2场，发布通报6期，开展演练39场，台账建设进度达80%。运用“五断”“五停”指导意见(指在断水、断电、断网、断路、断气等极端情况下，对停止户外集体活动、停课、停工、停业、停运等作出具体规定)、防汛防台抗旱指挥部令等机制，在台风“轩岚诺”“梅花”期间，转移群众3.49万余人，实现“不死人、少伤人、少损失”目标。

【自然灾害风险普查】 2022年，越城区完成自然灾害风险普查工作，其中应急管理系统数据填报3151条，质检通过率100%。完成灵芝街道、孙端街道、沥海街道、富盛镇4支综合应急救援队伍提档升级和45个避灾场所规范化建设，孙端街道皇甫庄村被评为2022年度省级综合减灾示范社区创建村。（区应急管理局　于汇钞）

生态环境

综 述

2022年,越城区4个国控站点空气质量优良天数比例为84.7%,低于市定年度目标5.2个百分点,累计AQI(空气质量指数)指数达到一级(优)109天,二级(良)200天,优良天数比2021年减少27天;出现环境空气污染56天,其中三级(轻度污染)50天、四级(中度污染)6天,主要环境空气超标污染物为PM2.5和臭氧,未出现重污染天气;空气质量综合指数3.60,同比上升1.1%;PM2.5浓度30(29.74)微克/立方米,臭氧浓度166微克/立方米,均略高于上年同期,其中PM2.5浓度低于市定年度目标0.26微克/立方米、臭氧浓度高于市定年目标15微克/立方米。

全区2个国家"水十条"考核断面水质稳定达到或优于年度考核目标要求;37个县控及以上断面水质全部达到或优于Ⅲ类水,断面达标率为100%,2个进行总氮目标控制的断面总氮浓度分别2.48毫克/升、2.68毫克/升,基本达到年度控制目标要求。14个跨行政区域河流交接断面,出境水质三项考核指标(高锰酸盐指数、氨氮和总磷)均值达到水质目标要求,年度考核结果为良好。

环境质量管理

【概况】 2022年,越城区围绕亚运环境质量保障和护航中共二十大,以水、气质量提升和土、废治理为重点,扎实推进污染防治攻坚、环保督察整改、生态示范创建等工作。全年累计办理环境信访投诉件598件,审批(包括降级备案)涉环境建设项目301个,中央环保督察信访件全部完成销号,"七张问题清单"生态环保清单管控力指数排名全市第一。

【生态环保督察问题整改】 2022年,越城区完成芳泉矿和富民坊中央环保督察信访件整改,实现第二轮中央生态环境保护督察信访件100%销号,10项共性反馈问题整改按期推进;2022年省委环保督察17个信访交办件已完成整改15件,2个反馈问题完成整改1个;以"七张清单"工作为抓手,加强问题整改"回头看"常态化检查和举一反三自查自纠,累计发现并整改问题221个,结合印染企业搬迁集聚工作解决袍江厂居矛盾,成功申报省级清单示范榜和市级示范榜各1个。

【办理环境信访投诉】 2022年,绍兴市生态环境局越城分局共办理环境信访投诉件598件,同比下降27.16%,降幅排名全市生态环境系统第二位。其中，涉水问题45件，涉气问题342件，涉固废问题2件，涉噪声问题69件，其他（建设项目审批、环境保护建议等）140件，调处率100%，满意率98%以上，未发生涉环境重大舆情及群体性事件。

【审批涉环境建设项目】 2022年，绍兴市生态环境局越城分局共计审批（包括降级备案）涉环境建设项目301个，其中报告书11个、报告表60个，降级备案24个，指导建设项目环境影响登记表备案206个；否决不符合审批要求的建设项目0个。项目累计总投资2119427.16万元，其中环保投资33810.01万元，占比约1.6%。

【环境执法】 2022年，绍兴市生态环境局越城分局围绕亚运会环境质量保障总体目标和"百日攻坚"清朗行动要求开展"绿剑2022"执法专项行动，对重点污染行业、重点排污单位、重点产排污环节等环境问题进行集中排查。全年出动执法人员6171人次，检查企业2601家次，立案101件，处罚86件，查封扣押5件、刑事移送公安1件、行政拘留移送4件。

【科技化监管】 2022年，绍兴市生态环境局越城分局利用101个水、气污染源自动监控点位和43个雨排口监控等实现对重点监管企业污染物排放、治污设施运行情况的24小时全天候监控；利用无人机对重点工业园区及环保督察问题点位开展巡航，扫除地面检查"盲区"；借助省级专家团队、专业仪器开展重点排污企业"问诊治疗"，提高治理精准性。全年共排查企业150多家次，环保督察问题点位100多个，发现并整改问题300多个。

【疫情期间环境安全管控】 2022年，绍兴市生态环境局越城分局协调3家清运处置单位，保障全区53个集中隔离点、15个核酸检测集中收运点、7个静默区内产生的涉疫垃圾清运、处置工作，全年共清运涉疫垃圾1582.75吨，实现涉疫垃圾清运处置闭环管理。

生态建设工程

【概况】 2022年，越城区以"两个先行"奋斗目标为指引，紧扣生态文明建设示范区和"绿水青山就是金山银山"实践创新基地标准，推动全域

2022年越城区省级低（零）碳试点一览表

表67

省级低碳试点街道	皋埠街道
省级低（零）碳试点村社	塔山街道青藤社区
	北海街道快阁苑社区
	灵芝街道外滩社区
	斗门街道璜山北村
	鉴湖街道坡塘村
	鉴湖街道谢墅村
	孙端街道安桥头村
	陶堰街道泾口村
	沥海街道华东村
	富盛镇青马村

"无废城市"建设，做好环保服务经济高质量发展文章，抓实减污降碳协同一体推进，强化亮点工程建设，完成省级生态文明建设示范区创建，建成省级低碳试点街道1个，省级低(零)碳试点村社10个。

2022年，越城区生态环境分局结合生物多样性日、"6·5"世界环境日、浙江生态日、全国低碳日等四大主题日开展全民宣教活动，其中世界环境日主题直播1小时内共30.85万人次参与观看，获赞1.5万人次；投放公交车身广告6辆6条线路、高流量户外LED大屏和地库灯箱广告各2处、电梯框架广告500个、核心商圈楼宇智能屏广告480个，在FM94.1交通频率和FM93.6新闻综合频率黄金时段循环播放，朋友圈曝光100万人次，发送宣传短信116万条，组织线上宣传4场、公益巡演6场。生态环境公众满意度得分86.26分，同比提升0.77分，高于全省平均水平0.24分。

【创成省级生态文明建设示范区】 2022年，越城区组建生态示范创建专班并实体化运作，制定《越城区生态文明建设示范创建行动》(2022—2023年)实施方案，围绕一指标一专栏建立四大体系，建立健全信息报送和工作协调机制。2022年11月，被省政府命名为第六批省级生态文明建设示范区，并在全省生态环境系统共同富裕现场会作典型发言。

【全域"无废城市"建设】 2022年，越城区完成浙江省全域"无废城市"建设指标任务，截至年底，所涉55项省级指标完成51项；5项年度重点项目全部完成；聚焦"无废细胞"建设，创建"无废细胞"108个，完成率108%，培育"无废药店""无废亚运饭店"等特色细胞；开展"无废学校"创建基地、无废环保创意设计大赛等活动，通过"小手拉大手"形式，让无废理念深入人心；总结凝练"无废"经验做法30余篇，其中4篇入选省无废办"无废之窗"系列。

【完成15个重大项目审批保障】 2022年，越城区生态环境分局建立重点项目清单，对重大项目从招商引入、环评编制等环节提前介入指导，落实专人服务，从源头加速项目平稳落地。全年共完成浙东运河文化园、中芯越州、省肿瘤医院绍兴院区等15个重大项目审批服务，环境影响评估周期平均缩短30%以上；累计走访服务企业249余家次，帮助解决现场反馈问题188个。

【排污要素保障】 2022年，越城区生态环境分局共办理9笔共计1.92亿元排污权交易和抵押登记业务、48笔排污权政府储备量调剂出让业务，在全市率先完成排污指标年度保障任务，四项指标完成率超过市定目标2.5倍。

【排污许可服务保障】 2022年，越城区生态环境分局推行"店小二"式服务，深入企业"手把手"开展排污许可申报全过程指导，在"加速减负"前提下确保排污许可质量不下降。2022年完成排污许可证核发151家次、排污单位执行报告提交207家次、内容规范性审核31家次、排污单位许可证质量审核117家次，并对存在问题的执行报告和许可证落实整改指导。

【减污降碳工作】 2022年，越城区生态环境分局完成2021年度温室气体清单编制，动态管控全碳排放重点单位名录；组织30家重点管控企业参加碳报告编制培训，完成2021年度碳报告填报与核查复查。

污染治理

【概况】 2022年，越城区持续深化蓝天、碧水、净土、清废四大行动，打好治水、治气、治土、治废四大攻坚战，PM2.5浓度完成市定考核目标，绿色工地创建任务超额完成，在全市率先试点非道路移动机械"电子围栏"建设并开出全省首张“闯禁”罚单；37个县控及以上断面水质优良率和达标率保持“双百”，水域生态治理项目入选2022年绍兴市唯一一个“五水共治”“一市一样板”创建项目，绍兴鉴湖国家湿地公园（东鉴湖）、“浙东运河古越韵味之旅”、“好水兴旅走出山塘水库致富路”分别入选第二批省“五水共治”实践窗口、省“水之旅”精品路线和“五水共治”助力共同富裕成果案例，四轮“找寻查挖”碧水行动总分列全市第一位。

【土壤污染治理】 2022年，越城区土壤污染得到初步遏制，重点建设用地安全利用率100%，建设用地土壤环境安全得到保障；推进耕地土壤污染溯源和管控，开展耕地土壤重金属污染成因排查，形成受污染耕地污染“源解析”工作成果。

【水污染治理】 2022年，越城区完成“五水共治”重点项目投资19.47亿元。完成清洁生产审核企业12家，完成率109%，新建城镇污水管网10.9公里，完成率109%，农村生活污水处理设施标准化运维完成355个，完成率101%，建设生态拦截沟渠系统1条，完成率100%。万元GDP用水量考核居全市第一。完成供水管网新建11.16公里、改造7.2公里，完成率分别为139.5%、288%。“找寻查挖”专项行动下发各类督查整改单122份，发现的1846个问题已基本完成整改。3个街道23个项目建设任务全部完成，浙江医药昌海生物产业园入选2022年度省级标杆工业园区“污水零直排”培育名单。完成地下水绍兴现代医药高新技术产业园区地下水污染专项调查。

【排水管网建设】 2022年，越城区新增应急抽排能力9886万立方米/时，完成率1977.2%；雨水管网建设12公里、提标改造9.3公里，完成率分别为100%、103.3%；雨污分流改造12.2公里，完成率101.7%；完成清淤排水管网清淤1436公里，完成率334%。防洪体系建设进一步巩固，完成曹娥江综合整治工程（滨海新城）干堤加固、塘岙水库除险加固工程、井亭湾山塘整治工程，完成率100%。

【大气污染治理】 2022年，越城区完成“绿色工地”创建153个，高耗低效企业整治150家，涉VOCs（挥发性有机物）企业低效设施升级43家、源头替代15家，新增编码登记非道机械1298辆、低排放改造6辆、新能源替代155辆、定位安装联网1000辆；施工扬尘立案93起、罚款297.9万元，渣土抛洒滴漏、随意倾倒立案757起、罚款80.67万元，涉气工业企业立案69家、罚款247.15万元，柴油车入户抽测和路面执法检测416辆、超标处罚63辆，餐饮油烟排查730家、整改问题店面55家；“日报结”累计上报并销号问题2700余个，累计下发交办单、督办单117期，严重问题实施“半小时”快速执法66件，无人机调研70期，VOCs走航监测溯源25天行程2250公里，修订《越城区大气污染防治责任追究办法》，开展约谈问责28人。

【清废净土行动】 2022年，越城区完成50个地块土壤污染调查评审，原海尔曼斯实业公司地块完成治理修复并移出建设用地土壤污染风险管控和修复名录；制定亚运百日攻坚清朗行动（固废）实施方案，完成88家涉危废企业动态清零；加快绿嘉废酸资源化利用扩建项目、越信环保新建飞灰、废盐综合利用技改项目及浙江医药股份有限公司昌海生物分公司危险废物焚烧炉等项目落地；深化小微产废企业危险废物统一收运体系建设，签约小微企业457家，基本实现辖区内全覆盖；完成40家重点企业规范化考核及问题整改工作；全面应用数字化网络平台，跨省转移功能实现一网通办，全年受理跨省转出8笔，跨省转入25笔，企业备案管理计划557家，通过“越城区固体废物动态监管系统”实时监控企业97家342个点位。

【工农业固体废物处置】 2022年,越城区一般工业固废(主要为污泥)累计处置量87891吨,处置率为98%,危险废物处置量为54151吨,处置率为98.5%。全年完成取土检测278个,推广应用配方肥和按方施肥6586吨,农作物病虫害绿色防控应用面积15.62万亩次,实施统防统治13.27万亩次,减少不合理使用化肥90.1吨,实现农药减量3.68吨,2022年累计回收农废包装物60吨,处置52.43吨;废旧农膜回收处置量311.02吨,回收处理率98.65%;秸秆产生量100570.96吨,利用量97079.48吨,综合利用率达96.5%。

【生活源固体废物处置】 2022年,越城区按照“试点先行、以点带面”原则,全区小区已基本开展“定时定点”分类投放工作,创建省级高标准示范小区20个、省级生活垃圾分类示范片区1个、省级高标准示范村6个。开展垃圾分类数字化治理市级试点工作,依托有实效的智能化设备+人工智能大数据先行技术,引进智能化垃圾分类设备,形成数字化监管体系。截至年底,150多个试点小区(村)分类知晓率、参与率分别达到100%、95%。越城区“契约化”共建共管垃圾分类模式被作为省级典型案例在全省推广。

【污染行业整治】 2022年,越城区推进“腾笼换鸟、凤凰涅槃”攻坚行动,同步实施“砺鹰计划”,全区最后一个印染组团关停,印染产能退出。35家化工企业全部签订退出协议,18个化工集聚项目开工建设,获省政府第一档考核激励。全年共整治高耗低效企业150家,盘活土地5221亩,腾出用能10.9万吨标煤。完成企业清洁生产审核18家。(区生态环境分局 李烨青)

城乡建设与管理

综　述

【概况】 2022年，越城区加快城市基础设施建设，重点推进城市道路有机更新，不断完善配套道路建设，实施老旧小区综合改造提升、污水零直排改造，完成越王台和府山公园环境提升工程、富盛镇集镇绿地公园品质提升工程等海绵化城市改造项目，推进河（湖）长制、节水建设等“五水共治”相关工作。皋埠街道坝头山村、富盛镇义峰村入选2022年省级宜居示范村。提前完成越西路朝皇路口等6处堵点改造，新建城市绿道5公里。

【老旧小区综合改造提升】 2022年，越城区完成老旧小区改造项目43个，涉及住宅1088幢，惠及居民2.87万余户，建筑面积约290万平方米，项目总投资约16亿元。同时以“快阁苑、东大池”为试点，融合“未来社区”改造内容，以点扩面，推进老旧小区改造提质增效，同步完成既有住宅加装电梯联审100台。

【市政设施建设】 2022年，越城区新建雨水管网12公里，提标改造管网9.3公里，雨污分流管网12.2公里，新建改造城镇污水管网10.9公里，新建改造智能水表5000个，完成二次供水改造21处。新建供水管网5.38公里，改造供水管网6.7公里；新建燃气管道86.35公里，新增调压站一座。完成海绵城市建设3平方公里、355处农村生活污水标准化运维任务。

【园林绿化建设】 2022年，越城区推进园林绿化建设，实施新三江排涝工程等一批重点项目，2022年度实现新增绿化159.43公顷，其中公园绿地33.01公顷。新建绿道6公里。

【美丽城镇建设】 2022年，越城区全面推进美丽城镇建设，共安排财政保障项目和社会投资项目52个，累计完成投资103.13亿元。斗门街道和富盛镇创建工业特色型和农业特色型美丽城镇省级样板；皋埠街道、沥海街道和马山街道创成美丽城镇建设基本达标镇。皋埠街道坝头山村、富盛镇义峰村入选2022年省级美丽宜居示范创建村。开展斗门街道31处农村生活污水终端处理设施提标改造，总投资900万元。（区建设局　顾文虎）

城乡规划

【概况】 2022年，越城区自然资源和规划分局按照“疫情要防住、经济要稳住、发展要安全”总要求，强化规划引领，多轮划定国土空间“三区三线”（“三区”指城镇空间、农业空间、生态空间；“三线”分别对应在城镇空间、农业空间、生态空间划定的城镇开发边界、永久基本农田、生态保护红线三条控制线),并已通过自然资源部技术审查,于9月30日启用;推进高水平网络大城市、迪荡湖科技CBD(中央商务区)、中国汽车城等规划建设;东湖街道等2街道全域土地综合整治项目、东浦街道等2街道全域土地综合整治项目列入全省33个试点(绍兴市全市共4个、越城2个、柯桥1个、新昌1个),联动镇街推进土地综合整治试点和重点片区建设,争当全省土地综合整治排头兵。

【划定国土空间"三区三线"】 2022年,越城区国土空间"三区三线"多轮划定并正式启用,新增建设规模2.86万亩,永久基本农田调减6.34万亩,重点保障未来片区建设空间。

【全域空间战略规划】 2022年,越城区统筹全区(含滨海海涂)643平方公里谋篇布局、重构重建,编制越城区首部全域空间战略规划,提出"一核引领、三区聚合、五级联动"新发展格局。其中,"一核"即以越城主城区为基础,以古城、镜湖新区为重点,形成古今辉映、相互赋能,强化首位引领的发展极核;"三区",是将越城区由北而南分别划分为产城融合示范区、城市首位核心区和稽山鉴水样板区;"五级",即构建"核—心—节点—片区—单元"五级体系,实现网络化联动发展。围绕绍兴网络大城市"核心引擎"打造,构建高质量发展的四张支撑"大网"(外联内畅交通网、创新链动产业网、山水连城蓝绿网、全民共享服务网)。

【国土空间规划布局】 2022年,越城区启动袍江区域、城南片区等区域规划研究,做好古城片区、出让地块相关片区、重点招商项目等片区控规编制及调整工作。做好区委党校、区档案馆、市级粮库等项目选址研究。

【完成24个村庄规划编制】 2022年,越城区开展绍兴市越城区村庄规划评估,编制完成《绍兴市越城区村庄布点规划(2021—2035)》。选聘11名驻镇规划师,为镇街规划管理工作决策提供专业服务,提升国土空间规划设计和精细化治理管理。推进村庄规划全覆盖建设,全年委托开展24个村庄规划编制,并完成规划方案。

【规划项目管理】 2022年,越城区共完成项目用地预审与选址41件,用地面积59万平方米;建设用地规划许可87件,用地面积193万平方米;建设工程规划许可106件、建筑面积234万平方米;办理项目竣工规划核实127件,建筑面积309万平方米。(区自然资源和规划分局 李伟)

2022年越城区老旧小区完工汇总表

表68

序号	镇街	小区名称	建筑栋数(栋)	建筑面积(万平方米)	户数(户)	备注
1	塔山	罗门西村	60	8.6	1322	示范
2	塔山	银都花园	21	9.2	806	示范
3	塔山	延安路661号区块	6	0.7	118	—
4	塔山	惠日小区西	11	1.8	291	—
5	塔山	耀菩公寓小区	13	3.2	403	—
6	塔山	惠日小区东	10	1.6	226	—

续表 68

序号	镇街	小区名称	建筑栋数（栋）	建筑面积（万平方米）	户数(户)	备注
7	塔山	乐昌苑及驸马区块	42	5.9	867	—
8	塔山	高富中心小区	6	2.2	244	—
9	塔山	运通苑小区	13	3.8	386	示范
10	府山	营桥河沿地块	3	0.7	87	—
11	府山	孝义弄	4	0.7	110	—
12	城南	朝辉路沿线区块	33	10.6	900	—
13	城南	高立花园	39	14.3	1118	示范
14	城南	华通花园	25	9.9	618	示范
15	城南	明大家园小区	13	2.5	128	示范
16	城南	蓝盾公寓小区	18	3.3	153	—
17	城南	兴越花园小区、凤江住商楼、中兴南路571—575	26	5.3	363	—
18	稽山	秀水苑杨柳阁、梅兰阁	36	9.4	735	示范
19	稽山	秀水苑桃李阁、枫桂阁	42	12.6	902	示范
20	迪荡	昌安东村	62	14.9	1602	—
21	迪荡	龙洲花园东区	52	17.5	2054	示范
22	迪荡	昌安新村	31	6.8	798	—
23	迪荡	龙洲花园西区	54	17	1646	示范
24	北海	快阁苑—吟春坊、仲夏坊	40	13.3	1450	示范
25	北海	快阁苑—阳冬坊、霞秋坊	48	12.8	1516	示范
26	北海	快阁苑—丽日坊、馨月坊	45	16.2	1607	示范
27	北海	常禧路 2 号	9	1.9	296	—
28	北海	山阴路 15 号	1	0.3	40	—
29	马山	伟业新城苑	19	9.4	782	示范
30	陶堰	荷塘公寓	3	0.6	36	—
31	府山	东大池前地块	10	1.4	159	示范
32	府山	东大池住宅小区	8	0.4	300	示范
33	府山	白马路地块	15	3.6	408	示范
34	府山	北海西村	33	6.8	792	示范
35	府山	府山西路地块 B	16	3	374	—
36	府山	绍兴县商业局(西小路26号)	2	0.4	63	—
37	府山	兴文公寓	7	2.3	168	—
38	城南	滨江花园中东区	13	5.1	380	—

续表 68

序号	镇街	小区名称	建筑栋数（栋）	建筑面积（万平方米）	户数（户）	备注
39	城南	滨江花园西区	9	3	240	—
40	城南	秦望花园承天苑、高立苑	25	11.1	426	示范
41	北海	清水嘉苑	32	11.5	928	示范
42	马山	康宁乐苑	33	15.8	1385	示范
43	马山	东方都市	20	11.7	842	示范

城市重点基础设施项目建设

【概况】 2022 年，越城区推进区域路网建设和改造，全年共有项目 23 个，总投资约 30.2 亿元，完成投资 22.2 亿元。其中完工项目 11 个，在建项目 12 个。年内，中兴大道（二环北路—杭甬高速口）沿线环境综合提升工程、中兴南路大修工程、城南片区道路（凤江路、朝晖路）大修工程等，城南大道（山阴路—西江路段）改造工程、九里地块人居环境提升改造工程等均完成年度进度目标。

【亚运基础设施提升行动】 2022 年，越城区建设局按照“流光溢彩、杯水不溢”标准完成中兴南路沿线环境提升、解放南路沿线环境提升、迪荡湖及周边环境提升工程等 43 项亚运氛围营造及环境提升工作，完成投资约 45 亿元。

【推动城乡风貌整治】 2022 年，越城区内“越子城”传统风貌样板区提前通过省级验收，获评浙江省第一批城乡风貌样板区，新增洋泾湖社区为省级未来社区创建项目，3 个场景入选全省首批共同富裕基本单元“一老一小”场景名单。

拆迁安置

【概况】 2022 年，越城区完成拆改任务 285.72 万平方米，房屋征收签约面积及签约率均列全市第一。2022 年度拔钉清障攻坚行动总计 231 户，已处置 226 户，处置率 97.8%。

【“浙里房屋征迁监管在线”应用】 城南街道念亩头二期 176 户参照货币化安置方案，2022 年 12 月底组织安置户先抽签、按市场价结算补偿。斗门街道褚家居 123 户于 2022 年 12 月底前完成诸家、富陵两村择房工作。完成“浙里房屋征迁监管在线”应用安置房源数据录入。

【云征收平台推广使用】 2022 年，越城区房征办根据区委区政府的统一部署，为有效整合土地征收、房屋征收、平整做地、土地管理、土地储备等职能，组建越城区统一征收专班，探索构建经营性用地“批—征—储—供—用”全链条管理体系。根据统一征收专班工作规程，在云征收二期系统建设中实现全过程监管维护以及应用模块的迭代升级，通过“征收一张图”智能化管理地块，提升做地进度管理。

【完善征收操作规程体系】 为进一步规范全区征收程序，区房征办牵头制定《越城区征收集体土地房屋补偿程序工作指引》《越城区征收集体土地房屋补偿程序指导意见》及《征收集体土地房屋补偿实施程序图》，于 2022 年 6 月正式在全区试行。制定《绍兴市越城区房屋征收项目 法律团队全程服务管理办法（试行）》，为全市首部关于法律服务团队的规范性文件，有效

降低房屋征收行政争议案件的发生，杜绝房屋征收程序违法现象。（区房征办　王茜怡）

市政设施养护管理

【概况】 2022年，越城区加大道路维养力度，累计维修沥青路面15041处，维修窨井4316个，铣刨摊铺沥青路面38.93万平方米，维修人行道4.96万平方米。开展道路脱空检测以及基础设施提升行动，完成364条道路脱空检测工作，整改完成人行道及无障碍设施935处。开展城市照明消暗行动，对72条道路1865盏路灯光源进行节能改造。

【开展"桥头跳车"整治工作】 2022年，越城区建立起部门、监管单位、维养单位全面负责的养护机制，进一步完善"一桥一档"、开展桥梁经常性检查、定期检查的全方位"体检"。以运河大桥、木头村桥等12座桥头跳车整治任务为核心，全域摸排"桥头跳车"问题，2022年，累计整治桥梁63座，并提早完成列入省、市民生实事的桥头跳车项目。

【汛期市政设施维护】 2022年，越城区开展市政道路雨水管网运维管理、积水点位整治销号、应急演练提升三大专项行动。建立9个应急响应小组，分工明确，迅速应对抵御台风"梅花"，共出动人员4764人次，巡查抢险车辆1549辆次，整改市政道路设施隐患120处，疏通雨水管网16.96公里，清掏雨水井699只，处置短时道路积水点15处。

城乡市容管理

【概况】 2022年，越城区开展城市管理"十大攻坚行动"，攻坚马路市场、水果店铺、洗车行业等中存在的市容秩序顽疾。全年共摸排洗车店890家，发现问题220处，全部整改完成。整改占道经营29256处、店招店牌281处，劝离流动摊3.89万摊次。同时，以区城管办为重要载体，建立"1+4+4+N"（"1"指一个督查体系；"4"指按照城市管理四个专业条线，整合成一支全能型督查队伍；"4"指督查覆盖市容秩序、环境卫生、园林市政、垃圾分类四方面内容；"N"指除了专业督查队伍，建立N支第三方督查队伍）督查机制，通过"一支队伍抓督查"，整改及时率由不足70%上升至85%以上。2022年，越城区城市管理考核排名位列全市第一。

【特级道路试点精细管理】 2022年，越城区综合行政执法局积极推广"机械为主、人工为辅"模式，由区环境集团新购省内一流洗扫一体机、深度保洁车、高温高压冲洗车等设备，推动洋江路、本觉路等5条特级道路机械化水平达到100%。垃圾滞留不超过5分钟，道路坑洞抢修提速至1小时内，路灯故障处置不超过30分钟，其他病害问题处置时间缩短50%以上。市长施惠芳对城市精细管理工作相关做法作出批示肯定。9月，绍兴市城市精细管理工作现场会在越城区召开。

【整改油污污染严重道路79条】 2022年，越城区开展油污路段整治提升行动，共整改油污污染严重道路79条，出动高温高压冲洗车等556辆次，清理油污点647个。立案查处27家商铺，查封整改1家。制定《生活垃圾转运专项整治行动实施方案》，通过集中整治、重点督查，有效改善清运车辆的脏乱差问题。开展全域非正规垃圾堆放点排查工作，共清理完成422处堆放点位。聚焦全区范围内建设项目多的实际情况，持续开展工程渣土"夜鹰"系列行动，共办理渣土类案件1126件，罚款金额411.3万元。

【完成759个小区"撤桶并点"】 2022年，越城区累计完成759个小区"撤桶并点"工作，通过设置环保小屋和AI智能投放箱等方式，完成150个生活垃圾投放点改造提升、“定时定点”收运道路和线路的全年任务。2022年，越城区生活垃圾分类工作综合评定排名全市第一，并被评为全省生活垃圾分类工作优秀单位。

【拆除违法建筑48.85万平方米】 2022年，越城区制定出台《“无违建”创先争优行动方案》，按照“应摸尽摸、应拆尽拆、分类处置”原则，以点带面依法依规推进存量违建处置工作。落实《越城区新增违法建设处置办法》，明确物业管理公司的管控职责，提高新增违法建筑发现率。2022年，全区完成三改（旧住宅区、旧厂区、城中村改造）面积108.66万平方米，完成率167.3%。拆除违法建筑48.85万平方米，完成率122.1%。

城管执法

【概况】 2022年，越城区立足区委党校，成立执法办案实训基地，持续培养专业人才，全面提升城市管理执法办案力度。2022年，累计办案6203件，罚款金额1736.52万元；重大案件55件，罚款金额880.99万元。

【“大综合一体化”行政执法改革】 2022年，越城区建立“大综合一体化”行政执法改革领导小组，党委、政府主要领导任“双组长”，挂牌设立区综合行政执法指导办公室，实行实体化运作，专班每周举行例会，定期研判进度，重要指标亮榜晒绩，部门镇街比武赛马。以《“大综合一体化”行政执法改革实施方案》为核心纲要，梳理“执法目录总清单、综合执法清单、专业执法清单”，围绕改革方案做好制度补充。制定80个高频易发事项的办案指引，达到执法办案流程标准化。

2022年6月15日，越城区“大综合一体化”行政执法改革攻坚工作会议召开，举行镇街综合行政执法队授牌仪式（区综合执法局　提供）

【推进“一支队伍管执法”】 2022年，越城区为破解基层执法“看得见但管不着”难题，在府山等7个镇街中率先推进“一支队伍管执法”，统筹基层队所，成立镇街综合行政执法队，建成驻村（社）执法联络站111个，综合执法部门和各专业执法部门人员力量下沉至镇街，全区下沉率达到84.75%。将“1+11”队伍精简至“1+8”行政执法队伍，从单部门专项执法，转变为多部门的“综合查一次”全科检查，共开展“综合查一次”联合检查3627次，减少检查5346次。拓宽案件查处范围，实现档案、气象、地震、体育等领域执法办案零的突破，综合行政处罚案件领域覆盖率提升至95.65%。

【乡村旅游景区监管“一件事”】 2022年，越城区聚焦越城景区多、园区多、游客多，着重强化向乡村旅游、人文景区、产业园区等特色区域治理功能，乡村旅游监管“一件事”列入全省“监管一件事”执法事项拓展目录并上线。同步开发鉴湖国家湿地公园、鲁迅故里、黄酒小镇、现代医药高新技术产业园区等多个特色区域执法监管“一件事”。其中鉴湖国家湿地公园数字化场景应用入选全省“大综合一体化”行政执法改革实践成果100例，并列入2022年全省重大改革（重大应用）“一本账S2”，被评为全市2022年度第四批数字法治好应用。

园林绿化养护管理

【概况】 2022年，越城区高标准推进园林绿化养护，制定出台全省唯一的区（县、市）实操手册《园林绿化修剪标准》，破解过度修剪问题。全年补植缺株乔木（含行道树）820棵，隔离带（色块）8.35万平方米，种植草坪8.46万平方米，更换、补种鲜花35.66万平方米，修剪草坪553万平方米，清理杂草1533吨，处理毁绿31处。

【古树名录普查】 2022年，越城区开展全区建成区内古树名录普查工作，共登记整理148棵古树，后备资源21棵。持续推进古树名木后备资源普查建档工作，查漏补缺，形成长效机制。

【园林绿化提升改造】 2022年，越城区聚焦中兴路、阳明北路等重点区域，在中兴路、解放路两条道路的沿线花箱、花钵及隔离栏花箱内进行鲜花布置，总长约19.80公里，共设置隔离栏花箱4924只，其他花箱、花钵2388只，鲜花2596平方米。同时，重点围绕喜迎中共二十大、水乡文化等主题，布置景观小品11处。（区综合执法局　韩琪）

古城保护利用

综 述

【概况】 2022 年 4 月 27 日，绍兴市历史文化名城保护委员会第四次会议召开，会议听取 2021 年古城保护利用开展情况及 2022 年思路，审议 2022 年度古城保护利用清单工作等相关议题。市委副书记、市长、市名城委主任施惠芳强调，要以对城市、历史和人民高度负责的精神，坚定文化自信，坚持人文为魂，谋划做好古城保护利用文章，为建设高水平网络大城市、打造新时代共同富裕地注入强劲动力。

2022 年，绍兴市名城委落实《绍兴古城保护利用条例》要求，以落实古城保护利用清单工作为抓手，推进专项规划编制和“古城有机更新项目群”建设，完善古城基础配套设施与公共服务设施，推动“文商旅”一体化发展和名城文化宣介工作。完成 3 个 2022 年度古城保护利用课题，确定古城保护利用清单项目 53 项，“古城有机更新项目群”得到有序实施。截至 2022 年底，完成阳明故居及纪念馆项目、孑民图书馆、环城河环境提升工程（三期）、蕺山公园景观亮化栈道工程、塔山景观亮化工程等项目；举办第四个“7·15”古城保护日、祝福·绍兴古城过大年等系列活动；老旧小区改造完成 27 处，基础设施微改造完成 10 项，内河累计引水超 3300 万立方米，出水口水质保持在 III 类水以上；绍兴作为 7 个代表城市之一，在城乡历史文化保护传承高峰论坛向全国分享“绍兴模式”，保护经验在中央改革办《改革情况交流》刊发。“数字赋能古城活化利用”入选省域空间治理数字化平台“最优场景”名单，获 2022 世界智慧城市大奖·中国区“复苏创新大奖·优胜奖”。

“数字孪生赋能古城保护利用”获 2022 世界智慧城市大奖·中国区“复苏创新大奖·优胜奖”（市名城办 提供）

【数字赋能古城保护利用】 2022 年，绍兴市名城办按照省、市决策部署，依托绍兴古城信息管理平台，围绕古城保护、管理、利用、监督等工作要求，以数字化手段推进古城保护利用。3 月，开发历史文化名城保护传承应用，覆盖保护利用、规划建设、经济发展、民生服务及社会管理等五大领域。该应用参加7月在福州举办的第五届数字中国建设峰会，参与两次省数字文化系统例会，获得省数字文化系统第一批优秀应用，获时任省委常委、宣传部部长王纲点名表扬。5月26日，出台《绍兴古城保护利用数字管理平台共建共享实施方案》，明确各部门职责和相关要求，完成数据脱敏、分类分级、日志审计、漏洞扫描等防护措施。研究开发古城智治综合集成展示、闲置房屋管理、全域未来社区等应用，深化完善地下管线综合管控应用，推进部门协同，促进落地运行。完善“绍兴古城”App，推出线上历史建筑展陈、优秀文化传播、旅游功能导引、幸福古城建言及古城守护官等41个模块，从社会端推动古城生活便利性和“文商旅”深度融合发展。截至年底，已完成全域航飞，更新三维底图，重点区块每月织补更新，地下空间完成建模90.5万立方米。

【成立绍兴古城保护公益诉讼检察创新实践基地】 2022年6月1日，绍兴古城保护公益诉讼检察创新实践基地揭牌仪式在绍兴古城信息展示中心举行，推进司法、行政、社会三个层面协作配合，加强对古城多元化综合保护，该基地被确定为浙江省公益诉讼检察创新实践基地。

【参加全国城乡历史文化保护传承高峰论坛】 2022年6月11日，由住房和城乡建设部、国家文物局指导，中国城市规划设计研究院主办的城乡历史文化保护传承高峰论坛暨国家历史文化名城保护制度建立40周年学术会议在北京召开，会议全程线上直播。绍兴作为7个先进代表之一，会上分享了历史文化名城保护传承经验，从顶层设计、因地制宜、民生需求、数字赋能等方面总结了近年来绍兴在保护传承利用工作上的成效，得到住建部、国家文物局领导专家的肯定。

【推进古城保护利用工作专项督查】 2022年10月28日，由市政府督查室牵头，会同市名城办开展古城保护利用清单工作推进情况专项督查，实地督查鲁迅故里综合保护工程、陈建功旧居周边环境整治工程等项目。

【开展9个基础课题研究】 2022年，越城区完成《绍兴古城地名文化》等2021年度5个课题成果刊印；2022年度9个课题研究中，完成《高水平网络大城市建设与古城发展双向赋能路径选择研究》《杭绍同城融合在宋韵文化中主角地位研究》《范蠡“富而有德”思想促进绍兴“共同富裕示范区市域范例”建设的实践研究》3个课题。

规划研究

【概况】 2022年，市名城办坚持落实“在发展中保护，在保护中发展”的要求，科学编制各区块规划研究，完成古城水系、团箕巷及周边规划研究编制，有序开展历史文化名城保护规划编制及古城地下空间、古城全域未来社区、古城智慧复兴、中兴路下穿等专项规划。

【古城水系综合恢复提升规划研究】 2022年4月，完成古城水系综合恢复提升规划研究，通过梳理古城水系现状，研究古城水系演变过程，提出古城水系综合恢复提升、内河游线打造及沿河界面整治总体思路及要求，明确水系治理目标定位。针对各条河道各自特点，提出合理准确的恢复、提升建议，制定项目库行动计划，完成古城内各水系综合恢复提升的规划方案。

【团箕巷历史地段及周边区域综合提升规划研究】 2022年4月完成该规划研究，全面摸排片区现状基本情况，深入挖掘团箕巷片区传统历史文化，以历史文化为导向，深化、细化该片区适宜发展的功能和业态类型，制定团箕巷历史地段及周边区域协调研究和旅游策划方案，同时针对传统民居区居住品质低、基础配套不足、公共配套缺失等现象和更新改造难的问题，谋划试点探索学士街片区传统民居区微更新。

"文商旅"重点项目

【概况】 2022年，市名城办围绕"风貌肌理保护、资源活化利用、设施配套完善"等目标，统筹协调古城保护利用清单工作53项，完成基金计提约7.96亿元，累计保障13.19亿元。"古城有机更新项目群"陆续建成投运，阳明故居及纪念馆项目、孑民图书馆、环城河环境提升工程(三期)、蕺山公园景观亮化栈道工程、塔山景观亮化工程等项目已完工，上大路特色文化街区一期开始营业。

【上大路特色文化街区一期试营业】 2022年4月，上大路特色文化街区一期项目开始试营业。该街区全长约970米，建筑面积超1.9万平方米，分两期改造，其中一期开街面积8400平方米，截至年底，试营业商铺共28家，引入纵向书店、老舍茶馆等形象店。改造后的上大路恢复沿河特色风貌，融合街景、水景、巷景，打造宜人的古城特色文化街区。

【绍兴市文史研究馆开馆】 2022年5月18日，绍兴市文史研究馆在张马弄17号开馆，并举办"'恰是风华正茂——迎接党的二十大胜利召开'省文史馆员中国人物画小品展"。馆舍总面积1190平方米，是一个集研究、创作、展览、讲座于一体的综合性文化场所。

【绍兴古城北入口文化公园游步道和蕺山栈道建成开放】 2022年10月1日，绍兴古城北入口文化公园游步道和蕺山栈道向市民游客开放。游步道总长约435米，平均高度8.6米，最宽处11.66米，最窄处1.3米，共用26.5万块青砖砌筑而成，还建有绍书房、名人书房、状元书房等。蕺山栈道用于连接古城北入口文化公园游步道和蕺山山体，总长约170米，平均高度约8米，步道宽2.3米。文化公园游步道和蕺山栈道东连书圣故里，西接阳明故里。

【环城河景观亮化工程(三期)竣工】 2022年10月21日，环城河景观亮化工程(三期)完成竣工验收。该工程主要对环城河及周边区域进行亮化提升改造，包括两岸河道照明、景观照明、道路照明、建筑及广场照明、环城河沿线桥梁夜间光环境以及鉴水苑大屏的提升和修复，展现绍兴古城历史文化特色，提升夜景环境品位，满足市民和游客休闲生活需要，改善环城河岸线及景观照明效果。

【塔山景观亮化提升工程竣工】 2022年10月26日，塔山景观亮化提升工程竣工。该项目总投资3261万元，占地面积约3万平方米，主要对塔山进行公园入口改造，包括山体景观、亮化提升等。

【王阳明伯府第、阳明纪念馆建成开放】 2022年10月31日，是王阳明诞辰550周年纪念日，在遗址重建的王阳明伯府第、阳明纪念馆于当天正式开放，成为绍兴心学圣地文化新地标。阳明故居及纪念馆项目总投资8.5亿元，总建筑面积约1.3万平方米。阳明故居及纪念馆项目以打造"阳明文化高地、心学朝拜圣地"为目标，依据伯府遗址考古发掘的成果，复建王阳明故居，再现遗址环境大格局，新建王阳明纪念馆、阳明广场，保存伯府大埠头、石坊残基、石门框、饮酒亭等历史遗存，最大程度还原历史的本真性。同时，征收周边老旧台门及老旧建筑，打造高品质民宿酒店，整修原有老旧民宅，改造立面，疏解街区密度，铺设道路，建成一个以阳明故居为核心的综合文化艺术展示与居民生活融合的新空间。

王阳明伯府第、阳明纪念馆(市名城办　提供)

【柴场弄地块更新改造工程竣工】 2022年12月14日,柴场弄地块更新改造工程竣工。该项目对柴场弄片区进行有机更新改造,规划用地面积约2万平方米,总建筑面积约2.4万平方米,其中新建建筑面积约8168平方米,改造建筑面积约1.6万平方米,包括对朱赓故居遗迹、冯家台门以及东弄堂九号等文保建筑和传统民居进行修缮保护。

【孑民图书馆项目竣工】 2022年12月15日,由孑民图书馆、孑民剧院和蔡元培广场三部分组成的孑民图书馆项目竣工。该项目总投资约4.01亿元,总用地面积约1.2万平方米,总建筑面积约1.4万平方米。图书馆内部以公共阅读、展厅为主,融入书吧、研讨、交流等功能,孑民剧院经改造提升后将融入小型话剧、音乐剧剧场等功能,成为彰显千年古城新风貌的文旅融合新空间。

孑民图书馆(市名城办　提供)

宣传推介

【概况】 2022年,市名城办积极推介"名城绍兴 越来越好"城市形象,古城保护利用相关经验多次在中央广播电视台、《浙江日报》头版报道,并在"学习强国"学习平台、新华网等媒体宣传。举办第四个"7·15"古城保护日、古城桨板赛、祝福古城过大年等系列活动;推出绍兴"古城青年创客"项目,举办首届古城咖啡节,推动古城文化事业繁荣和文化产业集聚发展;完善古城数字馆配套及展陈,累计接待团体224个,访客1万余人次;"穿越千年 寻路古城"绍兴地铁1号线开通主题活动得到市委书记盛阅春表扬肯定,全网阅读量3000万次,取得破圈效应。

2022年4月29日,"穿越千年 寻路古城"绍兴地铁1号线开通主题活动举行(市名城办　提供)

【祝福·绍兴古城过大年】 2022年1月25日,"2022祝福·绍兴古城过大年"主题系列活动启动。为营造新年喜庆气氛,市名城办在仓桥直街、八字桥街区、西小路等地进行灯笼及氛围布置,摆放绍兴文旅IP小师爷和兰小白,同步开展年俗图文展进商场、祝福绍兴·宋韵年味展、绍兴银饰品展、夜颂古城街头艺术展演等活动,并开展"迎除夕·贴窗花""新年祝福语""过元宵·猜灯谜”3场线上互动，展示“流动”的绍兴年味与风采。

【“穿越千年，寻路古城”系列情景短剧】 2022年4月29日，越城区以绍兴地铁1号线开通为契机，推出“穿越千年，寻路古城”系列情景短剧。该短剧由一条地铁线路串联起5个故事章节，召集10余位演员进行演绎，展现地铁为千年古城带来的巨大机遇，全网阅读量3000万次，取得破圈效应。

【“7·15”绍兴古城保护日主题活动】 2022年7月15日是第四个绍兴“古城保护日”，绍兴市举办主题为“名城绍兴 越来越好——初心如磐名城之路 近悦远来品质家园”的绍兴古城保护日活动。活动现场举行塔山人防综合体项目奠基仪式及首批古城青年创客代表授牌仪式。《人民日报》、《浙江日报》、《美国侨报》、《欧洲时报》、澳洲新闻等海内外媒体作专题报道，提升名城绍兴的辨识度和影响力。

2022年“7·15”绍兴古城保护日主题活动暨塔山人防综合体项目奠基仪式举行（市名城办　提供）

【高古奇骇——陈洪绶书画作品展】 2022年9月28日，“高古奇骇——陈洪绶书画作品展”在绍兴博物馆（徐渭艺术馆）开展。恰逢陈洪绶逝世370周年，此次展览携手故宫博物院、中国国家博物馆、中国国家图书馆、中国美术馆等35家文博单位，汇聚展出陈洪绶书画作品、文献手稿、碑刻拓片，以及其师友和后学书画、版画、古籍等相关文物100件（组），其中一级文物20件，二级文物30件，三级文物25件，包括《观音图》《扑蝶仕女图》《钟馗像》《右军笼鹅图》《蕉荫丝竹图》等作品。

【绍兴“古城青年创客”沙龙暨首届古城咖啡节】 2022年11月6日，绍兴“古城青年创客”沙龙暨首届古城咖啡节在青藤广场启动，现场10家咖啡店展开创意比拼，随后组织开展“古城青年创客”沙龙活动。“古城青年创客”项目由越城区政府、市名城办会同市人力社保局、团市委等单位联合推出，出台扶持、激励青年创客政策，每年给予1500万元助创奖励。

【市直机关环城河健步走活动】 2022年11月18日，“先锋亮旗迎亚运·名城增辉展风采”绍兴市直机关环城河健步走在绍兴市越城区体育中心开幕。此次活动由绍兴市市直机关工委、市直机关工会联合会、市新闻传媒中心（传媒集团）、市体育局（市亚筹办）、市名城办联合举办，共有500多名干部职工代表、10个亮旗方阵，沿着12.5公里全程贯通的环城河游步道，一路健步前行，享受运动带来的身心愉悦，感受名城绍兴的品质风貌。

【古城桨板赛】 2022年11月19日，2022绍兴古城桨板赛在绍兴古城迎恩门开赛，作为2022年中国绍兴皮划艇邀请赛暨东方水城嘉年华系列赛之一，由绍兴市体育局、越城区人民政府、绍兴市历史文化名城保护办公室主办。比赛设有200米绕标竞速赛和花式赛两大组别，近200位来自全国各地的桨板爱好者参加此次比赛。中央电视台体育频道播出此次赛事活动。（市名城办　陶俊）

科学技术

综 述

【概况】 2021年越城区全社会R&D（科学研究与试验发展）经费投入33.64亿元，占GDP比重达2.84%，增幅连续四年居全市第一。2022年实现高新技术产业增加值251.7亿元，同比增长7.2%，占工业增加值比重61.93%；新产品产值555.8亿元，同比增长26.4%；高新技术产业投资额同比增长66.1%；完成技术交易总额38.58亿元（含市辖区）。全年认定高新技术企业202家，省科技型中小企业233家，完成率均列全市第一。认定省科技小巨人2家，省级新型研发机构1家，市级新型研发机构1家，市级以上孵化器1家，市级众创空间5家，市级创新联合体3家，新增市级及以上企业研发机构38家。

2022年越城区科技企业认定一览表

表69

级别	名称
省级科技小巨人	绍兴中芯集成电路制造股份有限公司
	浙江佳人新材料有限公司
省级新型研发机构	浙江工业大学绍兴研究院
市级新型研发机构	天津大学浙江国际创新设计与智造研究院
市级科技企业孵化器	绍兴医疗器械产业园
市级众创空间	绍兴复翼互联
	水街壹号文创园
	砥砺众创空间
	吉缘堂众创空间
	泰拇“面包树”众创空间
市级创新联合体	硅基集成电路特色工艺产业化及装备创新联合体
	原料药创新联合体
	黄酒产业创新联合体
省级企业研究院	浙江省百翔智能手套机企业研究院
	浙江省昌海制药原料药绿色生物制造技术企业研究院

续表 69

级别	名称
省级企业研究院	浙江省岭峰气枪企业研究院
	浙江省中芯集成微机电传感及功率器件企业研究院
省级高新技术企业研发中心	浙江省博盟轴承技术新工艺高新技术企业研究开发中心
	浙江省迪捷工业软件安全高新技术企业研究开发中心
	浙江省乐祥铝合金新材料高新技术企业研究开发中心
	浙江省中发 PET 多功能薄膜高新技术企业研究开发中心
	浙江省绿嘉节能环保高新技术企业研究开发中心
	浙江省双成电气绿色智造高新技术企业研究开发中心
	浙江省绿地功能性袜高新技术企业研究开发中心
	浙江省咸亨发酵食品高新技术企业研究开发中心
	浙江省新海天生物新材料高新技术企业研究开发中心
	浙江省鑫磊化妆品包材高新技术企业研究开发中心
	浙江省毅龙镭射材料高新技术企业研究开发中心
市级企业研发中心	安吉尔净饮水科技市级企业研究开发中心
	三花新能源汽车热管理市级企业研究开发中心
	欧尔赛斯高密封性色谱检测配件市级企业研究开发中心
	华方园传动科技市级企业研究开发中心
	福瑞喜吸入制剂市级企业研究开发中心
	三合高精度环境检测技术市级企业研究开发中心
	虹鑫激光镭射膜市级企业研究开发中心
	天天晴环保防水涂料市级企业研究开发中心
	兰乔圣菲家纺市级企业研究开发中心
	德升新能源储能系统与设备市级企业研究开发中心
	翔宇 BOPET（双向聚酯薄膜）薄膜市级企业研究开发中心
	给力体育用品市级企业研究开发中心
	乙谷袜业市级企业研究开发中心
	盛吉盛高端半导体石英部件市级企业研究开发中心
	最成半导体金属材料市级企业研究开发中心
	梅奥心磁心脏介入手术机器人市级企业研究开发中心
	恒杰克兰茨纺织印染机械市级企业研究开发中心
	绍恩纺织专用设备市级企业研究开发中心
	中清大绿色建筑产业化市级企业研究开发中心
	汉升环保功能型复合膜市级企业研究开发中心
	佳宝聚酯绿色环保再生纤维市级企业研究开发中心
	中陶固废资源化市级企业研究开发中心
	长电 JSI 系统集成市级企业研究开发中心

主体培育

【概况】 2022年，越城区根据滨海新区体制情况，调整高企管理工作领导小组，进一步提高全区管理和服务高新技术企业的能力，完善科技创新工作职能体系，建立孵化企业、培育库企业、省科技型中小企业、高新技术企业四位一体的“科创森林”体系，大力实施科技企业“双倍增”计划，建立科技企业培育库，采取“引、育、升”三步走，加强省科技型中小企业、高新技术企业科技企业梯队建设。全年新认定高新技术企业113家，累计538家；新增浙江省科技型中小企业233家，累计1655家。

【编制“258”行动计划】 2022年，越城区牵头编制《越城区、滨海新区打造全域科技创新示范区三年行动计划》，以“科创+产业”为导向，践行科技强区、人才强区首位战略，实施“五大举措”、实现“八大任务”，全力打造集成电路、生物医药等具有国际竞争力的创新产业集群，率先成为全国“腾笼换鸟、凤凰涅槃”的实践样板，推动越城从科技支撑产业向科技引领产业转变，致力打造全国全域科创先导区、全国科技产业创新示范区。

【重塑全域科创网络】 2022年，越城区牵头编制《稽山智谷科技创新发展规划》，全面启动迪荡湖科技CBD开发建设，联动谋划推进袍江两湖区域，科创体系逐渐清晰完善。修订《关于全面加快科技创新推动高质量发展的政策意见》，完成《越城区、滨海新区推动医疗器械产业高质量发展的实施意见》，进一步优化全域创新氛围。

【打造产业创新服务科创体系】 2022年，越城区发挥区域块状特色产业优势，以产业链条为核心、以创新驱动为引领，打造产业创新服务科创体系，构建“产业+创新+服务”的创新集群模式。截至年底，越城区高新技术投资同比增长66.1%，高新技术产业增加值占规上工业增加值比重达61.9%；新兴产业逆势增长，其中数字经济核心产业同比增长15.9%；集成电路、高端生物医药两大“万亩千亿”平台分别获得2021年度全省考核第一名和第四名。

【承办全省新一轮制造业“腾笼换鸟、凤凰涅槃”攻坚行现场会】 2022年，越城区抓住袍江片区有机更新契机，高起点规划袍江马海片区，按照“自主转型一批、合作改造一批、倒逼淘汰一批、因需征收（收购）一批”“四个一批”的总体思路，先行先试有机更新开发模式4类10法，在全省率先推进战略合作开发、入股基金合作等做法，滚动开发、有序推进“33320”工程，打造“泛半导体+”全产业链群的“绍芯谷”，2022年9月，越城区承办全省新一轮制造业“腾笼换鸟、凤凰涅槃”攻坚行现场会。

【入选浙江省重点支持现代产业学院建设点名单】 2022年，越城区打造科技教育人才“三位一体”高质量发展试验区，深入实施越城区、滨海新区打造全域科技创新示范区三年行动计划，推动科创资源系统化谋划、网络化布局、全区域覆盖，重点打造迪荡湖科技CBD（中央商务区）和袍江两湖科创片区，一体联动镜湖科技城、滨海科技城、稽山智谷等科创平台，建设杭州电子科技大学集成电路科学与工程学院（杭电绍兴校区），补齐集成电路人才、产教融合短板，入选2022年浙江省重点支持现代产业学院建设点名单。

【绍芯实验室落地生根】 2022年，越城区对标国家重点实验室，成立14位院士专家组成的顶尖科学家团队，为实验室高水平建设选好学术领头人。完成中关村·绍兴水木湾区科学园办公展示场地建设，概念性规划设计方案初稿已完成。“绍芯实验室”作为全省首家集成电路领域实验室，被列入省政府重点打造的科创平台、全市首家由市长担任建设领导小组组长的科创平台。

科学研究与科技成果

【概况】 2022年，越城区围绕“两业经（指抓好传统产业改造提升和新兴产业培育发展，推进新旧动能转换）”布局创新链，完善多层次研发体系建设，实施规上企业研发中心“全覆盖”计划，加速产业链、技术链、创新链“三链融合”，加快成果转化和产业化。2022年，越城区新认定省级企业研究院4家、省级高新技术企业研发中心11家、市级企业研发中心23家。

【项目引进】 2022年，越城区将科技招商与区域产业发展紧密结合起来，紧扣创新载体、创新人才、创新企业、创新生态科技四大支撑，引进中芯绍兴、长电绍兴、比亚迪、国科离子等重大项目。2022年，中芯集成科创板IPO（首次公开募股）成功过会；比亚迪百亿级新能源项目，实现签约后89天“四证”（不动产权登记证、建设用地规划许可证、建设工程规划许可证、建筑工程施工许可证）同发，拿地即开工；由上海交通大学特聘教授、中聚电池研究院院长马紫峰（入选中国工程院2021年院士增选有效候选人名单）领衔的浙江钠创新能源有限公司，通过上海交通大学科技成果“1元转让”；依托袍江工业区马海片区“腾笼换鸟”政策，5个月内建成全球规模最大的年产4万吨正极材料生产线，2022年10月引进战略投资者完成数亿元Pre-A融资。

【科技人才培养】 2022年，越城区锚定首位目标，坚持“以产引才、以才促产、产才共兴”，重点建设全省首个滨海新区人才管理改革试验区，出台人才新政4.0版、“人才强企”六项政策，在全省率先探索实施青年科学家“免评审”、高层次人才“双聘制”、企业法人“举荐制”等首创特色制度。推进浙江大学绍兴研究院等高能级研究院平台纳入省级人才体制机制改革试验区体系，引入院士吴汉明、郝跃、邱爱慈、顾佩华和973项目首席科学家王跃林等顶尖人才。2022年，越城区科技线共申报国家、省级人才项目共计180余人次，入选科技部创新创业人才1人，入选省级特支科技领军人才2人，超额完成市对区的科技进步指标任务。有效申报国家火炬和优青计划16位、省引才计划23位，其中建议入选国家火炬1位，省引才5位。

【政产学研融合发展】 2022年，越城区将高校院所作为增强越城科技创新实力的主要突破口，与浙江大学、天津大学等高校院所共建研究院11家，基本实现主导产业全覆盖。推动中芯（绍兴）、长电科技与绍兴文理学院深度合作，建成集成电路产业学院，成立定向冠名班级并设立专项奖学金。推进建设杭州电子科技大学集成电路科学与工程学院（杭电绍兴校区）。

【省食药检院药品安全评价中心建设】 2022年，越城区高标准建设浙江省食药检院药品安全评价中心，成为全省第三家获得国家药监局“药物GLP（药品非临床研究质量管理规范）认证电子证照”的机构，为全省医药、化妆品等企业提供药物临床前安全评价、药效学研究、生物药质量标准研究以及化妆品、医疗器械和保健食品的安全评价和相关政策法规咨询。

科技合作与交流

【概况】 2022年越城区精准对接各类高校科研院所，征集各类科技成果200余项；组织参加第四届（2022）中国医疗器械创新创业大赛微创器械类别赛（绍兴）“振德杯”医疗器械创新创业大赛、第九届“东升杯”国际创业大赛大湾区分赛区（复赛）、2022“大院名校绍兴行”之集成电路科技成果对接会、绍兴科创大走廊建设现场推进会等活动10余场，参与企业累计300余家。

【实施“大院名所”建设工程】 2022年，越城区继续实施“大院名所”建设工程，与上海交通大学、西安交通大学等共建研究院累计10家，与院士高文及团队共建绍兴市北大信息技术科创中心1家创新载体。

科技服务

【概况】 2022年，越城区开展科技企业帮扶指导与培训，畅通政府与企业的信息沟通渠道，及时协调解决企业在创新创业中遇到的困难，建立常态化服务企业机制，结合区委、区政府开展“三驻三服务”（选派干部到一线担任驻村指导员、驻社指导员、驻企服务员，用心用情用力服务企业、服务群众、服务基层）的决策部署，落

2022年越城区“大院名所”一览表

表70

序号	研究院名称	签约主体		地址	签约时间	技术领域
		甲方	乙方			
1	浙江大学绍兴研究院	绍兴市人民政府（越城区人民政府、滨海新区管委会）	浙江大学	研究院总部中关·绍兴水木湾区科学院	2021年11月	集成电路、生命健康、文化
2	天津大学浙江国际创新设计与智造研究院	绍兴市人民政府	天津大学	绍兴市越城区马山街道敬敷路洋泾湖科创园1号楼	2021年2月	先进制造
3	中国纺织科学研究院江南分院〔中纺院（浙江）技术研究院有限公司〕	绍兴市人民政府	中国纺织科学研究院有限公司	绍兴市越城区双堰路30号	2004年11月	纺织新材料
4	浙江工业大学绍兴研究院	越城区人民政府	浙江工业大学	绍兴市越城区洋泾湖科创园2号楼109	2019年8月	节能环保
5	江南大学（绍兴）产业技术研究院	越城区人民政府、滨海新区管委会、柯桥区人民政府、黄酒集团	江南大学	绍兴市越城区洋江东路19号	2020年9月	食品健康
6	上海交通大学绍兴新能源与分子工程研究院	滨海新区管委会	上海交通大学	绍兴滨海新区马欢路398号科创园B幢	2022年1月	新能源
7	浙江理工大学绍兴生物医药研究院	滨海新区管委会	浙江理工大学	绍兴滨海新区马欢路398号科创园C幢5楼	2019年10月	生命健康

续表 70

序号	研究院名称	签约主体		地址	签约时间	技术领域
		甲方	乙方			
8	浙江数字内容研究院	绍兴市人民政府、省科技厅	中国科学院自动化研究所	绍兴滨海新区马欢路398号科创园综合楼（2015年从绍兴高新区搬迁至此）	2013年3月	人工智能
		滨海新城管委会	中国科学院自动化研究所		2015年5月	
9	绍兴市北大信息技术科创中心	滨海新区管委会	北大信息技术高等研究院	绍兴市越城区银桥路326号	2020年1月	人工智能
10	上海大学绍兴研究院	绍兴市镜湖新区开发建设办公室	上海大学	绍兴市越城区三江路78号	2019年12月	新能源、新材料
11	绍兴市通越宽禁带半导体研究院	滨海新区管委会	西安交通大学	平江路2号绍兴水木湾区科学园3号楼1901室	2021年7月	集成电路

实科技“三服务”工作，制定“排忧解难办实事、数智赋能建新业”专题实践活动方案，根据不同发展阶段的科技企业，有针对性地开展服务。2022年，越城区科技局实地走访企业240余家，共接到企业反映问题和困难73项，当场解决71项，移交其他部门2项。组织高新技术企业认定管理培训会、科技人才政策培训会等专题培训会，累计培训人员400余人。

【大型科研仪器设备开放共享“一指办”应用入选2022年全省改革突破提名奖】 2022年10月28日，全省数字化改革推进会召开，越城区在省科技厅指导下试点建设的“大型科研仪器设备开放共享‘一指办’”应用被时任省委书记袁家军点名表扬。相关经验做法先后在省《数字化改革》专报、《人民日报》上刊登报道，并入选2022年全省改革突破提名奖。“大型科研仪器设备开放共享‘一指办’”应用是列入全省重大改革（重大应用）“一本账S2”“科技攻关在线”重大应用的重要内容，聚焦大型科研仪器资源统筹难、共享意愿低、共享程序复杂等问题，以科研仪器设备开放共享、创新券无感直兑等为突破口，构建大型科研仪器设备开放共享全流程服务“一指办”新模式。应用于2021年9月在“浙里办”及浙江政务服务网上线，截至2022年底，已在全省294个单位推广，登记入网大型科研仪器设备1.6万台，价值149亿元，开放共享率达90.5%。

【开展科创日活动】 2022年8月起，越城区科技局推进每月“12+X”科创日活动，由区政府主要领导协调解决重大问题，邀请专家团通过组织“问诊把脉会”“科技沙龙交流”“瓶颈突破”等线上线下活动，建立以“科技局抓总—成员单位横向联动—镇街平台纵向推动”的工作机制，推动人才用房建设、共建研究院发展、科创基金管理等难题协调解决，2022年已开展科创日活动5次，解决问题10余个。

【创新券服务系统】 2022年，越城区落实《关于进一步推广应用创新券推动大众创业万众创新的实施意见》（绍市科〔2018〕27号）使用新的创新券管理办法，向中小微企业派发创新“大红包”，扩大创新券支持范围和申领额度。依托“创新券服务系统”，采取无纸化审核流程操作，鼓励企业利用创新载体开展合作开发、委托开发、科技评估、技术查新、测试分析、产品设计、技术培训、知识产权服务等科技创新活动，申报周期内单家企业最高申领额度为20万元。全年共向234家企业发放创新券577.73万元，有105家企业向25家创新载体购买服务376次使用创新券309.88万元，使用额、购买服务次数均创历史新高，分别同比增长31.5%、36.2%。

【组建科技特派员队伍】 2022年，越城区联合浙江大学、绍兴文理学院、浙江邮电职业技术学院、浙江工业职业技术学院、浙江农业商贸职业学院、浙大绍兴研究院、天大创智院、江大绍兴研究院、上交大绍兴研究院、浙工大绍兴研究院、上大绍兴研究院等5所高校、6家研究院的100名专家学者，组建全区2022年度越城科技特派员队伍。100名科技特派员分批进驻82家辖区科技企业，服务领域包括先进制造、信息技术、新材料、新能源等产业。

【开展“创新制胜、根在基层”宣讲活动】 2022年，越城区联合省科技厅、市科技局以贯彻中共二十大精神涵养为主线，开展“创新制胜、根在基层”宣讲活动。宣讲团结合二十大精神和宏微观角度，以提升区域创新能力为导向，以服务基层、暖企惠企为重点，通过国内外科创环境对比、政策介绍、举例说明、现场答疑等方式，对全省科创走廊建设工作指引、科技查新工作及业务范畴、创新券使用政策、科技评估和成果转化要点等方面进行全方位、多领域、深层次剖析，并对企业、共建研究院代表现场提出的问题进行专业细致解答。（区科技局　金晶）

科普宣传

【“银龄跨越数字鸿沟”】 2022年，区科协下发《关于进一步加强“银龄跨越数字鸿沟”科普专项行动的通知》，推进第二年度培训进度，联合区委老干部局、区文明办、区教体局、区卫生健康局、中国移动越城分公司、中国建设银行越城支行等部门（单位）精细化推进中老年人智能技术日常应用普及专项行动。自2021年以来，全区累计培训75722人次，持续提高中老年人运用智能技术的水平，“数智共享跨越鸿沟”目标基本实现。

【科普惠民活动】 2022年，越城区举办中科院老科学家科普演讲团越城区巡回科普报告会，邀请何林、方念乔、吴瑞华、夏青、傅前哨五位专家走进越城，通过线上的方式为绍兴市塔山中心小学等10所中小学的师生们作科普专题讲座并辐射全区，让广大青少年共享科普盛宴；举办第十九届越城区科普夏令营，组织营员参加“悠悠越文化，幸福越城号”科普实践活动，体验越城酱文化和越医文化的独特魅力；开展“双碳”科普宣传进社区活动，科普“碳达峰”“碳中和”知识，推广“浙江碳普惠”应用，积极倡导“低碳、健康、绿色”生活风尚。

【科学家精神教育基地】 2022年，越城区科协充分挖掘和用好科学家精神教育资源，并积极协调，向上推荐，陈建功旧居成功入选首批浙江省科学家精神教育基地。陈建功旧居位于绍兴市越城区人民中路354号，是数学家、数学教育家，中国函数论研究的开拓者陈建功曾经居住过的地方，为浙江省文物保护单位。旧居通过展陈布置、场景陈设、多媒体互动等形式，打造出一个集纪念参观、科普教育、学术研究等功能于一体的多功能展览馆，成为绍兴一处重要的

陈建功旧居（区科协　提供）

爱国主义教育基地、数学教育启蒙地，让科学家精神薪火相传、深植人心。

【全国科普日越城品牌】 2022年，越城区科协围绕“喜迎二十大，科普向未来”主题，举办2022年越城区全国科普日暨首届青少年人工智能竞赛启动仪式。启动仪式上，表彰了“科普助推‘双减’，创新点亮未来”暑期科普实践活动获奖单位和个人，授牌成立了越城区科普志愿者艺术团，开展了妙趣横生的舞台科学秀，副区长谷丰为首届青少年人工智能竞赛启幕。科普日期间还围绕“科普+”人工智能、碳达峰碳中和、助力教育“双减”、大型校园“科学秀”、航天航空、食品安全、生命健康、纺织印染、新能源、眼健康、心理健康、低碳环保、五水共治、中医保健、动漫创意等主题陆续推出多个系列活动。

2022年，区科协举办全国科普日暨首届青少年人工智能竞赛启动仪式（区科协　提供）

【科普助力“双减”】 2022年，越城区科协联合绍兴文理学院化学化工学院、生命科学学院开展科普助力教育“双减”专项行动，通过趣味科普实验进校园、科普研学游、科普实践体验、科普报告、科普宣讲、科学家精神主题展览、科技志愿服务等多种形式，在鲁迅小学等多所中小学开展课后托管科普服务50场次，惠及3000余名学生。

【社会化科普设施建设】 2022年，越城区科协持续整合资源、汇聚力量，进一步构建社会化大科普格局。与绍兴文理学院联合打造化学与新材料省级科普教育基地，与浙江工业大学绍兴研究院联合共建洋泾湖智慧生态科技公园，与绍兴爱尔眼科医院共建眼健康科普馆，与越城区兰花协会共建兰花科普基地。（区科协　李恬）

知识产权管理

【概况】 2022年，越城区强化优势企业培育，实现知识产权高效益运用，新增商标申请4357件，注册商标3536件，累计拥有有效商标27299件；共兑现知识产权政策奖励资金750余万元，惠及企业170余家。组织申报“绍兴腐乳”地理标志并获准注册，为越城区地理标志保护开启新篇章。开展侵犯知识产权保护专项集群打击行动，实施专项检查60余次，查处侵犯知识产权和制售假冒伪劣商品案件92件，罚没款92.26万元。

【办理全省首笔集成电路布图质押贷款】 2022年，越城区市场监管局联合各商业银行开展知识产权质押融资业务培训，部署知识产权质押融资贷款，于3月20日为绍兴诺芯半导体科技有限公司办理150万元融资业务，为浙江省首笔集成电路布图质押贷款，被评为2022年浙江省十大知识产权质押融资创新案例。全年累计

69 家企业通过专利权质押融资额 16.54 亿元，41 家企业通过商标权质押融资 5.06 亿元。

【新增 6 家省级以上知识产权示范企业】 2022 年，越城区进一步鼓励和支持企业提升知识产权运用综合能力，浙江绍兴苏泊尔生活电器有限公司、振德医疗用品股份有限公司 2 家企业入围国家知识产权示范企业，卧龙电气集团浙江灯塔电源有限公司、浙江佳人新材料有限公司、浙江绍兴苏泊尔生活电器有限公司、绍兴中科通信设备有限公司 4 家企业获评 2022 年浙江省知识产权示范企业。

专利申请与授权

【概况】 2022 年，越城区创新动能持续增强，新增授权专利 5031 件，其中发明专利 613 件，PCT（专利合作条约）专利申请 14 件。累计调解专利争议纠纷 12 件，办结商标违法案件 11 件，罚没款 100.32 万元。

【查处首例专利违法案】 2022 年，越城区开展专利执法专项行动，及时排查和收集专利案件线索，依法打击专利侵权违法行为。查处越城区首例专利违法案件，该案中，花开星辰化妆品（浙江）有限公司在专利权已被撤回或驳回的情况下，仍在商品宣传中宣称取得专利权，被立案查处。

【首获中国专利奖】 2022 年，越城区通过强化政策引导、辅以服务指导、开展宣传培训等多种形式，鼓励企业挖掘高价值专利，增强企业的核心竞争力，浙江古纤道绿色纤维有限公司“一种液相增粘熔体直纺涤纶工业长丝生产工艺”专利获得第二十三届中国专利奖优秀奖，为越城区获得的首件中国专利奖奖项。（区市场监管局　潘晓明）

科技奖励

2022 年，越城区帮助辖区内企业申报各类科技项目，推动企业技术研发提升。全年组织 19 家企业申报浙江省 2022 年度“尖兵”“领雁”研发攻关计划项目，24 家企业申报 2022 年绍兴市产业关键技术攻关计划项目，其中，7 家企业获得 2022 年度“尖兵”“领雁”研发攻关计划项目立项，11 家企业获得 2022 年绍兴市产业关键技术攻关计划项目立项。2022 年，越城区有 3 个项目获得省级科技进步奖。（区科技局　金晶）

2022 年越城区立项科技计划项目一览表

表 71

序号	项目编号	项目名称	承担单位	项目类别
1	2022B41001	充电桩功率芯片关键技术研发制造项目	绍兴中芯集成电路制造股份有限公司	2022 年绍兴市产业关键技术攻关计划项目重点榜单项目
2	2022B41002	航天级热湿舒适性石墨烯基气凝胶复合防护面料的制备与产业化	浙江大学绍兴研究院	2022 年绍兴市产业关键技术攻关计划项目重点榜单项目
3	2022B43004	国产替代用细胞治疗高性能磁珠开发关键技术及产业化	浙江理工大学绍兴生物医药研究院有限公司	2022 年绍兴市产业关键技术攻关计划项目重点榜单项目
4	2022B41003	新能源汽车转向零部件全流程智能制造系统研究	浙江华晨动力机械有限公司	2022 年绍兴市产业关键技术攻关计划项目自主榜单项目
5	2022B41004	大吨位纺织印染行业电梯智能化关键技术研究	浙江埃克森电梯有限公司	2022 年绍兴市产业关键技术攻关计划项目自主榜单项目

续表 71

序号	项目编号	项目名称	承担单位	项目类别
6	2022B41005	床芯组装围边智能生产系统开发	喜临门家具股份有限公司	2022 年绍兴市产业关键技术攻关计划项目自主榜单项目
7	2022B41006	激光辅助等离子体 -QTOF 质谱仪的研制及其产业化	浙江工业大学绍兴研究院	2022 年绍兴市产业关键技术攻关计划项目自主榜单项目
8	2022B41007	面向碳中和的低温 SCR 脱硝催化剂研发与产业化示范项目	浙江德创环保科技股份有限公司	2022 年绍兴市产业关键技术攻关计划项目自主榜单项目
9	2022B43005	新型动物基因工程亚单位疫苗的研制	浙江海隆生物科技有限公司	2022 年绍兴市产业关键技术攻关计划项目自主榜单项目
10	2022B43006	糖肽新药 LYSC98 的杀菌机制研究	浙江医药股份有限公司	2022 年绍兴市产业关键技术攻关计划项目自主榜单项目
11	2022A14035	活髓保存术治疗恒牙不可复性牙髓炎的疗效观察	绍兴市越城区人民医院	2022 年绍兴市产业关键技术攻关计划项目基础公益类项目
12	2023C01012	高密度异构系统集成高性能芯片封装技术	长电集成电路(绍兴)有限公司	2022 年度“尖兵”“领雁”研发攻关计划项目
13	2023C01197	高阻隔高通透医用防护膜复合材料的产业化研究与应用示范	振德医疗用品股份有限公司	2022 年度“尖兵”“领雁”研发攻关计划项目
14	2023C01232	钠离子电池制造及其在电动工程车辆应用中的关键技术研究	浙江钠创新能源有限公司	2022 年度“尖兵”“领雁”研发攻关计划项目
15	2023C03052	肝癌筛查与早诊的新靶标集多模态高敏检测	浙江大学绍兴研究院	2022 年度“尖兵”“领雁”研发攻关计划项目
16	2023C03095	全自动高通量分子 POCT（即时检验）系统及多重 qPCR（实时荧光定量聚合酶链式反应）微流控检测芯片关键技术	浙江普施康生物科技有限公司	2022 年度“尖兵”“领雁”研发攻关计划项目
17	2023C04046	灵芝作为免疫佐剂治疗新冠后遗症的合作研究与药食同源产品开发	浙江理工大学绍兴生物医药研究院有限公司	2022 年度“尖兵”“领雁”研发攻关计划项目
18	2023C02047	新型中兽药和进口替代动物疫苗佐剂创制	浙江洪晟生物科技股份有限公司	2022 年度“尖兵”“领雁”研发攻关计划项目

越城区获省级科技进步奖一览表(2021 年度)

表 72

序号	项目名称	主要完成单位	奖励等级
1	可重复用 PET/PTFE（聚对苯二甲酸乙二醇酯 / 聚四氟乙烯）系列医用防护面料的技术开发与产业化	中纺院(浙江)技术研究院有限公司,北京中纺化工股份有限公司,浙江中海印染有限公司,绍兴文理学院,上海英之杰纺织品有限公司	科学技术进步奖三等奖
2	基于化学法废旧纺织品循环再生的改性聚酯纤维制备关键技术及应用	浙江佳人新材料有限公司,绍兴文理学院	科学技术进步奖三等奖
3	全口服直接抗丙肝病毒一类新药技术开发与产业化	歌礼生物科技(杭州)有限公司,歌礼药业(浙江)有限公司	科学技术进步奖一等奖

教 育

综 述

【概况】 2022年，越城区有各类学校213所，在编教师5686人。全年教育总投入28.42亿元，其中财政性教育经费拨款25.11亿元。出台《越城区体育类校外培训机构准入指引（试行）》，试行“越城区中小学课后服务综合管理系统”，发布校内课后服务社会资源“白名单”，巩固“双减”工作成效。袍江小学教育集团两湖校区建成并开办。实验幼儿园兴望轩园区、灵芝街道中心幼儿园花语江南园区、东浦街道中心幼儿园春江天镜园区、马山街道中心幼儿园悠步观澜园区4所小区配套幼儿园完成新建、移交并开办。明确文理附小、元培小学、培新小学、灵芝小学、昌安实验中学5个融合型教共体，升级元培中学教共体等5个原协作型教共体为共建型教共体。截至年底，越城区内共组建25个教共体，实现义务教育学校教共体建设全覆盖。

袍江小学教育集团两湖校区（区教体局　提供）

【调整局管领导干部】 2022年，越城区组织开展局管干部提任考察工作，提任局机关科室副股级领导1名；区属学校正校级领导13名，副校级领导25名。

【选拔优秀年轻干部】 2022年，越城区教体局开展第二轮优秀年轻干部人才选拔工作。经学校民主推荐、业绩量化评价、笔试和现场答辩等综合能力评价，统筹人才结构因素，最终从185个推荐人选中择优选拔出102名入库（另有直属事业单位、体育中心4名）。

学前教育

【概况】 2022年，越城区共有幼儿园126所，其中公办83所（含集体办2所）、民办43所。省一级幼儿园22所，省二级幼儿园62所，省等级幼儿园覆盖率100%，普惠性幼儿园122所。在园儿童数33683人，学前三年入园率100%。幼儿园专任教师2711人，其中在编教师468人，教师学历合格率100%，教师资格证持有率100%，大专以上学历99.61%。9月，越城区实验幼儿园兴望轩园区、东浦街道中心幼儿园春江天镜园区、马山街道中心幼儿园悠步观澜园

2022年优质幼儿园创建一览表

表73

等级	幼儿园
省一级幼儿园	元培幼儿园大叶池园区
省一级幼儿园	灵芝街道中心幼儿园滨江园区
省一级幼儿园	斗门街道中心幼儿园亲亲园区
省二级幼儿园	机关幼儿园曦之湖园区
省二级幼儿园	镜湖佳源幼儿园
省二级幼儿园	东浦街道中心幼儿园强头园区
省二级幼儿园	马山街道中心幼儿园天御湾园区
省二级幼儿园	马山街道中心幼儿园东方园区

2022年越城区共同体一览表

表74

类型	共同体
协作式共同体	鲁迅幼托中心——东湖街道中心幼儿园(市试点园、市级优质成长共同体)
	鲁迅幼儿园——鉴湖街道中心幼儿园(市试点园、市级优质成长共同体)
	继昌幼儿园——陶堰街道中心幼儿园
	元培幼儿园——富盛镇中心幼儿园
	元培幼儿园——东浦街道强头幼儿园(市试点园、市级优质成长共同体)
	鹤池苑幼儿园——皋埠街道中心幼儿园
项目式共同体	斗门街道中心幼儿园亲亲园区——机关幼儿园
	元培幼儿园大叶池园区——鹤池苑幼儿园
	灵芝街道中心幼儿园滨江园区——鹤池苑幼儿园

区和灵芝街道中心幼儿园花语江南园区4所小区配套幼儿园开园，斗门街道东昌幼儿园民办园回收转公办园，新增公办园学位1800个。创建3所省一级幼儿园、5所省二级幼儿园，优质园在园幼儿覆盖面达80.55%。

【整治农村薄弱幼儿园】 2022年，越城区投入建设经费1978万元，对皋埠街道中心幼儿园东龙山园区、东浦街道中心幼儿园隆声园区、斗门街道中心幼儿园育贤园区、马山街道中心幼儿园东方园区，灵芝街道中心幼儿园滨江园区5所幼儿园进行整体园舍改造维修，整改提质，补齐农村学前教育短板，提升农村幼儿园办园条件。撤并鲁东幼儿园和东安幼儿园2所小规模公办幼儿园，停办柏舍幼儿园和金太阳幼儿园2所薄弱民办幼儿园，加速推进农村薄弱幼儿园整治工作。

【深化幼儿园合作共建管理】 2022年，越城区印发《越城区学前教育优质成长共同体建设实施方案》，依据此方案及《越城区幼儿园合作共建管理工作考核办法》的精神，以幼儿园合作圈和优质成长共同体为载体，形成城乡区域、公民办幼儿园之间的管理全覆盖，以“名园”和“省一级幼儿园”为牵头园，带动公民办幼儿园共同成长。全区建立7个合作圈、6个协作式共同体、3个项目式共同体以及3个市级优质成长共同体。

【推进院校合作项目】 2022年，越城区持续推进东风、机关、继昌、镜湖、柯灵、鲁迅、鲁迅幼托、阳明、元培9所幼教集团基地园与华东师范大学的院校合作项目，运用线上线下相结合的方式，在导师引领下开展日常主题学习、实践课题开题和专题工作坊等活动共计30余次。年内，通过双向合作与交流，基地幼儿园有多项省市级课题立项，其中《绍兴民间童谣融入幼儿园课程的实践研究》《基于信息技术助推幼儿农场活动的创新实践》《基于诊断的幼儿个性化发展评价研究》《蔡元培教育思想下的“尚美”美育课程园本研修新样态研究》4项课题完成省级立项，11项课题市级立项。

【幼小科学衔接】 2022年，越城区推出专题节目“我们要上小学了”，8位名园（校）长，两两一组走进直播间，分别从幼儿身心、生活、社会和学习等4个方面准备和适应重点，介绍幼儿园（小学）有益经验和特色做法，提供听众与名园（校）长面对面答疑解惑的平台和机会，指导广大家长做好幼儿入学准备和适应的教育。越城区是市内唯一的“浙江省幼小科学衔接实验区”，鲁迅幼托中心的幼小衔接案例被省教育厅选用到教育专版。

2022年5月至6月，“我们要上小学了”名校长名园长走进直播间引领幼小科学衔接（区教体局 提供）

2022学年越城区幼儿园合作共建管理单位一览表

表75

合作圈	共建公办牵头园	城区		镇街	
		民办辅导站	成员单位	中心幼儿园	成员单位
第一圈：迪荡片	鲁迅幼托教育集团花园幼儿园	艺童花苑幼儿园	世禾启蒙幼儿园 乐苑幼儿园 世纪之光幼儿园	东湖街道中心幼儿园	新阳光幼儿园 世纪贝贝幼儿园
				陶堰街道中心幼儿园	—
第二圈：城南片	鲁迅幼教集团 树人幼教集团	剑桥幼儿园	金色未来幼儿园 凤江幼儿园 小天天幼儿园 长城幼儿园	鉴湖街道中心幼儿园	后岸幼儿园
第三圈：城南塔山片	东风幼教集团	秀水第二幼儿园	凌雁幼儿园 温馨幼儿园 新蕾幼儿园	马山幼教集团	新世纪幼儿园
				沥海幼教集团	—
第四圈：府山片	继昌幼教集团 行知幼教集团	未来之星幼儿园	昌安幼儿园 东街幼儿园 阳光幼儿园 龙洲幼儿园	柯灵幼教集团	旺宝幼儿园 小海螺幼儿园 世纪广场幼儿园 贝贝幼儿园
				孙端幼教集团	—

续表 75

合作圈	共建公办牵头园	城区		镇街	
		民办辅导站	成员单位	中心幼儿园	成员单位
第五圈：北海一片	元培幼教集团 实验幼教集团	快阁苑幼儿园	好时光幼儿园 树鹅王希望幼儿园 鹅境幼儿园 剑桥第二幼儿园	热诚幼教集团	东升幼儿园 博雅幼儿园
				富盛镇中心幼儿园	—
第六圈：北海二片	机关幼教集团	水木清华幼儿园	春晖幼儿园 供销幼儿园 维多利亚幼儿园	镜湖幼教集团	润沁幼儿园 世纪之星幼儿园 菲索幼儿园
第七圈：稽山片	阳明幼教集团 罗门幼儿园	快乐城堡幼儿园	稽山幼儿园 彩虹桥幼儿园 越秀幼儿园	皋埠街道中心幼儿园	小太阳幼儿园

义务教育

【概况】 2022 年，越城区有初中 22 所（含 1 所九年一贯制学校），班级 627 个，在校学生 24682 人；小学 53 所，班级 1542 个，在校学生 62377 人。截至年底，创建全国无废学校 1 所，钱学森大成智慧教育实践基地 1 个，全国生态·好教育联盟单位 1 个，全国红十字模范单位 1 个，省现代化学校 5 所，省健康促进学校 4 所，浙江省成绩突出少先队集体 1 个，浙江省五四红旗团委 1 个，市文明校园 4 所，市第三批数字家长学校 17 所，市作业管理和课后服务示范学校 11 所。

【深化“双减”工作成果】 2022 年，越城区教体

2022 年部分学校创建成果一览表

表 76

荣誉称号	学校
2022 全国无废学校	绍兴市元培中学
钱学森大成智慧教育实践基地	绍兴市越城区斗门街道中心小学
全国生态·好教育联盟单位	绍兴市第一初级中学
全国红十字模范单位	绍兴市越城区塔山中心小学
省现代化学校	绍兴市蕺山中心小学、绍兴市越城区东浦街道中心小学、绍兴市越城区灵芝街道中心小学、绍兴市越城区沥海街道中心小学、绍兴市镜湖中学
省健康促进学校	绍兴市少儿艺术学校、绍兴市陆游小学、绍兴市元培中学、绍兴市文澜中学
浙江省成绩突出少先队集体	绍兴市城南中心小学
浙江省五四红旗团委	绍兴市第一初级中学
绍兴市文明校园	绍兴市实验小学、绍兴市成章小学、绍兴市群贤小学、绍兴市稽山小学

续表 76

荣誉称号	学校
市第三批数字家长学校	绍兴市城南中心小学、绍兴市树人小学南苑校区、绍兴市越城区鉴湖街道中心小学、绍兴市越城区鉴湖街道谢墅完全小学、绍兴市越城区鉴湖街道坡塘小学、绍兴市越城区东湖街道中心小学、绍兴市越城区灵芝街道中心小学、绍兴市成章小学、绍兴市群贤小学、绍兴市文源小学、绍兴市马山街道马山完全小学、绍兴市马山街道豆姜小学、绍兴市马山街道车恂如小学、绍兴文理学院附属中学、绍兴市长城中学、绍兴市树人中学、绍兴市越城区沥海中学
市作业管理和课后服务示范学校	绍兴市鲁迅小学、绍兴市越城区塔山中心小学、绍兴市北海小学、绍兴市越城区斗门街道中心小学、绍兴市少儿艺术学校、绍兴市秀水小学、绍兴市第一初级中学、绍兴市蕺山中心小学、绍兴市城南中心小学、绍兴市皋埠街道中心小学、绍兴市越城区马山街道中心小学

局联合区民政局、区市场监管局印发《越城区体育类校外培训机构准入指引（试行）》，严查整治校外培训。开展“二次压减”攻坚行动，完成全区学科类培训机构清零；清单化管理非学科类培训机构，推进体育类校外培训机构全体入驻“绍信培”平台，非学科类校外培训机构入驻全国校外教育培训监管与服务综合平台；落实预收费资金全流程监管，做到“专户管理”“一课一销”“进度支付”。77933 名中小学生参加课后服务，参与率达 89.5%。“越城区中小学课后服务综合管理系统”全面投入使用，两次向社会征集社会优质资源参与中小学生校内课后服务，310 家机构（个人）入选校内课后服务社会资源“白名单”。

【“入学绿卡”入学 7424 人】 2022 年，越城区继续实施以居住证制度为基础的“入学绿卡”申领办法，实行“三个半年以上”的标准（申领居住证并实际居住半年以上，签订劳动合同或取得工商营业执照实际工作经营半年以上，在流入地参加社会基本养老保险半年以上）。全年义务教育外来务工随迁子女通过“入学绿卡”入学共 7424 人。

【加强中小学班主任队伍建设】 在 2022 年的绍兴市比赛中，越城区初中、小学组获奖比例全市第一，其中获小学综合一等奖 2 人，二等奖 1 人；初中组获综合一等奖 3 人，二等奖 1 人。参

2022 年越城区获得市级以上班主任大赛成绩汇总表

表 77

姓名	学校	奖项	组别
王震男	绍兴市北海小学教育集团	省级三等奖 市级一等奖	小学组
张卓程	绍兴市树人小学教育集团	市级一等奖	小学组
王晓明	绍兴市越城区灵芝街道中心小学	市级二等奖	小学组
虞颖婷	绍兴市第一初级中学教育集团	省级二等奖 市级一等奖	初中组
周　联	绍兴市镜湖中学	市级一等奖	初中组
方　楠	绍兴市元培中学教育集团	市级一等奖	初中组
郑佳雯	绍兴市袍江中学	市级二等奖	初中组

加省赛集训队入围的，小学2人，初中1人。

【“一三六”青少年心理健康教育工作模式】 2022年，越城区形成“一三六”青少年心理健康教育工作模式，即“一张网络”，制定《越城区青少年心理健康护航行动方案》，编织青少年心理健康“家校社”协同守护网络；“三”个平台，组建“区、局、校”三级心理援助服务中心，打造为学生、家长、老师求助赋能的服务平台；“六”项举措即做好一项筛查、开设一项课程、落实一项跟踪、打造一支队伍、组织“525”（“我爱我”全国大、中学生心理健康节）一系列活动、压实一项责任。全区已创建省一级心理辅导站2个（文澜中学、袍江小学），招聘8名专业专职心理教师，其中初中4名，小学4名。全区中小幼教师心理C证持证率98%。

【推进教共体建设】 2022年，越城区将城镇优质教育资源下沉到乡村义务教育学校，激发乡村学校办学活力，提升乡村学校师资、管理、质量、文化等整体水平，推动城乡义务教育优质均衡发展。截至2022年底，越城区已组建25个城乡义务教育共同体，实现义务教育学校100%全覆盖。其中属于融合型、共建型教共体学校68所，占比85%。2022年，遴选文理附小、元培小学、培新小学、灵芝小学、昌安实验中学5所学校与金华市武义县学校结成跨地区教共体，全面开展支教帮扶活动。

【开展明眸亮睛工程】 2022年，越城区推进青少年儿童近视防控工作，做好一年2次的在校学生视力普查工作，通过爱眼日和近视防控宣传教育月等活动，提高学生爱眼护眼自觉性。推进眼健康教育环境建设，全区教室采光照明和可调节课桌椅达标率达100%。青少年视力健康指导站已覆盖全区所有初中学校和中心小学。保障中小学生户外体育活动，有效控制近距离用眼时间。加强近视防控工作队伍建设，中小学校卫生人员配备率达100%。推进近视防控目标考核，并纳入学校年度考核。2022年，全区学生近视率为53.63%，同比下降超1%。

【开展“五育融合”深化行动】 2022年，越城区启动“五育融合”（指德育、智育、体育、美育、劳动教育）深化行动，印发《越城区“五育融合”深化行动实施意见》，成立越城区“五育融合”深化行动领导小组，认定“五育融合”深化行动实验学校35所，“五育融合”深化行动攻坚团队15个，组织学校开展“五育融合”教育教学实践。

【加强少先队工作】 2022年，越城区开展“喜迎二十大奋进新征程”新学期开学典礼暨“书记开学第一课”、“喜迎二十大，争做好队员”一年级分批入队仪式、“喜迎二十大，向祖国汇报”庆祝少先队建队73周年系列活动、“喜迎二十大，向祖国报告”区少先队辅导员争章技能大赛、“学习二十大，一起向未来”红领巾宣讲活动等各类少先队活动。

【加强艺术教育】 2022年，越城区中小学艺术节收到表演类作品光盘45件、艺术作品786件，评选出表演类一等奖23个、二等奖22个；艺术作品类一等奖147个、二等奖194个、三等奖351个；优秀指导教师155名、优秀组织奖3个。获市中小学艺术节表演类一等奖3个、二等奖3个，艺术作品类一等奖16个、二等奖19个、三等奖23个，优秀组织奖1个。获省中小学艺术节表演类一等奖2个、二等奖2个、三等奖1个，艺术作品类一等奖5个、二等奖11个、三等奖9个，优秀组织奖1个。

【校园安全“网格化”管理全覆盖】 2022年，越城区投资80余万元搭建智慧设防平台系统，截至年底，实现区内所有中小学、幼儿园校园安全网格化管理全覆盖。完成建设107个校区，共建立校内网格5490个，智慧设防平台系统使用率达到100%；校内网格员5794人，累计安全巡更

2022 年度越城区在少先队各级各类评比比赛获奖单位(个人)一览表

表 78

奖项	获奖单位(个人)
全国优秀少先队集体	绍兴文理学院附属小学少先队大队
浙江省突出少先队集体	绍兴市越城区树人小学教育集团大队
第八届绍兴市少年队争章技能展示活动优秀组织奖	越城区少工委
全国优秀少先队辅导员	塔山小学教育集团 陈薇玲
浙江省突出少先队辅导员	鲁迅小学教育集团 谢全全
浙江省优秀少先队员	绍兴市元培中学教育集团初一(8)中队 高尚
第十七届浙江省少先队争章技能展示活动获辅导员素质技能金奖	梅山小学 钱雨欣
第十七届浙江省少先队争章技能展示活动获辅导员素质技能银奖	灵芝街道中心小学 柳 青
2022 年度浙江省少先队工作论文二等奖	绍兴文理学院附属小学 黄刚强
2022 年度浙江省少先队研究课题优秀成果三等奖	绍兴文理学院附属小学 黄刚强
2022 年度绍兴市少先队研究课题一等奖	绍兴文理学院附属小学 黄刚强
2022 年度绍兴市少先队研究课题二等奖	鲁迅小学教育集团 平 苹 皋埠街道中心小学 孟彩凤 稽山小学 周剑奇 绍兴文理学院附属小学 阮淑琦
第三届绍兴市"红领巾学校"思政微队课大赛一等奖	鲁迅小学教育集团 鲁林思豫 树人小学教育集团 沈佳琪 塔山小学教育集团 章嘉琪 绍兴文理学院附属小学 李 燕
第三届绍兴市"红领巾学校"思政微队课大赛二等奖	鲁迅小学教育集团 章燕燕
第八届绍兴市少年队争章技能展示活动金奖	塔山小学教育集团 王瑜妃 鲁迅小学教育集团 沈 洁 梅山小学 钱雨欣 灵芝街道中心小学 柳 青

5.5 万余次，安全巡检 10 万余次。借助"五老"(老干部、老战士、老专家、老教师、老模范)力量建立校外"网格"，组建帮扶队伍 67 支，开展"四特"(指具有特殊家庭、特异体质、特殊心理和特殊行为的特征，特别需要学校进行特别关爱的学生群体)学生帮扶 68 次，帮扶学生 347 人。

特殊教育

【概况】 2022 年，越城区有特殊教育学校 1 所，在校学生 156 人，在岗教师 52 名，学前教育阶段 1 个班，义务教育阶段 12 个班，职高阶段 2 个班。设有特殊教育指导中心。2022 年，特殊教育继续向学前、高中阶段延伸，学前阶段入学率 100%，义务教育阶段入学率 100%，高中阶段入学率 93%。其中高中阶段联手校外企业进行校企合作，成立"点滴教育基金"，推进特殊学生职业教育。2022 年，越城区新建资源教室 17 个。至此，全区共有资源教室 41 个。

【特殊教育各级各类评比】 2022 年，越城区教

2022年新建资源教室学校(园)一览表

表79

序号	资源教室学校名称
1	望花幼儿园
2	镜湖佳源园区
3	鉴湖街道中心幼儿园
4	灵芝街道中心幼儿园滨江园区
5	灵芝街道中心幼儿园
6	迪荡幼儿园世茂园区
7	东浦街道中心幼儿园绿洲苑园区
8	罗门幼儿园
9	斗门街道中心幼儿园亲亲园区
10	元培幼儿园
11	斗门街道中心小学
12	群贤小学
13	稽山小学
14	少儿艺术学校
15	东湖街道中心小学
16	孙端中学
17	文澜中学

文理学院附属小学资源教室(区教体局　提供)

师参加特殊教育省市级基本功比赛成绩优异,其中1人获浙江省二等奖,1人获浙江省三等奖,1人获绍兴市一等奖,6人获绍兴市二等奖,4人获绍兴市三等奖。市级教育教学论文评比中,一等奖1篇,二等奖1篇,三等奖1篇。

【卫星班工作】 2022年,越城区文理学院附属小学卫星班正式启用,5名二年级学生被分配到文理附小一年级进行融合,除语数主课外,全程参与普校课程和学习,配有两名特殊教育教师进行辅导。机关幼教集团曦之湖园区卫星班的5名学生经过一年磨合,从原来的一周2次增加到1周5次融合。

2022 年度越城区特殊教育各类评比获奖情况一览表

表 80

获奖名称	获奖人员	单位	等级
浙江省特殊教育学校教师基本功大赛	章潇锋	越城区育才学校	省二等奖
	金斯琦	越城区育才学校	省三等奖
绍兴市资源教师和特殊教育教师基本功比赛	章潇锋	越城区育才学校	市一等奖
	金斯琦	越城区育才学校	市二等奖
	骆姗姗	绍兴文理学院附属中学	市二等奖
	樊洁菁	绍兴市东风幼儿教育集	市二等奖
	强非凡	绍兴市快阁苑小学	市二等奖
	许骆倩	绍兴市元培小学	市二等奖
	叶 勤	绍兴市北海小学教育集团	市二等奖
	孟彩萍	越城区育才学校	市三等奖
	杨雪奇	绍兴市机关幼儿园曦之湖园区	市三等奖
	俞君青	绍兴市越城区马山街道中心小学	市三等奖
	王建木	绍兴市越城区富盛镇	市三等奖
绍兴市教育教学论文评比（特殊教育）	孟彩萍、高娅娣	越城区育才学校	市一等奖
	俞超颖	绍兴市机关幼儿园	市二等奖
	杨雪奇	绍兴市机关幼儿园	市三等奖

成人教育

【概况】 2022 年，越城区有镇（街道）成人学校 11 所，均达到省标准化成校建设标准，其中省现代化成人学校 2 所（孙端成人文化技术学校、东浦成人文化技术学校），实行中小学合作办学。灵芝成校新址投入使用，位于灵芝街道金群家园小区西区 1 幢 5 楼，面积 476 平方米。

【完成成人初高中学历提升 1540 人】 2022 年，越城区各成人学校借助镇街、社区力量，落实学员通过“在浙学”平台完成培训报名，建立学员学业登记档案等。整合教育资源，做好筹备、教学和后勤保障工作，通过线上线下相结合方式开展教学，完成成人初高中学历提升 1540 人。

【组织各类技能培训 60162 人次】 2022 年，越城区组织农民（职工）参加花雕工艺、绳编、秋季养生、面点制作、花卉栽培、短视频制作、电子商务、家政、老年智能技术等各类培训，总培训 60162 人次。其中，新型职业农民培训 1650 人次，应急救护培训 1040 人次。

社区教育

【概况】 2022 年，越城区发挥社区教育示范区辐射引领作用，建成以 1 所区社区教育学院为龙头、17 所镇（街）社区教育中心为骨干、163 所社区（村）级社区教育学校为基础的区、镇（街）、社区（村）三级社区教育办学网络，形成学校、行业、社区、网络互联互通的终身教育共建体系。

【社区教育课程建设】 2022 年，越城区编印《2022 年度越城区社区教育学习指南》，梳理培训课程菜单 2636 项。区级层面推出市民健康课程、茶文化雅生活课程、社区教育家长课程等供各镇（街）选择。参与浙江省教育厅组织的“能者为师”社区教育课程推介行动，其中 1 个项目——稽山街道社区学校申报的社区教育创新项目《雅艺乐学》、1个案例——东浦成人文化技术学校《“小酒坛”上的“大世界”——东浦成校打造花雕特色课程,传承地域传统文化》和3项课程——区社区教育学院的《青少年心理保健》、马山成校的《“彩云间”亲子心晴大讲堂之〈家有宝贝〉系列》、灵芝成校的《藕粉制作》共计32节微课获得绍兴市级奖项,同时被教育部认定。

【开展老年开放大学(老年学堂)“银发互助”行动】 2022年,越城区社区教育指导中心开展老年开放大学(老年学堂)“银发互助”行动,被列入“越城区养老服务联席会议2022年为老服务项目”。确定城南街道秦望社区“俏夕阳老年学堂”等25个项目为2022年越城区老年开放大学(老年学堂)“银发互助”项目。项目参与单位涉及15个镇(街),覆盖率达88%。认定16位退休或退职志愿者为“首批银发讲师”,涉及书法、声乐、摄影、舞蹈、戏曲、家庭教育等特长。开展课程开发,“银发互助”项目课程内容包含康养健身、人文艺术、老年人智能技术运用、非遗传承、家庭教育与阅读表达、生活技艺等六大主题。进行优质课程评比,收到13个单位选送,涉及6个主题的微课70节次。评出一等奖7个,二等奖2个,三等奖4个,其中1个子项目、两大主题22节微课被教育部认定。同时做好2022年度社区教育实验项目的结题评优工作,评出5个优秀,5个合格。

【未来社区教育场景建设】 2022年,越城区制定《越城区未来社区教育场景建设标准(线下)》,以

2022年越城区“老年开放大学(老年学堂)银发互助项目”及联盟单位一览表

表81

序号	项目名称	主题	申报单位
1	俏夕阳老年学堂	康养健身	城南街道秦望社区
2	中成社区草根老年大学	人文艺术	城南街道中成社区
3	幸福俏夕阳	人文艺术	迪荡街道都泗社区
4	“银尚乐学”健康提升社团	康养健身	迪荡街道洞桥社区
5	府山银龄健康养生圈	康养健身	府山街道府山社区
6	“余辉共学”越都雅艺社	人文艺术	府山街道越都社区
7	美东社区草根老年大学	人文艺术	稽山街道美东社区
8	“雅艺乐学”森海社区大学银发互助	人文艺术	稽山街道森海社区
9	乐天大学	人文艺术、康养健身	灵芝街道天和社区
10	“智慧助老”进凤林	老年人智能技术运用	灵芝街道凤林社区
11	群贤全民健身共同体	康养健身	马山街道群贤社区
12	银龄圆梦学习圈	老年人智能技术运用	马山街道世纪街社区
13	罗北夕阳红读书会	家庭教育与阅读表达	塔山街道罗北社区

续表 81

序号	项目名称	主题	申报单位
14	老绍兴家常菜谱研学室	生活技艺	塔山街道罗门社区
15	百盛社区银龄学习小组	康养健身	斗门街道百盛社区
16	河山桥全民学习共同体	人文艺术	北海街道河山桥社区
17	春风社区老年开放大学	康养健身	鉴湖街道春风社区
18	鲁迅外婆家书法站	人文艺术	孙端街道安桥头村
19	“水韵东湖”银发巧手工作室	生活技艺	东湖成人文化技术学校
20	银发康养健身学习圈	康养健身	陶堰成人文化技术学校
21	老年开放大学智能技术运用	老年人智能技术运用	皋埠成人文化技术学校
22	“藕粉制作”非遗传承合作社	非遗传承	灵芝成人文化技术学校
23	“彩云间”亲子心晴大讲堂	家庭教育与阅读表达	马山成人文化技术学校
24	孙端“家门口”老年大学	生活技艺	孙端成人文化技术学校
25	“舜海春韵”吹打民乐学习共同体	非遗传承	沥海成人文化技术学校

越城区首批老年开放大学（老年学堂）“银发讲师”一览表

表 82

序号	申报单位	姓名	性别	特长技能	专业技术职称	荣誉称号
1	城南街道中成社区	方立耕	男	书法	中学高级教师	越城区十佳“敬老助老”先进个人
2	城南街道秦望社区	潘云仙	女	舞蹈	国家一级体育指导员	绍兴市健身气功协会优秀辅导员
3	稽山街道美东社区	张学章	男	写作、演讲	电气中级职称	—
4	稽山街道森海社区	章玲萍	女	声乐、朗诵、绘本讲读	中学高级教师副研究馆员	小语名师学科带头人中国第八届西部教育顾问
5	稽山街道森海社区	张美仙	女	音乐教育	中学高级教师	—
6	塔山街道罗北社区	葛阳生	男	摄影	—	越城区摄影家协会优秀会员
7	塔山街道罗门社区	王文娟	女	炒菜	—	社区优秀志愿者
8	府山街道府山社区	王国权	男	书法、党史宣讲	小学高级教师	省最美义工
9	马山街道群贤社区	李冬球	女	舞蹈	广场舞社会体育指导员二级	—

续表 82

序号	申报单位	姓名	性别	特长技能	专业技术职称	荣誉称号
10	斗门街道百盛社区	闪菊芳	女	家庭教育及心理辅导	心理咨询师	—
11	沥海成校	黄柏荣	男	上虞吹打	五星级乐师	上虞吹打传承人
12	灵芝成校	徐张林	男	藕粉制作	小学高级教师	—
13	孙端成校	顾关心	男	书法、乒乓球	小学高级教师	越城区四星级民间人才
14	孙端成校	韩国娟	女	越剧、舞蹈	三级社会体育指导员	越城区乡村文化能人
15	孙端成校	黄露萌	女	健身、气功	一级教练员一级裁判员	绍兴市健身气功协会先进个人
16	马山成校	全华定	男	德育、心育、马山故事	中学高级教师	省优秀教育工作者

2022年越城区“老年开放大学（老年学堂）银发互助项目”课程获奖一览表

表 83

序号	推荐主题	课程名称	节次	负责人（授课人）姓名	推荐单位	联系人	奖项
1	人文艺术	书法初级	6	方立耕	城南街道中成社区	徐力群	一等奖
2	生活技艺	西装裤的排料及裁剪	5	孙丽兵	稽山街道森海社区	张　眉	一等奖
3	非遗传承	传统吹打	5	黄柏荣／沈建梁	沥海街道成人文化技术学校	沈建梁	一等奖
4	智慧助老	智慧助老零起步	5	罗兰兰／许慧芳	东湖成人文化技术学校	罗兰兰	一等奖
5	非遗传承	藕粉制作	10	王水利／张华春	灵芝成人文化技术学校	张华春	一等奖
6	智慧助老	农村暮“智”享	5	金友仁／朱洪江	孙端成人文化技术学校	金友仁	一等奖
7	家庭教育与阅读表达	“彩云间”亲子心晴大讲堂之《家有宝贝》系列	12	王彩玉	马山成人文化技术学校	王彩玉	一等奖
8	智慧助老	老年人智能手机使用教程	5	成安华	马山街道世纪街社区	金　华	二等奖
9	康养健身	健康养老，精神养老，幸福养老	6	闪菊芳	斗门街道百盛社区	赵婷婷	二等奖
10	康养健身	广场舞入门教学微课	3	李冬球	马山街道群贤社区	谢红雨	三等奖
11	人文艺术	一起来唱莲花落	2	沈连珍	迪荡街道洞桥社区	谢　婷	三等奖
12	智慧助老	老年人智能化传统文化教学微课	1	俞荣标	灵芝街道凤林社区	潘月琴	三等奖
13	康养健身	基础营养保健课	5	郭　铃	鉴湖街道春风社区	王晓媛	三等奖

2022 年度区级社区教育实验项目验收结果名单

表 84

序号	项目名称	申报单位	验收等级
1	“智生活,慧书香”智慧课堂建设工程	北海街道越西社区教育学校	优秀
2	社区教育对青少年劳动实践的探索	斗门街道社区教育中心	
3	青少年健康教育基地建设	马山街道社区教育中心	
4	传承特色课堂,提升社区教育	灵芝街道独猕湖村社区教育学校	
5	依托辖区资源探索社区教育共建体系	城南街道社区教育中心	
6	赓续上旺红色基因	富盛镇社区教育中心	合格
7	“老有所乐”健康教育课程	塔山街道花园社区教育学校	
8	“书圣”王羲之研学之旅	府山街道书圣故里社区教育学校	
9	铭记历史,传承红色基因	皋埠街道社区教育中心	
10	依托票据基地,活跃社区教育	陶堰街道茅洋村社区教育学校	

首批“浙江省数字社会未来教育重点场景先行建设单位”灵芝街道外滩社区为依托,开展研究建设,案例《学在“外滩”幸福越城——打造“全融立体”未来社区教育场景》获评省教育厅优秀案例。

【老年人智能培训】 2022 年,越城区开展老年人智能技术日常应用普及行动常态化培训和服务。全区老年人参与智能技术日常应用普及培训达到短学时 28572 人次、长学时 472 人次。建设完成适合老年人学习的智能技术应用视频 30 个,教材(读本)3 册,达到市级优秀。1 个培训项目(府山街道越都社区学校《智在指尖》、2 个课程(东湖成校《智慧助老 0 起步》和马山街道世纪街社区学校《助老跨越“数字鸿沟”》)被教育部认定为优秀培训项目和优秀课程;1 项课程 2 个案例、2 个培训项目、2 门课程市级获奖。

【青少年社区(社会)实践活动】 2022 年,越城区出台《关于组织开展中小学生寒假社区(社会)实践活动的指导意见》《关于组织开展中小学生暑假社区(社会)实践活动的指导意见》等文件,全区共组织疫情防控常态化下的青少年社会实践活动达 714 场次,参与 17051 人次,各级媒体报道 190 余次。联合越城区科协开展“科普助推‘双减’创新点亮未来”暑期科普实践活

2022 年 9 月 17 日,“科普助推‘双减’创新点亮未来”暑期科普实践活动颁奖盛典现场(区教体局 提供)

动，参与小队 180 支、队员 286 个，评选出“2022 暑期科普实践十佳小发明”优胜者、“2022 暑期科普实践十佳优秀小队”以及 5 所“2022 优秀科普实践学校”（鲁迅小学教育集团，塔山小学教育集团，袍江小学教育集团，柯灵小学教育集团敬敷校区，陶堰街道中心小学）。

【社区教育学院学分银行建设】 2022 年，越城区社区教育学院和东浦成人文化技术学校获得 2021 年度浙江省学分银行先进单位称号。应用推广“浙学通”平台，2022 年度，区级学分银行成果总数 336587 人次，占人口总数的 40.7%，老年教育学分银行录入 55374 人，达到全区老年人口总数的 32.2%。

教育人才队伍建设

【概况】 2022 年，越城区教育体育系统共招考录用新教师 148 名，其中面向 2022 年高校优秀毕业生招聘 86 名（研究生 51 名），普通批招聘录用 62 名。5 所名校面向区内外选调名优教师 5 名，其中区外 2 名；政策安置随军家属 2 名。截至年底，新增专业技术二级岗位 1 名、三级岗位 1 名；获评正高级职称教师 1 名、高级职称教师 49 名、中级职称教师 126 名、初级职称教师 88 名。新增浙江省特级教师 1 名、浙江省“春蚕奖”3 名、浙江省杰出教师 1 名、首届浙江省教书育人楷模 1 名、首届浙江省中小学思政课

2022 年省市级名师获奖情况一览表

表 85

序号	项目名称	姓名	工作单位
1	2022 年浙江省特级教师	沈　强	绍兴市越城区孙端中学
2	2022 年浙江省“春蚕奖”	王建英	绍兴市越城区东湖中学
		全彩娣	绍兴市树人小学
		单明娟	绍兴市越城区鲁迅幼托中心
3	2022 年浙江省杰出教师	叶燕芬	绍兴市塔山中心小学
4	首届浙江省教书育人楷模	孟　琴	绍兴市北海小学
5	首届浙江省中小学思政课教师年度人物提名奖	高　珺	绍兴市文澜中学
6	2022 年“浙派名校长”培养对象	高伟国	绍兴市昌安实验学校
		莫　岚	绍兴市鲁迅小学
7	2022 年“浙派名师”培养对象	王　澜	绍兴市第一初级中学
		萧华琴	绍兴市建功中学
		陈华军	绍兴市越城区沥海街道中学
		王越娟	绍兴市塔山中心小学
8	首批绍兴“名士之乡”特支计划教育拔尖人才	王慧琴	绍兴市鲁迅小学
9	2022 年绍兴市“最美教师”	许　佳	绍兴市昌安实验学校
		陈燕萍	绍兴市塔山中心小学
		吴　洁	绍兴市树人小学
		蔡凌燕	绍兴市越城区沥海街道中心小学

教师年度人物提名奖1名、浙派名师名校长培养人选6名、首批绍兴“名士之乡”特支计划教育拔尖人才1名、绍兴市“最美教师”4名。新认定教师资格663名，完成教师资格注册1998名，注销1名。获浙江省任教三十年荣誉证书教师127名。

【教师交流】 2022年，越城区累计549名教师参与各类交流活动，28名正、副校级领导参与交流（其中18名参与城镇交流或优质学校到薄弱学校交流），1名教师在西藏比如支教，9名教师在四川马边支教，6名教师在新疆阿瓦提支教。

【深化自主评聘改革】 2022年，越城区根据《浙江省人力资源和社会保障厅关于做好2022年度高级职称评审工作的通知》要求，将马山中学和文澜中学继续作为自主评聘改革试点单位，当年度职称申报与评审均在“浙江省专业技术职务任职资格申报与评审管理服务平台”上进行。马山中学4人获评高级教师职称，7人获评中级教师职称；文澜中学1人获评高级教师职称，2人获评中级教师职称。

【实施“三名工程”】 2022年，越城区落实《关于加强新时代教育人才队伍建设的若干意见（2020—2022年）》精神，开展区属中小学2021学年班主任工作年度考核工作，47所中小学的2059位班主任参加考核。考核结果为优秀292人、良好1205人，拥有称职229人，233人不符合考核条件。开展2022越城区名优教师年度考核工作，其中省特级教师考核合格8人、区级名校长考核合格12人、市级及以上考核合格154人、区级名师考核合格197人、区级名班主任考核合格284人。截至年底，越城区累计认定名校长21名、名班主任298名、名教师378名（包括8名特级教师及160名市级及以上名师），建立名师工作室112个，吸纳骨干成员近千人。

【强化师德师风建设】 2022年，越城区教体局开展中小学（幼儿园）教师侵害学生身心健康问题专项整治工作、师德主题教育月活动，完善学校从业人员的建档工作，不断完善师德师风建设长效机制。

教育设施建设

【概况】 2022年，越城区完成两湖西侧小学新建并投用，稽山初级中学、站前小学、湖东小学、站前中学、两湖幼儿园新建，鲁迅小学人民路校区改扩建全面进入主体施工，完成凤林小学、陶堰街道中心小学、群贤小学、元培小学、灵芝小学、871地块幼儿园等新（改扩）建方案设计、征地等工作。实验幼儿园兴望轩园区、东浦街道中心幼儿园春江天镜园区、灵芝街道中心幼儿园花语江南园区、马山街道中心幼儿园悠步观澜园区4所配套幼儿园建成投用。新增小学学位1350个，幼儿园学位1980个，全年完成投资约3.6亿元（不含镜湖新区投资额）。

【推进校舍安全品质提升工程】 2022年，越城区继续实施校舍安全隐患消除、体育场馆提升、食堂创标升等，洁净厕所改造、书香校园建设、教室环境改善、信息化装备更新、幼儿园提档升级等系列工程，完成绍初龙山校区、昌安实验学校、鲁小和畅堂校区、亲亲家园幼儿园、沥海中心幼儿园等18所学校体育场馆改造提升，添置新型升降课桌椅1.5万套、计算机1800台、多媒体300套，全面完成22所初中学校校园安全防护工程。全年投入资金约9000万元。

【校园安全防护工程】 2022年，越城区启动实施越城区中学校园安全防护提升工程，对22所中学三层以上临空区域防护设施和地面绿化进行改造，投资约700万元。

教育教学研究

【概况】 2022年，越城区教师发展中心按照“对标课程素养，立足学科建设，着眼教技融合，着力专业发展”的工作基调，打造“越学越优”教育品牌，为“首位立区，幸福越城”建设和高质量发展共同富裕示范区建设贡献力量。2022年5月，浙江省2021年小学教育质量监测结果反馈会召开，越城区教体局被评为2021年中小学教育质量综合评价小学监测优秀组织单位。越城区被列为浙江省智慧教育示范区试点单位，鲁迅小学教育集团、昌安实验学校被列为省级试点学校。

【改进学校教学管理试点】 2022年，越城区推动校本研修示范校培育，29所学校确定为区级培育对象；《校本研修改进：赋能专业发展“共同富裕”》试点经验在2022年浙江省“改进学校教学管理”试点区会议上作交流分享；《基于教学管理改进的校本研修改造案例》在浙江省《教师教育理论与实践》上刊发；《浙江教育报》《越城信息》《教学月刊》先后刊发越城区校本研修试点改造经验。2022年，鲁迅小学教育集团获评2019—2021年度全省师干训和校本研修先进集体，茅岚获评2019—2021年度全省师干训工作先进个人，叶燕芬获评2019—2021年度全省师校本研修先进个人。

【“浙里问学”轮值工作】 2022年，作为绍兴地区“浙里问学”在线答疑服务首个轮值区，越城区建立由省特级教师、正高级教师领衔，集合12类学科名优教师的名师团队；着力学法指导，坚持“集中管理、集中研讨”服务导向，组织60余位名优教师集中分学段开展在线答疑服务，准确答复全省学生、家长7200余题，团队人均解题100余题，答复率达100%。

【教育教学成果奖励】 2022年，越城区发布《绍兴市越城区教育教学成果奖励办法》，经教育教学成果奖实施工作领导小组对区属学校申报的2021学年251项教育教学成果进行评审，其中157项教育教学成果获得最终认定奖励。

【精品课程征集开发】 2022年，越城区组织参加浙江省第九届、绍兴市第十一届精品课程征集活动，重点征集“革命文化和社会主义先进文化类”和“科技类”主题课程，共征集到中小学课程案例30个。在绍兴市精品课程评比中，越城区入围9门，占全市精品课程数21.95%。截至年底，共有市级精品课程78门、省级精品课程12门、绍兴市精品课程群21个。

【教师专业发展培训】 2022年，越城区中小学、幼儿园共3万余人次参加教师专业发展培训，师训工作在绍兴市级年度考核中位列优秀等次；中小学教师信息技术应用能力提升工程2.0第二期研训绩效考核在全省各县市区位列前十。

【教育科研提质行动】 2022年，越城区推进教科研工作，共有669项省市区级课题立项；完成778项课题结题，其中489项课题获奖；6项课题获得省级认定性课题。2022年绍兴市优秀课题成果评审中，越城区获奖数55项，其中一等奖15项，两项数据均为全市第一。

【青藤艺术互联网学校】 2022年，越城区青藤艺术互联网学校被列入2022年度浙江省教育厅教育领域数字化改革创新项目试点。按照“技术创新+教学创新+制度创新”思路，在资源整合利用、课程开发建设和教学模式创新上进行尝试探索，推动实现“校校有艺术教师”“班班有特色课程”“生生有艺术特长”的目标。

【越城教育云平台建设】 2022年，越城区“悦学越优”智慧学习云平台作为“学在越城”的窗口项目，以信息技术应用为手段，以课外学习辅导为切入点，为学生提供精准、有效、免费的教育服务,助力区域教育共同富裕。平台分“名师金手指”“课程万花筒”“你问我来答”三个板块。截至10月,平台完成建设,开始正常运行,越城区为全省前30%率先完成的单位之一。

【数字化平台建设】 2022年,越城区迭代升级局校一体化应用开发、数据驾驶仓等,对教学质量监测网上阅卷平台、中小学作业管理与监督系统、区论文课题管理平台、“悦学越优”学习云平台、智慧图书馆、智慧实验室(专用教室)进行了系统集成。平台已全部覆盖区属中小学、幼儿园,一站式登录,全系统融合,跨部门协同的越城教育的总门户。

语言文字工作

【概况】 2022年,越城区语言文字工作全面贯彻落实省市语言文字会议精神,巩固语言文字规范化县推进工作成果,着力传承弘扬中华优秀传统文化,加快提升语言文字服务能力,4月和11月,两次组织国家普通话等级水平测试,共计1600余名考生参与测试。

【开展“推普周”宣传活动】 2022年9月12日至18日,越城区在全区范围内组织开展第25届全国推广普通话宣传周活动,开展“经典润乡土”“推普助力乡村振兴”等活动,营造全社会说普通话、用规范字的氛围。

2022年5月20日,中华经典诵读比赛中鲁迅小学表演《美哉,诗经》(区教体局 提供)

【开展中华经典诵写讲系列活动】 2022年5月,越城区在全区范围内开展2022年中华经典诵写讲系列活动,举办2022年越城区中华经典诵读大赛、“笔墨中国”汉字书写大赛,组织相关人员参加“诗教中国”诗词讲解大赛、“印记中国”学生篆刻大赛。根据比赛结果择优推荐参加国家、省、市级比赛,获奖数量和质量居全市首位,并获市级优秀组织奖。

关心下一代工作

【概况】 2022年,越城区关心下一代工作围绕“五好”基层关工委(指领导班子建设好、骨干队伍作用好、制度健全执行好、活动经常效果好、积极探索创新好)和标杆型基层关工委组织创建,已累计建设区级关心下一代教育基地28个,市级基地3个,省级基地1个。1000余名“五老”人员活跃在社区(村居)、企业、学校、教育基地等地,各级关工委开展各种教育活动1050场次,参加青少年15万余人次,其中开展线上教育活动50场次,参加青少年13万人次。区级层面155名贫困学生得到资助,累计资助金近33万元。各镇(街道)、社区(村居)、企业、学校关工委帮扶青少年近300人,资助总金额100余万元。

【基层关工委组织建设】 2022年,根据《绍兴市关心下一代工作委员会关于高质量推进基层关工委组织建设的通知》等文件精神,召开越城区高质量推进基层关工委组织建设工作部署会,出台《越城区关心下一代工作委员会关于高质量推进基层关工委组织建设实施意见》。全区调整充实关工委组织582家,其中镇街关工委17家、社区(村居)关工委325家、学校关工委45家,单独建有党组织的规上企业关工委194家,实现街道、社区(村居)、学校关工委组织全覆盖。

【组织“五老”宣讲】 2022年，越城区围绕“红船领航”，组织“五老”开展多种形式宣讲80余场次，以“重温百年奋斗史，喜迎党的二十大”为主题，部署青少年教育活动。4月，在阳明小学举行越城区关工委“重温百年奋斗史，喜迎党的二十大”主题宣讲暨“‘五老’进校园红色宣讲助力‘双减’”启动仪式。

【青少年红色宣讲】 2022年，越城区关工委制作《重温百年奋斗史，迎接党的二十大》课件和10个红色故事视频，走进学校、社区等地开展红色宣讲，在青少年中开展“红色百年史”主题宣讲活动。5月，在树人小学教育集团举行越城区关工委“弘扬劳模精神，唱响劳动赞歌”主题活动，由全国五一劳动奖章获得者、越城区名师名校长工作室导师、北海小学教育集团名誉校长董建奋作题为《劳动：播种希望收获幸福》的讲座，此次活动以在线直播的方式，同屏传输至“山海协作”教育共进联盟单位——衢州市开化县华埠镇郑家小学。

【关爱帮扶】 2022年，越城区持续开展万向“四个一万工程”（即资助一万名孤儿成长、一万名特困生读书、一万名残疾儿童生活、一万名孤寡老人养老）资助项目、“励志青少年”选树项目、“初中励志奖学金”项目、“炉峰慈联·天天向上”奖学项目、“同在阳光下”助学项目等帮困助学励志奖学活动。获评2022年绍兴市“励志青少年”1名、2022年绍兴市关工委“初中励志奖学金”9名、绍兴市“炉峰慈联，天天向上”2021学年奖学金13名、2021学年“炉峰慈联·天天向上”精英奖2名。

【组建关工委关爱团】 2022年，越城区组建由区退休教师协会会长为团长、两个副会长为副团长、全区21个退教分会会长为成员的区关工委关爱团，全年结对特困学生37人，直接参加关爱工作的退休教师347人。

【青少年法制教育】 2022年，越城区组织“五老”力量继续做好青少年法制教育、禁毒教育、心理健康教育等工作，协助有关部门对网吧开展监督检查，开展“五老”网吧义务监督活动160次，“五老”网吧义务监督员人均开展督查10次，年均对每个网吧开展督查12次。

【成立“好家风好家教”宣讲团】 2022年6月，越城区关工委“好家风好家教”宣讲团成立，首批聘任6名政治素质好、宣讲水平高、奉献意识强的老校长（园长）作为宣讲团成员，围绕崇德向善、孝老敬贤、清正廉洁、移风易俗等家教美德，开展“好家风好家教”公益宣讲30余场次，惠及12万多人次。针对青少年和家庭教育面临的竞争焦虑、心理健康和青春期教育、网络游戏成瘾、“双减”落实压力等新情况和新问题，分层分类普及家庭教育和青少年发展等科学知识。（区教体局　姚致远）

文 化

综 述

【概况】 2022年,越城区举办各类文化惠民演出253场、文化走亲18场,开设讲座13场、展览44场,开展“百姓学堂”公益培训716课时、越城文化“云课堂”直播34场;积极拓展图书馆总分馆制运行模式,推进“绍兴树兰书房”品牌建设,新建开放5家城市书房,新增图书12.3万册,馆藏总量达79万册;完成2022年省政府民生实事工程“浙文惠享”。区文化馆获评2022年度文化领域“高质量发展共同富裕突出贡献奖”先进集体、2021—2022年度全省文化馆基层服务培训联盟先进单位。

【“浙文惠享”民生实事工程】 2022年,越城区文广旅游局完成2022年省政府“浙文惠享”民生实事工程,打造161个“15分钟品质文化生活圈”,新建4家城市书房、3家文化驿站、3家乡村博物馆,并落实长效管理机制,确立民生长效联络员,确保民生实事真正起到普惠民生的实效。

【基因解码文化标识】 2022年,越城区文化基因解码成果被评定为“优秀”等次,“大禹祭典”“黄酒酿制”“青藤画派”“鲁迅故里”“钗头凤·红酥手”“勾践传说”6项被列入“优秀解码项目”,“徐渭青藤画派”基因解码成果参加全省文化基因解码工程成果展,在全省基因解码工程短视频大赛中获一等奖1个、二等奖1个、优秀奖1个。“黄酒文化”和“鲁迅文化”2个文化标识被列为首批100项“浙江文化标识”培育项目。“黄酒文化”亮相浙江文化标识建设先期成果展,入选首批浙江文化标识创新项目。(区文广旅游局 高欣)

【文学创作成果丰硕】 2022年越城区以打造宋韵传世经典文化盛宴为目标,整合宋服、美食、诗词等宋文化资源,串联沈园、泰宁寺、东鉴湖等宋文化基地,举办二十四节气宋文化街市、宋朝婚礼秀等系列活动,建设“越是我故乡”文创体验中心,开发“放翁诗宴”“放翁石螺”等特色文创产品,推出“宋韵在越地”行走学堂、“越城梦粱录”线上课堂,编辑出版《宋韵攒宫》影集,挖掘越城文化底蕴,深耕“鲁迅外婆家”“陆游的乡村世界”等文化IP,擦亮“宋韵越城”文化名片。创作情景快闪《越地长歌》,微动画《师爷断案》,小品《清新坡塘》,莲花落《一只红包》《颂清风》《后堡的枪声》等一批群众文艺精品。越城区委宣传部与绍兴市新闻传媒中心联合出品的广播剧《孙端之战》获浙江省第十五届精神文明建设“五个一工程”。召开区文联第三次代表大会,选举产生区文联第三届领导班子,成立越城区朗诵协会，成立镇街文联组织14个。举办“宋潮 越尚”宋韵艺术生活展、陆游文化节等节庆活动，解码越城特色宋韵文化基因60余项，围绕“挖掘、传承、演绎、体验”，吸引各类文产企业57家，展示各类非遗、文创、潮玩产品1000余种，参与5万人次，媒体阅读量总计突破1000万次。开展坝头山村、坡塘村等两村艺术乡建项目，各类艺术家、艺术团体开展采风写生50余场、艺术讲座百余场，激活村集体物业3000余平方米，参与培训农民2300余人次。（区委宣传部　张珂欣）

群众文化

【概况】 2022年，越城区开展2022“祝福绍兴古城过大年”、第十八届读书节等系列主题活动，全年送戏下乡221场、送书下乡7.36万册、送展览下乡44场、文化走亲18场。结合重点节庆，做精做强文化惠民演出活动和文化节会，举办“颂家乡 促共富”浙江文旅推介之“唐风宋韵 诗路江南”——2022诗路文化大型诗歌音乐朗诵会、“月是故乡明”中秋赏月会活动、第一届鲁迅外婆家水乡社戏节等大型群众文化活动20余场。2022年，越城区在各级各类文化赛事中获得国家级艺术会演二类节目，省级金奖3个、银奖3个、铜奖5个、优秀组织奖1个，优秀个人奖3个、最佳人气奖1个，优秀单位奖1个、优秀案例1个，音乐类银牌艺术普及点1个、音乐类十佳美育课堂1个、音乐类优秀志愿者1名、舞蹈类达标志愿者1名；市级优秀组织奖6个、金奖10个、银奖9个、铜奖15个、优秀奖5个、优秀短视频6个、才艺达人1名、优秀作品奖1个、优秀辅导奖1个。

【文化活动】 2022年，越城区举办2022“祝福绍兴古城过大年”、第十八届读书节等系列主题活动；开展200场精品群众文化惠民演出进全区17个镇街、200个村社区；结合重点节庆，做精做强文化惠民演出活动和文化节会，举办“月是故乡明”中秋赏月会活动、第一届鲁迅外婆家水乡社戏节等大型群众文化活动20余场，线上服务群众865万人次以上。

【基层文化惠民活动】 2022年，越城区送戏下乡221场，送书下乡7.36万册，送展览下乡44场，文化走亲18场；评选认定区级乡村文化能人58名，文化示范户26户，入选市级乡村文化能人17名、文化示范户8户。区文化馆“百姓学堂”品牌培训开设25门面向全年龄段的公益课程，共授课716课时，惠及群众1.2万余人次。开展地方戏曲曲艺惠民演出活动16场(线上7场，线下9场)，线下观看360人次。开展“越城文化大讲堂”10场公益讲座、“耶溪画舫”公益书法门诊1场、公益培训成果汇报展演1场、书画展览2场。赴北海街道、府山街道、塔山街道、鉴湖街道、东浦街道、灵芝街道、迪荡街道、城南街道、稽山街道9个街道开展“古韵传承 越享非遗”非遗展和“道德模范展”18场，观展18万人次。全年免费开放舞蹈教室、培训教室、综合排练厅累计225次。承办“颂家乡 促共富”浙江文旅推介之“唐风宋韵 诗路江南”——2022诗路文化大型诗歌音乐朗诵会，线上观看65.83万人次。协助录播“剑胆书心 越古超今”第四届越城区农村文化礼堂“我们的村晚”。举办“礼赞二十大 奋进新征程”2022越城群众文化进消防慰问演出、“喜迎二十大 奋进新征程”2022年越城区人武部慰问演出、联合承办沉浸式“欢庆二十大 颂韵八字桥”金秋朗诵会等文艺演出；区图书馆总藏书量达79万余册，新增图书12.3万册，服务读者176.2万人次，流通图书167.5万余册，开展阅读品牌推广活动、展览、讲座共689场，吸引读者33.9万人以上。

2022年群众文化工作成绩(荣誉)汇总表

表86

序号	成绩(荣誉)名称	获奖单位(或个人)
1	第十届全国残疾人艺术会演 二类节目	《敬你一杯绍兴酒》 辅导:朱曼、陈天
2	2022浙江非遗年俗短视频大赛 一等奖	《"歪果仁"的绍兴年》陈天
3	2022浙江非遗年俗短视频大赛 二等奖	《年味》朱曼
4	2022浙江非遗年俗短视频大赛 二等奖	《群文人的拜年》叶月芳
5	2022浙江非遗年俗短视频大赛 三等奖	《我眼中的绍兴年》谢晓彤
6	2022浙江非遗年俗短视频大赛 三等奖	《绍兴古城过大年》张斯奇
7	2022浙江非遗年俗短视频大赛 优秀组织奖	绍兴市越城区文化广电旅游局
8	2021—2022年度全省文化馆基层服务培训联盟 先进单位	绍兴市越城区文化馆
9	2021—2022年度全省文化馆基层服务培训联盟 优秀案例	"百姓学堂"公益培训
10	2022"最美浙江文化年"短视频制作大赛 优秀单位奖	绍兴市越城区文化馆
11	2022"最美浙江文化年"短视频制作大赛 优秀个人奖	《"歪果仁"的绍兴年》陈天
12	2022"最美浙江文化年"短视频制作大赛 优秀个人奖	《年味》朱曼
13	2022"最美浙江文化年"短视频制作大赛 优秀个人奖	《我眼中的绍兴年》谢晓彤
14	2021年浙江省全民艺术普及网课评选活动 最佳人气奖	《百老汇爵士舞入门》陈天
15	2021年浙江省全民艺术普及网课评选活动 三等奖	《越剧指法简介》叶月芳
16	2022年浙江省群众文化青年干部(线上)培训班结业论文三等奖	《浅谈文化馆青年干部在当今社会如何传承与创新传统文化》陈天
17	浙江省首届青少年艺术大赛(舞蹈)二等奖	舞蹈《我可以》 越城区文化馆选送
18	2022浙江省青少年艺术大赛(音乐专场)——"追梦之声"浙江省青少年声乐类小学高段组三等奖	《甘嫫阿妞》 谢晓彤(辅导)
19	2022浙江省青少年艺术大赛(音乐专场)——"追梦之声"浙江省青少年声乐类高中组 一等奖	《青玉案·元夕》 谢晓彤(辅导)
20	2022浙江省青少年艺术大赛(音乐专场)——"追梦之声"浙江省青少年声乐类组合组 一等奖	《亲爱的旅人》 谢晓彤(辅导)
21	2022"青苗计划"浙江省未成年人艺术普及点音乐类 银牌艺术普及点	乡村文化阵地 谢晓彤(负责老师)
22	2022"圆梦青苗·以艺育美"浙江省乡村青少年美育课堂志愿服务活动 音乐类十佳美育课堂	乡村文化阵地 谢晓彤(授课老师)
23	2022"圆梦青苗·以艺育美"浙江省乡村青少年美育课堂志愿服务活动 音乐类优秀志愿者	乡村文化阵地 谢晓彤
24	2023"圆梦青苗·以艺育美"浙江省乡村青少年美育课堂志愿服务活动 舞蹈类达标志愿者	陈天

2022 年 10 月 31 日,"唐风宋韵 诗路江南"——2022 诗路文化大型诗歌音乐朗诵会在绍兴大剧院举行(浙广直播　提供)

2022 年 9 月 13 日,"幸福越城 根源开化"2022 越城·开化文化走亲文艺演出在开化县举行(张斯奇　摄)

【文化走亲活动】 2022 年,越城区文化馆组织文艺演出赴柯桥区、嵊州市、诸暨市、开化县、上虞区、新昌县开展 2022 文化走亲文艺晚会 6 场;赴马边彝族自治县开展文化走亲活动;赴临安区、嵊州市、柯城区、上虞区开展非遗展览走 4 亲场;赴开化县、柯城区开展书画交流走亲 2 场;诸暨、柯城赴越城开展文化走亲文艺晚会 2 场;开化、东阳到越城开展书画交流活动 2 场;临安到越城开展非遗展览活动,携手共建文化大发展、大繁荣。

【数字文化服务】 2022 年,越城区文化馆拓展公共文化服务渠道,开通越城区文化馆视频号,开展地方戏曲曲艺惠民演出直播,全年进行 7 场演出直播,观看约 5 万人次。开展越城文化"云课堂"直播 34 场,观看 18 万人次,获赞 40 万人次,发布活动资讯 144 篇。

文化阵地建设

【概况】 2022 年,越城区深化"15 分钟文化圈"建设,线下构建以区图书馆、城市书房、农家书屋为龙头,以农村文化礼堂、爱国主义教育基地等为支撑,以新时代文明实践阵地、"扫黄打非"基层示范站点、研学游线等为补充构筑越城文化阵地;线上打造越城文 E 家 H5 页面、推广"全民阅读在线"小程序,推出线上读书节、云上图书馆、名师讲坛、越享审核、心理疏导站一级留言板和越城文创盲盒抽取等活动,为在越隔离人员送上"精神食粮";线上线下双向发力,构筑越城幸福文化圈。

【基层文化设施】 2022 年,越城区文广旅游局制定出台《越城区高质量推进公共文化服务现代化建设的实施方案(2021—2025 年)》《越城区重点公共文化设施专项提升三年行动计划(2022—2024)》;安桥头村、皇甫庄村、坝头山村和王家葑村入选市级高质量推进基层公共文化服务示范点;打造 161 个"15 分钟品质文化生活圈",新建 5 家城市书房、3 家文化驿站、3 家乡村博物馆。(区文广旅游局　高欣)

【特色文化礼堂建设】 2022 年,越城区打造文化礼堂品牌项目,以"红色""书香""活力""古韵""创意""清廉"为主题,打造 7 家高质量、有亮点的特色礼堂。孙端街道安桥头村文化礼堂获评 2022 年浙江省特色文化礼堂,陶堰街道获评 2022 年浙江省农村文化礼堂示范街道。截至年底,越城区内共有农村文化礼堂 165 家,社区文化家园 48 个、企业文化俱乐部 17 个、智慧礼堂 56 家。

【基层文化品牌建设】 2022 年,越城区培育"鲁迅外婆家""陆游的乡村世界"等文化 IP 品牌,

2022 年越城区特色文化礼堂一览表

表 87

文化礼堂	特色类型
灵芝街道大树江文化礼堂	活力
鉴湖街道坡塘云松村文化礼堂	古韵
皋埠街道坝头山村文化礼堂	古韵
陶堰街道邵家溇村文化礼堂	清廉
孙端街道安桥头村文化礼堂	创意
沥海街道潭许村文化礼堂	红色
富盛镇乌石村文化礼堂	清廉

打造“越来越好”盲盒雪糕，并入选浙江省农村文化礼堂 2022 年“我们的村礼”项目。开展“越文化 越幸福”“我们的村晚”“我们的村歌”“我们的节日”“我们的榜样”“我们的村运会”等主题文化礼堂系列活动共计 2000 余场。融合民俗文化、礼仪文化、便民志愿服务、主题宣讲等传统活动，开展“周末电影剧场”“四季舞台”巡演、“名家进礼堂”宣讲演出、“我们的村晚”节目录制等系列活动，打造“宋韵寻踪，放翁归来”、红色清廉、乡村研学活动。截至年底，越城区内共有农民元宵节、开耕节等基层品牌活动 29 个。

【农家书屋】 2022 年，越城区打通文化礼堂、新时代文明实践中心、“扫黄打非”基层站点等村社基层文化资源平台，融入新华书店、城市书房、街道图书馆、街道文化站等专业力量打造农家书屋，截至年底，建成农家书屋 161 家，实现农村镇街全覆盖。全年新购置图书期刊 5 万余册，各级图书馆、各阅读阵地间流通量超 2 万册。培育示范型农家书屋 1 家、提升型农家书屋 7 家；组织开展“领阅人开讲”活动、线上线下“好书推荐官”系列活动 30 多场，参与活动成为“推荐官”读者 534 人，通过全媒体转发阅读量达到 10 万次。开展“全民阅读在线”小程序落地推广，构建农家书屋“数字阅读 + 智能管理”新模式，截至年底在线发布 10 人以上活动 397 次，参与读者达 6317 人次。（区委宣传部 张珂欣）

图书馆事业

【概况】 2022 年，越城区图书馆推进城市书房建设工作和日常接待服务工作，打造“15 分钟品质生活文化圈”。截至年底，越城区图书馆服

2022 年 1 月 18 日，绍兴树兰书房·宝业四季园馆开馆（马佳英 摄）

务的读者达 176.2 万人次，流通图书 167.5 万余册，新办理读者证 1.1 万张；全年新增图书 12.3 万册，馆藏总量达 79 万册。流通站流通人次为 10.4 万人，图书流通册次为 14.9 万册。全年开展线上下线活动共 689 场，其中阅读推广活动 492 场、展览 111 场、讲座 53 场、培训 33 场，同期增长 212%，吸引约 33.9 万人参加。

【越城区图书馆新建 5 家城市书房】 2022 年，越城区首家 24 小时不打烊树兰书房·宝业四季园馆于 1 月 18 日对外开放，首家创意文旅书房——树兰书房·迎恩门馆于 2 月 14 日对外开放。4 月 23 日“世界读书日”当天，绍兴树兰书屋·平桥站、绍兴树兰书屋·坡塘云松站及城南分馆 3 家城市书房开馆。截至年底，越城区共建成开放有 13 家图书分馆、17 家城市书房，其中 4 家农村书屋和 13 家树兰书房。全年共新建图书流通站 14 个，全区共有 90 个流通站。

【配合开展“书尚越城”越城区第十八届读书节系列活动】 2022 年 4—5 月，区委宣传部、区文广旅游局开展“书尚越城”系列活动，积极营造“好读书、读好书、读书好”社会新风尚，推出了“阅积越有礼”借阅积分活动、“家门口”读书打卡活动、第二届在越高校经典诵读比赛、“您选书·我买单”线上图书采购会、“共品书香”——最美领读人好书推荐、“穿越宋朝

2022 年 4 月 23 日，绍兴树兰书屋·平桥站开馆（马佳英　摄）

2022 年 4 月 23 日，绍兴树兰书屋·云松站开馆（马佳英　摄）

做茶点”活动、阅读锦鲤抽奖及最美城市书房（镇街分馆）颁奖活动等 25 场读书节主题活动，丰富了读者的精神生活，为建设“首位立区、幸福越城”提供人文支撑和精神动力。

【古籍普查登记】 2022 年，越城区图书馆开展古籍普查登记工作，通过相关途径搜集中华古籍，组织专家对古籍、民国文献购买项目《仿刊王本史记》《唐诗三百首注疏》等进行论证讨论，并组织学习登记、定损等，促进古籍保护工作迈上新台阶，展现地区古籍保护风采。截至年底，购得古籍、民国文献、老家谱等合计 6 套 34 册。

【数字资源建设】 2022 年，越城区图书馆门户网站（www.ycqlib.com）全年网站访问量为 3.8 万人次，并推出“地方文化特色库”平台。官方微信公众号“ycqlib”（绍兴市越城区图书馆），关注人数达 1.6 万人，图文访问量达 12.5 万次，支付宝生活号关注人数 3.4 万人，主页访问次数达 60.5 万次，抖音号浏览量 7 万余人次，微信视频号浏览量 11 万余人次，“E 点到家”邮递借阅服务共有 290 位读者下单 484 次，外借图书 1484 册。（区文广旅游局　高欣）

档案事业

【概况】 2022 年，越城区档案馆完成 2011 年至 2020 年共 70 家机关单位 16943 卷 184095 件档

案开放鉴定工作，对待移交档的目录进行检查修改，完成检查20万余条。接收2021年度单位档案43家，对63个立档单位、386个二级单位系统数据进行核查，其中文书档案问题数据40952条，业务档案问题数据7411条。开展档案备份，类别包括文书档案、业务档案、照片档案，涉及69个全宗，备份数据5TB。本年度政务服务事项电子文件归档单位7家，成功归档42848件。

2022年5月，越城区档案馆联合城南街道阳明社区举办书尚越城·“阅”城读书会，探索打造阅读档案，以档案形式保存市民阅读痕迹，培育档案阅读文化品牌。6月9日，越城区档案馆在第十五个国际档案日来临之际举办“喜迎二十大·档案颂辉煌”主题活动，协调“今日越城”开设宣传专栏，以档案视角展示越城新变化新面貌新气象，为中共二十大胜利召开营造浓厚氛围。

【机关档案规范化建设】 2022年，越城区档案馆启动机关单位档案室规范化建设达标，印发《越城区机关单位档案规范化建设实施方案》（越档〔2022〕1号），从管理体系、制度建设、库房设备、档案保管、数字化扫描、电子档案、开放鉴定7方面提出档案规范化建设具体要求。按照建设方案联合区档案局开展自查、抽查“双查双整”，全年共实地走访排查全区60余个部门，发现整改问题291个。

【村社存量档案数字化】 2022年，越城区档案馆结合省级奖补资金政策，起草并印发《关于进一步做好行政村、社区历年存量档案数字化工作的通知》，完成划转省级重点档案保护奖补资金15万元，并通过实地走访和电话沟通等方式，督促各镇街开展村社区历年档案扫描化工作，完成285个村社历年数字化扫描。

【档案智治一体化应用上线】 2022年，越城区档案馆以构建跨部门、跨领域、跨区域等多跨应用为方向，推进越城区档案智治一体化应用项目上限。“立档单位库房安全监管应用”和“档案数字化成果质检公共组件”列为全省数字化改革重大应用“一本账S1”目录中“浙里数字档案”重大应用试点。

【基层档案规范化服务】 2022年，越城区档案馆联合高校研究团队开展档案服务基层治理的省级科技项目，《档案工作服务基层治理“越城模式”研究》论文在《浙江杂志》刊用，乡村振兴口述采写成为档案服务农村实践。巩固2021年档案工作服务农村基层社会治理省级试点工作成果，结合省级奖补资金政策开展行政村、社区、居委会历年永久、30年存量档案数字化扫描工作，17个镇街的285个村社已完成30.69万件历年档案数字化扫描，确保基层治理“有迹可循”“有档可依”。

【核查档案数据质量】 2022年，越城区档案馆开展档案管理系统数据检查工作，对63个立档单位、386个二级单位系统数据进行核查，其中文书档案问题数据40952条，业务档案问题数据7411条。开展档案备份工作，备份类别包括文书档案、业务档案、照片档案，涉及69个全宗，备份数据5TB。

【成立“留住乡愁”工作室】 2022年6月，“留住乡愁”工作室授牌仪式在越城区档案馆举行。越城区档案馆通过“留住乡愁”工作室聘任具有专长和情怀的人士，对城市局地改造建设前的风貌通过摄影、摄像等手段记住历史、留住乡愁，接收工作室主任王晓明捐赠书籍《越村忆》。

【档案学会第三届会员大会召开】 2022年11月7日，越城区档案学会第三届会员大会暨换届大会召开，64名会员代表参会，区社科联、区档案馆相关负责人应邀出席。经大会审议同意学会增设史志工作内容，更名为“越城区档案史志学会”，选举产生第二届理事会。

史志编研

【概况】 2022年，越城区史志研究室以《越城区志》编修工作为中心，探索三轮修志越城实践，扎实推进“党史三卷”编写，承办全省第十次党史工作会议分会场会务工作，完成《一张蓝图绘到底——忠实践行“八八战略”全纪录》纲目设计和初稿编写。新增市级党史教育基地5家，章学诚方志馆项目稳步推进，《越城年鉴（2022）》《宋韵攒宫》等编研成果正式出版，《风起越城——口述历史》被列为《百年党史在浙江》系列成果图书，获得全省党史和文献部门优秀科研成果（著作类）三等奖。

【“党史三卷”编写】 2022年，越城区史志研究室成立“党史三卷”编写小组，制定“党史三卷”编纂纲目，开展资料收集分类整理，梳理历届区委全会、区政府全会档案，按年度整理23个重点部门历史档案，涵盖政治、经济、教育、科技、建设、劳动、执法、财政、人口普查、城乡发展等10方面内容，共2万条数据，约328.6万字，已开展初稿编写工作。

【新增绍兴市党史教育基地5家】 2022年，绍兴市党史工作会议上举行绍兴市第四批党史教育基地授牌仪式，越城区新增绍兴清廉馆、越城区党建契约化研究中心、越城区富盛镇上旺精神陈列馆、绍兴光明馆、越城区党性教育基地5家市级党史教育基地。

【省、市三轮修志试点】 2022年3月，越城区被省、市列为三轮修志试点，标志《越城区志》编修工作实现良好开局。4月，越城区召开镇街篇志稿资料编纂会议。6月，召开资料编纂业务（部门）培训会议。7月，《越城区志》编辑部成立。8月，召开《越城区志》全省三轮修志试点启动大会，实质化推进《越城区志》编修工作。

【《越城年鉴（2022）》编纂出版】 2022年，越城区整理编纂《越城年鉴（2022）》并正式出版。全书73万字，设“越城区国民经济和社会发展第十四个五年规划和二〇三五年远景目标纲要”1个特载，“越城区党史学习教育工作纪实”“滨海新区人才管理改革试验区建设”等2个专记，共38个类目、222个分目、1100余个条目，全面记载2021年越城区各项事业发展成果，争当高质量发展建设共同富裕示范区排头兵，实现“首位立区 幸福越城”，注入文化自信。

【《宋韵攒宫》出版】 2022年，越城区整理形成《宋韵攒宫》并正式出版，以航拍、平面拍摄形式专题拍摄记录攒宫古村落的御河、御埠、御道遗迹，挖掘攒宫村在内的宋六陵文化。全书分为引子、攒宫遗名、御河遗痕、御埠遗迹、御道遗存、六陵遗址、明清遗影、民国遗踪、故土遗韵、千年遗风、攒宫忆、征引文献和后记13个板块，并配有南宋砖拓、攒宫陵桥画作，多角度展示具有地域性、代表性、历史性的宋韵文化。（区档案馆 过路易）

文物保护

【概况】 2022年，越城区共管理各级文物476处，其中，全国重点文物保护单位10处、浙江省省级文物保护单位18处、区（市、县）级文物保护单位69处、文物保护点104处、普查登录文物275处。签订区、镇（街）、村（社）文物安全责任书共191份，增补落实区（市）级文保单位（点）文物保护标志碑35处，完成28处省级以上文物保护单位和全区102处民居类文物建筑安全档案建档，召开全区文物安全问题督查整改专题会议，出台《关于全面推进考古前置工作的实施意见》，完善文物安全和保护管理工作。

【文物安全监管】 2022年，越城区组建文物、检察、公安、消防等多部门协同，行业专家共同参与的越城区文物安全巡查队，实现省级以上文保单位安防监控联网覆盖100%，形成文物安全监管执法联动。全年累计检查各级文物442处，发现并向相关责任单位发出问题隐患整改内容83项，当场完成整改闭环59项，开展古城民居类文物建筑消防安全整治、台汛期文物安全隐患排查等7次专项行动。

【实施文物保护和平安工程】 2022年，越城区实施省保单位贺知章《龙瑞宫记》摩崖刻石保护工程、陶成章故居养护工程、绍兴钱业会馆消防工程、市级文物保护单位缪家台门修缮工程、古城内13座文保单位（点）古桥预防性保护监测和11处文物建筑消防改造提升工程等，改善提升文物保护和消防安全各项条件。

【建成不可移动文物信息管理系统】 2022年，越城区建设上线火灾监测处置、古桥安全监测等2项2022年浙江省文物安全应用场景“揭榜挂帅”试点模块，重塑文物安全基层治理业务流程，联动区社会治理中心形成文物安全基层治理“一件事”集成体系施行规范制度成果。建成全省文化和旅游数字化改革试点项目“越城区不可移动文物信息管理系统”并顺利通过验收，获全省文化和旅游数字化改革最佳应用、2021浙江十大文化和旅游数字化改革优秀案例、2022年绍兴市基层治理“一件事”一本账S0不可移动文物保护“一件事”试点，与绍兴古城保护传承重大应用成功组建，获数字文化系统第一批优秀应用，相关经验做法相继被《人民日报》《浙里改（上报中改办信息）》、浙江省《数字化改革（工作动态）》、绍兴市《数字化改革（专报）》刊载推广。

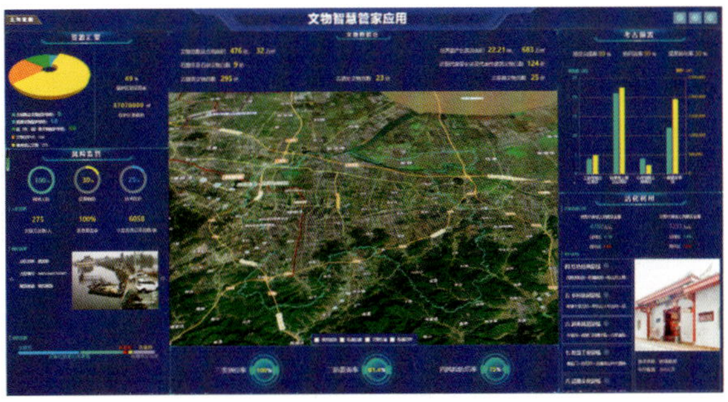

越城区不可移动文物信息管理系统迭代为“文物智慧管家应用”（区文广旅游局　提供）

古桥安全监测模块场景驾驶舱（区文广旅游局　提供）

火灾监测处置模块场景驾驶舱（区文广旅游局　提供）

【名人故居保护利用】 2022年，越城区推荐王阳明故居遗址、邵力子故居、府山摩崖题刻等3处市（县）级文保单位申报第八批省级文物保护单位，启动实施省保单位鲍氏旧宅建筑群小洋房保护工程和老宅院修缮工程、文物保护点姚家埭帅府台门抢险加固一期等，完成国保单位徐锡麟故居展陈维护和省保单位陶成章故居布展提升，新开放名人故居4家（徐锡麟故居、陈建功旧居、陶成章故居、王阳明故居遗址）。

【乡村博物馆创建】 2022年，越城区根据2022年省政府民生实事工程“新增400家乡村博物馆”任务要求，创建完成鲁迅外婆家朝北台门陈列馆、绍兴市荷湖乡土文化博物馆、绍兴黄酒酒

姚家埭帅府台门抢险加固一期(张慧　摄)

陶成章故居展陈开放(张慧　摄)

器展示馆3家浙江省乡村博物馆,其中鲁迅外婆家朝北台门陈列馆被列为绍兴市示范乡村文化博物馆。绍兴市荷湖乡土文化博物馆、绍兴黄酒酒器展示馆、绍兴船文化博物馆、尚巷村师爷陈列馆、上旺精神陈列馆被列为2022年绍兴市乡村博物馆。

【推进文物考古前置】 2022年,越城区共向省文物局报请考古调查、勘探45项,完成41项,总调查面积8314244.02平方米;配合省文物考古研究所完成了栖湖墓葬群、群贤遗址、站前小学等4项地块的考古发掘工作,发掘面积54388平方米,发掘出土成组器物达2300余件(套),其中亭山遗址、南山遗址、大湖头遗址等商周时期大型聚落遗址的发现进一步勾勒出越国历史文化轮廓。

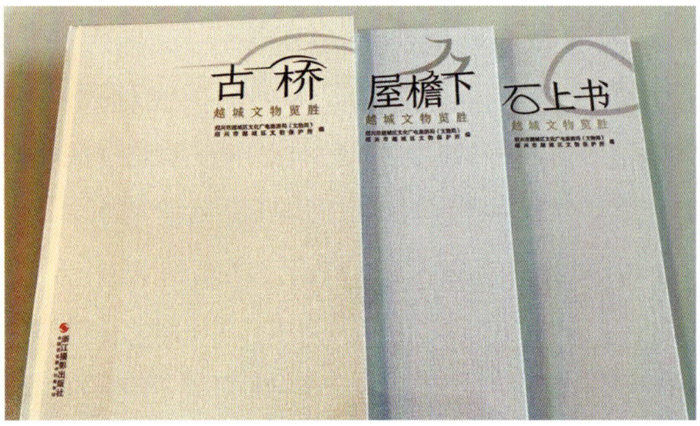

《越城文物览胜》3册(孙华杰　摄)

【文物保护宣传】 2022年,越城区举办以“文物保护:时代进步 人民共享”为主题的文化和自然遗产日主题活动——文物安全宣传月,内容包括线上直播教学、线下应急演练等,累计参训人数254人。出版《越城文物览胜》系列丛书《古桥》《屋檐下》《石上书》3册,收录越城区文物保护单位古桥53处,名人故居、府邸民居、宗祠家堂58处,摩崖碑刻、牌坊、造像27处,制作推出《於越安澜——越城摩崖碑石纪》专题片和《越州访古》系列短视频27期。参与“风雅宋——最是宋韵在绍兴”“吉金乐石·宋韵流光——宋代越中铭刻传拓器物展”等展览2

《於越安澜——越城摩崖碑石纪》(区文广旅游局　提供)

吉金乐石·宋韵流光——宋代越中铭刻传拓器物展(区文广旅游局　提供)

2022年完成考古调查、勘探地块一览表

表88 单位：平方米

序号	项目名称	面积
1	越王城文化广场改扩建项目	1524
2	咸亨酒店东侧地块	4000
3	南溇底B-2-3	57333
4	赵墅2号	133333
5	海南路3号	74000
6	海南路1号	119333
7	赵墅1号	96667
8	洋江路1号	253333
9	永宁村拆改	250000
10	则水牌3号	122666
11	未来健康城	3390000
12	宝业四季园5G通信基站建设项目	36
13	震元堂地块	10933
14	GBP-04C-05（显鋆二期）	80666
15	GBP-04D-03（中芯模组厂）	58200
16	GBP-04B-02（中日韩半导体）	70000
17	米行街1号、2号地块	107266
18	古城内河防洪排涝提升工程	951.11
19	友邦涤纶氨纶有限公司新建项目	56681.91
20	越东路上跨杭甬高速大桥工程	360
21	塔山景观改造提升二期项目	2400
22	康斯特地块	70666
23	古城内环城河沿线需进行环城河环境提升工程(二期）	3000
24	王羲之纪念馆	10909
25	书圣故里旧城改造一期	12062
26	绍兴市稽山中学改扩建项目	33958
27	绍兴市殡仪馆升级改造工程	55599
28	比亚迪功率半导体项目	288144
29	绍兴市植物园项目	1510000
30	329国道智慧快速路改造工程(越兴路至孙曹公路）	340130
31	群贤路节点快速化改造工程	140000
32	104国道改扩建工程	22000
33	稽山中学停车场	1500
34	规划鉴湖路新建项目	22224
35	里谷社村	187333
36	鉴湖水街壹号文创园内排水管网维修工程	500
37	绿云路2号地块	96842
38	芳泉停车场周边地块	386686
39	KQ-06-WL-09（10）	90967
40	KQ-06-WL-16	98705
41	绍兴市公安局警务中心	53336

越城文物览胜・古桥一览表

表 89

序号	名称	级别	地址
1	八字桥	国家级	府山街道八字桥直街东端
2	广宁桥	国家级	府山街道广宁桥直街东端
3	题扇桥	国家级	府山街道蕺山街
4	光相桥	国家级	府山街道北海桥直街东首
5	谢公桥	国家级	府山街道西小路与新河弄交接处
6	迎恩桥	国家级	北海街道西郭运河进城口子
7	拜王桥	国家级	塔山街道鲁迅西路
8	泾口大桥	国家级	陶堰街道泾口村
9	泗龙桥	国家级	东浦街道鲁东村
10	宝珠桥	市级	府山街道城市广场西南
11	东双桥与望春桥	市级	府山街道东街
12	小江桥	区级	府山街道小江桥河沿与解放北路交界处
13	锦鳞桥	区级	府山街道胜利路 150 号
14	龙华桥	区级	府山街道龙华寺旁
15	望花桥	区级	塔山街道解放南路 38 号旁
16	茅洋桥	市级	陶堰街道茅洋村
17	三接桥	市级	鉴湖街道栖凫村
18	跨龙桥	市级	东湖街道则水牌村
19	后堡桥	市级	东湖街道后堡村
20	后廿眼桥	区级	东湖街道后横村
21	花浦桥	市级	斗门街道斗门村花浦桥自然村西首
22	登瀛桥	市级	斗门街道荷湖村滩场头
23	画桥	区级	东浦街道鉴湖村
24	礼江古木桥	市级	孙端街道新河村
25	咸宁桥	文保点	府山街道蕺山街北端
26	大木桥	文保点	府山街道龙山后街 126 号前
27	纺车桥	文保点	府山街道望春桥河沿中段
28	毓秀桥	文保点	北海街道鉴湖后街
29	灵芝桥(玉龙桥)	文保点	北海街道北海村
30	会龙桥	文保点	北海街道北海村
31	陟望桥	文保点	北海街道鹅境村
32	望仙桥	文保点	稽山街道望仙桥村
33	凰仪桥	文保点	塔山街道鲁迅西路湘会楼前
34	金斗桥	文保点	塔山街道燕甸弄北端

续表 89

序号	名称	级别	地址
35	星郎桥	文保点	塔山街道辛弄对面
36	大庆桥	文保点	塔山街道白衙弄西端
37	太平桥	文保点	灵芝街道梅山安心村
38	化龙桥	文保点	灵芝街道蛟里村
39	徐公桥	文保点	鉴湖街道栖凫村
40	福庆桥	文保点	鉴湖街道后岸村
41	太原桥	文保点	鉴湖街道王家葑村
42	永嘉桥	文保点	东湖街道大皋埠村
43	云路桥	文保点	东湖街道前柏舍村
44	众渡桥	文保点	东湖街道松陵村
45	永安桥	文保点	斗门街道桑港村
46	钟秀桥	文保点	斗门街道璜山村
47	新采桥	文保点	东浦街道东浦村
48	庙桥	文保点	马山街道姚家埭村
49	红门桥	文保点	稽山街道永胜村
50	大川桥	文保点	东浦街道老街区
51	新桥	文保点	东浦街道老街区
52	东浦大木桥	文保点	东浦街道老街隆泰昌弄口
53	古大木桥	文保点	孙端街道吴融村

越城文物览胜・屋檐下一览表

表 90

序号	名称	级别	地址
1	周家老台门	国家级	塔山街道百草园社区鲁迅中路 237 号
2	周家新台门	国家级	塔山街道鲁迅中路 229 号
3	青藤书屋	国家级	塔山街道前观巷大乘弄 10 号
4	秋瑾故居	国家级	越城区和畅堂 35 号
5	蔡元培故居	国家级	府山街道笔飞弄 13 号
6	吕府	国家级	府山街道新河弄 169 号
7	徐锡麟故居	国家级	东浦街道孙家溇
8	陈建功旧居	省级	塔山街道人民路 29 号
9	周恩来祖居	省级	府山街道劳动路 369 号
10	陶成章故居	省级	陶堰街道陶堰村
11	鲍氏旧宅建筑群	省级	马山街道豆姜村
12	范文澜故居	市级	府山街道绍兴饭店内

续表 90

序号	名称	级别	地址
13	孙清简祠	市级	府山街道偏门直街 31 号
14	王阳明故居遗址	市级	府山街道王衙弄 19 号
15	王羲之故宅(戒珠寺)	市级	府山街道西街 72 号
16	杜家台门	市级	府山街道下大路 78 号
17	陈家台门	市级	府山街道下大路 159 号
18	北海桥明代民居	市级	府山街道北海桥直街 35 号
19	缪家台门	市级	府山街道草藐弄 5 号
20	章学诚故居	市级	塔山街道塔山北麓辛弄 1 号
21	邹家花园	市级	塔山街道若耶溪 28 号
22	谢家台门	市级	塔山街道延安路 413 号
23	邵力子故居	市级	陶堰街道陶堰村 188 号
24	南野堂	市级	陶堰街道南湖村
25	陈家台门	市级	灵芝街道梅东村
26	俞家祠堂	市级	皋埠街道东杨湾村东堡自然村
27	冯家台门	市级	马山街道宁桑村后邵溇
28	鲁迅外婆家朝北台门	市级	孙端街道安桥头村
29	刘宗周故居	文保点	府山街道胜利西路 437 号
30	姚家台门	文保点	府山街道龙山后街 6 号
31	解元台门	文保点	府山街道西街 136 号
32	施家台门	文保点	府山街道西街 83 号
33	杨家台门	文保点	府山街道胜利东路 188 号
34	宋家台门	文保点	府山街道新河弄 77 号
35	钱家台门	文保点	府山街道新河弄 99 号
36	马家台门	文保点	府山街道新河弄 79 号
37	陈家台门	文保点	府山街道上大路 220—226 号
38	华家台门	文保点	府山街道仓桥直街 223 号
39	司马温公祠	文保点	府山街道下大路 98 号
40	西街 18 号民居	文保点	府山街道西街 18 号
41	寿家台门	文保点	塔山街道鲁迅中路 220 号
42	张家台门	文保点	塔山街道前观巷 17 号
43	陈家台门	文保点	塔山街道大乘弄 6—9 号
44	朱赓故居遗址	文保点	塔山街道柴场弄
45	状元台门遗址	文保点	塔山街道缪家桥河沿 6 号
46	陈家台门	文保点	塔山街道东咸欢河沿 11 号
47	贺家台门	文保点	塔山街道柔遁弄 6 号(第二医院内)

续表 90

序号	名称	级别	地址
48	冯亦摩故居	文保点	塔山街道柴场弄 10 号至晋公桥 11 号
49	全家祠堂	文保点	北海街道鉴湖社区
50	筠溪民居一	文保点	鉴湖街道筠溪村 107—114 号
51	筠溪民居二	文保点	鉴湖街道筠溪村 45 号
52	南池民居	文保点	鉴湖街道南池老街
53	陈家祠堂	文保点	东浦街道东浦村
54	旗杆台门	文保点	孙端街道皇甫庄村皇甫庄自然村
55	姚家埭帅府台门遗址	文保点	马山街道姚家埭村
56	张中晓故居	文保点	马山街道恂北村
57	上旺十三排楼屋	文保点	富盛镇上旺村
58	谢家祠堂	文保点	马山街道东豆姜村

越城文物览胜·石上书一览表

表 91

序号	名称	级别	地址
1	八字桥("时宝祐丙辰仲冬吉日建"题记)	国家级	府山街道八字桥直街
2	广宁桥(《重修广宁桥记》碑)	国家级	府山街道广宁桥直街
3	秋瑾烈士纪念碑	国家级	府山街道解放路轩亭口
4	大禹陵	国家级	稽山街道禹陵村
5	建初买地摩崖刻石	国家级	富盛镇乌石村
6	贺知章《龙瑞宫记》摩崖刻石	省级	稽山街道委宛山阳明洞天
7	石屋禅院造像	省级	城南街道九里村
8	秋官里进士牌坊	省级	陶堰街道陶堰村
9	唐宋摩崖刻石	市级	府山街道府山北麓
10	董昌生祠摩崖题记	市级	府山街道蕺山东麓
11	小江桥和"永作屏藩"碑(永作屏藩碑)	区级	府山街道小江桥河沿与解放北路交叉口
12	进士第牌坊	市级	灵芝街道大庆寺西湾自然村
13	茅洋桥("重修茅洋桥碑记"碑)	县级	陶堰街道茅洋村
14	樊浦村石牌坊	市级	孙端街道樊浦村
15	宝山摩崖石刻	文保点	皋埠街道牌口村宝山脚下
16	稽山中学抗日突围纪念碑	文保点	塔山街道稽山中学内
17	"清白泉记"碑	文保点	府山街道府山公园内
18	酒仙神诞演庆碑	文保点	东浦街道东浦酒厂内
19	"亨占安节"碑	文保点	斗门街道荷湖村
20	薛家牌坊	文保点	东湖街道松陵村
21	"贞节门"牌坊	文保点	斗门街道朱家潭村北岸头

续表 91

序号	名称	级别	地址
22	“孝阙流芳”石牌坊	文保点	皋埠街道坝头山村
23	龙华桥(石碑)	文保点	府山街道都泗门 46 号龙华寺旁
24	浔阳村百福亭(民国 14 年春月“创建百福亭记”碑)	文保点	陶堰街道浔阳村后江自然村 117 号民居后
25	钟山寺(嘉庆十六年《共敕胜事》碑)	文保点	北海街道北海村
26	皋隍庙(“捐田碑记”碑、“灯会碑记”碑)	文保点	皋埠街道集体村
27	白塔寺(“白塔护圣寺舍斋田记”碑)	文保点	陶堰街道白塔头村

场。(区文广旅游局　高欣)

非遗工作

【概况】 2022 年,越城区非物质文化遗产保护中心有省、市、区三级非遗项目 108 项,三级代表性传承人 71 名,拥有三级非遗传承基地 30 处,其中省级保护项目 12 个、市级保护项目 83 个,有省级传承人 9 人、市级传承人 42 人。绍兴市秀水小学、绍兴市袍江小学教育集团越英路校区 2 家单位入选第三批绍兴市非物质文化遗产教学性传承基地创建单位;绍兴市石语堂玉石文化博物馆、浙江圣塔绍兴酒有限公司、绍兴一方天研学旅游有限公司、绍兴市松陵造船有限责任公司 4 家企业入选第三批绍兴市非遗传承基地。公布第四批越城区非物质文化遗产项目代表性传承人 17 个、第一批越城区非遗工坊 5 家;发放 52 名越城区非遗代表性传承人、9 名省级非遗代表性传承人补助。

【“非遗”活态传承常态化】 2022 年,越城区非遗中心在群英小学、东浦中心小学、斗门中心小学、建功中学、昌安试验学校、皋埠中学、鉴湖中心小学、望花小学、文澜中学、培新小学等 10 所非遗传承学校定期举行“非遗进校园”传承活动,累计普及达 3000 余人次。在区非遗展馆开展“古e今韵”系列非遗作品展 8 场,约 8000 人次观展;开展“同心越城”非遗展等展出。开展“古e今韵 非遗时光”亲子体验活动之绍兴民间棋类游戏、绍兴大书、绍兴古钱币亲子体验等活动 10 场;举办“千年遗脉 越地匠心”第七届越城区非遗集市,汇集 30 余项绍兴非遗技艺和非遗美食,组织参加第八届绍兴市非遗集市;选送 8 个非遗项目参加“宋·越市集”,在孙端安桥头村开展 2022 年“聆传承知音·享社戏盛宴”社戏优选暨越城区第二届“三团三社”、区属“民营剧团”展演及 2022 年区属民营剧团展演。

2022 年 11 月 9 日,“千年遗脉　越地匠心”第七届越城区非遗集市在越城区文化馆举行(区文广旅游局　提供)

【组织参加非遗赛事】 2022 年,越城区文广旅游局举办越城区第十一届师爷讲故事比赛,选送 6 名选手参加市级比赛,并获成人组二等奖 1 个、三等奖 1 个,少儿组二等奖 2 个、三等奖 1 个及优秀组织奖;举办第五届“少年非遗说”浙

第一批越城区非遗工坊一览表

表 92

序号	名称	申报单位	建设主体	涉及非遗项目
1	古法制蜜非遗工坊	灵芝街道办事处	绍兴市单氏蜂业有限公司	古法制蜜技艺
2	绍兴黄酒非遗工坊	斗门街道办事处	王宝和酒厂	绍兴黄酒酿制技艺
3	绍兴传统木船非遗工坊	东湖街道办事处	绍兴市松陵造船有限责任公司	绍兴传统木船制作技艺
4	绍兴黄酒非遗工坊	东湖街道办事处	浙江圣塔绍兴酒有限公司	绍兴黄酒酿制技艺
5	千层底布鞋非遗工坊	斗门街道办事处	绍兴安奇鞋业有限责任公司	千层底布鞋制作技艺

第三批绍兴市非物质文化遗产传承基地一览表（越城区部分）

表 93

序号	申报地	基地名称	传承项目
1	越城区	绍兴市石语堂玉石文化博物馆	会稽金石传拓技艺
2	越城区	浙江圣塔绍兴酒有限公司	绍兴黄酒传统酿制技艺
3	越城区	绍兴一方天研学旅游有限公司	绍兴大书等地方曲艺
4	越城区	绍兴市松陵造船有限责任公司	绍兴传统木船制作技艺

第四批越城区非物质文化遗产项目代表性传承人一览表

表 94

序号	项目类别	项目名称	姓名	性别	申报镇（街道）
1	传统体育、游艺与杂技	越州八极拳	裘郑兴	男	府山街道
2	传统音乐	绍兴叫卖声	胡云根	男	迪荡街道
3		古琴艺术	陈丹霞	女	稽山街道
4	传统美术	烙画	茹　琴	女	府山街道
5		根雕	何国堂	男	府山街道
6		剪纸	钱禄萍	女	城南街道
7		绍兴戏剧脸谱工艺	杨　超	男	灵芝街道
8	传统舞蹈	舞狮	张民民	男	迪荡街道
9	传统技艺	越窑青瓷烧制技艺	周统鉴	男	北海街道
10		传统金银器制作技艺	陈宝康	男	北海街道
11		传统金银器制作技艺	祁德祥	男	城南街道
12		锔瓷技艺	黄奇峰	男	北海街道
13		锔瓷技艺	田庆民	男	塔山街道
14		古法制蜜技艺	单尧强	男	灵芝街道
15		越地插花技艺	孟越明	女	塔山街道
16	民俗	绍兴祝福	鲁阿良	男	孙端街道
17		绍兴赵氏宋六陵祭典	赵铁彪	男	富盛镇

江传说故事讲述大赛(越城区),选送6名选手参加省级比赛;拍摄制作视频参加2022浙江非遗年俗短视频大赛,获得一等奖1个、二等奖2个、三等奖2个,区文广旅游局获得优秀组织奖;组织非遗产品参加首届绍兴市非遗旅游商品(食品类)包装设计比赛,获得包装件三等奖1个、优秀奖5个,区非遗中心获得优秀组织奖。举办第五届“少年非遗说”浙江传说故事讲述大赛(越城区),选送6名选手参加省级比赛;拍摄制作视频参加2022浙江非遗年俗短视频大赛,获得一等奖1个、二等奖2个、三等奖2个,区文广旅游局获得优秀组织奖;组织非遗产品参加首届绍兴市非遗旅游商品(食品类)包装设计比赛,获得包装件三等奖1个、优秀奖5个,区非遗中心获得优秀组织奖。

【非遗保护数字化】 2022年,越城区梳理完善108个非物质文化遗产代表性项目资料,对非遗项目和传承人图像、文字、音像等基础资料进行数字化处理保存,建立非遗数字保护档案和数据平台,录入数据411条,形成数据资源库约100GB,涵盖民间文学、传统音乐、传统舞蹈、传统戏剧、曲艺、传统体育、游艺与杂技、传统美术、传统技艺、传统医药、民俗等多个类别;推送21期“越地非遗”;开展“多彩非遗 云上集市”2022越城云上“非遗购物节”,通过直播带货,推荐37件非遗产品。(区文广旅游局 高欣)

2022年6月9日,第一届“多彩非遗 云上集市”2022越城云上“非遗购物节”活动举行,图为直播推介非遗商品(张斯奇 摄)

文化产业

【概况】 2022年,越城区共有规上文化企业105家,占全市的18.1%,规上文化产业增加值5.66亿元,占全市的14.9%。在文化产业方面,涌现出一批重点文化企业、特色文创园区,形成以创意设计、动漫影视、数字出版为特色的文化产业发展方向。一批重大产业项目引领发展,迎恩门风情水街、“风越里”特色街区项目建成开街,绍兴871LOOP全新城市生活方式创新范本项目招引落地,一期建设启动。有文创园区10个,总建筑面积约40万平方米,入驻各类文化企业超800家。金德隆文创园区获绍兴市唯一“浙江省文化产业示范园区”,5家企业获“浙江省成长型文化企业”。5家园区获“绍兴市特色文创园区”称号,1家企业获“绍兴市文化龙头企业”称号,3家企业获“绍兴市创新型文化企业”称号,获评园区和企业数量全市第一。

新闻传媒

【概况】 2022年,越城区围绕“首位立区 幸福越城”目标,策划推出“习近平总书记的越城足迹”H5、“数说飞‘越’”等主题报道,开设“向首位出发·朝幸福前行”等融媒专栏。完善网络问政平台,畅通网上群众工作渠道,依托四个平台派单闭环处置网民咨询建议、求决问题等970余个,实现回帖答复率100%。加快融媒体中心2.0版建设,客户日活跃度提升500%,“今日越城”App装机量突破80万人次。

【新时代越城精神发布】 2022年,越城区面向全球征集凝练“剑胆书心 越古超今”新时代越城精神和城市品牌LOGO，进一步提升城市影响力和美誉度，为高质量发展凝心聚力。深化完善“百家媒体看越城”外宣品牌，邀请人民日报、新华网等10余家市级及以上媒体，集中探访鉴湖国家湿地公园和鉴湖街道云松村“共富乡村”美丽图景，在《新华每日电讯》等媒体推出报道近20篇次。保障“同心·越城”大会、区两会等重要会议活动新闻宣传，提升越城知名度。

【省级以上主流媒体报道】 2022年，越城区市级以上主流媒体涉越报道近7000篇次，较上年增长36%。《浙江日报》头版、浙江新闻联播等省级媒体宣传报道91篇次，央视《新闻联播》、《人民日报》、《新华每日电讯》等中央级主流媒体宣传报道45篇次。“绍兴古城过大年”“陆游诗歌节”“艺术乡建”等活动多次被《人民日报》、新华网等主流媒体宣传报道。

【建立境外宣传队伍】 2022年，越城区深入拓展对外宣传渠道，建强外宣队伍。富盛春茶开采等“越城爆款”单篇全网阅读关注量超亿次。组织开展“嗨·越城”境外媒体人采风活动，《中国日报》、浙江英文网等多端同步直播10余位外籍友人走进越城体验宋韵文化，活动期间浏览量突破300万人次。（区委宣传部　张珂欣）

文化市场管理

【概况】 2022年，越城区文化市场行政执法队全面贯彻落实习近平新时代中国特色社会主义思想，统筹监管与执法，围绕主责主业，突出专项整治，聚焦执法改革，治理新兴业态，夯实日常执法，贯穿安全生产与疫情防控，兼顾案件办理和业务提升。全年出动检查6026人次，检查场所2962家次，行政处罚立案调查28件，警告15家次，罚款3014500元，没收非法所得99566元，没收违法物品5个。开展“3·18”文化市场法制宣传日、“12·4”全国法制宣传日线上线下文化市场法规竞答宣传活动2次，开展全区文旅行业安全生产及疫情防控培训2次、应急演练1次，做好执法普法工作。

【文化执法专项整治】 2022年，越城区文化市场行政执法队以国庆、中共二十大等重要节庆活动和文明城市创建为节点，开展娱乐行业扫黑除恶斗争、剧本娱乐经营场所消防安全整治、网络文化市场专项执法、安全生产“除险保安”、印刷出版行业“扫黄打非”、知识产权保护、校园周边环境整治，旅游市场打击养老诈骗、文保单位大巡查等专项行动20次。围绕网吧、娱乐、出版、旅游、文物等“主战场”，每月至少开展2次联合执法、每周至少开展2次夜检，按照“以点带面、全面整治”的原则，全面提升执法频次和监管强度，落细落实文旅市场各领域的监管职责。

【开展跨部门、跨领域“综合查一次”行动160次】 2022年，越城区府山街道、东浦街道承接了旅游执法领域2个赋权事项，并开展业务培训，以“片区联络员”的形式下沉执法人员，协同开展工作。联合区市场监管局、综合执法局、公安分局、消防救援大队、卫生健康局等多部门及镇街开展跨部门、跨领域“综合查一次”行动160次，立案7起。借助“互联网＋监管”平台，把“综合查一次”与“双随机抽查”结合，双管齐下，以数智治理、联合行动提升执法改革实效。

【文化娱乐新兴业态监管】 2022年，越城区文化市场行政执法队将“剧本杀”“密室逃脱”剧本健康和场所安全列为监管重点，召开全区剧本娱乐经营场所管理工作会议，部署经营要求，进行消防安全培训。制定指南，开展火灾风险自查自纠；以问题核查、联合检查、三方跟查、领导督查等方式，对辖区18家场所进行覆盖式检查，发现并处理问题50多个。整治应急通道杂

2022年越城区文化企业获奖情况一览表

表95

奖项	企业
浙江省成长型文化企业	浙江特立宙动画影视有限公司
	绍兴绍钦织造印染有限公司
	绍兴人文图书有限公司
	浙江越生文化传媒集团
	绍兴越是我故乡文化传播有限公司
市级特色文化产业园区(街区)	官渡文化创意园
	凤林文创园
	数智设计文创园
	群贤198文创园
	兴虹文化创意园
绍兴市文化龙头企业	绍兴人文图书有限公司
绍兴市创新型文化企业	浙江特立宙动画影视有限公司
	浙江越生文化传媒集团
	绍兴天启文化创意有限公司

物堵塞、消防设施设备不完善、违规敷设电路电线、使用易燃装修材料等问题。同时严格剧本内容管理,加强未成年人保护,强化守法经营与行业自律,与市场监管、公安消防等部门形成监管合力,指导、维护剧本娱乐行业健康发展。(区文广旅游局　高欣)

体 育

综 述

【概况】 2022年，越城区完成市、区级体育类民生实事项目建设任务；新建和改建社区健身苑点11处。新建成住宅小区配套建设体育设施6处。承办“华颐杯”中国国际象棋冠军赛，全年举办“迎亚运”等各类主题群众体育赛事活动303场。游泳运动员蒋裕燕获第26届“中国青年五四奖章”，排球运动员陈磊炀、曾洁雅入选中国男女排集训大名单。越城区在浙江省第十七届运动会中以实战金牌26.4枚的优异成绩位列全市第一，区教体局获突出贡献奖单位称号。区教体局被中国国际象棋协会授予“2021年全国国际象棋运动先进单位”称号，被省体育局授予“浙江省参加第十四届全运会群众赛事活动突出贡献奖”。区教体局获绍兴市体育工作年度绩效考核一等奖。

【全年新增体育场地面积达17万余平方米】 2022年，越城区完成市、区两级体育类民生实事建设项目21个，其中“体育+”公园3个、多功能运动场3个、足球场3个、百姓健身房9个、村级全民健身广场2个、健身步道50公里。新建和改建社区健身苑点11处。新建成住宅小区配套建设体育设施6处。全年新增体育场地面积超17万平方米。

【体育产业】 2022年，越城区出台《关于促进全民健身和体育消费推动体育产业高质量发展的实施意见》。全区人均体育消费达2855.7元，超过全国平均水平。全区规上体育类企业180家，增加值2.85亿元。全区17家体育企业申报市级产业引导资金补助213.08万元。绍兴托斯卡纳（马术）—由由嘉园（露营）—马拉松景观带（骑行）“宋韵之旅”线路被浙江省体育局、浙

官渎社区百姓健身房（区教体局 提供）

梅山社区百姓健身房（区教体局 提供）

江省文化和旅游厅认定为2022年度浙江省运动休闲旅游精品线路(2023—2025年)。2022年,完成高危体育项目行政许可审批7家,查处无证经营高危体育项目场所7家。全区体彩销售超过3.9391亿元,排名全市第一。

竞技体育

【概况】 2022年,越城区运动员在绍兴市青少年锦标赛中获得金牌283.5枚、银牌192枚、铜牌160枚。在省青少年体育竞赛获金牌44枚、银牌56枚、铜牌57枚。全国比赛获冠军3个、亚军3个、第三名1个。亚洲比赛获亚军一个。在浙江省第十七届运动会中以实战金牌26.4枚的成绩位列全市第一,超额完成市政府下达的夺金指标,获得突出贡献奖单位称号。2022年,越城区承办省级赛事2项,市级赛事11项。

【举办"迎亚运"越城区中小学生阳光体育运动会】 2022年,越城区教体局按照《2022年学校体育竞赛计划》,举办"迎亚运"越城区中小学生阳光体育运动会,共设12项赛事,全区67所中小学、幼儿园8万多名学生参与。

2022年越城区承办省、市级比赛一览表

表96

序号	比赛名称	比赛时间	比赛地点
1	ZSTL浙江省第十三届中小学生乒乓球联赛(超级组)高中组、初中组总决赛	6月15日	建功中学
2	浙江省青少年国际象棋冠军赛	11月11日	柯灵小学
3	ZSFL浙江省第十三届中小学生校园足球联赛绍兴赛区市级赛(初中组)	3月11日	袍江中学
4	绍兴市第九届中小学生(幼儿)健美操、啦啦操、街舞比赛	6月8日	区体育中心
5	绍兴市第四届中小学生排球联赛	6月20日	区体育中心
6	绍兴市青少年网球锦标赛	6月21日	区体育中心
7	绍兴市第四届中小学生柔力球比赛	7月1日	少儿艺校
8	绍兴市青少年羽毛球锦标赛	7月4日	区体育中心
9	绍兴市青少年排球(男子组)锦标赛	7月11日	区体育中心
10	绍兴市青少年排球(女子组)锦标赛	7月25日	区体育中心
11	ZSTL省第十四届中小学生乒乓球联赛绍兴赛区市级赛	10月21日	建功中学
12	绍兴市第六届"梦想杯"校园足球特色学校比赛	10月23日	越州中学
13	ZSBL浙江省第十六届中学生篮球联赛绍兴赛区市级赛(初中组和高中组)	11月29日	高级中学

2022年越城区中小学生阳光体育运动会比赛一览表

表97

序号	比赛名称	比赛时间	比赛地点
1	"迎亚运"越城区中小学生阳光体育运动会乒乓球比赛	6月9日	建功中学
2	"迎亚运"越城区中小学生阳光体育运动会排球比赛	6月6日	区体育中心
3	"迎亚运"越城区中小学生阳光体育运动会攀岩比赛	6月11日	文理附小
4	越城区中小学生阳光体育运动会小学生篮球比赛	6月10日	锡麟中学

续表 97

序号	比赛名称	比赛时间	比赛地点
5	越城区中小学生阳光体育运动会游泳比赛	6月12日	区体育中心
6	越城区第十七届幼儿国际象棋锦标赛	6月25日	文理附小
7	越城区中小学生阳光体育运动会“梦想杯”足球邀请赛	9月22日	袍江中学
8	越城区中小学生阳光体育运动会中学生篮球比赛	10月29日	锡麟中学
9	越城区中小学生阳光体育运动会四项棋类比赛	11月5日	陶堰街小
10	越城区中小学生阳光体育运动会国际象棋锦标赛	11月6日	培新小学
11	越城区幼儿趣味足球比赛	11月18日	区体育中心
12	越城区中小学生阳光体育运动会跳绳吉尼斯挑战赛	11月25日	区体育中心

群众体育

【概况】 2022年，越城区举办“迎亚运”主题等各类群众体育赛事活动303场，举办线上全民健身运动会，参与人次达到2.5万人次。组织参加绍兴市“迎亚运”系列运动会，参与人数3772人，其中720人获奖。全区经常参加体育锻炼的人数比例达30%以上(不含学生)。2022年，越城区获评浙江省参加第十四届全运会群众赛事活动突出贡献奖；10月，越城区教体局被授予“2018—2021年度浙江省群众体育工作成绩突出集体”称号。

【完成“越国象”数字化平台(一期)建设】 2022年，越城区投入一期项目资金45万元，推进开发建设“越国象”数字化应用场景，搭建国际象棋赛事平台。完成系统试运行，实现“浙里办”试上线服务，平台总用户达2000余人，最高同时在线200人。

【承办2021年中国国际象棋冠军赛】 2022年8月25日至28日，由国家体育总局棋牌运动管理中心、中国国际象棋协会主办，浙江省智力运动管理中心、绍兴市越城区人民政府承办，绍兴市越城区教育体育局执行举办的“华颐杯”中国国际象棋冠军赛在越城区举行。非种子棋手许翔宇通过加赛战胜世青赛冠军卢尚磊，夺得本届赛事冠军，央视五套对此次赛事进行两次跟踪报道。越城区和越城区教体局分别入围中国国际象棋协会发文表彰的9个“2022年全国国际象棋优秀赛区”和36家“2022年全国国际象棋运动先进单位”名单。

2022年8月25日，“华颐杯”2021年中国国际象棋冠军赛开幕式举行(区教体局 提供)

【开展线上线下科学健身指导活动】 2022年，越城区举办“体卫融合”科学大讲堂5期和工间操、围棋等项目社会体育指导员培训，共计300余人参加。完成“浙里健康”体质测试工作，涉及10个镇街共计3300人，国民体质健康合格率达94.2%以上。(区教体局 姚致远)

医疗卫生

综 述

【概况】 2022年,越城区有综合性公立医院1家,社区卫生服务中心(卫生院)17家,社区卫生服务站113个,村卫生室32个。已审批开业民营医疗机构201家,其中民营医院16家、门诊部12家,诊所(包括医务室)173家,开放床位2818张。全区卫生健康系统共有专业技术人员1901人,具有中高级职称894人,医师1961人,护士1611人。全年基层医疗机构门急诊435.6万人次,同比增长4.21%;区域内就诊率90.06%,出院病人数8055人次,同比下降1.06%。

【健康越城建设】 2022年,越城区出台《越城区健康影响评价工作实施方案》,成立健康影响评价专家委员会,开展公共政策健康影响评价工作,完成2件公共政策健康影响评价报告。在各级媒体发布健康宣传信息830余篇,其中党报党刊头版刊登15篇。健康越城公众号关注人数50818人,同比增长0.4%。印制发放健康宣传海报、折页、宣传单19.52万份,开展健康讲座910场次,受益群众4.1万人次。年内,越城区获得2021年度健康浙江建设考核优秀。

【推进4个医疗卫生项目建设】 2022年,越城区投入2.3亿元用于浙江省人民医院越城医院建设,投入2000万元启动建设区公共卫生服务中心,投入2000万元用于马山街道社区卫生服务中心、东湖街道社区卫生服务中心新院建设,投入2100万元进行镇街卫生院及社区卫生服务站装修及基层医疗单位医疗设备更新。

【卫生健康数字化改革】 2022年,越城区推广"健康银行"项目,17家基层医疗机构接入省"智慧医保"平台,实现医保实时结算、异地结算。上线越城区疫情防控综合调度应用,实现"精巧快速编组"等功能,其中快编组模块进行全市推广。全区所有公立医疗机构完成检查检验互认信息化改造,实现全省范围内检查检验结果互认共享。

【完成省、市、区三级民生实事项目】 2022年,越城区完成重点人群结直肠癌风险评估32929人,结直肠癌筛查32924人,高危人群结直肠镜检查并完成系统录入1725人;为高危人群免费开展前列腺癌筛查,完成PSA检测36452人;开展重点人群老年痴呆免费筛查和早期干预,完成初筛30941人、精筛3810人;高危人群肺癌筛查完成流行病学调查25000人,CT(电子计算机断层扫描)筛查诊断7337人,完成率100%;开展慢性阻塞性肺疾病筛查2063人,完成率103.15%。同质同标城乡居民健康体检完成 22.55 万人。

【东西部技术帮扶】 2022 年，越城区共选派 2 批次 3 名医疗专业技术人员前往马边开展技术帮扶，接收 4 名马边县卫计系统的管理人员和技术人员进修学习。两地卫健局签订结对帮扶协议，通过组团式帮扶和人员交流培训等形式，提升马边县医疗服务水平。

【中医中药】 2022 年，越城区府山街道社区卫生服务中心、斗门街道社区卫生服务中心被评为市级“旗舰”中医馆。斗门街道坝头丁社区卫生服务站、北海街道快阁苑社区卫生服务站被评为市级“旗舰”中医阁。北海街道社区卫生服务中心主治中西医结合医师游振阳、马山街道社区卫生服务中心主治中西医结合医师余一未 2 名市级“越医新苗”完成第二年考核。（区卫生健康局　余露卿）

【医疗救助】 首次将严重精神障碍患者纳入资助免缴范围，通过民政大救助系统实时更新困难人员信息，及时将符合条件的困难人员纳入资助参保。2022 年，资助困难群众参加城乡居民医保 8236 人，资助金额 441.7 万元，医疗救助待遇享受 121999 人次，减轻困难群众负担 1784 万元。其中，享受门诊待遇 117772 人次，救助金额 106 万元；享受住院待遇 4227 人次，救助金额 717 万元。（区医保分局　丁伟琴）

基层医疗卫生服务

【概况】 2022 年，越城区开展“优质服务基层行”活动，累计 9 家基层医疗机构达到省级推荐

2022 年“优质服务基层行”活动达标情况一览表

表 98

序号	单位	标准情况
1	塔山街道社区卫生服务中心	基本标准
2	府山街道社区卫生服务中心	推荐标准
3	北海街道社区卫生服务中心	基本标准
4	稽山街道社区卫生服务中心	推荐标准
5	城南街道社区卫生服务中心	推荐标准（2022 年新增）
6	迪荡街道社区卫生服务中心	基本标准
7	东湖街道社区卫生服务中心	推荐标准（2022 年新增）
8	灵芝街道社区卫生服务中心	基本标准
9	东浦街道社区卫生服务中心	推荐标准
10	鉴湖街道社区卫生服务中心	基本标准
11	斗门街道社区卫生服务中心	推荐标准
12	皋埠街道社区卫生服务中心	推荐标准
13	陶堰街道社区卫生服务中心	基本标准
14	马山街道社区卫生服务中心	推荐标准
15	孙端街道社区卫生服务中心	推荐标准（2022 年新增）
16	沥海街道社区卫生服务中心	基本标准
17	富盛镇卫生院	基本标准

2022 年度基本公共卫生服务项目主要任务指标完成情况一览表

表 99

项目名称	省级指标	完成情况
居民规范化电子健康档案覆盖率	≥ 60%	85.10%
适龄儿童国家免疫规划疫苗接种率	≥ 90%	＞ 95%
新生儿访视率	≥ 90%	99.55%
0 ~ 6 岁儿童健康管理率	≥ 90%	97.87%
0 ~ 6 岁儿童眼保健和视力检查覆盖率	≥ 90%	96.19%
早孕建册率	≥ 90%	96.43%
孕产妇系统管理率	≥ 90%	96.28%
产后访视率	≥ 90%	98.34%
65 岁及以上老年人城乡社区规范健康管理服务率	≥ 60%	76.12%
高血压患者基层规范管理服务率	≥ 60%	75.54%
糖尿病患者基层规范管理服务率	≥ 60%	74.75%
社区在册居家严重精神障碍患者健康管理率	≥ 80%	98.18%
报告发现的肺结核病患者(包括耐多药患者)管理率	≥ 90%	100%
65 岁以上老年人中医药健康管理率	≥ 65%	75.39%
0 ~ 36 个月儿童中医药健康管理率	≥ 65%	81.61%
传染病和突发公共卫生事件报告率	100%	100%
政府办基层医疗卫生机构开展卫生监督协管服务的比例	≥ 95%	100%
服务对象综合知晓率	≥ 50%	86.75%
服务对象满意度	≥ 80%	99.52%

标准，占比达 35.2%。创建社区医院 5 家，基层就诊率 59.11%。12 项基本公共卫生服务项目关键指标均达到省市绩效考核要求。强化基层医疗机构“哨点”作用，落实落细常态化疫情防控各项措施，16 家基层医疗卫生机构发热诊室规范化运行，随访发热、腹泻等“十大症状”患者 164161 人次。

【基层医疗卫生机构财政补偿机制改革】 2022 年，越城区完善基层医疗卫生机构补偿机制改革平台，17 家基层医疗卫生机构制定标化工作当量法内部绩效分配方案，依据工作当量发放绩效奖金。其中稽山街道社区卫生服务中心、陶堰街道社区卫生服务中心、皋埠街道社区卫生服务中心 3 家达到浙江省社区卫生服务中心绩效监测评价 A 级。

【基层公共卫生服务项目】 2022 年，越城区 12 项基本公共卫生服务项目关键指标均达到省市绩效考核要求。年内，全区建立电子健康档案 97.08 万份，建档率 90.41%，其中规范化建档率 85.10%，开放率 86.87%；老年人规范健康管理 12.52 万人，规范健康管理率 76.12%；高血压患者管理 95296 人，规范管理率 75.54%，血压控制率 75.96%；糖尿病患者管理 29789 人，规范管理率 74.75%，血糖控制率 68.64%。

【家庭医生签约服务】 2022 年，越城区持续推进十类重点人群(老年人、孕产妇、儿童、残疾人、计划生育特殊家庭、特困人群、高血压、糖尿病、结核病、严重精神障碍患者)签约服务。全

2022年达到规范化建设的村卫生室一览表

表100

序号	村卫生室名称	序号	村卫生室名称
1	塔山村卫生室	16	横旦村卫生室
2	杨浜村卫生室	17	白塔头村卫生室
3	仁渎村卫生室	18	皇甫庄村卫生室
4	后堡村卫生室	19	许家埭村卫生室
5	玉屏村卫生室	20	金溪村卫生室
6	上谢墅村卫生室	21	董溪村卫生室
7	荷湖村卫生室	22	轮山村卫生室
8	下堡村卫生室	23	倪家溇村卫生室
9	牌口村卫生室	24	青马村卫生室
10	后孟葑村卫生室	25	文山村卫生室
11	坝内村卫生室	26	乌石村卫生室
12	张家岙村卫生室	27	夏葑村卫生室
13	邵家溇村卫生室	28	诸葛山村卫生室
14	茅洋村卫生室	29	新联村卫生室
15	泾口村卫生室	30	百沥村卫生室

区有省级签约服务培训基地1家(稽山街道社区卫生服务中心),省级签约服务示范点3家(斗门街道社区卫生服务中心、东湖街道社区卫生服务中心、孙端街道社区卫生服务中心),家庭医生签约团队216个,签约58.98万人,签约率54.92%,其中,十类重点人群签约34.6万人,签约率95.59%。

【村卫生室规范化建设】 2022年,越城区新增玉屏村卫生室、下堡村卫生室、轮山村卫生室、倪家溇村卫生室和诸葛山村卫生室5家规范化村卫生室。截至年底,全区共有村卫生室32家,其中30家村卫生室达到规范化建设标准,规范化建设率93.75%。

【基层疫情防控】 2022年,越城区出台《越城区新冠疫情应急处置联防联控指挥部社区防控组卫生健康专班方案》,做好健康服务。春节期间,越城区选派293名医务工作者充实到驻村(社区)疫情防控指导员队伍,对全区352个村(社区)开展全覆盖防疫指导,对包干网格内1.04万家规上企业、中小企业和小微企业园区开展企业内外环境消毒及异常情况处理等方面的健康指导。采取下沉督查、交叉督查和网格化巡查等方式,深入17家基层医疗卫生机构、133所社区卫生服务站,32所村卫生室,110所个体诊所(医务室、门诊部),局机关一级网格员完成7轮四类机构全覆盖暗访督查,基层医疗机构完成4次全覆盖交叉督查、4次发热诊室全覆盖巡查、门诊部(诊室、村卫生室、医务室)等142家单位的每周全覆盖巡查。

疾病预防控制

【概况】 2022年,越城区统筹推进疾病预防控制和卫生应急工作,落实新型冠状病毒、手足口病、诺如病毒等重点急性传染病防制措施,报告发病率同比上升35.44%。结核病登记满一年成功治疗率96.41%,总体到位率100%;艾滋病咨询检测906例,阳性检出率1.32%;开展男同人群快速检测活动14次,检测男同148人次,阳性率4.05%;高血压、糖尿病人管理人数目标任务完成率均达100%。

【传染病防控】 2022年,越城区传染病报告有所上升,累计报告新冠确诊病例88例,无症状感染者59例;处理聚集性疫情56起,其中手足口病12起、流行性感冒33起、诺如札如病毒感染9起、水痘2起;腹泻病人采样1996份,均呈阴性;外环境监测送样762份,均呈阴性。5月至10月,登革热哨点监测13人次,未发现阳性病例,全年未发生登革热本地病例和H7N9禽流感疫情。

【严重精神障碍患者管理】 2022年,越城区严重精神障碍患者登记在册4609人,报告患病率4.29‰,管理率99.78%,规范管理率99.52%,服药率99.46%。精神分裂症患者服药率99.34%,面访率98.89%。3级以下患者4453人,3级及以上患者156人,送专科医院治疗156人。

【重点场所风险监测】 2022年,越城区开展重点场所风险监测,累计采集样品18227份,均为阴性。做好进口冷链食品公共集中监管仓和绍兴市进口冷链食品核酸检测站各项防疫工作,包括样品采集及检测、工作人员个人防护培训及指导、采样技术培训及指导、消毒技术培训及指导等。

【健康危害因素监测】 2022年,越城区对17家镇(街道)卫生院(社区卫生服务中心)和区人民医院进行医疗机构消毒质量监测,采集样品356份,样品合格率96.35%。全年采集食品安全风险监测样品1121份,完成6起疑似食源性疾病事件应急检测。开展饮用水卫生监测2次,采集样品64份。绍兴市和畅堂小学和绍兴市第一初级中学创建为营养健康学校和营养健康食堂(餐厅)。

【"无废医院"创建】 2022年,稽山街道社区卫生服务中心、灵芝街道社区卫生服务中心、东浦街道社区卫生服务中心、陶堰街道社区卫生服务中心和马山街道社区卫生服务中心创建"无废医院",通过市级验收。其中绍兴市越城区东浦街道社区卫生服务中心被绍兴市无废办评为2022年度绍兴市市级优秀"无废城市细胞"。全区医疗废物收集处置体系覆盖率100%,医疗卫生机构可回收物资源回收率100%。全区推广"家庭医废回收",将辖区内3472名产生"家庭损伤性医废"的糖尿病人纳入管理,纳入管理率为97.4%。

【"明眸皓齿"工程】 2022年,越城区开展儿童青少年一年2次视力普查,累计190708人次。完成重点人群白内障初筛560人,复筛80人,实施白内障手术26例。实施儿童口腔局部用氟10744人,封闭牙齿5517颗。

卫生监督与执法

【概况】 2022年,越城区卫生健康局作出行政处罚515起,结案537起,罚没款258.38万元,结案金额232.21万元,移送公安2起,其中非法行医案件13起,罚没款90.12万元;申请法院强制执行1起。受理投诉举报103起,其中通过"12345"市长热线投诉举报85起,处理及时率和回复率均达100%。

【"数智卫监"项目应用】 2022年,越城区"数智卫监"应用项目全面接入省建平台。"口腔诊疗机构监督在线"接入46家,完成率107%。"诊疗行为监督在线"应用平台接入公立医疗机构130家,完成率125%;接入社会办医疗机构104家,完成率150%;接入村卫生室32家,完成率700%。"住宿场所透明保洁智能监管系统"接入信誉度等级A的宾馆4家;接入政府定点接待宾馆酒店9家;接入营业面积≥10000平方米的宾馆旅店5家,完成率100%。"集中消毒餐饮具企业智能监管系统"接入1家。

【传染病防控执法】 2022年,越城区对医疗机构、集中隔离点、消毒产品生产企业、餐饮具集中消毒企业、预防接种单位开展疫情防控检查,采取专项检查、联合检查、派员驻点查检查等形式,依法严查违法行为。累计查处办理传染病防治相关案件80件,罚款4.7万元,关停医疗机构3户次。

【推进"大综合一体化"】 2022年,越城区卫生健康局组织全体持证执法人员入驻"大综合一体化执法平台",落实28名队员下沉镇街,下沉率达75.7%,实现17个乡镇街道全覆盖。推进"综合查一次"工作,牵头发起"综合查一次"任务124次,抽取257家,发现问题66家,整改66家,处罚62家。

【专项执法检查】 2022年,越城区卫生健康局首次与区教体局、区市场监管局等部门联合开展游泳场所查处行动,立案17起,其中无证经营3起,违反健康管理规定1起,水质检测不合格11起。查处生产、销售无批准文件涉水产品单位4家。学校和爱国卫生领域先后开展"护苗"行动、"中高考"保障行动、控烟等专项执法检查,共查处45起。

【公共场所执法检查】 2022年,越城区卫生健康局开展"四小(小浴室、小美容美发店、小歌舞厅、小旅店)"专项检查,出动执法人员3200余人次,检查"四小"1600余家,责令整改290余家,对236家问题严重的单位予以立案处罚。

【医疗卫生领域执法检查】 2022年,越城区卫生健康局开展养老机构防诈骗专项行动,对辖区内养老机构进行三轮检查。开展医疗乱象专项检查,全年累计办理医疗卫生相关案件88件,罚没款总额197.02万元。其中,非法行医与非法医疗美容办案20件,罚没款总额129.12万元;医疗机构医疗质量安全累计办案68件,罚没款总额67.90万元。

【职业卫生领域执法检查】 2022年,越城区卫生健康局开展粮酒、铸造行业专项整治,启动全省卫生监督体系建设试点项目"职业卫生在线监测监控"。

妇幼保健

【概况】 2022年,越城区深入开展"妇幼健康促进行动",全区户籍产妇总数3283人,活产数3336人,其中早孕建册率99.15%,孕产妇系统管理率97.51%;产后访视率98.38%;住院分娩率100%。女性婚前医学检查率达90.33%,疾病检出率18.58%,产前筛查率96.53%。全年未发生一例户籍孕产妇死亡。全区共有户籍7岁以下儿童总数41573人,健康管理人数41187人,健康管理率99.07%,5岁以下儿童死亡率2.40‰,婴儿死亡率1.20‰,新生儿死亡率0.30‰。高危儿筛出人数543人,管理率100%;营养性疾病人数5102人,管理率100%。年内,为12358名3岁以下儿童开展发育监测,为10731名3岁以下儿童开展发育筛查,发育筛查率达94.47%。

【妇幼重大公共卫生服务】 2022年,越城区出台《越城区消除艾滋病、梅毒和乙肝母婴传播工作实施方案》,完善组织架构、制度流程及经费补助细则。年内,免费筛查艾滋病8320例、梅毒8320例;为2362名生育妇女免费补服叶酸。启动新一轮城乡妇女免费“两癌”检查项目,免费检查宫颈癌7907例、乳腺癌8455例,确诊宫颈浸润癌2人,确诊乳腺癌10人。开展绍兴市0～6岁儿童眼保健和视力检查项目试点,服务39991人次,检查覆盖率96.19%。发放基本避孕服务药具53371人次,开展基本避孕服务手术5699人次。

【3岁以下婴幼儿照护服务】 2022年,越城区出台《越城区高质量推进省民生实事“浙有善育”项目的实施方案》,推进以家庭照护、社区统筹、社会兴办、单位自建、幼儿园办托班等5种模式为主,社区婴幼儿照护服务驿站为补充的“5+X”多元化普惠性办托体系建设。全区新增备案托育机构8家、社区婴幼儿照护服务驿站17家,补助项目资金199.8万元。其中杭州乐真托育有限公司绍兴灵芝分公司是绍兴市第一家由社区提供业务用房的普惠性托育服务机构。年内,全区有婴幼儿照护服务机构85家,设有托位3810个(家),其中幼儿园办托57家,提供托位2980个;社会办备案托育机构11家,提供托位748个;婴幼儿照护服务驿站17家,提供托位82个,千人托位数达3.41个,镇街托育机构覆盖率100%。

【“医育结合”服务】 2022年,越城区开展“医防护”儿童健康管理中心试点建设,建成鉴湖、东浦、灵芝、斗门、北海5家街道社区卫生服务中心和富盛镇卫生院6家“医防护”儿童健康管理中心,投入项目资金258.13万元,为辖区内11家备案托育机构和17家婴幼儿照护服务驿站配备健康指导员,协助开展健康管理、卫生保健及疫情防控等工作。

爱国卫生

【概况】 2022年,越城区通过国家卫生城市省级评估。建立越城区国家卫生城市常态化巩固提升工作机制,联合多部门开展不定期检查,整改问题800个。富盛镇通过省级国家卫生乡镇量化分级考核评定,评定为良好。省级卫生村创建新增62个,共创建108个,实现全覆盖。开展第34个爱国卫生月活动,组织开展各种城乡环境卫生整治行动,区内环境卫生尤其是村容村貌得到明显提升。居民健康素养提高到38.41%。

【健康细胞创建】 2022年,越城区开展健康讲座910场,各类宣传、咨询和义诊活动272场,累计受益6.5万人。开展健康讲座、健康指导/服务、中医药等健康素养进农村文化礼堂活动706场,覆盖率100%,受益群众2.5万人。年内,新创建健康企业59家,健康村28个,健康社区41个,健康家庭3374户。共建设省健康促进学校73所,覆盖率97.3%,其中金牌学校10所、银牌学校19所。累计创建健康村社232个、健康家庭5452户、健康企业154家,健康镇建设比例达100%。

【病媒生物防制】 2022年,越城区完善病媒生物防制工作市场化运作机制,应时应节抓好药物投放。每月开展病媒生物密度监测,申报创建2022年的省除四害村2个(东浦街道王城寺村、金家村),省级样板村1个(东浦街道南村村)。富盛镇病媒生物密度评估综合评定为c级。

【公共场所控烟】 2022年,越城区对党政机关、医疗机构、重要公共场所及窗口单位开展6轮控烟暗访,共计暗访1343家单位,处罚172起。在市区主要干线100辆公交车投放“保护青少年远离电子烟危害”宣传片,每日播放15次。

联动教育部门在面向全市40万中小学生的“名师网上课堂”授课前投放禁烟主题视频。开展“5·31”世界无烟日主题视频宣传，累计点播3000余人次。

医教医管

【概况】 2022年，越城区深化省、市医疗资源“双下沉、两提升”工作，持续推进医联体、健共体建设，累计建成名医工作室40个、医联体23家。全年上级医院下转病人数1199人，其中门诊1193人、住院6人；基层医疗卫生机构向上级医院上转病人门诊12492人次，其中门诊10706人、住院1545人、其他241人。截至年底，累计培育区级特色科室27个，其中中医类14个、西医类13个。所有公立医疗机构均实现省内检查检验结果互认共享，互认数位于全市前列。

【耳鼻咽喉专科联盟成立】 2022年，越城区人民医院牵头成立越城区耳鼻咽喉头颈外科专科联盟，马山、皋埠、北海、斗门、沥海、东浦、灵芝、府山、东湖9个街道卫生服务中心以及富盛镇卫生院为联盟成员。耳鼻咽喉专科联盟的成立将医院名医专家技术团队资源下沉，落地生根越城区各街道卫生服务中心，为患者提供多层次多样

区级特色科室一览表

表101

单位	中医类	西医类
皋埠街道社区卫生服务中心	—	呼吸科、疝血管外科
东浦街道社区卫生服务中心	中医骨伤科、中医康复科	老年病康复科、五官科、肿瘤康复科、小儿科
城南街道社区卫生服务中心	中医内科	儿童哮喘科
马山街道社区卫生服务中心	中医针灸科	肛肠科
鉴湖街道社区卫生服务中心	中医内科	烧伤科
灵芝街道社区卫生服务中心	—	更年期保健科
迪荡街道社区卫生服务中心	—	糖尿病科
稽山街道社区卫生服务中心	—	糖尿病科
斗门街道社区卫生服务中心	—	儿科
陶堰街道社区卫生服务中心	中医全科	—
府山街道社区卫生服务中心	中医外科、中医针灸推拿科	—
北海街道社区卫生服务中心	中医针灸科、小儿推拿科	—
塔山街道社区卫生服务中心	中医针灸科	—
东湖街道社区卫生服务中心	中医康复科	—
沥海街道社区卫生服务中心	中医内科	—
富盛镇卫生院	中医妇科	—

化的诊疗服务。

【应急献血工作】 2022年，越城区累计组织17次团体献血和3次应急献血，献血量84.51万毫升，献血人数2476人。越城区获得浙江省无偿献血先进县（市、区）奖。（区卫生健康局　余露卿）

2022年3月9日，越城区耳鼻咽喉头颈外科专科联盟签约暨张国明名医团队工作室挂牌仪式举行（区卫生健康局　提供）

人力资源管理

综　述

【概况】 2022年，越城区新增城镇就业4.26万人，失业再就业0.88万人，就业困难人员再就业0.26万人，城镇调查失业率控制在5%以内。新增就业大学生数3.51万人，新晋升高级职称269人，开展职业技能培训57511人，评选"越城工匠"30人。人力资源生物医药协同平台成为"全省人社系统数字化改革最佳应用"。2022年，越城区完成"大综合一体化"行政执法改革，会同区委编办出台《绍兴市越城区执法人员编制"县属乡用"管理办法》；完成交通事权承接，共划转公务员1名，参公人员19名；选派东西部协作专技人才12人。

2022年越城工匠一览表

表102

姓名	单位
马少军	浙江新合创电梯工程有限公司
王　平	绍兴三花新能源汽车部件有限公司
王　东	绍兴明业化纤有限公司
王　凯	同创工程设计有限公司
王高潮	卧龙电气集团浙江灯塔电源有限公司
车彦军	中粮孔乙己酒业有限公司
龙　彪	浙江精工重钢结构有限公司
孙　刚	浙江佳人新材料有限公司
李玉红	振德医疗用品股份有限公司
李俊玲	中纺院(浙江)技术研究院有限公司
李祥生	浙江医药股份有限公司昌海生物分公司
余昌锋	绍兴市李氏纺织品有限公司
余曙锋	绍兴西奥电梯工程有限公司
汪德荣	浙江宝厦建设有限公司
沈浩祥	绍兴市杭港眼镜有限公司
张建喜	浙江创新生物有限公司

续表 102

姓名	单位
张爱娟	绍兴市天龙锡材有限公司
张郭强	绍兴中新电器有限公司
陈飞飞	绍兴畅诺服饰有限公司
陈晓峰	绍兴中成热电有限公司
竺少铭	浙江医药股份有限公司昌海生物分公司
金李孟	绍兴御茶村茶业有限公司
周海平	浙江鼎仁消防科技有限公司
茹　琴	绍兴市越城区青藤书画社
钱　伟	绍兴市咸亨酒店有限公司
钱建祥	绍兴寻宝记餐饮管理有限公司
徐金辉	绍兴中芯集成电路制造股份有限公司
陶永明	绍兴民生医药股份有限公司
董　梁	浙江盛洋科技股份有限公司
富洪志	浙江佳宝聚酯有限公司

人事管理

【概况】 2022年，越城区组织开展综合类事业单位招聘1次，卫生系统社会招聘3次，吸引1万余人次报考，招录事业编制人员83人，指导教育系统招聘事业编制教师148名。承接2022年公务员招聘考试、社区工作者考试和一级建造师、二级建造师考试。2022年全区事业单位人事工资业务实现网上办理，办理调动手续696人次，审批岗位聘任变动2188条，审批工资变动业务10576条。年内，督促8926名事业人员全部签订聘用合同。完成“大综合一体化”行政执法改革，会同区委编办出台《绍兴市越城区执法人员编制“县属乡用”管理办法》；完成交通事权承接，共划转公务员1名，参公人员19名；选派东西部协作专技人才12人。

【职称评审】 2022年，越城区新晋升高级职称269人；通过中级职称评审338人；通过初级职称评审133人；完成初级首定1013人、中级首定77人、职称认定62人（其中，高级调入5人、中级调入20人、初级调入28人、东西部扶贫援疆认定4人、博士后出站后认定5人）；通过中小学、幼儿园教师职称评审初级88人、中级126人，推荐高级50人、正高级4人；推荐卫健系统高级职称21人、正高级4人。（区人社局　周蕾蕾）

【干部提拔使用】 2022年，越城区完成区两会选举任务，配合做好市党代会、市两会、全国及省级人大代表推荐考察等工作。组建9个考察组开展乡镇换届、街道联动调整“回头看”，针对镇街班子成员履职短板问题，分两期组织履职能力提升班，培训干部206人次。2022年，共向常委会提交干部人事议题9次，涉及379人次，其中提任43人（正科12人、副科31人），进一步使用6人，平职交流98人。

2022年，越城区累计抽调193名干部，参与疫情防控、除险保安、稳进提质等重点工作。组织开展疫情防控、拔钉清障、稳进提质等专项考察工作，以常态化接触、过程性考察激励干部、推动工作，组织开展镇街疫情防控执行力指数评价，建立相关工作机制。突出实干导向，强化专项考察结果运用，对重点工作中表现突出的26名干部予以提拔使用，5人优先晋升职级。

【干部评价体系重塑】 2022年，越城区出台《领导干部量化指数综合考评试行办法》，细化完善实施细则和评分标准，建立全息数据库，整合政治学习、换届"回头看"、专项考察等"16+X"项评分项目，在动态跟新基础上每季度形成科级领导干部量化考核排名。重塑科级领导干部年度考核办法，打破编制壁垒，突出考核实绩，充分发挥考核指挥部作用。依托"浙里好干部"应用，提高干部工作数字化水平。

【年轻干部综合培养】 2022年，越城区落实市、区两级年轻干部双向交流，选派5名年轻骨干力量到群团组织挂职锻炼，抽调112名年轻干部参与重点工作实践历练。连续举办4期"政治特训营"，采用"组织点训"方式，设置党性教育、现场教学、实地调研、交流研讨等课程，让年轻干部在党性教育、项目领办、调查研究中历练成长。

【好干部评选】 2022年，越城区对187名干部予以职级晋升，推荐16名干部启动公务员选任（调任）程序。推荐1名干部获评省担当作为好干部，3名干部获评绍兴市担当作为好干部，评选表彰42名越城区担当作为好干部，对优秀事迹进行宣传展示，推出"疫线担当"专栏，宣传抗疫先进典型。

【全年招录公务员76人】 2022年，越城区共招录普通公务员76人，其中硕士研究生以上学历11人，应届毕业生43人；选调高校毕业生7人；首次实施新录用人员"青蓝工程"成长导师制，组织全区145名新录用人员开展"四个一"（指撰写一本民情日记、完成一篇调研报告、解决一件民生难事、结对一户困难群众）活动。

【人民满意公务员评选】 2022年，越城区推选区市场监管局崔建业和区自然资源和规划分局田凤娇成为浙江省"人民满意的公务员"，并组织全区新录用公务员学习人民满意公务员先进事迹，先后被"浙江发布"、《浙江日报》、"浙江新闻"等媒体平台宣传报道。

【公务员平时考核】 2022年，越城区首次组织开展公务员平时考核工作区级示范点、联系点评选，确定区人力资源和社会保障局、府山街道为越城区第一批公务员平时考核示范点，审计局、文广旅游局、陶堰街道、塔山街道4家单位为联系点，并推选区建设交通局和东浦街道成为2022年全市第一批公务员平时考核市级联系点。

【干部交流学习】 2022年，越城区共接收四川省马边县22人交流锻炼，湖北竹山县7名干部跟岗学习，4名省公安厅选调生基层锻炼。（区委组织部　沈卓琳）

人才招引

【概况】 2022年，越城区组织线上线下综合招聘会130场，推出岗位5.2万余个，达成就业意向8124人次；全区新增技能人才22527人，新增高技能人才11916人；新增就业大学生数3.51万人，其中新增35周岁及以下青年就业大学生3万人，新引进博士124名，新引进硕士1235人，新引进培养博士后29名；新建省级博士后工作站6家，国家级博士后工作站1家，兑现各类人才政策、人力资源政策资金2.47亿元。

【"活力绍兴智引全球"2022招才引智专列】 2022年，越城区开行"活力绍兴·智引全球"招才引智春秋季专列，对接工业和信息化部人才交流中心、内蒙古、吉林省教育厅，与武汉、昆明、马鞍山等15座城市60余所高校，组织开展线上线下招聘会，服务企业近2000家次。组织集成电路、生物医药专场招聘会10场，参会企业85家次，推出岗位近2200个，达成初步意向410人。开设优质企业“云逛企寻岗”线上专栏，“点对点”服务企业60家次，涉及岗位2000余个，收到意向简历2400余份。在上海、吉林疫情期间，发动中芯集成、长电绍兴等区内集成电路企业面向上海、东北地区开展直播带岗、视频双选会等活动4场，吸引千余名毕业生观看，收到简历300余份。为大连民族大学、内蒙古化工职业学院“点对点”推荐简历80余份，定向对接中芯集成、浙江医药等专业对口企业。

11月10日，2022“活力绍兴 智引全球”越城区招才引智·秋季专列西南科技大学站活动举行(区人力社保局　提供)

【加强政校企合作】 2022年，越城区推进校地人才合作，构建新常态下招引就业一体联动。与佳木斯大学分管校领导及招生就业处负责人在线上开展首次校企合作洽谈。浙江中医药大学、昆明理工大学城市学院、浙江科技学院分管校领导，内蒙古机电职业技术学院校企合作与就业服务处，吉林省、辽宁省等地区高校毕业生就业指导中心，以及省内外各地高校就业部门负责人等先后到越城对接，就校企合作、人才引育等产教融合事宜进行交流洽谈。与大连民族大学、上海大学、浙江理工大学、西安交通大学等20余所市外高校开展线上座谈，与集成电路、生物医药等产业相匹配的80余个二级学院建立“学院一把手—辅导员—学生干部”的宣传“云导链”。为意向到越城学生建立匹配岗位目录，安排24小时专人服务。

4月28日，绍兴市越城区——大连民族大学人才智力合作“云座谈”在海智汇二楼路演厅举行(区人力社保局　提供)

【大学生就业见习实习】 2022年，越城区围绕越城产业平台发展需求，转发宣传招聘信息，延伸人才需求触角，提升供需见习实习匹配效率。与安徽工业大学、马鞍山学院以及武汉、南宁两地越城商会共建立引才工作站4个。组织邀请长电绍兴、中芯集成、振德医疗、苏泊尔制药等重点企业远赴昆明、武汉、长春、内蒙古等地，与省外昆明理工大学、武汉理工大学、长春工业大学等20余所高校达成见习实习框架意向，取得优良的引才成效。2022年以来，兑现大学生就业见习实习补贴1992.89万元。

【博士后相关政策】 2022年，越城区依托人力资源生物医药协同平台、博士后工作站等，按需、按时、按质全周期留才。摸排全区浙江医药、尚科生物等40余家生物医药企业需求，结合“万亩千亿”新产业平台发展导向，开发、完善平台功能和数据归集，初步完成应用体系搭建，实现越城区生物医药产业人力资源配置，工作目标预设、服务重点预知、产才协同预警、规划落地预测的闭环工作流程。加大博士后科研工作站建设步伐，巩固夯实高层次蓄水池。经申报获批全区首家国家级博士后科研工作站，实现零的突破。全年已兑现博士后相关政策经费995万元，为博士后人员开展科技攻关、成果转化提供强力服务保障。

【人力资源平台搭建】 2022年，越城区探索人力资源服务业市场化路径，为企业与人才提供“供需双侧”服务。组织中芯集成、长电绍兴等区内12家重点人力资源机构和20家用工需求较大的企业共同参加2022年新春用工需求储备会，组织区内60家区内重点用工企业和9家区内优质人力资源服务机构参加第四届绍兴人力资源发展大会，实现供需双方面对面洽谈对接。海智汇人力资源服务产业园被列入“2022年全省人力资源服务产业园评估优秀等次”十佳名单。

【越城引才“百千万工程”】 2022年，越城区立足重点产业需求，面向未来发展需要，不断擦亮引才“百千万工程”品牌，组织省内外“百千万”活动33场，涉及全国30余所高校。邀请浙江大学、浙江理工大学、西南科技大学、大连东软信息学院等省内外专业对口的院校师生以及吉林省教育厅牵头组织省内十余所高校就业部门负责人访越城，实地参观两大“万亩千亿”新产业平台以及长电绍兴、中芯集成、浙江医药、振德医疗等重点企业，并响应市人社局工作部署，将参观企业、座谈宣讲、面试洽谈相结合，丰富引才“百千万工程”内涵。组织9名绍籍博士走访参观区内重点企业，推动高层次人才回归家乡，为绍兴的发展作出更好的贡献。

10月25日，2022越城区引才“百千万工程”组织浙江理工大学25名应届研究生实地参观绍兴集成电路“万亩千亿”新产业平台及绍兴三花新能源汽车部件有限公司、浙江医药股份有限公司和浙江德创环保科技股份有限公司（区人力社保局　提供）

【人才政策智配快兑】 2022年，越城区以数字化改革为牵引，迭代4.0人才政策，提档升级各类人才补贴额度，新增专科人才房票，全年共兑现人才房票3216.53万元，涉及人才432人次；通过“一件事专区”审批安家补贴1.01亿元，涉及人才3.38万人次；依托产业人才智慧平台，兑现集成电路产业人才房票7508.99万元，涉及集成电路产业人才198人次；兑现人力资源服务业政策468.91万元，涉及企业16家。

【开展职业技能培训57511人】 2022年，越城区开展职业技能培训57511人。新增技能人才22527人，新增高技能人才11916人；组织或参加各级比武70余场，评选“越城工匠”30人。截至年底，越城区新增等级认定企业83家；共发放高级工及以上证书8410本、中级工证书2105本、初级工证书2088本、专项证书5052本，兑现各类培训资金2643.56万元。

就业创业

【概况】 2022年，越城区新增城镇就业4.26万人，失业再就业0.88万人，就业困难人员再就业0.26万人，为2.21万人次办理发放灵活就业社保补贴，城镇调查失业率控制在5%以内。年内，共认定197个高质量就业社区（村），新增区级创业孵化示范基地3家，获评市级创业孵化示范基地1家。为高校毕业生、就业困难人员、失业人员等各类创业主体办理创业担保贷款资格认定115人次。受理一次性创业社保补贴和一次性创业补贴共计75人次，涉及金额61万元。

【发放留越红包1099万元】 成立2022年越城区春节前后用工保障工作专班。及时掌握企业外地人员的回乡信息,采取系列措施,引导和鼓励外来务工人员留越过年。发放留越红包1099万元,惠及外地员工10990人。

【实施就业脱贫工程】 2022年,越城区围绕就业困难人员重点群体实施就业脱贫工程,累计帮扶失业人员再就业8835人,就业困难人员就业2680人;办理灵活就业社保补贴2.21万人次,涉及补贴金额10567.15万元;发放公益性岗位补贴203人次59.31万元。

【推进稳岗援企政策】 2022年,越城区实施阶段性降低失业保险费率,为企业减负1.12亿元;发放失业保险稳岗返还1.22亿元,惠及企业1.92万家、职工25.42万人;发放一次性留工培训补助1353万元,惠及企业3465家,员工2.71万元;发放一次性扩岗补助545万元,惠及企业1220家,员工3638人;高标准落实小微企业纾困和各项配套政策,发放小微企业吸纳高校毕业生社保补贴217.77万元,惠及企业134家、大学生521人。

【落实失业保障】 2022年,越城区审核发放失业保险金1.38亿元,涉及职工7.81万人次;审核发放失业补助金1710.9万元,涉及职工2.12万人次。

【在岗职工技能提升补贴发放424万元】 2022年,越城区继续放宽技能提升补贴缴费年限限制。全年受理技能提升补贴申请2407人次,发放补贴424万元。

2022年2月14日,越城区人力社保局赴乐山市马边县开展"越马情深 共拓明天"2022年东西部劳务协作现场活动(区人力社保局 提供)

【东西部劳务协作】 2022年,帮助四川省农村劳动力到浙江就业数(新增)294人,脱贫人口到浙江就业数(新增)209人;帮助四川省农村劳动力到其他地区就业数(新增)393人,帮助四川省脱贫人口到其他地区就业数(新增)344人;培训四川省农村劳动力人数592人次,其中培训四川省脱贫人口573人次;中西部22省在越城区脱贫人口就业人数26152人。

劳动保障和监察

【概况】 2022年,越城区共接收全国根治欠薪线索反映平台和省人社一体化平台欠薪线索3473件,办结3089件,办结率88.94%;签收110应急联动案件5652起,欠薪相关信访件2483起,发放询问通知书87份,限期改正指令书49份,累计给予涉事企业劳动保障监察行政处罚3次,罚款15万元;刑事移送6名涉嫌拒不支付劳动者报酬的犯罪嫌疑人;通过零接触线上年检方式依法审查12447家用人单位报送的书面材料,超过预期目标2000余家,推荐市级诚信(AAAAA)示范企业53家。

【解决欠薪隐患58余万元】 2022年,越城区对全区261个在建工程项目和2.8万家用工单位实时三色预警,2022年共产生1198条预警信息,解决欠薪隐患58余万元。

【强化工资支付监管平台监管】 2022年,对全区系统内共计入库项目282个,100%实现平台注册,97.52%实现银行签约,91.84%实现线上发薪,62.92%实现六项制度已上传。

【开展根治欠薪秋季专项行动】 8月20日至10月31日,越城区人社局开展根治欠薪秋季专项行动,维护农民工合法权益,为党的二十大召开营造和谐稳定社会环境，共计检查各类企业318家，其中包括政府工程项目21个，检查结果良好，未发现相关问题。

【劳动人事争议仲裁】 2022年，越城区共立案受理劳动人事争议案件1494件(集体案件5件)，其中主案由为劳动报酬的601件。共处理结案1479件，其中仲裁调解625件、仲裁裁决440件(其中终局裁决322件)、其他方式414件。调解成功率80%，仲裁终结率92%，仲裁结案率94.7%。网络仲裁案件735件，网络调解案件128件，网络办案率57.8%。全面完成省厅要求的考核指标。

【各镇街调解组织共调处劳动纠纷363件】 2022年，越城区发挥镇街劳动纠纷多元化解机制的作用，就近就地处理劳动纠纷，各镇街调解组织共调处劳动纠纷363件。2月，设立劳动纠纷专业人民调解室，选聘3位退休女干部作专职调解员开展案前调解工作，全年共调解成功267件。

【成立劳动人事争议仲裁类案同裁研制工作小组】 2022年，越城区劳动人事争议仲裁类案同裁研制工作小组成立，通过聘请第三方专业人员律师团队协助完成，进行案件分类、类案分析、归纳总结。10月底，完成类案裁决分析645份，形成越城区类案同裁标准。(区人力社保局　周蕾蕾)

2022年2月22日，劳动纠纷专业人民调解室成立(区人力社保局　提供)

社会事务

综　述

2022年，越城区社会事务管理水平不断提高，服务效能不断提升。以人为本，精准施策，织密筑牢兜底保障网；城乡居民低保标准提高到每人每月1050元，特困人员基本生活供养标准为每人每月1905元，社会散居孤儿基本生活费发放标准每人每月1939元，全年支出困难群众生活救助资金4617.71万元。为巩固、放大、擦亮越城区五邻社特色品牌提供了支持，区五邻社总会发挥着培育发展全区各级五邻社组织的枢纽型作用，链接激活社会优质资源，从事社区公益事业、融洽邻里关系、提升社区自治功能，以及社区建设等运营职责，开展慈善进村居、特殊困难老人探访关爱等活动。2022年度共办理婚姻登记7708对，其中结婚登记5174对，离婚登记981对，补发婚姻登记证1551件，办理子女收养登记8件，办理解除收养登记2件。越城区慈善总会共募集各项社会资金1290.14万元，救助支出765.70万元，其中助困支出149.04万元，助老支出1.47万元，助学支出50.70万元，各类基金支出358.27万元，新冠疫情支出147.90万元，其他救助支出58.31万元。

五邻社组织建设

【概况】 2022年，越城区召开社区社会组织暨五邻社特色品牌高质量发展工作推进会议，为巩固、放大、擦亮越城区五邻社特色品牌提供了支持，区五邻社总会发挥培育发展全区各级五邻社组织的枢纽型作用，链接激活社会优质资源，从事社区公益事业、融洽邻里关系、提升社区自治功能，以及社区建设等运营职责。陶堰、城南街道已召开五邻社换届成立大会，完成注册登记；塔山、稽山、斗门、鉴湖、马山、府山、皋埠、迪荡、沥海街道已完成名称预登记。截至2022年底，区五邻社联合总会拥有的专职工作人员10人，兼职工作人员10人，其中本科学历10人。

2022年，越城区五邻社开展线上普法知识竞赛，参与人数超1000人，活动覆盖至全区机关事业单位、各镇街、各村级和各大高校。开展16场公益讲座（活动）服务468名社区矫正对象。

【特殊困难老人探访关爱工程】 2022年，越城区五邻社10名专职社工和310余名志愿者对2154名特殊困难老年人进行滚动式探访，形成走访记录20440条，电访记录21067条。有针对性对20余名特殊困难老年人实施个案服务；开展60场次文娱活动；开展273场次社会公益活动。

【五邻社益起来志愿者爱心商城】 2022年，越城区打造“五邻社益起来志愿者爱心商城”，链接137家服务商企资源，与志愿者服务积分实行融合互动，实行积分市场化兑换，重塑志愿者精神。

【五邻社区大学】 2022年，越城区打造“没有围墙”的“五邻社区大学”，在各镇街、村社开设青少年、中年人、老年人群体的托管、研学游、职业教育、兴趣爱好以及公众喜爱的特长教学班55个。

婚姻家庭

【概况】 2022年度，越城区共办理婚姻登记7708对，其中结婚登记5174对，离婚登记981对，补发婚姻登记证1551件，出具无婚姻登记记录证明2件。

【婚姻登记】 2022年，越城区巩固婚姻登记机关标准化建设成果，深入贯彻落实省委、省政府《关于推进新时代民政事业高质量发展的意见》，通过省民政厅验收，达到国家AAA级婚姻登记机关标准。实行婚姻登记纸质档案即时一件一归档上传制度，严格按照《婚姻登记档案管理办法》的办法，规范化建立和保管婚姻登记档案。

【婚姻家庭辅导】 2022年，越城区组建婚姻家庭辅导室，聘请专业心理咨询师、婚姻家庭辅导师，线上线下为婚姻登记当事人提供免费“一对一”婚姻咨询、情感辅导、心理疏导、离婚矛盾调解等服务，全年共服务当事人5250人次。启动“幸福婚姻、和谐家庭”婚姻家庭辅导进社区、校园系列活动，开展公益课堂20余次。结合“5·20”“七夕节”等特殊登记日，在区婚姻登记处开设婚姻家庭专题讲座6场，向现场登记的新人传授和谐婚姻知识，赠送幸福婚姻秘籍，共发放婚事新办告知书等宣传资料5000份。

社会组织管理

【概况】 2022年，越城区民政局坚持依法审批，遵循“公开、公平、便民、高效”的原则，依据法定的权限、范围、条件和程序实施行政许可；强化服务意识，切实做好各项信息咨询和登记指导工作，主动缩减审批时限，有效提高审批效率。2022年，成立登记社会组织22家（社会团体8家、民办非企业单位14家），变更登记社会组织47家（社会团体20家、民办非企业单位27家），注销登记社会组织30家（社会团体3家、民办非企业单位27家）。

【社会组织年检】 2022年，越城区民政局加强与业务主管单位的沟通协调，精心组织部署社会组织年度检查工作，及早印发年检通知，明确年检对象、内容、程序和时间，通过电话、短信、网络等多平台要求应检单位按时参检，优化网上填报、预审渠道，全面实现最多跑一次。全区共参检社会组织483家（其中社会团体228家、民办非企业单位254家、基金会1家）。（区民政局　徐凡）

老龄工作

【概况】 2022年，越城区深化“银龄跨越数字鸿沟”科普专项行动，开展老年人运用智能技术教育培训操作辅导。开展打击养老诈骗专项整治行动，组织开展“心理关爱”活动。开展春节慰问及“敬老月”活动。灵芝街道天和社区创建为全国示范性老年友好型社区。

【老年健康服务】 2022年，越城区开展老年健康服务专项行动省级试点工作，完成老年糖尿病患者眼底筛查3611人；老年人口腔健康评估22953人；营养不良风险筛查评估23058人；老

越城区“老年友善医疗机构”一览表

表 103

序号	2021 年评审名单	序号	2022 年评审名单
1	越城区人民医院（2022 年通过市级评定）	1	塔山街道社区卫生服务中心
2	府山街道社区卫生服务中心	2	稽山街道社区卫生服务中心
3	北海街道社区卫生服务中心	3	城南街道社区卫生服务中心
4	东浦街道社区卫生服务中心	4	迪荡街道社区卫生服务中心
5	鉴湖街道社区卫生服务中心	5	东湖街道社区卫生服务中心
6	斗门街道社区卫生服务中心	6	灵芝街道社区卫生服务中心
7	皋埠街道社区卫生服务中心	7	沥海街道社区卫生服务中心
8	陶堰街道社区卫生服务中心	8	绍兴城东医院
9	马山街道社区卫生服务中心	9	绍兴袍江医院
10	孙端街道社区卫生服务中心	10	绍兴越城复康护理院
11	富盛镇卫生院	11	绍兴绿康越州家园医养服务有限公司

年人痴呆综合防控数量 566 人；老年人电子健康档案开放率超 99%。全区有 24 家为老年人提供卫生健康服务的医疗机构，年内新增 11 家医疗机构通过老年友善医疗机构区级评定，区人民医院通过市级评定，共有 22 家创建为老年友善医疗机构，建成率达 91%。

【老年电视大学教学】 2022 年，越城区老年电视大学春季、秋季共招生 8000 余人次，征订派送快递各类教材 17920 本。2022 年，越城区对沥海街道、稽山街道鹤池社区、陶堰街道浔阳村 3 个基层老年电视大学教学点建设项目提供补助，每个教学点补助额度 2 万元，共计 6 万元。稽山街道森海社区被评为老年电视大学省级示范教学点。

人口与家庭发展

【概况】 2022 年，越城区年末户籍人口数 82.7 万，其中已婚育龄妇女 12.05 万人，户籍人口出生 3409 人，出生率 4.12‰，自然增长率 -4.14‰。全年共办理生育登记服务 4248 例，其中一孩生育登记 2766 例，二孩生育登记 1341 例，三孩生育登记 141 例。建设三星级及以上母婴设施 53 家。

【优化生育政策宣传】 2022 年，在“5·29”计划生育协会会员活动日、“7·11”世界人口日、“9·26”世界避孕日等纪念日、活动日期间，越城区组织各镇街开展学习宣传、群众性服务、计生困难家庭暖心行动等宣传教育活动 300 余场次，发放宣传资料及宣传品 10 万余份。组织开展加强优化生育政策宣传专项活动，召开各级学习会、专题辅导报告会议 33 场，开展全区线上知识竞赛，更新规范化卫生健康宣传栏 231 个、大型 LED（发光二极管）屏 23 块，发放宣传资料 6 万份。

【关心关爱与帮扶】 2022 年，越城区享受计划生育“奖、特扶”政策 23076 人，发放奖励

3575.2万元。为全区计生特扶对象购买住院补贴保险，共计25.63万元。43户家庭获得区级公益金救助，发放扶助金19.55万元。27户双农独女户获得一次性奖励，39户双农独女户获得计生养老保险补贴共计2.325万元。（区卫生健康局　余露卿）

社会保险

【概况】 2022年，越城区职工基本医疗保险参保单位30850家，生育保险参保单位30850家。基本医疗保险参保94.02万人（其中职工医保参保57.50万人，城乡居民医保参保36.52万人），生育保险参保39.94万人，大病保险参保94.02万人。享受基本医疗保险待遇9485973人次（其中门诊8850148人次，住院186737人次，特殊病种416986人次；享受生育保险待遇15623人次，享受大病保险待遇16479人次）。截至年底，全区户籍人口医保参保率为99.87%。全区职工（城乡居民）基本养老保险、工伤、失业保险参保人数分别达到61.46万人，45.91万人和32.84万人，全民参保率达到99.85%，位列全市第一。

【社保经办】 2022年，越城区人力社保局办理社会保险业务82.4万笔，办理职工基本养老保险关系转移接续0.97万人次、城乡居民养老保险参保缴费2.5万人，新增被征地办理城乡高档次业务1776人；办理企业养老保险退休1.03万人、机关养老保险退休162人、居民养老保险待遇核定2819人，发放企业退休人员养老金约78.7亿元、城乡居民养老待遇约3.4亿元；办理工伤报销3268件次。（区人力社保局　周蕾蕾）

【接入省智慧医保信息系统】 2022年，越城区落实组织保障、需求管控、数据清洗、政策配置、接口改造、编码贯标、用户测试等各项工作。3月8日，如期完成省智慧医保平台接入工作，标志着在医保层面与国家实现联网。2022年5月，实现停机期间自费费用无感拨付，涉及5.46万人次的医疗费用。

【推动国谈药品“双通道”落地】 2022年，越城区全面推动国谈药品“双通道”落地工作。经药店申报、全市统一审核确认，首批共有6家零售药店被纳入“双通道”管理。截至2022年底，全区直接刷卡结算国谈药品9268笔，减少群众垫资279.26万元。

【异地就医直接结算】 2022年，越城区强化异地就医直接结算，开通门诊慢特病跨省直接结算医疗机构1家（越城区人民医院）。2022年，异地人员在绍就医45.17万人次，涉及基金支出6637.95万元，越城参保人员异地就医81.73万人次，涉及基金支出30985.43万元。

【深化支付方式改革】 2022年，越城区完成2021年度总额预算及住院费用DRGs（疾病诊断相关分组）清算，14家医疗机构未超总额指标。细化下发2022年总额预算指标。

【药械集中带量采购】 2022年，越城区18家公立医疗机构完成第三批第五批续签、第六批第七批等国家带量采购，省第二批带量采购和医用耗材市级联合集中带量采购等工作，涉及集采药品195个。公立医疗机构在省药械采购平台的药品、医用耗材采购率达到100%，按时结算率100%。

【高额医疗费用化解】 2022年，越城区出台全市首个防范因病致贫返贫助力共同富裕工作机制，健全高额医疗费用化解机制，突破政策限制，全额化解困难人员5万元以上的个人自负医疗费用。2022年度，合计化解困难群众高额医疗费用7人，化解金额32.93万元。《越城区兜实民生福祉“底线”助推经济稳进提质》被省委办《浙江信息（工作交流）》刊发交流。

【浙里医保·越惠保工作】 2022年，越城区“浙里医保·越惠保”共参保63.99万人，参保率71.06%。共计赔付17577人，赔付80703人次，赔付金额5715.20万元，赔付率88.75%（预计全年赔付率达93%），最高赔付31.38万元，平均赔付3251.52元。

【推进医保行风建设】 2022年，越城区建立“医保专员”制度，实现“一镇街一专员”，形成医保集成服务闭环。开展“医保面对面”活动和“开门问计”调研活动，调研企业13家，收集问题建议50余个，将德琪药业的塞利尼索抗肿瘤药品纳入越惠保保障。组建“8090”政策宣讲团，开展医保政策宣讲活动，合计宣讲近30场次，受众超过1500人，发放宣传手册近2000份。行风效能体验式评价全省排名第八，满意度测评全省排名第五，在绍兴市迎检的三个区县市中排名第一。

【打造15分钟服务圈2.0版】 2022年，越城区以政务服务2.0建设为牵引，持续推进医保经办“15分钟服务圈”建设，基层各平台受理待遇报销类业务13351件，占比中心办理同类业务约43.8%。健全业务培训和评价通报制度，每季度开展线上线下医保业务培训和业务经办情况通报，持续提升基层医保经办能力，《浙江绍兴党建统领做实医保经办“15分钟服务圈”》被国家医保局工作动态刊载。

【医保协议管理】 2022年，越城区组织完成2022年越城区新增医药机构协议评估工作，新增医保定点零售药店16家，医疗机构10家。常态化开展医保协议管理，扣除12家定点医药机构年度考核预留款，涉及费用合计17万元，对医保零售药店违法、违规行为记分20家次，对32名医保医师进行记分处理，取消药店医保服务定点协议1家，取消医疗机构医保定点6家。截至年底，越城区共有定点医疗机构67家，其中公立医疗机构（含医务室）46家，民营医疗机构21家。定点零售药店151家，其中连锁药店101家，单体药店50家。

【基金监管示范建设】 2022年，越城区牵头制定《越城区推进医疗保障基金监管制度体系改革实施方案》《越城区医疗保障基金监管工作联席会议制度》《越城区医疗保障网格化管理工作方案》《关于进一步加强公立定点医疗机构医保监督管理工作的通知》，构建全领域、全流程基金安全防控机制。全年作出行政处罚10起（9家医疗机构，1名参保人员），追回医保基金2873.27万元，行政处罚罚款94.80万元，追回医保基金人均排名全市第一。医保基金举报线索处理被列为国家级试点，《浙江绍兴数字赋能推行“掌上执法”智能模式》被国家医保局工作动态刊载。（区医保分局　丁伟琴）

社会救助

【概况】 2022年，越城区城乡居民低保标准提高到每人每月1050元，特困人员基本生活供养标准为每人每月1905元，社会散居孤儿基本生活费发放标准每人每月1939元，全年支出困难群众生活救助资金4617.7059万元。其中共救助低保42964人次，发放低保金3629.8654万元；保障特困人员供养2984人次，发放特困人员供养资金624.9187万元；发挥临时救助“救急难”作用，对遭遇突发事件、意外伤害、重大疾病或其他特殊原因，导致基本生活陷入困境的家庭开展临时救助，全年救助261人，支出资金81.7248万元。

【适度扩大低边家庭认定标准】 自2022年1月起，越城区适度扩大低边家庭认定标准，即低边认定标准从1.5倍低保标准扩大到2倍（但不超过当地最低工资标准），部分游离于政策保障以外的困难群众首次纳入政府救助。2022年纳入低边31户,74人。

【落实系列惠民举措】 2022年6月,越城区开展“绍兴有爱”消费券活动,为在册困难群众发放面值500元的消费券,保障困难群众基本生活不受影响。8月,再次为在册低保、特困等困难群众发放每人500元的一次性生活补贴,惠及困难群众8000余人,支出资金400余万元。2022年7月至10月期间,连续4次启动价格补贴机制,惠及困难群众1.6万余人。

【探索建设区级“助联体”】 2022年,越城区民政局牵头协同各社会救助职能部门、镇(街道)开展社会救助服务联合体的探索和实践。通过建设一个实体化平台,搭建一个智能化系统,横向联动社会救助职能部门、特殊群体救助单位、惠民补贴相关单位、服务类社会力量,纵向搭建区、镇街、村社三级联动的救助服务站点,整合全区救助服务政策和资源,为困难群众提供救助帮扶服务。

社会福利

【概况】 2022年,越城区民政局聚焦孤困儿童特殊群体,整合政府、社会组织、志愿者等资源,扎实开展困境儿童动态排查管理、评估帮扶、走访关爱、隐患排查整治等工作,分类落实关爱帮扶措施,全力推进困境儿童关爱保护工作高质量发展。

【严格落实基本生活保障制度】 2022年,越城区动态调整社会散居孤儿基本生活费发放标准,按每人每月1939元发放,全年发放儿童福利保障金312.78万元。其中散居孤儿发放基本生活费19.35万元,事实无人抚养困境儿童发放基本生活费180.91万元,其他困境儿童发放基本生活费100.28万元,对低保、低边中的残疾儿童开展福利补助12.24万元。

【开展助困助学活动】 2022年,越城区实施“添翼计划”活动,帮助19名患病、残疾孤困儿童接受治疗康复,促进融入社会。继续启动“孤儿助学”项目,保障4名孤儿进入中高等院校学习深造。

【未成年人保护机构创建】 2022年,越城区级未成年人保护中心、9个镇(街道)未成年人保护工作站,并通过链接辖区教育、公检法司、团委、妇联、社会组织等资源,帮助解决辖区内困境儿童及其家庭面临的问题,形成全社会关心关爱支持参与未成年人保护工作的合力,初步取得了效果。

【实施“情暖童心”项目】 2022年,越城区民政局通过购买服务的形式实施越城区“情暖童心”困境儿童成长支持服务项目。项目采用个案跟进、团体活动、社区服务等不同形式,挖掘困境儿童在心理疏导、信心树立、关怀陪伴方面的需求,为越城区困境儿童及其家庭提供个性化、专业化服务,有效保障困境儿童的身心健康成长。“情暖童心”项目涉及儿童456人,组织主题活动10次。

慈善事业

【概况】 2022年,越城区慈善总会共募集各项社会资金1290.14万元,救助支出765.7万元,其中助困支出149.04万元,助老支出1.47万元,助学支出50.7万元,各类基金支出358.27万元,新冠疫情支出147.9万元,其他救助支出58.31万元。

【成立越城区慈善工作领导小组】 2022年,越城区统筹协调全区慈善工作,研究解决慈善工作重大问题,完善慈善工作体系,下发《绍兴市越城区慈善工作领导小组成员单位工作职责》,明确领导小组单位职责,下设领导小组办公室负责日常工作。

【培育慈善力量助力共同富裕】 2022年，越城区重点打造“五社联动·越善谷”综合服务平台，联动慈善组织、慈善资源等多元主体，实现区级社工总站、社会组织服务中心、慈善基地“三合一”阵地融合。2022年新培育了智慧家社会工作中心、翔云社会工作服务中心、沥海街道奖教助学社会发展基金会3家慈善组织。

【优化资源配置打造品牌慈善项目】 2022年，越城区依托区慈善总会，围绕“助学、助医、助困、助老、资助公益事业”五大类，开展了大学生助学，资助大学生81人，共计发放助学款22.56万元；开展“慈善浓情暖重阳”活动，慰问困难老年人1997人，发放慰问物资51万余元，支持“家门口的老年大学”开设24个教学点、54个兴趣班，拥有学员2000余名，还设立了100万元越慈善越幸福白血病救助信托，开设“童享阳光”爱心暑托班、实施“白内障复明工程”等项目。

迪荡街道云东社区“家门口的老年大学”（区民政局　提供）

“童享阳光”爱心暑托班（区民政局　提供）

【丰富捐赠方式拓宽公众参与渠道】 2022年，越城区鼓励慈善组织依法依规开展义拍、义卖、义展、义演等活动。结合“9·5”中华慈善日，开展“携手做慈善·传播真善美”大型公益活动并发布《慈善一日捐倡议书》。在区四套班子领导的带头下，2022年慈善一日捐共募得善款123万元。（区民政局　徐凡）

镇 街

塔山街道

【概况】 塔山街道位于绍兴市城区腹地，东、南、西至环城河外沿，北至人民路，地域面积 4.3 平方千米，素以“财赋之地，人物渊薮”著称。街道下辖 10 个社区（居委会）、1 个行政村，户籍人口约 7 万人。辖区内有全区最大的商圈——银泰商圈，国家 AAAAA 级旅游景区鲁迅故里、沈园景区、青藤书屋，塔山文化广场、图书馆、文化馆等场馆设施，稽山中学、建功中学、鲁迅小学、塔山中心小学等重点教育资源以及三级医院绍兴第二医院。2022 年，塔山街道按期处置 19 户拆迁滞留户，完成稽山中学改扩建、塔山文化广场地块改造、陈建功故居改造 3 个征收项目。

2022 年，塔山街道获评省级先进（示范）4 个，市级先进（示范）3 个，被列为省级试点创建 6 个，相关工作经验做法被央视、《人民日报》等省级以上媒体报道 13 篇，《绍兴日报》头版报道 12 篇，在短板攻坚行动中多次受到区级通报表扬，并被评为先进集体，在年度岗位目标责任制考核中实现“四连冠”。

2022 年，塔山街道完成一般公共预算收入 4.1 亿元，同比增长 203.3%，列全区第一；完成全社会固定资产投资总额 9.97 亿元，其中建安投资 6.5 亿元；完成建筑业省内产值 30.4 亿元，连续三年取得两位数增长；限上批发、零售、住宿、餐饮和规上其他营利性服务业同比分别增长 10.6%、9.3%、20%、19.2%、28%；营利性服务业营收增幅、2 年内立项项目开工率、进口增幅位列全区前列。新引进千万元以上投资企业 8 家，其中亿元以上企业 3 家，年销售 15 亿元以上田园智慧超市和 1 亿元以上元惠医疗科技注册落户。诚芮企业管理咨询合伙企业和盛洋控股集团总部落户，纳税 8000 余万元。

【打造契约共建“升级版”】 2022 年，塔山街道坚持党建引领下的“契约化”共建，打造东、南、西、北、中 5 个社区党建联建带，与市名城办签订“幸福古城 民呼我应”年度契约共建，开展各类活动 13 次，解决公共服务场所无障碍设施改造、危房解困、城市微改造和亚运会环境提升工程、老旧小区改造提升工程、垃圾分类示范点建设等 5 项民生问题。街道携手市产业发展集团等共建单位，开展年轻干部到社区一线挂职锻炼的“淬火行动”，以“三进三同三服务”（进社进户进一线、同吃同学同工作、服务社区服务民生服务发展）形式，共同赋能基层社会微治理，相关做法在人民网和《绍兴日报》头版宣传报道。完成《塔山红脉》出版，组织开展“赓续塔山红脉 共建幸福古城”大型党建活动，活动被

2022 年塔山街道主要经济指标完成情况一览表

表 104

指标	2022 年(亿元)	2021 年(亿元)	同比增长(%)
一般公共预算收入	4.1	1.35	203.3
高新投资	3.46	3	15.33
建安投资	6.79	8.3	-18.19
交通投资	0.83	1.3	-36.5
建筑业省内产值	30.42	27.35	11.24
限上住宿业销售额	2.67	2.23	19.6
限上餐饮业销售额	4.49	3.76	19.2
限上批发业销售额	25.93	23.44	10.6
限上零售业销售额	8.32	7.61	9.3
限上社会消费品零售总额	13.74	11.87	15.8
规上营利性服务业营收	9.76	7.64	27.75
自营进口	0.03	0.02	50

《人民日报》、“学习强国”学习平台等10余家媒体报道。

【台门党校宣讲】 2022年，塔山街道持续做深台门党校品牌，完善“1+4+N”台门党校架构体系(“1”为以街道党委为中心，“4”为依托4个台门党校阵地，“N”为解决古城民生N张清单)，将台门党校打造成基层党员学习交流主阵地、基层党组织学习宣讲的“微平台”和契约化实践地。全年共开展宣讲活动56场次，参与党员和群众达15800余人次。台门党校专题宣传片在第十六届越城区邻里节上品牌推介，台门党校学习圈获全市全民终身学习品牌，何水法艺术进台门党校宣讲活动在中央电视台专题报道。

【文商旅融合】 2022年，塔山街道投入约4000万元完成咸亨酒店、地铁站周边等“微改造·精提升”，协调推进风越里项目招商50%以上。推进鲁迅故里高品质步行街创建省级文旅夜间消费集聚区，申报银泰百货省级智慧商圈和咸亨酒店市级夜间经济示范区。11月，联合市名城办开展绍兴“古城青年创客”沙龙暨首届古城咖啡节活动，活动在《浙江日报》头版报道。

绍兴寻宝记餐饮公司入选第三批区“诗画浙江·百县千碗”美食旗舰店，绍兴鲁迅故里文宿酒店、绍兴市吉荷餐饮有限公司、绍兴市咸丰酒家、绍兴市越城区大牌楼餐饮有限公司、绍兴市越城区老味道绍兴菜酒楼等5家企业通过区美食体验店复核。《餐饮老字号 吃出“新味道”》《味之魂——黄酒》等节目被《人民日报》、中央电视台等媒体报道。

【环境整治】 2022年，塔山街道完成鲁迅故里

2022年11月6日，绍兴“古城青年创客”沙龙暨首届古城咖啡节在徐渭纪念馆南广场启动(塔山街道　提供)

地铁站周边环境整治提升，完成鲁迅西路、小乘弄、水沟营美丽示范街建设和延安路人行道序化多杆合一改造工程，推进越子城风貌区建设并入选全省首批“新时代富春山居图样板区”。通过国家卫生城市省级综合评估。完成稽山河花园断头河、花园池、柳桥下3处池塘的生态治理，先后对柔遁弄等小区进行污水零直排改造，作为全区唯一街道启动污水零直排省级标杆镇街创建。

【民生实事项目办理】 2022年，塔山街道完成9个老旧小区33.66万平方米改造，惠及居民4723户。完成桂园新村1幢，草籽田头20号，人民西路352号、354号、356号，望花西区11幢、12幢，鲁迅中路581-3号)等8处危房解危，完成安装住宅电梯6台。实现所有垃圾分类小区“环保小屋”全覆盖，垃圾分类考核位列全区第一，被评为绍兴市垃圾分类突出贡献集体，其中毓兰华庭小区创建为垃圾分类省级高标准小区。全年完成越城区图书馆、罗门社区居家养老服务照料中心无障碍设施改造2个省级民生实事工程，街道居家养老服务中心通过五星级评审。创建完成耶溪小区、沈园社区、青藤社区、塔山村4个“15分钟品质文化圈”，民生银行企业文化中心1个。

【综合治理】 2022年，塔山街道重新划分网格，调整完善“1+3+N”［“1”即1名网格长，由村(社区)干部担任；“3”即1名专职网格员、1名兼职网格员、1名由包联干部担任的网格指导员；“N”即网格内其他力量，一体抓好“专兼联”治理团队建设］网格管理队伍配备，组建11支120余人的平安巡逻队伍。开展信访百日攻坚专项行动，化解国家、省级信访积案各1件，历时三年化解长达25年的庄某、孟某市级积案，受到市、区领导肯定。全年受理各类劳动投诉案件100余件，为120余人追回70余万元。2022年，塔山街道被评为全省打击治理电信网络诈骗先进集体。火灾防控力度排名位居全区前三。(塔山街道　顾蔚文　倪伟苗)

府山街道

【概况】 府山街道位于绍兴古城核心区块，区域范围东、北、西至环城河外沿，南至人民路，辖区总面积4.9平方公里。辖区内历史遗存众多，有“卧薪尝胆”的越王勾践、“书圣”王羲之、“千古完人”王阳明、儒学大师刘宗周、黄宗羲、“学界泰斗”蔡元培、廉官范仲淹、革命史家范文澜等名人遗迹；绍兴八大历史文化街区中，书圣故里、八字桥、越子城、石门槛、西小路、新河弄六大街区坐落于此，共有文保单位104处。2022年底，街道共辖10个社区，户籍人口7.06万人，登记流动人口1.3万人。

2022年，府山街道实现规上工业生产总值171.55亿元，同比增长9.7%；限上批发业销售额131.24亿元，同比增长5.3%；限上零售业销售额35.19亿元，同比增长7.4%；限上社会消费品零售总额38.8亿元，同比增长8.7%。

2022年，府山派出所获评“全国枫桥式公安派出所”“全国优秀公安基层单位”；府山市场监管所获评2021年度浙江省市场监管安全保障工作成绩突出集体；府山街道获评第七次人口普查市级先进集体、红十字人道促进奖先进集体、越城区优胜镇街；书圣故里社区获评全省清廉建设成绩突出单位。

【拆除古城第一高楼王朝大酒店】 王朝大酒店征收项目于2021年10月8日启动，项目高26层，占地面积2543.2平方米，征收面积15884.65平方米，征收补偿金额1.39亿元。2022年8月底，项目全部拆除完毕。

【“大综合一体化”行政执法改革】 2022年6

2022 年府山街道主要经济指标完成情况一览表

表 105

指标	单 位	2022 年	2021 年	比 2021 年增长(%)
规模以上工业总产值	万元	1715538	1563417	9.7
规上工业增加值	万元	205178	181573	1.3
工业投资	万元	42664	39189	8.9
固定资产投资	万元	337201.6	315948.9	6.7
限上社会消费品零售额	万元	378968	348446	8.76
限上批发业销售额	万元	1312451	1230823	6.63
限上零售业销售额	万元	351916	327170	7.56
限上住宿业营业额	万元	23961	26593	−9.9
限上餐饮营业额	万元	14276	12296	16.1
实到外资	万美元	500	0	—

月 10 日，府山街道办事处印发《府山街道“一支队伍管执法”改革实施方案(试行)》，街道综合行政执法队正式挂牌成立。共明确执法事项 1130 项，其中以府山街道名义进行执法 616 项，以区综合行政执法局名义进行执法 514 项。截至年底，立案一般程序 82 件，简易程序当场处罚 29 个。

【“除险保安”工作】 2022 年，府山街道抓实信访积案“百日攻坚”行动，街道 6 件两年以上信访积案全部得到化解，全区第一个实现信访积案清零。聚焦对照 5 个大类 164 项“除险保安”专项行动风险点目录和 6 个大类 39 项疫情风险隐患摸排清单，累计召开 7 次工作推进例会，下发“除险保安”专项行动开展情况通报 5 期，下发工作提醒函 4 期，开展专项检查 23 次，累计检查场所 700 余处。

【商贸综合体国金大悦城开业】 2022 年 11 月 25 日，绍兴国金大悦城开幕，总规划建筑面积约 13 万平方米，商业面积约 8 万平方米，位于绍兴市越城区核心商圈——解放路。

【党建引领网格智治】 2022 年，府山街道坚持把“支部建在网格上”，优化调整设置 83 个网格、714 个微网格，每个网格按“1+3+N”的模式配备人员，建立网格党支部、党小组，整合派出所、综合执法队、交警、卫生院以及共建单位、两地报到党员等资源，全部下沉到网格、微网格，做到一网全覆盖，建强基层治理最小作战单元。

【公共服务提质】 2022 年，府山街道统筹规划辖区内公共文化设施、文化家园等场所，建成团结社区、府山社区、越都社区、九曲弄小区 4 个“15 分钟品质文化生活圈”，打造越都社区文化驿站，满足市民文化生活需求。推进草貌弄高品质美丽示范街建设，投入约 500 万元对东大池公园及白马新村口袋公园健身、文化、道路、

2022 年 11 月 25 日，绍兴国金大悦城开幕(府山街道　提供)

2022 年 8 月 6 日，府山街道阳明故里二期征收项目中开出第一张住宅房屋征收“房票”（府山街道提供）

绿化等设施进行改造，完成白马社区、书圣故里社区两处健身路径建设。

【越城区第一张住宅房屋征收“房票”】 2022 年 8 月 6 日，越城区府山街道谢公桥河沿的马某来到阳明故里二期征收指挥部，凭借不动产权证、身份证等有效证件，签订《越城区国有土地上住宅房屋征收产权调换市场化安置补偿协议》，并领到一份产权调换市场化安置购房证明，即“房票”，这是越城区住宅房屋征收“房票”政策推行以来开出的第一张房票。（府山街道 程兴旺）

北海街道

【概况】 北海街道地处绍兴市区西北面，西临柯桥，北接镜湖，周边与东浦、灵芝、府山、塔山、城南和柯桥区兰亭、福全接壤，境域面积 17.4 平方千米，辖 17 个社区、1 个行政村，截至 2022 年底，辖区常住人口 75970 人，流动人口 41007 人。街道位于绍兴古城的西大门，是绍兴“大三区”的地理中心和几何中心，有老火车站、二环北路智慧快速路等交通枢纽，区位条件优越。

2022 年，北海街道完成固定资产投资 52.05 亿元；建安投资完成 35.29 亿元；民间投资完成 28.99 亿元；生态环境和公共投资完成 17.97 亿元；限上批发业销售额完成 41.9 亿元，同比增长 24.1%；限上零售业销售额完成 33.5 亿元，同比增长 6.3%；限上住宿业营业额完成 7749 万元，同比增长 -20%；限上餐饮业营业额完成 6474 万元，同比增长 20%；规上其他营利性服务业主营业务收入完成 4.6 亿元，同比增长 20.6%；规上营利性服务业劳动工资完成 1.1 亿元，同比增长 24.7%。引进鹏程实业设备生产技术改造项目，打破无工业投资 1000 万元以上项目的局面，开创工业投资历史新高点。制定楼宇业态规划，鼓励出台奖补清退政策，玛格丽特、越兴大厦和鑫洲商务楼 3 家重点楼宇注册率达 100%。全年实现月度下升上 3 家，年度下升上 11 家，年度小升规 2 家，申报国家高新技术企业 2 家，省科技企业 13 家。

2022 年，北海街道获评浙江省第十一届“慈孝之乡”、全省基层单元试点培育单位、共富集体先进示范区市域范例建设突出贡献奖、越城区优胜镇街，上榜浙江省数字生活新服务特色镇名单。北海商会被认定为 2021—2022 年度全国“四好”商会。金德隆跻身国家级创业创新示范基地。迎恩门风情水街创建为省级高品质步行街。北卫物业获评越城区高质量发展共同富裕突出贡献奖先进集体。虹桥社区入选浙江省第六批未来社区创建名单。

【“北聚星辰、百川汇海”党建联建品牌】 2022 年，北海街道以“党建 +”模式延伸基层组织架构，推出“北聚星辰、百川汇海”党建联建品牌，与绍兴职业技术学院医学院签订“校地共建”，持续拓展契约共建基层实践，组建“共建联盟”19 个。践行“浙里兴村治社”工作，进一步推进抓人促事、以事评绩，形成上下联动的基层治理体系，全年共分派工作清单 600 余条，累计解决问题 69 件。按照“干事有激情、工作有水平、克难有办法、办事有底线”的标准，切实抓好队伍建设，实施重点工作“清单挂图作战、月度

2022 年北海街道主要经济指标完成情况表

表 106

指标	单位	2022 年	2021 年	比 2021 年增长(%)
规模以上工业总产值	万元	25812	20794	24.13
规模以上工业主营业务收入	万元	26661	21040	26.72
规模以上工业增加值	万元	5513	4992	10.44
固定资产投资	万元	520510	419741	24.01
限上社会消费品零售总额	万元	325291	298159	9.10
限上其它营利性服务业主营业务收入	万元	45961	40052	14.75
自营出口	万元	107975	70436	53.30

晾晒比拼”,开展年轻干部后浪奔跑计划、村社干部砺燕行动,试点开展融合型大社区大单元基层治理“破难攻坚”行动,推进基层治理体系和治理能力现代化。

【推动文商旅融合】 2022 年,北海街道围绕“以文带旅,以旅兴商,以商强街”发展思路,推动文商旅项目与历史街区、传统商业深度融合,迎恩门风情水街获评国家 AAA 级旅游景区,并完成管理体制调整;上大路特色街一期开街运营,单日客流量达 8000 余人次;助推华联银泰、迎恩天地等商业综合体开业迎客,871LOOP(城市文旅综合体项目)有序建设,逐步形成具有北海特色的城市核心商圈。

【“生活北海”平台建设】 2022 年,北海街道继续以“生活北海”平台为基础,围绕街道融媒体中心、政务数字化便民服务、社区数字化生活服务三大板块打造数字化社区生活。开辟智慧化“吃喝玩乐”“社区超市”“零聚市集”“直播带货”等模块,入驻优质商家 500 余家,上线垃圾清运与工程维修公益菜单,打通居民生活服务“最后一百米”,满足居民对生活物资、家政服务、投诉咨询等多样化需求。全年共举办“零聚”市集 100 余场,线上线下总销售额超 2000 万元,政务

2022 年 7 月,北海街道联合生活北海开通共富直播间,助力朱家岙农户销售蔬菜(北海街道 提供)

热线结案 6443 条,服务居民超 35 万人次。人大“云上联络站”助力北海街道获评全省最佳实践案例;共富直播间(田间共富专题)为朱家岙农户销售蔬菜数千单,并登上光明网;生活北海团队参加绍兴市巾帼电商直播创业创新大赛获得二等奖并登上《中国妇女报》官方客户端。

【营商环境优化】 2022 年,北海街道狠抓招商引资和项目建设,围绕建材业、餐饮、服务业等核心产业链,扩大家私城品牌效应,推动“批零住餐”(批发、零售、住宿、餐饮行业)四大行业区域集成化发展。以“选项目、招优企、引乡贤”为重点,通过“以商引商、以商建圈”的招商模式,引入 1000 万元以上项目 7 个,1 亿元以上项

目1个，建筑企业2家，扩大内资16亿，完成率达到355.6%。

【共建全区首个税收共治办公室】 2022年，北海街道持续深化行政审批改革，转型升级税收结构，与鉴湖税务所共建全区首个税收共治办公室，辖区非房地产税收增幅位列全区第二。

【拆改征迁】 2022年，北海街道完成河山桥养老服务中心、河山桥商务中心、阳明园、雄盛北等征地任务，启动鉴湖前后街征收项目，出让雄盛南、城南大道西侧等3个地块，腾出城市发展空间56339.71平方米。开展迎亚运“洁美行动”，打造美丽洁净街区，扎实推进控违拆违，共计拆除沿线企业厂房、临时工棚等违建19080平方米。

【“未来社区”建设】 2022年，北海街道推进城市有机更新，完成全市首个未来社区建设旧改示范项目快阁苑“未来社区”的改造工程。虹桥社区入选浙江省第六批“未来社区”创建名单。全面引进数字化社区管理模式，社区试点上线智慧泊车、智慧消防、智慧物流、智慧物业等功能应用。推进国企平台改革，迭代升级以北海为试点的“红色物业”品牌，整合优化北卫、海宇两大物业平台，年度物业费缴纳率达85%，群众满意率达90%。

【优化公共服务保障】 2022年，全面贯通医疗惠民“最后一公里”，紧密型医联体初步建成，老人体检项目免费新增数量居全区第一。持续推进“百万工程”（每年面向街道困难群众发放百万元临时救助、救济资金），动态走访辖区内低保户、低保边缘户，全力做好困难群体纾困救助。提升残疾人服务质量，完成残疾人家庭无障碍改造等工作。全面提升“生活北海”服务功能，深入融合商业、物业、服务等应用场景，打造商业形态一图可览、物业服务一键可达、诉求预警一网可知的智慧化生活场景。

【推进生态治理】 2022年，北海街道持续打好蓝天、碧水、净土保卫战，全域推进“无废城市”“污水零直排区”等建设，57个生活小区、190余家“六小”行业等雨污分流改造有序推进。高标推进垃圾分类定时定点，20个小区实施智能化垃圾分类，56个小区完成垃圾分类定时定点投放，现有省级“垃圾分类”高标准小区8个（青湖园，迎恩府，御河湾，荷塘月色，华宇兰园，金昌美苑，鉴庄，雅苑西区）。从严从实抓好秸秆禁烧，加大巡查力度，杜绝辖区秸秆焚烧现象，全面落实工地、道路扬尘管控工作，实施行政执法75起。

【抓保障惠民生】 2022年，北海街道探索全生命周期社会服务试点，打造“爱心卡”“康养善育联盟”等社会化“一老一小”服务品牌。优化卫生服务中心医疗服务水平，联合绍兴市人民医院、绍兴市第七医院，开展“医联体”建设。完善社会救助保障体系，为低保、特困、残疾人等困难群体共计218人发放补助资金25.4万元。提升残疾人服务质量，推动“长城残疾人之家”建设，完成残疾人家庭、越兴大厦、便民服务中心无障碍改造等省民生实事，退役军人优抚政策全面落实。关爱特殊群体，开展严重精神障碍患者集中排查和监护补贴工作。（北海街道　张敏）

稽山街道

【概况】 稽山街道位于绍兴市区东南面，东与东湖风景区毗邻，南连会稽山麓，西至融创越州府，北靠人民东路（含大众公寓），辖区面积20.1平方公里。稽山因地处会稽山麓而得名，辖区内风景秀丽、人文荟萃，会稽山、若耶溪、王阳明修道的阳明洞天、大禹的葬地大禹陵等均位于稽山境内。2022年，稽山街道深入推进城市治理，持续优化社区结构，下辖14个城市社区，年末户籍人口40136人，常住人口58660人。

2022年，稽山街道实现规上工业总产值26.51亿元，同比增长2.64%；实现限上批发业销售额35.78亿元，同比增长41%；实现限上零售业销售额14.91亿元，同比增长19.1%；实现限上餐饮业营业额0.73亿元，同比增长31.8%；实现建筑业全年省内产值33.67亿元，同比增长23.2%；实现固定资产投资19.88亿元、建安投资11.93亿元。全年实现高新技术产业投资1.47亿元，规上工业企业研发经费支出2亿元；完成工业企业“小升规”3家，培育申报国家高新技术企业26家、省级中小型科技企业18家、市级研发中心1家。帮助企业对接申报国家级人才28人、省级人才35人，申报省级领军型创新创业团队1个，落户高层次人才1人，公司法人举荐认定成功1人、高层次人才“双聘制”认定3人。

2022年10月31日，党的二十大精神学习培训会召开（稽山街道　提供）

森海社区大学银龄学院（稽山街道　提供）

2022年，稽山街道按照要求组织党员参加年度主题春训活动，党员培训覆盖率达95%以上，规范实施“三会一课”制度，开展省、市、区党代会精神专题学习及迎“七一”主题活动200余次。

【党建统领】 2022年，稽山街道坚持党建为统领，找准“居社融合”突破口，全面推行“支部建在网格上”工作，新建7个小区网格党支部、31个党小组，调整及新增支部书记15名、支委24名，实现网格党组织全覆盖，同步完善“社区党组织、小区网格党支部、楼道（微网格）党小组”的纵向贯通体系，选优配强“1+3+N”网格队伍；新增两新企业联合党支部10个，完成50人以

2022年稽山街道主要经济指标完成情况一览表

表107　　单位：亿元

指标	2022年	同比增长（完成情况）	2021年
规模以上工业总产值	26.51	2.64%	25.82
批发业	35.78	41%	25.37
零售业	14.91	19.1%	12.52
餐饮业	0.73	31.8%	0.55
建筑业省内产值	33.67	23.2%	27.33
固定资产投资	19.8	完成任务	26
建安投资	11.93	完成任务	12
高新技术产业投资	1.47	完成任务	0.2
研发费用	2	完成任务	1.59

上非公有制企业党组织全覆盖。全年累计发展党员9名、储备入党积极分子37名。重点培育5个契约共建体、14个年度项目，升级4个社区党群服务中心、3个网格“银龄学院”。

【平安建设】 2022年，稽山街道通过矛调中心回复落实上级（领导）转办（交办、督办）件905件；调处回复“12345”市长公开电话3330件，重复件392件，受理率100%，按期答复率100%，群众满意率95.86%，回访核实率100%。全面完成中共二十大及国家、省、市两会重要时期的维稳工作，落实稳控责任网络，成立应急处置队伍。深化“四个平台”建设，通过平台上报事件8445件，按期处置率100%。

【安全生产】 2022年，稽山街道贯彻落实安全生产、食品安全各项措施，通过工业企业安全在线系统、“除险保安”大排查大整治、重点行业专项整治检查等方式，全方位开展安全生产、食品安全大检查工作，累计排查各类问题3000余项，并全部落实整改。全年共接警火情25起，同比下降41.8%，做到较大以上安全生产事故“零发生”。

【城市发展建设】 2022年，稽山街道启动垃圾分类数字化定时定点投放全覆盖，投入使用3座新建的“五星级”公厕，完成丁香花园周边环境整治以及70余穴坟墓迁移工作。开展重点区域、生活小区环境卫生大整治20余次，抓好御香园、宝业四季园等重点小区拆违控违，共拆除违建132处，面积6157.42平方米，完成全年任务数的123.15%。开展剡溪路美丽示范街、平江路高品质示范街建设，做好24个小区的污水零直排项目扫尾工作，完成张家溇、美东新村生态治理，完成河道清淤7万立方米。全年累计立案处理涉气问题17件，办结17件，立案数量同比增长400%以上，辖区PM2.5指数31.78微克/立方米。

【拆改工作】 2022年，稽山街道完成丁斗弄地块征地做地，同时处理两个村经济合作社8项历史遗留问题，加快推进新民热电厂地块做地及“稽山智谷”四个地块征收。西畈公寓9幢、10幢危房31户住户已全部完成签约、腾空、拆除，完成敦煌新村32套安置房权证办理。完成秀水苑、报社宿舍、东盛市场住宅3个老小区改造及鹤池苑农贸市场改造提升，其中秀水苑小区改造项目被评为“绍兴最美老旧小区改造案例”，并作为典型被《绍兴日报》宣传报道。

【社会保障工作】 2022年，稽山街道新增低保8户、低保边缘2户、临时救助6户，发放各类帮扶资金109万余元，落实残疾人无障碍进家庭工程，完成街道残联换届工作，越惠保参保率70%以上，建立“文澜百万奖教基金”。

【基层文化阵地建设】 2022年，稽山街道开展“阳明文化”主题活动5场，配合做好全市“公祭大禹”活动，并成立民祭大禹组委会。完成街道第一届文联选举，浪港社区、东江社区完成“15分钟品质文化圈”建设，完成天池社区文化家园建设。加强媒体宣传报道，全年街道工作在《光明日报》、CCTV-12等国家级主流媒体报道3篇，《浙江新闻联播》报道1篇，《绍兴日报》头版单条报道8篇。

【队伍管理】 2022年，稽山街道配备街道48名新进机关及社区干部、28名社区后备干部帮带导师，制定干部“月晾晒、季考评、年考核”的评价实施细则，并通过贯通使用“浙里干部之家”“浙里兴村治社”等数字化应用，强化日常考核结果运用。（稽山街道　徐朝阳）

城南街道

【概况】 城南街道位于绍兴市区南大门，和老城区仅一河之隔，北由城南大桥、中兴大桥与市区紧密相连，南依秦望山，东靠禹陵香炉峰、会稽山旅游度假区，西临书法圣地兰亭。街道南北长约3公里，东西宽约4公里，总面积12.5平方公里，建成区面积8平方公里。辖区境内地势平坦，河道纵横，交通发达。2022年，城南街道下辖13个行政村、5个翻牌居、11个社区，常住人口5.3万人，外来人口5.2万人。

2022年，城南街道实现规上工业总产值18.4亿元；规上工业增加值4.1亿元；限上批发业销售额79.6亿元；限上零售业销售额7.5亿元，同比增长18%；限上餐饮业营业额3605万元，增长18%；固定资产投资32.5亿元，增长2.2%；建安投资17.3亿元，增长19.6%；工业投资7715.3万元，增长17.8%；建筑业总产值167.93亿元，增长6.7%；建筑业省内产值65.6亿元，增长23.2%；商品房销售面积15.99万平方米，增长17.8%。

2022年，城南街道持续推进“污水零直排”建设，全区首推信息化河长制公示牌，创建市级“水美乡镇”，“越姐姐·金钻就业微家”获省级示范妇女微家称号。

【“契约化”共建】 2022年，城南街道以“契约化”共建为重要抓手，明确“条块结合、资源共享、优势互补、共驻共建”的工作思路，成立城南街道“契约化”共建品牌——“红领筑同心，城南一家亲”，重点打造“警社联建”“欢乐益行”2个特色子品牌，吸纳62个基层党组织参与其中。深化“一村(社)一特色”党建品牌建设，如“银领中成”“大学阳明”“善行南门”以及“融合型大社区大单元”建设等。2022年以来，全街道已累计开展“共建活动”250余场，参与活动的党员干部达2700余人次。

2022年11月2日，绍兴市清爽物业管理有限公司将其名下的南江枫林房产十年使用权捐赠与绍兴文理学院教育基金会，拉开城南街道“党建引领，校企共建”探索之路(陈琦琼　摄)

【人才工作】 2022年，城南街道做深做实党管人才工作，制定出台街道班子分工文件，明确人才工作分管领导，落实人才专员；开展“深化三服务、访企送政策、征需促引才”专项行动，走访、联系重点企业50余家次；做好国家级和省级人才申报工作，全年分别各申报5人及3人；探索打造“产学研用”融合高地，推进两新党组织绍兴市清爽物业有限公司党支部与绍兴文理

2022城南街道主要经济指标完成情况一览表

表108

指标	单位	2022年	2021年	同比增长(%)
一般公共预算收入	万元	41612	42461	-2
规模以上工业总产值	万元	184355	186972	-1.4
规模以上工业增加值	万元	41435	37464	10.6
固定资产投资	万元	324677	317688	2.2
限上社会消费品零售总额	万元	75137	94750	-20.7
限上批零、住宿销售额	万元	872485	861167	1.3
自营出口	万元	225549	202286	11.5

学院生命科学学院党委共建，探索建立起以党建为引领、企业为主体、产学研用育才的创新模式，促进生态文明建设方面的人才引进、培养，优化城南人才发展环境。

【招商选资】 2022年，城南街道坚持招商引资“一号工程”不动摇，推动内资、外资招商齐发力，优化营商环境，实到内资3.1亿元，已签约项目3个，计划投资3000万元。推进绿色建筑产业集群总部基地项目建设，引入10余家建筑企业，实现年产值10亿元，税收2000万元。以“数字化改革”为牵引，深入推进“放管服”改革，推进企业增资扩产、转型升级，引导耀锋动力、李氏纺织、东利源等龙头企业做大做强。

【拆改工作】 2022年，城南街道完成凤凰村、庄里村整村及新村村部分土地和房屋征收工作，签约面积超15万平方米，签约率分别达96.53%、100%和100%，拆迁量全区领先，使用房票率全市前列，受到绍兴市委副书记、市长施惠芳肯定。完成横桥等4个村共647户、1445套安置房源的择房、结算、入住工作，完成外山村购买九里安置房源共251套择房工作，安置量位列全区第一。完成华侨29、30幢危旧房回购处置工作，得到绍兴市委副书记、市长施惠芳批示肯定。完成年度老小区改造、生活小区污水零直排创建工作，6个老旧小区改造全面进场动工，进度列全区第一，改造率全区第一，惠及5000多户居民。

【城市综合治理】 2022年，城南街道坚决打赢蓝天碧水保卫战，开展扬尘问题及废气排放问题巡查，发现问题900余处，关停企业1家，封停设备3台，实现100%整改，PM2.5浓度持续改善。开展秋冬季大气污染防治“百日攻坚”行动，压实属地责任，严控露天焚烧现象。加大农村人居环境整治力度，每月处理问题600处以上，街道在全区排名明显提升。实行生活垃圾分类全覆盖，建设环保小屋47个，开展各类宣传活动130余次，树立分类典型小区，申报省级高标准示范小区3个，示范村1个。严控新增、消减存量，拆违任务量完成率超100%，拆后土地利用率达100%。

【法治建设】 2022年，城南街道强化法治建设，依托人民调解委员会、联合律师事务所，成立“老陈”品牌调解工作室，为调解工作注入法治元素。成立以律师、干部、人民调解员为主体的人民调解队伍，完善矛盾纠纷多元化解机制，共调解各类矛盾纠纷165件，涉案金额1952万元，调解成功率达98%，特别是在凤凰村、庄里村房屋征收工作中，协调解决房票政策引起的调解120余件。共创建省级“民主法治社区”4个、市级“民主法治社区”10个，实现区级全覆盖。

（城南街道　王燕媛）

迪荡街道

【概况】 迪荡街道位于越城区环城河外沿以东，二环北路以南，二环东路以西，人民路以北（不含大众村）。截至2022年底，迪荡街道总人口3.8万，流动人口1.5万人，下辖10个社区、3个村（居）。

2022年，迪荡街道实现规上工业增加值3.1478亿元，现价工业总产值19.7191亿元，限上批发业企业销售额297.2365亿元，同比增长31%；限上零售业企业销售额28.7919亿元，同比增长21.8%；限上住宿业企业营业额1.7082亿元，同比增长27.3%；限上餐饮业企业营业额2.8916亿元，同比增长29%；建筑业省内产值29.1718亿，同比增长32.8%；完成建安投资20.8563亿，同比增长45%;固定资产投资8.7317亿，同比增长141.5%。

【深化城市党建】 2022年，迪荡街道承接区级“上统下分、强街优社”改革试点，打造龙洲花

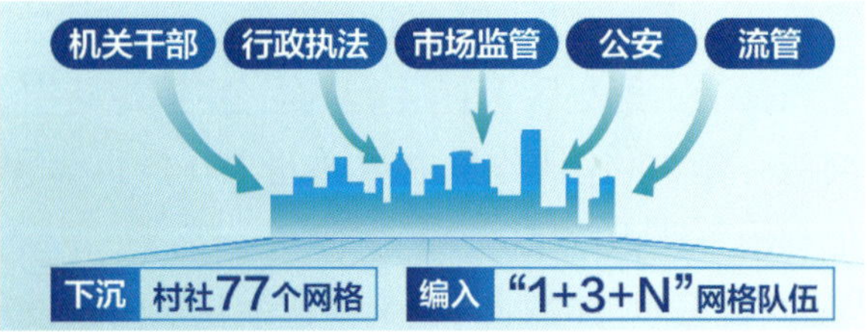

迪荡街道“全员下沉、入社进网”机制(迪荡街道 提供)

2022年7月6日,迪荡街道云东社区党建“契约化”共建签约仪式举行(迪荡街道 提供)

园、世禾社区融合型大社区大单元,蕺山社区入选第六批省级引领型未来社区创建名单。在都泗社区、剡溪社区、世禾社区、洞桥社区、云东社区等5个社区探索网格实体化运作试点,夯实基层治理基础,完成网格、党组织、网格员队伍系统重构。开展“两新”组织“双覆盖”行动,拓展世茂广场商圈党建服务阵地和网格驿站,推出科创园党组织服务人才实招硬招,构建党建赋能商圈共享共治新格局。全年补充村社工作人员38人,推动160余名街道干部和派驻机构执法人员组队包联村社、下沉网格,组建“1+3+N”网格队伍。

【主体培育】 2022年,迪荡街道完成月度新增“下升上”(指小微企业转型升级为规模以上企业)企业13家,“产转法”(指产业活动单位转型升级为独立注册的法人单位)4家,培育商贸服务业主体8家,全区排名第2;完成主辅分离(指企业将生产经营过程中的原材料采购、产品运输、安装、包装、营销等非核心辅助性的业务从其主营业务中分离出来,集中力量发展主业的做法及模式)4家,完成率200%。

【招商引资】 2022年,迪荡街道引进5亿元项目1个,1000万元以上项目10个,实到内资9077.5万元。招引力博贸易金融中心、展仕贸易等两家百亿级商贸企业落户,占全区同类企业招引的2/3;推动侨商大厦开工建设、海圣总部大厦签约

迪荡湖科技CBD(迪荡街道 提供)

2022年迪荡街道主要经济指标完成情况一览表

表109

经济指标	单位	2022年	2021年	同比增长(%)
限上批发业销售额	万元	2972365	2269632	31.0
限上零售业营业额	万元	287919	236346	21.8
限上餐饮业营业额	万元	28916	22422	29.0
限上住宿业营业额	万元	17082	13421	27.3
建筑业省内产值	万元	291718	219667	32.8
固定资产投资	万元	87317	36156	141.5

落地；引进上上一品、格乐丽雅等优质项目，华剑智能实现主板 IPO（首次公开募股）挂网，脑动极光完成香港联交所 Pre-A 轮融资。

【打造科创桥头堡】 2022 年，迪荡街道出台《迪荡街道关于支持企业引才用才爱才的若干政策》，班子成员日常挂联高层次人才，全年申报国家级海外引才计划 11 人、省级 14 人、省特支计划 2 人，市“名士之乡”英才计划落地 6 人。加快建设迪荡湖科技 CBD（中央商务区），签约科技企业 234 家，入驻率超 90%，吸引高端人才 1500 余名，引进留学生创新创业公司 21 家，全年申报国家高新技术企业 17 家、省科技型中小企业 26 家。

【垃圾分类达标镇街考核全市排名第 3】 2022 年，迪荡街道累计完成 24 个住宅小区智能化定时定点垃圾投放点设置，创建盛世名苑二期、颐东华庭、润和天地、岑草园为省级高标准小区，御景华庭四期南小区完成越城区首个垃圾分类主题小区建设，垃圾分类达标镇街考核全市排名第 3。

【“五水共治”】 2022 年，迪荡街道深化迪荡湖湖长制标准化管理，完成梅龙湖、迪荡湖局部生态修复治理及那摩江池塘、古水道河坎修复，那摩江池塘、龙洲花园南河、大滩荷花池、湖滨内河、龙骧园内河 5 处水域生态治理项目均已进场，摩江池塘、龙洲花园南河、大滩荷花池 3 条内河已完成生态治理，获评 2022 年绍兴市“水美乡镇”。

【老旧小区改造】 2022 年，迪荡街道龙洲花园东区、西区，昌安新村、昌安东村老旧小区改造项目通过竣工验收，其中龙洲花园东区获评 2022 年全市最美老旧小区改造案例；11 处城镇危房省定清单解危任务完成销号。

【服务“一老一小”】 2022 年，迪荡街道建设街道级未成年人保护站和社会救助联合体服务站，完成龙洲花园养老服务场景申报，上门安装智能化家庭养老床位。完成老年人自理能力评估筛查 1.1 万余份，向街道 1.2 万余名 60 岁以上老年人发放爱心防疫包。

龙洲花园东区获评 2022 年全市最美老旧小区改造案例（迪荡街道　提供）

【破解房屋征收遗留问题】 2022 年，迪荡街道破解历史遗留问题，念佛桥片区房屋征收工作收官，签约率、腾空率实现“两个 100%”；推动云东路 8 号地块遗留问题处置，龙骧园一期完成转移登记和权证办理服务机构选定，新湖园及龙骧园二期推进权证办理。

【基层治理】 2022 年，迪荡街道全面推动党建“契约化”共建引领网格智治，划分 76 个村社网格，9 个商圈楼宇专属网格，862 个微网格，建立全域全量全时摸排机制。开展信访积案“百日攻坚”“除险保安”等专项行动，3 件省级信访积案销号化解，1 件信访事项听证终结。全年受理政务热线 6253 件，街道和村社矛调中心累计接待来访群众 500 余人次，信访代办站受理、代办信访事项 65 件，调处化解纠纷 76 起，涉案金额约 325 万元，涉及重大伤亡案 3 起。（迪荡街道　倪玄韵）

东湖街道

【概况】 东湖街道东连陶堰街道，南靠 104 国道、皋埠街道、迪荡街道，西临灵芝街道，北接斗门、马山街道，位于大两湖科技城的中心位置。杭甬运河、104 国道横贯街道东西，越东路、越兴路、袍中路等城市主要道路穿越而过，水陆交通便利。街道地域面积30.5平方千米，下辖13个行政村、7个居委会，常住人口4.22万人，外来流动人口1.50万人，党员2277名。

2022年，东湖街道实现规上工业总产值37.62亿元，规上工业增加值9.06亿元；限上社会消费品零售额、限上零售业销售额、限上批发业销售额分别同比增长118.5%、126.2%、39.3%，增速分别位列全区第一、第二、第三；工业投资、固定投资、建安投资分别完成1.23亿元、56.83亿元、19.19亿元。区对镇街稳进提质"月晾晒"指标累计考核位列全区第三。

【招商引资】 2022年，东湖街道招引工业企业2家，批发业企业4家，其他营利性服务业2家、建筑业企业1家；引进产业项目6个，协议投资金额25.6亿元，其中，绍兴翔浩供应链管理有限公司项目是2022年全区第一个引进的百亿级批发项目；清华大学建筑设计研究院与TUS/nu建筑体系示范工程项目协议引进外资5000万美元，单体项目协议外资金额居全区前三。市级重点工业投资项目——中亚工贸园轨道交通配件、建筑产业一体化项目三期已完成总投资额80%。绍兴之舟船舶制造有限公司厂房改扩建项目一期工程厂房竣工验收。

【企业创新提质】 2022年，东湖街道推进新一轮"腾笼换鸟、凤凰涅槃"攻坚行动，开展工业全域整治，累计处罚企业7家，停产整顿企业2家。全年完成"个转企"7家、"小升规"4家、"下升上"4家，主辅分离3家。申报国家级海外人才5人，摸排国家高新培育企业4家、申报省级科技型中小企业6家；规上工业企业研发费用投入7267万元，同比增长34%，增速创历年新高。

【重点项目工程建设】 2022年，东湖街道依托"水韵智城"建设，协调推进瓦窑头2号地块安置房、则水牌路二期、湖滨路等路网、社区卫生服务中心、凤林小学、104国道东蒿线等一批省市重点工程建设，则水牌6万立方米商业综合体结顶，招商率超50%，辖区内越东快速路段、山会高架路段实现全面通车。东湖街道等2个街道全域土地综合整治项目入选省级首批土地综合整治试点。

【农业农村发展】 2022年，东湖街道种植粮食1.57万亩，完成高标准农田建设2023亩，推广测土配方技术8000亩，粮食生产任务完成率位列全区第一方阵。大皋埠村、高平村实现村集体年经营性收入50万元以上，完成消薄任务。投资1100余万元，打造后堡"3A"村、小皋埠"五星达标"村，打造具有东湖辨识度的特色精品村。投资1400余万元，打造五湖、岑皋、仁高、后堡4条总长约5公里的"四好农村路"，改善群众出行交通条件。

【拆迁做地工作】 2022年，东湖街道对接协调则水牌路(二期)古越龙山沈永和酒厂房屋征收事宜；完成永宁村(二期)涉及住宅面积3.48万平方米、东蒿线改建工程涉及6个村土地征收、农户拆迁丈量评估和确权确户工作；启动绍轧路周边遗留7家企业征收工作。完成凤林小学土地征收72亩；完成则水牌10号地块权证注销工作。完成永宁村9户滞留户签约、腾空工作，实现滞留户100%清零；攻克会友大酒店房屋征收积案，得到市区两级主要领导大会表扬和批示肯定；完成则水牌3号、5号地块详细调查、风险评估及7个地块土地卫片执法整改工作。

【打造"水韵东湖·船承红色"党建品牌】 2022年11月23日，东湖街道举办"水韵东湖·船承红色"党建品牌发布暨"契约化"共建活动，集中签约"共富邮舫""校企人才共育""现代社区"等一批党建联建项目，打造东湖特色党建品牌。

【人居环境提升】 2022年，东湖街道开展垃圾分类创建活动，香莲公寓东区垃圾分类数字化

2022 年东湖街道主要经济指标完成情况表

表 110

指标	单位	2022 年	2021 年	同比增长(%)
一般公共预算收入	万元	24150	33975	−28.9
规模以上工业总产值	亿元	37.62	39.89	−5.7
规模以上工业增加值	亿元	9.06	9.37	−3.3
限上社会消费品零售额	万元	6520	2983.98	118.5
限上零售业销售额	万元	10098.1	4464.24	126.2
限上批发业销售额	万元	708804	508832.74	39.3
自营出口	万元	115810	81942.97	41.33
建筑业省内产值	万元	242051	219647	10.2

2022 年 11 月 24 日，东湖街道举办“水韵东湖·船承红色”学习贯彻党的二十大精神党建品牌发布仪式(东湖街道　提供)

治理实施运营，滋江家园生活垃圾定时定点分类投放和数字化治理启动运营，完成香莲公寓西区省级垃圾分类高标准示范小区建设，城市管理、垃圾分类综合排名位居全区前列。全年PM2.5 平均值为 27 微克 / 立方米。完成大皋埠村、岑前村共计 1000 米的河道综合整治。中央环保督察“回头看”涉及东湖 5 宗案件全部办结。全年共计拆除违建面积 4.5 万立方米，完成年度指标的 179%，位居全区前三，存量违建分类处置 11.46 万平方米，拆后土地利用率达 95%。

【巡察整改】 2022 年，东湖街道落实区委第一巡察组巡察整改工作，巡察反馈党工委 11 个问题、五和村 14 个问题、村居 7 个共性问题和 62 个个性问题，均整改完成。全面调查核实巡察组移交的 43 件信访举报件和 6 条问题线索。推进村级“三务”公开，全面推广使用基层公权力监督平台和监督“一点通”平台应用，实现村级高频支付监管平台前置推送全覆盖和村居“清白码”全程公开。

【民生实事】 2022 年，东湖街道完成 2800 余米危险路段波形护栏安装，实现急弯陡坡、临水路侧险要路段全覆盖。升级村居“15 分钟健身圈”，新增岑前村、高平村 2 个多功能运动场，后堡村 1 公里健身步道。改造提升小皋埠村、仁渎村卫生服务站，街道社区卫生服务中心已完成主体结构施工。关停、分流高平村、柏舍村 2 家民办幼儿园，完成皋北幼儿园、郦家埭完全小学提档

2022 年 6 月 8 日，东湖街道举行救护车捐赠交接仪式(东湖街道　提供)

升级，获评绍兴市教育优质均衡示范乡镇。开展无障碍设施改造提升工程，残疾人无障碍设施进8户家庭，本级便民服务中心、后堡村23处公厕完成无障碍改造。

【文体活动】 2022年，东湖街道举办喜迎二十大系列活动，开展文体活动64场次，参与2000余人。打造乡村"文化礼堂"新地标，对仁渎村、五联村2处文化礼堂进行晋星升级，完成五联村智慧礼堂建设。打造后堡抗日纪念堂新时代文明实践点。"数智文明创建""志愿浙江"数智体系应用场景实现村级全覆盖。揭牌成立全市首个水上交通安全教育基地。

【非遗传承】 2022年，东湖街道辖区内非物质文化遗产——"稳笃公"技艺登陆央视。"绍兴传统木船"非遗工坊、"绍兴黄酒"非遗工坊入选绍兴市首批非遗工坊。"绍兴传统木船技艺"入选第六批浙江省非遗代表项目名录。

【公共服务体系建设】 2022年，东湖街道全面建成社会救助服务联合体、社工站、育儿驿站等救助中心。街道示范型、标准型村级便民服务站覆盖率达85%。全年发放各类慰问救助金433余万元。

2022年8月1日，东湖街道举办义务消防队业务技能比武（东湖街道　提供）

【"平安东湖"建设】 2022年，东湖街道起底19件民生领域历史遗留问题，整改销号8件，涉及销号金额219.4万元。连续7个月被评为区政务服务热线工作月度先进单位。处理6起欠薪群体性突发性事件，帮助农民工追讨工资137万元。完成两会、中共二十大召开期间维稳安保任务。开展农村出租房消防安全大提升行动，对辖区5000余户农村出租房进行整治。开展消防专项演练54次、专业培训演练20余次，村（居）消防大比武活动登陆央视。（东湖街道　魏倩滢）

灵芝街道

【概况】 灵芝街道地处越城区西北部，东与斗门街道相邻，东南接迪荡街道，南与北海街道接壤，西与东浦街道连接，地域面积42.8平方公里，水域面积1.4万亩。拥有"十里荷塘"、狭猕湖、湿地公园等江南美景，是绍兴市行政中心、绍兴市植物园、绍兴市奥体中心等所在地。截至2022年底，街道共有村（居）、社区46个，其中22个行政村、12个居、12个社区，户籍人口6.3万人，流动人口4.2万人，常住人口11.6万人。辖区内有党组织162个，其中党委9个，党总支24个，党支部129个，党员4203名。

2022年，灵芝街道主要经济指标、"月晾晒"指标排名均保持全区前列，其中规上工业增加值、工业投资增速、出口份额变化、2年内立项项目开工率等指标位居全区第一。固定资产投资完成285亿元，增长10.6%，建安投资完成142亿元，两项总量均位居全区第一。

【科技创新】 2022年，灵芝街道培育科技创新主体，完成14家申报省级科技型中小企业，完成率达108%；完成32家申报国家科技型中小企业，完成率达109%。全年完成内资超16亿元，研发投入完成率达112%，入选省级人才1名，落地"名士之乡"人才1名。全年招引企业、项目15家，落地率达100%。

【楼宇产业集聚化】 2022年，灵芝街道以楼宇产业集聚化为区域发展重要推手，21幢重点楼宇入驻率达90.2%，入驻数量位居全区前列。试点培育3幢楼宇、3个园区，新增限上、规上企业超25家，全年新增各类产值、销售和营收额超15亿元。

【学习宣传贯彻党的二十大精神】 2022年，灵芝街道组织动员辖区内4000余名党员干部收听收看党的二十大开幕盛况；街道领导班子带头深入学习宣传贯彻党的二十大精神，在机关、村社、两新党组织和各群团组织内兴起学习热潮；街道深度探索党的二十大精神"思想+艺术"宣讲新模式，联合党员干部、企业家、记者、资深脱口秀演员等组建"灵五七五"青年脱口秀宣讲团，累计举办宣讲活动超20场，该模式被全区推广，获中央、省、市主流媒体点赞。

【党建共建】 2022年，灵芝街道开展"浙里共建"志愿汇活动，在全街机关、村社党支部推广使用"浙里共建"小程序，累计发布人人契约活动362场，报名参与人员2832人次，点亮心愿357人次。"浙里共建"志愿汇活动作为案例入选《人民日报》刊登文章《绍兴越城：探索共同富裕新路径》。推进党建统领网格智治，成立网格党总支12个，网格党支部36个，网格党小组39个，党组织覆盖率达100%。

2022年3月4日，灵芝街道"浙里共建"志愿汇活动举行（灵芝街道 提供）

【拆迁征收】 2022年，灵芝街道完成西山头、山泉、嘉会、阳嘉弄三村一居拆迁征收工作，按时实现"双百清零"，共征收45.4万平方米，征收面积位列全区第一；落实房票安置工作，其中嘉会村、阳嘉弄居拆迁的房票安置率较高，为房票政策在全区的推广起到了示范引领作用，获区委区政府主要领导的批示肯定；稳步推进拆迁后续服务事项，全年累计调解拆后遗留问题300余起，完成房产证手续办理2000余套，结算交付灵北公寓二期、三期安置房245套。

2022年灵芝街道主要经济指标完成情况一览表

表111

各项经济指标	单位	2022年	2021年	同比增长（%）
规上工业总产值	万元	453382	428933	5.7
规上工业增加值	万元	143975	122636	17.4
限上消费品零售总额	万元	153329	163918	-6.5
限上批发业销售额	万元	2056480	1771301	16.1
限上住宿业营业额	万元	3720	3143	18.3
限上餐饮业营业额	万元	9125	7705	18.4
有效投资	万元	2848498	2576578	10.6
建安投资	万元	1421630	1250733	13.7
商品房销售面积	平方米	679459	1287747	-47.2

【完成市区两级拔钉清障攻坚任务】 2022年，灵芝街道按时完成市区两级拔钉清障攻坚任务59户，完成率达100%，涉及建筑面积5万余平方米，拔钉数量和面积均位居全区第一，腾出建设土地2000余亩，保中央公园项目、亚运会配套花海、新三江排涝等省市区重点项目建设，为镜湖开发、亚运会举办提供有力支撑。

【未来社区创建】 2022年，灵芝街道辖区内外滩社区入选2022年度全省第二批未来社区，是全区唯一、全区首个，同时入选全省首批共同富裕基本单元，通过省级养老场景验收，获得数字社会系统2022年度“最暖家园”称号。

【生态环境提升】 2022年，灵芝街道深化“蓝天”“碧水”“净土”“清废”四大行动，落实100余个工地扬尘跟踪管理，申报认定绿色工地33家，数量位居全市第一，PM2.5年平均浓度26.6微克/立方米，空气质量优良率指数（AQI）92.9%，获市蓝天办通报表扬；深化河（湖）长制，全天候保洁水域1.3万亩，完成荒荡清淤工程3.4万方，投入水面垃圾自动收集装置5台、无人保洁船3艘，提升河道保洁质效，获得“‘五水共治’优秀乡镇（街道）”省级称号；完成立岱村农田非粮化整治，做好萧甬铁路沿线机耕路工程建设，解决灵芝居青甸湖畔100余亩土地抛荒问题。

【民生服务建设成果】 2022年，灵芝街道为老旧小区加装电梯36台，数量位居全区第一，开创越城区首个小区整体加装电梯的样板；新增金群家园社区卫生服务站点，创建街道“枫桥式”社工站，完成官渎社区、外滩社区、大庆寺居3个示范型便民服务站建设；新建官渎社区、梅山社区2个百姓健身房，临江社区、外滩社区2个健身苑点，全心家苑沿河一条3公里沿河步道；创建高质量就业村（居）、社区46个，其中灵芝居委会创建成为绍兴市级高质量就业居；完成城乡居民医疗保险以及“越惠保”参保工作，基本养老保险提标扩面任务完成率超200%；辖区内外滩社区建立公建民营模式的外滩社区幼托中心，开设2个托班40个托位，成为全区唯一一家示范性托育机构。（灵芝街道　宋思婕）

外滩未来社区党群服务中心（灵芝街道　提供）

东浦街道

【概况】 东浦街道位于越城区西北7公里处，境域面积30.78平方公里。乾隆《绍兴府志·水利志》载“积水之区，小者为浦，如东浦”，因系地势低洼之处，且位于原山阴县东北而得名。2022年，东浦街道下辖35个村级组织，其中，行政村20个，居委会2个，社区2个，股份经济合作社11个。户籍人口4.4万余人，流动人口4.7万余人。

2022年，东浦街道实现规上工业总产值10.7亿元；工业投资完成4257万元，同比增长86.4%；限上批发业销售额完成31.2亿元，同比增长35.5%；限上零售业销售额完成4.7亿元；规下工业营业收入完成1.06亿元，同比增长58.41%，新增样本企业10家；房地产销售面积同比增长4%，从业人员工资总额5337万元，同比增长36.5%；规上其他营利性服务业同比增长386%，劳动工资总额同比增长78.43%。

2022年，东浦街道党工委获评全市信访积案“百日攻坚”行动表现突出集体，东浦街道办事处获评绍兴市生态文明建设突出贡献集体、“美丽越城”建设突出集体、越城区党政信息工作先进单位，创建全市唯一一个标准化省级三优指导中心。绍兴群贤一九八众创空间、“元·创”众创空间2家创建为省级众创空间2家。

【党建引领】 2022年，东浦街道举行庆祝建党101周年系列活动，开展“书记讲党课”在内的专题党课76场，在杭州亚运棒垒球馆举办首届“红色运动会”，走访慰问困难党员、老干部、优秀党员110人。全年选拔任用中层正职3名、中层副职5名，交流中层干部5名，抽调13名业务骨干，落实各条线兼职联络员8名，组建疫情防控、信访化解、蓝天保卫3个专班，推进重难点工作。

【招商引资】 2022年，东浦街道累计对接达成2000万元以上工业项目5个，1000万元以上服务业项目3个，项目计划总投资约8.9亿元；招引商贸及服务业项目7个，招引项目中已有5家企业升规，预计可增长销售额3.45亿元。推进聚彩口罩生产印花项目落户，洽谈对接雷克萨斯汽车4S店、保时捷睿境汽车商场2个项目落户东浦。

2022年7月1日，东浦街道在杭州亚运会棒垒球馆主馆棒球场举办庆祝建党101周年系列活动“共建醉美东浦、共享幸福生活”红色运动会（东浦街道 提供）

【人居环境改善】 2022年，东浦街道用时7天完成群力村140户集体、国有户的拆迁征收工作，并实现签约率“两个100%”（土地征用签约率、房屋搬迁签约率），征收面积3.7万余平方米，保障棒（垒）球场馆周边配套工程的建设。针对东浦39户，做好分类个性处置方案并落实“一对一”攻坚责任领导与责任人，累计完成滞留户攻坚38户、完成率97%。完成排查拆违39748.33平方米、完成率113.57%，拆后利用完成率100%。

【聚焦民生】 2022年，东浦街道深化巩固“污

2022年东浦街道主要经济指标完成情况一览表

表112

指标	单位	2022年	2021年	同比（%）
一般公共预算收入	万元	20482	14563	40.64
限上批发业销售额	亿元	31.2	23	35.65
限上零售业销售额	亿元	4.7	4	17.5
其他营利性服务业营业收入	万元	19927	5441.9	266.18
自营出口	万元	245013.91	265400.63	−7.68
建筑业总产值	亿元	46.4	39.9	16.29
规模以上工业主营业务收入	万元	76185	99304	−23.28
规模以上工业增加值	万元	19769	21893	−9.70
固定资产投资	万元	407676	532216	−23.40
限上社会消费品零售总额	万元	42000	35728	17.50

水零直排”创建成果，动态排查整改问题点位150处，新增清水闸村程湾内江及村河生态涵养试点。累计走访慰问困难群众753户次，发放慰问、救助金153.4万元。继续做好“双拥”工作，办理退役军人优待证。扩升文化宣传力度，组织开展收看党的二十大开幕会、文化大巴下村、香薰制作等19场次的群众文化活动；举办全民健身运动会10余场。

【社会治理高效务实】 2022年，做好利丰隔离点停建农民工讨薪、元培学院学生死亡案、柯桥会稽山酒厂着火引起东浦河域死鱼案等重大维稳事件的调处工作，矛调中心累计承办并办结“12345”政务热线、来信来访共3108余件，调处纠纷269起，确保90%以上矛盾纠纷在街道层面解决。

【以“五星3A”助推乡村振兴】 2022年，东浦街道南村村列入市级“五星3A”先行村、省第三批未来乡村和“共富工坊”培育名单，以“酒中有戏，古泊南村”为创建主题和发展定位，聚焦南村东浦黄酒发源地、云集和孝贞酒坊原址所在地、家庭手工酿酒作坊聚集地等产业禀赋，启动“黄酒源乡家庭手作酿造村”产业复兴计划。深度挖掘南村村名士文化、酿酒文化和越剧传承，启动“酒乡越剧体验馆”“名人广场”“南村村书画社”等文化类核心项目建设。（东浦街道　史沁舒）

南村村风貌（东浦街道　提供）

鉴湖街道

【概况】 鉴湖街道地处绍兴市区南部，东邻会稽山旅游风景区，南接柯桥区平水镇，西连柯桥区兰亭镇和印山越国王陵保护区、兰亭国家森林公园，北与市区城南街道接壤。南部有海拔543.6米的秦望山，因2000多年前秦始皇南巡时登临此山远眺南海（今杭州湾）而得名，系浙东唐诗之路的重要组成部分。街道地域面积50.3平方公里，下辖11个行政村及2个社区，户籍人口26867人，外来人口10556人，党员1637人。绍兴城市主干道解放南路、中兴南路，绍诸高速，新建成32省道、杭绍台高速交叉贯穿鉴湖，绍兴地铁一号线终点站也设于鉴湖街道中心。“绍兴南大门”新形象初具规模。

2022年，鉴湖街道完成规上工业增加值1.99亿元，同比增长10.6%；建筑业省内产值7.1亿元，同比增长25%；自营出口总额达20.76亿元，同比增长39.64%；限上批发业销售额43.2亿元，同比增长35%；限上零售业销售额6.3亿元，同比增长60.1%；完成固定资产投资10.4亿元、实到内资1.12亿元。主要经济指标增速明显，稳进提质“月晾晒”指标排名全区第一。

【落实党建引领】 2022年，鉴湖街道落实“三会一课”（“三会”，指定期召开支部党员大会、支部委员会、党小组会；“一课”，指按时上好党课）、主题党日、民主评议等党内组织生活制度，强化组织干部初心使命。开展精神学习宣讲，街道青年开展“共同富裕·青年说”微宣讲；开展“三驻三服务”，累计上报服务手记879篇、问题需求1478个，动态解决率100%；推广浙里兴村共富系统场景应用工作，累计派发任务427件，基本实现事项线上流转、扁平化管理。发挥党工委“头雁领航”作用，带头开展重大精神宣讲30

余场，将理论精神学习覆盖到每一个党员干部。落实公务员学法用法培训3期、新进事业人员导师制，加快年轻干部成长。强化重点岗位“火线练兵”，选派机关干部到一线处理急难险重的关键任务，加速提高干部应急应变能力。

【深化“清廉鉴湖”】 2022年，鉴湖街道全力推进“清廉鉴湖”建设，严格贯彻执行中央八项规定及其实施细则，抓实基层公权力监督平台2.0、小微权力监督“一点通”等数字化监督平台在村社的推广使用。全年集中开展廉政警示教育4次；常态化明察暗访开展正风肃纪检查109次，检查单位494家，立案审查违纪案件8件，问责处理街道、村社两级工作人员共23人次，整治群众身边的不正之风和腐败现象；开展政治生态自查自纠，从严治党向深向细延展。

【生态环境整治】 2022年，鉴湖街道完善生态修复，芳泉矿临时垃圾堆放点整治、马园与南门新兴废弃矿山生态修复两项工程通过市区两级验收，其中芳泉矿临时垃圾堆放点整治项目作为中央环保督察整改正面案例得到生态环境部华东督察局肯定。推进工地道路、渣土车、秸秆焚烧等面源污染专项整治行动，全市首创秸秆回收机制，秸秆焚烧现象得到有效遏制，秸秆烟点较同期降低80%。做好“一河一策”“一库一策”，30个断面水质稳定向好，未出现V类、劣V类水，投资1300万元实施山塘综合整治工程，完成16座山塘水库溢洪道提升改造工程。

【推进产业发展】 2022年，鉴湖街道发挥产业聚集区优势，提升辖区投资强度，保障地铁小镇、“栖湖”工程、东南部（芳泉）公交停保站、特警训练基地等省市区重大投资项目推进。全年签约落户招商项目5个，超额完成招商目标；新增规上限上企业20家，其中规上工业企业5家，规上建筑业企业2家，限上商贸企业13家；加强辖区内01D-02、B-31 2个商业地块的推介，完成实到内资1439万元。新增国家高新技术企业5家、省级科技型中小企业7家，申报国家级人才5人、入选1人，申报省级海外引才计划6人，超额完成全年目标任务。

【城乡风貌提升】 2022年，鉴湖街道完成栖凫、芳泉、上谢墅等地块拔钉清障及征收工作，释放土地空间197.2亩，拆除各类违建30239.5平方米，无违建创建、存量违建销号等工作位列全区首位。全面推进城市管理提升专项行动，实施南池老街整治百日攻坚，顺利完成解放南路、中兴南路等亚运配套工程，纵深推进垃圾分类工作，街道获评“浙江省高标准生活垃圾分类示范片区”，通过全国文明城市、国家卫生城市创建复评。

【完成粮食功能区“非粮化”整治404.4亩】 2022年，鉴湖街道完成粮食功能区“非粮化”整治404.4亩，建设高标准农田3207亩，全年粮食作物收获面积9665.2亩。实施农村宅基地制度改革，盘活闲置农房7300余平方米。

【年查处整改隐患541处】 2022年，鉴湖街道在全区率先试点村社现代化应急救援体系建设，筑牢安全防线，严格规范落实驻村驻企走访巡查。坚持检查全覆盖、整改全闭环，“晾晒通报”和“考核评价”双管齐下。开展安全生产大排查大整治行动，全年累计排查企业、经营单位2383家，查处整改隐患541处，复查合格802家，完成整改企业和出租房800余家。全年安全生产事故数、死亡人数均为0，消防火灾数同比下降42.3%。

【稳定社会环境】 2022年，建成7个“枫桥式村（社）”，基层共享法庭实现全覆盖。电信网络诈骗发案57起，同比下降30.49%，案损值同比下降53.04%，实现发案数、损失数双下降，切实保障辖区群众财产安全。

【提升公共服务】 2022年，鉴湖街道以社会救助为抓手深化困难群体扶助，保障民政工作落

2022 年鉴湖街道主要经济指标完成情况一览表

表 113

指标	单位	2022 年	2021 年	同比(%)
一般公共财政预算收入	万元	6750	5886	14.68
规模以上工业主营业务收入	万元	84163.1	86210	−2.37
规模以上工业增加值	万元	19872	17965	10.62
固定资产投资	万元	104280	97374	7.09
限上社会消费品零售总额	万元	63410	39607	60.10
限上批零、住宿销售额(营业额)	万元	431731	311887	38.43
自营出口	万元	207560	148635	39.64
实到外资	万美元	0	2813	—

到实处。开展辖区困难退役军人摸排建档及双拥走访慰问活动,服务困难家庭 138 户,兑现贫困患者补助 41738.81 元,发放残疾人之家运营经费 69000 元。国防双拥、退役军人、民族宗教、港澳事务、侨务、工青妇残等各项事业取得新成绩。

【提升群众获得感】 2022 年,鉴湖街道推进“最多跑一次”改革升级,街道便民服务中心全年累计办理事项 3535 件,推动便民服务网点向村社延伸,创建 4 个村级示范型便民服务中心,高频民生事项实现就近办理。开展自然灾害公众责任保险参保,惠及村居民 26838 人,基本养老保险、基本医疗保险参保率均达 99% 以上,越惠保参保率 70% 以上,累计发放低保金、救助金、慰问金等各类困难补助 186 万元。创建浙江省乡镇街道标准化应急救护培训基地。

【文旅项目精彩纷呈,乡村建设活力迸发】 2022 年,鉴湖街道持续发掘乡村发展潜力启动秦望十里筠溪、娄家传统民居保护开发项目,实施陈洪绶墓、筠溪民居等文物保护修缮工程。新建特色文化礼堂、智慧礼堂、树兰书屋以及体育公园等一批文体阵地,全年组织开展各类群众性文体活动 300 余场,原创莲花落作品《家住云松村》亮相全市“我们的村晚”,“15 分钟品质文化

2022 年 8 月 3 日,“悠游鉴湖 幸福夏日”2022 年鉴湖街道文旅主题系列活动之一的“乐享盛夏的果实”音乐节现场(鉴湖街道　提供)

生活圈”逐渐形成。以音乐节、阅读节、采摘节等活动载体促进文旅融合发展,促进鉴湖西片区域文旅农一体化发展,形成文旅赋能乡村振兴的发展新路径,相关经验被国家级、省级主流媒体多次报道。

【坡塘村创成全省首批未来乡村】 2022 年 12 月 21 日,鉴湖街道坡塘村创成全省首批未来乡村,丰乐村、谢墅村获评省 AA 级景区村。自浙江未来乡村创建工作以来,坡塘村依托村庄深厚的历史文化与丰富的生态资源,深入实施乡村振兴战略,在绍兴市乡村振兴先行村打造的基础上,结合坡塘村现有资源及文化底蕴,以党建为统领,以人本化、生态化、数字化为原则,秉持“文旅兴村”发展方略,打造低碳乡村社区和农

坡塘村(鉴湖街道 提供)

业休闲旅游综合体,实现“自在田园,生态宜居”的低碳乡村。以茶香、书香、墨香为载体,集成“美丽乡村+数字乡村+共同乡村+人文乡村+善治乡村”建设,着力构建引领数字生活体验、呈现未来元素,打造有坡塘辨识度的未来乡村。

【“地铁小镇”雏形初现】 2022年4月29日,绍兴地铁1号线主线正式开通,就此,千年古城迈入地铁时代。鉴湖街道芳泉站,位于绍兴地铁1号线最南端,是杭绍地铁的绍兴起点。全程47.1千米、时长75分钟,鉴湖街道成为重要交通连接点,见证了绍兴古城南部板块的崛起和城市现代化的前行脚步。依托绍兴地铁1号线芳泉站、鉴湖停车场等站场资源,鉴湖街道TOD(以公共交通为导向开发)综合开发项目落地于此。作为绍兴未来的南部交通枢纽,鉴湖街道拥有芳泉站、栖湖站、南池站3个1号线站点,杭绍台高速公路路口和绍兴客运南站,从公交、公路客运再到高速公路、地铁,绍兴南正加速形成立体化的交通体系,多种公共交通方式实现无缝衔接。

【山塘水库除险加固】 2022年10月24日,鉴湖街道总投资1000万元的坡塘村井亭湾、肉猪坟、塔山3个病险山塘水库除险加固工程完工,通过提高大坝标准化建设、溢洪道启用液压式升降坝、新建黏土斜墙防渗处理、新建虹吸管、管理用房、观测设施以及新建上坝道路等各项工程整改。水库改造后,防洪标准由十年一遇提高到二十年一遇,方便农田灌溉800多亩,并着力提升周边景色,为乡村文旅项目开发提供条件,为服务“三农”促进乡村振兴夯实硬件基础,成为美丽城镇建设的一大亮点。

【鉴湖街道人大代表联络站入选省级首批培育名单】 2022年,鉴湖街道人大代表联络站入选省级首批培育名单。鉴湖街道人大代表联络站于2012年挂牌成立,并先后于2019年、2020年成立鉴湖街道东片和鉴湖街道鉴湖法庭两个人大代表联络分站。近年来,人大鉴湖街道工委大力推进代表联络阵地建设,打通联系服务代表和群众的“最后一纳米”。鉴湖街道人大代表联络站先后被授予越城区“五星级”人大代表联络站、绍兴市优秀人大代表联络站荣誉称号。

【鉴湖街道首个村史馆——南池村史馆开馆】 2022年9月4日,鉴湖街道首个村史馆——南池村史馆开馆,南池村位于越城区南面、鉴湖街道镇域中心,地铁一号线在村内建有栖湖、南池两个站点。南池村史馆以村名由来越国大夫范蠡养鱼之“下池”为铺垫,通过“记忆南池”“农商南池”“创业南池”“足迹南池”4个板块的展陈,用实物、图文、新媒体及3D模型为手段,介绍村史、村貌、村姓、村贤、村风、村俗、村物、村艺、村训等历史文化,展现南池村乡土文化和民俗风情的独特底蕴,展示南池村名人志士的美好事迹,反映南池村历届村两委带领人民群

南池村史馆(鉴湖街道 提供)

众奋斗创业的光辉历程，从中折射党史、新中国史、改革开放史在南池的生动实践。

【绍兴市首家街道红十字应急救护培训基地正式揭牌】 2022年9月30日，鉴湖街道“全民应急救护能力提升工程”民生实事项目——红十字应急救护培训基地揭牌仪式在鉴湖成人文化技术学校举办。鉴湖街道标准化应急救护培训基地建设项目是2022年省级改革试点工作之一，是全区首个街道应急救护培训基地建设项目。培训基地由越城区红十字会出资、鉴湖街道红十字会承建，在鉴湖成人文化技术学校协助下，严格参照中国红十字会总会红十字应急救护培训基地标准，根据“1+10”（即1处红十字生命健康安全体验室、10处红十字应急救护培训教室）格局进行建设。街道红十字会加强组织管理、技术保障、组织实施、督查检查，推进街道标准化急救培训基地建设工作。全年，开展15期应急救护取证培训，完成624名救护员新增取证任务；开展应急救护普及培训60场，培训6669人次。

【首个农村应急体系建设示范村运行】 2022年，鉴湖街道建成越城区首个农村应急体系建设示范村。示范村以社区应急和消防管理领导小组组建率、配备率和以网格员为主体的社区应急突击队组建率均达到100%以及建成“平时组团服务、群防群治，战时快响集结、组团作战”的社区防救体系为目标。建立不少于30人的社区综合应急救援队伍和不小于15平方米的社区应急物资储备库(室)，物资实行“三大件、四小件”全覆盖，为全区“15分钟救援圈”建设提供补充保障。

【坡塘乡村博物馆建成】 2022年12月22日，鉴湖街道坡塘乡村博物馆在云松客厅建成。乡村博物馆于2022年初开始筹建，馆内收藏村民捐赠的清代织布机、制茶机和许多早期电子产品老物件，也存列50多件汉、东晋和唐宋明清时期的各种陶瓷品。成为一个展示乡土文化、活跃民间交流、促进文旅融合的重要平台，将散落在乡土间的传统文化进行融汇展示，并激发其乡村文化建设活力，助力乡村振兴。（鉴湖街道　陈莉莎）

斗门街道

【概况】 斗门街道地处绍兴城北三江之交，是镜湖、袍江城市有机更新的核心，东与马山街道相邻，西与灵芝街道相连，西北、北与柯桥区齐贤街道、马鞍街道毗邻，东北濒曹娥江与沥海街道隔江相望，地域面积42平方公里。斗门是千年古镇，保存有斗门老街、袍谷古遗址、三江老闸、三江所城、千年古刹宝积寺和荷湖登瀛桥等历史遗迹。斗门街道先后获评全国经济千强镇、全国乡镇综合竞争力百强镇、美丽城镇建设省级样板、浙江省卫生镇、省级平安创建工作先进单位、浙江省社会治安综合治理先进集体、浙江省气象防灾减灾标准乡镇、浙江省社区矫正工作先进集体、市级文明单位、市级生态镇、信访三无乡镇、“枫桥式”乡镇、基本无违建乡镇(街道)、外贸十强街道等荣誉称号。

2022年，斗门街道下辖9个行政村、20个社区(居委会)，6个股份经济合作社，户籍人口58127人，流动人口76771人。2022年，斗门街道下辖规模以上工业企业181家，限上批零住餐企业165家，集聚工业园区162个，产业基本涵盖制造业的31个门类，主要行业包括装备制造、生物医药、医疗健康、纺织服装、节能环保、电子信息、新材料等。2022年累计实现规上工业总产值707亿元，工业增加值190.15亿元，同比增长13.9%；限上批发业销售额299.05亿元、限上零售业112.42亿元、限上住宿业营业额

2022 年 1 月 29 日，三圓石化、三锦石化征收回购协议、退出协议签约仪式举行（斗门街道　提供）

6531 万元、限上餐饮业营业额 4298 万元，分别同比增长 38.45%、6.82%、27.93% 和 12.62%；限上社会消费品零售额 133.75 亿元。商品房销售面积 453487 平方米，同比增长 45%。绍兴中国汽车城作为全省专业市场排名第一的现代服务业集聚示范区，汇聚各类汽车品牌 60 家，年交易额达 112 亿元。

【经济发展稳中有进】 2022 年，斗门街道组建招商引智专班，招引产业项目 15 个。引导支持精工钢构等二次开发项目 19 个，盘活闲置用地 1261 亩，其中，友邦氨纶投资 12 亿打造新型产业综合体；贝得药业利用化工企业腾退闲置土地，投资 8 亿元升级打造大健康产业科技园。全年累计实现工业企业“小升规”19 家，新增产值近 20 亿元；“下升上”34 家，年度目标完成率 262%；新增市场主体 1632 家，同比增长 41.8%；申报高新技术企业 45 家、省科技型中小企业 44 家，申报国家级、省级人才项目 59 个，新入选国家级领军人才 6 人，均居全区首位。新增国家级专精特新重点“小巨人”企业 1 家。佳人新材料、古纤道绿色纤维相关产品入选“浙江制造精品”榜单。深入实施“砺鹰计划”，25 家印染企业关停退出，17 家化工企业签订退出协议，完成三圓石化、三锦石化征收退出。2022 年，共关停出清企业 69 家，注销 369 家，处罚金 482 万元。

【推进党建统领】 2022 年，斗门街道深入实施“红色根脉强基工程”，全面推行“浙里兴村治社”应用系统，运维效能居于全区第一方阵。推进党建统领网格智治，系统重塑村社网格化治理，全域划分 37 个管理区块、109 个网格、666 个微网格，实现网格党组织全覆盖。开展百盛社区融合型大社区大单元试点工作，马海工业社区申报省级社区治理和服务创新实验区。深化“契约化”共建，组建印染化工企业腾退搬迁党建联建、文化企业联建、科创企业联建、马海工业社区联建、卫生院契约化共建联建、斗门街道电商联建等 6 个党建联建，推动两新组织与村社开展共建项目 123 个。探索从“联企”到“联地”的挂联服务新模式，实现辖区 341 块 3 亩以上工业用地全覆盖。组织开展“红润斗门 共富三江”党建主题活动，在新华网、人民网等主流媒体唱出斗门好声音。

【强化队伍建设】 2022 年 6 月 11 日，斗门街道举办第一期“双月擂台”赛比活动，营造“单月例会、双月擂台、季度晾晒”工作氛围，激发干部创造性张力。开设“斗门论坛”，邀请党校老师、“五老”（老干部、老战士、老专家、老教师、老模范）宣讲成员、机关年轻干部登台授课 12 次。

【社会治理温暖有力】 2022 年，斗门街道新创建柯灵、王家池、璜山北三个市级示范型村级便民服务站点，新增中兴社区、百盛社区、鸿滨社区、昌兴社区市级高质量就业村 4 个，帮扶 14 名重

2022 年 6 月 11 日，斗门街道举办第一期“双月擂台”赛比活动（斗门街道　提供）

2022 年斗门街道主要经济指标完成情况一览表

表 114

指标	单位	2022 年	2021 年	同比增长(%)
一般公共预算收入	万元	156969	150096	4.58
规模以上工业营业收入	万元	6525062	5941643	9.82
规模以上工业增加值	万元	1901535	1516689	13.9
固定资产投资	万元	761520	784498	−2.93
限上社会消费品零售总额	万元	1337484	1245297	7.33
限上服务业企业增加值	万元	19989	14159	41.18
自营出口	万元	1835074	1748987	4.92
实到外资	万美元	302	118	155.93

点就业困难人员托底安置，城镇零就业家庭实现动态清零。系统处置袍江区域交叉管理的历史遗留问题，调整柯灵、鸿滨两个现有社区设置，筹建湖畔社区，共惠及居民 3.1 万人、规上工业企业 19 家，最大程度实现属地事权、职权的统一。

【打好“蓝天碧水”两大战役】 袍江中学国控站点 PM2.5 年累计浓度 27.85 微克 / 立方米，获绍兴市生态文明建设突出贡献集体奖。完成安装 160 余个净化过滤箱，实现 49 个断面水质达到Ⅲ类，完成街道 34 个小区，7 个片区的污水“零直排区”工程验收工作。

【完成拆改攻坚】 2022 年累计拆除违建 7.4 万平方米，企业分类处置 8.8 万平方米；完成植物园地块、永宁安置房地块、里谷社居集体土地等共计 6 万平方米的非住宅征收工作；做好 13 户拆迁滞留户处置工作；平稳完成赵墅、里谷社安置 99 户安置户整改工作；基本完成外谷社整村住宅房屋拆迁。

【聚焦宜居便民】 2022 年，实施农村生活污水终端改造、美丽公路、停车场改造等 51 个美丽城镇民生工程，创建成为美丽城镇省级样板；完成西堰居全民健身广场建设、红立方无障碍设施改造等省级民生实事项目。

【基层平安创建】 辖区内安全生产事故、火灾起数实现双下降，承办全市镇街应急和消防安全委员会集中授牌仪式。全力守好“绍兴北大门”，平稳应对“国十条”出台后疫情新变化。

【斗门街道社区卫生服务中心获通报表扬】 2022 年 2 月 21 日，斗门街道社区卫生服务中心在 2021 年“优质服务基层行”活动中获国家卫生健康委、国家中医药局通报表扬。

【“云征收”系统上线】 2022 年，斗门街道所有征收工作实行“云征收”。“云征收”系统，涵盖摸底建档、测绘测量、确权确户、评估作业、协议签约、资金结算、签约腾空等全业务流程。借助运用“云征收”等新手段，做到科技助力征收，实现房屋征收真正晒在“阳光”下，透明在“云端”里。

（斗门街道　高英）

皋埠街道

【概况】 皋埠街道位于绍兴市区东大门约 8 公里，东邻陶堰街道，南毗富盛镇、平水镇，北隔 104 国道与东湖街道相望，西接老城区。民国 21 年（1932）皋埠镇建立，中华人民共和国成立后曾是会稽县政府驻地，1992 年 5 月，撤区并乡扩镇后，将原皋北乡、上蒋乡并入成为新的皋埠镇。2001 年 1 月，由绍兴县（现柯桥区）划入越城区。2019 年，皋埠街道挂牌成立。现全街道地域面积 59.5 平方公里，下辖 26 个行政村，4 个社区，截至 2022 年末常住人口 52194 人。

2022 年，皋埠主要经济指标综合排名全区第一。全年实现规上工业生产总值 144.3 亿元，同比增长 13.44%；规上工业增加值 40.5 亿元，同比增长 16%；固定资产投资 105.5 亿元，同比增长 65.6%；社会消费品零售总额 16.2 亿元，同比增长 14%；高新技术产业投资 89.2 亿元、数字经济核心产业产值 52.2 亿元、实际使用外资 2058 万美元，多个指标排名全区首位。入选区政府双月赛马评比 2 次，获评年度考核优胜镇街，较好实现“全年红”目标。

【产业经济发展】 2022 年，皋埠街道全年新建、续建项目 35 个，总投资 300 亿元。市县长工程振德二期项目动工建设，中芯二期、中芯模组等省重大产业项目 100% 开工，其中，中芯模组拿地 16 天即开工，振德二期提前 3 个月开工建设。申报零土地技改项目 10 个，完成“小升规”“下升上”等市场主体培育 20 个。完成经营性土地做地 26 亩，土地出让 257 亩，承接菲滋餐饮、吉圣贸易等项目用地。

【创新要素集聚】 2022 年，皋埠街道规上企业研发设计中心实现全覆盖。全年认定高新技术企业 17 家，新增省科技型中小企业 26 家。扎实开展人才引育，入选省级引才计划 4 人并全部落地，排名全区第一。完成规上工业企业研发费 14.8 亿元，完成率 118.5%。绍兴市岭峰气枪制造有限公司被评为“隐形冠军”，浙江京华激光科技股份有限公司被评为“专精特新‘小巨人’”；长电集成获评全省第一批未来工厂；中芯集成科创板 IPO（首次公开募股）过会；集成电路“万亩千亿”新产业平台获全省考核第一。

【产城配套健全】 2022 年，皋埠街道获评浙江省第二批现代商贸特色镇。10 月，鲸银城开业；中芯花园(一期)、建芯家园等住房配套交付入住；长电 110 千伏电网补强工程完成建设，高新区块供水管网、污水先行段投入使用。

【城市形象优化】 2022 年，皋埠街道完成东湖农场征迁工作。开展重点区域无照经营专项整治 170 余次，处理渣土案件 80 起，依法制止并处置新增违建 120 起，拆除存量违建 1.3 万平方米。全域推进“无废城市”“蓝天保卫战”“垃圾分类”等行动，市级地表水质量考核断面、街道重点水质断面达标率 100%，PM2.5 浓度 28.2 微克 / 立方米，完成区定目标任务，坝头山村成功创建浙江省美丽宜居示范村，唐龙家园、东郡北区成功创建 2022 年省级高标准垃圾分类小

2022 年皋埠街道主要经济指标完成情况一览表

表 115

指标	单位	2022 年	2021 年	同比增长(%)
规模以上工业总产值	亿元	144.3	127.2	13.4
规模以上工业增加值	亿元	40.5	31.6	28.2
固定资产投资	亿元	105.5	63.7	65.6
限额以上批发业销售总额	亿元	50.1	44.2	13.3
限额以上零售业销售总额	亿元	9.5	8.1	17.3

区，坝内村成功创建2022年省级和市级高标准垃圾分类村，皋埠街道被列为全省低碳乡镇试点创建单位。

【推进乡村共富】 2022年，皋埠街道启动新一轮消除经济薄弱村工作，年经营性收入50万元以下的经济薄弱村实现清零。大力推进“三农”工作（农业、农村、农民），全年粮食播种2.9万亩，占全区总量1/5。浙江省粮油产业技术团队项目（早稻新品种“瞬达135”示范推广及配套栽培技术研究）完工，承办全市（早稻绿色高产高效创建暨新品种展示）观摩培训会。吼山村通过“3A村”创建，胜利村、皇埠村通过“五星村”创建，坝头山村创建市级乡村振兴先行村、浙江省未来乡村。

【完成8项民生实事项目】 2022年，皋埠街道推进入镇口风貌提升、道路基础设施提升等项目，开展“四好农村路”建设，坝头山—西湖畚农村道路和东杨湾村东堡至西桐线沿线完成提升改造。完成万余米的临水临崖隐患点、16处右转弯隔离改造等道交隐患整改，西湖畚村、胜利村、樊江村和中芯集成的交通安全站完成建设，完成道交隐患整治摘帽工作。银山路垃圾中转站实现提升改造，新建街道级易腐垃圾处置站，并通过省级星级站点创建。

【平安皋埠建设】 2022年，皋埠街道防御台风“轩岚诺”“梅花”，完成中共二十大等重大活动维稳安保任务。落实精防管控、禁毒反邪、平安反诈等工作，国家反诈推广水平居全区前列，辖区案损量同比下降54.4%，皋埠派出所创建省级“枫桥式”公安派出所。推动“除险保安”全域全程全覆盖，调整网格员体系，推进安全隐患大排查大整治等专项行动，全年整改安全生产、消防安全隐患5000余处，火灾起数下降35.3%，较大以上安全生产事故实现零发生，7家挂牌整治单位全部完成整改并摘牌。东晶佳园、香郡园、东郡北园3个小区智慧安防、银桥社区和东湖社区的微型消防站等完成建设。

2022年11月13日，2022陆游文化节——陆游的诗文传统与当代诗歌精神主题论坛现场（徐妍　摄）

【承办首届“中国陆游诗歌奖”】 2022年，皋埠街道承办首届中国（绍兴）•陆游诗歌奖，9月启动征集大赛，由中国作家协会《诗刊》社、中国诗歌学会、中国诗歌网在全国范围内发起，共计收到参评稿件近万份。

【承办中国（绍兴）中华诗词大会】 2022年9月，皋埠街道承办首届中国（绍兴）·中华诗词大会，以北京和绍兴为中心分为南北两大赛区，在全国开展海选。11月13日，在陆游文化节现场开展总决赛。全国人大常委会委员、中国作协诗歌委员会主任吉狄马加，《诗刊》社副主编霍俊明，云南作协驻会副主席、鲁迅文学奖获得者雷平阳，吉林作协副主席、秘书长、中国作协全委会委员宗仁发等参加，并以“陆游的诗文传统与当代诗歌精神”为主题解读陆游。（皋埠街道　韩信忠）

陶堰街道

【概况】 陶堰街道位于越城区东部，距绍兴市区13公里，东与上虞区东关街道、道墟街道接壤，南靠富盛镇，西临皋埠街道，北连孙端街道。浙东古运河、杭甬运河、萧甬铁路、104国道、

329省道、钱陶公路和绍诸高速、平陶公路穿境而过。陶堰因东汉陶姓家族居住堰下而得名，是陶成章、陶行知、邵力子的故乡。街道面积25.11平方千米，下辖11个行政村、1个社区，年末常住人口23137人。

2022年，陶堰街道全年实现规上工业总产值37.3亿元，限上批发业销售、规下工业营业收入(抽样)增速均超过35%，自营出口14.32亿元，同比增长4.39%，建筑业产值同比增长33%，工业技改总投资超过5840万元，同比增长110%。获评省级美丽乡村示范乡镇和全市乡村振兴突出贡献集体。

【"大综合一体化"改革】 2022年，陶堰街道深化"大综合一体化"行政执法改革试点，承接行政执法事项598项，组建综合性、一体化的综合行政执法队，全年累计开展"综合查一次"68次，查处案件33件，市场主体受检频次、出动执法人数同比分别下降67%、51%。

【开发"乡村旅游景区监管一件事"应用】 2022年，陶堰街道聚力破解乡村旅游景区生态环境、市容秩序等监管痛点难点，开发"乡村旅游景区监管一件事"跨区域数字化场景应用，利用视联感知、物联感知技术，实现生态问题智能预警、有效查处，入选2022年全省重大改革(重大应用)"一本账S2"，上线省执法监管数字应用标志性成果展示专栏。

【鉴湖国家湿地公园(试点)创建】 2022年，鉴湖湿地管委会落实国家湿地公园(试点)要求，贯彻落实市、区决策部署，加快湿地生态系统的保护与修复，坚持稽山鉴水城市生态会客厅和越乡原生态风貌展示区的定位目标，打造科普宣教园、水上游线、最美水道、东鉴湖沿岸景观等标志性项目。2022年，鉴湖国家湿地公园获浙江省第二批"五水共治"实践窗口，并联合鉴湖旅游度假区申报入围全省第四批大花园建设"耀眼明珠"候选对象。

【"浙里兴村治社"场景应用试点】 2022年，陶堰街道深化"浙里兴村治社"场景应用试点工作，全年共发布40余件工作提醒与信息通报，开展各级培训60余次，形成村居年度创业承诺121项，流转事项1022次，办结率100%。将"浙里兴村治社"工作融入先行村创建、拓展"陶堰八味"共富场景、"五星3A"项目监管、村年度岗位目标责任制考核等全过程。2022年，街道"浙里兴村治社"场景应用工作入选市级观察点，获绍兴市领导小组书面通报表扬。

【县域城乡风貌样板区建设】 2022年，陶堰街道全面建设县域城乡风貌样板区，总投资1.2亿

2022年陶堰街道主要经济指标完成情况表

表116

指标	单位	2022年	2021年	同比增长(%)
规模以上工业增加值	万元	106884	100549	6.3
限上批发业销售额	万元	159310	114400	39.3
限上社会消费品零售额	万元	60719	41249	47.2
自营出口	万元	143184	137157	4.4
建筑业企业产值	万元	983	740	32.8
固定资产投资	万元	20400	6059	236.7

2022 年陶堰街道“共富工坊”一览表

表 117

序号	“共富工坊”名称	所在乡镇（街道）	所在村（社区）	类型模式
1	“山野湖畔的诗意”农创体验共富工坊	陶堰街道	鲁迅故里（飞地）	电商直播式
2	“陶堰八味”体验馆共富工坊	陶堰街道	浔阳村	农旅融合式
3	古越龙山绍兴酒鉴湖糯稻基地共富工坊	陶堰街道	南湖村	产业赋能式
4	服装加工稳就业共富工坊	陶堰街道	茅洋村	来料加工式
5	现代农业发展共富工坊	陶堰街道	南湖村	定向招工式
6	山海协作共富工坊	陶堰街道	浔阳村	产业赋能式
7	有你才莓好共富工坊	陶堰街道	张家岙村	农旅融合式
8	东鉴湖风情旅游共富工坊	陶堰街道	南湖村 / 横旦村	农旅融合式
9	工艺品加工共富工坊	陶堰街道	亭山村	来料加工式
10	兴村共富共富工坊	陶堰街道	泾口村	农旅融合式
11	零碳共富共富工坊	陶堰街道	白塔头村	产业赋能式
12	数据共富共富工坊	陶堰街道	全墅村、浔阳村、邵家溇村	产业赋能式

元，37 个城乡风貌提升项目全部开工。围绕水乡老街风韵、湿地田园风韵、美丽乡村风韵、多彩廊道风韵 4 个方面，重点强化城镇基础设施、人居环境提升、鉴湖国家湿地公园配套建设、平陶公路沿线整治等内容，推进花庄、益新自然村环境综合治理提升，实施国道沿线、运河两岸亮化工程，水乡夜景成为新的网红打卡点。2022 年，陶堰街道推进县域城乡风貌样板区创建，获评市级样板。

【打造全国首个绍兴酒糯稻千亩示范方基地】2022 年，陶堰街道推广“鉴湖糯”糯稻新品种，联合古越龙山黄酒集团，以“生态化种植、数字化展示”要求，建立全过程追溯体系和全景象展示平台，打造全国首个绍兴酒糯稻千亩示范方基地，打响“鉴湖糯、鉴湖水、绍兴酒”品牌。邀请浙江农林大学、浙江省土壤污染生物修复重点实验室成员，对糯稻基地周边开展生态调研和科技研究，发布泥煤层生态功效勘探论证初步成果，打造泥煤层资源原产地标，获评省级水稻病虫害绿色防控示范区。

【成章社区成立】2022 年 6 月，陶堰居委会完成“居改社”，陶堰第一个社区—成章社区正式挂牌成立。社区辖区面积 0.44 平方千米，东起玄玉江河，南至大溜畈河，西至 329 省道—白塔路一市街河，北至萧甬铁路，包括街道整个集镇区域，同时代管江南景园、桃花源山庄、名爵府

2022 年 9 月 27 日，绍兴市越城区陶堰街道成章社区居民委员会挂牌仪式举行（陶堰街道　提供）

和陶然名苑4个小区。共有入住居民1550户，社区管辖范围内居住人口3594人，配备专职社区工作者8名。

【“共富陶堰”党建联建】2022年，陶堰街道探索符合农村实际的“契约化”共建模式，搭建“共富陶堰”党建联建平台，与浙江农林大学、市农科院、国网绍兴供电公司等20余家单位开展“契约化”共建，引入项目20余个，打造“兴村共富”“零碳共富”“数据共富”等共富工坊12个。（陶堰街道　楼锴毅）

马山街道

【概况】马山街道位于越城区北部，滨海新区中部，东接孙端街道，西接斗门街道，南接东湖街道，北濒曹娥江。马山一名，据《绍兴县志》载：传大禹治水时，防风氏过此，在一土丘间驻马，丘侧有石骨隆起似为山之余脉，因名。马山街道面积44.5平方公里，辖20个行政村、6个城市社区、1个居委会。2022年末，户籍人口53780人，流动人口68246人。

2022年度实现规上工业总产值193.2亿元，同比增长-20.3%；实现限上批发业销售额73.7亿元，同比增长50.7%；实现自营出口100.72亿元，同比增长37.3%；完成固定资产投资74亿元，同比增长29.4%。全年供地约620亩，推动9个在建工业项目顺利投产、试生产，引入的8个重大项目均平稳落地，其中市县长项目“耀峰动力”正式动工。

2022年，马山街道开展粮食生产功能区非粮化整治564亩，持续落实“五个一百”农业水价综合改革创建工程，完成尚巷村经济薄弱村消薄工作。

【产业转型升级】2022年，马山街道新申报国家级高新技术企业入库21家，新增省级科技型中小企业培育入库20家，新增省级高新技术企业研发中心4家，新增市级企业研发中心6家；实现19家印染化工企业集中腾退，43天完成“恒业成有机硅”拆除工作，签约后89天实现“拿地即开工”和“四证齐发”（国有土地使用证、建设用地规划许可证、建设工程规划许可证和建筑工程施工许可证），其间未发生涉安事故。

【稳固安全生产】2022年，马山街道完成“枫桥式”镇街应急和消防管理办规范化创建工作，在中共二十大期间派出工作组43组，检查工业企业（园区）336家次，查处、整改隐患761处，停产查封消防安全隐患企业21家，办理安全生产违法案件3起，其间无异动、无突发、无灾害；摘牌市级重大火灾隐患整改单位碧波康庭小区，摘牌叶槿贸易、远洋工艺、嘉怡针织等5个市、区两级消防隐患挂牌单位。

【拆改工作】2022年，马山街道拔钉清障33户，盘活土地近200亩；全年完成拆违数8.2万余平方米，完成率117.14%；完成赏余村（西片）105户、2.2万平方米的集中签约及拆除拆平等征收任务。完成恂北村（二期）219户，5万平方米的确权确户复核审查工作，全年度完成征地让地项目352亩，完成做地净地约1813.4亩；完成孙马公路弱电专项整治、美丽城镇验收工作、启动世纪街美丽示范街改造工作、完成洋泾湖未来社区邻里中心及共享书房建设工作；完成老旧小区改造（一期、二期）工程；完成集镇区块四个区块、小小名潭、陶然公寓等小区污水零直排工程验收工作；完成全街道13812户农村自建房、3768处城镇房屋信息登记和排查工程，高层小区电梯加装工程进度已达75%。

【党建统领巩固】2022年，马山街道纵深推进党史学习教育，组织专题宣讲24次，传达学习上级关于意识形态工作会议精神8次，党工委理论学习中心组专题学习12次与专题研讨4次；聚焦“浙里兴村治社”“浙里干部之家”落

2022 年马山街道主要经济指标完成情况一览表

表 118

指标	单位	2022 年	2021 年	同比增长(%)
规模以上工业主营业务收入	万元	1569240	1762461	−11.0
规模以上工业增加值	万元	467670	520777	−10.2
限上社会消费品零售总额	万元	21464	11511	86.5
固定资产投资	万元	740080	572082	29.4
自营出口	万元	1007214	733759	37.3

地推广，突出数字改革实效。全年系统已累计流转办结事项5850条，平均任务完成率98.5%，效能指数达99.24分，推动基层治理数字化。

【民生服务建设】 2022年，马山街道完成省政府民生实事项目——马山街道便民服务中心无障碍改造工程。全年度办理便民业务8920件，“一网通办”受理率95%，政务“e点通”半年度帮代办620人次。累计发放各类补助合计352.59万元，成功复审浙江省三星级残疾人之家，完成10户困难残疾人家庭无障碍改造，为辖区内残障人士发放补贴约225万元；全年新增东豆姜村、宋家溇村、直乐施村3个区级和两江社区、马山居、越英社区、红塾村4个市级高质量就业村（居、社区），街道便民服务窗口被选定为退休业务下放镇（街）区级试点单位；完成退役军人建档立卡及优待证申请工作；慰问优抚对象及困难现役、退役军人，并发放慰问金及实物。

洋泾湖未来社区共享书房越城区图书馆马山分馆（黄叶华　摄）

【网格智治全面覆盖】 2022年，马山街道划分104个村社网格和17个专属网格，细分781个微网格，同步推进网格党支部建设，调整党支部66个，实现网格党组织全覆盖；建立“红色物业共富联盟”，推动红色物业服务进网入格，累计为24个居民小区，办理居民需求654件。打造“裘说法”“马大嫂”“庆萍阿姨”等网格志愿服务品牌，发动152名“两地报到”（出生地和居住地）契约化党员加入网格志愿者队伍，开展公益志愿活动133场，调解矛盾400余次。（马山街道　冯毅）

孙端街道

【概况】 孙端街道地处越城区东北部，离越城区行政中心17公里。区域地势平坦，江河遍布，属典型的平原水网地带，有“水乡泽国”之称。东邻道墟街道，南靠皋埠街道，西接马山街道，北濒曹娥江，与沥海街道隔江相望，周边长28.25公里，东西向最宽处6.7公里，南北向最长处6.3公里，辖区面积31.28平方千米，其中耕地面积2.15万亩，水域面积1.1万亩。

1956年3月，6个乡合并成孙端乡，建立孙端乡人民政府；1984年12月，孙端乡改为建置镇孙端镇，隶辖不变；1992年5月，撤区扩镇并乡，马山区公所撤销，孙端镇与皇甫乡合并后称孙端镇，设孙端镇人民政府；2019 年 11 月，撤镇设街，称孙端街道，设孙端街道办事处，直隶越城区人民政府。

街道下辖 16 个行政村、1 个居委会、89 个基层党组织，在册户籍人口 3.9 万人，外来暂住人口 7000 余人。孙端街道注册企业 952 家，职工 5000 余人，工业结构以纺织印染、五金机械、建筑建材、文教用品、电器设备行业为主。

2022 年，孙端街道实现规上工业总产值 199876.7 万元；规下工业企业市级抽样单位全年完成 116746.1 万元，同比增长 23.76%；国家级样本单位全年完成 8936.5 万元，同比增长 32.24%；限上批发业销售额 24416 万元，同比增长 70.96%，全区排名第一；工业投资 8358 万元，同比增长 77.04%；自营出口全国占比完成进度排名、自营进口增速排名均居全区前列。

【经济稳健增长】 2022 年，孙端街道加速产业提档升级，整治“低散乱”企业 28 家，淘汰落后产能企业 4 家，关停退出印染企业 2 家，完成高耗低效企业整治 6 家，新增“无废工厂”1 家，为制造业“腾笼换鸟、凤凰涅槃”打下基础。新增工业企业小升规 9 家，商贸服务业下升上 4 家。经济稳进提质工作在全省“月晾晒”晒比中连续 2 次进入全区前列。全年累计实现高新技术产业产值 41513 万元，完成研发经费 3423.1 万元。完成国家人才计划申报、参评各 4 人，省级引才计划申报 8 人。新增认定国家级高新技术企业 1 家、复评通过 3 家，新增认定省级科技型企业 10 家，顺兴金属制品有限公司获评省级专精特新“小巨人”企业。推进产业数字化、智能化转型升级，新增市级云上企业 1 家，申报市级智能化改造重点项目计划 8 个。“企业码”应用实现全域覆盖，“一码通办”精准惠企服务。出口企业铺平“清单 + 订单”管理，发挥跨境电商作用，全面开通海外仓建设应用。

【生态环境治理】 2022 年，孙端街道创建省级“污水零直排”示范乡镇，农村生活污水处理设施、雨污分流全覆盖。完善村居人居环境考核方案，推进“四乱”（乱占、乱采、乱堆、乱建）整治，累计处理问题 1138 个。破解村居大件垃圾、建筑垃圾处置难问题，强化垃圾分类数字化治理，累计投入 68 万元，创建 1 个市级垃圾分类示范片区、1 个垃圾分类省级示范村及 4 个垃圾分类市级示范村，实现垃圾分类投放全覆盖。

【美丽城镇建设】 2022 年，孙端街道累计投入 1.1 亿元实施 32 个美丽城镇项目建设工程，鲁迅外婆家研学基地和青年旅社装修工程等 12 个项目建成投运。新河村、后双盆村创建省级、市级美丽乡村，完成 6 个省 A 级景区村创建，景

2022 年孙端街道主要经济指标完成情况一览表

表 119

指标	单位	2022 年	2021 年	同比增长（%）
规模以上工业主营业务收入	万元	178983	255509	-29.9
规模以上工业增加值	万元	40891	56491	-22.2
限上批发业销售额	万元	24416	14282	71.0
固定资产投资	万元	37023	57427	-35.5
自营出口	万元	125452.31	93523.67	34.1

区村覆盖率达100%，孙端街道创建为AAAA级景区镇。

【农村人居环境整治】2022年，孙端街道拆除违法建筑12050平方米，完成率120.5%，拆后土地利用率100%。全年累计巡查工地、企业等扬尘、排气问题8346次，发现问题237个，查处运输车抛洒滴漏或带泥运行5起，处罚金额5000元。全年PM2.5平均浓度为28.24微克/立方米，同比下降3.4%，12个月度排名中，有9个月全市镇街排名优于上年同期。

【敏实生物农业示范园项目建设】2022年，孙端街道服务保障"敏实生物农业示范园"项目。5月，在孙端安桥头举行敏实生物农业示范园项目启动暨一期交地签约仪式。截至2022年底，一期累计交付土地1933.8亩、水面约1710.77亩，完成秋冬季小麦播种1050亩、油菜700亩，促成黄酒集团与敏实集团共建糯稻基地1600亩，二期和三期提前交付土地684亩。巩固"越城大粮仓"基础性优势，完成全年"非粮化"整治任务，年产粮食1.13万吨，占全区粮食总产量的10.87%。

【现代农业发展】依托科技赋能现代农业发展，建成街道农产品展销中心，创建省级高品质绿色科技示范基地1个，市级示范型植保服务组织1个，创建区域性现代农业综合服务中心1家，培育各类新型农业主体5家，完成2650亩高标准农田建设。"安桥头村解码文化基因强村富民模式"入选省级强村富民乡村集成改革典型案例，该村以全区第一名成绩创建为第二批省级未来乡村，古越龙山黄酒品鉴馆、六一公小酒馆、青年旅社等业态建成营业，村集体年经营性收入超90万元。

【促农文旅融合发展】2022年，孙端街道研究编制《孙端街道文旅专项规划》，联通"鲁迅故里"和"鲁镇"景区文化共识，对接开通"鲁迅故里"至"鲁迅外婆家"公交旅游专线。修订完善推动共同富裕促进村级集体经济增收消薄的实施意见，16个行政村村集体经营性收入平均达84.89万元，同比增长6.4%，4个经济薄弱村年经营性收入超过50万元，完成消薄任务；上线低收入农户帮促系统，开展扶贫结对帮扶404人，全年消薄低收入农户27户。累计激活闲置农房15栋，引入开发建设项目13个，共计建筑面积3962.13平方米，带动农户就业77人。

2022年11月，2022首届鲁迅外婆家水乡社戏活动现场（孙端街道　提供）

【社会保障】2022年，孙端街道全年共办理社会保险业务3万余件，60周岁以上人群城乡居民养老保险实现全覆盖，越惠保参保率达70.74%。累计发放低保户低保金380余万元，发放低保户、低保边缘户及特困户绍兴有爱消费券20.75万元、特困老人供养费用70余万元、残疾对象护理补贴100余万元、困难人员生活困难助补贴70余万元、临时救助对象临时救助金7万余元。新建婴幼儿照护服务成长驿站2个，清零街道辖区学科类校外培训机构，"双减"工作压减率达100%。孙端"家门口"老年大学获越城区"银发互助"优秀项目。

【民生服务】2022年，孙端街道新增"示范型"村级便民服务站2个，示范型、标准型村级便民服务站比例达82.4%。完成由全体议政会成员票荐产生的中小学周边环境综合提升、辖区重点路段视频点位增设、农村消防救援设施提升等8项年度民生实事项目，总投资近900万元。开展老旧小区、国道高铁沿线环境综合整治，累计整改点位33处，取缔马路市场、流动摊点150余起。

【除险保安】 2022年5月30日，孙端街道召开进一步加强党建统领基层治理推进大会，分析近三年来受理的3188件各类群众信访，6月8日市政协在安桥头村召开推进“民生议事堂”“协商驿站”建设现场会，通过分析研究，形成各村(居)加强基层治理重点工作破题清单和“协商驿站”协商议题“2+X”推荐清单。孙端街道累计整治各类风险隐患611个，完成整改608个，整改率达99.5%。组织30余次突击检查，处理涉赌违法犯罪嫌疑人86人，其中采取刑事强制措施12人，2名党员受到严肃处理；累计查办刑事案件3起、行政案件2起；打击违法信访重点人员2人，依法作出行政拘留处罚。完成4轮企业安全风险常普常新，聚焦小微园区和低小散乱污等高风险领域，累计立案处罚违法案件22起，共处罚金13.4万元。累计排查整治民房及自建房1800多间；全年累计接处火警99起，同比下降16.8%，防控力度通报排名全区第一；开展涉喷涂作业领域、餐饮单位可燃气体报警装置等专项整治，累计检查整治11个小微园区、250余家经营主体，整改安全隐患1000余条。

【举办首届鲁迅外婆家水乡社戏活动】 2022年11月2日至6日，在鲁迅短篇小说《社戏》发表100周年之际，首届鲁迅外婆家水乡社戏活动在孙端街道安桥头村、皇甫庄村举办。活动有社戏优选、彩绘乌篷船、乌篷船自由划、专业剧团名剧选段表演、社戏会市、社戏歌舞大会演等活动，活动期间共吸引游客超8000人，被中新社等媒体报道。(孙端街道　屠加杨)

沥海街道

【概况】 沥海街道位于绍兴市北部，区域面积57平方公里，由原沥东、沥海、三汇3个乡镇撤并而成，共有22个行政村、2个居委会。2010年，原沥海镇由上虞区委托滨海新城管理。2019年11月，沥海撤镇设街。同年，滨海新区江滨区85平方公里的社会事务由沥海街道覆盖管理。2021年2月，省政府批复绍兴市越城区和上虞区部分行政区域界线变更，沥海街道划归越城区管辖。

【党建引领】 2022年，沥海街道着眼党建统领网格智治，优化调整49个网格、16个专属网格和436个微网格，组织配备“1+3+N”的网格管理队伍，推动网格单元、资源要素深度融合，夯实最小治理单元建设。深化党建联建，拓展“所城共富”党建联建圈，举办主题活动6场，建设运行共富工坊10家，吸纳农村剩余劳动力1000余人，年人均增收约3万元。10月13日，沥海街道党工委与绍兴文理学院医学院党委隆重举行“向海而兴、筑梦蓝海”校地共建签约仪式。

【经济发展】 2022年，沥海街道依托“万亩千亿”生物医药高能级战略平台，完成做地净地19宗、1312亩，宗数和面积双双位居全区第一。坚持招大引强、聚势赋能，招引优质项目26只，

2022年10月13日，沥海街道党工委与绍兴文理学院医学院党委举行“向海而兴、筑梦蓝海”校地共建签约仪式(沥海街道　提供)

2022 年沥海街道主要经济指标一览表

表 120

指标	单位	2022 年	2021 年	同比增长(%)
规上工业总产值	万元	1705563	1525078	11.8
规模以上工业增加值	万元	488900	436791	11.9
固定资产投资	万元	590683	446730	32.2
自营出口	万元	367718	255592	43.9

其中亿元以上3只,项目招引数位居全区第一。中远清建等8个总投资253亿元的省"4+1"重大项目开工建设,总投资114亿元的3个市县长工程有序推进。

【科技创新】 2022年,沥海街道新增国家高新技术企业12家、省级科技型中小企业15家,2家企业获评专精特新"小巨人"企业,浙江医药上榜省级"雄鹰行动"培育名单(越城区唯一,绍兴仅2家)。

【拆改整治】 2022年,沥海街道全力做好新区大开发大建设大发展要素保障,集中攻坚完成9000亩旱改水地块整治,完成329国道改建工程土地征收,推进杭绍甬智慧高速、越东路连接线等重大工程征迁工作,率先完成拔钉清障攻坚任务。

【城乡建设】 2022年,沥海街道高标准推进省级美丽城镇建设,实施所城二期项目,海塘公园建成开放,打造海滨路、海东路2条高品质美丽示范街,获评美丽城镇建设基本达标城镇。完成第一批6个村庄规划编制,总投资1764万元的14个美丽乡村建设项目按期完工,积极打造乡村振兴样板,推进华东村市级3A村、东海村等4个五星达标村建设,创建3个AA级景区村,光荣村入选省级高标准农村生活垃圾分类示范村,全部行政村年经营性收入达50万元以上。

【社会服务】 2022年,沥海街道推进婴幼儿照

2022年6月13日,绍兴滨海新区生命健康科技产业园"同心·越城"侨创基地揭牌仪式举行(沥海街道 提供)

护服务驿站、居家养老等村(居)服务矩阵建设,深入开展"万支小分队、暖心大走访"活动,常态化开展送药服务爱心小分队,发放防疫爱心包18656份,新增智慧礼堂2个,推动打造潭许等"文化礼堂+"特色阵地2个,完成"15分钟品质文化圈"12个,便民惠民为民服务更加深入人心。

【获评浙江省AAA级景区镇】 2022年,沥海街道对照"城市副中心、活力新沥海"的发展愿景,深入挖掘整合文旅资源,解码沥海文化旅游基因,打造形成工农智造游、研学故事游、吃购休闲游、人文记忆游4条不同主题特色的旅游线路,实施沥海街道游客中心改造提升、候车厅改造提升等4个"微改造 精提升"项目,获评

2022 年度浙江省 AAA 级景区镇。（沥海街道 冯燕妮）

【首条为企服务微循环定制公交路线开通】 2022 年 11 月 28 日，沥海街道产业园区微循环公交路线正式开通，线路全长 13.3 公里，分东西环线运行，停靠企业站点 15 个，发车间隔 20 分钟，服务产业园区员工出行。（沥海街道 沈佩华）

【街道文联成立】 2022 年 6 月 30 日，沥海街道文学艺术界联合会成立大会暨第一次代表大会召开，选举产生第一届委员会委员 15 名，下设文学创作、书法美术、音乐舞蹈、旗袍、戏曲曲艺、摄影 6 个爱好者联谊会。（沥海街道 胡杰嗣）

【绍兴滨海新区生命健康科技产业园“同心·越城”侨创基地落成】 为进一步服务海外人才和归国留学人员，为侨创人士打造一流的创业环境、营商环境、生活环境，越城区委统战部（侨联）、沥海街道、滨海新区管委会招商服务一局共同努力在滨海新区生命健康科技产业园设立“同心·越城”侨创基地，2022 年 6 月 13 日举办揭牌仪式。该基地内设有参观展厅、会客厅、会议室、侨创风采展示区、茶吧等区域，全面展示侨联工作，满足侨胞侨眷日常活动需求，统筹园区内资源，为侨界人士提供会商、休憩、读书阅览等服务。（沥海街道 冯燕妮）

【首家巾帼共富工坊成立】 2022 年 12 月，沥海街道首家巾帼共富工坊——海妹子共富工坊成立，实行“固定点位集中装配 + 居家自行排班加工”，兼顾生产生活和共富工坊工作，将农村“剩余劳动力”就地转化为“富裕新动力”。（沥海街道 沈锦）

富盛镇

【概况】 富盛镇位于绍兴市越城区东南部，东接上虞区长塘镇，西连皋埠街道，南与上虞区汤浦镇相邻，北与陶堰街道相接，镇域面积 79.77 平方公里，其中森林覆盖率 74%，是越城区内唯一的乡镇。2022 年，全镇下辖 14 个行政村、1 个居委会，户籍人口 22305 人，常住人口约 1.6 万人。

全年实现一般公共预算收入 6689.32 万元；规模以上工业总产值 9.19 亿元，同比增长 -10.9%；规模以上工业增加值 2.69 亿元，同比增长 -13.6%；固定资产投资 1.15 亿元，同比增长 248%；限上社会消费品零售总额 1095 万元，同比增长 -43.56%；自营出口 8.34 亿元，同比增长 40.22%；农村人均可支配收入同比增长 7.5%。

2022 年，富盛镇完成限上批发业销售额 7654 万元，同比增长 8%；全年新增云南优质咖啡、绍兴绿地针织有限公司军需被装物资智能化生产项目、托斯卡纳风情园旅游综合体建设项目、诸葛山迎山仙居旅游民宿项目、周清酒业文化发展项目等招商项目 5 个，对接绍兴铭圣酒店有限公司外资项目 1 个，实现利用外资零突破；新增绍兴市鼎润包装有限公司年产 2 亿平方米包装材料智能制造项目、绍兴红葡萄纺织装饰品有限公司 100 万米功能性面料项目、浙江嘉意旅游发展有限公司托斯卡纳风情园旅游综合体项目、绍兴市维晟色纺有限公司年产 1500 吨混纺色纱生产线升级改造项目等投资项目 4 个，其中亿元以上项目 2 个；创建浙江省数字生活新服务特色镇，自营出口增速位列全区第一；兑现各类惠企政策资金 545.4 万元。

【产业升级】 2022 年，富盛完成规上工业企业高新技术产业产值 6.56 亿元，高新技术产业增加值 1.36 亿元，新申报国家高新技术企业 1 家（绍兴力欣液压件有限公司）、国家科技型中小企业 11 家（绍兴兆丰绒织品有限公司、浙江天隆厨房设备工程有限公司、绍兴市华创聚氨酯有限公司、绍兴超锋文具制造有限公司、绍兴力欣液压件有限公司、浙江固邦科技有限公司、浙江中樾工程管理有限公司、绍兴三鑫厨房设备有限公司、浙江皓锐信息技术有限公司、浙江沃隆厨房设备有限公司、绍兴红葡萄纺织装饰品有限公司),通过高企复评3家(绍兴红葡萄纺织装饰品有限公司、绍兴兆丰绒织品有限公司、绍兴共创纺织有限公司),新增省科技型中小企业4家(浙江天隆厨房设备工程有限公司、浙江皓锐信息技术有限公司、浙江沃隆厨房设备有限公司、绍兴红葡萄纺织装饰品有限公司),获得发明、实用新型等专利授权62件,完成"小升规""下升上"7家,新增市场主体72家,培育专精特新企业2家,天隆厨具完成浙江省股权交易中心成长板挂牌。产业结构调整升级,关停"低效"企业8家,智能化改造企业2家,完成鼎润汇立通包装产业园入驻,盘活新纪元闲置厂房3.4万平方米,产业发展取得新突破。

【生态农业建设】 2022年,富盛镇夯实粮食生产基础,农业基础加快改善,开展"双非"("非粮化""非农化")整治面积1200亩,开展富盛镇千亩方永久基本农田集中连片整治,完成富盛村旱改水提升、凤旺村土地开发等项目;新建高标准农田2759亩,改造提升548亩,基本完成粮食生产功能区因缺补缺项目。全年粮食播

2022年4月20日,新华社探访富盛镇抹茶基地(富盛镇　提供)

2022年4月20日,新华社探访富盛镇抹茶基地学生研学游(富盛镇　提供)

2022年5月20日,"品宋韵文化,享富盛味道"主题惠农直播在绍兴鲁迅故里"山野湖畔的诗意"农产品展销中心举行(富盛镇　提供)

种面积1.44万亩,总产量达650万公斤以上;完成生猪存栏2.3万头,出栏3.5万头,全年茶叶、水果、蔬菜等农产品产量共计3.9万吨;开展测土配方,推进农业机械化,推广生态循环农业,试行稻鱼(虾)共生、轮作养殖模式,国明农场确定为浙江省百家渔业共富主体,渔父农庄申报省级数字农业工厂。

【乡村振兴】 2022年,富盛镇组织14个村建立1个强村公司(绍兴市六岭乡村产业发展有限公司),制定集体经济增收"一村一策",完成7个相对经济薄弱村消薄。推进农村宅基地试点改革,激活闲置农房项目9个,共计面积7213.31平方米,投资金额2000万元,实现农户增收25万元,村集体增收81.51万元。打造御茶村"共富工坊",吸纳农户50余人,带动农户月均增收超过3000元,促进集体经济年均增长50万元

2022 年富盛镇主要经济指标完成情况一览表

表 121

指标	单位	2022 年	2021 年	同比增长(%)
规模以上工业总产值	万元	91888	103091.3	-10.9
规模以上工业增加值	万元	26909	31144	-13.6
固定资产投资	万元	11491	3301	248.1
限上社会消费品零售总额	万元	1095	1940	-43.56
限上服务业企业增加值	万元	—	—	—
自营出口	万元	83401	59477	40.22
实到外资	万美元	1	0	—

以上；省 AAAA 级景区镇创建通过市级验收，红山村、义峰村创建为省 AA 级景区村，上旺山庄采摘体验基地获评 2022 年度浙江省采摘旅游体验基地；举办“越地丰收，硒望富盛”2022 年越城区丰收节、“趣享秋日，乐游富盛”国庆山野出行计划等节会，开展“品硒味”茶荟宋韵、“做硒客”渔乐养生、“与硒行”共富邮路等活动，设计越点茶、富盛家乡味道等特色农文创产品，集聚乡村旅游人气。

【生态建设】 2022 年，富盛镇完成第二轮中央环保督察整改任务，取缔工业钉制造、涂装类等涉气生产线 4 条，完成“绍兴蓝天”小程序常态化巡查打卡 8000 余次，全年 PM2.5 平均浓度 23.38 微克 / 立方米，位列全区第二。瓜岭山塘、石良岙山塘、郭老窝山塘、庙后山塘、东岙山塘、龙岙底山塘 6 个水库创建省级美丽山塘，河(湖)长制全年巡河完成率 100%，发现并处理问题 15 个，处理率位列全区第一；实施塘岙水库除险加固工程，启动石泄江小流域整治，综合整治河道 3.5 公里，14 个断面水质稳定在Ⅲ类及以上。

【城乡风貌建设】 2022 年，富盛镇高标准高质量推进城乡风貌建设，镇村面貌展现新形象，获评省级园林城镇，是全区唯一获此称号的乡镇，创建美丽城镇农业特色型省级样板，通过县域城乡风貌省级样板区市级考评；推进上旺村市级乡村振兴先行村建设，同步推进夏葑村、轮山村、青马村“五星达标”村创建。违建管控力度加大，全年累计拆违 1.02 万平方米，分类处置 1.3 万平方米。农村人居环境整治扎实推进，完成全镇 21 个非正规垃圾堆放点的整治工作，倪家溇村、乌石村、义峰村 3 个村成为垃圾分类数字化管理试点，美地馨园申报省级高标准生活垃圾分类示范小区。

2022 年 11 月 19 日，“越地丰收，硒望富盛”2022 年越城区丰收节系列活动抹茶马拉松开跑(富盛镇提供)

【民生工程推进】 2022 年，富盛镇财政累计民生支出 4807.48 万元，占一般公共预算支出 77.02%。完成 8 处交通安全隐患点工程治理，治理地质灾害隐患点 3 处，新建临水、临崖护栏 1145 米，建档和管护路灯 1994 盏，完成红山农民公寓老旧小区电梯加装3台；省级健康乡镇通过验收，全年申报健康村4个、健康家庭200户、健康企业1家。开展职业技能培训52人次，拓展公益性岗位3个；2022年全镇基本医疗保险参保率达99.75%以上，越惠保参保率达74.04%；全年累计发放低保资金、临时救助资金、慈善助学金等合计339.92万元，开展各类慰问1309人次，合计金额91.8万元，向困难家庭发放“绍兴有爱”消费券373户。

【镇域整体智治】 2022年，富盛镇夏葑村、义峰村、董溪村、富盛居委会4个村居创建为“市级民主法治村”，“区级民主法治村”实现全覆盖，镇村二级16个社会矛盾纠纷调处化解中心全年受理信访件934件，调解各类矛盾纠纷128件，成功率达98%。全年诈骗发案数10件，同比下降50%，损失金额下降93%。

【落实安全建设】 2022年，富盛镇食药安办创建为省四星级乡镇食安办。落实安全生产责任制，累计发现并整改各类安全隐患500余个，完成富盛村、夏葑村、诸葛山村3个村避灾安置点的规范化建设，打赢台风“轩岚诺”防御战，全年未发生重大安全生产和亡人事故。（富盛镇　骆斌）

人 物

2022年越城区党政机构及有关部门负责人

（截至2022年12月31日）

中共绍兴市越城区委员会

书　记　徐　军
副书记　钱林江、应尧刚
常　委　严　钢(2022年2月任)
　　　　周　春
　　　　金均海(2022年2月任)
　　　　陶榕发
　　　　程许东
　　　　刁文辉
　　　　吴　萍
　　　　钟建荣
　　　　李　彰
　　　　赵腾飞
　　　　胡旭东
　　　　毛访蒲
　　　　张康杰(2022年11月任)
　　　　李鲁旗
　　　　谷　丰(2022年2月任)
　　　　胡淼华(2022年11月任)
　　　　侯宏伟(挂职)

绍兴市越城区第十届人民代表大会常务委员会

主　任　徐　荻
副主任　陈学军、宋国兴、王姿琴、
　　　　钱伟平、戴宝水

绍兴市越城区人民政府

区　长　钱林江(2022年2月任)
副区长　金均海(2022年2月任)

政协第六届绍兴市越城区委员会

主　席　胡文炜(2022年2月任)
副主席　郑明花、王柏振、汤枥钧、
　　　　陈国芬、周钦淼、周玲玲
秘书长　何冠军

中共绍兴市越城区纪律检查委员会、绍兴市越城区监察委员会

区纪委书记、监委主任　程许东
区纪委常务副书记、区监委副主任　单伟国

中共绍兴市越城区委办公室

主　任　裘夏杰(2022年3月任)

中共绍兴市越城区委组织部

区委组织部部长　周　春

区委组织部常务副部长、两新工委书记　方　茂(2022年8月任)

中共绍兴市越城区委宣传部

区委宣传部部长　吴　萍

区委宣传部常务副部长、区新闻办主任　单曙光

中共绍兴市越城区委政法委

书　记　应尧刚

常务副书记　季　斌(2022年3月任)

中共绍兴市越城区委全面深化改革委员会办公室

主　任　陶榕发

中共绍兴市越城区委统一战线工作部

区委统战部部　钟建荣

区民族宗教事务局局长　邵　越

区归国华侨联合会党组书记、主席　董湘颐(2022年6月任)

区工商业联合会党组书记　金巍东

中共绍兴市越城区委机构编制委员会办公室

主　任　祝卫越(2022年3月任)

中共绍兴市越城区委巡察工作领导小组办公室

主　任　潘国尧

中共绍兴市越城区委绍兴市越城区人民政府信访局

局　长　赵建强(2022年11月任)

中共绍兴市越城区委老干部局

局　长　王立刚

绍兴市越城区人民政府办公室

区政府办公室主任、党组书记　区政府外事办主任　谢勇峰

绍兴市越城区发展和改革局

党组书记、局　长　蒋国梁(2022年11月任)

绍兴市越城区经济和信息化局

党组书记、局　长　朱建华

绍兴市越城区教育体育局

党工委书记、局　长　戴志根

绍兴市越城区科学技术局

党组书记、局　长　谢　菁(2022年11月任)

绍兴市越城区民政局

党组书记、局　长　张俊牯(2022年3月任)

绍兴市越城区司法局

党工委书记、局　长　陈继瑞(2022年3月任)

绍兴市越城区财政局

党组书记、局　长　赵雄伟

绍兴市越城区人力资源和社会保障局

党组书记、局　长　罗方远

绍兴市越城区住房和城乡建设局
党工委书记、局　长　王宝金(2022 年 6 月任)

绍兴市越城区交通运输局
党工委书记、局　长　柳祖耀(2022 年 8 月任)

绍兴市越城区农业农村和水利局
党组书记、局　长　章国荣(2022 年 8 月任)

绍兴市越城区商务局
党组书记、局　长　陈智明

绍兴市越城区文化广电旅游局
党组书记、局　长　吴卫阳

绍兴市越城区卫生健康局
党工委书记、局　长　孟雁凤(2022 年 11 月任)

绍兴市越城区退役军人事务局
党组书记、局　长　张　标(2022 年 3 月任)

绍兴市越城区应急管理局
党组书记、局　长　金　峰(2022 年 11 月任)

绍兴市越城区审计局
党组书记、局　长　张国昌

绍兴市越城区市场监督管理局
党工委书记、局　长　王小伟

绍兴市越城区统计局
党组书记、局　长　王吉程

绍兴市越城区综合行政执法局
党工委书记、局　长　马　超

绍兴市自然资源和规划局越城分局
党委书记、局　长　金建兴

绍兴市医疗保障局越城分局
党组书记、局　长　娄建成(2022 年 8 月任)

绍兴市生态环境局越城分局
党组书记、局　长　刘明华(2022 年 11 月任)

绍兴市越城区房屋征收办公室
党组副书记、主　任　金越峰

绍兴市越城区政务服务办公室
党组副书记、主　任　陈天政

绍兴黄酒小镇(东浦)开发建设管理委员会
党工委书记　董敏华

绍兴集成电路产业园管理委员会
党工委副书记、管委会主任
潘永刚(2022 年 11 月任)

绍兴市历史文化名城保护办公室
党工委副书记、主　任　徐觉民

绍兴滨海健康新城管理办公室
主　任　冯　星

绍兴市越城区人民代表大会常务委员会办公室
主　任　陈志平
区人大常委会研究室主任　单玲龙
区人大常委会代表工作委员会主任　吴尧森
区人大常委会法制和内务司法工作委员会主任
王　挺

区人大常委会财经工作委员会主任 陈荣华
区人大常委会科教文卫工作委员会主任 王　伟
区人大常委会城建环保工作委员会主任 单国炎
区人大常委会农业与农村工作委员会主任 沈华清
区人大常委会社会建设工作委员会主任 梁钦鸿

中国人民政治协商会议绍兴市越城区委员会办公室

区政协办公室主任 葛卫江
区政协提案委员会主任 肖　军
区政协经济委员会主任 姚　樯
区政协科教文体委员会主任 赵建标
区政协社会法制和民族宗教委员会主任 韩江新
区政协文化文史和港澳台侨委员会主任 王　甬
区政协委员工作委员会主任 钱纪才

绍兴市越城区人民法院

党组书记、院　长　蔡立刚(2022 年 2 月任)

绍兴市越城区人民检察院

党组副书记、检察长　周　江

绍兴市越城区流动人口服务管理中心

党组成员、副主任　茹朝娟

绍兴市越城区档案馆

馆　长　张　磊(2022 年 6 月任)

中共绍兴市越城区委党校

校　长　周　春

绍兴市越城区党员志愿服务中心

主　任　郦永刚

绍兴市越城区融媒体中心

副主任　张　羽

绍兴市越城区新时代文明实践指导中心

主　任　姚君桥

绍兴市越城区机关事务管理服务中心

党组成员、副主任　何　燕(2022 年 11 月任)

绍兴市越城区社会治理中心

常务副主任　胡剑荣(2022 年 8 月任)

绍兴市越城区大数据发展管理中心

党组成员、副主任　童妙灿

绍兴滨海科技创新服务中心

主　任　陈　贤

绍兴市越城区总工会

党组书记、主　席　曹刚勇

中国共产主义青年团绍兴市越城区委员会

书　记　魏珂赛

绍兴市越城区妇女联合会

党组书记、主　席　严夏娟(2022 年 11 月任)

绍兴市越城区残疾人联合会

党组书记、理事长　黄汉平(2022 年 11 月任)

绍兴市越城区红十字会

党组书记　田卫华

绍兴市越城区归国华侨联合会

党组书记、主　任　董湘颐(2022年6月任)

绍兴市越城区文学艺术界联合会机关

党组书记、主　席　盛　瑜

绍兴市越城区社会科学界联合会机关

党组书记、主　席　胡立钊

绍兴市越城区计生协会机关

专职副会长　秦　伟

绍兴市越城区科学技术协会

主　席　劳越嘉(2022年11月免)
　　　　石　峰(2022年11月任)

绍兴市越城区工商业联合会机关

党组书记、副主席　金巍东

(区委组织部、区委编办　提供)

2022年越城区各街道和建制镇党政正职

（截至2022年12月31日）

绍兴市越城区塔山街道办事处
党工委书记　叶海木
办事处主任　蔡廷科(2022年3月任)

绍兴市越城区府山街道办事处
党工委书记　傅晓铭
办事处主任　余燚栋

绍兴市越城区北海街道办事处
党工委书记　俞科军
办事处主任　马　科

绍兴市越城区稽山街道办事处
党工委书记　陈水祥
办事处主任　应伟峰

绍兴市越城区城南街道办事处
党工委书记　倪国峰(2022年8月任)
办事处主任　裘胜圆(2022年8月任)

绍兴市越城区迪荡街道办事处
党工委书记　蒋国梁(2022年11月任)
办事处主任　严　臻

绍兴市越城区东湖街道办事处
党工委书记　黄　伟(2022年11月任)
办事处主任　陈　琪

绍兴市越城区灵芝街道办事处
党工委书记　王徐彪
办事处主任　徐焕刚(2022年11月任)

绍兴市越城区东浦街道办事处
党工委书记　董敏华
办事处主任　杨烈勇

绍兴市越城区鉴湖街道办事处
党工委书记　赵溢彬
办事处主任　徐　宁

绍兴市越城区斗门街道办事处
党工委书记　李　彰
办事处主任　蒋　潮

绍兴市越城区皋埠街道办事处
党工委书记　任　宇(2022年3月任)
办事处主任　陈　镔

绍兴市越城区陶堰街道办事处
党工委书记　胡　博
办事处主任　金平君

绍兴市越城区马山街道办事处
党工委书记　吕钢强
办事处主任　马　青

绍兴市越城区孙端街道办事处

党工委书记　金　栋

办事处主任　谢　炜

绍兴市越城区沥海街道办事处

党工委书记　陈　超

办事处主任　周乾彬

绍兴市越城区富盛镇人民政府

党工委书记　陆正韵

办事处主任　蒋　瑛

（区委组织部　提供）

2022 年“中国好人”

鲁江锋

2022 年“浙江好人”

周　峰　成　峰　鲁江锋　何茂泰

2022 年“绍兴好人”

吴珍珍　沈卫仙　王国庆　耿海潮　张奇奇　余钦权
江庆珍　胡坚强　何茂泰　陶水娟　姜调调

（区委宣传部　提供）

重要文件目录选编

中共绍兴市越城区委重要文件目录选编

越委〔2022〕8 号	关于印发徐军同志在区第十次党代会上的报告的通知
越委〔2022〕9 号	中国共产党绍兴市越城区第十次代表大会第三次全体会议关于九届区委报告的决议
越委〔2022〕27 号	关于印发《绍兴市越城区贯彻落实第二轮中央生态环境保护督察报告整改方案》的通知
越委〔2022〕35 号	关于印发《2022 年度镇街、部门（单位）岗位目标责任制考核办法》的通知
越委〔2022〕42 号	关于认真学习宣传贯彻省第十五次党代会精神的通知
越委〔2022〕44 号	关于忠实践行“八八战略”坚决做到“两个维护”奋力谱写“两个先行”越城篇章的决议
越委〔2022〕48 号	关于印发《深化生态文明示范创建高水平建设新时代美丽越城规划纲要（2021—2035 年）》的通知
越委〔2022〕56 号	关于认真学习宣传贯彻党的二十次大精神的通知
越委〔2022〕61 号	关于印发《“校地融合型”党建试点工作方案》的通知
越委办〔2022〕1 号	关于认真做好《习近平在浙江》学用工作的通知
越委办〔2022〕2 号	关于深入学习宣传贯彻区第十次党代会精神的通知
越委办〔2022〕3 号	关心关爱专职社区工作者落实五项举措的通知
越委办〔2022〕6 号	印发《关于加强基层应急消防管理能力建设的实施意见》的通知
越委办〔2022〕8 号	关于印发“共同富裕提速年、数字赋能提质年、干部作风提升年”三个年活动实施方案的通知
越委办〔2022〕9 号	关于印发“拔钉清障、信访化解、短板提升”三大攻坚行动实施方案的通知
越委办〔2022〕10 号	关于公布《部门涉镇（街道）事项清单（试行）》的通知

越委办〔2022〕12号	印发《关于加快建设新时代"名士之乡"人才高地先行区的若干政策》的通知
越委办〔2022〕13号	印发《关于促进文化产业发展的若干政策》的通知
越委办〔2022〕14号	关于成立区生态文明示范创建工作领导小组的通知
越委办〔2022〕15号	关于调整区委建设"平安越城"领导小组组成人员的通知
越委办〔2022〕16号	关于印发《越城区推进"大综合一体化"行政执法改革实施方案》的通知
越委办〔2022〕17号	关于印发《越城区镇街"一支队伍管执法"改革实施意见》的通知
越委办〔2022〕18号	关于印发《越城区、滨海新区第19届亚运会工作领导小组组建方案》的通知
越委办〔2022〕19号	关于印发《越城区、滨海新区2022年督查检查考核年度计划》的通知
越委办〔2022〕22号	关于印发《2022年度越城区农村人居环境常态化评估办法》的通知
越委办〔2022〕23号	关于成立区保障物流畅通促进产业链供应链稳定总指挥部的通知
越委办〔2022〕25号	关于印发《2022年度重点工作清单》的通知
越委办〔2022〕26号	印发《关于进一步加强机构编制管理的实施意见》的通知
越委办〔2022〕28号	印发《关于深化"县乡一体、条抓块统"改革全面推进基层智治系统建设的实施方案》的通知
越委办〔2022〕29号	印发《贯彻落实〈关于进一步强化安全生产责任落实坚决防范遏制较大事故的实施意见〉责任清单》的通知
越委办〔2022〕30号	关于印发《越城区2022年党风廉政建设和反腐败工作组织领导与责任分工》的通知
越委办〔2022〕31号	印发《关于深入推进统计基层基础建设的实施意见》的通知
越委办〔2022〕32号	关于印发《新时代"越城精神"讨论实践活动实施方案》的通知
越委办〔2022〕35号	印发《关于深化党建"契约化"共建引领网格智治的实施意见》的通知
越委办〔2022〕36号	关于印发《越城区推进医疗保障基金监管制度体系改革实施方案》的通知
越委办〔2022〕37号	关于完善区对镇街财政管理体制的通知
越委办〔2022〕38号	关于印发《越城区镇街"基层治理四平台"迭代升级工作指南(试行)》的通知
越委办〔2022〕41号	关于印发《越城区、滨海新区经济稳进提质月晾晒指标评价办法(试行)》的通知
越委办〔2022〕42号	关于印发《越城区大气污染防治责任追究办法》的通知
越委办〔2022〕45号	关于印发《绍兴越城国有资本投资运营集团有限公司组建方案》的通知
越委办〔2022〕46号	关于印发《绍兴市越城区公用事业集团有限公司组建方案》的通知
越委办〔2022〕47号	印发《关于进一步加强和规范全区编外用工管理的若干意见》的通知
越委办〔2022〕49号	关于印发《越城区、滨海新区国有企业2022年度工作考核办法》的通知
越委办综〔2022〕2号	关于成立区"七张问题清单"工作领导小组的通知

越委办综〔2022〕4号　关于印发《试行部门“下镇(街)进村”工作事项过筛机制》的通知
越委办综〔2022〕5号　关于印发《越城区、滨海新区领导联系镇街安排表》的通知
越委办综〔2022〕7号　关于印发《越城区加快推动“三农”高质量发展若干补充政策(2022年修订版)》的通知
越委办综〔2022〕8号　关于进一步完善紧急信息报送工作制度的通知
越委办综〔2022〕9号　关于调整绍兴市越城区综合行政执法改革领导小组的通知
越委办综〔2022〕10号　印发《越城区关于加强党建统领推进“七张问题清单”常态化运行的实施意见(试行)》的通知
越委办综〔2022〕12号　关于转发《中共绍兴市越城区委宣传部2022年全区宣传思想文化工作要点》的通知
越委办综〔2022〕17号　关于调整完善区领导联系制度有关联系内容的通知
越委办综〔2022〕20号　关于规范区级各部门(单位)全称、规范化简称及一般简称的通知
越委办综〔2022〕22号　印发《关于落实最严格的耕地保护制度全面推行田长制的实施意见》的通知
越委办综〔2022〕24号　关于调整环球双子楼处置工作领导小组的通知

绍兴市越城区人民政府重要文件目录选编

越政发〔2022〕1号	关于印发《绍兴市越城区人民政府森林防火禁火令》的通知
越政发〔2022〕2号	关于公布绍兴市越城区新增综合行政执法事项统一目录的通告
越政发〔2022〕3号	关于公布2021年越城区区长质量奖企业名单的通知
越政发〔2022〕4号	关于明确区政府领导分工的通知
越政发〔2022〕5号	关于印发《深化"亩均论英雄"改革促进高质量发展的实施意见》的通知
越政发〔2022〕6号	关于将部分区级部门行政处罚权交由府山街道办事处等6个镇街行使的公告
越政发〔2022〕7号	2022年征兵命令
越政发〔2022〕8号	关于公布越城区综合行政执法事项扩展目录的通告
越政发〔2022〕9号	关于将部分区级部门行政处罚权交由塔山街道办事处行使的公告
越政发〔2022〕10号	关于印发《绍兴市越城区"十四五"时期民兵建设发展计划》的通知
越政发〔2022〕11号	关于印发《越城区、滨海新区贯彻落实稳住经济一揽子政策措施实施方案》的通知
越政发〔2022〕12号	绍兴"古城青年创客"项目实施方案
越政发〔2022〕13号	关于为骆柏康、汪水利同志记三等功的决定
越政发〔2022〕14号	关于印发《越城区城镇住宅小区配套幼儿园管理规划建设管理使用实施办法》的通知
越政发〔2022〕15号	关于印发《浙江绍兴鉴湖国家湿地公园保护管理办法(试行)》的通知
越政发〔2022〕16号	关于胡森华副区长分工的通知
越政发〔2022〕17号	关于印发《越城区全民健身实施计划(2021—2025年)》的通知
越政发〔2022〕18号	关于调整府山街道办事处等6个镇街综合行政执法事项的公告
越政发〔2022〕19号	关于开展越城区第三次土壤普查工作的通知
越政发〔2022〕20号	关于公布《绍兴市越城区新增综合行政执法事项统一目录(2022年)》和《绍兴市越城区综合行政执法建设领域调整事项目录》的通告
越政发〔2022〕21号	关于印发《关于全面推进考古前置工作的实施意见》的通知
越政发〔2022〕22号	关于进一步深化预算管理制度改革的若干意见
越政发〔2022〕23号	绍兴市越城区人民政府关于全域禁止经营、燃放烟花爆竹的通告
越政发〔2022〕24号	印发《关于越城区、滨海新区实施"1515"专项行动打造先进制造业强市先行区的若干意见》的通知

越政办发〔2022〕1号	关于促进全民健身和体育消费推动体育产业高质量发展的实施意见
越政办发〔2022〕2号	关于印发《越城区、滨海新区道路交通安全隐患治理工作实施意见》的通知
越政办发〔2022〕3号	关于印发《越城区2022年城市管理“补短板、强弱项、重提升—十大攻坚行动”方案》的通知
越政办发〔2022〕4号	关于印发绍兴市越城区防治慢性病中长期规划(2021—2025年)的通知
越政办发〔2022〕5号	关于印发《越城区“浙江省慢性非传染性疾病综合防控示范区”复审工作实施方案》的通知
越政办发〔2022〕6号	关于印发《越城区亚运基础设施提升“揭榜挂帅”攻坚行动工作方案》的通知
越政办发〔2022〕7号	关于印发《越城区2022年“三改一拆”及“无违建”创建专项行动方案》的通知
越政办发〔2022〕8号	关于切实抓好2022年粮油生产保供工作的通知
越政办发〔2022〕9号	关于印发《绍兴市越城区生态环境保护“十四五”规划》的通知
越政办发〔2022〕10号	关于印发《越城区工业高质量发展“十四五”规划(2021—2025年)》的通知
越政办发〔2022〕11号	关于印发《越城区防范因病致贫助力共同富裕实施意见》的通知
越政办发〔2022〕12号	关于印发《越城区农村公路养护与管理办法》的通知
越政办发〔2022〕13号	关于印发《绍兴市越城区综合交通运输发展“十四五”规划》的通知
越政办发〔2022〕14号	关于印发《打造高效协同现代政府办公室的实施方案》的通知
越政办发〔2022〕15号	关于分解落实《政府工作报告》和民生实事目标任务的通知
越政办发〔2022〕16号	关于公布2022年度区政府重大行政决策事项目录的通知
越政办发〔2022〕17号	关于印发《越城区城市建设管理提升行动方案》的通知
越政办发〔2022〕18号	关于印发《越城区水安全保障“十四五”规划》的通知
越政办发〔2022〕19号	关于印发《越城区数字经济“十四五”发展规划》的通知
越政办发〔2022〕20号	关于印发《绍兴市越城区创建国家水土保持示范县工作实施方案》的通知
越政办发〔2022〕21号	关于印发《绍兴市越城区妇女发展“十四五”规划》和《绍兴市越城区儿童发展“十四五”规划》的通知
越政办发〔2022〕22号	关于印发《关于进一步加强全区安全生产工作十八条举措的意见》的通知
越政办发〔2022〕23号	关于印发《越城区有效化解行政争议实现行政诉讼“双下降”的实施意见》的通知
越政办发〔2022〕24号	关于印发《绍兴市越城区人才发展“十四五”规划》的通知
越政办发〔2022〕25号	关于印发《越城区加快推进工业经济高质量发展若干政策》等八个政

	策的通知
越政办发〔2022〕26 号	关于印发《越城区食品安全事故应急预案》的通知
越政办发〔2022〕27 号	关于印发《2022 年越城区、滨海区经济高质量发展 20 条》的通知
越政办发〔2022〕28 号	关于印发《2022 年越城区粮油生产保供扶持政策》的通知
越政办发〔2022〕29 号	关于印发《2022 年越城区城乡交通平安畅通综合治理工程实施方案》的通知
越政办发〔2022〕30 号	关于印发《越城区 2022 年地质灾害防治方案》的通知
越政办发〔2022〕31 号	《越城区"枫桥式"镇街应急管理办、消防管理所规范化创建实施方案》
越政办发〔2022〕32 号	《越城区安全生产委员会及专业安全生产委员会运行管理办法》
越政办发〔2022〕33 号	关于印发越城区教育事业发展"十四五"规划的通知
越政办发〔2022〕34 号	关于印发《绍兴市越城区区级见义勇为人员记功奖励办法》的通知
越政办发〔2022〕35 号	关于印发《2022 年越城区、滨海新区招商工作实施方案》的通知
越政办发〔2022〕36 号	关于印发《关于消防行政执法委托工作的实施意见》的通知
越政办发〔2022〕37 号	关于区政府领导领办区人大代表建议和政协委员提案的通知
越政办发〔2022〕38 号	关于印发《绍兴市越城区极端天气"村安工程"实施方案》的通知
越政办发〔2022〕39 号	关于印发《越城区、滨海新区全面推进人防工程产权制度综合改革的实施方案》的通知
越政办发〔2022〕40 号	关于印发《2022 年越城区外资高质量发展行动方案》的通知
越政办发〔2022〕41 号	关于印发《越城区推进外贸新业态新模式发展行动方案》的通知
越政办发〔2022〕42 号	关于印发《2022 年越城区行政区域粮食订单收购政策》的通知
越政办发〔2022〕43 号	关于印发《绍兴市越城区人民政府法律顾问工作规则》的通知
越政办发〔2022〕44 号	关于印发《越城区村级工程建设管理办法（试行）》的通知
越政办发〔2022〕45 号	关于印发《越城区自建房安全专项整治实施方案》的通知
越政办发〔2022〕46 号	关于印发《越城区、滨海新区 2022 年政府投资项目实施计划》的通知
越政办发〔2022〕47 号	关于印发《越城区、滨海新区 2022 年国有企业投资项目实施计划》的通知
越政办发〔2022〕48 号	关于印发《越城区房屋征收产权调换市场化安置实施意见（试行）》的通知
越政办发〔2022〕49 号	关于成立 104 国道东湖至蒿坝段改建（越城段）指挥部的通知
越政办发〔2022〕50 号	关于下达 2022 年度越城区房屋征收计划的通知
越政办发〔2022〕51 号	关于印发《关于对越城区、滨海新区重点建设项目减免城市市政基础设施配套费的实施意见》的通知
越政办发〔2022〕52 号	关于成立新一届区政府法律顾问团的通知
越政办发〔2022〕53 号	绍兴市越城区小微企业园建设提升若干政策意见
越政办发〔2022〕54 号	关于印发《2022 年越城区大型户外广告专项整治工作实施方案》的通知

越政办发〔2022〕55号	关于印发《2022年越城区、滨海新区深化生活垃圾治理“越分越美”行动实施方案》的通知
越政办发〔2022〕56号	关于印发《越城区2022年“无违建”创建创先争优行动方案》的通知
越政办发〔2022〕57号	关于印发《越城区创建浙江省食品安全示范区工作方案》的通知
越政办发〔2022〕58号	关于印发《越城区关于促进建筑业高质量发展政策的补充意见》的通知
越政办发〔2022〕59号	关于印发《关于越城区、滨海新区涉及土地管理相关职能职责分工完善方案》的通知
越政办发〔2022〕60号	关于印发《越城区电子政务项目管理办法(修订)》的通知
越政办发〔2022〕61号	关于明确主任、副主任、办公会议成员等分工的通知
越政办发〔2022〕62号	关于印发《越城区医疗保障基金监管工作联席会议制度》的通知
越政办发〔2022〕63号	关于印发《关于进一步深化越城区农村公路“路长制”的实施意见》的通知
越政办发〔2022〕64号	关于印发《越城区新一轮亚运城市行动计划(2022—2023年)》的通知
越政办发〔2022〕65号	关于印发《越城区家庭养老床位建设试点工作方案》的通知
越政办发〔2022〕66号	关于印发《越城区高质量推进公共文化服务现代化建设的实施方案(2021—2025年)》的通知
越政办发〔2022〕67号	关于公布行政规范性文件清理结果的通知
越政办发〔2022〕68号	关于对绍兴高新技术产业开发区投资发展集团有限公司等国有企业进行批评的通报
越政办发〔2022〕69号	关于2022年度对潘慧娟等27户放弃生育指标的家庭实行奖励的通知
越政办发〔2022〕70号	关于印发《推进越城区人工影响天气高质量发展实施方案》的通知
越政办发〔2022〕71号	关于印发《绍兴市越城区深化基层卫生健康综合改革实施方案》的通知
越政办发〔2022〕72号	关于胡泽宇同志岗位聘任的通知
越政办发〔2022〕73号	关于印发《绍兴市越城区烟花爆竹“双禁”工作方案》的通知
越政办发〔2022〕74号	关于印发《越城区低碳试点县实施方案》的通知
越政办发〔2022〕75号	关于印发《区级财政资金追加审批办法》的通知
越政办发〔2022〕76号	关于印发《绍兴市越城区国有企业资金管理办法》的通知
越政办发〔2022〕77号	关于印发《越城区全域“无废城市”建设实施方案(2022—2025年)》的通知
越政办发〔2022〕78号	关于印发《越城区松材线虫病防治方案(2022年—2023年)》的通知
越政办发〔2022〕79号	关于印发《越城区统一征收机制实施方案》的通知
越政办发〔2022〕80号	关于印发《越城区、滨海新区打造全域科技创新示范区三年行动计划》的通知

统计资料

2022年越城区国民经济和社会发展统计公报

越城区统计局

2022年以来，越城区立足新起点，放眼大格局、狠抓落实，在大场景和长周期下奋力走好新的赶考之路。全区坚持以习近平新时代中国特色社会主义思想为指导，全面贯彻党的二十大精神，认真落实中央、省、市决策部署，坚决落实“疫情要防住、经济要稳住、发展要安全”要求，加大逆周期调节力度，顶格承接、加码出台稳经济一揽子政策举措，对冲经济下行压力，昂首迈进“首位立区、幸福越城”新征程。

一、综　合

综合实力稳步攀升。综合实力跃居全国百强区前50位。据初步核算，2022年全区实现地区生产总值1271.04亿元，按可比价增长4.0%，其中第一产业增加值17.48亿元，同比增长3.3%，第二产业增加值547.38亿元，同比增长5.8%，第三产业增加值706.18亿元，同比增长2.6%；三次产业结构1.4:43.1:55.6。人均地区生产总值153496元，比上年增长4.1%。

注：生产总值2021年起按新区划调整（十七个镇街）口径公布。

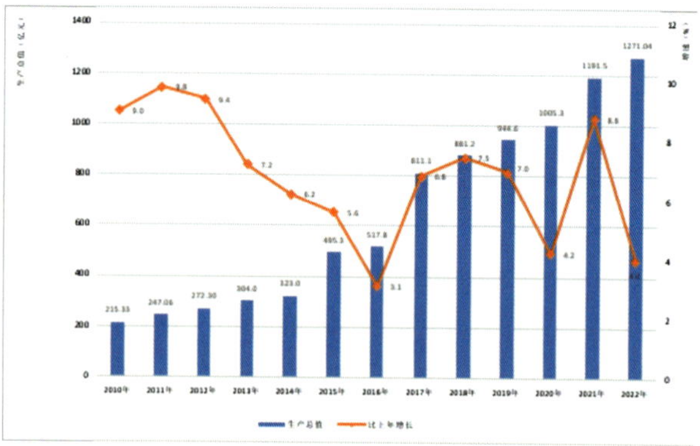

2010—2022年越城区生产总值增长情况

全区财政总收入137.01亿元，同比下降11.4%；一般公共预算收入86.33亿元，同比下降7.3%；税收收入71.87亿元，同比下降13.9%，占一般公共预算收入的83.25%；一般公共预算支出99.40亿元，同比增长14.7%。

二、农业和农村建设

全区农林牧渔业产值38.43亿元，同比增长3.6%。其中农业产值16.63亿元，同比增长3.4%；林业产值0.8亿元，同比下降5.8%；牧业产值4.22亿元，同比增长3.0%；渔业产值16.02亿元，同比增长5.0%；农林牧渔专业及辅助性活动产值0.77亿元，同比增长9.3%。农林牧渔业增加值17.82亿元，按可比价同比增长3.4%。全区粮食播种面积22.38万亩，粮食总产量9.64万吨。年末生猪存栏5.76万头，其中能繁母猪存栏0.57万头，水产品产量4.3万吨。

农业发展稳步提质增效，扎实推进农田基本建设，完成"非粮化"整治优化工作，累计清理腾退5200余亩耕地，建设完成2.24万亩高标准农田，继续推进9100亩高标准农田（粮功区）改造提升。美丽乡村建设迭代升级，开展"闲置农房激活"项目，吸引社会资本1.6亿元，安桥头村"宅基地＋乡村建设"入选省农业农村厅强村富民集成改革典型案例，创建省级未来乡村4个。

三、工业和建筑业

全区规上工业企业660家，实现规上工业增加值406.49亿元，同比增长8.3%，完成规上工业总产值1622.52亿元，同比下降0.7%。产值排名前五位的行业分别为电力、热力生产和供应业（占比11.9%）、医药制造业（占比9.5%）、废弃资源综合利用业（占比8.9%）、纺织业（占比8.8%）、电气机械和器材制造业（占比7.1%）。

腾笼换鸟持续推进。盘活土地5221亩，腾出用能8.34万吨标煤。

数字经济引领增长。全区实现规上数字经济核心产业制造业企业37家，其中百亿级企业1家，亿元以上企业20家，国家级专精特新"小巨人"企业3家，上市企业1家，准上市企业2家，省级数字经济创新发展试验区建设有效推进。数字经济核心产业制造业增加值22.38亿元，同比增长9.6%。

动能转换效果显现。全年实现规模以上新产品产值647.94亿元，同比增长14.7%，新产品产值率为39.1%，同比提高6.5个百分点。规模以上高新技术产业、战略性新兴产业增加值分别为251.74亿元、190.24亿元，增长7.2%、32.0%。157个项目列入年度市级智能化改造重点项目计划，新增工业机器人525台，新增振德医疗、长电绍兴2家省级未来工厂试点，数量居全省第一，长电绍兴获评第一批省级未来工厂。

节能降耗成效显著。全年规模以上工业企业等价能源消费量226.28万吨标准煤，同比下降17.6%；规模以上万元工业增加值能耗下降23.9%。

全区建筑业资质等级企业171家，完成建筑业总产值902.86亿元，同比增长9.1%；营业收入633.58亿元，同比下降2.2%；利润总额13.89亿元，同比增长11.2%。

四、国内贸易和对外经济

全区社会消费品零售额748.36亿元，同比增长3.6%，其中限上社会消费品零售总额320.23亿元，同比增长2.9%，全年实现网络零售额146.0亿元。开展"越"系列消费促进活动，已累计发放汽车及购物消费补贴超2800万元。

限上批发业663家，销售额1410.53亿元，同比增长23.4%；限上零售业175家，销售额282.38亿元，同比增长13.2%；限上住宿业43家，营业额10.18亿元，同比增长4.6%；限上餐饮业69家，营业额17.65亿元，同比增长9.9%。规模以上服务业189家，营业收入229.64亿元，同比增长5.8%。

对外贸易稳步增长。建设"一码找订单"数字化应用，创新推广数字化代参展模式，助企抢占订单。全区实现进出口总额835.18亿元，同比增长25.63%。其中自营出口额715.53亿元，同比增长21.7%；进口额119.66亿元，同比增长55.7%。

外资项目招大引强进展良好，超额完成亿美元外资项目落地4只，高新技术利用外资占比达52%，全区完成实到外资18855万美元，同比增长43.1%。

五、固定资产投资和房地产业

全区完成固定资产投资同比增长13.1%，分产业看，第二产业投资同比增长62.9%，第三产业投资同比增长5.7%，生态环保、城市更新和水利设施投资同比下降2.2%，高新技术产业投资同比增长66.1%，民间项目投资同比增长58.8%，交通投资同比下降7.5%。

全区商品房销售额445.34亿元，同比下降33.8%；销售面积222.07万平方米，同比下降25.1%；房地产投资447.06亿元，同比增长4.8%。

六、教育和科学技术

教育资源优质均衡。持续优化办学模式，两湖西侧小学完成建设并投入使用，新增学位1750个，新开办幼儿园4所，撤并薄弱幼儿园4所，新增学位1410个；新纳入义务教育集团成员校3所，教育集团覆盖面超69%。深化实施“双减”改革，探索形成4个校本作业资源库，在规定时间内完成书面作业的学生，由“双减”前的65%提高到目前的92%。在全市率先实现学科类培训机构全面清零，资金监管实现100%。新增国家中小学智慧教育平台省级试点单元、中小学校评价改革试点、青藤艺术互联网学校系统建设、“校园食品安全”大数据监督系统等4项省级试点。

创新要素加速集聚。全区高新技术产业投资额增速66.1%，规上工业实现高新技术产业增加值增速7.2%。新认定国家高新技术企业203家、省科技型中小企业233家。

七、文化、体育和卫生

推进“浙文惠享”民生实事，建成161个“15分钟品质文化生活圈”、4家城市书房、3家文化驿站、3家乡村博物馆；完善区图书馆、区文化馆等公共文化设施，完成国家一级图书馆、省级“幸福文化馆”申报；实施公共文化场馆提升工程，制定完善区博物馆、区非遗馆建设方案及绍兴剧院修缮方案。

新增体育场地面积达17万平方米，举办“迎亚运”主题等各类赛事活动300场以上，国民体质健康合格率达95.39%。成功承办中国国际象棋冠军赛、全国新闻界围棋锦标赛等高规格品牌赛事。积极组织参加省运会，勇夺金牌32枚（其中实战金牌26.4枚），创历年最好成绩。

全区基本养老保险、基本医疗保险参保率均达99.7%以上，基本实现全覆盖。推进越惠保2023年参保工作，截至2023年参保期结束，全区共参保633159人，参保率70.27%。强化医保定点管理，新增医保定点零售药店16家，医疗机构10家。出台全市首个防范因病致贫返贫助力共同富裕工作机制，健全高额医疗费用化解机制，全额化解困难人员5万元以上的个人自负医疗费用，2022年度合计化解困难群众高额医疗费用7人，化解金额32.93万元。以政务服务2.0建设为牵引，持续推进医保经办“15分钟服务圈”建设，基层各平台受理待遇报销类业务13351件。

八、人口、人民生活和社会保障

全区年末户籍人口82.70万人，其中男性40.24万人，女性42.46万人，分别占总人口的48.7%和51.3%。全区人口出生率4.12‰、死亡率8.26‰，人口自然增长率-4.14‰。

全区城镇常住居民人均可支配收入为70525元，同比增长4.1%；农村常住居民人均可支配收入为45540元，同比增长7.1%，全年城乡居民收入倍数为1.55倍。城镇常住居民人均生活消费支出42907元，同比增长7.1%；农村常住居民人均生活消费支出29051元，同比增长8.3%。

民生事业投入近70亿元，同比增长10.8%。开展职业培训5.7万人，新增城镇就业4.3万人、技能人才2.2万人。构建失业人员就业跟踪帮扶和实名制动态管理机制，累计帮扶重点群体2.89万人。累计发放就业困难人员灵活就业社保补贴10567万元，惠及2.21万人次；发放失业金13804万元，涉及7.81万人次；发放失业补助金1710万元，涉及2.12万人次。

九、资源、环境保护和社会安全

建立健全林长制管理和运行体系，明确三级林长共258名，落实专职护林员55名，制定配套实施政策，发布越城区2022年第1号总林长令。完成"增绿增效""百千万"行动年度任务，深挖造林绿化空间，完成国土绿化造林575亩。

精准实施大气治理，空气质量综合指数3.60，PM2.5浓度30（29.74）微克/立方米，AQI优良率84.7%；创新建立断面水质"四色"预警机制，完成水生态缓冲带10公里，水生态修复作业面积14万方；37个市级考核断面达标率和水质Ⅰ～Ⅲ类占比达双百分百；污染地块安全利用率100%。荣获2021年度全省"五水共治"工作优秀县（市、区）"大禹鼎"。

深入推进中央环保督察问题整改，实现第二轮中央生态环境保护督察信访件100%销号。

全年发生各类生产安全事故10起、死亡9人，同比分别下降58.3%、60.9%，较前三年平均数分别下降47.4%、51.8%，未发生较大及以上事故，安全生产形势总体稳定向好，实现平安建设"十七连冠"。

说明：

1. 本公报所列2022年各项数据为初步统计数。

2. 本公报越城区生产总值、各行业增加值绝对额以实辖口径当年价格计算，增长速度以可比价格计算。

3. 规模以上工业统计范围为年主营业务收入2000万元及以上法人工业企业。

4. 限额以上批发业统计范围为年主营业务收入2000万元及以上法人单位。

5. 限额以上零售业统计范围为年主营业务收入500万元及以上法人单位。

6. 限额以上住宿业统计范围为年主营业务收入200万元及以上法人单位。

7. 限额以上餐饮业统计范围为年主营业务收入200万元及以上法人单位。

索引

说明

一、本索引属于主题分析类索引，索引词一般采用主题词、中心词或简称。

二、本索引按主题词首字汉语拼音字母顺序排列，首字相同按第二字音序排列，以此类推。

三、索引词右侧的阿拉伯数字表示索引词出现在正文中的页码。

四、本年鉴的“特载”“专记”“大事记”“统计资料”“附录”未作索引；“概况”“综述”条目均未作索引。

B

C

D

E

F

G

H

J

K

L

M

N

P

Q

R

S

T

W

X

Y

Z

0-9

其他